日本学者古代中国研究丛刊

复旦大学历史学系 编

徐冲 主编

中国古代的聚落与地方行政

池田雄一 著
郑威 译

复旦大学出版社

本书翻译受国家社科基金重大招标项目"周代汉淮地区列国青铜器和历史、地理综合整理与研究"（批准号：15ZDB032）、武汉大学人文社会科学青年学者学术发展计划"史前至秦汉汉水流域人类文化的跨学科研究"（Whu2016009）学术团队、武汉大学人文社会科学自主科研青年项目"出土文献所见楚地的族群融合与统一进程研究"（2017QN082）（中央高校基本科研业务费专项资金）资助。

中文版序言

本书全面考察了中国古代聚落的变迁，时段涵盖了新石器时期至汉代。通过分析可知，政治性高的聚落人口也较为密集，且常为交通要道，具备防御用的城墙和城壕；其他性质的居民较多的聚落，分布于水利、耕地富饶之处，由少数家族组成规模相对较小的聚落，这种聚落的居民之间人际关系密切，共同维持日常的生活。

运用传世的诸版本史料难以看清位于社会生活最末端的聚落的面貌，不过随着考古学成果的增多，中国古代聚落的实态得以逐渐明晰。

在中国古代聚落史的研究中，既有观点认为，自古以来居民的居住环境都呈现出城郭都市的形态，直至魏晋南北朝的混乱之世才开始散村化；或又认为在战国时期中央集权化的推进过程中，地方行政制度得以完善，并通过徙民来实现居民的"集住"化，进而形成城郭都市；等等。关于汉代的聚落，多种错综复杂的见解并存。本书指出，除了政治性高的居住地之外，一般居民的居住环境很多都保持了自然村的形态，所谓自古以来城郭都市即已普遍化或曾出现过居民"集住"化之类的观点，无论是从史料上还是从考古学成果上，都是无法得到证实的。

殷周时期，以居民的居住环境为基础形成的地方分权较为强大稳定，王权对居民的一元控制并不十分深化，但到了中央集权强大的战国秦汉时期，王权、皇权渗透至基层社会，对居民的控制不断强化。

本书在探讨聚落变迁的同时，着重分析了从殷周至战国秦汉时期国家对居民的掌控以及地方行政的发展，从里耶秦简这一具体反映了秦代地方行政的文书来看，承担最基层聚落里中职务的里典的任免，由位于地方行政核心地位的县之勅任官掌管（T1⑧157，8-157）。可见最近新出土的史料对中央集权化的实态有着更为明晰的反映。自本书刊行之后的2003年开始，里耶秦简这一新出土史料渐次公布。拙稿《关于里耶秦简中的乡里吏问题》（收入《史林挥麈——纪念方诗铭先生学术论文集》，上海古籍出版社，2015年）以里耶秦简为中心，对秦代的地方行政制度进行了整理。

本书刊行之后，随着时间的推移，相关的考古学成果也越来越多。拙稿《有关先秦时期居住形态的考古学成果》（收入拙著《中国古代的律令与社会》，汲古书院，2008年）对以前的解释进行了检查，以确认是否存在遗漏，不过通过检查尚未发现有能够改变本书观点的新动向。

本书能够列入复旦大学历史系"日本学者古代中国研究丛刊"，并翻译为中文，备感荣幸。承担中文翻译的武汉大学历史学院郑威先生曾出版《楚国封君研究》（湖北教育出版社，2012年）等不少论著，是中国古代地方行政史的专家。

在本书中文版刊行之际，谨向复旦大学历史系及郑威先生致以衷心的感谢。

2015年1月

池田雄一

目 录

【总论】

中国古代聚落的发展 ·················· 3
 前言 ·························· 4
 一、秦汉帝国的构造 ················ 4
 二、聚落的建立条件 ················ 5
 三、聚落的形态 ·················· 7
 四、聚落的分化与派生：自然村 ·········· 13
 五、聚落的构成 ·················· 17
 六、聚落与公权力 ················· 20
 七、聚落与公权力中再生产之间的关系 ······· 26
 结语 ·························· 30

【聚落编】

第一章　石器时代的聚落 ·············· 33
 前言：战国、秦汉时代的聚落 ············ 34
 一、聚落的选址条件：所谓的"降丘居野" ····· 35
 二、聚落的结构 ·················· 38
 三、房屋建筑 ··················· 47
 结语 ························· 52

第二章　中国古代的聚落形态……63
前言……64
一、落……64
　　"落"的性质……66
　　"落"的形成……69
二、聚、乡、邑……70
　　聚……72
　　乡……75
　　邑……78
三、庐……80
四、先秦地方行政组织之诸形态……84
结语……89

第三章　中国古代的"都市"与农村……91
前言……92
一、道路网与县域……92
二、生活圈的变迁……96
三、封国、禄邑制……101
四、方百里的来源……107
五、"都市"与农村……112
结语：过所……114

第四章　汉代的里与自然村……117
前言……118
一、行政村与里……118
二、里魁与父老……122
三、里的组建……125
四、自然村的规模……126
五、什伍与自然村……130
六、闾左与谪……134

七、乡亭里的统属关系……………………………………136
　　结语………………………………………………………140

第五章　马王堆出土《地形图》中的聚落……………………141
　　前言………………………………………………………142
　　一、《地形图》…………………………………………142
　　二、《地形图》中的聚落………………………………144
　　结语………………………………………………………146

第六章　马王堆出土《驻军图》中的聚落和灌溉……………147
　　前言………………………………………………………148
　　一、马王堆出土的《驻军图》与陂塘：江淮地区的水利灌溉……148
　　　　《驻军图》……………………………………………148
　　　　陂山……………………………………………………153
　　二、渠与井：华北地区的水利灌溉………………………157
　　　　小渠……………………………………………………157
　　　　武帝以前的大规模水利工程…………………………159
　　　　水井……………………………………………………161
　　结语………………………………………………………165

**第七章　秦咸阳城与汉长安城：围绕汉长安城建设
　　　　　过程的讨论**……………………………………167
　　前言：汉长安城的规模…………………………………168
　　一、秦咸阳城的发展……………………………………173
　　二、秦上林苑……………………………………………180
　　三、始皇帝新都建设计划与阿房前殿……………………186
　　四、长安城的新置………………………………………187
　　五、汉长安城的建设……………………………………189
　　结语………………………………………………………192

第八章　汉代的地方都市：河南县城 ····· 195
前言 ····· 196
一、文献所见汉河南县城的地理概况 ····· 196
二、汉河南县城的城墙 ····· 199
汉河南县城的发掘 ····· 199
城墙的规模 ····· 201
汉高祖的县邑筑城令 ····· 201
城墙筑造的时间 ····· 203
汉河南县城与周王城、长安城 ····· 204
沿城墙分布的壕沟 ····· 206
三、汉河南县城内的情况 ····· 206
周王城 ····· 206
汉河南县城 ····· 208
中区居住遗址 ····· 208
东区居住遗址 ····· 210
县城内居民的阶层 ····· 211
四、河南县城的荒废 ····· 215
五、县城图：和林格尔东汉墓壁画 ····· 216
离石县城 ····· 217
土军县城 ····· 217
繁阳县城 ····· 217
宁县县城 ····· 219
武成县城 ····· 219
县城部分图：官署区和太仓 ····· 220
县城图与汉河南县城 ····· 220
六、县城与农村：马王堆出土古地图 ····· 222
都与市 ····· 222
马王堆出土的古地图 ····· 224
"都市"的展现 ····· 226
结语 ····· 227

"都市"的定义 ·· 227
筑城过程的三种形态 ·· 229
中国最近的古都研究 ·· 230

第九章 汉县的规模·· 239
一、县的建构·· 240
县的四等级制 ·· 240
县的建构及其地理条件 ····································· 242
二、有关县乡亭里建构的诸说 ································ 243
三、乡亭里与县方百里······································· 248
关于"乡亭亦如之" ·· 248
县方百里 ··· 251
结语 ··· 253

第十章 汉代初县的设置 ·· 255
前言 ··· 256
一、屯田与初县设置 ·· 257
鄂尔多斯地区的置县 ······································· 258
金城郡的置县 ·· 259
置县方式的两种类型 ······································· 262
二、关于屯田中的积谷行为 ································· 263
三、关于边郡的创置 ·· 266
元朔二年鄂尔多斯地区所置之郡 ······················· 267
秦代鄂尔多斯地区的经营 ································· 268
河西所置之郡 ·· 269
四、关于迁徙民的自给化 ···································· 273
结语 ··· 274

第十一章 汉代的西北部经营：初县的环境 I ············· 275
前言 ··· 276
西汉时期对匈奴的"百年战争" ······················· 276

松田寿男氏有关"汉代西域经营"的观点 …………………… 277
　　本章的课题 ……………………………………………………… 277

一、对匈奴战争的开始 ……………………………………………… 278
　　伊濑仙太郎氏的论述 …………………………………………… 278
　　开战后谋求和亲的举动 ………………………………………… 279
　　前177年右贤王的侵寇 ………………………………………… 289
　　前166—前162年匈奴的侵寇 ………………………………… 291
　　景帝时的对匈形势 ……………………………………………… 294
　　武帝即位之初的对匈形势 ……………………………………… 295
　　前129年汉军对关市的袭击 …………………………………… 296
　　如何理解汉初的与匈奴和亲条约 ……………………………… 298
　　匈奴对首都圈的威胁 …………………………………………… 301
　　汉朝对匈奴出击的图式 ………………………………………… 303

二、经营河西的历程 ………………………………………………… 311
　　有关河西地区始置郡年代的诸说 ……………………………… 311
　　河西地区的置郡背景 …………………………………………… 314
　　酒泉置郡与对令居基地的经营 ………………………………… 317
　　"河西郡"存在吗？ ……………………………………………… 318
　　经营河西的意义 ………………………………………………… 320

三、进入西域：从轮台基地到渠犁基地 ………………………… 321
　　张骞开拓新的西行路线 ………………………………………… 321
　　讨伐大宛的背景 ………………………………………………… 323
　　讨伐大宛和轮台抵抗 …………………………………………… 324
　　关于武帝时期的轮台屯田 ……………………………………… 325
　　武帝时对车师的讨伐以及轮台屯田的动向 …………………… 326
　　武帝时是否存在渠犁屯田 ……………………………………… 330
　　昭帝时的西域经营与轮台屯田 ………………………………… 332
　　宣帝时期的西域经营与渠犁屯田 ……………………………… 334
　　渠犁的位置和开设屯田的背景——使者校尉基地的蜕变 …… 336
　　对抗车师的背景 ………………………………………………… 341

结语 ………………………………………………… 345

补论　汉武帝的外征：初县的环境Ⅱ ……………………… 347
　　前言 ………………………………………………… 348
　　一、轮台与渠犁 …………………………………… 349
　　二、汉与匈奴 ……………………………………… 353
　　结语 ………………………………………………… 358

第十二章　秦汉时代的边境徙民：初县的环境Ⅲ ……… 359
　　前言 ………………………………………………… 360
　　一、庶人 …………………………………………… 360
　　　　庶人的实态 …………………………………… 361
　　　　西汉时期贫民的迁徙地域 …………………… 362
　　　　徙边民的自给化 ……………………………… 365
　　二、谪 ……………………………………………… 366
　　　　徙边谪的任务 ………………………………… 366
　　　　谪之实态：七科谪 …………………………… 366
　　　　动员的背景 …………………………………… 374
　　三、谪者、罪囚的征发历程：以西北地区的经营为中心 … 375
　　　　徒刑囚的征发 ………………………………… 375
　　　　新开发土地上的居民 ………………………… 376
　　　　罪囚屯戍充军的历程 ………………………… 376
　　结语 ………………………………………………… 379

【地方行政编】

第一章　中国古代的社制 ………………………………… 383
　　前言 ………………………………………………… 384
　　一、书社及二十五家为一社之制 ………………… 385
　　二、社的起源 ……………………………………… 388

三、里社与私社……………………………………………392
　　结语………………………………………………………398

第二章　春秋战国时代的县制………………………………401
　前言…………………………………………………………402
　　一、春秋之县与秦汉郡县…………………………………403
　　二、关于商鞅之县的户口及县制施行区域之诸说………407
　　三、大县……………………………………………………409
　　四、春秋之县与商鞅之县：县的功能……………………412
　　五、徙民及阡陌制…………………………………………415
　结语…………………………………………………………421

第三章　中国古代的伍制……………………………………423
　前言…………………………………………………………424
　　　商鞅之前的伍制…………………………………………424
　　　商鞅推行的什伍制与商鞅之后伍制的变迁……………426
　　　伍制的起源与兵制………………………………………426
　　　伍的转化…………………………………………………429
　　一、伍与连坐制……………………………………………429
　　　商鞅的什伍制……………………………………………429
　　　汉、三国的伍制…………………………………………430
　　　王莽的伍制………………………………………………432
　　　晋南朝的伍制……………………………………………434
　　二、伍与地方政制…………………………………………436
　　　《管子》诸篇中的什伍…………………………………436
　　　伍长………………………………………………………441
　　三、伍的编成………………………………………………441
　　　伍制与家…………………………………………………441
　　　伍制与五家………………………………………………443
　　　商鞅什伍制的连坐范围…………………………………446
　　　什伍制的起源……………………………………………449

汉魏晋南朝的什制与伍制……………………………………450
　　伍制的编成方法………………………………………………455
结语……………………………………………………………………457
　　伍制的实施状况………………………………………………457
总结……………………………………………………………………458

第四章　睡虎地出土竹简所见的伍制……………………………459
前言……………………………………………………………………460
一、伍的编成…………………………………………………………461
二、伍的构成…………………………………………………………467
三、伍的功能…………………………………………………………472
结语……………………………………………………………………478

第五章　汉代的乡…………………………………………………481
前言……………………………………………………………………482
一、名籍与乡…………………………………………………………487
　　乡名……………………………………………………………487
　　乡的编成………………………………………………………493
　　乡吏的所属……………………………………………………499
二、乡与户籍…………………………………………………………504
三、汉简中的乡吏……………………………………………………510
　　乡有秩…………………………………………………………510
　　乡啬夫…………………………………………………………511
　　乡游徼…………………………………………………………515
　　乡佐……………………………………………………………515
　　乡三老…………………………………………………………516
　　孝弟、力田……………………………………………………518
　　乡官、乡少吏…………………………………………………518
结语……………………………………………………………………519

第六章　汉代的地方少吏 ································ 521
前言 ······································· 522
一、长吏与少吏 ······························· 522
  长吏的字义 ······························· 522
  诸多的蜂起暴动与长吏 ····················· 525
  长吏与少吏 ······························· 526
二、郡县的属吏——少吏 ····················· 528
  县之属吏——俸禄 ························· 528
  郡之属吏——俸禄 ························· 531
  少吏与小吏 ······························· 532
三、郡县少吏与地方行政 ····················· 533
四、乡亭里吏与地方行政 ····················· 541
  伍长与落长 ······························· 541
  父老 ····································· 544
  里魁 ····································· 546
  乡亭之吏 ································· 548
结语 ······································· 549

第七章　汉代的郡县属吏 ·························· 551
前言 ······································· 552
  秦汉时代郡数的变迁 ······················· 552
  如淳引用的汉律 ··························· 553
  东汉的郡县吏员 ··························· 553
一、汉初郡县属吏的来源 ····················· 554
  买爵与买官 ······························· 554
  《益梁宁三州先汉以来士女目录》 ············· 557
二、郡县属吏与三老制 ······················· 558
  关于郡县属吏层所属社会阶层之诸说 ········· 558
  汉碑所见郡县属吏及其升迁 ················· 559
  灵活利用父老阶层 ························· 561
  三老制的采用 ····························· 562

目 录

　　　　郡县属吏的私属性 564
　　　　长吏的久任 568
　　三、郡县属吏制的完善 569
　　　　属吏的移病 569
　　　　列曹制 570
　　　　久任倾向的衰退 571
　　　　郡县属吏的养成——学官 572
　　　　富裕阶层进入郡县属吏群体 574
　　结语 575

第八章　汉代的地方行政与官衙：尹湾汉简与马王堆
　　　　《小城图》 577
　　前言 578
　　一、华夏文明与长江文明 578
　　　　黄河文明 578
　　　　长江文明 579
　　二、楚墓与新出简牍 582
　　　　墓葬形态 582
　　　　楚简 583
　　三、尹湾汉简：里与地方行政 585
　　　　里的规模 585
　　　　乡里亭邮的配置状况 589
　　　　郡县属吏的组织化 592
　　　　乡亭之吏 596
　　四、马王堆三号墓出土的《小城图》：地方官衙的景观 598
　　结语 602

第九章　汉代官吏的识字：关于有用文字 603
　　前言 604
　　一、从《苍颉篇》到《苍颉训纂篇》——有用文字 604
　　　　《苍颉篇》 604

《凡将篇》《急就篇》《元尚篇》 607
　　《苍颉训纂篇》与有用文字会议 608
　　有用文字的内容 608
　　有用文字与辞赋 610
二、有用文字会议与官学 612
　　官学的扩充 612
　　教科内容研讨会议 613
　　有用文字会议与教科内容研讨会议 614
　　官学与属吏培养 615
三、有用文字数 617
　　班固的小学书 617
　　讽籀书九千字和尉律 617
　　《说文解字》的文字数 618
　　太史考试与太学考试 619
　　有用文字数的实效性 621
　　方言九千字与标准语化 622
结语 622
　　官吏的质量与有用文字数 622
　　"讽籀书九千字"之后 623
　　有用文字与诸文献 623
　　属吏的界限 624

【附录】

秦汉帝国概观——书评：好并隆司《秦汉帝国史研究》 627

后记 637
译后记 647
编者后记 649

【总论】

中国古代聚落的发展

前言

先秦以来，中国古代的聚落很多都只有十余户至几十户不等的规模，散布于各地。在汉代的地方行政中，通过三老制将位居这些村落核心地位的"父老"（地方豪族）灵活地组织利用起来。

具有这样的景观与地方行政实态的聚落，是农民自身所形成和改造的，也就是说，所谓的地域社会的自然分化是形成这些聚落的前提。

在考虑国家统治因素影响的时候，也必须留意地域社会的自律性、自治秩序对聚落的形成所产生的作用。这就意味着国家的控制力以及公权都只存在于一定的范围内，要承认地域居民对历史的创造作用，以及他们对私权空间的拓展。

但是，另一方面，通过对云梦县睡虎地秦律所见田律的研究，以及对强大的国家控制力的讨论，学术界开始重新审视在当时以灌溉为主的再生产过程中国家公权的有效性问题。

那么，究竟应该如何来证实地域的自律性以及地域自治秩序，并对其进行定位呢？下文拟就这一点展开讨论。

一、秦汉帝国的构造

从历史学研究会大会报告的观点来看，为了维持秦汉帝国的一元控制体制，国家对农业再生产过程进行了频繁的干预。（堀敏一：《中国の律令と農民支配》，1978年度历史学研究会大会报告，《律令制と東アジア世界——私の中国史学（二）》，汲古选书17，汲古书院，1994年；重近啓樹：《秦漢国家与农民》，1979年度史学研究会大会报告，《秦漢税役体系の研究》，汲古书院，1999年；鹤间和幸：《秦漢期の水利法と在地農業経営》，1980年度历史研究学会大会报告）到目前为止，关于秦汉帝国构造的讨论虽然不少，但比较而言，涉及专制国家对农民的控制以及地域居民对历史的推动这两方面的成果不多。因此，本项研究拟以村落的发展为基础，特别是对郡县制统治方式的形成展开论述。

先将本章的论点概述如下，共包括四点：①殷周以降，除去散布于各处的县城等政治性城市之外，聚落的主体是自然村。②从战国至秦统一，郡县化、集权化的过程虽然是一个过渡性质的演变过程，但可以确定同时也是一个军事集权国家建立的过程。③经历了西汉初期的三老制之后，至武帝时期学校的设立标志着郡县制的基本确立。④为了确保获得农业生产过程中的再生产能力，需要农民与聚落共同的智慧与努力。如刚刚所谈到的，如果国家不能在全国范围内提供再生产保障的话，秦汉帝国就不具备形成的前提条件。

这些观点还不足以作为论述秦汉帝国构造的直接对象，而有关春秋战国时期中国古代帝国形成的各种理论，将会是本稿的主要课题。这些理论包括：西嶋定生氏（《中国古代帝国の形成と構造》，东京大学出版会，1961年）的初县形成论；木村正雄氏（《中国古代帝国の形成——特にその成立の基礎条件》，不昧堂，1965年）的第二次农耕地论，增渊龙夫氏（《中国古代の社会と国家——秦漢帝国成立過程の社会史的研究》，弘文堂，1960年）的王室山林薮泽与公田的家产化理论，好并隆司氏（《秦漢帝国史研究》，未来社，1978年）的王权神授说，等等。

二、聚落的建立条件

《史记·夏本纪》记载，九州河道安定后，"民得下丘居土"。这说明如果上溯到某个时期，居住环境发生了从丘（高地）到土（平原）的变化。关于这一点，木村正雄氏（前揭书，第二章《原始邑国家の基本構造》）谈到，从中国原始农耕的起源开始到春秋中期是"邑国时代"，聚落主要以山地和丘陵地区为中心形成，此外还存在与河谷地带绿洲国家群类似的，用土墙、封土围起来建造的具有城市性质的密集聚落。由于受到自然条件的限制，聚落没有可能进行扩建，国家之间性质相同，也不存在促使它们相互统一的契机。这样的居住环境他称之为"第一次农耕地"。同时，他又把进入平原地区开辟新的农耕地称为"第二次农耕地"，第二次农耕地的形成是与战国时期水利事业的兴起同时蓬勃发展起来的，中央集权的基础条件也是在此时逐渐形成。

但是，木村氏对第一次农耕地，即相当于古代帝国形成的前一阶段的探讨，仅停留在对古地名中与山、丘相关的字义的研究上。关于这个问题，五井直弘氏（《春秋時代の晋の大夫祁氏（七县）・羊舌氏の邑について——中国古代集落史試論》，《中国古代史研究》3，古川弘文馆，1969年）提供实例进行了论证，他以公元前514年祁氏（七县）、羊舌氏（三县）分邑别县的实例为基础，明确了春秋时代的邑分布于那些发源于山地的河川与平原交界的地方，从景观上验证了木村氏的"第一次农耕地"理论。

结合最新的考古学成果，首先来分析第一次农耕地论。木村、五井两氏提到受到自然的限制，聚落没有可能扩大规模，而且这种第一次农耕地的形态一直持续到春秋中期。本稿认为这种理解并不全面。可以确定的是，在新石器时代末期，聚落开始远离自然水源，逐渐向需要人工灌溉的平原地区转移。依据史念海氏的报告（《石器时代人们的居地及其聚落分布》，《人文杂志》1959年第3期）来介绍新石器时代的聚落遗址，可知位于西安附近的共有36处（苏秉琦等：《西安附近古文化遗址的类型和分布》，《考古》1956年第2期）。根据时代可划分为：

鱼化寨、米家崖、半坡等21处遗址：第一类型

开瑞庄、斗门镇等6处遗址：第二类型

海家坡、大原村等9处遗址：第三类型

早期的聚落遗址位于河边稍高的台地上，之后逐渐向低矮的台地转移。上述遗址中的第三类聚落出现在距离河岸一千米的地方。

此外，陕西省岐山县的新石器时代聚落遗址（《陕西省岐山县发现新石器时代遗址》，《文物》1954年第2期）也是远离河岸的，所在的地方并没有河岸地区肥沃。聚落从河岸台地向平原地区的转移，史念海氏认为这是由于人口的自然增长以及凿井灌溉方式的出现所导致的。

《诗经·大雅·公刘》诵唱的内容，除了京城宫殿的地基需建于"岗"上之外，还讴歌了百姓田土之中的"泉"与"隰原"，而不是自然的河川。在"隰原"之中寻获地下水是十分方便的。考虑到可能存在人工发掘的泉水，从性质上看这种泉水其实更近乎于水井。

近现代华北地区的灌溉主要以水井灌溉为主（民国时期的调查显示，水井的深度达到三至九米的时候可以用于灌溉），而现在可以知道，步入农耕阶段的华北地区的原始社会，在比较早的时候就已经开始采用这种灌溉方式了。竺可桢氏（《中国近五千年来气候变迁的初步研究》，《中国科学》1973年第2期）推测，从公元前两三千年至公元前后，中国的气温比现在高出二三度，自然环境比较温和稳定。

史念海氏所提到的凿井灌溉方式的推行，在王仁湘氏的研究中也有提及（《奴隶制生产方式的又一新见证——河北磁县下潘汪西周文化遗存试析》，《文物》1977年第2期），虽然时代偏晚，但灌溉遗迹十分明显。西周下潘汪聚落遗址的灰坑数量众多，有些深达两米，其中还出土了取水工具双耳罐，估计是水井灌溉的遗迹。此外，还出土了石斧、石镰等农具，制作水准与新石器时代的石器大致相当。

分析到这里，需要对五井直弘氏所考证的春秋时代诸县城的建立条件进行定位。可以说，春秋诸县城应当与后文所述的城市型聚落相关，而不能代表一般性质的聚落的实态。同样，木村正雄氏所主张的城市性质的密集聚落也是一样的，不能代表一般的聚落。

三、聚落的形态

木村正雄认为，具有城市性质的密集聚落相当于存在于原始农耕起源时期到春秋中期的"邑"。日比野丈夫（《中国における聚落の発達》，《集落地理講座》4，朝倉書店，1959年；《中国歷史地理研究》，同朋舍，1977年）也持有相同观点，同时他还认为，自春秋到战国，随着领土国家的建立，为了保证更大范围内的国家安全，农民开始离开城池，在领土所至之处生活，农村因此出现。而在此之前，从王到武士、从工商之人到农民，都居住于城墙之中，农民的耕作只停留在城墙附近的少量土地之上。

宫崎市定氏也有同样的看法（《中国における聚落形態の變遷について》，《大谷史学》6，1958年；《宫崎市定全集》3，1991年），不过他所划定的下限有所不同，认为是从上古到汉代，这一时期的聚落大

概是二百到五百户规模的集中聚落(都市国家)。

此外，西嶋定生氏（前揭书，第三章第四节）否定了春秋以前的聚落存在他律性的秩序，认为是由同族集团构成的城市型聚落。到了秦汉时期，尽管这样的结构开始瓦解，他律性秩序成为可能，但仍然保留了城郭都市这一形态。同时，对自治性很强的自然村来说，国家权力应当很难贯彻（实现个人人身控制）到里中，因此，秦汉国家对自然村的控制不是当时的主流。

五井直弘氏（《豪族社会の発展——漢代の聚落》，筑摩书房，《世界の歴史》3，1978年）曾尝试根据河北省午汲古城的发掘调查来复原当时的城市型聚落的形态。堀敏一（前揭历史学研究大会1978年报告）则依据睡虎地出土文书《法律问答》中的"越里中之与它里界者垣，为完(院)不为，巷相直为院，宇相直者不为院"进行分析，指出里与里相互连接，每个里都有自己的界线，聚落呈现散村化的观点是不合适的。

这一观点完全否定了春秋中期或汉代以前散村的存在。加藤繁氏（《支那古田制の研究》第二章第四节《宅地》，京都法学会，1916年；《支那经济史考证》上，东洋文库，1952年）主张，邑与耕地之间需要适当地配合，耕地大概在能够送去干粮（见于《诗经·良耜》）的地方。如果远方的土地被开垦，就如同十室之邑被迁出，邑的分化进行得十分迅速。

松本雅明氏（《都市国家か否か》，《世界各国史·中国史》，山川出版社，1954年）也提出，虽然在政治、文化的中心地以及大姓的居住区存在城市，但是城市周边仍然分布着大量的十室之邑(村落)。

来看中国学者的研究。侯外庐氏（《殷代社会的特性》，《中国古代社会史论》第二章第二节，人民出版社，1955年）指出，早在殷代，城市和农村就已经分离开来。杨宽氏（《试论中国井田制度和村社组织》，《古史新探》，中华书局，1965年）也提到古代村社最普遍的形态是十家左右，并且赞成殷周时期聚落呈现散村化的观点。

关于这些相互对立的聚落形态，可以整理考古学成果来进行分析。首先看仰韶时期的聚落遗址。在全部聚落的周围都发现了环绕沟（半坡、姜寨遗址），各家家门的朝向具有统一性（姜寨、北首岭遗址中，每家房屋的入口都朝向聚落的中心），存在大型房屋作为聚落中心的现象（半坡、姜寨遗址），可见聚落设计存在一定的规律。龙山时期以降，或许是因为出现了阶层分化，分室房屋开始出现。见于仰韶时期聚落内部的规律性不复存在，家庭房屋多为小型半地穴式构造。每个聚落规模也在缩小，由不足二三十户的家庭集合而成。

这一变化还体现在各个家庭都使用土、石来建造房屋外壁，房屋具有防御野兽的功能等方面，每个家庭房屋自立性的不断提高也与之相关。从原村落迁徙至新开发的土地，更容易出现散村化的现象，而这个过程都是有证可循的。

龙山时期的聚落遗址和现在的聚落有很多相一致的共性（在河南省浚县湨水沿岸的十五个村中，有十一个发现了龙山时期的遗址，参见周到：《河南浚县的新石器时代遗址》，《考古》1957年第1期）。龙山时期之后的聚落，选址条件不断提高，而其中之一就是以永久居住为目的（关于新石器时期的聚落遗址的详细情况，参看拙稿《石器时代の聚落》，唐代史研究会报告：《中国聚落史研究》，刀水书房，1980年，收入本书）。这也是与新石器时代相比，殷周以降的聚落遗址较为难以得到确认的原因。

龙山时期以降各个时期的遗址，如河北藁城台西村殷代聚落遗址（14户）、河北省磁县下潘汪西周聚落遗址（5户）、辽宁省辽阳三道濠西汉聚落遗址（7户）等，均无法确认存在环绕沟、城墙、统一的家门朝向等，散村化的倾向没有改变。

《汉书·王莽传》"离乡小国无城郭者"这一记载说明存在无城郭的聚落。日比野丈夫氏（前揭论文）指出，一般的村落要建造像今天这样的围郭是非常不可思议的，自古以来（春秋战国以降），中国围郭盛行的时期一般是战乱的年代。

在长沙马王堆出土的《驻军图》中，能够确认户数多少的有十七个里，平均每个里仅有四十一户。橘仆氏（《支那の村落及び家族组织》，《支那社会研究》第五章第二节，日本评论社，1936年）曾指出：关于民国时代聚落，单位部落一般是三十户到五六十户的小规模。但是就聚落的形态而言，聚落发展的这一方向从先秦时期就已经确立了。

在中国古代，首次出现于《三国志》中的"村"，作为新型聚落的发展形式，与散村化的发展方向产生了关联。在聚、乡、邑、落等所有表现聚落的称呼中，"村"（邨＝屯）这一称呼是比较新颖的。或许是由于汉代、三国时代屯田盛行，"村"字偶尔被用来称呼新的聚落名称，进而沿用了下来。因此，认为"村"字的出现与聚落形态的变化、聚落的散村化直接相关的观点是存在问题的。

三国到南北朝时期的聚落形态中有一些值得关注的内容。正如那波利贞氏（《坞主考》，《东亚人文学报》2-4，1942年）所指出的，受到异民族的侵入及战争的影响，散村化的农村受到了破坏，在山间僻地建立的环绕着防御性障壁的"坞"开始形成，散村化的农村开始朝向集中聚落的方向（虽然是一时的）发展。

如上所述，还未等到所谓的第二次农耕地的出现，龙山时期以降聚落便已不断地散村化。如此一来，木村正雄氏所主张的"春秋中期以前，基于都市型密集聚落建立的国家，其结构是均质的，不具有统一的契机"，否定春秋中期以前聚落已有政治性发展的观点就成为一个存在问题的停滞理论。

在此，笔者拟仅就聚落形态对前文所述的集中聚落说进行探讨。宫崎市定曾根据汉代乡亭的名称由古邑名延续而来这一规律，推想汉代的乡亭与古邑的聚落形态是一致的，进而提出乡亭集村化的观点。然而，仅靠这一事实无法否定汉代以前散村化、聚落的分化与派生已经出现且持续发展。当然，毫无疑问，这一点与理解作为行政区划的乡亭的实态也有很大关系。

顺便来看五井直弘氏提到的午汲古城的复原图，要明确的是，这只是战国至汉代的古城图，并不适用于一般村落。同时，五井氏推测长方形的里即为城内的里，但是从中国方面的发掘报告来看，其中未详细确定"里"是否是这样的形态。

此外，睡虎地文书《法律答问》曰：

越里中之与它里界者垣，为完（院）不为，巷相直为院，宇相直者不为院。

堀敏一氏释读为：

> 里中の它里との界を超える者は垣、院と為すや為さざるや、巷相值るを院と為し、宇相值るは院と為さず。［译注：越过里中与其他里之间的"垣"（界墙），该墙是不是"院"？两巷相对，其间的墙是院；两宇相对，其间的墙不是院。］

在训读为"里中の它里との界を超える者は垣"这一句中，"里中"的"中"如果不存在的话，可能理解起来会更加容易一些，然而原文确是"里中"。因此，上述句子应读作：

> 里中を超れ、之きて它里と界をなす垣の決まりを守らずに出入りした場合に、院と為すや為さざるや、巷相当たりて決まりを守らなければ院と為し、宇に相当たれば院と為さず。

即来往于里与里之间时，巷（穷巷，东汉高诱注《淮南子·精神训》"穷鄙之社"曰："穷巷之小社"，即散村）与巷之间存在院墙（"院墙"指里与里之间一些设置了限制的公共界线，若越过这些界线，则会违法获罪。此外，里与里之间的边界不一定有城），不能随意跨越。而在里中的宇与宇之间，由于房屋相邻（此处是指较大规模的聚落），所以就没有必要再强调跨越"院墙"之罪了。

显然，围绕"院墙"的问答涉及禁止"越里"等问题。与"越里"相关的记载反映了当时的实际情况，聚落分小聚落、大规模聚落两种。因此，从《法律答问》中越里、越城的记载来看，认为只存在都市性质的密集聚落，否定里是以小聚落为基础编制而成的观点是存在问题的。

上文讨论了相当于村落的聚落问题。下面想谈谈具有城市性质的聚落的实际形态。之前已经提到，龙山时期以降，聚落的散村化倾向越来越明显。但是，进入殷代以后，在散村化的同时，出现了具有城市形态的聚落，包括郑州故城、湖北省盘龙城等围有城墙的聚落（也有意见指出河南省登封阳城的城墙是夏代的遗址）。此外，在陕西省岐山县还发现了西周时期的大规模的宫殿遗址。目前已调查的春秋战国时期各地区有城墙的城市型聚落将近四十个。不过，这些城市型聚落大多是发挥都城职责的政治城市，其中存在大规模建筑（宫殿）。

《春秋左氏传》僖公五年（前655年），晋献公为了两个儿子准备在蒲邑和屈邑建造城墙，然而周围大臣认为在没有外敌的情况下擅自建造城墙的话将来会留下隐患，因此十分反对。显然，建造城墙之时必须充分考量政治性、军事性的需求。

在统一之后不久的公元前215年，秦始皇命令天下毁坏"城郭"，考虑的是实现彻底的统一（《史记·秦始皇本纪》）。然而，公元前201年，为了稳定集权统治，为了保护处于权力末端、承担地方职责的官衙，汉高祖又反过来命令县邑筑"城"。

另外，根据政治性、军事性需求而建造的城墙，其内部除了宫殿之外，如伊藤道治（《先秦時代の都市——その一、考古学的にみた都城》，《研究》30，1963年）所指出的，还存在相当大的空地，春秋战国时代的都城均是如此。

显然，这并不是所谓的密集聚落，这些城的城墙很多也不规整。由此可知，都城的建设并没有斟酌既存聚落及周边的地理条件，也没有行使强权区划条里，其建设和推进方式十分灵活。

建造都城之时，虽然承认一般居民在城内的居住地，但可能采用某些措施将这些既存的聚落包围了起来。汉代的长安城是以秦人的离宫为基础营建的。它的城墙形状并不规整，条里区划也不具有计划性。这种建造模式应当承继了春秋战国时代都城的系谱。

当然，建好的城墙不只是政治上的建筑物，还会吸引人口向城内集中。也就是说，作为都城，其经济活动开始活跃，游离于周边各个村落之外的城市型聚落形态开始变得规整起来。

但是，这种拥有城墙的大聚落的数量是有限的。同时，先秦时代的城市型聚落在建造宫殿与城墙之时，不可避免地要征发劳役。而为了谋求都市化而发动的强权政治，其自身也存在一定的限度，因此，在面对一般居民的居住地域之时，很有可能会包容其旧有的秩序，维持其自然发展的状态。

四、聚落的分化与派生：自然村

从考古学成果来看，聚落的分化与派生在龙山时期就已经出现了。接下来，本文拟从文献方面来探讨和确认聚落分化、派生的具体过程。

伊藤道治氏（《甲骨文·金文にみえる邑》，《研究》33；《中国古代王朝の形成》，创文社，1975年）解释西周后期大克鼎之上的金文"錫汝刑人奔于䢘"（将奔于䢘的刑之人赐予汝）称：将刑侯领域范围内的小邑赐予克，同时将原为小邑居民、后逃亡至䢘地的刑人一并赐予克。小邑中农民的逃亡行为，显示了邑从血缘集团向地缘集团的转化。因此，为了控制逃亡者，推测可能存在居民登记制度，并力图通过这一制度将控制力渗透到政治统治的最基层。

在西周时期聚落的分化、派生中，存在从既存的聚落逃亡而形成新聚落的形式。关于这个问题，《管子·轻重乙》记载："强耕而自为落，其民寡人不得籍斗升。"[费力地进行耕作而自然形成的聚落，寡人（齐桓公）不会去向他们征收斗升之粮]春秋齐桓公时期，人们通过自己能力开拓荒野，一些称作"落"的新兴聚落开始形成。与宗族及功臣采邑一样，它们都不需要纳税（斗升）。

称为"落"的聚落，显然是从既有的聚落中分化、派生、自然形成的新兴聚落。它们游离于统治体制的框架之外，自力更生。因此，在春秋战国时期的富国强兵政策中，控制"落"，即新兴聚落，自然成为一项重要的政治性课题。

关于聚落的这种分化、派生，《庄子·胠箧》记载：

（古帝王时）乐其俗，安其居，邻国相望，鸡狗之音相闻，民至老死而不相往来。

描绘了安宁而稳定的聚落生活形态。然而这只是假托于伏羲、神农等古代帝王时代的理想状态。春秋时期的实态是："（齐国）邻邑相望，鸡狗之音相闻，罔罟之所布。"如此，为了阻止邑的不断分化，为了维持新旧混杂的聚落秩序，政府不得不制定法律规范，来管理"罔罟所布之处"。

睡虎地出土文书《魏户律》记载："民或弃邑居壄，人人孤寡，徼人妇女，非邦之故也。"反映出人们放弃原有的邑而前往野地，新兴聚落由此派生，但同时又带来了治安的混乱，甚至出现了掳略妇女的行为。

《战国策·魏国策一》记载："（魏国）庐田庑舍，曾无所刍牧牛马之地。"即田地之间也有大量的人家（庑舍），连牛马的放牧之地人们都进行了耕作，并居住其间。《战国策·魏国策一》接下来记载称："人民之众"，说明人口大量增加了。

进入秦汉时期之后，聚落的分化与派生仍在不断进行。不过从前文中提到的长沙马王堆三号西汉墓出土的《驻军图》来看，在大约六十个里之中，有三分之一即二十个里标记了"今毋人""不反"等，由此推测有村落荒废或居民减少的现象。

聚落面貌发生改变，除了人口自然增长的原因之外，还受到人与严酷的自然抗争失败的影响。《汉书·食货志下》载："令饥民得流就食江淮间。"记载了饥民向江淮之间的流入。《汉书·成帝纪》阳朔二年等史料亦载："流民欲入函谷。"即流民入关，进入首都地区。这些记载都反映了人们不得不放弃原有的居所，以寻求新的生活场所，这种情况应当不在少数。

另外，从上述由人口自然增长以及天灾导致的自然流徙中分析聚落分化、派生的原因时，需要注意的是，很多的自然流徙都是未经许可而离开本籍地的，因此这种行为是作为"亡命"行为而被禁止的。

从《管子》对"落"的记载可知，新兴聚落较为自由地形成于体制之外。如果处于政治性关切只限于点（既存的聚落=邑）以及点与点之间的连接线（交通道路）的时代的话，或许没有太大的问题。但是，"国境"意识一旦出现（《春秋左氏传》文公元年、襄公十九年等记载），国家们关注的不仅是"点"，而且包括了"面"（包括未开垦土地在内的全部领土）的话，特别是进入户籍制度不断完善的春秋末期、战国时期之后，逃亡行为当然就会受到严格的管理和禁止。由此可见，聚落的自然分化与派生应该不是件容易的事情。

到春秋战国时期，不断散村化之后，或许大致呈现出"邻邑相望"（《庄子》）的形态。再来看具体的实例。《史记·张耳陈余列传》记载，张耳原为大梁人，后来逃亡到外黄，并且娶了外黄富人之女，后来甚至还成为外黄之令。秦灭魏后，张耳改姓亡于陈，在陈国担任里监门。张耳虽然逃亡了两次，但却在亡命之地担任了官吏。

张耳的事迹发生于战国末期。大约同时期的睡虎地出土文书《封诊式·□捕》记载，男子丙在亡命之地的市中，以为人雇佣为生。又，《封诊式·覆》记载，在提交某县某里士五男子某亡命之事的报告时，由"识者"调查该男子某是否有前科及逃亡记录，并向县廷汇报。

如果"覆"是将逃亡者移交本籍地的证明手续的话，那么只需要验明本籍（名事里）即可，不过这条材料同时记载了向本籍地派遣人员调查坐论、罪赦、覆问、亡、逋以及与编制户籍相关的很多事情。或可认为，这些手续是为了在逃亡地编制逃亡者的新户籍。

由此可见，除了因为犯罪而逃往他乡的人员之外，一般的逃亡、流徙者流入里内并安定下来之后，政府会帮助他们在流徙地定居。张家山竹简《奏谳书》记载：从西楚逃到汉的逃亡者只要在三个月之内申请户籍登记，就可以获得在新土地的居住资格。

这说明直至战国、秦汉时期，由于自然流徙而产生的聚落的分化、派生可能一直在继续，未曾间断。

如果从石器时代到秦汉时代聚落的分化、派生绝大部分来源于自然流徙（包括离开村子）的话，那么因此而形成的新兴聚落，其规模应该不大，大部分只能称作是自然村。当然，自然流徙不只包括在未开垦地区形成新兴聚落这一种形式，也包括迁入既有聚落之中的情形。但需要注意的是，这种自然流徙不论是形成新兴聚落还是寄食于原有的聚落，都一定会对地域社会的构成、族群结构及阶层分化产生影响，这一点后文会有详述。

以上以聚落的分化与派生为背景、以自然流徙为中心进行了论述。

但是以木村正雄氏所解释的第二次农耕地的产生为代表，认为他律性的秩序是古代帝国形成的必要且基础性的条件，进而否定了新兴地域社会的发展与自然流徙而形成的自然村之间的关系，而认为与那些在国家权力驱动下迁徙、聚居形成的"初县"相关。下面拟就这一点进行分析。

首先来看先秦时期县的设置与居民的强制迁徙的问题。关于这一点，增渊龙夫氏（《先秦時代の封建と郡県》，《一橋大学経済学研究》2，1953年；《中国古代の社会と国家——秦漢帝国成立過程の社会史的研究》，弘文堂，1960年）曾做过探讨。增渊氏指出，《春秋左氏传》僖公二十五年（前635年）记载的晋国在征服阳樊的过程中，灭国后"乃出其民"，将阳樊之民迁往其他地区，邑原有的内部构成因此发生了很大的变化。

虽然先秦时期的县许多都是由于灭国而设立的，但晋人对阳樊实施"出民"政策，并不是因为阳樊对晋的征讨进行了彻底的抵抗，而促使晋人采取了特殊的处置方式。此外，亦无法确认灭国之后阳樊是否被直接改置为"县"。但是，晋人征服原、灭其国之后就设置了"县"，这两件事大约发生于同一时期。征讨原的过程中，原未做抵抗直接投降，只有一部分的统治阶层受到了迁徙，原的居民结构基本上没有发生变化。

由上可知，灭国之际的"出民"，就其本源来说，只是一种治安对策。因此春秋时期的"灭国→出民→（当然也包括新居民的徙入）→置县"这一图式未必具有普遍性。

即便是到了战国时期，情况亦是如此。正如守屋美都雄氏（《開阡陌の一解釈》，《中国古代の社会と文化》，东京大学出版会，1957年；《中国古代の家族と国家》，东洋史研究会，1968年）所指出的，商鞅时期的县制，不过是在全国范围内将既存的聚落用县这一行政区划进行统括而已，无法确认曾经出现过徙民行为。

西嶋定生氏（前揭书第五章《二十等爵制の形成》）明确指出，《史记·秦本纪》昭襄王二十一年（前286年）记载秦置河东九县的方式是"出人→徙人→置县"。但是属于置县对象之一的安邑，本是魏国的都城，面对秦人的压迫，公元前361年魏国迁都大梁。迁都之后，安邑仍处于魏秦两国抗争的漩涡之中。因此，与前文讨论的征服阳樊的情况相同，对安邑的"出民"也属于一种强制性的治安方面的对策。

进入汉代以后，为了应对贫民与治安问题（很多是面对因天灾逃亡的贫民、流民而采取的对策），采取了徙民的政策，即将所谓的三选者、募民赐钱者徙往帝陵，这些属于装饰性的迁徙（当然也有强干弱枝方面的考虑）。而在为了谋求统治的必然性而进行的置县准备活动中，包括对鄂尔多斯、河西地区的开发在内，都无法确证存在徙民行为。

五、聚落的构成

前一节已经明确指出，上溯至秦汉时期，作为治安对策的"出民"或徙民与聚落的再形成存在关联，但却只是一种临时性的政策，恒常的聚落分化与派生的主要原因是延续不断的自然流徙，而并非通过设置初县这一国家性事业来推动的。

那么，这种解释与聚落的居民构成之间究竟有怎样的关系呢？

初县的设置破坏了地域社会的自律性，在国家权力的影响下，刻意地、有政治目的性地出现了对专制统治的形成具有重要作用的他律性秩序。在这种情况下，不难想象，在聚落内部族群秩序崩溃、人员构成改变，传统的生活习惯也被否定殆尽（此时或许会再次形成能够比拟于族群的结合体，但是在短期内应该不会形成地主等阶层，进而出现阶层分化）。

不过，这种理解也是以前文所述的伴随着徙民行为而出现的初县设置为前提的。因此，在无法确认这种随着徙民行为而出现的初县设置是否具有普遍性的情况下，讨论初县的作用也不具有现实性。因此，笔者只打算探讨由自然流徙而形成的聚落内部的人口结构。

首先来看从仰韶到龙山的过渡时期。从房屋与墓葬（随葬品与合葬形态）的变化可以推测当时处于由母系社会向父系社会的过渡阶段。不过龙山时期之后聚落逐渐散村化，很难验证其内部的具体构成。前一节谈到，不断的自然流徙导致自然村的内部构成反复重组，聚落内部的族群结构又能在多大程度上保留其纯粹性呢？可以说，除了一部分控制力强大的氏族聚落之外，其他众多聚落内部的族群结构应当是朝着不断松弛的方向发展。

一些异姓杂居、自立性不太强的地方小聚落亦散布于各地。如后文所述，直至春秋战国秦汉时代，这些小聚落仍然得以延续。面对地域社会，国家权力大概未必敢让族群结构彻底瓦解。

从春秋时期县制的推行（前688年，秦武公时期）、庶民兵役的扩大（前645年，晋惠公时期的州兵；前560年，晋襄公时期的卒乘）等方面，不难看出统治的一元化趋势。这一趋势虽然孕育了与聚落内部族群秩序相对抗的因素，但地域社会并不会阻碍这个一元化趋势的发展，也不会出现与体制的摩擦。

《春秋左氏传》昭公三年（前539年）记载，晏子的住所"湫隘嚣尘"，十分杂乱，并非显贵居住的地方。景公想为他提供新居，晏子回答说："邻是卜，二三子先卜邻矣。"也就是说选择居住地时，需要"卜邻"来决定是否适合居住，而不能随便地迁移自己的住所，晏子以此为理由拒绝了景公的建议。

《春秋左氏传》昭公三年（前539年）称"卜邻"为"古之制也"，这一制度可以追溯至春秋时期的晏子。在晏子的时代，通过"卜邻"决定居住地的风俗应当十分盛行。

四邻之人通过"卜"首次产生了关联。由此可知，至少从晏子时代、春秋后半期开始，地域社会中的族群结构已经松弛，异姓杂居情况越来越多。

同时，从鲁宣公十五年（前594年）推行的著名的"初税亩"（《春秋左氏传》）可知，聚落内部的农业生产逐渐个体化，当然也会出现农民的阶层分化。

在通过点与线进行统治的时代，在出现于统治体制之外的新兴聚落里，虽然也存在着祭祀、婚葬、治水、防卫等需要共同合作的事务，但农业生产的个体化应当是新兴聚落形成之后的生产形态。

由此可知，宣公颁行的"初税亩"是以强化国家财政为目的，将新兴聚落的农民编入统治范围之内的新税制。农业向个体经营方向的发展，不只是权力一方的恩赐，其实更是国家体制为了顺应地域社会的实况而妥协的产物。

如此看来，在春秋时期的聚落中，已经出现了异姓杂居、农民阶层不断分化的状况。进入汉代之后，同里异姓的例证很多，如刘邦和卢绾因同里而深交，居延汉简中也记载了魏郡邺县出身的孟年与崔黄、史充与陈义等人为同里之人。里中存在父老，是里中事务的指导者。

里是以自然村为基础进行区划的行政村，关于里中的社会构成，荀悦《汉纪》记载西汉文帝时，"豪强富人，占田逾侈"。平中苓次氏（《漢代の田租と災害による其の減免》，《立命館文学》172、178、184、191，1959—1961年；《中国古代の田制と税法》，东洋史研究会，1967年）对《汉纪》的记载表示怀疑，指出《汉书·食货志》曾载："（师丹建言），（文帝时）未有并兼之害，故不为民田及奴婢为限。"其实，《汉书·食货志》还说："（董仲舒曰），（秦）用商鞅之法，改帝王之制，除井田，民得卖买，富者田连仟伯，贫者亡立锥之地。"说明秦代以降兼并的进程一直没有中断。实际上，师丹的建言强调的是文帝时期并兼之"害"还没有发展到需要对民田和奴婢加以限制的程度，但也并未否定土地在不断集中这一事实。[此处以文帝时期作为分界线，认为文帝之后并兼的形势发生了变化，原因在于高祖时期的地方有势力者与体制相结合（详后文）而产生的并兼之"害"，至文帝之后才逐渐地显露出来。]

从董仲舒所言与《汉纪》记载可知，战国时代以降土地的集中是确凿的事实。而且，在阶层不断分化的里中，代替豪杰作为指导者的父老阶层应当就是所谓的"并兼"之家。关于"并兼"之家，在居延汉简（简505·37）中有反映。该简记有年号，为西汉哀帝建平五年，是一件记载了为购买"客田"（表示户籍以外的县所持有的田地，日比野丈夫：《郷亭里についての研究》，《東洋史研究》14-1、2，1955年；《中国歴史地理研究》，同朋舍，1977年）而交付证明书的文书。说明在本籍所在地以外，还可以拥有其他地方的土地。

六、聚落与公权力

接下来讨论的问题是，在以自然村为主体的地域社会中，殷周的分权制度经春秋战国过渡到秦汉的集权体制，究竟有着怎样的契机。关于这个问题，本书开头在介绍西嶋定生氏的初县（他律性的秩序）形成论与木村正雄氏的第二次农耕地论时已经涉及。而好并隆司氏提出这一转变与皇权专制以及秦人具有北方游牧社会特征，即所谓的王权神授说相关，关于这一点，笔者虽然已有论述（拙稿：《書評　好並隆司著秦漢帝国史研究》，《歷史學研究》479，1980年，收入本书），但从史料的角度来看，还有需要探讨的地方。

需要探讨的是增渊龙夫氏提出的王室通过圈围山林薮泽来扩大自身家产的问题。西汉时期，存在着凌驾于国家财政之上的帝室财政，这是考察君主性格的一个重要视角。

那么，为什么王室家产的增加对于君主来说是必要的呢？一个重要的外在原因是以周王室为核心的封建体制的弱化而带来的诸侯间抗争的激化。但是，从聚落的发展这一方面考虑的话，随着聚落的分化与派生，王室会更加关注对领域内的全面统治，这是不可否认的。另外，在聚落方面，"邻邑相望"，聚落之间的相互关系、联系、一体化不断增强，在新旧居民混杂的地域社会中，需要公权力的介入，如广布罔罟进行控制等，而对王室的内政来说也需要具备强有力的体制保障。

可以说，王室为了在采邑广泛存续的情况下建立能够维持国内统一，并对外保持优势的体制，与新的地域社会建立联系，除了完善地方行政制度、引进县制之外没有其他的选择。

从史料上看，县制的实施早在春秋时期的秦国就已经出现，不过春秋时期县的组织形态还不明晰。《通典·职官》记载："春秋时，列国相灭，多以其地为县。"可知在列国的抗争中，新获得的领地往往置县，很多时候起到了边境防备的作用。《春秋左氏传》成公七年（前587年）记载，位于楚国北方前线的申县，"是以为赋，以御北方"，具有强烈的军事性质。

当然，仅以申县为例来推论春秋时期所有的县是十分危险的。不过,《国语·齐语》和《管子·小匡》亦载:"作内政,而寄(寓)军令",说明在春秋时期以强兵为目的而推行的新内政,所引入的县制的实施范围不限于边境地区,而是与军制相结合的一体化的制度。

所确立的兵农一体的制度,如《周礼·小司徒》所言,"凡起徒役毋过家一人",兵卒(个人)与户之间相互对应,可见当时的内政仍然是以户(指户籍上的户,与实际的家庭不同)为基础。

现在仍不清楚初期的县制在多大程度上意识到了聚落内存在的自律性秩序。从战车战过渡到步兵战、集团战,春秋战国时期的战争转变为消耗战之后,将兵役范围扩大到平民就成为一项重要的课题,采用兵农一体的制度也是理所当然的。由于军制是以兵团一元化统率为前提的,所以将军制运用到内政中之后,内政也开始朝着一元化的方向发展。

到了战国时期,就秦国来说,经过了商鞅的改革,县制推行于全国,出现了令丞、有秩史等官制。而在睡虎地出土竹简记载的县组织中,啬夫名下包含了从县令、县中诸曹到亭吏的各种吏名。啬夫之外还有令史,其职掌包括治狱、司马等。秦代的吏名中,门下、舍人职掌相同,但到了汉代,行政组织得到了完善,吏的职掌分工细化,原本没有特定职责限制的啬夫、令史等,名称虽然继续留存,但已演变为职务未分化的下级行政单位的吏名。

战国时期的县组织还处于未分化的状态。经历了统一的秦朝进入汉代之后,依据汉律可知,在汉初的地方行政制度中,郡组织也只包括了太守、都尉、史(丞)、卒吏、书佐等共计二十余名人员。在尹湾出土的西汉末年的汉简中,记载的东海郡的吏员也只有二十七人,相较而言一直没有太大的变化。而到了东汉时期,就郡组织而言,十二万户数的会稽郡郡府之中就有五百多名掾史。由此看来,与东汉时期的地方行政相比,西汉时期的地方行政在制度完善方面并没有太多的推进。

虽然秦统一了战国时期的六国,并将县制推行于全境,但在有效地实施个人人身控制方面,就其组织的实效性而言,可以说尚不充分。因此,为了弥补行政组织上的欠缺,在以战斗为目的的兵卒、兵粮征发活动中，灵活运用"伍"等治安组织，以推动实现集权化。睡虎地出土的《封诊式》中也记载了很多通过"伍"来告奸的案例。

虽然在制度上，在组织方面仍然不够完善，但在战国七国之中，最早在全境范围内实行县制的只有秦一个国家。秦国因此取得了优势，有效地发挥了本国的国力。从公元前230年俘虏韩王并以其地置颍川郡，到公元前221年攻陷齐国临淄、统一六国，一共只花了十年时间。在兼并六国的十年期间，以郡县来进行统治的秦人领土急剧扩大。另外，秦国的法律也理所当然地实施于占领区了。

关于这一点，可从睡虎地出土的竹简进行分析。竹简记载了位于楚国首都圈的云梦地区这一占领区的经营实况，保证占领政策得以实施的法律就是统一前完成于秦国关中地区的律文（秦律）。而持有这一律文的人是负责治狱的令史，他是县中颇有权力的吏人。

竹简陪葬的年代稍晚于公元前217年，这座墓葬附近同时还发现了从战国晚期到汉初的三十九座墓，这些墓没有陪葬镇墓兽，与楚墓的墓葬样式不同。因此，一般认为这些墓，包含这座陪葬有竹简的墓葬在内，都是秦占领者集团的墓地。

在对急速扩大的秦人占领地的经营中，虽然实施的是郡县制，但在本质上并没有保留占领地原有的旧统治机构（当地的吏人），而是由秦国出身的吏人来实施殖民地统治。

显而易见的是，支撑殖民地统治体制的是秦国强大的军事力量。同时，秦的占领政策、法制已成为当时社会的大势（集权化），而这些政策、法制其实是六国体制的集合。魏国的李悝是战国时期法治普遍化的象征，在睡虎地竹简中也显示了魏律与秦律的混杂并存。这应该是在统治占领地之时使用了秦律，却并未遭到被征服民众激烈抵抗的重要原因。

当然，随着秦人的占领地经营逐渐地步入正轨，自然而然地也会出现本地人出任郡县官吏的情况。不过，在统一天下的十年期间以及秦帝国建立初期，类似于云梦县的体制并不少，即仍由秦人把握实权，以军事力量为背景来维持统治。

从张家山汉简《奏谳书》亦可知，位于占领区的南郡所管辖的县中的吏员为秦人。经历了战国建立起来的统一帝国秦国，虽然制度方面已经完善，但在县制与地方行政制度方面，仍然具有军事性，是一种过渡性质的体制，仍然残存着所谓军事集权国家的特征。

统一六国的秦由于皇室内部的混乱，在短暂的时间内就自我灭亡了。在聚落与公权力的关系方面，秦代的公权力还未能达到灵活运用聚落的自律性秩序的程度，而是直接作用于构成聚落的各户。因此，对秦国的商鞅来说，甚至不能不使用非常规的恐怖体制"十家连坐"制来威吓民众。

秦统一之后，由于中央的混乱，对地方的强有力的军事支援受到了削弱，各地郡县迅速丧失了统治能力，进而崩溃。关于秦的速亡，原因不在于严厉的法治主义与苛酷的土木事业，而在于其未完成的郡县组织及未成熟的官僚组织无法获得足够的力量来支撑扩张之后肥大化的领土。

秦之后的汉帝国当然地废除了原有的占领地体制。但是，从西汉时期的地方长官与下属的关系中，可以看到旧有的私属化的特征，在封国制度之外，由于官员的久任倾向，还潜藏着采邑化的危险。

但是，在秦末的混乱之中，也没有出现否定秦统一成果、倒退至战国时代的情况。汉代是前后维持了四百年的长期政权，虽然也采用了郡国制，但作为亲民之官的地方行政的关键，县组织和秦代并没有不同。那么，汉朝为什么没有重蹈秦人的覆辙呢？

关于这个问题，首先值得关注的是见于《汉书·高帝纪》"高祖二年"（前205年）条的、决定对楚作战时发出的布告。布告包括了以下四点：①从秦到汉的社稷变更；②军功爵可作为民爵继承下去；③蠲免蜀汉、关中等腹地的赋役；④在县乡中设立三老制度。

三老这一名称在秦以前的史料中也曾出现过，但没有确证表明三老已制度化并被编入地方行政之中。高祖二年的诏书包括了三老制度的内容，这也反映出在此之前三老并未以汉制的形式得以制度化。

在布告文中，三老大致需要的条件是"民年五十以上，有修行，能帅众为善"，可见其社会基础与父老层是相同的。与"县—乡—里"这种地方行政体制相对应，父老、乡以上称为三老，均不受俸禄，与正规的官僚组织并存，以补佐行政。

```
            ┌ 郡（守）——县（令）——乡（啬夫）——里（长）
行政机构的  │    ‖          ‖          ‖           ‖
双重性      └ (郡三老)    县三老      乡三老       父老
```

父老与里中的征税相关，而三老主要负责提出意见，甚至可以向皇帝上书（武帝时的壶关三老，成帝时的湖县三老、白马三老等）。在地方行政中，父老、三老并不单纯只是名誉职位，而是与地方事务紧密相关的，有着很强的权限。由此可见，将父老、三老阶层这样的当地权势者（地主阶层）编入体制，进而掌控各地的聚落。

这种行政上的双重体制在制度上很不自然。但是，正是通过三老制，国家才找到了充分利用聚落自律性秩序的方法。虽然只是过渡性的措施，但这种双重体制也是摆脱军事性集权国家，实现固定化的郡县制统治的有效手段。

另一方面，对地方权势者而言，以国家性的权威为背景，他们在地域社会中的身份和权益得到了保障，加速成长为后来的豪族。

汉高祖之所以采用三老制，是因为高祖集团熟知父老阶层的实际状况，从而产生了这种想法。但在制度上，三老制自始至终只是一种临时性的措施。《汉书·文翁传》记载：

> 修起学官于成都市中，招下县弟子，以为学官弟子，（略）高者以补郡县吏，（略）至武帝时，乃令天下郡国，皆立学官，自文翁为之始云。

由此可见，到武帝时，首先以全国的郡为单位，设立了培养官吏的学校。官吏培养的对象"弟子"，原则上是指所有的青年男子，而实际上很少有"食犬彘之食"的贫民阶层。在制度上，地方权势者的官僚化以及被编入体制之内，藉此得以完成。

随着学校制度的稳定，地方权势者被编入官僚制度中成为官吏，三老制的使命就此完成,东汉以后三老制逐渐形式化,并最终消亡。西汉中期以来地方权势者的官僚化过程,从他们的墓碑墓志(东汉以来逐渐增加)亦可略窥一斑。这些墓志多以炫耀自己的儒学教养和官职的升迁历程(主簿—督邮—五官掾—功曹—守长—州从事,有这种升迁历程的地方官较多)为主要内容。从汉武帝时期开始,此前的"皇帝—父老阶层—自然村"之间的依存关系及控制体制发生了转变,开始转向通过正规的地方行政(官僚化的父老阶层)来掌控地域社会。

不过,尽管如此,《后汉书·刘宠传》《后汉书·爰延传》仍然有"不知郡朝""不知郡县"等记载。这使人联想到收录于《帝王世纪》中的《击壤歌》。虽然应该以"皇帝—父老阶层—自然村"这样的形式实现统治一元化,但对于自然村中的百姓来说,他们感受到更多的是身边的豪族大家的强大影响力,而不是郡中的长官,正如《汉书·严延年传》所云:"宁负二千石,无负豪大家。"面对豪族的成长、地域社会的分化,中央政府期待依靠限田策和爵制将其体制化,但是却无法实现。

农民避开郡县却接受豪族大家的存在,这明显地反映出国家控制的局限性。从统治者的角度来看,逐渐体制化的父老阶层和豪族大家的确是控驭地域社会的有效途径。但对农民而言,与郡县官吏相比,这些父老阶层和豪族大家只不过是地主而已。这也是国家统治之所以会出现局限性的原因所在。

另一方面,豪族大家在体制化的过程中,不断朝着门阀贵族制的方向自我发展。为了避免地域的最终崩坏,地域社会中与再生产相关的方方面面,即村落生活中具有集体性质的活动,包括再生产机构和对其他的日常生活中自律性秩序的维护,如祭祀、婚葬、疾病、治水、治安、防卫、物资的借贷,以至灌溉、种子的保障、农具的管理等,应当都是由地方权势者和农民或者农民自身之间来进行艰苦的摸索和维持。

而国家则在不断地将地方权势者体制化,同时以儒家的乡里思想为指导,不断地制定规则并加以调整,以避免地域的自律性秩序出现大规模的崩塌,并尽力保证治安、财政上不出大的破绽。

七、聚落与公权力中再生产之间的关系

前文已经指出,从新石器时代到秦汉时期,聚落应当理解为自然村,在地域社会的日常生活和再生产中,几乎无法确认有公权力的介入。因此,接下来将对屡次提到的再生产和公权力的关系略作讨论。

(1)首先来讨论应当如何理解最近颇受关注的睡虎地出土竹简中的《田律》。如前所述,《田律》是秦所占领的楚地的吏人所持之物,是个人所有并用于陪葬的物品,属于所谓的家书一类,与壁书(日本战国时代大名家族的家法——译者)一样,应对其性质进行充分的探讨。虽然是私人资料,但《田律》的内容应当反映了当时的实际状况。

以下是《田律》的主要内容:

① 耕地称作"受田",天灾造成的受害面积和禾、刍、稾的收获量要向县里报告。

② 给予牛马饲料。

③ 山林的采伐、河川的利用、狩猎渔捞等方面都有限制。

④ 禁止百姓买卖酒。

⑤ 管制禁苑附近百姓所养的犬,以及百姓之犬若进入禁苑的话将采取的措施。

其中值得关注的是土地公有制论和公权力对农业生产的强势介入这两点。

不过,《田律》还存在以下问题:

Ⓐ 如果以农民耕作的所有耕地为"受田"对象的话,当然相应地也当有"还受"的规定,但《田律》中没有。同时,睡虎地出土竹简《法律答问》(下文中的《徭律》《厩苑律》《仓律》亦均出自睡虎地出土竹简)中又见有"民田"一词。《徭律》中有"其(禁苑)近田",指的是与禁苑邻接的田地,这个"田"是否是用于向禁苑中的公家牛马供给食物的呢,仍有待讨论。

Ⓑ 在全国性范围内供给牛马饲料,意味着将公权引入生产手段之中,并作为生产手段的保证。《厩苑律》记载,田啬夫等职负责管理"田牛",所管理的牛称作"公牛"。那么,在全国范围内维持具有公权性

质的田牛，是否真的具有可能性呢？

　　ⓒ 为保护动植物的生长，对采伐山林、捕猎禽兽均设有限制。这些山林薮泽等在不受束缚、繁衍生息的状态下，有些时期是可以采伐、捕猎的，对于采猎所获得的物品，国家如果有财政方面考虑的话也不足为奇，但在律文中却没有看到相关的规制。

　　ⓓ 与刍、藁一样，禾的收获石数也需要报告到县里，但律文中只有关于缴纳刍、藁的规定，却没有关于禾的缴纳规定。在《仓律》中，也只有对"粟、麦、菽、荅、麻"播种量的规定。另外，"食者簿"亦由县制定。这也许是因为禾播种于"受田"之中，为了适应粮仓支给的需要，而全部上缴到国家了吧。

　　ⓔ 在普通的《田律》之中出现了关于禁苑内部的管理规定显得不太自然。

　　ⓕ 在睡虎地出土的十八种秦律中，除《田律》之外，都是有关官营事业和官吏职务的规定，《田律》或许也是与诸官营事业规定相当的律文。

从以上几点来看，睡虎地秦律中的《田律》应当是关于禁苑内公田的律文，用它来讨论一般农耕地的性质是存在问题的。

　　而且，如果将受田理解为公田的话，应当由县来管理。这与秦律十八种中有关禁苑管理的规定是相通的。县本来就是作为管理王室直辖地的机构出现的，因此由县来承担公田的管理也毫无问题。

　　（2）接下来讨论近年来木村正雄氏强烈主张的，通过国家性的水利事业，国家的公权力对农业再生产的介入问题。这是前述的第二次农耕地论的前提，需要从陂水灌溉事业和渠水灌溉事业进行探讨。关于陂水灌溉，正如佐藤武敏氏（《古代における江淮地方の水利開発》，《人文研究》13-7，1962年）所指出的，先秦的陂是军事设施，用于灌溉的情况未必普遍。木村正雄氏所指出的诸陂溉田，在先秦史料中亦无法得以确认。

　　战国时代的灌溉被认为直接影响了第二次农耕地的形成和扩大，这一时期的灌溉限定于水渠灌溉。汉武帝元封时期（以元封时期为区分点的原因详后述）之前的相关例证，可列举如下：

①鸿渠，②汉川、云梦之渠（楚的首都圈），③淄水、济水间的水渠（齐的首都圈），④三江、五湖之渠，⑤魏国的邺令西门豹（史起）的十二渠，⑥秦蜀郡太守李冰的开渠分流，⑦秦的郑国渠。（以上为春秋战国时代）
　　⑧郑当时、徐伯的漕运，⑨番係的河东渠田，⑩严能（熊）的龙首渠，⑪倪宽的六辅渠。（以上为汉代）

这些虽然都是国家性的水利事业，但仔细看来，⑤是魏文公为了确保根据地而采取的对策；①、④与连结黄河、淮水、长江的水运有很深的关联；⑥是掘削岷江的支流，一方面防止洪水下流，另一方面利用岷江的支流来获得漕运之利，水流安定之后，起到了灌溉流域内田地的作用；⑦则是韩国以疲敝秦国为目的而提出的水利工程；从这些事例来看，当时人们对水渠溉田的认识并不高。②③④是为了向首都输送物资而开凿的水路（②将汉水直接与郢都直接连通，③将淄济两水与临淄直接连通），⑨是为了保证首都长安的食料供应而利用了汾水的河床，并想就此将汾水河床耕地化，却最终失败。⑩或许是从水井灌溉获得启发，意图在关中洛水流域以井渠方式引水溉田，但效果并不明显。⑤⑨⑩⑪都以确保首都圈的食料供应为目的，政治性、军事性色彩浓重，没有全国性的视野。⑥⑧则以漕运为主要目的。《史记·河渠书》记曰："此可行舟，有余则溉浸"，可见漕运用的水渠在有余的情况下才用于灌溉，并非稳定地供给灌溉用水，同时还有地域性的限制。
　　作为先秦汉初的大规模国家性事业，渠水灌溉事业对农业生产的再生产过程起到了怎样的效果，又是否与地域社会的重新整合存在关联，都还存在疑问。同时，在古代帝国的各项基础性条件应该已经形成的春秋中期至战国时代，国家性的水利灌溉事业受到了过多的限制，其原因也有待讨论。
　　国家权力开始对全国各地的灌溉事业表现关心的时期虽然也在西汉，但已是武帝以后的时期了。从那时起，地方官制不断完善，地方权势者也开始不断地被编入体制之内。《汉书·沟洫志》记载：

（武帝元封年间，塞瓠子，无水灾，）自是之后，用事者
争言水利，（略）它小渠及陂山通道者，不可胜言也。

正如这段史料所反映的，以元封年间的瓠子治水为契机，此前地域社会仅以自身力量完成的只以农田灌溉为目的的小渠、小陂，借助国家权力而得以不断强化。

《汉书·沟洫志》还列举了各地以元封年间治理黄河为契机兴起的灌溉事业：

①朔方、西河、河西、酒泉的农田灌溉，②灵轵渠，
③成国渠，④沣渠，⑤汝南、九江郡的淮水之渠，⑥从东海郡
的钜定泽引流而出的水渠，⑦泰山地区的汶水之渠。

瓠子的水利事业可以从元封年间再向前追溯二十年，当时黄河在瓠子决堤，但有一高官恣意独断，置之不管，导致黄河下游的广大地区连年遭受洪水之害，这件事表明当时的国家权力对水利的认知程度较低。

前文提到的首先实施的小渠、小陂的灌溉，对应的是集约型的耐旱农业经营（西山武一：《華北旱地農法考》，《經濟發展と農業問題》，岩波书店，1959年；《アジアの農法と農業社會》，东京大学出版会，1969年。依靠若干畜力以及精耕细作来克服自然降水的不足）。《汉书·沟洫志》曰："泉流灌浸，所以育五谷也。"《庄子·天地》曰："凿隧而入井，抱瓮而出灌"，所分别记载的泉水和井水灌溉，都以依靠自然河川的方式为中心。

汉武帝中期以前的国家性质的水利灌溉事业仅实施于政治上的重点地区，借用木村正雄氏的话来说，国家权力开始通过水利灌溉来作用于地域社会，其范围集中于第一次农耕地。因此，新的居住地区，即所谓的第二次农耕地的形成，正如前文分析的"落"的形成一样，是由地域居民独自努力承担的。

在灌溉事业中国家虽然没有直接介入再生产的过程，但从《禹贡》的时代开始，就已存在"治水"事业，以保护农耕地免受水灾。"治水"对再生产有着巨大的影响。但是，历代的治水事业却仅限于治理或防

备河川的决堤。

有观点认为，在中国，治水是国家（殷周）形成的主要原因。但是，如果将其视为官僚制中央集权国家秦汉帝国形成的基础性条件的话，在战国时代的治水事业中，却无法找到与治水相关联的值得注意的新动向。同时，在自然条件方面，也无法找到确需治水的重大变化。

在先秦时期，沟通河淮的鸿沟、沟通江淮的邗沟以及沟通长江与太湖、杭州的渠道等，作为联系南北的运河，起到了连结黄河、长江的作用。春秋战国时代，因经济圈的扩大和军事上的需要，诸侯国开凿了不少沟渠，但这些沟渠与农业的再生产未必有直接的关系，不过连结黄河和长江的大运河最终因此而完成。这些沟渠虽然与灌溉事业不直接相关，但在维持古代帝国的统一性方面却有很大的贡献，也为秦汉帝国的形成创造了有利环境。

(3)最后要谈的是见于《史记·商君列传》的"开阡陌"：

> 为田开阡陌封疆，而赋税平。

如果仅陈述结论的话，那就是从商鞅县制推行于全部国土可知，阡陌并非只实施于部分的初县，这一点没有任何疑问。还需指出的是，将阡陌与土地的重新划分、条里化相结合进行考虑的话，可以说阡陌划分是涉及全部领土的一项大事业，而对紧张的战国时代诸侯国来说，这算不上一个明智的政策抉择。因此，开阡陌更有可能是国家为了确保税收这一财政基础而出台的与土地账簿编制、农田丈量相关的一项政策。

结语

上文从农民与聚落的自律性出发讨论了秦汉帝国的形成过程，不过内容并不全面，论述亦不充分，只是不成熟的试论。关于先秦时期具有代表性的聚落遗址，收录于唐代史研究会所编《中国歷史学界の新動向》（刀水书房，1982年）中的拙稿《先秦時代の出土文物》曾有介绍。

【聚落编】

第一章

石器时代的聚落

前言：战国、秦汉时代的聚落

关于中国古代的聚落，迄今为止学术界有两种不同的理解。一种理解是，被称作"邑"的都市（城市）国家，在三国时代以降逐渐向被称作"村"的散村演变。[1]另一种理解是，被称作"邑"的聚落，早在先秦时期已经由十数户规模向数十户规模发展，并已经散村化。[2]就这个问题，笔者曾指出，在三国时期的"村"出现之前，战国时期就已经出现了被称为"落"的新兴聚落[3]；以这些小聚落的核心层——地方父老（土豪）阶层——为中心形成的三老制，在汉代的地方行政中一直发挥着重要的作用。[4]

地方行政制度是在春秋战国时代兵农合一的进程中，受军制的影响而不断完善的，正因为如此，它特别强调劳役征发这类对个体人身管理的方面。[5]统一后的秦帝国所实行的郡县制，本来有望彻底地完成地方行政制度的构建，但在确保支撑这一制度的官僚方面却失败了，这也是秦朝快速瓦解的一大原因。

有鉴于此，汉朝一方面采用郡国制，一方面实行郡县制，并在其下新设三老制，力图实现行政的协调化，同时还积极设立学校，努力培养官僚。虽然到了东汉时期，郡县制和三老制并列存在的情况发生了变化，父老阶层不断官僚化，进而被吸纳成为郡县制的一部分而逐渐消亡，但是这种在地方行政中利用地方核心阶层的发展方向，早在

---

1. 宫崎市定氏对此有较多的研究。参见《アジア史論考》中卷，朝日新闻社，1976年；《宫崎市定全集》卷1、3、7，岩波书店，1991年。
2. 松本雅明：《詩経研究の方法》，《東洋文庫年報》1960年度。铃木俊编：《中国史》第2章（松本雅明氏执笔），山川出版社，1964年。
3. 拙稿：《中国古代における聚落形態について》，《中央大学文学部纪要》史学科16，1971年，收入本书。
4. 拙稿：《漢代における里と自然村とについて》，《東方学》38，1969年，收入本书。拙稿：《中国古代における郡県属吏制の展開》，《中国古代史研究》4，雄山阁，1976年，收入本书。
5. 拙稿：《中国古代の伍制について》，《中央大学文学部纪要》史学科19，1974年，收入本书。

春秋时期的县制中已经初现端倪了。[1]

春秋战国时期所见的"落"等散村，应该认为是依靠自身发展形成的自然村，而不是由于上层因素的介入（如徙民、屯田等）而形成的聚落。当然，交通要道等处也会形成都市，都市中可见一些巨大的宫殿建筑，这些建筑往往承担着重要的政治作用。虽然如此，这些都市并不是事先有着完备的建设规划，如后文所述，大多是经自然发展之后形成的。[2]

关于中国古代聚落发展的不同思考，对古代国家形象的理解有直接影响。若将"邑"理解为都市国家，那么很难预想到地域社会所发生的急剧的变化。而如果将这种变化归因于地域社会中的公权力的话，则反映了公权对地方一元控制的强化。[3]若以前文所说的地域社会的自然分化为前提，又能看出公权对地方的控制受到了地域社会秩序的制约，在探讨公权的作用之时必须注意这一点。另外，既然公权的控制存在一定的局限，就意味着地域居民在创造自己历史之时私权也有其发展的空间。

上文概括性地论述了战国秦汉时代的聚落，主要以文献为中心对聚落的实态进行了讨论。与文献材料相对应的是，最近中国考古学界的成果十分显著，这些考古成果中多数都包含了聚落遗址。因此，本章主要依据考古材料，以石器时代的聚落遗址为中心来介绍最近的学术动向。

一、聚落的选址条件：所谓的"降丘居野"

《史记·夏本纪》载：

> 九河既道，雷夏既泽，雍沮会同，桑土既蚕，于是民得下丘居土。

---

1. 拙稿：《商鞅の県制》，《中央大学文学部紀要》史学科22，1977年，收入本书。
2. 那波利贞：《支那都邑の城郭とその起源》，《史林》10-2，1925年；拙稿：《咸陽城と漢長安城》，《中央大学文学部紀要》76，1975年。
3. 西嶋定生：《中国古代帝国の形成と構造》第5章，东京大学出版会，1961年。

讲的是黄河下游河道稳定之后，桑土之上再无洪水之忧，人们从"丘"上下来，居住于"土"（野）上。这条史料说明人们的居住地在非常早的时期曾经由丘转移至野。《春秋》中经常可见丘、陵、阜、京等与"丘"相关的古代邑名，而在《周礼》中，"丘"也是地方行政区划单位的一种，与里、鄙、邑、甸等名称并存。

一般认为，中国古代的聚落，存在一个由丘至野的转移变化过程，木村正雄氏曾指出，山间河谷是古人的第一次农耕地，平野地区是第二次农耕地，自春秋末期至战国以降，农耕地由山间河谷转移到了平野地区。[1] 关于"丘"，五井直弘氏曾谈到，就春秋时期晋国的祁氏七邑（邬邑、祁邑、平陵邑、梗阳邑、涂水邑、马首邑、盂邑）和羊舌氏三邑（铜鞮邑、平阳邑、杨邑）来说，各邑皆分布于自山地流出的河流沿岸，位于山地与平野地的交接点，若此说成立、各邑皆位于交接点地区的话，则可补强木村氏之说。[2] 要弄清居住地是否存在降丘居野的转变，首先要上溯至石器时代，依据考古学成果来观察华北一带的聚落情况。

华北地区最古老的居住遗址是山西省芮城县西侯度村遗址，距今一百多万年。该遗址的调查始于1957年，迄今仍在进行。遗址（附近还有匼河村遗址）位于朝向黄河河谷倾斜的丘陵地区，据推测在遗址存在年代附近一带曾为巨大的水域（河流或湖池）所覆盖。另外，发现于1963年7月、距今一百万年的蓝田猿人的居住地也位于类似的地区，分布在陕西省蓝田县西北灞水右岸的河岸台地（河漫滩）之上。[3]

以发现北京猿人著称的北京市西南方约五十千米的周口店遗址，位于今龙骨山的北坡斜面上，洞穴东西长一百四十余米、东部宽四十余米，洞内堆积层有四十余米厚。据研究确认，附近的河床在当时比现在高出七十余米，洞内有洪水泛滥的痕迹。[4] 距今六万年前的山西省

---

1. 木村正雄：《中国古代帝国の形成》，不昧堂，1965年。
2. 五井直弘：《春秋时代の晋の大夫祁氏・羊舌氏の邑について》，《中国古代史研究》3，吉川弘文馆，1969年。
3. 贾兰坡：《中国大陆上的远古居民》，天津人民出版社，1978年。
4. 裴文中：《中国史前时期之研究》，商务印书馆，1948年；贾兰坡：《北京原人》，外文出版社，1977年。

襄汾县丁村遗址[1]位于汾水河岸之上，而在附近汾水支流浍水的河岸之上，则有曲沃县的里村遗址。[2]同样，发现河套人的地方，距离鄂尔多斯北部不远，附近也有河水和较大的湖泊存在。[3]

以上所说的这些都是旧石器、中石器时代的遗址，当时的人们不一定是定居生活。而新石器时代的居住（聚落）遗址，一般是作为定居地长期居住使用的，但这些新石器时代居住遗址的选址条件，与旧石器时代十分类似，没有发生大的改变。总体说来，基本上都位于河流（洪水难以侵害到的小河川）沿岸肥沃的黄土台地或湖池附近。[4]据尹达氏的研究，这一条件是仰韶、龙山两种文化居住地选址的共通特征。[5]安志敏氏则指出，新石器时代居住遗址的选址主要考虑这些条件：1.在水源附近；2.适于生产；3.风灾较少；4.交通便利。[6]其中最为重要的条件是水的存在，这是饮食、灌溉所必需的，同时也便于人们的来往交通。关于新石器时代居住（聚落）的具体情况，可以今西安附近的遗址为例进行分析，包括鱼化寨、米家崖、半坡村等二十一处遗址（第一种类型），开瑞庄、斗门镇等六处遗址（第二种类型），以及海家坡、大原村等九处遗址（第三种类型），但是不论哪种类型，都分布于河岸附近的台地之上，且与早期遗址相比，后期遗址所在地区地势更为低下和广大。[7]另外，在渭水流域还存在距离河水稍远的遗址（陕西省岐山县新石器时代遗址[8]），这个现象很值得重视，可能随着人口的自然增长，凿井（河南省渑池县的仰韶遗址中曾发现两口水井）等人工灌溉技术产生，人们的居住地逐渐向平野地区转移。

---

1. 贾兰坡：《山西襄汾县丁村人类化石及旧石器发掘报告》，《科学通报》1955年1月号；贾兰坡：《中国大陆上的远古居民》，天津人民出版社，1978年。
2. 顾铁符：《山西曲沃里村西沟发现旧石器》，《文物参考资料》1956年第8期。
3. 周明镇：《从脊椎动物化石上可能看到的中国化石人类生活的自然环境》，《科学通报》1955年1月号。
4. 史念海：《石器时代人们的居地及其聚落分布》，《人文杂志》1959年第3期。
5. 尹达：《中国新石器时代》，载《中国新石器时代》，三联书店，1955年。
6. 安志敏：《新石器时代》，《考古学基础》，科学出版社，1958年。
7. 史念海：《石器时代人们的居地及其聚落分布》，《人文杂志》1959年第3期；苏秉琦、吴汝祚：《西安附近古文化遗存的类型和分布》，《考古通讯》1956年第2期。
8. 《陕西省岐山县发现新石器时代遗址》，《文物参考资料》1954年第2期。

此外，新石器时代遗址，又常常与现在的村落、都市的分布相一致。例如，河南省浚县淇水沿岸的十五个村落中，有十一个发现了新石器时代的遗址。[1]这说明新石器时代的人们在选择居住地的时候，已经充分考虑了当地是否已经具备了定居生活所需的各项必要条件。

根据以上分析可知，"丘"所代表的地方，并非如其本义所示，指代山间河谷和丘陵（Acropolis，小而高的山丘）等高地，而是指距离河水、湖池较近的台地，台地之上可以提供不受洪水泛滥侵袭的农耕地。另外，居住地（聚落）搬迁到平野之上，且面积逐渐扩大，这一情况也不是在春秋战国时期才出现的，可以说早在新石器时代晚期，已经自然而然地开始了。下面我们以新石器时代的居住遗址、聚落为中心，来讨论聚落的结构以及房屋形态的变迁。

二、聚落的结构

《诗经》中常见的表示居所、地域的词汇包括乡、野、郊、邑、里等。其中"里"是指代居宅、居所的比较明确的用法，而乡、野、郊等词所指相对不明确，是较为模糊的地域概念。称呼聚落时，还常常用到"邑"字。从字形上看，"邑"表现的是在四周环绕的城墙（口）之内有人跪居（巴）的形态。那么，《诗经》时代的聚落，是否真的如"邑"字字义所显示的那样，具有这种结构呢？目前还难以断言。就这个问题，我们下面仍以华北的聚落遗址为中心来探讨、分析古代聚落的结构及其变迁情况。

新石器时代的聚落遗址可以上溯至仰韶时期，详细的遗址结构目前已经比较清晰。仰韶时期的聚落遗址中，较为著名的是半坡遗址，我们首先来介绍这个遗址。遗址位于西安浐河东岸约八百米的一处台地之上，台地比现在的河床约高出九米，遗址面积约五万平方米（发掘面积约一万平方米）。居住地区呈不规则的圆形，聚落面积约为三万

---

[1] 史念海：《石器时代人们的居地及其聚落分布》，《人文杂志》1959年第3期；周到：《河南浚县的新石器时代遗址》，《考古通讯》1957年第1期。

第一章　石器时代的聚落

平方米,周围环绕着宽、深均为五六米的沟渠(残存部分约有三百米长)。聚落中心是一座门向朝东的大型房屋(约一百六十平方米),在其周围分布着四十六户方形、圆形(方形十五户,圆形三十一户,单户房屋面积约为十六至二十平方米)的中小型房屋,这些房屋无固定次序可循,门户几乎都为南向。另有窖穴二百余处。居住区内还有两个饲养家畜的场所(长宽分别为：10×2.6 米,5.7×2.5 米)。沟渠以北分布着二百五十余处共同墓地,以东有六处窑场。聚落的入口在西方。[1]

自1953年以来,半坡遗址经历了五次发掘调查,遗址的相关情况已经进行了较多的介绍,下面我们要介绍的是1958年开始进行调查的陕西省宝鸡县的北首岭遗址,以及1972年开始进行调查的陕西省临潼县姜寨遗址,二者都是仰韶时期的聚落遗址,值得关注。

北首岭遗址中,已经调查的面积约为四千七百平方米,发现方形及长方形半地穴式房屋二十七户,圆形半地穴式房屋一户(另有二十二户因遭受破坏状况不明)。居住区中心有一个南北长约一百米、东西宽约六十米的广场,使用年代为仰韶中期至晚期。广场共有四层表土,表土经过踩踏加固,并有火烧的痕迹,表土之下铺设有小石子。居住区的西(Ⅳ区,有四十座墓葬)、南(Ⅵ区,有四百零九座墓葬)设有相互毗连的共同墓地。以广场为中心,东边Ⅳ区房屋(一户)的门道为西向,东南边Ⅴ区(参看图1,中国社会科学院考古研究所:《宝鸡北首岭》,文物出版社,1983年)房屋(十七户)的门道大都为西北向(另有两户为东北向、一户为西向、三户门向不明),西边Ⅱ区的房屋(十户)门道为东向(有两户门向不明),北边Ⅰ区的房屋(二十二户)门道大都为南向(一户东向、三户东南向、两户门向不明)。就房屋来说,Ⅱ区、Ⅴ区内有较为大型的房屋分布。一般房屋的面积约为九至三十四

---

1. 考古研究所西安工作队:《新石器时代村落遗址的发见——西安半坡》,《考古通讯》1955年第3期;考古研究所西安半坡工作队:《西安半坡遗址第二次发掘的主要收获》,《考古通讯》1956年第2期;中国科学院考古研究所:《新中国的考古收获》,中国考古学专刊甲种六号,1961年;陕西省西安半坡博物馆:《半坡遗址》,陕西人民出版社,1978年;中国社会科学院考古研究所、陕西省西安半坡博物馆:《西安半坡(考古学专刊丁种一四)》,文物出版社,1963年;林寿晋:《半坡遗址综述》,香港中文大学出版社,1981年;陕西省西安半坡博物馆:《西安半坡》,文物出版社,1982年。

平方米,而大型房屋规模很大,Ⅴ区的F13面积有八十五平方米,Ⅱ区的77F3面积则有八十八平方米之多。另据调查,聚落内分布着两条水路(宽七十厘米,深五十厘米,参看图1[1])。

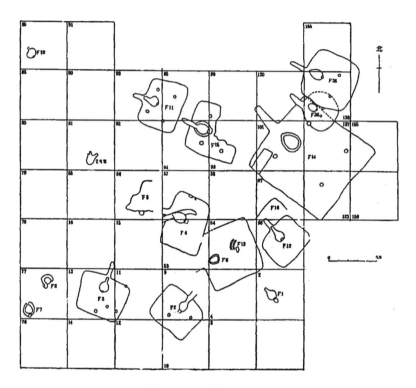

图1　宝鸡北首岭遗址Ⅴ区

再来看姜寨遗址。该遗址距离半坡遗址仅十五千米,位于骊山北麓的临河(石瓮寺水)河岸上,遗址西南角因河水冲刷,已被破坏。截至1977年,考古工作者已对该遗址进行了十一次发掘调查,调查面积一万七千平方米。聚落面积呈椭圆形,东西长二百一十米,南北宽

---

1. 考古研究所宝鸡发掘队:《陕西宝鸡新石器时代遗址发掘纪要》,《考古》1959年第5期;考古研究所渭水调查发掘队:《宝鸡新石器时代遗址第二·三次发掘的主要收获》,《考古》1960年第2期;中国科学院考古研究所宝鸡工作队:《一九七七年宝鸡北首岭遗址发掘简报》,《考古》1979年2期;中国社会科学院考古研究所:《宝鸡北首岭》,文物出版社,1983年。

一百六十米，总面积据说达到了三万三千六百平方米，大于半坡遗址的聚落面积（参看图2）。

遗址居住区的周围是宽（上部）两到三米，深约两米的沟渠，居住区内形状明确的住房共一百二十户。具体情况如下：

［东部］大型房屋一户、中型房屋二户、小型方形房屋七户、小型圆形房屋十一户，共计二十一户。

［南部］大型房屋一户、小型方形房屋六户、小型圆形房屋八户，计十五户，若将已被破坏的房屋遗迹计入的话，总数估计在二十户以上。

［西部］大型房屋一户、中型房屋一户、小型方形房屋四户、小型圆形房屋五户，计十一户，若将已被破坏的房屋遗迹计入的话，总数估计在二十户以上。

［西北部］大型房屋一户、小型方形房屋四户、小型圆形房屋三户，计八户，若将已被破坏的房屋遗迹计入的话，总数估计在二十户以上。

［北部］大型房屋一户、中型房屋一户、小型方形房屋五户、小型圆形房屋七户，计十四户，若将已被破坏的房屋遗迹计入的话，总数估计在二十户以上。

另外，有些房屋建立在已被破坏的房屋之上，情况较为复杂，但总的来说，同一时期共存的、用于生活居住的房屋数有一百户上下。

小型房屋的面积为四至十八平方米，中型房屋为二十四至四十平方米，大型房屋为五十三至一百二十八平方米。在小型、中型房屋中，除了火炉之外还有生产用具，但在大型房屋中不见有生产用具。大型房屋应该是氏族集团的活动场所，或是氏族长的居所，而中型房屋则有可能是氏族内各个家族长的住所。遗址的居住区由东、西、南、北、西北五个区块组成，每个区块内部都有大型房屋分布，或可推测，该聚落是由五个共存的氏族组成的部族社会。其中，北、西北两个区块内的两处大型房屋（分别为七十、八十九平方米）较为毗邻，反映出这个地方或许在整个聚落中处于中心地位。另外三个区块内部各有一个大型房屋（东区、西区、南区的大型房屋面积分别为一百二十八、七十四、五十三平方米），以之为中心环绕分布着很多一般性的房屋，包括方形、圆形的半地穴式或建于地面之上的建筑。

聚落的中央有一个面积为五千平方米的广场，各个区块的房屋的门道都朝向这个广场。广场的西部有两处家畜饲养场。聚落的入口位于东部，周围的沟渠在此处为道路所阻隔。从沟外东部至东南部有三处共同墓地，聚落以西靠近临河的地方有陶窑遗址（参看图2，陕西半坡博物馆等：《姜寨》，文物出版社，1988年[1]）。

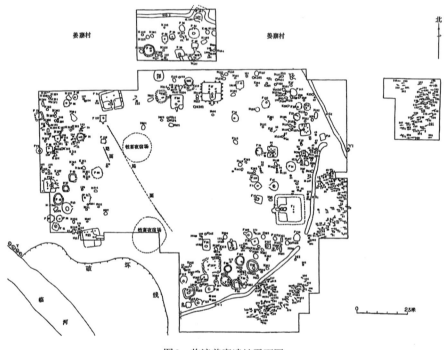

图2　临潼姜寨遗址平面图

在概览了以上三个仰韶时期的聚落遗址之后，不难发现其中最值得注意的应该是房屋门道朝向的统一性，以及聚落都被沟渠环绕等现象。就门向而言，半坡遗址的房屋基本为南向，这是龙山时期以降可

---

1. 西安半坡博物馆：《从仰韶文化半坡类型文化遗存看母系氏族公社》，《文物》1975年第12期；西安半坡博物馆、临潼县文化馆姜寨遗址发掘队：《陕西临潼姜寨遗址第二·三次发掘的主要收获》，《考古》1975年第5期；陕西半坡博物馆、陕西考古研究所、临潼县博物馆：《姜寨——新石器时代遗址发掘报告》，文物出版社，1988年。

第一章　石器时代的聚落　　　　　　　　　　　　　　　　　　　　43

见的房屋的一般朝向，北首岭、姜寨两个遗址的房屋门向几乎都朝着中央广场的方向，由此可以窥知同一聚落内部有着强烈的共同性。

此外，这三个遗址都设计建造了大型房屋，以之作为房屋群的中心存在。关于大型房屋的性质，在对姜寨遗址的概述中已有介绍，存在以下各种可能：族长的居所、集会场所、宗教仪式设施或是老年成员、未成年人的居所等。[1]不过，不管属于哪种性质，大型房屋在聚落中发挥着地域核心的作用。

关于聚落周围的环绕沟，在半坡、姜寨两个遗址中都清晰可见，北首岭遗址中是否存在尚难以确定。环绕沟的作用是防御外敌（可能主要是防御野兽的侵袭），它的存在使聚落的形态与"邑"字的字义较为切合。但是环绕沟（墙）的存在是否有普遍性呢？从现有的包括龙山时期在内的聚落遗址考古报告来看，有环绕沟（墙）的遗址并不多。位于山东省历城县龙山镇的遗址，一直以来都被看作是龙山时期遗址的典型代表，其聚落周围有版筑的环绕墙[2]，不过最近有些观点认为环绕墙的年代应该向后推至春秋时期。[3]那么，若整个聚落没有沟渠或版筑的墙体环绕的话，如何建立起足以抵御兽害的设施就成为各个聚落亟须解决的问题了。

实际上，房屋建筑技术的进步可以解决这个问题。进入龙山时期之后，墙壁用泥土和碎石混合建造，较为坚固，每间房屋因此都具备了自我防御的功能。[4]随着时代的发展，在西周至春秋时期的遗址中，

---

1. 吉林大学历史系考古专业、河北省文物管理处：《仰韶文化遗址中大房子的研究》，《工农考古基础知识》，文物出版社，1978年；西安半坡博物馆：《从仰韶文化半坡类型文化遗存看母系氏族公社》，《文物》1975年第12期。
2. 尹达：《中国新石器时代》，载《中国新石器时代》，三联书店，1955年。
3. 安志敏：《中国新石器时代的物质文化》，《文物参考资料》1956年第8期。
4. 商丘地区文物管理委员会、中国科学院考古研究所洛阳工作队：《一九七七年河南永城王油坊遗址发掘概况》（《考古》1978年第1期）记载该遗址为土墙。中国科学院考古研究所内蒙古工作队：《赤峰药王庙夏家店遗址试掘报告》（《考古学报》1974年第1期）记载该遗址为石墙。《1962年陕西扶风七家村发掘简报》（《考古》1980年第1期）所记遗址时代虽为西周，但残存了部分的卵石墙基。吉林省文物工作队：《吉林长蛇山遗址的发掘》（《考古》1980年第2期）记载该遗址为战国时代的聚落遗址，其中十五户有高三至五米的半地穴式石墙，另有具有补助性质的小墙。不同的房屋内部的出土物品质量上存在优劣，说明已经出现了贫富分化。吉林省考古短训班：《吉林猴石山遗址发掘简报》（《考古》1980年第2期）记载该遗址时代亦为战国，其中有住宅遗址三处，每家都备有石墙。

如辽宁省北票县的丰下遗址等处,考古发现在房屋外围筑起了一圈防御用的石垣(参看图3,辽宁省文物干部培训班:《辽宁北票县丰下遗址一九七二年春发掘简报》,《考古》1976年第3期[1])。

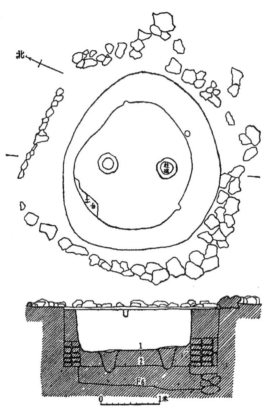

图3 丰下遗址 F2图
F2平、剖面图
1.第二层居住面 2.第三层居住面

由此可知,随着房屋建筑技术的发展,聚落的整体防御变得不是那么必要了。从另一个角度来看的话,这种现象反映出整个聚落或许不再具有强烈的共同性,共同防御的功能下降。仰韶时期的遗址具有

---

1. 辽宁省文物干部培训班:《辽宁北票丰下遗址一九七二年春发掘简报》,《考古》1976年第3期。

第一章　石器时代的聚落　　　　　　　　　　　　　　　　　　　　　　　45

房屋门向较为统一、以大型房屋作为聚落中心等特征，与之相比，龙山时期的聚落遗址很难发现这些具有一定规律和次序的现象。

在河南省淅川县的下王岗遗址中，发现了四十余座连续分布的新石器时代的房屋遗存，估计存在新的社会构成。[1]但龙山时期华北的聚落遗址，大多数只不过是没有什么次序的小型房屋的集合体而已。[2]

进入殷代之后，这些聚落之中有些出现了都市化的现象。虽说是都市，但规模都不大。殷代都市遗址中最有代表性的是安阳小屯（南北长5000米、东西宽4000米）和郑州商城（东城墙长1725米，西城墙长2000米，南城墙长1750米，北城墙长1720米）两处遗址，其人口估计各有5万至10万人，虽然有一些宫殿建筑，但大多数的一般房屋只是小型的半地穴式建筑（以郑州铭功路聚落为例，17户房屋中只有两户是建于地面以上的建筑，其他均为半地穴式建筑，面积多在10平方米以下）。郑州商城建有版筑的围墙（围墙近乎方形，唯有西北角被削去了一大块），而安阳小屯遗址至今尚难以确认是否有围墙存在（有些观点认为该遗址在当时只是进行祭祀的地方）。在郑州商城遗址的四十余户房屋中，只有铭功路聚落的十七户房屋布局较为统一，呈现出"半圆形村落"的分布形态，其他各处房屋大多分化为数个小集团，呈不规则分布状。[3]

进入春秋时代之后，都市围墙的功能发生转变，较之防御兽害，更多的是用于防御战乱和盗贼。正因为这个原因，城墙的设置逐渐普

---

1. 河南省博物馆长苏考古队河南分队：《河南淅川下王岗遗址的试掘》，《文物》1972年第10期。
2. 中国科学院考古研究所《新中国的考古收获》（考古学专刊甲种四，文物出版社，1961年）对"文革"以前的考古成果有集中总结。下面以"文革"开始后的考古报告为中心来总结龙山时期（参见附表1）及殷周时期（参见附表2）的遗址情况。另外，还应提到的是并非"文革"开始之后发掘的殷代后期山东省平阴县朱家桥聚落遗址的考古报告。在该遗址230平方米的范围内有21户家庭的房屋，墓地位于居住地之西。房屋多为半地穴式，呈方形、圆形、L字形等形状，规模没有太大差别。以其中的F5为例，其东西长3.75米，南北宽2.5米，南向。在房屋的分布方面，虽然多集中于遗址的中心部，但在距离中心部以东40米的地方也有聚居区，在遗址的南边、北边也有少量散布的房屋。（中国科学院考古研究所山东发掘队：《山东平阴县朱家桥殷代遗址》，《考古》1961年第2期）
3. 伊藤道治：《古代殷王朝のなぞ》，角川书店，1967年。另外，伊藤氏还指出殷代的邑并非一邑一国制（《甲骨文、金文に見える邑》，研究35号，1964年）。郭宝钧：《中国青铜器时代》第3章，三联书店，1963年。关于郑州的宫殿遗址，参见中国科学院考古研究所二里头工作队：《河南偃师二里头早商宫殿遗址发掘简报》，《考古》1974年第4期。

遍化，以其重要的政治、军事作用而发展起来，成为居住区中必要的附属设施。

《春秋左氏传》记载僖公五年，晋献公为二公子"城（建立城墙）"蒲与屈，士蒍反对修筑城郭，曰："无戎而城，雠必保焉。"由此可以明确得知，作为居住地未必需要有城郭，城郭的修筑考虑更多的是政治上的因素。在政治因素的密切影响下，春秋战国时期的都市城墙多近于方形，如齐城、燕下都、鲁城、淹城、魏安邑城、东周城、阴晋城等，几乎没有不规则形态的城墙出现（参看图4，関野雄：《中国考古学研究》，东京大学出版会，1956年）。[1]

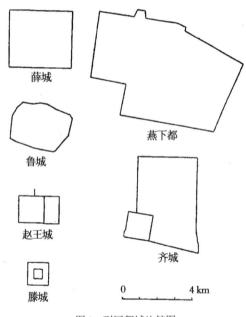

图4　列国都城比较图

从以上对早期聚落结构的分析来看，仰韶时期的聚落相对来说共

---

1. 那波利貞：《支那都邑の城郭とその起源》，《史林》10-2，1925年；拙稿：《咸陽城と漢長安城》，《中央大学文学部紀要》76，1975年。関野雄：《都城と建築の調査》，《中国考古学研究》，东京大学出版会，1956年。Chêng tê-k'un, *Archaeology in China*, vol.3, Chou China, Cambridge, 1963.

同性(氏族集团)很强,龙山时期以降,聚落中的各个家庭呈现出自立化的倾向,在地域社会中新的内核正在成长。"乡"字的本义是在氏族聚落中举行的集体饮食活动[1],但是到了《诗经》中,其本义已经模糊,转化成为对较大范围地域的称呼,产生这一现象的背景是,氏族共同体的规则制度瓦解之后,聚落转变成为散村化分布的状态。而《诗经》《书经》中记载的"邑",如"做邑于丰"(《大雅·文王有声》)、"商邑翼翼"(《商颂·殷武》)等,大多指代的是都城级的都市。

三、房屋建筑

《诗经·大雅·绵》记载了古人的穴居:

> 古公亶父,陶复陶穴,未有宗室。

《孟子·滕文公下》记载了古人在非常时期,依据地势高低而窟居、巢居:

> 尧之时水逆行,(略)民无所定,下者为巢,上者为营窟。

当人类处于从事狩猎、渔捞等采集活动的时期,住所是短期使用的,即便不是非常时期,人们仍然利用自然洞穴或在树上堆积柴薪而居。但是,当人类实现定居之后,随着聚落的逐渐形成,就开始营建房屋了。下面就房屋建筑的变迁略作叙述。

首先来看《礼记·礼运》的记载:

> 昔者先王未有宫室,冬则居营窟,夏则居橧巢。

由此可知,巢居未必如《孟子》所记只是一种根据地势高低而选择的居所,也是古人夏季居住的季节性住所。虽然这两种可能性都存在,

---

[1] 杨宽:《古史新探》,中华书局,1965年。

但在地势低洼、易受水灾的地域，橧巢一类的住居有其存在的合理性。例如，在1976年浙江省余姚县发现的河姆渡新石器遗址中，曾发现有高出地面一米多的高床式木造建筑。[1]

有关史前时期木造建筑的实际状态，其具体事例在考古学调查中很少发现。与之相对的是，如果将新石器时代常见的半地穴式房屋建筑包含在内的话，那么在大多数的考古学报告中，都可以看到窟穴居的例证。[2] 根据考古报告，可将仰韶时期的房屋建筑样式分为四个阶段：第一阶段：穴居（汤泉沟H6）（参看图5，杨鸿勋：《仰韶文化居住建筑发展问题的探讨》，《考古学报》1975年第1期）；第二阶段：半穴居（半坡F37→F21→F41，孙旗屯袋穴）（参看图6，杨鸿勋：《仰韶文化居住建筑发展问题的探讨》，《考古学报》1975年第1期）；第三阶段：原始地面建筑（半坡F39→F25→F24、庙底沟F302）（参看图7，杨鸿勋：《仰韶文化居住建筑发展问题的探讨》，《考古学报》1975年第1期）；第四阶段：分室建筑（半坡F1、大河村F1~4）（参看图8，杨鸿勋：《仰韶文化居住建筑发展问题的探讨》，《考古学报》1975年第1期）；四个阶段所包含的房屋形态既有圆形，亦有方形。

方形建筑的出现比圆形建筑要晚。半坡遗址圆形房屋从第二阶段到第三阶段，经历了F6→F22→F3（参看图9，杨鸿勋：《仰韶文化居住建筑发展问题的探讨》，《考古学报》1975年第1期）→F29的推移过程。方形房屋则可分为早期、中期、晚期三类，从半坡遗址来看，早期的特征是房屋呈方形，灶较浅，门道较长；中期的特征是房屋呈长方形，灶加深，门道缩减；晚期的特征是出现了分室的房屋。[3]

---

1. 浙江省文管会、浙江省博物馆：《河姆渡发现原始社会重要遗址》，《文物》1976年第8期。
2. 参见附表1、附表2。"文革"开始后发表的仰韶时期的房屋建筑情况，可参看附表3、图12（河南省博物馆、密县文化馆：《河南密县莪沟北岗新石器时代遗址发掘报告》，《文物》1979年第5期）、图13（西安半坡博物馆、临潼县文化馆、姜寨遗址发掘队：《陕西临潼姜寨遗址第二、三次发掘的主要收获》，《考古》1975年第5期）、图14（河南省博物馆：《河南禹县谷水河遗址发掘报告》，《考古》1979年第4期）。另外，关于建筑技术的分析，杨鸿勋的《仰韶文化居住建筑发展问题的探讨》（《考古学报》1975年第1期）较为详细。
3. 杨鸿勋：《仰韶文化居住建筑发展问题的探讨》，《考古学报》1975年第1期；《新中国的考古收获》，文物出版社，1962年。

第一章 石器时代的聚落

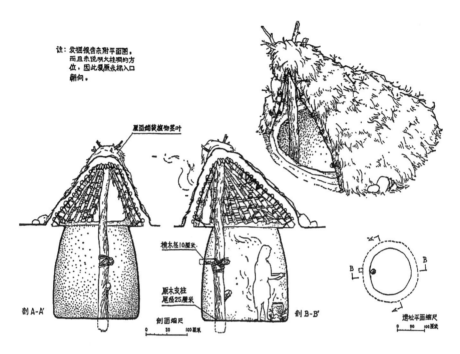

图5 偃师汤泉沟遗址 H6 复原图

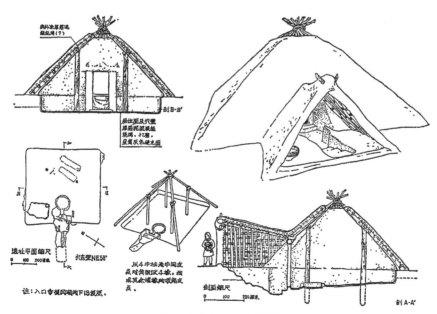

图6 半坡遗址 F21 复原图

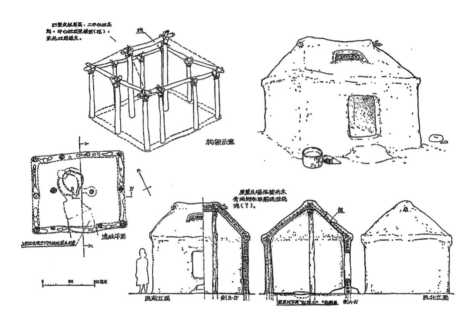

图 7 半坡遗址 F25 复原图

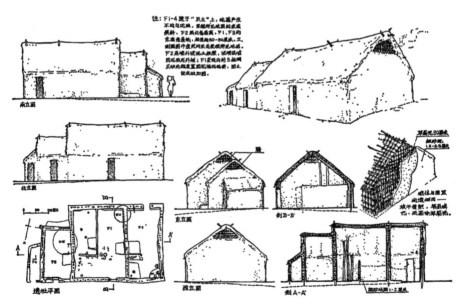

图 8 郑州大河村遗址 F1-4 复原图

第一章　石器时代的聚落　　　　　　　　　　　　　　　　　　　51

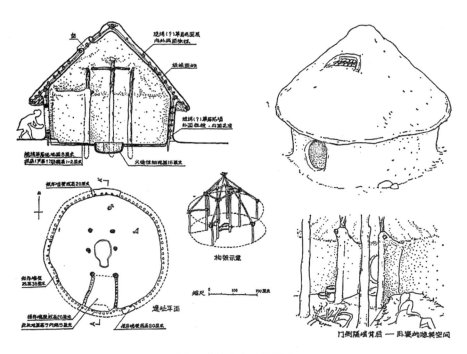

图9　半坡遗址F3复原图

　　接下来看各个房屋的建筑面积，以方形房屋为例，仰韶时期的庙底沟（河南省陕县）、下孟村（陕西省邠县）、王湾（河南省洛阳市）遗址，长宽均为8米×6米，而半坡、北首岭遗址，长宽则为6米×4米，面积有所缩减。进入龙山时期之后，临河及灵宝遗址（河南省）中房屋的建筑面积长宽一般只有3.5米×2.9米，在偃师遗址中长宽为4.2米×2.3米[1]，在殷代的台西村（河北省藁城县）遗址中长宽为4.8米×3米[2]，在西周时期的下潘汪（河北省磁县）遗址中为3.98米×2.47米。[3]由此可见，与仰韶时期相比，龙山时期以降的单室房屋逐渐小型化。

---

1. 阚勇：《元谋墩子新石器时代遗址社会性质》，《文物》1978年第10期。
2. 河北省博物馆、河北省文管处台西发掘小组：《河北藁城县台西村商代遗址一九七三年的重要发现》，《文物》1974年第8期。　河北省博物馆、文管处台西考古队、河北省藁城县台西大队理论小组：《藁城台西商代遗址》，文物出版社，1977年。
3. 河北省文物管理处：《磁县下潘汪遗址发掘报告》，《考古学报》1975年第1期。

从这一现象也可以推测，仰韶至龙山时期正经历着母系制向父系制的转移，大家族逐渐分化成为以直系亲属为中心的单一家庭。

对研究家族制度、经济活动而言，出现时代早、数量多的单室房屋的演变过程十分重要。从以上分析可知，随着时代的推移，单室房屋有着小型化的趋势。同时，与单室房屋并存的多室房屋开始出现，以殷代的台西村遗址（有十四户房屋）为例，在已公布的五户房屋资料中，有三户是二室或三室的房屋。也就是说，遗址中分室房屋与单室房屋混合存在[1]，这应当归因于大家族与小家族的并存，以及阶层分化的出现。

结语

上文主要依据考古学上的成果概括分析了石器时代的聚落，主要介绍了以下几点内容：

（1）关于聚落的选址条件，早期主要选择河岸台地等靠近水源的地方，至新石器时代末期，在远离水源、需要人工灌溉的平野之上也出现了聚落。

（2）关于聚落的结构，在仰韶时期聚落结构的共性很强，较为统一，但到了龙山时期，各个家庭的自立性提高，聚落逐渐呈现出显著的散村化特征。

（3）就房屋建筑来说，仰韶时期单室房屋的规模较大，进入龙山时期之后逐渐小型化，仰韶后期开始出现了分室的房屋。究其原因，估计与家族制由母系制向父系制转变以及阶层的分化有关。

要想对这些问题进行更深入的讨论，必须随时关注今后的发掘调查的进展情况。尽管发掘调查仍有待深入，但既有材料在补充验证传世文献方面已经起到了很大的作用。

---

1. 河北省博物馆、河北省文管处台西发掘小组：《河北藁城县台西村商代遗址一九七三年的重要发现》，《文物》1974年第8期。 河北省博物馆、文管处台西考古队、河北省藁城县台西大队理论小组：《藁城台西商代遗址》，文物出版社，1977年。

第一章 石器时代的聚落　　　　　　　　　　　　　　　　　　　　53

附表 1

遗址名	房基数	文献
辽宁赤峰药王庙	2	《考古学报》1974年第1期
辽宁赤峰夏家店下层	5	《考古学报》1974年第1期
甘肃永靖大河庄（参见图10）	7	《考古学报》1974年第2期
甘肃永靖马家湾	7	《考古》1975年第2期
河南偃师二里头	9	《考古》1975年第5期
河南临汝煤山第一期	2	《考古》1975年第5期
山东东海峪上层	4	《考古》1976年第6期
山东东海峪中层	5	《考古》1976年第6期
山东东海峪（不明）	3	《考古》1976年第6期
辽宁敖汉旗南台地	4（F4圆形双房）	《文物》1977年第2期
（云南元谋大墩子）	15	《考古学报》1977年第1期 《文物》1978年第10期
河南永城王油坊	11	《考古》1978年第1期
河南孟津小潘沟	3	《考古》1978年第4期
甘肃武威皇娘娘台	4	《考古学报》1978年第4期
山东兖州王因	（房基破坏）	《考古》1979年第1期
黑龙江东宁大城子	2	《考古》1979年第1期
吉林农安田家坨子	1	《考古》1979年第2期
河南汤阴白营村	46（晚期）、7（典型）、9（早期，附水井）	《考古》1980年第3期
山西襄汾陶寺	1	《考古》1980年第1期
山西夏县东下冯 该遗址有回字形的内沟（一边长130米）及外沟（一边长150米）	30余（附水井）	《考古》1980年第2期
黑龙江肇源台金宝（青铜器文化）	2	《考古》1980年第4期

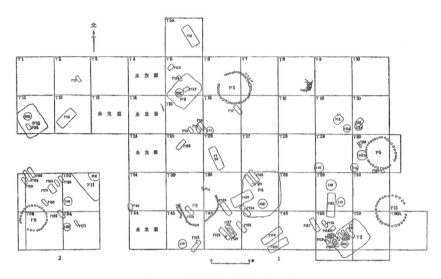

图10 大河庄遗址西部发掘分布图

1. 西区遗址（西南部尚有九个探方，因无遗址未绘）
2. 东区遗址

房基F1-6、10、11

附表2

遗址名	房基数	文献
（殷代）		
江苏铜山丘湾	1	《考古》1973年第2期
河北藁城县台西村	14	《文物》1974年第8期
		《文物》1979年第6期
黑龙江宁安东京城东康	4	《考古》1975年第3期
山西夏县东下冯	1（附水井）	《考古》1980年第2期
江西清江吴城	1	《文物》1975年第7期
湖北黄陂盘龙城	1	《文物》1976年第1期
天津蓟县张家园	1	《文物资料丛刊》一（1977年）
黑龙江东宁大城子	2	《考古》1979年第1期
甘肃永靖莲花台（殷周）	1	《考古》1980年第4期
（西周）		
河北磁县下潘汪（参见图11）	5	《考古学报》1975年第1期
辽宁北票县丰下	18	《考古》1976年第3期
天津蓟县张家园	1	《文物资料丛刊》一（1977年）
陕西岐山礼村	1	《文物资料丛刊》二（1978年）
陕西扶风齐家村	1	《考古》1980年第1期

第一章　石器时代的聚落　　　　　　　　　　　　　　　　　　　　　　　　　　55

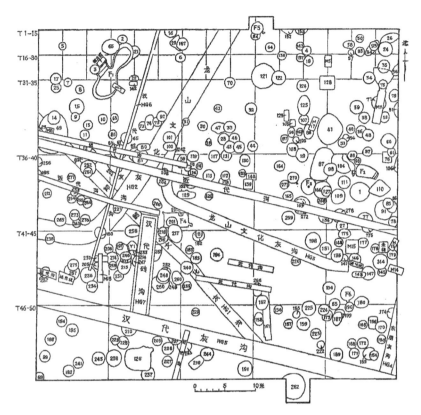

仰韶文化第一类型：
灰坑七（15、29、32、47、70、99、115）
仰韶文化第一类型：
灰坑七（21、69、74、129、140、141、192、202、242）
灰沟一条（HG1）窑址一（Y1）
龙山文化：
房址一座（F1）灰坑十一（20、26、49、62、65、84、94、135、143、186、241）
灰沟二条（HG2、3）
商代灰坑二（121、236）
西周房址五座（F2-6）
灰坑二四二
东周灰坑四（109、165、180、272）
灰沟一条（HG4）
汉代灰坑三（123、128、158）
灰沟三条（HG-7）

图11　下潘汪遗址分布图

房基F1-6

附表3　仰韶时期的房屋建筑

遗址名	编号	形状	房屋规模				门道				炉			柱洞			床	
			长（m）	宽（m）	面积（m²）	墙壁高度（m）	方向	阶梯	长（m）	宽（m）	位置	形状	口径（m）	数	口径（m）	深（m）	形状	铺装
密县莪沟北岗	F2（参见图表12）	近圆形半地穴式（破坏大）	口径2.17-2.2 底径2.12-2.14			（直，光滑）	西南	斜坡阶梯	残长0.4	0.55-0.58				6	0.12-0.3（门道两侧的两根柱子稍大且深）	0.06-0.3	平面	灰白色熟土（东北角为近圆形红烧土）
	F1	方形半地穴式（破坏大）	南北3.4	东西残1.32		残深0.4（直，光滑）											平面	（北部有圆形烧火面）
沈阳新乐下层	F1	长方形（不规则圆角）半地穴式	南北5.2	东西4.6		深0.4	南	有阶梯遗迹			中间（2处）	椭圆形	第一个：长0.63，宽0.35，深0.15；第二个：长0.41，宽0.30，深0.06	（未见）			平面	（西南角有烧土）

续表

遗址名	编号	形状	房屋规模				门道				炉			数	柱洞		床	
			长（m）	宽（m）	面积（m²）	墙壁高度（m）	方向	阶梯	长（m）	宽（m）	位置	形状	口径（m）		口径（m）	深（m）	形状	铺装
宝鸡北首岭中层	F3	正方形半地穴式（北偏北82°）	9.4×9.4		88.26	残高0.7（料礓石浆之上加上草拌泥）	东	斜坡状凸	2.5	约0.7	与门道相对	桃形（口大底小）	口径：东西1.42，南北1.2，底径：东西0.92，南北0.59，深：0.84	4（四隅）	0.5-0.6	1	平面	草拌泥与料礓石浆
临潼姜寨（姜寨中最大）	F1	方形	南北11.70	东西10.55	124	东残0.04-0.22西残高0.03-0.17南残高0.08-0.3北残高0.06-0.24（火烧草泥土）	西	斜坡直形	4	1.4	门内3m	圆形	内径1.25，外径1.75，深0.50	13	（房内柱）0.25	（房内柱）0.30-0.32	平面	草泥土（经火烧）

续表

遗址名	编号	形状	房屋规模				门道				炉			柱洞			床	
			长（m）	宽（m）	面积（㎡）	墙壁高度（m）	方向	阶梯	长（m）	宽（m）	位置	形状	口径（m）	数	口径（m）	深（m）	形状	铺装
	中型（参见图12）	方形圆角半地穴式	南北5.74	东西5.44	31.2	深0.48—0.56	西	凹槽状	外门0.48 内门1.04 门坎南北0.72 东西0.14	外门0.52 内门1.08	内门0.74	圆形	内径0.90 外径1.18 深0.14	6	0.16—0.26	0.45—0.90	平面	（低温火烧）
	F14（同小型）	方形圆角半地穴式	南北3.88	东西3.68		深0.4—0.64（火烧草泥土）	西	斜形	1.15 坎0.15—0.20	0.6	内门0.6m	圆形	内径0.74 外径1.4 深0.08	7	东壁0.16 内洞0.06 其他0.07—0.13	东壁0.24 内洞0.20 其他0.16—0.25	平面	粘土与料浆石（经火烧）
郑州大河村（参见图8）	F1	长方形，F1—F4为地面上的连续建筑	南北5.2	东西4		东西北高0.5—1，南高0.26（草拌泥、细砂泥）	东北	无	门限北0.5 东高0.15—2宽0.2	北0.5 东0.7	西北角	长方形（地上火池）	东西0.7 南北0.5	3	0.16—0.25	0.12—0.20	平面	白灰粗砂硬面，红烧土

续表

遗址名	编号	形状	房屋规模				门道				炉			柱洞			床	
			长(m)	宽(m)	面积(m²)	墙壁高度(m)	方向	阶梯	长(m)	宽(m)	位置	形状	口径(m)	数	口径(m)	深(m)	形状	铺装
	F2		南北5.39	东西2.64		高0.05—0.74						烧土台3		1	0.11—0.15			
	F3		南北3.70	东西2.1			北	无	门限0.1 高0.19	0.5		烧土台1						
	F4		南北2.57	东西0.87														
禹县谷河二期(见图14)	F1	长方形	北壁2.5 西壁3.15 东壁2.5			(草拌泥)					西壁	圆形	径0.75 深0.15				平面	细砂草拌泥、红烧土
	F2	长方形	北壁2.5 西壁3.15 东壁2.5															
	F3	(长方形)	(不明)								东壁	圆形	径0.75 深0.15					料礓石浆、红烧土

1. 河南省密县莪沟北岗遗址（《文物》1979年第5期）
仰韶文化的发源地。有6座房屋遗址，半地穴式。
（5935B.C.±480年）

2. 辽宁省沈阳新乐下层遗址（《考古学报》1978年第4期）
屋内西北角有竖穴，长0.5m，宽0.4m，深0.35m。西南角有烧土堆积。房址以北10m有直径0.7m、深0.15m的火膛，距火膛1.2m有小坑，直径0.36m，深0.05m。
（4850B.C.±145～4195B.C.±120年）

3. 陕西宝鸡北首岭中层遗址（《考古》1979年第2期）
F3为北首岭遗址中规模最大的房址。其东北角有高0.13m、长2.6m、宽1.5m的小平台。北首岭今存7座房址，但几乎都破坏殆尽。F3为其中最大的房屋。还有袋状灰坑6个，有土路。房屋有自身的次序（参见本文）。若炉中陶罐位于坑东部的话，则门道朝西。
（据树林校正：3795B.C.±110年，5150B.C.±140年）

4. 陕西临潼姜寨遗址（《考古》1975年第5期，《文物》1975年第12期）
有九十余座房址。房屋有自身的次序（参见本文）。房址F1墙壁（西、北两面）厚0.15m。
（半坡类型）

5. 河南省郑州大河村遗址（《考古》1973年第6期）
有四座连续的分室房屋。在F1的南壁内侧另有墙壁（南北3.7m，东西0.88m）。
（3685B.C.±125～3075B.C.±100年）

6. 河南省禹县谷水河二期遗址（《考古》1979年第4期）
有三座连续的分室房屋。以鹅卵石为础石，上立木柱。础石间隔0.3m。
（仰韶晚期）

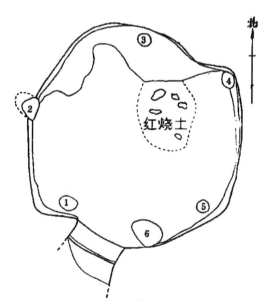

图12　莪沟北岗遗址F2图

第一章 石器时代的聚落

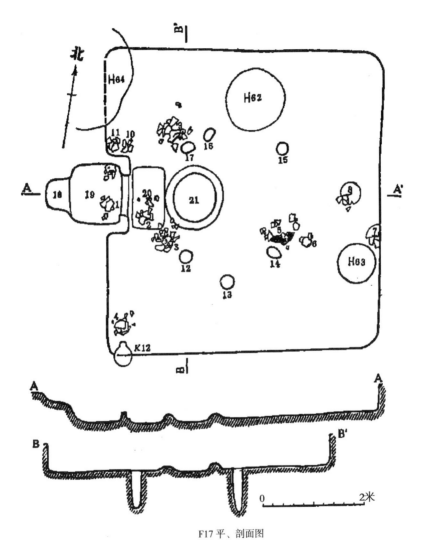

F17 平、剖面图
1-11：陶器，12-17 房内柱洞，18：外门道，19：内门道，20：内凹平台，21：圆形灶坑
图 13 姜寨遗址 F17 图

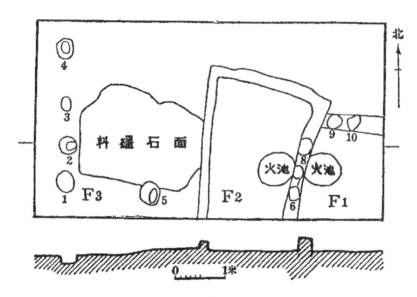

房基F1、F3平、剖面图
1-5：柱洞；6-10：鹅卵石
图14 谷水河遗址F1-3图

第二章

中国古代的聚落形态

前言

关于汉代的聚落形态,目前有两种观点,或认为是集村型的城郭都市,或认为已经形成小规模的自然村。前一种观点的代表人物是宫崎市定氏,后一种观点可以上溯至冈崎文夫氏。[1]根据宫崎氏的研究,后一种观点中所谓的散村的出现,与三国以降"村"制的形成较为相合。[2]

中国的地方行政组织在某种程度上成为具有现实意义的制度,并见诸文献记载的年代,始于战国,尤其是秦汉时期之后。不过,尽管有文献涉及了地方行政组织,但在具体的实施方面仍然存在很多不清楚的地方,其中之一就是刚刚谈到的聚落形态的问题。宫崎氏所主张的都市国家论,不仅仅局限在对聚落形态的讨论上,与他的宏大的中国古代史的理论结构有着密切的关系。[3]不过,如果将问题集中到聚落形态的变迁之上的话,我们认为他所提出的散村出现于三国时期之后的观点存在不少疑问。

关于这个观点,我曾经表示过怀疑,认为在汉代应该已经出现了一些没有城郭的、小规模的聚落形态,即所谓的散村。[4]只是当时我思考的问题局限在汉代,提出汉代存在小规模的聚落,而没有触及散村起源的问题。现在我想专门就这个问题再略作一些不成熟的讨论。

一、落

《管子·轻重乙》篇记载了这样一件事:

---

1. 拙稿:《漢代における里と自然村とについて》,《東方学》38,1969年,收入本书。
2. 宫崎市定:《中国における村制の成立—古代帝国崩壊の一面—》,《東洋史研究》18-4,1960年;《宫崎市定全集》7,岩波书店,1992年。
3. 宫崎市定:《中国上代は封建制か都市国家か》,《史林》33-2,1950年;《宫崎市定全集》3,岩波书店,1991年。
4. 拙稿:《漢代における里と自然村とについて》,《東方学》38,1969年,收入本书。

> 崇弟、蒋弟、丁惠之功,世吾岁罔,寡人不得籍斗升焉,去菹莱、咸卤、斥泽、山间、堰壃,不为用之壤,寡人不得籍斗升焉,去一列稼缘封十五里之原,强耕而自以为落,其民寡人不得籍斗升焉,则是寡人之国五分而不能操其二,是有万乘之号,而无千乘之用也。

这是齐桓公对当时尚未成为征税对象的崇、蒋、丁惠等诸侯领地以及菹莱、咸卤、斥泽、山间、堰壃等荒地的叙述,指出人们"强耕而自以为落"。

这些不属于征税对象的地域,占据了齐国的五分之二。虽然目前很难知道"强耕而自以为落"的地域规模究竟有多大,但齐桓公将其与崇、蒋、丁惠等诸侯的领地并提,说明其地域一定相当广阔,其上形成了很多新的居住地,聚落的数量众多。

引文中的"落"指的是在国家征税对象之外的新兴聚落,由此可知,在当时受到国家控制的生活圈之外,还存在着相当多的新居民。那么,国家与新兴聚落之间关系如何,旧有聚落与新兴聚落之间的关系如何,以及这些关系对当时的政治控制体制、社会结构都产生了哪些影响,都是需要进行探讨的问题。

关于"强耕而自以为落",根据郭沫若氏的解释,指的是人民在边境地区耕作,自然而然地形成了部落,而又尚未向国家缴纳税收。他谈到,古代的国境地带有封疆林,随着人口的增加和农业的兴盛,人们不断地采伐树林、开辟耕地,这些新耕地的出现,应当影响到了古代的井田赋籍制度,使其发生了变化。[1]

这一观点指出"落"的出现是井田赋籍制发生变化以至最后崩溃的起因。不受旧有体制控制的人群的出现,以及他们对范围广大的地域的占有,使得国家需要将他们编入原有的控制体制之中。当然,借此机会,新兴聚落的人们在开辟耕地的位置、税收形态等方面也在竭力谋求新的政策(包括耕地私有权的扩大、改收实物地租等)。

---

1. 郭沫若等:《管子集校》,科学出版社,1956年,第1245—1246页。

在讨论中国古代聚落形态的变迁这个问题时，从相关程度来看，控制体制的变化是一条可以深入分析的线索。下面先来对"落"略作分析。

"落"的性质

《汉书·赵充国传》中见有"聚落"一词：

> 兵至罕地，令军毋燔聚落、刍牧田中。罕羌闻之，喜曰："汉果不击我矣。"

《汉书·鲍宣传》见有"部落"一词：

> 部落鼓鸣，男女遮迣六亡也。

《后汉书·南蛮传》也见有"部落"一词：

> 其山有六夷七羌九氐，各有部落。

另外，《后汉书·应劭传》记有"庐落"一词：

> 无君长之帅，庐落之居。

《后汉书·孙期传》中则见有"里落"一词（《东观汉记》"建武十五年条"中的"里落"含义与此同）：

> 家贫，事母至孝，牧豕于大泽中，以奉养焉，远人从其学者，皆执经垄畔以追之，里落化其仁让，黄巾贼起，过期里陌，相约不犯孙先生里。

关于这些包含"落"字的词汇的具体含义，以《后汉书·仇览传》

所记载的"庐落"一词为例：

> 吾近日过舍，庐落整顿。

李贤注曰："《广雅》曰：落，居也。案今人谓院为落也。"说明"落"指的是院落、房舍。不过从上面所引的聚落、部落、庐落、里落等词来看，由"落"字所组合成的语汇，大多包含聚落的意思，这是没有疑问的。

在这些散见于《汉书》《后汉书》的包含"落"字的词语中，《汉书·赵充国传》的"聚落"指的是罕羌的居所，《后汉书·南蛮传》中的"部落"也是指氐羌的居所。见于《后汉书·应劭传》的"庐落"一词，其"庐"字在当时有着小聚落、散村一类的含义；《后汉书·孙期传》的"里落"，从字面上看，指的是有浓郁乡土气息的僻远乡村的风景。当然，"聚落"一词，如《汉书·沟洫志》所载贾让奏言的治水三策中记载的那样，指的可能是与城郭密切联系的存在体。贾让说：

> 赵、魏亦为堤，去河二十五里。虽非其正，水尚有所游荡。时至而去，则填淤肥美，民耕田之，或久无害，稍筑室宅，遂成聚落。大水时至漂没，则更起堤防以自救，稍去其城郭，排水泽而居之，湛溺自其宜也。

结合上下文来看，本段文字中的"聚落"实际上是对新兴聚落的称呼。再来看《后汉书·冯鲂传》的记载：

> 颍川盗贼群起……攻围县舍……力战连日，弩矢尽，城陷，鲂乃遁去。帝闻郡国反，即驰赴颍川……使鲂转降诸聚落，县中平定。

这段文字中，可以用"城"来代称"县舍"，而要降服群盗，则需平定县内的"聚落"。此处县城与"聚落"组合出现，"聚落"这一称呼指的是群盗所居的村落。

颖川郡中滋生数量众多（群盗三千人）的叛乱者的"聚落"，很难认为是指经济上较为安定的都市。

现在十分明确的是，以上提到的带有"落"字的聚落名称，往往用于指代地方上的小聚落和自然村。《说文解字》释"落"曰：

> 凡艸曰零，木曰落。

乃树叶枯落之意。从《管子·轻重乙》篇对"落"的形成过程的描述来看，"落"的字义与《说文解字》的释义也相通，旧有的居住地"邑"相当于树干，新派生出来的聚落相当于簌簌飘落的树叶，所以"落"字可以引申出这个含义。

《管子·山权数》篇记曰：

> 管子曰：请立币，国铜以二年之粟顾之，立黔落，力重，与天下调。

讲的是要铸造铜钱，先设"黔落"。关于"黔落"的意思，张佩纶认为"黔"为"廛"之误，依据《广雅释诂》，"廛落"指的是居所。对此，孙毓棠氏指出，黔落为"政府所设以施轻重之廛屋"。郭沫若氏则认为是冶铜铸币的地方，与市廛无关，"鼓铸必多用燃料而成聚落，故称其地为黔落欤"。[1]

以上诸说中，"黔"为"廛"之误的观点，虽以字音相通来立论，但证据较为单薄，而郭沫若氏的说法也较为模糊。"黔落"的含义当以安井息轩的解释较为自然，他说："黔，黔首谓民，落村也。"[2] 若依此说，则黔落之"落"，是对新设立的货币铸造的聚落的称呼。

---

1. 郭沫若等：《管子集校》，科学出版社，1956年，第1293页。但是，此集校本将这条材料改写为："管子曰：请立币，国铜以二年之粟顾之，立黔落，施（轻）重（'施'本作力，又无'轻'字），与天下调。"
2. 安井衡（息轩）《管子纂诂》曰："立币谓铸钱。顾，雠也。黔，黔首，谓民。落，村也。以二年所收之粟，雠国铜，别立民村，以铸钱。我权力既重，乃与天下，调剂钱谷百货。"

"落"的形成

那么，被称为"落"的聚落，又是如何形成的呢？《管子·山权数》篇记载的"黔落"是由国家设立的，较为特殊，而《管子·轻重乙》篇记载的聚落则完全是农民通过自身的努力在新开辟地区形成的。

这种开拓荒野的行为，《管子·权修》篇记曰：

> 地博而国贫者，野不辟也……末产不禁，则野不辟……野不辟，民无取，外不可以应敌，内不可以固守。

将荒野的开拓看作是国家的紧迫任务。《管子》的编纂很多是汉代完成的，其不少内容反映了秦汉时期的情形。不过，对于新开辟地区，孟子也很关注，《孟子·离娄章句上》记载：

> 孟子曰："……故善战者服上刑，连诸侯者次之，辟草莱任土地者次之。"

在孟子所指责的三类不行仁政而富的人群中，居首位的是善战者，其后有追求财富之人。值得注意的是，他认为草莱（即荒野）的开拓为富国之道，遂与善战者（兵学者）、连诸侯者（纵横家）并列提出。

战国时代的秦国，控制郡县制下的农民并征收税收，以之作为专制君主的经济基础。当这些收入仍不能满足需要时，就会采取徕民来开拓"陵陂丘隰"的办法作为补充。[1] 由此可知，从春秋末年开始到整个战国时代，为政者越来越关注荒地的开发。春秋末期开始，各邑之间境界意识日趋增强[2]，也与为政者强烈地意识到荒野开发的重要性息息相关。

不论是人民还是为政者，都意识到要开拓荒地，随之而来的当然是刺激了"落"一类新兴聚落的形成。根据《管子·轻重乙》篇的记

---

1. 增渊龙夫：《先秦时代の山林薮沢と秦の公田》，《中国古代の社会と文化》，东京大学出版会，1957年；《中国古代の社会と国家》，弘文堂，1960年，第274页。
2. 据《左传》记载，以文公元年"秋，晋侯疆戚田"为发端，此后散见有整理疆界，即"正其界"的记载。

载，新形成的"落"大多不在征税的范围内。由农民自发开垦、聚居而形成的"落"，与当时人们的自然流动、迁徙关系紧密。春秋末期以来由于分族、分邑、别县、宗法制的涣散等多种因素引发的邑的细分及其性质的改变[1]、由于铁制农具的出现等因素引起的灌溉及生产技术的发展、私有土地的扩大、春秋末期至战国时期流民的大量出现[2]、频繁出现的各种天灾[3]以及人口的自然增长等因素，是新兴聚落不断派生的大背景，促使农村的面貌发生了巨大的变化。

在新开辟地区不断扩大的过程中，也许还接受了周边地区（南方、西南方）散居、无城郭等习俗的不少影响。同时，农村发生的这些变化，与当时家族形态的改变有着密切的关系。战国时期出现了很多新的变化，诸如商业活动的发达，人才登用的自由，田地经营和财产管理刺激了个人占有的欲望，财产的分割使得个人财产零细化，以直系亲属为中心的单一家族的分化析出等。[4]

当然，以上情况的出现并不仅限于春秋末至战国时期。不过，如下文所述，战国时期的聚落，包括聚、邑、庐等，其形态发生了很大的变化。

上文分析了以《管子·轻重乙》篇所见的"落"为中心的新兴聚落，下面我想再通过聚、乡、邑来讨论聚落形态的变迁。

二、聚、乡、邑

继公元前361年的改革之后，公元前350年商鞅在秦国推行了第二

---

1. 松本光雄：《中国古代社会に於ける分邑と宗と賦について》，《山梨大学学芸学部研究報告》4，1953年；五井直弘：《春秋時代の県についての覚書》，《東洋史研究》26-4，1968年；五井直弘：《春秋時代の晋の大夫祁氏・羊舌氏の邑について—中国古代集落史試論—》，《中国古代史研究》3，1969年。
2. 叶玉华：《战国社会的探讨》，《中国的奴隶制与封建制分期问题论文选集》，三联书店，1956年，第108—111页；增渊龍夫：《中国古代の社会と国家》，弘文堂，1960年，第276页。
3. 五井直弘：《後漢王朝と豪族》，《岩波講座世界歴史》4，岩波書店，1970年，420页。
4. 守屋美都雄：《漢代の家族》，《古代史講座》6，学生社，1962年；《中国古代の家族と国家》，东洋史研究会，1968年，等409—410页。

第二章 中国古代的聚落形态

次政治改革：

① 并诸小乡聚集，为大县，县一令，四十一县。(《史记·秦本纪》)

② 而集小都乡邑聚，为县，置令丞，凡三十一县。(《史记·商君列传》)

当时，他将诸小乡、(都)、邑聚等合并设县。[1] 所设的县由中央派遣的官员"令"来管理，即"县一令"。县是春秋时期开始出现的特殊的聚落形态，而商鞅变法确立了新的地方行政制度，起到了强化君权的改革目的。将乡、邑、聚等各种聚落形态进行再编、统合，归整为县一级的行政区划，并建立了县令等官僚体制。

但是，关于商鞅变法的这个举措，西嶋定生氏认为其目的在于瓦解旧有的宗族秩序，"将小聚落中的人集中起来，并不代表将这些聚落都纳入到县的范围之内"。这些县是"新设置的新邑"。[2] 另外，李亚农氏也有类似观点，认为改革的目的在于切断一直存在的农奴和领主之间的人身关系，他说："商君把集聚和都邑，通通集中到县城中去了"，指出改革是要将居住于各地的人们全部集中到县城之中。[3]

如果这一观点正确的话，那么可以说以商鞅改革为分界线，秦国的聚落发生了巨大的变化。但是，若为了破坏旧的秩序体制，而在全民中推行徙民政策，迫使人们移居他处，这么宏大的事业，即便是当时秦国的中央集权已经相当发达，恐怕也是不太可能实施的吧。另外，当时将这种徙民政策作为十分紧迫的改革措施提出来似乎也不现实。

---

1. 见于《商君列传》的"都"字不见于《本纪》。王念孙《读书杂志》卷三认为"都"字的存在有疑问。但是，"都"也是诸侯一族的分邑，其规模比国要小，比其他的邑要大（参见上引松本光雄著作；另参见金景芳：《中国奴隶社会的几个问题》，中华书局，1962年，第4页）。本章认为都应当与邑并列，《本纪》有省略。这两条材料分别记载了三十一县与四十一县，关于县数上的差距，《史记会注考证》指出《本纪》的古抄本亦作"三十一"，此"三十一"之数与《六国表》也相一致。
2. 西嶋定生：《中国古代帝国の形成と構造》，东京大学出版会，1961年，第535—562页。
3. 李亚农：《中国的封建领主制和地主制》，上海人民出版社，1961年，第142—143页。

换言之，若想破坏旧有的地域秩序，除了徙民政策之外，难道没有其他更好的办法了吗？所以说这种看法很有问题。上一节对这个问题其实已经有所探讨，我们认为与地域社会相关的变革，未必需要采取如此激进的、由国家权力主导的大徙民政策。作为地方行政制度及行政区划的县制之所以得以施行，原因在于施行县制的地域社会及聚落本身发生了变化，已经先行朝着县制行进了。

曾我部静雄氏曾谈到，前引的商鞅改革的第②条史料当读为"集小都乡邑、聚"，其中的"聚"当读为"聚集"。¹但是，从史料①的内容来看，"聚"应是聚落的省称，在后述的《管子·乘马》篇中，称二十五社为"聚"，《汉书·平帝纪》则记载"乡曰庠，聚曰序"，可见"聚"与乡并列，都是对聚落的称呼。商鞅改革中所列举出的拟行县制的对象包含有乡、邑、聚，这三者应是当时代表性的聚落名称，因此在本节接下来的部分，我们来讨论它们的各自形态及变迁过程。

聚

在商鞅改革所提到的聚落名称中，如下文所述，乡、邑都有着悠久的历史，史料十分丰富。而最后列举的"聚"与乡、邑不同，至少在战国之前形成的历史文献中，不见有作为"聚落"这个含义使用的辞例。

《史记·五帝本纪》记载舜的事迹是说：

> 一年而所居为聚，二年成邑，三年成都。

守屋美都雄氏通过对"社"的研究，指出社－蔇－欑－纂－蒩－丛－聚之间是相互关联的，古代的原始部落集团，在占取一定的地域并在该地域开展聚居生活之时，用"聚"字的发音来称呼这种聚居行为以及聚落本身。²但是，在战国之前，用"聚"字来指代聚落的用法并不常见。

---

1. 曾我部静雄：《中国及び古代日本における郷村形態の変遷》，吉川弘文館，1963年，第38页。
2. 守屋美都雄：《社の研究》，《史学雑誌》59-7，1950年；《中国古代の家族と国家》，東洋史研究会，1968年，第278—283页。

第二章 中国古代的聚落形态

同时,"聚"字在指代聚落时,其原义与乡、邑的意思存在一些差异。所以,首先需要仔细分析这个问题较多的"聚"。

关于"聚",《说文解字》曰:

> 聚,会也,从乑,取声,一曰邑落曰聚。

段玉裁注曰:"按邑落谓邑中村落。"又,唐张守节在《史记·秦本纪》商鞅改革中的"小乡聚"下解释称:"万二千五百家为邻,聚犹村落之类也。"根据这些解释,"聚"为村落一类的聚居区。

显然,段注中所见的"村落"是清代的用语,但"村落"一词最初见于《三国志·魏志·郑浑传》和《三国志·魏志·东沃沮传》,已有学者以这些史料和相关信息为线索,论述了所谓的三国以降自然村方才出现的问题。[1]

"村"字的使用始于三国时期,这是目前可以确定的,但与"村"字连用的"落"字,前文已经指出,在战国时期已经出现,其字义也与"村"字没有十分显著的区别。后文谈到,《说文解字》所说的"邑落"中的"邑"字,在汉代有时可作"落"的同义字使用。因此,根据"邑落"的含义,可以推测出所解释的"聚"的实态。段注"邑中村落"的解释,则太过拘泥于"邑"的本义了。

《史记·苏秦张仪列传》记载:

> 禹无百人之聚,以王诸侯。

"百人之聚",《汉书·枚乘传》作"十户之聚",颜师古注曰:"聚,聚邑也。"如然,则此处的"聚"也指代聚落,而按《汉书·枚乘传》的说法,称为"聚"的地方只有十户人家。

---

1. 宫崎市定:《中国における村制の成立—古代帝国崩壊の一面—》,《東洋史研究》18-4,1960年;《宮崎市定全集》7,岩波书店,1992年。宫川尚志:《六朝時代の村に就いて》,《羽田博士頌寿記念東洋史論叢》,东洋史研究会,1950年;《六朝史研究》,日本学术振兴会,1956年,第595页。

《管子·侈靡》篇中见有"千聚"一词：

> 百盖无筑，千聚无社，谓之陋，一举而取天下有事之时也。

百盖指百户，千聚指千户之聚，都是居住人家的集合体。但据此条文献，这些聚居区内甚至连版筑（家室的土墙或各家周围的围墙）和聚落的象征"社"都没有。丁士函注曰："百盖犹百室与？千聚疑当为十聚"，认为"千聚"实为"十聚"，并依据《管子·乘马》篇的记载，指出"一聚积二十五暴，当有二十五社，无社，焉得不谓之陋，若作千聚，恐无比大也"，申述了不可能作"千聚"的理由。[1]

当然，千聚也未必不能理解为它的本义，指有千户人家的大聚落，但如果是千户的聚落，却连一社都没有，则难以置信，丁士函的十户左右聚落的说法也许更为可信。《管子》中指代聚落的词语，常用的是乡、邑、里等，但此处却改用"聚"，而这个"聚"，又与"无社"相互关联。

《后汉书·光武帝纪》记载有戏阳聚、东阳聚，注释中标明了故城的位置；"垂惠聚"下的注解说它一名礼城；"桃城"的注释又称其为"桃聚"。宫崎市定氏征引了东汉时期的这些例证，指出"聚"也是有城郭的。[2] 那波利贞氏曾做过研究，与《汉书·地理志》相比，《续汉书·郡国志》中带有"聚"字的地名多达五十五处，大约是《汉书》的八倍，[3] 而这些地名中又有很多可以上溯至春秋时期。

但问题是，《续汉书》所记的带有"聚"字的地名，是从何时开始加上了"聚"字的呢？关于这一点，需要注意东汉时期对地方区划的称呼，从王莽时代开始，在很多的地名上重新加上了乡、聚等称呼。

> 郡县以亭为名者三百六十。（《汉书·王莽传中》）

---

1. 郭沫若等：《管子集校》，科学出版社，1956年，第595页。
2. 宫崎市定：《中国における聚落形態体の変遷について》，《大谷史学》6，1958年；《宫崎市定全集》3，岩波书店，1991年。
3. 那波利贞：《塢主攷》，《東亜人文学報》2-4，1943年。

东汉时期重新称为"聚"的聚落,其含义与"聚"本来所代表的散村形态之间可能已经有所差异。对东汉时期"聚"的意义还需要再做讨论。

通过以上分析可知,"聚"是相对较新的聚落名称,与上节分析的"落"有着相同的性质,其原因在于"聚"与"落"的出现过程估计比较近似。下面再来分析乡和邑。

乡

"乡"字见于甲骨卜辞,字形为"🈁"或"🈁",像人们会食之形。[1] 依据字形的含义,杨宽氏提出乡起源于周代"共同饮食的氏族聚落"。[2]《说文解字》则曰:

> 乡国离邑,民所封乡也。[3]

段玉裁注曰:"国之离邑,民所封乡也。刘成国亦曰:'乡者,向也。民所向也。'其字从𨛜、皀声,从𨛜省,言其居之相邻也。"将"乡"解释为"离邑"。[4]

从卜辞和《说文解字》对"乡"的解释,可知其字义由共同生活的族群体转化为地方上的邑、聚落。"乡"字虽然还有"嚮""饷"等字义,但在这里我们只来看表示居所、地域的用例。《诗经》关于这个含义的用例虽少,但仍有以下几处:

> 《鄘风·桑中》:爰采唐矣,沬之乡矣。
> 《小雅·采芑》:薄言采芑新田,于此乡中。
> 《商颂·殷武》:维女荆楚,居国南乡。

---

1. 杨宽:《乡饮酒礼与飨礼新探》,《古史新探》,中华书局,1965年,第89页;田倩君:《释卿乡飨》,《中国文字丛释》,1968年,第102—104页。关于"乡"字的产生过程,一说由卿转化为乡(杨宽说),一说由乡转化为卿(田倩君说)。
2. 杨宽:《乡饮酒礼与飨礼新探》,《古史新探》,中华书局,1965年。
3. 关于《说文解字》中的《民所封乡》,段玉裁注曰:"封犹域也,乡者今之向字,汉字多作乡,今作向,所封谓民域其中所,乡谓归往也。"孙诒让氏认为"封"为"对"之误(《籀庼述林》卷10《与海昌唐端天文学论说文书》)。
4.《经韵楼集》卷12《与黄绍武书论千里第三札》。

《毛传》释"沬之乡"曰："沬，卫邑"，认为乡等同于邑；又释"中乡""南乡"曰"乡，所也"，认为乡指代面积广大的场所。《诗经》中，除了乡之外，表示居所、地域的词语还有野、郊、邑、里等。其中，邑指代都城，如"作邑于丰"（《大雅·文王有声》）、"于邑于谢"（《大雅·崧高》）、"商邑翼翼"（《商颂·殷武》）等。"里"指代居宅、居所等比较具体的地方，如"我里"（《国风·郑将仲子》）、"蹶之里"（《大雅·韩奕》）等。与之不同，"乡"和"野""郊"二词相同，指代的是较为模糊的地域概念。

不过，从《国语》《论语》《春秋左氏传》《战国策》《周礼》开始，春秋战国时代以降的文献中的"乡"所指的居住地区越来越具体。可以列举出的含有"乡"的词汇丰富多样，可兹列举的有："乡里"（《国语·齐语》《战国策》之《秦策一》与《齐六》《周礼·党正遗人司谏》）、"乡长"（《国语·齐语》）、"州乡"（《国语·楚语下》）、"乡党"（《论语》之《雍正》《乡党》《子路》等篇）"乡人"（《论语》之《乡党》及《子路》等篇《春秋左氏传·昭公十二年》）、"乡正"（《春秋左氏传·襄公九年》）、"乡校"（《春秋左氏传·襄公三年》）、"乡曲"（《战国策·秦一》）、"穷乡"（《战国策·赵二》）、"乡邑"（《战国策·魏二》《周礼·太宗伯朝士》）、"六乡"（《周礼·大司徒》）、"乡师"（《周礼·乡师》）、"乡大夫"（《周礼》之《乡大夫》《州乡》）、"乡吏"、"乡老"、"乡射"（《周礼·乡大夫》）、"乡州"（《周礼·天府》）、"乡遂"（《周礼·大司马》）、"乡刑"（《周礼·大司寇》）、"乡士"（《周礼·乡士》）。就其中《战国策·秦策一》所记载的"乡曲""乡里"来看：

> 卖仆妾售乎闾巷者，良仆妾也；出妇嫁乡曲者，良妇也。
> 故卖仆妾不出里巷而取，良仆也；出妇嫁于乡里者，善妇也。

此处的"乡"指的是闾巷、里巷，即小聚落。

根据《周礼·乡遂》的记载，乡有一万两千五百户，规模较大。因此，在前揭提到的商鞅改革中的"小乡都邑聚"等词中，除去《国语》所载的"州乡"之外，"乡"字经常冠于里、邑、党之前，构成词汇。就

"州乡"来说，文献中比闾、族党、州乡三词按固定次序排列，可知"乡"的规模比"州"更大。比较而言，"乡"一般用来指代大于里、邑、党、聚的地域范围。

从"乡射礼（军事训练）"、"乡饮酒礼（议会[1]）"等词可知，"乡"具有古老聚落的含义。到了后世，乡射、乡饮演变为一种国事活动，而"乡"的字义，亦如"乡遂"一词所揭示的那样，逐渐指代更大的地域范围了。

不过，"乡"的原义指的是会食的情形。如邑、国等字一样，乡虽然用于表示广大的地域，但其本义仍然存在，承载着同乡之间深厚的情谊。《孟子·滕文公上》记曰：

死徙无出乡，乡田同井，出入相友。

《韩非子·有度》：

故民不越乡而交，无百里之感。

由这两条史料可见，"乡"仍然用于指代闾里、里巷一类日常生活的场所。

曾我部静雄氏曾指出，《战国策》中不见有"乡"字，原因在于进入战国之后，与春秋时期弱小群雄的争战不同，所争夺的地盘不再是乡、里一类的面积较小的土地了，同时，未见"乡"字也意味着战国时期县一级行政区划的普及。[2]但是，如前文所引，"乡"字在《战国策》中实际上出现了很多次。县的设置，虽然可以上溯至商鞅改革，但认为其作为一级地方行政区划已经普及的观点，还值得商榷。

春秋战国以降，"乡"代表的地区越来越具体，但作为地域概念，仍然较为宽泛。接着来看"邑"。

---

1. 杨宽：《试论西周春秋间的乡遂制度和社会结构》，《古史新探》，中华书局，1965年，第144页。
2. 曾我部静雄：《中国及び古代日本における郷村形態の変遷》，吉川弘文馆，1963年，第30、36页。

邑

"邑"的本义，如其字形——🦴所示，表现的是在城郭或土垒的下方，有人在城内或地下穴居中跪坐的形态。[1] "邑"的字义，若从强调存在城郭的角度来看，则与所谓的中国古代都市国家论有所关联。但是，从文献中所见的邑的形态来看，有"十室之邑"（《论语·公冶长》《春秋谷梁传》庄公九年）、"百室之邑"（《春秋左氏传》成公十七年、《春秋谷梁传》庄公九年、《吕氏春秋·顺民》）、"千室之邑"（《论语·公冶长》）、"万家之邑"（《战国策·赵二》）、"万室之邑"（《商君书·兵守》）等，规模不一，大小不等。

其中千室（户）、万家之邑，其规模与《尚书》之《周武成》《康诰》《召诰》等篇所见的"大邑"或《战国策·赵一》中的"城市之邑"相当，指代带有城郭的大聚落，可能已具都市之形态，但十室、百室之邑，应当与都市不同，指代更自然地形成的聚落形态（或无城郭）。

这样来看，邑也是大小不一、形态各异的。张荫麟氏曾就此谈到，在周代"人民聚落的地方通称曰邑，邑可分为两大类，有城垣的和没有城垣的"，认为有城郭与无城郭之邑并列存在。[2] 李亚农氏也曾就《论语》中的"十室之邑"谈到，"这不是设防城市而是邑落，也就是部落的意思"，同样认为是无城郭之邑。[3] 杨宽氏指出，周代的聚落中，百家、千家者较为少见，而"所谓十室之邑，该是当时最普遍的小村社"，认为十户左右的聚落最为常见。[4] 另外，齐思和[5]、李亚农[6]、徐中舒[7]、王仲荦[8]

---

1. 贝塚茂樹：《中国の古代国家》，アテネ文庫，1953年，第20页；徐中舒：《试论周代田制及其社会性质》，《中国的奴隶制与封建制分期问题论文选集》，三联书店，1962年，第451页。
2. 张荫麟：《中国史纲·上古篇》，三联书店，1962年，第36页。
3. 李亚农：《中国的奴隶制与封建制》，华东人民出版社，1954年，第20页注（17）。
4. 杨宽：《试论中国古代的井田制度和村社组织》，《古史新探》，中华书局，1965年，第124—125页；松本雅明：《詩経研究の方法》，《東洋文庫年報》1960年度。
5. 齐思和：《战国制度考》，《燕京学报》24，1938年，第34页。
6. 李亚农：《中国的封建领主制和地主制》，上海人民出版社，1961年，第6页。
7. 徐中舒：《试论周代田制及其社会性质》，《中国的奴隶制与封建制分期问题论文选集》，三联书店，1962年，第462页。
8. 王仲荦：《春秋战国之际的村公社与休耕制度》，《中国古史分期问题论证》，中华书局，1957年，第68页。

各氏都认为当时的聚落一般有百户人家。

《诗经》《尚书》所见的用例中,"邑"大多是都城的意思。而十室、百室之邑,多散见于春秋之后成书的文献中。与殷商甲骨文相比,西周的金文史料中极少见有表示都邑的丝邑、大邑、天邑一类的词汇,表示地方小聚落的邑却很常见。[1] 显然,"邑"字的本义是拥有城郭或土垒的聚落,后来可以指代十户左右的小聚落,由此可见"邑"的字义发生了较大的转变。当然,其背景应当是聚落自身发生了变化。

派生自"邑"的小聚落,其称呼既有时使用新的名称,如"落"等,有时仍然沿用原有的名称"邑",从这个现象亦可窥得"邑"字义之改变。

根据以上分析可知,虽然不足以成为重大的政治问题,但可以根据文献来确认"落"的出现时间,由此又可以推测"邑"的性质的转变以及新兴聚落的派生。汉代以降,"邑"成为"落"或"聚"的同义词,《汉书·西南夷传》有"邑聚"一词,《后汉书·东夷传》则见有"邑落"一词:

（马韩）邑落杂居,亦无城郭。

《后汉书·卫飒传》出现了"聚邑"一词:

流民稍迁,渐成聚邑。

作为"小乡邑聚"的乡、邑、聚等聚落,在商鞅改革之时是改行县制的对象,三者虽然可以并称,但如张荫麟氏所说,其具体形态有巨大差别,有时指代城邑,有时指代村落。[2] 张氏意识到了三者形态的不同,究其原因,在于聚落自身在规模上有着较大的差异。

上文对聚、乡、邑分别进行了分析,下面来看问题较多的"庐"。

---

1. 伊藤道治:《甲骨文金文に見える邑》,《年报》1964年度。
2. 张荫麟:《中国史纲·上古篇》,三联书店,1962年,第108页。

三、庐

文献中关于"庐"的记载，主要有以下几条：

① 中田有庐，疆场有瓜，是剥是菹。(《诗经·小雅·信南山》)

②（古者）八家为邻，家得百亩，余夫各得二十五亩，家为公田十亩余二十亩，共为庐舍，各得二亩半。(《韩诗外传》)

③ 井方一里，是为九夫。八家共之，各受私田百晦，公田十晦，是为八百八十晦，余二十晦，以为庐舍。……在壄曰庐，在邑曰里。(《汉书·食货志》)

④ 一夫一妇，受田百亩，以养父母妻子。五口为一家，公田十亩，即所谓什一而税也。庐舍二亩半。凡为田一顷十二亩半，八家而九顷，共为一井，故曰井田。庐舍在内，贵人也。……在田曰庐，在邑曰里。(《春秋公羊传》宣公十五年何休注)

⑤ 人三十，受田百亩，以食五口。五口为一户，父母妻子也。公田十亩，庐舍五亩，成田一顷十五亩。八家而九顷二十亩，共为一井。庐舍在内，贵人也。(《后汉书·刘宠传》注引《春秋井田记》)

其中②至⑤条与井田制相关，共通点是有耕地一百一十亩，且有庐舍存在。

关于"庐舍"的"庐"字，《说文解字》曰：

寄也，秋冬去，春夏居，从广，卢声也。

关于史料①中的"庐"，郑玄注曰："中田，田中也，农人作庐焉，以使其田事。"史料③中的"庐"下颜师古注曰："庐，田中屋也。"二人都将"庐"解释为田中的房屋，《说文解字》则认为是春夏时节的居所。

郭沫若氏指出史料①中的"庐"乃"芦"之误，其根据在于只有"芦"

第二章 中国古代的聚落形态

方能与下一句"疆场有瓜"相对应。[1] 不过，在《诗经》中已见"庐旅"一词，指代旅途中的过夜场所，由此可知"庐"当指房屋。从史料②、④可知，庐的面积有两亩半，史料③记载"里"是秋冬时节的居所，而"庐"与之相对，如《汉书·食货志》"春令民毕出在野，冬则毕入于邑"所言，是春夏时节的居所。

《孟子·滕文公章句上》记载了井田之制，曰：

> 周八百亩而彻，其实皆什一也。……请野九一而助，国中什一使自赋。……方里而井，井九百亩，其中为公田。八家皆私百亩，同养公田。

若满足八家共有公田一百亩以及什一税率的话，每家需各出十亩为公田（税率约为十一分之一），其余二十亩分摊到各庐舍之中。[2]

史料⑤记载庐舍占地五亩，《孟子·梁惠王章句》记载庐舍有两处，同书《尽心章句上》则曰"五亩之宅"，可见庐舍应是恒久的住所。⑤记载的井田共有九百二十亩，有违孟子所说的井田九百亩的原则。史料②、③、④为了同时满足井田九百亩和五亩之宅的原则，认为在庐、里各有一处居所，每处面积均为两亩半。

以上涉及的井田制诸问题，不是本章论述的主要目的。下面仔细来分析"庐"的问题。从史料①中的"中田有庐"可知，庐存在于"中田"，即田中。但从这条记载不能判明"庐"的具体作用。加藤繁氏依据《诗经·小雅·信南山》的内容认为"庐"当指田间临时搭建的小房子，并引用《诗经·周颂·良耜》的"或来瞻女，载筐及筥，其饟伊黍"，指出此段描写了农夫妻子为其送饭的情景，认为在邑外的田间，不会有长期定居的住所。[3] 赵翼也将其理解为农作中休息用的小屋，他说：

---

1. 郭沫若：《青铜时代》，人民出版社，1954年，第108页；郭沫若：《十批判书（订正本）》，群众出版社，1950年，新版后记。
2. 加藤繁：《支那古田制の研究》，京都法学会，1916年；《支那経済史考証》，东洋文库，1952年，第613页。
3. 加藤繁：《支那古田制の研究》，京都法学会，1916年；《支那経済史考証》，东洋文库，1952年，第611—612页。

"然则五亩之宅俱在邑中，所谓庐舍者，盖上过苫茅于垄间憩息地，而非于公田中占其二亩半也。"[1]

赵翼和加藤繁氏对"庐"的理解应当是可信的。《周礼·地官·遗人》曰：

> 凡国野之道，十里有庐，庐有饮食，三十里有宿，宿有路室。

显然，庐与"宿"，即宿舍不同，是没有住宿条件的简单的休憩场所。由此可见，"庐"可能是对简易棚屋的通称，并不仅仅位于农田之中。《说文解字》释之曰"寄"，为春夏之"居"，也无需理解为较为恒久的居所。

有些观点认为史料⑤中的"庐舍"与②、③、④不同，是恒久的住所，认为即便是在今天，"庐"也当理解为农事活动中长期居住的建筑物。金景芳氏对此有较详细的论述，他引用了史料①中的《诗经·小雅·信南山》《诗经·豳风·七月》的"四之日举趾，同我妇子，馌彼南亩"，以及史料①中《汉书·食货志》的"在野曰庐，在邑曰里"，指出当时的住所分春夏和秋冬两种，列举了以下几条理由：（1）当时耕作的场所距离居住地颇远，在生产水平低下的情况下，不能远离条件较差的土地，因此在耕作地修建茅屋，以作休憩之处。（2）当时的侵略、掠夺活动猖獗，需要将收获的粮食储存在安全的地方。（3）当时"三时务农，一时讲武"（《国语·周语上》），由于军事训练、土木工程建设的需要，冬季必须返回里邑。[2]其实，金氏所提到的《诗经·豳风·七月》之诗，也可以理解为自备盒饭下田耕作，而《汉书·食货志》的记载则是汉代之后的传闻之文。关于耕作场所距离住所很远这一点，加藤繁氏曾指出，当时邑的数量十分之多，邑的大小亦各有区别，邑与耕地的配置比较合适，若需开垦远处的土地，就会在耕地附近形成十室之邑左右的支村，

1.《陔余丛考》4《五亩之宅》。
2. 金景芳：《中国奴隶社会的几个问题》，中华书局，1962年，第14—15页。

第二章　中国古代的聚落形态

而不需要在邑外的农田之中另建一处永久的住居地。[1]

根据以L.Buck为中心的学者所做的中国农村调查，民国时期农村的耕地位于距离居住地平均八百米的范围之内。[2]

关于"庐"的解释纷繁复杂，我们暂先不看民国时期的农村调查，若将时代限制在《诗经》的时代的话，"庐"的字义应当是临时搭建的小房屋。汉代之后，"庐"的含义有所转变，如以下材料所示：

① 迺者河南颍川郡水出，流杀人民，坏败庐舍。（《汉书·哀帝纪》）

②（鲜卑）无君长之帅，庐落之居。（《后汉书·应劭传》）

③ 又干三郡水地，得美田且二十余万顷，足以偿所开伤民田庐处……民居金隄东，为庐舍。（《汉书·沟洫志》）

④ 多买京师膏腴美田，作大庐，近带城郭，妨困人民。（《东观汉记·马廖传》）

⑤ 河水盛溢……尊躬率吏民，投沉白马，祀水神河伯。尊亲执圭璧，使巫策祝，请以身填金隄，因止宿，庐居隄上。（《汉书·王尊传》）

从汉代的史料来看，②、③中的"庐落""庐处"等是对聚落、居所的称呼，①、③中的"庐舍"应指农民的住宅。④中的"大庐"指代很宏伟的住所，而⑤中的"庐舍"当指临时搭建的小房屋。汉代之后，"庐"有时用如本义，如⑤所示；有时用于指代恒久的住所；有时又作为对聚落的称呼，组合出新的词汇。

从以上分析可知，"庐"的本义只是农村临时搭建的小房子，后来逐渐用于指代恒久使用的房屋。随着"庐"的含义的变化，影响到人

---

1. 加藤繁：《支那古田制の研究》，京都法学会，1916年；《支那经济史考证》，东洋文库，1952年，第612页。此外，宫崎氏论文也认为二者应当同在半径为四千米的圆内，参见宫崎市定：《中国上代は封建制か都市国家か》，《史林》33-2，1950年；《宫崎市定全集》3，岩波书店，1991年。
2. Lossing Buck, *Land Utilization in China*, 1937.

们对"庐"的本义的理解，导致后世对"庐"的解释日趋混乱。

那么，为什么需要使用"庐"这一新的居所名称呢？从"庐"的本义来看，它的形成与"聚""落"的形成是同步进行的，是人们对新出现的一种房屋类型的称呼。

四、先秦地方行政组织之诸形态

关于秦汉时期的地方行政组织，《汉书·百官公卿表》记曰：

> 大率十里一亭……十亭一乡……县大率方百里。

由里、（亭）、乡、县等层级构成。《续汉书·百官志》又载：

> 一里百家。

据此可知，里、乡、（县）的组成结构是以户数为基础的。[1]但是，里、乡、县等名称怎样组合起来并逐渐制度化的呢？关于这个问题目前尚无定论。

文献中记载了秦汉制度形成之前先秦时期的地方行政组织，主要情况如下表所示。

---

1. 拙稿：《漢代における里と自然村とについて》，《東方学》38，1969年，收入本书。此处的"里"是作为行政单位的里，而不是闾里、里巷等词语中指代居所的里。作为行政单位的里，在居延汉简等材料中已经得到了确认。在此之前认为里是居所的泛称，讨论里与后世的坊是否存在关联，以及是否就是自然村等问题。不过，现在关于里的讨论，不再关注其字义了，而是围绕"所谓百家一里的汉代地方行政组织下的当时的村落实体"这一问题展开。原因在于里具有与坊制相关的居住区划这一用法，其自身是没有问题的。按：无误。原文作"区画"，中文亦有此词，与"区划"含义相近。

第二章　中国古代的聚落形态　　　　　　　　　　　　　　　　　　　　　　85

	户数(户)	5	8	10	24	25	30	50	72	100	200	250	300	360	500	1000	2000	2500	3000	3600	6000	9000	10000	12500	36000	45000	100000	432000	1000000
1	《国语·齐语》(国、圣王之制)	轨						里			连						乡												
2	《国语·齐语》(鄙、圣王之制)						邑							卒					乡							属			
3	《管子·小匡》(国、圣王之制)	轨						里			连						乡				帅	县							
4	《管子·小匡》(鄙、圣王之制)	轨					邑						卒						乡		帅	属				(大夫)			
5	《管子·度地》	伍						聚		里		乡		率		术					都		县						
6	《管子·乘马》	邻						里			连				鄙		乡	县		都			都						
7	《周礼·遂人》(畿外)	比		连						里					鄙			县						遂					
8	《周礼·大司徒》(畿内)	比				闾				族					党			州						乡					
9	《周礼·旅师》	比		联						族(4闾)	族(8闾)																		
10	《尚书大传·梁陶谟》	邻		朋					里					邑						都					师			(州)	
11	《尚书大传·洛诰》	邻		同					里					邑			乡						县				都		
12	《弊冠子·王鈇》	伍						里			扁(旬)				甸(甸)								县				郡		霸国

续表

	5	8	10	24	25	30	50	72	100	200	250	300	360	500	1000	2000	2500	3000	3600	6000	9000	10000	12500	36000	45000	100000	432000	1000000
户数(户)																												
13 《释名·释州国》	伍(邻)				里(方1里)									党(长)			州						乡(向)					
14 《汉书·食货志》(周制)		邻			里				族					党			州						乡					
15 《汉书·晁错传》(古之制边县)	伍						里			连						邑												
口数(人)	5		10		25		50		100	200				500	1000	2000	2500					10000	12500					
16 《周礼·小司徒》(军制)	伍				两				卒					旅			师						军					
17 《管子·小匡》(军令)	伍						小戎			卒						旅						军						
18 《尉缭子·攻权》	伍		什						卒						率								将					
户数(户)	1	4	10	16	36	64	100	180	256	900	1024			4500	10000							100000				1000000		
A 《周礼·小司徒》	井	邑		丘		甸			县			都																
B 《周礼·匠人》	井				邑		成		聚					同		方												
C 《管子·乘马》							成		终					同		封												
D 《司马法》	井		通																									

第二章　中国古代的聚落形态

从上表可以看出，先秦地方行政组织的构成方式大约分为两种：其一是按照户数为基准的划分，如第1–15条史料所示；其二为按照面积为基准的划分，如史料A–D所示。以户数为基准的划分又各有区别：第6、7、8、14条史料中，户数均为五与四的倍数；第2、4、5条史料中，户数均为十的倍数；第1、3、12、14条史料中，户数均为十、十四的倍数；在第10、11条史料中，户数均为三、四的倍数。出现这些倍数的原因目前仍不清楚，但从秦汉制度来看，统一演变为十进制，即都是十的倍数。

以户数为基准的划分中，最低一级的户数有的是五家，有的是八家，有的是三十家，各不相同。地方行政组织的层级也有区别，第7、8、10、12、14条史料记载了六个层级，其他材料则记载了五个或四个层级。目前也不清楚造成层级数目存在差异的原因。

不过，值得注意的是各种划分中最低一级的单位名称，即邻、伍、比、轨等仅有五户的单位。这些单位在后世属于什伍、邻保系统，位于其上的邑、闾等单位应当代表了当时聚落的普遍规模，其规模大约在一百户以下，主要集中于二十五至五十家，与自然村的规模相当。而八家为一邻的制度，应当受到了一井八家的井田制的影响。

以面积为标准的划分中，除了史料C之外都以井为基本单位。一井九百亩，九夫所耕，这种划分法源自井田制。一夫百亩的基准，自古以来都认为是一个农民家庭最为合适的耕地面积。[1] 与户数划分法并列的面积划分法，体现了地域控制的倾向，它的存在或与方便课税等背景相关。史料C说，"方六里命之曰暴……方六里命之曰社"，可见，"暴"的规模与社相当。

通过以上分析可知，上文已谈到的落、聚、乡、邑、庐等聚落名称与这些各种各样的地方行政制度的构建方式，对观察古代中国的聚落颇有启发意义。

下面来看这些记载了各种地方行政制度的文献，其中《汉书》《释名》时代偏晚，《尚书大传》的传文问题很多，而根据津田左右吉氏的研究，

---

1. 加藤繁：《支那古田制の研究》，京都法学会，1916年；《支那经济史考证》，东洋文库，1952年，第541—548页。

较为著名的《周礼》所记载的制度，其史料来源于《管子·立政》篇[1]，成文于战国末年。[2]冈崎文夫氏曾讨论了《管子·小匡》篇的记叙，认为与《国语·齐语》中"参国伍鄙"的记载相关。冈崎氏指出，《管子·小匡》篇记载的"士农之乡十五"的背景是春秋末期的兵农合一制，而《国语·齐语》之"士乡十五"的背景为春秋初期的兵农分离制，两条记载各有本源。[3]

从冈崎氏之说可以一窥地域社会之变迁，十分重要[4]，但从地方行政制度的角度来分析的话，二者都是春秋战国时期的制度，时间范围跨度不大。当然，还需要注意《论语·六雍》之"邻里乡党"与《吕氏春秋》之"里乡邑国"之间的关系。

值得一提的是，以户数为基准构建的地方行政制度产生于郡县制国家控制体制的形成时期[5]，出现的背景是家族关系的松弛。

杨宽氏认为《周礼》记载的地方行政制度乃周人之制，"六乡"是氏族族君的残余，"六遂"当是代表了被支配阶层地缘关系的组织。[6]翦伯赞氏指出，《国语·齐语》所见的邑、卒、乡、县等多层管理结构是社会组织上的一大变革，是战国时期的普遍现象。[7]

关于地方行政制度中各种行政区划的次序、排列，目前尚不明晰。其中，乡、邑、里、县、族、党等区划名称的含义较清晰，其他的名称如"鄭"，守屋美都雄氏认为通"纂"，是对古聚落的称呼[8]，而"同"（见于《春秋左氏传》昭公二十三年及襄公二十五年）和"成"（见于《春秋左氏传》哀公元年），也都用于称呼一定范围的地域。

---

1. 津田左右吉：《周官の研究》，《津田左右吉全集》17，岩波书店，1965年，第360页。
2. 罗根泽：《诸子考察》，学林书店，1967年。
3. 冈崎文夫：《参国伍鄙の制に就て》，《羽田博士颂寿记念东洋史论丛》，1950年。
4. 增渊龙夫：《春秋战国时代の社会と国家》，《岩波讲座世界史》4，岩波书店，1970年，第150页。增渊氏认为将"士乡"与"士农之乡"的差异作为问题进行讨论是没有意义的。
5. 小仓芳彦：《诸子百家论》，《岩波讲座世界史》4，岩波书店，1970年，第194页。
6. 杨宽：《试论西周春秋间的乡遂制度和社会结构》，《古史新探》，中华书局，1965年，第144页。
7. 翦伯赞：《中国史纲》第1册，三联书店，1950年，第360页。
8. 守屋美都雄：《社の研究》，《史学杂志》59-7，1950年；《中国古代の家族と国家》，东洋史研究会，1968年，第278—283页。

结语

上文主要讨论了先秦时期的落、聚、乡、邑、庐等聚落形态的变迁，分析认为春秋末期至战国时代的聚落形态可能处于一个重新构建的过程中，在此基础上，一并探讨了先秦时期地方行政制度的各种形态。不过，这些考察所依据的史料比较零碎，或许还有一些附会之处。

第三章

中国古代的"都市"与农村

前言

人类营造定居生活、建构社会性关系的场所，除都市之外，与之并列存在的是农村。但就都市与农村的界线以及"都市"——王城、都城或是帝城、郡县城等——的实态都未必明确的中国古代而言，这一区分多少有些模糊。

当然，最近不少引人瞩目的考古学成果正在让中国古代"都市"实态的研究逐渐摆脱推论、假说的范畴（在先秦、秦汉时期，留存有城墙、大规模的建筑物、手工作坊、墓地等的遗址不少，但几乎没有能够明确遗址内部居民构成的考古学调查[1]），有望进入厘清这一问题的时期。不过，本章不会抓住"都市"与农村不放，而是将包括两者在内的广泛的人类生活场所，即所谓的生活圈作为探讨对象。

一、道路网与县域

西汉初期马王堆三号墓（葬于文帝二年，公元前168年）出土的《地形图》，是从视觉上理解中国古代"都市"与农村的恰好题材。用象征

---

1. （1）江村治树：《春秋・戦国・秦漢時代の都市の構造と住民の性格》，平成元年年度科学研究費補助金一般研究（C）研究成果報告書，1990年。（2）江村治树：《春秋戦国秦漢時代出土文字資料の研究》，汲古書院，2000年。该书网罗整理了有关都市遗迹的考古学成果。（3）爱宕元：《中国の城郭都市—殷周から明清まで—》，中央公论社，1991年。该书从政治制度的发展动向及其他方面对都市史进行了立体分析。（4）《中国古代城市関係文献目録》，《日本と中国における都市の比較史の研究》，文部省科学研究費補助金（海外学術調査）研究報告第1、2号，1988、1991年。该书按照遗迹顺序收录了与中国相关的文献。（5）鹤间和幸：《秦漢比較都城論—咸陽・長安の建設プランの継承—》，《茨城大学教養部紀要》23，1991年。该书收录了与咸阳、长安相关的文献目录。（6）叶骁军：《中国都城研究文献索引》，《中国都城历史图录第四集》，兰州大学出版社，1987年。这是一部有关都城相关文献的综合目录书。（7）《一九八七—一九八九年中国古代城市研究文献目録》，中国社会科学院历史研究所，1990年。此外还包括：（8）拙稿：《漢代の河南県城をめぐって—漢代の地方都市について—》，《中国都市の歴史的研究》，刀水書房，1988年，收入本书。拙稿：《中国における最近の都市史研究》，《東方》100，1989年。这两篇文章对主要的研究情况也有介绍。

城墙的方形图案标记的县城,周围散布着的很多圆形图案标记的里,二者共同体现了"都市"与农村的分布实态。

由于没有其他记载,不清楚《地形图》所记录的县城内的人口,不过根据同墓出土的《驻军图》上的注记,可知里的人口数量,大里有一百零八户,小里有十二三户,平均每里四十一户。[1]

从县城与里的分布来看,多形成于河川沿岸,河川上还可见军事用的堤坝设施等。这是关于居住地的设立条件和地理环境的重要线索,而居住地之间的道路网,则用细实线(主要是《地形图》)或虚线(《驻军图》)连接描绘。由此显见,县城与里已经形成了一体化的关系。

从《驻军图》可以看出,连接各聚落间的道路呈曲线状,与地形相合,而由《地形图》又可见,这些道路不仅连接了里与里、里与县城,还将县城与县城相连,甚至越过山脉,或是渡过河川延伸开去。

这意味着,聚落间的联系不局限在特定的小空间或是由县城和里构成的某一个县域,县与县之间的相互往来说明它们之间也已经形成了比较紧密的关系。里也是一样,除去行政上的制约之外,里也未必仅与某个特定的具有地理条件优势的县城紧密联系。

马王堆三号墓墓主下葬于西汉文帝时期,与文帝时期几乎相当的晁错曾谈到:

> 夫珠玉、金银,(略)其为物轻微,易臧,在于把握,可以周海内,而亡饥寒之患。(略)而民易去其乡,盗贼有所劝,亡逃者得轻资也,(略)[商贾]千里游敖,冠盖相望。(《汉书·食货志上》)

可见,"去乡""亡逃""商贾"等各类人的具体情况虽然各不相同,但他们都积蓄财物,获得珠玉、金银一类的所谓轻资之后,就敢于离开故乡,周游千里。

---

1. 马王堆汉墓帛书整理小组:《马王堆汉墓帛书古地图》,文物出版社,1977年。拙稿:《中国古代における小陂・小渠・井戸灌漑について—馬王堆出土駐軍図の紹介によせて—》,《中央大学アジア史研究》1,1977年,收入本书。

离乡周游的有犯法"亡逃"者，也有很多被形容为冠盖相望的"商贾"。因此，关于"去乡"者的具体身份不能确指，不过其中当然也可能包含有不少合法人士。司马迁之所以能历访天下，也正是受惠于这些纵横遍布的道路网。

正因为道里有远近，人们才会往来于道路之上，为每天的日常生活而奔波。《驻军图》见有"今毋人""不反"等词，反映了里的崩坏。不难想象，在曲曲折折的道路上，人生的悲哀曾几度往复延展吧。马王堆三号墓出土的古地图生动地传达、体现了当时人们的生存状况和内心的喧嚣。

《地形图》上可以确定为县城的地方共有八处。而与之相对应的圆形聚落约有七十处，这些圆形聚落，几乎都是标有里名的里，唯有一处是用比较大的圆形来标记，称"深平"，即《驻军图》称呼为"深平城"的地方，此处可能是因为与县城一样建有城墙，因此在《驻军图》上用方形来标示记载。可以说，《地形图》上用以标记聚落的圆形，并不是完全用以指示城的形状。不过，《地形图》和《驻军图》中共有七处聚落（深平、石里、波里、䊷里、龙里、资里、蛇君）用圆形印记标示，除深平外，其他六处两图都用圆形标记。从地名上看，《地形图》上的蛇君应与《驻军图》上的蛇上里、蛇下里相对应，由此可知，两图一致标记为圆形的聚落，应该都指代有里名的里。

《驻军图》上除了用圆形标记的聚落外，还标记了由于地理条件不同而建置的各种形状多样的城墙。因此可以推测，《驻军图》上的六十余处圆形标记，指的是没有城墙的聚落，这应该没有疑问。

在《驻军图》所记载的各种城墙中，很多注记有都尉军、都尉别军、司马特军等，应是军事设施。而几乎位于地图中心部位的有三角形城墙的地方，注记为"箭道"。所谓"道"，若指的是设置于边境地区、与"县"相当的行政区划名称的话，则此处为一县（道）城。"箭道"不见于文献记载，若它真是县（道）城的话，那么《驻军图》中以此县（道）城为中心，在东西约四十余千米、南北约五十余千米的多少有些不规整的方形区域内，用实线来表示各种地理信息。

以此县（道）城为中心的实线范围内，可以确认有多个军事基地。

这当与该幅地图的军事性质有关，不过在实线之内，能够确定为县（道）城的，仅有箭道一处。在地图左下方，位于方形实线区域之外，有一处用方形印记标记的"龂障"，在《地形图》上几乎同一位置则用方形印记标记为"龂道"。"箭道"不见于《地形图》，因为《地形图》上的这一部分因破损而缺失了。《地形图》上的"龂道"，用单一的方形印记标示，而《驻军图》的"龂障"旁边，与注记"龂障"的方形印记邻接之处另记有一小型方形标记，这大概因为较之《地形图》，《驻军图》的标记更为详细吧。不过，不管怎样都不难想象，"龂障"是一处与作为县（道）城的"龂道"或者这个小型方形标记之间有着密切关系的某种设施。

与"箭道"性质比较接近的"龂道"位于以"箭道"为核心的区域范围之外，由此可以想见，《驻军图》所记载的四方各四五十千米的区域，即"箭道"地域，与所谓的县（道）城地域相一致，其广度也与"县大率方百里"（《汉书·百官公卿表》）这一方百里的县域原则几乎一致。

如果"龂障"即"龂道"城，或是与"龂道"城存在密切关系的设施，与"箭道"有着不同的地域范围的话，那么"龂道"县（道）城所在的位置在其地域范围内显得过于偏在一隅了。虽然偏处一隅，但也说明县（道）城的所在地点未必如"箭道"的位置一样位于县（道）地域范围的地理中心。

由此可见，县内区划的形成有着多方面的标准和考虑，在地域社会中，县城与县域内的里存在怎样的关联也是值得关心的问题。

详细地图的出现提供了多方面的信息。如果依据"驻军图"能够确定县境的话，则具有十分重要的价值。从复原图来看，大概依据沿着山脊引出的曲线来确定县境。虽然此处县境的画定主要考虑的是地形因素，但在描画表示县域境界线时出现了类似于"驻军图"的近乎于直线的方形，其原因或在于地图绘制于方形的绢布上，以提高利用的效率与便捷度，因此多少有些人为的虚构成分。

不过，如果只看各个城墙形状的话，会发现描画得多不规则，反映了对城墙实际形态的重视。一般认为"地形图"绘制得较为正确，将"驻军图"与之进行比较会发现"驻军图"的南北方向被拉长了("驻军图"中的箭道地域东西四十余千米、南北五十余千米,而实际的南北距离当更短)。

从复原者对"驻军图"的命名可以得知其大致用途。当时军队的配备与郡都尉相关,县尉之下不配备军队。虽然有所偏题,但还是要注意地图所体现出的县域问题,说明在郡都尉的作战行动中,各县需要从各自的立场来分担一部分责任。

二、生活圈的变迁

马王堆三号墓出土古地图所描绘的县城及下辖的里位于当时较为偏远的边境地区。虽然如此,县城仍是地域社会的核心,而地方行政区划也未超出文献所说的方百里的范围。可见古地图是这段珍贵历史的鲜活证人。那么,以县城为中心的方百里区域,在地域社会中起到了怎样的作用呢?接下来就此略作分析。

周游天下,可远游于千里之间。依赖没有终点的交通网,地域社会也会无限制地扩大。不过,上溯至西汉初年,情况并非如此。《韩非子·有度》篇记载,在明主的治世之下:"民不越乡而交,无百里之戚,(略)治之至也。"人们之间的交往不超过"乡"的范围,吊死与探病亦不过百里之远,人际关系并不紧密。

此处所说的人际关系当然应指较日常的交往,要注意的是在叙述交往范围时,使用的是"百里"一词。《韩非子·有度》篇在讲述治国之时法度重要性的同时,还讲到了古国的情况,称:"荆庄王,并国二十六,开地三千里,(略)齐桓公,并国三十,启地三千里。"据此计算,一国大约百里或方百里,颇怀疑前揭所引的"百里"来源于此处的诸侯国封土方百里。

关于"乡",《周礼·乡遂》认为以一万二千五百户为单位的地方行政区划,与"方百里"之间关系如何尚难以确定。不过,《孟子·滕文公上》在论述井田制之时谈到了与"不越乡而交"类似的文字,称:"死徙,无出乡,乡田同井,出入相友,守望相助,疾病相扶持,则百姓亲睦。"此处的乡是人们一同往来于田野、共同防御保卫、发生疾病互相扶助的一个地域,人们没有离开乡的必要或想法。

如引文所示,从人际关系上看,孟子所说的"乡"是共同进行日常生活的人们的集合,其范围自然会受到人群规模的限制。

老子认为的理想社会在于"小国寡民","小国寡民,(略)甘其食,美其服,安其居,乐其俗,邻国相望,鸡犬之声相闻,民至老死,不相往来"。此处的"小国"当理解为封闭的小聚落、村落共同体,称作"小国"的地域社会与其他地域之间直至老死亦不相往来。

对为政者来说,跨越了"国"的人们之间的往来应该是需要问明事态轻重的。老子所说的"小国",其范围小到能够听到邻国的鸡犬之声。不过,虽然这个"国"所对应的地域范围小,但仍然使用了"国"字。老子的无为也是建立在为政者意识到各个地域自为其"国"的基础之上的。

这些小国是人们日常生活的场所,也是受到相同习俗浸染的地域,人们安住于此,交往的范围亦限于此。与前文所引《韩非子》时代大约相同的成书于战国末年[1]的《管子·侈靡》篇载:"侪尧之时,(略)人民之俗,不相知,不出百里而来[求]足,故卿而不理静也。"假托帝侪(喾)、帝尧的时代,指出风俗相同、满足生活必需品的地区范围为"百里",这也是卿的所领之地。这里的"百里"当然是方百里之谓。

《管子·侈靡》篇又载:

> 乡殊俗,国异礼,则民不流矣;不同法,则民不因;乡丘老不通覩,诛流散,则人不眺安乡乐宅,享祭而讴吟称号者皆诛,所以留民俗也。

记载了管仲所献之策,提出要防止人们从各自的"乡"中流出或与他乡往来,要让他们在丘区之中安住直至老死。

同时还提到,既然安居乡中、乐于居宅、祭祀祖先,就不能宣扬他乡、

---

1. 罗根泽:《管子探源》,《诸子考察》,人民出版社,1958年。

他国的情报，若发现有大肆宣扬者，则予以诛杀，可见在这种生活方式之中还存在来自上层的强制力量。安居于自己所在的乡是当时人们的生活背景，各乡之间的习俗亦各不相同。

习俗的单位是乡，而礼的主体单位则是国。《管子·权修》篇描述了二者的关系：

> 有身不治，奚待于人，有人不治，奚待于家，有家不治，奚待于乡，有乡不治，奚待于国，有国不治，奚待于天下。天下者国之本也，国者乡之本也，乡者家之本也，家者人之本也，人者身之本也，身者治之本也。

此处所构建的关系为：身—人—家—乡—国—天下，可见乡与国未必是相一致的单位。《管子·侈靡》篇则曰："法而守常，尊礼而变俗，上信而贱文，好缘而好驵，此谓成国之法也。"指出应将乡俗一统于礼法之下并加以改变，由此可见国包含了乡。

《管子·权修》篇中的国、乡的地域范围不同，此处的国是指桓公治世下的齐国，而非以方百里为基准的封国。《管子·侈靡》篇记载了"方百里之地"，曰：

> 请问，诸边而参其乱，任之以事，因其谋，方百里之地，树表相望者，丈夫走祸，妇人备食，内外相备。

刘向校曰："谓百里之国，自国都至边境，每于高险之处，树立其表。"有观点认为此处当理解为齐国全域，但实际上讲的是在国境地带以方百里为单位来完善防备体制。

作为国家体制的一部分，以边境防备为目的，在方百里之地建立的军事组织，与《孟子·滕文公上》所记的在乡域之中自发形成的自卫组织"守望"当然是不同的。但是，《管子·侈靡》篇又说丈夫、妇人在方百里之地齐心协力共备国防，可见方百里之地在组织地域居民方面也发挥了作用。

第三章 中国古代的"都市"与农村　　　　　　　　　　　　　　　99

《管子·侈靡》篇又曰:"三尧在臧于县,返于连比。"记载了"县"的存在。秦汉时期将方百里理解为县的单位面积,不需要引用也为人所熟知的《汉书·百官公卿表》的记载:"县大率方百里,其民稠则减,稀则旷。"如后文所述,方百里之地既与封国的领域相关,同时也与县制的发展存在联系。

《管子·侈靡》篇一般认为成书于战国末期,所记载的"方百里"为边境防备的单位,与县制的发展相关,这一点饶有兴味。需要注意的是,《管子·侈靡》篇的"乡"不同于《孟子》中自律性的"乡",如"安乡"之例所示,还受到他律性的规制。

一般认为成书于战国末至汉初的《晏子·问上》曰:"百里而异习,千里而殊俗。"可见带有本乡特征的共通性习俗的传播范围在百里或千里之内。这是习俗统一、同化且不断扩大的明证。前引《管子·侈靡》篇所说的"成国"之法反映了依据礼法来统一乡俗。在云梦睡虎地出土的战国末至秦初的秦简中,由郡长官下发给治下的县、道的"语书"也要求依据秦的"法律令"来强制改变地方"乡俗"。

依据国法而否定的"乡俗"不仅包括旧六国的律令,也涵盖了民间自然发生、形成的习俗。"古者,民各有乡俗,其所利及好恶不同,或不便于民,害于邦。"(《语书》)对不断扩大的领域国家的统治者来说,乡俗除了妨害国家统一之外,并无任何益处。见于《晏子》的百里或千里的统一习俗应当是指经过相关礼法、统一化法规洗礼的,重新完善而成的新习俗。

虽说习俗的同化、改变是自上而下强制推行的,但也未必仅限于此。《管子·侈靡》篇载:

> 国贫而鄙富,苴美于朝,市国,国富而鄙贫,莫尽如市,市也者劝也,劝者所以起本,善而末事起,不侈,本事不得立。

国都与边(鄙)邑之间的商业行为通过市联系了起来。这段材料肯定了作为末事的商业的发展不仅有利于财政,对作为本业的农业的振兴也不可欠缺,但另一方面,又指出:"地重,人载,毁敝而养,养不足，事末作，而民兴之。"不堪忍受掠夺之苦的农民放弃本业，竞相从事末事，则"利不可法，故民流，神不可法，故事之，天地不可留，故动化故，从新。"从事末业容易出现"民流"，即人民的自然流徙，进而导致"化故、从新"，引起社会构成的变化，进而出现新的事态。

《管子·侈靡》篇载："移商入于国，非用人也，不择乡而处，不择君而使，出则从利，入则不守。"商贾逐利，"不择乡而处"，没有一定的居所，对为政者来说，虽然承认他们的作用，但又未必对他们持肯定态度。

商业发展的波及效果，不单单会出现类似于商贾"不择乡而处"的向末业逃避的"民流"，还会使地域社会"化故、从新"，引发传统社会产生变化。当然，生活圈的扩大与地域居民经济活动的多样化等方面也存在联系。

居民的自然流徙，虽然称作"民流"，但其背景及发生过程不仅限于商业行为等方面，也不只受到经济、社会环境变化的影响，还存在由于天灾、战火而流徙的情况。可见影响地域社会性质改变的因素有很多种。

居民的流徙导致地域社会出现了新的改变，生活圈随之扩大。"民至老死，不相往来。"（《老子》）"死、徙，无出乡。"（《孟子·滕文公章句上》）原本局限在鸡犬之声范围内的日常生活以及同井而居的社会状态都产生了较大的变化。

在分析地域社会的变动、生活圈的扩大之时，应该从时间轴上进行把握还是应该跨越时间从地域差上进行把握呢？我认为这两个要素都需要考虑。

分析在禄邑、采邑散布于各地的封土建国时代，由亲民官统领的方百里之县向领域国家发展之时，要充分考虑到生活圈的扩大及习俗的统一问题，还要注意到同时发生或以其为背景的地域范围的变化，即由相对受限的同井扩展为方百里的地域。

与描述同井地域社会的《老子》《孟子》相比，《韩非子》《管子》《晏子》则以方百里为同习之乡，这也是随着时间推移地域社会不断扩展的反映。

三、封国、禄邑制

从马王堆出土古地图可以确认当地地域社会的实态，这一地域以县城等人口密集地，即所谓的"都市"为中心，里则呈分散分布的状态，在"都市"之内也有分布。"都市"的设置、改废有着比较浓厚的政治性背景，与之不同的是，很多里是农民经过自己的长期努力来维持和经营的。

地域社会的这种实态与殷周时期邑的结构存在基本相同的形态。有观点指出，在殷代的地域社会中，以领主所居之城邑为中心，周围散布着众多的小邑，居于中心的邑为政治性都市，而附属的小邑（鄙邑）则是从事农耕活动的人们的居住地。[1]要注意的是，殷周时期带有城墙、在地域社会中居于核心地位的大邑，虽然都称为"都市"，但其规模应当是存在差别的。

《孟子·万章章句下》记载：

> 天子之制，地方千里，分侯皆方百里，伯七十里，子男五十里，凡四等，不能五十里，不达于天子，附于诸侯，曰附庸。

可知封国的规模存在差异，从方百里至方五十里不等，而附庸国更在方五十里之下。显然，作为各国政治中心的大邑，其规模自然也不同。

不过，对于百、七十、五十这些数值究竟能在多大程度上反映当时的实态，并非没有疑问。[2]同时，卿、大夫的采邑也会对封国自身造成分割。这就是说，领主所领有的土地包含了多样的政治形态。《孟子·万章章句下》所记载的封国制度管理之下的农民所遵循的是井田制，即"一夫百亩"的原则。

---

1. 伊藤道治：《邑の構造とその支配》，神户大学文学会《研究》33，1965年；《中国古代王朝の形成—出土資料を中心とする殷周史の研究—》，创文社，1975年。
2. 加藤繁：《支那古田制の研究》，京都法学会，1916年；《支那经济史考证上》，东洋文库，1952年，第545页。关于《孟子》中的封国制，他指出："目前还很难说这是否是周之古制，百里、七十里、五十里等数字大概是以'百'为基准确定的。"

在兵制向兵农一体方向扩展的过程中，中国的地方行政制度与兵制也不断地一体化，不过史料所反映的地方行政制度的形态大概还是两种，其一是以户数为基准编制而成，其二是以耕地面积为基准编制而成。

从本源上看，兵制的征发对象为成年男子。因此，因与兵制关联而产生的组织，当然应该以成年男子为基准进行编制，另外，在各户之中，成年男子也是居于核心地位的。

在考虑地方行政制度当以户数为基准进行编制的同时，还要注意到，依据"一夫百亩"的原则，作为各户核心的成年男子与土地面积也发生了关联。地方行政制度因此出现了以户为基准与以土地面积为基准的两种编制模式混杂出现的情况。

由此可见，在中央集权化过程中发展而来的地方行政制度，其所包含的户与土地面积这两个要素之间存在密切的关系。从这一问题自然也要意识到，在封国制之下，对所谓井田制等制度的管理，户与土地面积也是两个基本要素。

正是基于这一意识，《孟子·万章章句下》中的封国制将"方里"的规模、大小与各级地域居民的多寡联系了起来。关于这种封国制度，《汉书·刑法志》载：

> 一同百里，堤封万井，除山川、沈斥、城池、邑居、园囿、术路，三千六百井，定出赋六千四百井，戎马匹百匹，兵车百乘，此卿大夫采地之大者也，是谓百乘之家。一封三百一十六里，堤封十万井，定出赋六万四千井，戎马四千匹，兵车千乘，此诸侯之大者也，是谓千乘之国。天子畿方千里，堤封百万井，定出赋六十四万井，戎马四万匹，兵车万乘，故称万乘之主。

将封国制与禄邑制相关联，如"百里＝万井"，将所领地域（领域）内的土地面积与井田制对应了起来。但是，在现实中，领域的地理面积却是不能与耕地面积等同对应的。

第三章 中国古代的"都市"与农村

　　卿大夫之中采邑规模较大者＝方百里＝六千四百井＝百乘之家

　　诸侯之中规模较大者＝方三百一十六里＝六万四千井＝千乘之家

　　天子＝方千里＝六十四万井＝万乘之主

在这些采邑、封国的领地之内还包含了山川等非农耕地。因此，诸侯的封地多达三百六十里，是《孟子》所记封国面积的数倍。

当然，《汉书·刑法志》所记载的是一般意义上的或是观念中的数值，领地内山川等所占的比例还要考虑地域上的差异。另外，这种从面积上考虑各国的领地大小的思考方式，出现于国境线意识产生的春秋时期，即公元前7世纪左右。

关于"一同方百里"，《汉书·刑法志》中还有其他记载：

　　殷周以兵定天下矣，（略）因井田而制军赋，地方一里为井，（略）畿方千里，有税有赋，税以足食，赋以足兵，故四井为邑，（略）是谓乘马之法。

军赋、乘马之法的编制方式及其内部构成也是用井田来表示的。

　　井、通＝十井、成＝百井、终＝千井、同＝万井、封＝十万井、畿＝百万井＝方千里

　　邑＝四井、丘＝十六井、甸＝六十四井

井田制初见于《孟子·滕文公章句上》，关于其具体实态的讨论颇多。因此，分析井田制之时要格外慎重。据这篇文献记载，井田制是税收的基础，"夏后氏五十而贡，殷人七十而助，周人百亩而彻"（《孟子·滕文公章句上》），周代大概以一夫百亩为原则。关于周代之前的所谓五十亩、七十亩，顾炎武《日知录》"其实皆什一也"条指出，土地面积其实是相同的，数字的差异在于衡量标准的不同。不过，这或

许也反映了劳动效率的提高。

一夫的耕地面积出现差异,还要考虑时代先后、各国分立等因素。但不管怎样都要明确,井田制是由农民来维持的,同时也是税收来源的基础。

"地方一里为井",认为井的范围包含了山川等非农耕地在内的文献,并不能满足井田制"一夫百亩"的原则,与井田制本来的形态相比多少有些乖离。但从另一个角度看,井田是只包括农耕地的集约型土地,而后来发展为非农耕地也纳入了井的范围,说明对国土的把握从点状控制演变为面状的全面控制。

井田制以农耕地与农民为主要着眼点,依据井田制来描述封国、采邑规模之时,在领地管理方面存在点状控制的时代痕迹。就所处时代来说,对领地实行点状管理当然比面状管理的时代要早。

《孟子·万章章句下》所记封国制以井田制为基础,原则是"一夫百亩"。这篇文献关于封国制还有如下记载:

> 天子之卿受地视侯,大夫受地视伯,元士受地视子男。大国地方百里,君十卿禄,卿禄四大夫,大夫倍上士,上士倍中士,中士倍下士,下士与庶人在官者同禄,禄足以代其耕也。次国地方七十里,(略)小国地方五十里,(略)耕者之所获,一夫百亩。

畿内之卿、大夫、士依据"禄"来比对各自的所领地,对应关系为:后=卿=大国方百里,伯=大夫=次国方七十里,子男=元士=小国方五十里。"禄"的实际多寡与一夫百亩的收获可相对应,即所谓"禄足以代其耕也"。由此可见,卿、大夫、士的采邑直接与禄食相关,与所受领地中的山川等非农耕地无关。

这样一来,《孟子·万章章句下》所记的与卿、大夫、士的禄食相对应的采邑、禄邑制度之中的土地面积,与同篇所记的封国制一样,也是可以用一夫百亩的井田制来标记的。此外,《周礼·大司徒》对封国制也有记载:

> 诸公之地，封疆方五百里，其食者半；诸侯之地，封疆方四百里，其食者参之一；诸伯之地，封疆方三百里，其食者参之一；诸子之地，封疆方二百里，其食者四之一；诸男之地，封疆方百里，其食者四之一。

虽然同为周制，但与《孟子·万章章句下》相比，各国的土地面积更大，分别为：公=方五百里，侯=方四百里，伯=方三百里，子=方二百里，男=方百里。

《周礼·大司徒》又说：

> 以天下土地之图，周知九州岛之地域，广输之数，辨其山林川泽丘陵坟衍原隰之名物。

在叙述封国制之时，范围涵盖了全部的土地，以山林为代表的非农耕地也被纳入其中。因此，《周礼·大司徒》所讲述的各封国的土地面积大概是包括了领地之内的非农耕地的。[1]

《礼记·王制》所记载的封国制与《孟子·万章章句下》较为接近，曰：

> 天子之田方千里，公侯田方百里，伯七十里，子男五十里。不能五十里，不合于天子，附于诸侯，曰附庸。

称各封国所受封的是"田"。又曰：

> 方一里者，为田九百亩；方十里者，为方一里者百，为田九万亩；方百里者，为方十里者百，为田九十亿亩；方千里者，为方百里者百，为田九万亿亩。（略）四海之内，断长补短，方三千里，为田八十万亿一万亿亩。方百里者，为田九十亿亩，

---

1. 清代的江永、金鹗、黄以周等考证学者也认为见于《孟子》与《礼记·王制》的封国制度，即方百里、方七十里、方五十里三等，是除去了山川等地之后的面积。参见孙诒让：《周礼正义》卷19"大司徒"条。

> 山陵林麓川泽沟渎城郭宫室涂巷，三分去一，其余六十亿亩，（略）名山大泽，不以封，其余以为附庸间田，诸侯之有功者，取于间田以禄之，其有削地名，归之间田。

认为封域全部是耕地，山泽等非农耕地被排除在位，即所谓"名山大泽，不以封"。

又，《管子·事语》篇曰：

> 天子之制，壤方千里，齐诸侯方百里，负海子七十里，男五十里。

所记载的情形为：侯＝方一百里，子＝方七十里，男＝方五十里。《管子·轻重乙》篇曰：

> 天子中立，地方千里，兼霸之壤，三百有余里，此诸侯度百里，负海子男者，度七十里。

记载的情形为：霸＝方二百里，小诸侯＝方一百里，子男＝方七十里。《管子·事语》篇与《轻重乙》篇所记"男"的封域大小有差别，但就封国制的实际情况来看，与《孟子·万章章句下》以及《礼记·王制》的形态较为接近。

《管子·轻重乙》篇接下来又记曰："去菹莱咸卤斥泽山间堰垆，不为用之壤，寡人不得籍斗升焉。"在齐国，对功臣领地、人民自主开垦的新地、荒地（以上三者占国土面积的五分之二）都不征收斗升之税，也就是说不以其为征税对象。在《管子·轻重乙》篇中，对非农耕地的灵活运用有较多讨论，但对同篇记载的封国制度中诸侯、子男的封地原则上不包括非农耕地这一点，未能从面的角度充分分析。

另外，关于这些可以上溯至西周的封国、禄邑的规模，从点的角度来看的话，大概不多于方百里，不少于方五十里，大小较为规整，领主之邑居于核心，另有小邑附属之。与之相对的是包含了荒地等无主空闲土地的情况,即从所谓面的角度来看,如《周礼·大司徒》的记载,这种情况下封国、禄邑的土地面积要比作为点的集合体的前者大出数倍。

由此可以窥得地方控制从点向面的变化,虽然可以将这种变化限定为生活圈之内的问题,但最终往往会掺杂入政治性的因素。对生活圈之内的人群集合体来说,由于存在地域差异,其形态也大小不同,也未必会以一致的规模向前发展。

四、方百里的来源

据上可知,封国、禄邑的规模存在差异,人们生活的范围也在逐渐扩大。生活圈的扩大未必会千篇一律,往往还会受到政治背景的影响。在生活圈扩大的过程中,存在不少与自律性、自我发展相似的成分。因此,讨论封国、禄邑之时,难免会出现稍稍偏离生活圈的情况。

对封国、禄邑来说,前文讨论乡俗的扩展时,方百里是一个受到较多重视的区分点。乡俗的扩展当然是具有面状特征的。汉制之中,县虽以户数分为四等(万户以上、次万户以上、减万户、次减万户),但在面积上,方百里是统一的原则。[1]

封国、采邑制度中的方百里,依据井田结构进行换算的话,为九百万亩,又据一井八家之制,所计算出的方百里的户数为八万户。与汉制之县相比户数多出许多。这是因为汉制之县的方百里计算的是整体的土地面积,而井田制的方百里,虽然名称相同,计算的却是井田制下方百里的耕地,因此在户数上才会出现如此大的差异。

《礼记·王制》中的九州,一州方千里。减除天子元士、诸侯附庸之后,九州之内有方百里之国二百四十九、方七十里之国五百零一、方五十里之国一千零二十三,共计一千七百七十三国。按一井九百亩累计计算的话,一千七百七十三国共有六十七亿五千二百二十一万亩,若一

---

1. 拙稿:《漢代における県大率方百里について》,《鈴木俊先生古稀紀念東洋史論叢》,山川出版社,1975年,收入本书。

井八家，则共有六千零一万九千二百户。若一户五人，约六千万户共有三亿人口。而这还未将天子元士及诸侯附庸的人口包括在内。汉代元始二年（2年）的户数为一千二百三十五万六千七百四十户，人口为五千七百六十七万一千四百零一。

由此判断，《礼记·王制》中的封国、禄邑制只是思想上的产物和一纸空论而已，偏离现实太远。当然，《礼记·王制》所记载的国的数量或许也是存在问题的，并不能反映真实的情形。

虽然如此，从封国方百里这一记述还是能够明确当时存在"方百里"这一面积标准。频见于各种史料中的"方百里"一词的出现或许是有其特定背景的。前文已谈到，从有关封国、禄邑制的史料中可以看出，地方控制中出现的从点至面的变化以及乡俗以"方百里"为范围，都与封国制存在关联。

对封国、禄邑制来说，集井田而形成的方百里脱离了聚落实态，而从面的角度划分的方百里与之更为贴合。在记载了从面的角度划分的封国制的《周礼·大司徒》之中，方百里为"男"的封土，是封国之中面积最小的一等。

《周礼》所反映的究竟是哪个时代的情形仍然存在很多问题，不过可以确定的是，在地域社会的发展、扩大的过程中，作为一种生活圈，"方百里"这一范围逐渐得到了普遍认可。同样，在政治方面，当方百里的地域成为通行的大小，难以再进行划分之时，就会将方百里的面积认定为封国的单位或最小单位。

随着对地域的控制从点转变为面，"方百里"也从对大国的称呼转变为对小国的称呼了。当然，集合各点而形成的"方百里"与包含了山川、荒地等在内的"方百里"相比，领地内的耕地面积要大出许多。

由井田集合体建构而成的封国制，除了附庸之外，规模最小的封土面积为"方五十里"。以一井八户计算，方五十里的民户总数约为两万户。汉代的县制是从面的角度所实施的制度，范围为"方百里"，县内民户大概为万户。

由此可见，汉制"县方百里"的户数与基于井田制而形成的封国制中规模最小的方五十里之国的户数较为接近。春秋战国时期的大县也是万户。可以说，封国、禄邑制的最下级单位，集点而成的方五十里和以面建构的方百里，都是依据一定的现实政治背景而形成的。

来看方百里与井田制之间的关系。井田制史料初见于战国初期的《孟子》，相关文献都出现于这一时期之后。方百里的本源有几种不同的来历，若从出现的背景考察的话，一个来源见于《白虎通德论·封公侯》：

> 诸侯封，不过百里，象雷震百里，所润雨同也。雷者阴中之阳也，诸侯象也，诸侯比王者为阴，南面赏罪为阴，法雷也，七十里五十里美德功也。1

认为诸侯封土方百里来源于"象雷震百里"。"象雷震百里"依据的当是《易经·震》：

> 震，亨，震来虩虩，笑言哑哑，震惊百里，不丧匕鬯。

《象辞》曰：

> 震惊百里，惊远而惧迩也，出可以守宗庙社稷，以为祭主也。

认为百里四方是雷鸣、震动能够威胁到的范围。

由于"震惊百里"中的"百里"是雷鸣能够到达的范围，而方百里的范围正与诸侯封土相重合，因此才假托自然现象作为旁证。雷鸣的威胁有自己的范围，地域控制的实效也有自身的界线。从地理上看，当时的政治实效性、妥当性所表现出的范围就是方百里。

或认为震卦显示了长男的情况[2]，也许正因如此，封国中的大国、公

1.《白虎通德论·爵》也有类似记载："所以名之为公侯者何，公者通公正无私之意也，侯者侯也，侯逆顺也，春秋传曰：王者之后称公，其余人皆千乘，象雷邀百里，所润同。"

2.《国语·晋语》曰："震，长男也。"

侯封土方百里与"震惊百里"产生了关联，不过其范围也仅限于与人们较近的雷鸣、润雨等，这一范围应当是当时地域控制的上限。

《白虎通德论》从雷震及随之而生的润雨的范围等自然条件来寻求方百里的来源，但对方七十里、方五十里的来源，却又转而从抽象的德功方面寻找。《孟子·告子章句下》的解释与此不同，曰：

> 天子之地方千里，不千里，不足以待诸侯；诸侯之地方百里，不百里，不足以守宗庙之典籍。周公之封于鲁，为方百里也，地非于不足，而俭于百里；太公之封于齐也，亦为方百里也，地非不足也，而俭于百里。今鲁方百里者五。

认为要完成安放宗庙典籍诸事的话，需要有方百里的收入。以财政原因作为方百里的来源。

方百里是"俭"的限制范围，以财政上的限度作为原因，指出这一地理面积是有其正当性的，那就是周公旦与太公吕尚的封地也只受封于方百里之地。

"宗庙之典籍"应与祖法相关，并不只是指宗庙祭祀和礼仪。从整个国家政治来思考鲁、齐建国最初的封地为方百里，会发现原因不在于封土不足，而在于天子的待遇为方千里，这是封地方百里的前提。由此可见，方百里的来源之一之所以称"俭"，其实是为了与居于中央的天子保持平衡，这一规模是有政治性原因的。

由此可见，"方百里"这一规模的出现，背后既有自然、地理方面的原因，也有财政、经济方面的原因，更有政治方面的原因，整合各种条件之后出现的方百里，在政治上较为妥当，因而不断地受到重视。

《诗经·大雅·桑柔》曰："维此圣人，瞻言百里。"其中的"百里"，汉毛亨注曰："远虑也"，解释为"远"。"远"用于指代圣人睿智思虑的范围，不一定有固定的广度。由于时代的变迁，"百里"一词在语感方面未必会一直指代特定的距离。不过，无论是方千里还是方百里，其演变都有其现实性的背景。从政治演进的角度来看，超越了方百里范围的方千里等词汇应当出现得更晚。

"方千里"来源于《礼记·王制》：
恒山—南河之间＝近于千里
南河—长江之间＝近于千里
长江—衡山之间＝多于千里
东河—东海之间＝多于千里
东河—西河之间＝近于千里
西河—流沙之间＝多于千里

四海之内方三千里，一州方千里。

《管子·轻重乙》篇的记载与此不同：

> 地之东西二万八千里，南北二万六千里，天子中而立，国之四面，面万有余里，民之入正籍者，亦万有余里，（略）立壤列天下之旁，天子中立，地方千里。

四海之内的总面积为一万八千里乘以一万六千里。国中方万里，其中天子畿内方千里。

《管子·轻重乙》篇成书于较晚的西汉时期[1]，国中方万里，天子"中立"之处的面积为方万里的百分之一，即方千里。《礼记·王制》中九州岛各方千里，所依据的是井田制，天下方三千里。这两条史料在方千里的计算依据及对国土全局的把握方面都不同。

同时要指出的是，《礼记·王制》所说的一州方千里并不能反映真实的情况，在方千里之内还存在分割出来的方百里不等的禄邑，从数值上看也不是真实的。

另外，关于方百里的用例还有《论语·泰伯》中的"百里之命"，用方百里来指代诸侯。井田制首见于《孟子》，虽然不清楚在哪个时期方百里在政治、经济等方面用于指代实质性的、有效的地理范围，但至少在孟子的时代应当朝着这个方向发展了。而对方百里的认识，也在井田制的基础之上进行了润饰，演变为包括山川、荒地等在内的全

---

1. 罗根泽：《管子探源》，《诸子考察》，人民出版社，1958年。

部领地。

就这样，方百里逐步地具有了现实性的地位，最终发展为得到了普遍认可的县的单位面积。就其起源来说，一个源头来自假托周公旦与太公望吕尚的封地面积，不过由此也可以看出，对人们一般的日常生活来说，方百里，即大约四十千米的四方之地已经是很宽广的地域了。

另外，具有政治意涵的面积上的方百里的首次出现虽然可以上溯至孟子时代，但并不能再向前追溯至国境线意识明确了的时期，即春秋时代。

五、"都市"与农村

方百里的来源具有多重背景。或许正因如此，人们意识到要对方百里的地域有一个总括性的解说，所以才会出现各种假托之说。另外，方百里范围的生活圈在一定程度是颇具现实性的，为了能够连贯地解释其来历，才出现了从"同井"出发并向后延展的解释体系，这一解释体系得到认可显然是有其原委的。

孤立的聚落通常不会止步于孤立的状况。地域性的特征会与政治、社会经济方面的状况产生关联，被纳入更具完整性、补充性的高层级生活圈。在分析村落共同体之时，了解各个聚落与聚落间相互关联而形成的生活圈之间的关系，是一个重要的课题。

若从同井范围出发来思考各个聚落的话，在更宽广的生活圈的形成方面要注意的是，如马王堆古地图所揭示的那样，会出现多个聚落如卫星一般散布于核心聚落之侧的情形。

如邑制国家中大邑与小邑之间的关系一样，核心聚落往往带有政治性色彩，即所谓的政治性"都市"。就"都市"与其影响下的聚落，即农村之间的关系来说，"都市"在获得农村收获的同时，提供地域防卫、治安维持、再生产保障等代偿功能。不过，皇甫谧的《帝王世纪》却记载了老农击壤而歌，吟咏远离政治的牧歌生活。那么，通过与"都市"产生关联，农村究竟获得了多少恩惠，仍然是一个需要求证的问题。考古学方面，在较能反映城墙之内居民构成的战国时代的燕下都、汉河南县城中，都发现了农具的存在。

政治背景是"都市"盛衰、兴亡的主导因素。"都市"虽然附设有市，但原则上是用来管理有市籍者所从事的末业，并不希望与农村经济有飞跃般的交流。因为"都市"经济具有灵活性和活力，市制也会出现衰退和崩坏的情况。

在以农业经济为基础的社会中，"都市"的形成和发展需要农村经济的支持。就中国古代来说，提到农村经济发生较为显著转变的时期，通常会想到农业技术大为改善的春秋战国时代。不过，春秋战国时代也是中国的政治型"都市"出现的时期，且"都市"的构造并未发生大的变化（变化只在于城墙之内的宗教性建筑物越来越少）。

由此来看，要分析中国"都市"的形成过程，不能忽视强大的政治力量的推动以及专制权力的作用。都市的建设需要大量的劳动力与高超的技术，还需要了解提供劳动力和技术的地区的情况，需要克服重重险阻才能初步完成都市的建设。正因为如此，从殷周时期以大邑为核心、小邑为卫星的地域社会的形成，可以窥知中国古代的政治、文化已趋成熟。

国家与社会，"都市"与农村，或是行政村与自然村，大概都是同样的类别关系，不可能有太大的差异。如前所述，与其说政治性"都市"是通过严酷地榨取农村经济而形成的，倒不如说是"都市"的政治力提升了地域一体性，这种一体性维护了农村经济的安定、扩大和发展。当然，农村也不是自始至终都是受到影响的一方。农村也存在支撑"都市"的余力，这点是不容否认的。农民付出了巨大的自我牺牲，不断努力地扩大农村的再生产、开辟新居地，贡献卓著。地缘范围的扩大当然也暗示着可能会有新的发展。

在地域社会之中，随着生活圈的扩展、乡俗的传播，"都市"与农村的关系也日渐紧密。在此基础上形成的方百里，不再只像较早时期仅与地域相关，而是与县制结合了起来，成为地方行政制度中最基础的部分，此后支撑王朝政治的最具实效性的区域也自此产生。

结语：过所

在汉代，人们若要出行，需要县（乡）出具的通行证。可见当时以县为单位来管理人们的出行。

《汉书·终军传》记载，汉武帝时，终军从山东济南郡出发前往都城拜见博士官，他徒步进入函谷关，向守关吏人出示通关凭证之时，"关吏予（终）军繻，军问以此何为，吏曰为复传，还当以合符"。当时终军并不清楚"繻"的使用方法。

大庭脩氏将"繻"解释为当时发行的专用于关口的通行证，认为与传信不同，传信注明了从济南前往博士官处的旅行目的。[1]由此可知，只有函谷关发行独立的"繻"，不同于从济南至函谷关旅途中所经过的各过所需要的通行证。

每个过所或县级单位的通行许可管理体制是否存在不同，内郡一般性的关津是如何管理的，目前都还不明确。只知道从汉文帝十二年（前168年）到汉景帝四年（前153年），曾一度废止各处关津。景帝四年之所以重新恢复，原因在于前一年发生了吴楚七国之乱，恢复关津以"备非常"（《汉书·景帝纪》应劭注）。

吴楚七国之乱的核心人物吴王濞曾利用亡命之人来扩充本国的财政。"招致天下亡命者，盗铸钱、东煮海水为盐，以故无赋，国用饶足。"（《汉书·荆楚吴传》）应劭所说的"非常"或许是指广泛的军事方面的策反、谍报活动。而亡命者都是不允许回归本籍的流徙之人，他们的社会影响当不可小觑。

景帝四年恢复过所之制显然是可以理解的，那么，文帝十二年之时为何要特意地废止关津的通行限制呢？没有能够直接反映其背景的史料，不过《汉书·文帝纪》"十二年"条记载了这么一道诏书，开头数句曰：

> 道民之路，在于务本，朕亲率天下农，十年于今，而野

---

1. 大庭脩：《漢代の関所とパスポート》，《関西大学東西学術研究所論叢》16，1954年；《秦漢法制史の研究》，創文社，1982年。

第三章 中国古代的"都市"与农村

> 不加辟,岁一不登,民有饥色,是从事焉尚寡,而吏未知务也,吾诏书数下,岁劝民种树,而功未兴。

诏书下令将该年的租税减半,又讲到耕地并未如预想的那样得以开辟,导致产量不足,而减轻农民税负与扩大新开辟土地的意图都在于增加产量。

从这个方面思考,关津的取缔、废止,目的在于让农民能更自由地进行农业生产,期待他们能够进入新开发的地区。同时,经历了秦汉交替时期的混乱,在逐渐沉静化的社会进程中,也会考虑没有必要再将农民束缚于特定的地区之内了。

以这样的背景来考虑关津制度的废止,就很容易理解再次实施之时为何要称其为"非常"了,也就是说再次实施之时并未否定原来的做法。由此可见,无论上层的制度如何,只要不发生天灾等意外情况,地域社会的流动会在其固有的生活圈中完成,虽然会有来自国家政策方面的影响,但只要恒常地发展,不发生大的波澜,不产生影响治安的问题,史料中不会有特别的记载。

以上尝试讨论了包括"都市"与农村在内的地域社会,从生活圈的角度进行了一定的概括分析,认为这种生活圈经历了从小到大以至于方百里的扩展过程。本章的讨论主要限定在空间的角度,所以对地域人们的分析给人以一带而过之感,关于地域社会的具体内部构成,请容另文论述。

本章所涉及的中国古代的"都市"一词,包括都与市,即都城、城域以及附设的市区,与后世废除市制之后的城、市一体化的都市存在本质差别。因此,本章在都市一词上添加了引号,以与后世的都市相区别。[1]另外,就国都而言,其中还有王城,二者存在区别,在国都制崩坏之后,又出现了"帝都"一词。国都随着时代推移而出现的差别当然也是应当考虑的问题,不过本章不以王城、都城作为单独的讨论对象,因此统一使用"都市"一词。

---

1. 拙稿:《漢代の河南県城をめぐって——漢代の地方都市について》,《中国都市の歴史的研究》,刀水书房,1988年,收入本书。

第四章

汉代的里与自然村

前言

秦汉时代乡里制体系下的"里",究竟是自然村还是人为划定的行政村呢?若将其视为人为划定的行政村,那是否需要承认自然形成的聚落的存在呢?关于这两个问题一直以来都有不少争议。先来看《汉书·百官公卿表》中对乡里制的记载:

> 大率十里一亭……十亭一乡。

再来看《风俗通义》:

> 国家制度,大率十里一乡。

显然,二者的记载有着明显的差异,而学术界以"亭"的性质为中心,围绕里、亭、乡的统属关系已经展开了很多讨论。

本章也将涉及这个问题,先来讨论里与自然村的关系,接着分析作为自然村共同体而存在的"场",然后论及亭的性质等。

一、行政村与里

迄今为止,关于秦汉时代的"里"的性质有两种相互对立的观点,一种观点认为是行政村,另一种观点则认为是自然村。不过,从总的趋势来看,在冈崎文夫氏对居延汉简进行介绍之后,自然村的观点开始逐渐让位于行政村的观点。[1]

---

1. 现将关于里的性质的各种观点及主要文献列举如下。
   1.认为里是自然村的论著有:
   A. 冈崎文夫:《魏晋南北朝通史》,弘文堂,1932年,第579—581页。他所提出的"十里"的含义当从距离转移至部落,在理论方面还存在难以令人完全信服之处。(转下页)

第四章　汉代的里与自然村

居延汉简中包含了很多条名籍资料,每条名籍资料依据"名县爵里"(居延汉简二三九·四六、七·三一,《汉书·宣帝纪》地节四年九月条)的惯例,将里名与县名一并记载了下来。在此之前,关于"名县爵里"之制仅有少量断片式的资料,如《史记·太史公自序》司马贞《索隐》引《博物志》载,"太史令茂陵显武里大夫司马迁年二十八"。而据居延汉简可知这一制度普遍使用于汉代的公文文书;同时,依据"名县爵里"之制,学者们对里为自然村的观点提出质疑,认为需要进行再讨论。

居延汉简公布之后,一般承认里是行政区划单位。在此前的材料中,如《汉书》《续汉书》对里都缺乏明文记载,《续汉书·百官志》中有这样一条材料:

（接上页）B. 鎌田重雄:《漢代郷官考》,《史潮》7-1,1973年;《秦漢政治制度の研究》,日本学术振兴会,1962年。所收录的"乡官"与后文所引的日比野氏观点相近。
C. 伊藤徳男:《漢代の郵について》,《東洋学報》28-3,1941年。
D. 櫻井芳朗:《漢代の三老について》,《加藤博士還暦記念東洋史集説》,富山房,1941年。
E. 小畑龍雄:《漢代の村落組織に就いて》,《東亜人文学報》114,1942年。
F. 清水盛光:《中国の郷村統治と村落》,《社会構成史体系》1949年,第19—20頁;《中国郷村社会論》,岩波书店,1950年,第24—26頁。
G. 松本善海:《秦漢時代における村落組織の編成方法について》,《和田博士還暦記念東洋史論叢》,讲谈社,1951年;《中国村落制度の研究》,岩波书店,1977年。
H. 松本善海:《秦漢時代における亭の変遷》,《東洋文化研究所紀要》3,1952年;《中国村落制度の研究》,岩波书店,1977年。
I. 河池重造:《赤眉の乱と後漢帝國の成立について》,《歴史学研究》161,1953年。认为一里约有100户。
J. 大淵忍爾:《中国における民族宗教の成立(2)》,《歴史学研究》181,1955年。
K. 严耕望:《中国地方行政制度史上编》,"中央研究院"历史语言研究所,1961年,第243页。
2. 认为里是行政村的观点之一（一里百户）:
L. 和田清:《支那地方自治発達史》,中华民国法制研究会,1939年,第8—9页。
M. 劳榦:《秦汉史》,中华文化出版事业社,1952年,第214页。
N. 劳榦:《居延汉简考证》,《居延汉简考释之部》,"中央研究院"历史语言研究所,1960年。在该文中劳榦认为"大率一里百家"是一般性的基准。但在《汉代的亭制》(《"中央研究院"历史语言研究所集刊》22,1950年)中他又提出里是地域单位,不依据户口进行划分。
O. 王毓铨:《汉代亭与乡里不同性质不同行政系统》,《历史研究》2,1954年。
P. 王毓铨:《汉代亭的性质和它在封建统治上的意义》,《光明日报》1955年3月31日。该文是对下引蔡美彪氏文章的反驳。
Q. 蔡美彪:《汉代亭的性质及其行政系统》,《光明日报》1954年12月23日。

> 里有里魁，民有什伍，善恶以告。
>
> 本注曰："里魁掌一里百家，什主十家，伍主五家，以相检察，民有善事恶事，以告监官。"

有学者认为"一里百家"是司马彪根据晋制所作的推测，因此持否定态度。[1] 又因"里有里魁"的记述仅见此一例，认为这个说法也有疑问。[2] 同时指出《宋书·百官志下》中关于乡里制的记事（下引E条），也是由于沈约误信了司马彪《续汉书》本注演绎而来的，不是比拟汉制而设立的。[3]《宋书·百官志下》相关记载如下：

> （A）县令长秦官也，（B）大者为令小者为长，（C）侯国为相汉制，（D）置丞一人尉大县二人小县一人。
> （E）五家为伍伍长主之，二五为什什长主之，十什为里里魁主之，十里为亭亭长主之，十亭为乡乡有乡佐三老有秩

（接上页）R. 西嶋定生：《中国古代帝国の形成と構造》，东京大学出版会，1961年，第373—374页。

S. 曾我部静雄：《中国及び古代日本における郷村形態の変遷》，吉川弘文館，1963年，第47—58页。认为反映了东汉时期的情形。

T. 杨树藩：《两汉地方制度》，台湾政治大学，1963年，第71—72页。

3. 认为里是行政村的观点之二（里以一定的户数为基准）：

U. 日比野丈夫：《郷亭里についての研究》，《東洋史研究》14-1、2，1955年；《中国歴史地理研究》，同朋舎，1977年。认为另外存在自然村。

V. 曲守约：《漢代之亭》，《大陸雜誌》12-12，1955。认为一里二十五家。

4. 认为里是城郭内的一种区划：

W. 宮崎市定：《中国における聚落形態の変遷について》，《大谷史学》6，1958年；《宮崎市定全集》三，岩波书店，1991年。宮崎市定：《読史劄記一三 漢代の郷制》，《史林》21-1，1936年；另可参看《宮崎市定全集》七，岩波书店，1993年。

X. 宮崎市定：《中国における村制の成立—古代帝国崩壊の一面—》，《東洋史研究》18-4，1960年；《宮崎市定全集》七，岩波书店，1992年。

Y. 宮崎市定：《漢代の里制と唐代の坊制》，《東洋史研究》21-3，1962年；《宮崎市定全集》七，岩波书店，1992年。

1. 岡崎文夫：《魏晋南北朝通史》，弘文堂，1932年，第579—581页。
2. 小畑龍雄：《漢代の村落組織に就いて》，《東亜人文学報》114，1942年。另外，闻钧天的《中国保甲制度》（商务印书馆，1935年）亦对里魁持有疑问。
3. 岡崎文夫：《魏晋南北朝通史》，弘文堂，1932年，第579—581页。

第四章 汉代的里与自然村

啬夫游徼各一人,乡佐有秩主赋税,三老主教化,啬夫主争讼,游徼主奸非。

(F)其余诸曹略同郡职。

按此,认为里是自然村、里中父老为里之指导者的观点失去了依据。不过,如后文所述,这里关于"一里百家""里有里魁"的解释未必得当。而《宋书》中对乡里制的记载,已有的解释也有不少疑问。下面我们先来讨论《宋书》的内容。

冈崎文夫氏曾指出将《宋书》的这条记述理解为汉制是有问题的。[1] 在此之前,只要论及汉代的乡里制,几乎必引这条材料,讨论它可信与否,不过还没有人对其记载的是否就是汉制产生过怀疑。

这段材料首先谈到县的令长(A、B)、侯国的相(C),以及县与侯国中的丞、尉(D);接着论及乡里之制(E),以及其他诸曹等问题(F)。其中,将E的内容解释为汉制的依据是C所提到的"汉制"一词。不过,C所说的汉制指的是有关"相"的规定,是一句插入语,因为其后的D中关于丞尉的规定则是秦制而非汉制。由此可知,C中的"汉制",并不适用于有关"相"以外的其他记载,所以已有的将E的内容也认定为汉制的讨论都是有问题的。

若不考虑前后文的关系,自然很容易将《宋书》这段材料中"汉制"一词之后的内容都理解为汉代的规定。《续汉书·百官志》记曰:

(B)'县万户以上为令,不满为长,(C)'侯国为相,皆秦制也。(D)'丞各一人,尉大县二人,小县一人。

《汉书·百官公卿表》云:

(A)'县令长皆秦官,掌治其县,(B)''万户以上为令,秩千石至六百石,减万户为长,秩五百石至三百石。

---

[1]. 冈崎文夫:《魏晋南北朝通史》,弘文堂,1932年,第579—581页。

仔细分析后不难发现，沈约的记载是在《续汉书·百官志》的基础上，补入了《汉书·百官公卿表》(A)'的内容，又用"汉制"一词取代《续汉志》(C)'中的"皆秦制也"。正因为有这些改动，才导致《宋书》这段材料的上下文比较混乱。另外，将《宋书》所载理解为汉代的制度的观点，也需要再作讨论。

二、里魁与父老

在将汉代的里认定为地方行政机构最末端单位的情况下，又该如何理解长期以来一直流行的里为自然村的观点呢？

关于这个问题，宫川尚志氏[1]和日比野丈夫氏[2]推测自然村与行政村（里）并存，宫川氏认为"聚"即自然村，日比野氏指出见于《汉书·地理志》和《续汉书·郡国志》的乡、里、聚与之相当。不过，西嶋定生氏[3]对日比野氏所提出的里与自然村并存的观点表示怀疑，指出在当时可见的文献中，未见有相关例证，对自然村的存在持否定态度。

西嶋氏所理解的秦汉帝国存在的一个前提是里丧失了自律式的秩序和功能，增渊龙夫氏[4]对此提出质疑，强调"不能用基于国家权力而形成的他律式体系来解读汉代社会的全貌，而要注意汉代社会内部所包含的特殊且具体的自律式的秩序"。不过，关于自然村和行政村究竟是如何有机地结合在一起的，迄今尚未见有充分的说明。

下面我们打算从父老与里魁（里正）入手，来探讨自然村与行政村的关系问题。守屋美都雄氏[5]曾指出，父老指的是里内因共同自治的

---

1. 宫川尚志：《六朝時代の村に就いて》，《羽田博士頌寿記念東洋史論叢》，東洋史研究会，1960年；《六朝史研究 政治社会》，日本学术振兴会，1956年。
2. 日比野丈夫：《郷亭里についての研究》，《東洋史研究》14-1、2，1955年；《中國歴史地理研究》，同朋舎，1977年。
3. 西嶋定生：《中国古代帝国の形成と構造》，东京大学出版会，1961年，第375—376页。
4. 增渊龙夫：《所謂東洋的專制主義と共同体》，《一橋論叢》47—3；《新版中国古代の社会と国家》，岩波书店，1996年。
5. 守屋美都雄：《父老》，《東洋史研究》14-1，1955年；《中国古代の家族と国家》，东洋史研究会，1968年。

需要而选取的有着丰富经验的人,负责监督指导里社的费用使用与社祭,管理土木工程的营建与修缮,收取赋税等公有资金,作为里的代表参加乡、县举行的各种活动。父老活动的场所是位于地域社会最下部的里,与乡、县有着密切往来。

里内有负责监守里门的吏员,他们领取国家下发的薄俸,父老与他们一同接受国家的指令,如求盗令之类,或也会接触到公有资金的收取。从这些现象来看,里似乎不再自然发展,转而成为汉代官制末端的一环了,他们经常代表所居之里参加乡、县所举行的各种活动。

但是,依据《续汉书·百官志》的记载,里的代表是"里魁",如若将父老认定为里的代表者的话,则需要解决父老与里魁的关系问题。目前,将父老看作是里的代表者的观点十分普遍,如日比野丈夫氏[1]认为里(行政村)与自然村并存,父老其实就是县、乡吏员在里中的代办,不过他完全没有涉及父老与里魁的关系问题。

西嶋定生氏[2]提出里魁或里正才是里的代表,父老只是里中子弟(男子)的指导者,子弟在父老的指导下从事各项实际活动,不过他没有说明代表者和指导者的具体分工各是什么。小畑龙雄氏[3]指出父老在里内势力很大,而里魁不见于《续汉书》以外的任何史料,是否存在都很有疑问。

闻钧天氏[4]也对里魁的存在表示怀疑,不过,《汉书·酷吏传》"尹赏"条曾记曰:

> 乃部户曹掾史与乡吏、亭长、里正、父老、伍人,杂举长安中轻薄少年恶子。

父老与里正在此同时出现,又《春秋公羊传》宣公十五年汉何休

---

1. 日比野丈夫:《郷亭里についての研究》,《東洋史研究》14-1、2,1955年;《中国歷史地理研究》,同朋舍,1977年。
2. 西嶋定生:《中国古代帝国の形成と構造》,东京大学出版会,1961年,第375—376页。
3. 小畑龍雄:《漢代の村落組織に就いて》,《東亜人文学報》114,1942年。
4. 闻钧天:《中国保甲制度》,商务印书馆,1935年。

注曰：

> 选其耆老有高德者名曰父老，其有弁护伉健者为里正。

显然，里正与父老有着明显的区别。从字义上看，里正与里魁性质相同，都是为国家服务的职员[1]，对里魁的存在表示怀疑的观点是很有问题的。

关于里正、里魁与同一里内存在的父老之间的关系，前引何休注又曰：

> 父老此（比）三老孝弟官属，垦（里？）正比庶人在官。

由此可知，父老可比拟于三老，是没有官秩的地方豪强，垦（里？）正则可与吏相比拟。此外，《史记·平准书》曾载：

> 守闾阎者食粱肉，为吏者长子孙，居官者以为姓号。

在吏（不能成为本官的下级官吏）与官（有品秩的本官）之外，存在有所谓的"守闾阎者"[2]，以及独立于行政机构体系之外的地域社会的统率和管理者。

上文推测认为父老与里正性质不同，在居延汉简中也见有"父老"：

| 荥阳 | 秋赋钱五千 | 东利里父老夏圣等教数
西乡守有秩志臣佐顺临
从请亲具 | （45.1） |

---

1. 严耕望：《中国地方行政制度史上编》，"中央研究院"历史语言研究所，1961年。在第243页，作者认为里魁与里正相同。
2. 加藤繁译注：《史记平準書·漢書食貨志》，岩波书店，1942年。在第26页注26中，注"守闾阎者"曰："村役人。"但是，"村役人"一词意义过于宽泛。

从"东利里父老夏圣等"可知,在东利里(行政村)之中,父老与乡吏"守有秩"和"佐"一起收取秋赋,而东利里的父老可能也不只有夏圣一人。作为里的代表者,一个里内当有多个父老。如前所述,将里单纯地理解为人为划定的行政村似乎欠妥。

现在回到父老和里正的关系上来。考虑到一个里中存在多个父老,其地位又可比拟于无秩的三老,同时,独立于行政机构之外还有"守闾阎者"这样的人群,或可认为父老是未曾与国家权力发生关联的自然产生的散村的统率者,与之相对的里正则是能够比拟于吏的行政村的代表者。

虽然能够确定汉代存在里正,但父老作为自然村的统率者,与居民有着更为密切的往来。[1]因此,较之里正,父老在地方行政上影响更大,从前文引述的守屋美都雄氏有关父老的研究中很容易看出这一点。

隋唐以降,由父老所统率的自然村与行政村并存,在地方行政机构中,这些自然村或作为畿外的"里党",或作为在邑之"坊"、在野之"村"[2](编入基层地方行政机构方式不明者一般认为仍是自然村)存在,并得到了普遍认可。自然村自古以来的长期存续是不能轻易忽视的问题。

三、里的组建

上文已指出,汉代的自然村与行政村并存,下面来分析行政村和自然村的组建问题。首先来看作为行政村的里的组建,《汉书·百官公卿表》对乡里制的组建规定如下:

> 大率十里一亭,亭有长。十亭一乡,乡有三老、有秩、啬夫、游徼。……县大率方百里,其民稠则减,稀则旷,乡亭亦如之。

---

1. 小畑龍雄:《漢代の村落組織に就いて》,《東亜人文学報》114,1942年。守屋美都雄:《父老》,《東洋史研究》14-1,1955年;《中国古代の家族と国家》,东洋史研究会,1968年。另外可参考宇都宫清吉:《漢代における家と豪族》,《史林》24-2,1939年;《漢代社会経済史研究》,弘文堂,1955年,第441页,等等。
2. 宫崎市定:《中国における村制の成立—古代帝国崩壊の一面—》,《東洋史研究》18-4,1960年;《宫崎市定全集》七,岩波书店,1992年。

规定了亭、乡、县的建制原则，却未涉及里。仅在《续汉书·百官志》中有关于里的组建方式的记载：

> 里有里魁。
> 本注曰："里魁，掌一里百家。"

不过，冈崎文夫氏[1]指出，《续汉书·百官志》本注所见的"一里百家"的记载实为晋制，汉代的里是自然形成的部落，里内的户口数量并不固定。而主张里是行政村的学者，则认为里是依据户数来组建的。[2]

由于史料不足，目前很难得知每里的户数多少，不过根据以下几条记载户数的资料，可知在五十户到一百户之间。

①《风俗通》曰："五十户。"
②《春秋公羊传》宣公十五年条汉何休注曰："八十户。"
③《礼记·杂记下》汉郑玄注《管子·度地篇》并曰："一百户。"
④《汉书》中散见有"赐牛酒"的户数单位，《汉书·武帝纪》元丰二年六月、《汉书·成帝纪》鸿嘉元年等处记载为"一百户"，《汉书·元帝纪》初元元年及初元五年等处记载为"五十户"。

后文谈到，当时自然村的规模估计不会超过五十户，将里完全等同于自然村，从户数上看恐怕靠不住。从下文对自然村的描述可知，司马彪《续汉书·百官志》所记的"一里百家"的规定是可以变通的，政府根据自然村的各自情况采取了务实的对策，将自然村改编成为不同的行政区划。

四、自然村的规模

下面来谈自然村的规模。宫崎市定氏指出，秦汉时代人民居住在

---

1. 冈崎文夫：《魏晋南北朝通史》，弘文堂，1932年。
2. 参见前注所引主张里是行政村观点的学者的著作及论文。

第四章　汉代的里与自然村

城内人为划定的政区"里"内，自然村是与之相对的具有反社会性质的存在。六朝时期，人民可依其居所分为城郭居住者和村落居住者两种。到了唐代，一直存续于乡亭之中的城郭逐渐消失，三五十户左右的散居村落星罗棋布，占据了统治地位。[1]关于秦汉的城郭都市（聚落），宫崎氏谈到，虽然上古有着数量众多的邑，史书中称万国或千八百国，但到了汉代，依据其大小和重要性分为三级，上级者为县，中级者为乡（三千户左右）、聚，下级者为亭（三百户、五百户左右）。[2]

依据宫崎氏的看法，汉代的聚落平均约有三百户，规模很大，其中不可能包括城郭都市之外的小规模的自然村。此外，宫崎氏将汉代聚落的起源上溯至先秦时期的邑，但松本雅明氏[3]认为这些邑并非都市国家，而是以十户到二十五户左右农耕民为中心的村落，确认了先秦时代散村的存在，并指出古代中国诸侯国都城所在的城市正是依靠这些村落才逐渐发展起来。

降至汉代，散村仍当继续存在，前文在讨论"父老"的性质时曾谈过这个问题，下面从《汉书·王莽传》的记载再作分析：

> 四方皆以饥寒愁穷，起为盗贼，稍稍群聚，常思岁熟，得归乡里。众虽万数，亶称巨人、从事、三老、祭酒。不敢略有城邑，转掠求食，日阕而已。
>
> 收合离乡小国无城郭者，徙其老弱，置大城中，积藏谷食，并力固守。贼来攻城，则不能下，所过无食，势不得群聚。
>
> 四方盗贼往往数万人，攻城邑，杀二千石以下。太师王匡等战，数不利。

这段文字记载了王莽治政下农民蜂起的状况。在初期阶段，这些农民

---

1. 宫崎市定：《中国における村制の成立—古代帝国崩壊の一面—》，《東洋史研究》18-4，1960年；《宫崎市定全集》七，岩波书店，1992年。
2. 宫崎市定：《中国における聚落形態の変遷について》，《大谷史学》6，1958年；《宫崎市定全集》三，岩波书店，1991年。宫崎市定：《読史劄记—三 漢代の郷制》，《史林》21-1，1936年；另可参看《宫崎市定全集》七，岩波书店，1993年。
3. 松本雅明：《詩経研究の方法》，《東洋文庫年報》1960年度。

只是乌合之众,对"有城邑"之处,即具备城郭的都市完全没有攻击能力,只能"转掠求食"。因此这些"无城郭者"掠夺的对象应当是没有城郭防备的村落。[1]而只有在攻击能力增强之后,才能攻略城邑。

以上材料说明蜂起的农民由无组织的乌合之众逐渐有组织化,攻击对象也随之由无城郭的散村转变为城郭都市。显然,没有城郭、自然形成的小规模的散村在汉代不仅存在,而且数量很多。

此外,《汉书·酷吏传·咸宣》记曰:

> 大群至数千人,擅自号,攻城邑,取库兵,释死罪,缚辱郡守都尉,杀二千石,为檄告县趋具食;小群以百数,掠卤乡里者不可称数。

记述的是汉武帝时期的事情。当时,南阳、楚、齐、燕各地群盗横行跋扈,规模达到数千人的盗贼团伙袭击"城邑"(城郭都市),掠夺武器,杀害郡内长官,无所不用其极;若规模较小、仅有数百人的话,则会袭击"乡里"。此处"乡里"与"城邑"对比使用,所指应与《汉书·王莽传》所载的"无城郭者"相当,由此可以窥得汉人对"乡里"一词的理解。

考古学上也有支持汉代存在散村的资料。1955年曾对辽阳一处西汉村落遗址(或是屯戍地遗址)的一部分进行过发掘,发现了六户农舍遗迹,每户农舍都有房屋、炉灶、土窖、水井、用作厕所的土沟、用作畜舍的木栏、灰坑等,相距约十五至三十米,散状分布。发掘报告指出,这个聚落中没有看到任何人为设定的次序存在。[2]

---

1. 但是,关于"无城郭者",宫崎市定氏认为:"大概具有一般性的墙壁,但其坚固程度或不足以在战争中起到防御作用。"参见宫崎市定:《漢代の里制と唐代の坊制》,《東洋史研究》21-3,1962年;《宫崎市定全集》七,岩波书店,1992年。
2. 东北博物馆(李文信执笔):《辽阳三道壕西汉村落遗址》,《考古学报》1957年第1期。迄今为止,关于当时的城市遗迹已有较多的发掘,但是关于村落遗址的发掘较为稀少。原因或在于,筑有城墙的城市其遗迹往往容易得以留存,而追寻普通的、一般性的散村的遗迹则较为困难,可能性不高。

第四章 汉代的里与自然村

不过，五井直弘氏[1]和宫崎市定氏[2]都谈到，1956年在河北武安县午汲发掘了一座春秋至汉代的古城[3]，该城有城郭，内部被划分为十个部分（发掘报告没有关于城郭内部划分的详细记载，城郭内的构造不明晰），应与汉代一般的乡里相当。但是，午汲古城东西长八百八十九米，南北宽七百六十八米，是一座颇具规模、历史悠久的古城。这座古城不是一般性的集落，而是在地域经济生活中处于核心地位、且有数个卫星散村环绕左右的中心城市。[4]

那么，没有城郭的散村的规模有多大呢？如前引述，松本雅明氏指出，先秦时期的村落大概有十户到二十五户的规模。根据《晋书·职官志》"（里）不得减五十户"的记载，小聚落的规模不满五十户。又据《通典·食货·乡党》："其村居不满十家者"，可知唐代还存在不满十户的小聚落。

当然，自然村并非都是小规模的。加藤繁氏[5]的研究表明，唐宋时代的村落小者数十户，多者数百户，一百户左右的村落最为常见。虽然存在数百户的村落，但先秦以来的自然村估计仍以数十户的散村居多。

就聚落景观而言，也必须考虑到华北、华中与江南三角洲、华南等不同地域之间的差异。不过即便如此，每个自然村的规模也不会有太大差距。如清水盛光氏[6]谈到，"中国村落的平均户数为二三十家"；橘朴氏[7]也指出，"中国的部落普遍规模较小，每个部落户数为三十户至

---

1. 五井直弘：《豪族社会的发展》，《世界の歴史》三，筑摩书房，1960年，第162—164页。城内的区划依据五井氏之说进行推论。
2. 宫崎市定：《漢代の里制と唐代の坊制》，《東洋史研究》21-3，1962年；《宫崎市定全集》七，岩波书店，1992年。
3. 孟浩、陈慧、刘来城、康保柱、郑绍参加整理：《河北武安午汲古城发掘记》，《考古通讯》1957年第4期。
4. 中国科学院考古研究所编著：《新中国的考古收获》考古学专刊甲种四，文物出版社，1961年，第68页。
5. 加藤繁：《唐宋時代の莊園の組織並に其の聚落としての発達に就きて》，《狩野教授還暦記念支那学論叢》，弘文堂，1928年；《支那社会経済史考証》上，東洋文庫，1952年，第247页。
6. 清水盛光：《支那社会の研究》，岩波书店，1939年，第270页。
7. 橘朴：《支那社会研究》，日本评论社，1930年，第449—450页。

五六十户不等"。

依据以上分析可知汉代也应当存在规模甚小的自然村（无城郭的散村）。《汉书·五行志中之下》有这么一条材料：

> 建昭五年，兖州刺史浩赏禁民私所自立社。

晋臣瓒注曰："旧制二十五家为一社，而民或十家五家共为田社，是私社。"由此可见，即便只有十户或五户，也可设立私社。我们知道，所谓私社是与官社相对而言的，官社由政府设置于人为划定的行政区划内，而私社由自然形成的散村自发设立。这说明在汉代可能也存在只有十户或五户规模的散村。

关于自然村和行政村之间的关系，加藤繁氏[1]谈到，"可能既有合数个小村落为一里，也有分一个大村而为数里的情况"。《汉书·百官公卿表》记曰："其民稠则减，稀则旷"，反映秦汉时期县乡亭（里）的组建具有变通性，可依据户数多寡进行调整。又，据《晋书·职官志》，凡是"土广人稀"的地区，晋政府在里的划分上也会加以融通。据《通典·食货志·乡党》，唐政府在里的设置上，凡遇到"山谷阻险、地远人稀"之处也会采取类似的处理办法。显然，由于各地地理条件的不同，自然村的规模也会各不相同。从上古降至民国，在行政区的划分方面一直遵循着依据地理条件加以融通的原则。[2]

五、什伍与自然村

《续汉书·百官志》记曰：

> 里有里魁，民有什伍，善恶以告。

---

1. 加藤繁：《唐宋时代の莊園の組織並に其の聚落としての発達に就きて》，《狩野教授還暦記念支那学論叢》，弘文堂，1928年；《支那社会経済史考証》上，东洋文库，1952年，第247页。
2. 満鉄現地調査資料A第十二号北支経済調査所三班：《歴城県冷水溝荘ニ於ケル質問応答》，1941年12月序，第68页。

第四章　汉代的里与自然村

> 本注曰："里魁掌一里百家，什主十家，伍主五家，以相检察。"

由此可知，在里之外，"民"众中还有什伍组织。虽然《汉书·百官公卿表》中没有关于什伍制的内容，但根据《盐铁论·周秦》中"什伍相连"的记载以及《汉书》中其他相关材料，基本可以确认西汉时期也存在什伍之制。

关于什伍制的记载也见于《史记·商君列传》：

> 令民为什伍而相收司连坐，不告奸者腰斩，告奸者与斩敌首同赏，匿奸者与降敌同罚。

根据这条材料，一般认为商鞅变法是什伍制和连坐告奸制的起源。[1] 目前虽然还不清楚商鞅变法关于县制的改革是否已经触及乡里制，但在整顿乡里制、建构行政村之前，很可能就已经推行了什伍制度。另外，汉代之后什伍有时也称为"比邻"，通常认为与乡里制没有直接关联，是独立存在的组织。[2]

从《续汉书·百官志》"什主十家，伍主五家，以相检察"的记载可知，"什伍"指的是分别以十家和五家为单位构成的组织，什伍内部的各家之间有互相监视的义务。撇开十家、五家这种组合方式不谈，《续汉书·百官志》所见的什伍"相检察"之制实与商鞅的连坐告奸制相同，唐代之后发展成为邻保制。

---

1. 樱井芳朗：《什伍制度についての考》，《東京学芸大学研究紀要》6，1965年。好並隆司的《秦漢帝國の構造について》(《歴史学研究》312，1966年)指出在商鞅之前亦可见与此相关的什伍制度。
2. 晋、唐伍制、邻保制下的伍、邻保是与乡里不同的组织，参见松本善海：《鄰保組織を中心としたる唐代の村政》，《史学雜誌》53-3，1942年；《中国村落制度の研究》，岩波书店，1977年；以及增村宏：《晋·南朝の符伍制》，《鹿大史学》4，1956年；增村宏：《唐の鄰保制》，《鹿大史学》6，1958年。但是，刘宋的乡里制(《宋书·百官志》)、北魏的三长制(《魏书·食货志》)将伍邻与里相互联系了起来。要注意的是，《宋书》的记载存在作伪的成分，而北魏的史料中，前文有"宜准古"一词，即与《周礼》的乡里制相比拟，因此这两条材料都存在疑问。

当然，郡县及乡里制下的行政单位也有管理当地治安的任务，在这个方面与什伍制有共通性。除此之外，乡里还负责征发劳役、征收赋税，《续汉书·百官志》曾记载乡（里）"主知民善恶，为役先后，知民贫富，为赋多少，平其差品"。唐开元七年令（《唐六典·户部员外郎》）及开元二年令（《通典·食货·乡党》）中都记载乡里"课植农桑，催驱赋役"，负责与征税相关的事务。显然，什伍和乡里不仅构建方式不同，在具体事务上的分工亦各有差异。

关于什伍组织，《续汉书·百官志》还记曰"民有什伍"，可知汉代什伍的设置对象是"民"。而在"民"中设置什伍的记载还见于《后汉书·光武帝纪》"建武七年三月"条，曰："今还复民伍"，将"民伍"连称。《国语·齐语》对同伍之人的关系有较细致的记载：

> 伍之人，祭祀同福，死丧同恤，祸灾共之。人与人相畴，家与家相畴，世同居，少同游。故夜战声相闻，足以不乖；昼战目相见，足以相识。其欢欣足以相死。居同乐，行同和，死同哀。是故守则同固，战则同强。

由此可知，同伍之人世世代代居住在一起，自少年时代就一同游玩，同福、同恤、同乐、同和、同哀。基于亲情而建立起来的地域社会"伍"，也可以说是在"民"中组建的。

或可推测，与什伍相关的"民"指的是当时自然形成的聚落居民，而不是居住在人为划定的行政区内的居民。

就什伍制本身而言，可能也不是机械地对人文设定的行政区"里"再作细分，将里划分为数个五家或十家，而是依据自然村落编制什伍，目的是将地域社会再组织化。

那么，每个什伍内部又是如何运作的呢？《管子·立政》篇对此有以下描述：

> 十家为什，五家为伍，什伍皆有长焉。……凡出入不时、衣服不中、圈属群徒、不顺于常者，间有司见之，复无时。

第四章 汉代的里与自然村

> 若在长家子弟、臣妾、属役、宾客，则里尉以谯于游宗，游宗以谯于什伍，什伍以谯于长家。

据此可知，什伍由长家（即户长）构成。关于什伍之长和户长各自应承担的责任，《立政》篇接着谈到：

> 凡过党，其在家属，及于长家；其在长家，及于什伍之长；其在什伍之长，及于游宗。

说明家族的责任由家长担当，什伍成员的责任由什伍之长承担。

商鞅制定的什伍之制包含了连坐、告奸等内容，西汉萧何改正秦律，废除了连坐制。《晋书·刑法志》曰："汉承秦制，萧何定律，除参夷连坐之罪，增部主见知之条。"

废除连坐制之时，萧何加入了新的"部主"制。依据该项法规，负有监督责任的人员对属下的过失需承担责任。按此，什伍之内的人员若犯有罪行，什伍的管理者则可能受到连坐。这项法规或许与《管子》所记的什伍责任体系类似。不过，目前尚不能确定汉代的什伍（实际上是每五家为一组）之中是否曾经设置过"什伍长"这样的职务。

另外，从《盐铁论·周秦》篇可知元帝时期又见有连坐之制：

> 今自关内侯以下，比地于伍，居家相察，出入相司。
> 今以子诛父，以弟诛兄，亲戚小（相）坐，什伍相连。

在先行恢复与连坐制同时废止的"参夷之法"后，连坐制也再次复活了。从《汉书·王莽传下》中"坐邻伍铸钱挟铜"的记载可知，"伍"是实施连坐制的基本单位。

显然，什伍并非单纯的邻里组合，而是在公共权力基础上建构的较严密的组织。汉代之前，《韩非子·外储说右下》曰："訾其里正与伍老屯二甲。"进入汉代之后，《汉书·酷吏传·尹赏》中还有如下记载：

> 乃部户曹掾史与乡吏、亭长、里正、父老、伍人,杂举长安中轻薄少年恶子。

《汉书·循吏传·黄霸》则记曰:

> 然后为条教,置父老师帅伍长,班行之于民间,劝以为善,防奸之意。

由此可知什伍制下的伍长等人员与乡里中的吏员一直有合作关系。

通过以上分析可以得出这种印象,国家权力越过了里直接渗透到自然村之中,并依据国家权力对自然村进行重新组建,确立了新的秩序。不过这也反映出,在当时的地方行政中,虽然已有乡里制(行政村),且在每个行政村都设置了长官,但同时还需引入什伍组织(什伍之制反映出政府公开对乡村中的父老表示认可)与之并存,说明政府对各地散布的小聚落及聚落内的居民仍难进行有效的管辖。可以说,政府虽然力图通过数重网络的铺设来控制基层地方社会,结果这些网络反倒暴露了政府所能控制的范围的有限性。

伍制是基于同乐、同恤的同伍、邻伍之情而设的制度,虽然情谊深厚,但什伍内的各家之间也有相互连坐、告奸的义务。什伍制的设置虽然有破坏传统的邻里秩序的意图,但从国家对地方的控制来看,什伍制利用当时自然村(共同体)内的父老以及"同居同游"的纽带(血缘关系,或是异姓同居村落中的拟血缘关系)加强了国家对基层的控制权力,弥补了乡里制的不足,这个意义其实更为重要。

六、闾左与谪

下面来谈与汉代里的性质密切相关的"闾左"问题。"闾左"一词见于《史记·陈涉世家》"秦二世皇帝元年七月"条:"发闾左適戍渔阳。"又见于《汉书·晁错传》关于秦代"適(谪)"的记载材料中:

因以谪发之，名曰"谪戍"。先发吏有谪及赘婿、贾人，后以尝有市籍者，又后以大父母、父母尝有市籍者，后入闾，取其左。

关于《晁错传》中的"闾左"，三国魏人孟康注曰："秦时复除者，居闾门之左，后发役不供复役之也。或言，直先发其左也。"指出"复除者"居住在闾门的左侧。唐人司马贞接受了孟康的说法，对《陈涉世家》中的"闾左"有详细的解释，曰：

闾左，谓居闾里之左也。秦时复除者居闾左。今力役凡在闾左者尽发之也。又云，凡居以富强为右，贫弱为左。秦役戍多，富者役尽，兼取贫弱者也。

颜师古的说法与此不同，他认为东汉应劭对《汉书·食货志上》中"发闾左之戍"的注解在诸说中最佳。应劭曰："尽复入闾取其左，发之，未及取右而秦亡。"颜师古采信此说，注《汉书·晁错传》曰："居闾之左者，一切皆发之，非谓复除也。"认为闾里之内的居住区并未曾按贫富进行过划分。秦人在征发居民之时，只是简单地从闾门左侧的居住者开始征发，至秦亡之时尚未及征发闾门右侧的民众。

颜师古之说在后世受到了普遍的认可，但最近曾我部静雄氏[1]又采信了孟康之说；宫崎市定氏[2]则指出，"二战前海军有'半舷上陆'（舰船停泊时，左右舷船员轮流上岸）的做法，秦人的做法与之类似，当时人民几乎都居住在里内，取闾左之民说明征发了一半的壮丁"。他同时又提出了一个新问题：若一里之内有两个闾门的话，那么依据的闾门不同，闾左的范围也会出现差异。不过，西嶋定生氏[3]认为这个问题是不存在的，因为里的中部有阎门（中门）存在，依据阎门可以判断左

---

1. 曾我部静雄：《中国及び古代日本における郷村形態の変遷》，吉川弘文館，1963年，第47页。
2. 宫崎市定：《中国における村制の成立—古代帝国崩壊の一面—》，《東洋史研究》18-4，1960年；《宫崎市定全集》七，岩波书店，1992年。宫崎市定：《漢代の里制と唐代の坊制》，《東洋史研究》21-3，1962年。
3. 西嶋定生：《中国古代帝国の形成と構造》，东京大学出版会，1961年，第411页。

右,闾左范围不会发生改变。他采信了颜师古之说,还谈到,"(闾左)意味着征发里中居于左侧的居民充当兵员,因此可知里可分为两部分,每个半里是一个居民单位"。

闾里的左侧是否真的是贫民的居住区,目前仍不清楚。若依颜师古的解释,闾左指的是闾里的左侧居民的话,那么里应该是有着井然秩序的、人为组建的居住区,这种认识与前文所说的里是以自然村为基础建置起来的观点又相悖离了。

不过,一直以来,学者们将"闾左"一词中的"左"理解为地域上的左侧,这未免太过狭隘。除了闾左之外,文献中未见有"闾右"一词。秦汉法律中有"七科谪",即征发七类人服役,闾左当是与七类人之一的"亡人、恶少年(附着于权门豪家的轻侠无赖之徒)"同义的"科者(谪)"之人,与其他六类人,即吏有罪、赘壻(以劳役抵消债务的奴隶)、贾人、故有市籍、父母有市籍、大父母有市籍等相互并列。[1] 他们没有正当职业,往往成为那些被称为闾里游侠的权门豪家的私属武装成员,对地域社会和地方行政颇有毒害。所以,笔者认为闾"左"理解为闾里中的"左道"之人似乎更为恰当,可与"豪右"一词互为一对。[2]

征发闾左之徒戍守边疆,切断了他们与地域社会之间的联系,对抑制地方豪族的专断,维持地域社会的治安颇有益处。闾左之徒戍边的情况仅见于秦代,进入汉代以后,则继续以"谪戍"的形式延续对他们进行征发。

七、乡亭里的统属关系

关于乡亭里统属关系的基本史料有以下两条:

---

1. 拙稿:《前漢時代における徙辺民について》"谪"之项,《白東史学》12,1966年,收入本书。
2. 好並隆司氏在《秦漢帝國の構造について》(《歴史学研究》312,1966年)中提出,闾左指下层民,而与之相对的闾右,指"上层民、豪族"。但是,五井直弘氏《古代史部会雑感(東洋史)》(《歴史学研究》317,1966年)对此表示怀疑,认为尚不清楚秦汉共同体内部是否存在这样的对立阶层。此外,杨宽《古史新探》(中华书局,1965年,第224页脚注②)采信了应劭之说。

① 大率十里一亭……十亭一乡。(《汉书·百官公卿表》)
② 大率十里一乡。(《风俗通义》)

不过这两条史料的记载差异很大，不同之处在于①中有"亭"，而②中没有。目前关于亭有两种对立的看法，其一认为亭是介于里与乡之间的一级行政区，其二认为亭不是行政区，仅是负责维持治安的机构，里直属于乡。

我们暂且抛开亭是否是行政区划名不谈，先来讨论文献所记的汉代乡里的"十进制"组建方式是否曾经实施过。其实,前者牵涉的是乡、亭、里的统属关系，后者则与乡、亭、里三者各自的组织方式相关。

关于这个问题，最近宫崎市定氏[1]的观点最引人注目。他提出，在乡、亭、里体系中，里同时属于亭和乡（及县），若集十亭为一乡，则在其中最大的一个亭中设乡，乡、亭下设里。依照宫崎氏的解释，上文所引的史料①、②的矛盾基本上可以迎刃而解。不过，这一解释将乡、亭的区别限制在地域和行政区划上，忽略了乡、亭各自执掌的差异。据《续汉书·百官志》的记载"(乡)皆主知民善恶，为役先后，知民贫富，为赋多少，平其差品"。可知乡主民政，而亭负责治安，"以禁盗贼"。另外，一般认为乡比亭的规模要大，而"十里一亭"和"十里一乡"的记载说明乡、亭都由十个里构成，这个问题也不好解释。

针对这些矛盾之处，曾我部静雄氏[2]认为，西汉的制度是十亭一乡，而东汉的制度是十里一乡。到了东汉，亭让位于里，只是负责维持治安的机构，不再是行政区划名，里至此才转而成为基层政区单位。这一看法将两条相互抵牾的材料解释得比较清楚，特别是从汉承秦制的角度尝试分析了乡亭关系及其他相关问题。虽然从这一角度进行分析

---

1. 宫崎市定:《中国における聚落形態の変遷について》,《大谷史学》6,1958年;《宫崎市定全集》三，岩波书店，1991年。宫崎市定:《読史劄记一三 漢代の郷制》,《史林》21-1，1936年；另可参看《宫崎市定全集》七，岩波书店，1993年。
2. 曽我部静雄:《中国及び古代日本における郷村形態の変遷》,吉川弘文館，1963年。

的成果不少[1]，但从居延汉简等材料可知，西汉时期作为行政区划的里又确实是存在的，曾我部氏的解释也是有问题的。

其实，这不是一个单纯的①中有"亭"，而②中里、乡之间缺少亭的问题，而是牵扯到如何认定亭的性质的问题。史料②所出的《风俗通义》还有如下记载：

> 大率十里一亭。亭，留也，今语有亭留、亭待，盖行旅宿食之所馆也。亭亦平也，民有讼诤，吏留平处，勿失其正也。亭吏旧名负弩，改为长，或谓亭父。

由此可知，在汉代亭还是旅人投宿的场所，兼作维持治安的机构。亭最初的职责是"亭候"，即"候望"，将亭理解为行政区划，总有些不自然的感觉。[2]

若将亭只理解为驿传与警察机关的话，那么史料①所说的"十里一亭""十亭一乡"实际上是以亭制为中心进行记述的，而史料②的"十里一乡"描述的则是乡里制。"十里一亭"中的"十里"指的是亭与亭之间的距离，沿着一乡之内的主干道，每十里设一亭，一乡共设十亭。

---

1. 如翦伯赞：《中国史纲》第2卷《秦汉史》，大孚出版公司，1937年，第6页。范文澜：《中国通史简编修订本》第2编，人民出版社，1949年初版，1964年版，第11页。尚钺：《中国历史纲要》，人民出版社，1954年，第27—28页。杨翼骧：《秦汉史纲要》，新知识出版社，1956年，第3页。吕振羽：《简明中国通史上册》，三联书店，1954年，第232—234页。吕氏指出："顾炎武以县统乡之说是确切的，而所谓以乡统里之说（《日知录》22），似系根据后代情况而说的。"

2. 检索《续汉书·郡国志》中带有乡、亭、里等的地名，其中①带有亭和城的地名占了压倒性的多数（亭约有95处，城约有80处，聚约有53处，乡约有38处，里约有6处，邑约有5处），比较而言，亭、城、聚在各州的分布较均匀（不见亭的有扬、益、交三州，不见城的仅有徐、交两州，不见聚的有幽、扬、益、交四州）。②而乡、里的分布与之不同，多在距离中央地区较近的地域（乡：司隶11，豫8，兖、荆各6，青4，徐约3，冀、幽、扬各1；里：兖、豫各2，荆、青各1。但是中央地区附近的亭不多，兖州22处，豫州约18处，青州11处，城、聚的情况与亭相同），在距离中央较远的地方则不见乡里之名。虽然还不清楚这些地名与当时的地方行政机构之间存在多大的一致性，但从其分布情况可知：由于亭与城原来主要是负责维持国家秩序的军事、警察或交通机构，受到了政府的特别关注，因此无论在数量上还是分布的地域范围上，与之相关的地名大多都散见于各地。由此推测，当时的亭应当是与乡、里性质相异，从属于不同系统的地理单位。

第四章　汉代的里与自然村

与此不同的是，"十里一乡"的"里"是行政区划名。

依此，两条史料的矛盾自然涣然冰释了。那么，将亭认定为行政区划的根据究竟是什么呢？先撇开仅依靠《汉书·百官公卿表》"十里一亭"的记载推测亭为行政区不谈，来看"亭侯"以及表示土地所在时使用的"亭部"[1]这两个词。

"亭侯"出现于东汉时期，出现的原因尚不清晰，不过从《汉书·王莽传中》所记在王莽天凤元年"郡县以亭为名者三百六十"可知，当时对以亭为名者十分重视，可能自此开始不断抬升亭的地位，从此前仅作为驿传与警察机关发展到东汉时期将其作为封侯的对象。东汉时期，为了在侯的级别上设置更多层级，故而在"乡侯"之下设"亭侯"，亭侯的"所食吏民"（《续汉书·百官志》）当是比照乡侯而定。关于亭侯的详细情况仍待考，不过显而易见的是，亭侯在东汉时期才出现，因此，对时代不加区分，将两汉时期所出现的亭全部认定为行政区划的做法是值得怀疑的。

再来看"亭部"。当时乡里组建的依据是户数而非面积[2]，而亭负责管理交通和治安，根据一定的距离（有十里一亭等原则）设置，因此就不难理解为何要用亭名来表示一定的地域范围了。"亭部"指的是亭所统辖的地域，而就亭的职能和性质来说，"亭部"的出现不会对其造成任何改变。

据上，乡、亭、里的统属关系可以表述为：以乡统里，作为行政村的里是乡的设置基础，乡内另配设亭来管理交通和治安。那么，亭与乡、里与乡的数量比例是否真的是十比一呢？根据《汉书·百官公卿表》及《续汉书·郡国志》等资料可知，亭与乡的比例大概是四比一，而基于十进制的乡、亭、里组建模式，只是单纯的制度上的理念而已。《续汉书·百官志》在记载乡、亭、里的组建时，将三者的数量关系全部略去，或许也说明了十进制比例的不可信性。

---

1. 日比野丈夫：《郷亭里についての研究》,《東洋史研究》14-1、2, 1955年;《中國歷史地理研究》, 同朋舍, 1977年。
2. 例如,《水经注·浍水》引《陈留风俗传》曰："（平陆县）建武元年以户不满三千，罢为尉氏县之陵树乡。"

结语

本章讨论了汉代的乡里制，形成了以下几点认识：1.里是行政村；2.里由小规模的、约为数十户的自然村为基础组建，原则上约100户设一里；3.父老是自然村的统率者；4.什伍的设置是用来掩盖自然村和行政村之间的界线的；5.闾左指的是闾里的左道者（谪）；6.亭并不是与乡、里性质相同的行政区划。

总的说来，本章从制度的角度来探讨村落的形态，还留有很多问题需要解决。笔者曾经讨论过边境地区的初县问题，指出初县的设置是以实现理想化的皇权控制体系为政治背景的。[1]本章中所探讨的有关村落的建构也与这一政治背景相关，可以说是皇权力图深入到地方行政末端组织中的一种尝试。

附言：迄今为止，学术界倾向于将散村的出现拟定在三国以降的时代。例如宫崎市定氏（宫崎市定：《中国における聚落形态の变迁について》，《大谷史学》6，1958年；《宫崎市定全集》三，岩波书店，1991年。宫崎市定：《読史劄记——三 漢代の郷制》，《史林》21-1，1936年；另可参看《宫崎市定全集》七，岩波书店，1993年）论述了三国以降散村发生的必然性问题，指出其原因在于：①由于土地的不足，农民、豪族都不得不离开城郭前往远方寻求土地，随之产生了新的聚落。②由于出现了内乱，如果集中居住于乡亭，在动乱之际反而容易成为掠夺的目标，不如散居更为安全。③北方民族移居内地之后，较之城郭生活，他们更喜好村居生活，因此将汉人从城市中驱逐出来。④随着北方民族移居内地，畜牧业流行，城郭生活存在不便之处，等等。但是，就以上几条原因来看，土地不足问题在汉代业已存在，豪族的扩张导致很多平民已无立锥之地；游牧民族移居内地在汉朝之前的秦时期已经出现（这一点承狩野直祯氏提示）；畜牧方面，史料记载汉代的阡陌之间已经是马匹成群了。可以说，在三国以前的时代散村存在的条件已经具备。

---

1. 拙稿：《漢代西北郡における新秩序形成過程について》，《中央大学文学部紀要》史学科11，1966年，收入本书。

第五章

马王堆出土《地形图》中的聚落

前言

湖南省长沙市马王堆出土的古地图绘制于西汉初年，距今约有2100年。在此之前，中国存世的时代最早的古地图是北宋神宗、哲宗时期（公元11世纪）的华夷图和禹迹图。马王堆西汉初期地图的出土，无疑是一条十分重大的新闻。说到马王堆汉墓，日本人民熟知的是墓中出土的栩栩如生的贵妇人尸体以及包裹内棺的精美绝伦的帛画，而关于古地图似乎知之者甚少。

其实，对于中国史的研究来说，这幅描画在仅长九十六厘米的四方形丝绢上的古地图（参看附图《马王堆出土古地图复原图》，原载《西汉初期长沙国南部地图复原图》，《文物》1975年第2期），其价值不仅不低，甚至比古尸和帛画的价值还要高出许多。

马王堆汉墓的墓主是西汉长沙国宰相黎朱苍夫妇以及他们儿子（？），古地图出土于三号墓，即长沙国宰相之子的墓葬。该墓于1973年末发掘完毕，发掘结果显示，墓主死亡时年龄约为三十岁，葬于西汉文帝十二年（前168年）二月。墓主的名字和官职不明，不过，从陪葬品中所见的《驻军图》及三十八件兵器可知，墓主当是一位年轻的武将，他所拥有的这些地图主要用于军事战争。

一、《地形图》

这幅地图在中国杂志《文物》1975年第2期刊出，题目是《长沙马王堆三号汉墓出土地图的整理》，由马王堆汉墓帛书整理小组执笔，同期还发表了一篇谭其骧所作的《二千一百年前的一幅地图》一文。地图描绘的地域位于今湖南、广东、广西三省的交界处，今道县、蓝山、宁远、新田、连县、全州、灌阳一带，约相当于西汉长沙国的南部地区。

第五章　马王堆出土《地形图》中的聚落

附图：马王堆三号汉墓出土古地图复原图（《文物》1975年第2期）

　　地图除了包含河川、道路、聚落以及山脉等反映地势走向的要素之外，还绘有过往的旧迹。深水（今之沱水、潇水）位于地图的中间，图中绘出了其支流，有犅水、冷水、罗水、营水、临水、垒水、参水等。这些支流的名称都标识在与深水合流之处，与今天的水道虽然难以一一对应，不过大部分仍能相合。冷水、营水的称呼一直沿用至今，犅水相当于今天的九嶷河，临水、垒水、参水分别与今天的西河、泡水、岭东河相当。

　　图中对这些河流的描绘甚为宽广，从水流细小的河源直至合流的河口地带都涵盖进来，河湾曲折之处也描绘得颇显自然，若与现代地图相比,则呈现出惊人的一致性。

图中的山脉与河川相配出现,作者用曲线勾勒出山脉的广度、轮廓,山地部分由曲线合围而成,内部涂满斜线。图中的九嶷山形似九峰集凑,颇使人困惑,或许在汉代已有"九嶷"之称了。为了表现山峰云集的形态,作者描绘出十多个部分相互重叠的波纹状图形,让人一眼望去,不由得联想到绘有等高线的地图。此外,在九嶷山之中,还描画了传说中的帝舜祠庙和九块石碑。

该图的高精准度以及高超的技艺远远超过了北宋的华夷图、禹迹图,即便是以悠久的地图绘制史为基础创作的《大清一统舆图》,也不及这幅汉代古地图。

显然,这次出土的古地图只是当时所绘地图的一部分而已。但是,由于西晋裴秀曾特意强调汉代地图的粗劣(《晋书》卷三十五),所以一直以来人们对汉代地图的评价并不高。不过从出土的这幅精准的地图可以理解,为什么汉高祖的谋臣萧何进入咸阳宫之后率先取出与律令相关的书籍以及地图了,因为拥有了地图就可以对全国的军事要地了如指掌,为接下来与项羽的抗衡做好了充足的准备。战国末年的《管子》已有一章《地图》,记载了地图上包含有山谷、河川、丘陵、林、泽、道路、城郭之大小、聚落,以及其他方面的要素。

马王堆《地形图》的比例尺约为十八万分之一,在图上将汉代的十里缩减为一寸大小。汉代以三百步为一里,以六尺为一步。

值得注意的是,该图上南下北。而到了北宋时期的《华夷图》等地图,则是上北下南。这种绘图法或许没有什么含义,不过,对负责该地域治安的官员来说,需要让所统辖的地区臣服自己、北面事之,这种精神可能在地图制作上也有影响,将北方放置在地图下方应是一个具体体现。此外,虽然我们只见到了古地图的照片,但也能看出绘制地图的笔迹十分流畅,当是一位技术相当娴熟的绘手所为。

二、《地形图》中的聚落

上文依据马王堆汉墓帛书整理小组和复旦大学谭其骧氏的研究,

第五章　马王堆出土《地形图》中的聚落

介绍了马王堆出土西汉初期的古地图。地图上还绘有居住地，县治用方框标识，县治以外的其他聚落则用圆圈标识。

图上的地名分别写在方框和圆圈之中。县治有八个，其中营浦县（今湖南省道县）用一个大的方框标识，大约位于地图的中心。用圆圈标识的地名有七十多个，大部分位于深水以东。圆圈也有大小之别，估计与聚落的大小相关。

在这七十多个地名中，已公布的有五十七个，包括四种类型：(1)"某里"，(2)"某部"，(3)"某君"，(4)"某某"。其中类型（4）虽然只有五例，却有四例位于对聚落名记载相对粗略的深水以西，估计"某某"是"某某里"的省称。因为与其他类型相比，类型（4）的圆圈很小，故将三个字的聚落名省去一个"里"字，省称为"某某"。

类型（1）有六十余例，其中称为"某某里"的仅有"深君里""于道里"两例，而标识这两地所用的圆圈（特别是标识"深君里"的圆圈）都相对较大。

类型（3）共四例，释文分别为"不于君""垒君""蛇君""雷君"，除了"不于君"之外，都与人的姓氏相关。所以，"不于君"或许也与姓氏相关，当读为"李君"。从照片上看似乎存在这种可能性。这一类型与当时的乡侯等侯国名之间可能也有关系，或许与类型（4）一样，是"某君里"的省称。今天的中国有很多以姓氏冠名的聚落，像李家村啊，陈家庄啊，在当时"某君里"也有类似的含义。之所以出现这种类型的地名，可能和地方上土著豪强势力的发展相关。

再来看类型（2）。该类型共三例："犕部""垒部""侈部"，它们可能也省略了地名最后的"里"字。从位置上看，"侈部"位于深水一条名称不明的支流附近，"犕部""垒部"分别位于犕水、垒水流域。西晋时期的地方志《华阳国志》卷三曾记载，蜀地建里的时候，有很多以桥名命名的情况。由此可知，以相关联的河水来命名是十分自然的事情。

那么，为何要在相关的水名之下加一"部"字呢？这几个聚落都位于各条河流的流域中部，在该流域数个点状分布的聚落中居于中心位置。"部"当有"所辖"的意思，"某部里"指的是某条河水流域所有聚落的中心。据汉制记载，有些"里"设有"都亭"（地方警察衙署），

"某部里"指的可能就是这一类的"里"。

史籍中见有"亭部"一词。正如这幅地图所呈现的，在以农业为主要产业的中国古代，聚落多沿着河水分布，以河水名冠名是都亭权威的一个表现。

由此可知，记于圆圈内的类型（2）、（3）、（4），凡十一例，都应理解为"某里"。不过，这个看法还要等到马王堆汉墓同时出土的《驻军图》（记载了聚落名、户数、里程等内容）公布（参看本书《马王堆〈驻军图〉中的聚落与灌溉》一章）之后才能加以验证。不过，即便如此，在聚落名中居于多数的类型（1）"某里"，反映的当是汉代一般性的聚落名称，这一认识是没有问题的。就汉代制度而言，"里"居于地方行政区划"郡县乡里"的最下端，以大约一百户家庭为单位构成。

关于汉代的聚落可以这样理解：县为高级聚落；乡为中级聚落，约有三千户；亭为低级聚落，约有五百户，亭有城郭，城内以一百户为单位人为地划分为多个里；在中国古代的农村，城郭都市一直存续至汉代。这个问题与中国史的时段划分以及汉代社会经济研究都密切相关。

结语

我曾在六年多前谈到，在汉代，聚落分解为很多个一百户左右的自然村，与行政区划上的"里"实际上基本一致。当然，一百户只是一个自然村较标准的规模，也有将自然村规模夸大为一百户的情况。

不过，不少学者对此持批评态度，最近出版的《历史学研究》1975年5月号指出我的看法根据不充分，并进行了批判。这次古地图的出土其实可以视作对这些批判的回应，当然，这幅地图只是汉王朝广阔领土的一部分，且位于相对偏远的边境地区，可能还不能反映整个汉王朝的一般情形。

古地图的公布，为我们提供了一个机会来反思长期存在的观点，即汉朝全境都被城郭都市所覆盖；同时也提出了一个问题，在汉代的地方行政制度中，将县、乡、亭都解释为聚落的看法是否需要重新思考。此外，在讨论社会共同体以及中国史的时段划分时也应将该图纳入研究范围。

第六章

马王堆出土《驻军图》中的聚落和灌溉

前言

关于中国古代的水利灌溉,前贤已多有论及。《史记·河渠书》和《汉书·沟洫志》所记载的水利工程主要是由国家主导的,这说明在古代中华帝国的形成以及国家的建构过程中,水利事业是维持和确立政府权力的重要支柱。但是,《史记·河渠书》和《汉书·沟洫志》中记述的水利工程,其主要目的是防灾和漕运,灌溉只是一项派生功能。虽然有一些沟渠的开凿是为了农业灌溉,但多是为了确保首都的粮食供应,仅是局部地区的尝试行为,而非全国性的。

显然,维持地域社会的水利灌溉,并不依赖于国家实施的规模宏大的工程,而有其他的实现方式。最近长沙马王堆三号墓出土了两种西汉初期的古地图,除了河川、聚落之外,图中还绘有与水利相关的"波(陂、坡)"等地理要素。下文拟在介绍马王堆古地图,特别是《驻军图》的基础上,来探讨西汉初期水利设施的实际状态。

一、马王堆出土的《驻军图》与陂塘:江淮地区的水利灌溉

《驻军图》

上文已经对马王堆出土古地图中的《地形图》作了介绍[1],同时谈到十分期待同墓出土的《驻军图》的刊布。不久之后,《文物》1976年第1期发表了马王堆汉墓帛书整理小组撰写的《马王堆三号墓出土驻军图整理简报》(下文简称"《简报》"),对该图作了详细的介绍。

据《简报》所述,《驻军图》南北方向长九十八厘米,东西方向宽七十八厘米,丝帛之上用黑、红、浅蓝三种颜色描绘,除河川、山脉、道路、聚落之外,还绘有军事驻屯地、城塞以及防守范围等要素,

---

1. 拙稿:《馬王堆出土古地図と漢代の村》,《歴史と地理》242,1975年,收入本书。

第六章　马王堆出土《驻军图》中的聚落和灌溉

涵盖的地理范围约与今湖南省江华瑶族自治县所在的潇水流域一带相当。这一区域与《地形图》中的东南部相合，但比例尺是八万分之一到十万分之一，较之《地形图》的十八万分之一有着显著的扩大。

除记载与军事相关的地理要素之外，《驻军图》还标记出了山名（不过该图对山名的描写方式与《地形图》不同），对河川、聚落的记载也很详细，对道路的描绘大部分亦可复原。绘图采用了新的方法，即分色法，分三种颜色来描绘地图。作为公元纪年之前出现的地图，能做到这一点是极为罕见的。

简单地将《驻军图》看作是《地形图》的放大版也是有问题的。举例来说，在《地形图》中，争议较多的九嶷山、推定为今之岭东河的参水，以及其他几条位于深平城上游的河流，在《驻军图》中都难以得到确认。

另外，在《地形图》中，石里、波里濒临的两条河流（薗水、喻水）合流之后的河道（①），与絅里、智里濒临的两条河流（一说是智水与絅水，一说是满水与智水[1]）合流之后的河道（②）合二为一，汇入深水；而在《驻军图》中，①、②两条河道并未合流，而是分别汇入深水。不过，《驻军图》中描画的这两条河道与深水合流之处有缺损，复原的时候或许应当与《地形图》所画的河道保持一致。

由此可见，地图中还有不少值得探讨的地方。就《驻军图》来说，图中的方框表示的大概是守备区域的范围，而该图又特别重视对方框区域（同时也是县境）内军事要素的描绘。虽然该图的描述很详细，但仍然不能说包罗了全部的信息。此外，《驻军图》所省略的河川沿岸的聚落在《地形图》中也没有记载，从已公布的《驻军图》照片来看，破损之处甚多。

不过，抛开一两处有问题的地方不论，从精度上看，《驻军图》要

---

[1] 前注所引拙稿曾指出河川名与里名之间关系密切。在智水流域可见絅部、絅里，不过沿着絅里所在方向来复原智水是存在问题的。因为能够确认智水文字的部分有很多缺失，所以依据图中的点线进行复原，并将其与絅部、絅里附近的河流联系了起来，但是，流经絅部、絅里的不应该是絅水吗？虽然在图中无法确认絅水二字，但缺损的部分应当有记载。此外，图中将临近智里的河流认定为满水，但既曰智里，应当临近智水。由于记载满水的部分有缺损，复原满水的流向存在困难，可见对智水与满水的复原仍有待讨论。

优于《地形图》。仅就此而言，《驻军图》的利用价值更高。例如，关于军队的具体配置方面，《驻军图》列出了八军（其中"桂阳囗军"所属不明），如下图所示：

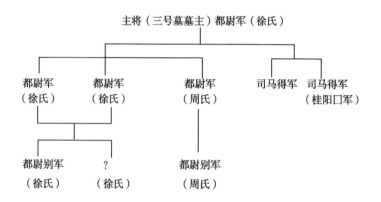

在配备瞭望塔和复道的坚固的三角形城塞（道治所[1]）内，八军依次列阵，主将之下各有一队兵士，分别守卫各处要地，这些要地筑有城墙（所处地形不同，城墙也会各不相同），共同构成了前沿阵地。

当时的军队建构十分重要，是基于一定的战略而形成的。而这一军事战略出现的背景，则如古地图的整理者、马王堆汉墓帛书整理小组所指出的，是在西汉文帝初年，南越赵佗称臣后不久。

《驻军图》同时为研究此地域内聚落的情况提供了具体的史料。与《地形图》一样，《驻军图》也采用将聚落名写进圆圈和方框内的方法。《地形图》所载诸里中，石里、波里、絅里、龙里、资里（或是《地形图》中的渍里）等也见于《驻军图》。《地形图》所载的"深平""蛇君"，《驻军图》分别写作"深平城"（与《地形图》中的圆圈不同，此图用方框表示）、"蛇上里"和"蛇下里"，估计"蛇君"是对这两个里的统称。从蛇君向东，越过子水，在河岸东侧有"蛇障"，而临近子水东岸的山脉也被称为"蛇山"。

---

1. 周世荣：《有关马王堆古地图的一些数据和几方汉印》，《文物》1976年第1期。他将箭道理解为县道名。

第六章 马王堆出土《驻军图》中的聚落和灌溉

比较两图所载聚落名称的异同是十分有趣的，比如为何《地形图》将"蛇上里"和"蛇下里"标记为"蛇君"等问题很值得探讨。前文谈到，"某君"类型的聚落可能与封君或地方豪强有关。按照这个推测，此二里是蛇氏的影响范围，为了自身的安全，蛇氏在子水对岸的山麓修筑了"蛇障"，即有城堡的居所。[1] 地方豪强控制居民的情况，由此也大约可以窥得一端。

此外，"蛇山"估计也是因蛇氏而得名，当然，也有可能是里名来源于山名。《地形图》中的里名有很多来源于水名，这种情况也见于《驻军图》，如资水和资里、子水和子里、延水和延里、袍水和袍里、蕃水和蕃里、条水和条里、智水（满水）和智里等。不过，如果认为蛇上里、蛇下里之名也来源于山名的话，就很难解释《地形图》为何用带有"君"字的"蛇君"来统称它们了。

除去与《地形图》相同的部分，《驻军图》还记载了大约五十个新见的聚落名（《地形图》中用方框、圆圈标示的地名共七十余处，其中类型为"某里"的地名有六十多个。这些里有些不见于《驻军图》，如"桃里"）。《驻军图》所载的聚落中，有些有关于户数的具体记载，如表1所示，平均每里仅有四十一户，一里百户的原则在这个地区基本上破坏殆尽。

表1

"今毋人"形式				"不反"形式	
里名	户数	里名	户数	里名	户数
子里	30	智里	68	痊里	57
絅里	53	乘阳里	17	资里	12
溜里	13	垣里	81	龙里	108
虑里	35	沸里	35	蛇下里	47
波里	17	路里	43		
沙里	43	囗里	20		
		（蛇上里）	23		

---

1. 前注认为蛇障与"障塞尉"存在关联。

所有标记出户数的里，在户数之后都附记曰"今毋人"或"不反"（只有蛇上里的户数之后没有附记，推测也当有附记，故参照临近的子里一并列入"今毋人"诸里之中）。"今毋人"的记载有"子里卅户今毋人"等例，可能是说该里已经荒无人烟，其原因有多种，或是由于军事需要已将居民强制迁走，或是居民已生活不下去而背井离乡逃亡去了。这种情况所记载的户数应当是各里原有的规模。

"不反"的记载有"瘁里五十七户不反"等例，目前尚不清楚"不反"与"今毋人"有何不同。不过，既然特意标明"不反"，其含义当有较大差异。我们推测"不反"指的是里中人口减少且无法回复到原有的规模，不过并没有完全废弃，仍有部分居民。

如果我们对"不反"的理解不误的话，"今毋人"则未必是由于强制移民而出现的，因为《驻军图》中还有很多关于并村的记载，如"胡里、珨里""并路里"，"弇里""并波里"，"兼里""并虑里"，"䍐里""并口里"等。

这样看来，"今毋人"之里产生的原因应是村落合并，而非由于军事需要而进行的强制移民。如"䍐里"，图中记载"䍐里口户并口[里]不反"，虽然有缺字，但从"户数+'并里'+'不反'"这一格式不难看出这是一个村落合并的例子。

不管真实情况如何，"今毋人""不反"之里的出现，最有可能是由于居民背弃乡里，外出逃亡了。"今毋人"类型的里共十六个，加上被认定为废村的"不反"类型的四个里，这一区域中大约有三分之一的里处于非正常状态。不过，前揭《文物》刊载的论文将这两种里的形成原因都认定为是由于军事需要而进行了移民。

这些记载了户数的里都处于非正常的状态，以这些里的平均户数来推求该地区所有聚落的平均户数是存在问题的。也就是说，记载了户数的本是些特殊的里，它们的规模反映的不是一般状况，不能简单地用各里的平均值来推测该地区里的规模。

该地域内军事阵地的集中出现，当是如此多的废村以及被认为是废村的里产生的背景。由于处于军事前线，或又受到赵佗之乱的影响，治安也许十分混乱，人们担心被卷入战乱，都可以导致人口逃亡。

第六章　马王堆出土《驻军图》中的聚落和灌溉　　　　　　　　　　　　153

地图描绘的虽然是一处军事要地,但范围却十分广大(根据《简报》,该地域周长"约五百市里",即二百五十千米)。在这么广大的地域内有这么多的里被废弃,可能还存在其他因素。关于这个问题,《驻军图》中其实还提供了其他线索。

陂山

虽然从《地形图》可以看出当时聚落的情况,但从《驻军图》可以更明晰地看到沿自然河川分布的聚落的状态,这说明西汉初期江南地区聚落灌溉的主要水源依赖于天然河流。

《驻军图》中还绘有与自然河川并存的"波",位于地图中央主将所居城池的东侧不远处。"波"即"陂"、"坡"、陂池,在江淮地区的水利工程中最为常见,《诗经·陈风·泽陂》一诗曾有描述。

但是,先秦时期的陂塘主要是军事设施,用作灌溉的并不常见。[1]《驻军图》中的陂塘临近军事设施,显然只是城池要塞的附属,附近也没有聚落(附近利里的灌溉依靠湛水而非此陂)。由此可见,直至汉初陂塘功能没有大的变化。开挖陂塘是一项较大规模的工程,若想在地方小聚落的灌溉中广泛利用陂塘,非一朝一夕能够完成。

《驻军图》图示了陂塘修建的过程。"陂"又称"陂池"(《尚书·泰誓上》),由水塘和堤坝构成。《国语·周语下》载"陂障九泽",说明陂需要筑堤。关于陂的具体形状,东汉时期的材料有所反映。陕西、四川出土的东汉明器中有陂池[2],其四周由堤坝围成,可作鱼池,也可用于灌溉稻田。而西汉时期陂池的具体形状,目前仍不清楚(后世的转述文字,如《通典·食货·水利田》对召信臣的钳卢陂记曰:"累石为堤,傍开六石门,以节水势。")。

《汉书·沟洫志》见有"(小)陂山"(《史记·河渠书》作"披山"),

---

1. 佐藤武敏:《古代における江淮地方の水利開発―とくに陂を中心として―》,大阪市立大学文学会:《人文研究》13-7,1962年。
2. 岡崎敬:《漢代明器泥象にあらわれた水田・水池について―四川省工品を中心として―》,《考古学雑誌》44-2,1958年;秦中行:《记汉中出土的汉代陂池模型》,《文物》1976年第3期。

颜师古注曰："因山之形"，后世多从之，解释为"沿着（陂）山岭"。[1]不过，颜师古还介绍了另一种解释："一曰：陂山，遏山之流，以为陂也。"意思是"遏止山（谷）中的水流，积水为陂"。结合《驻军图》，可以明确看出，颜师古引述的关于"陂山"的两种解释，当以后一种更为可信。

图1是《驻军图》的部分，显示了陂的位置以及三角形状的城塞。从图中可见，仅在陂的西北部筑有堤坝（图中的"波"描画为淡蓝色，堤坝描画为红色，虚线指代道路），在堤坝外侧有一条用于处理陂塘溢水的水道，一直通到深水。一旦陂塘蓄水量超容，可通过该水道排出，而不会从堤坝两端漫溢。关于陂塘的来水，估计不是天然降水而是来源于河川，不过由于对这一地域的自然地理情况尚不清楚，这只是一种推测。处理溢水的水道应该也是自然河流，当时可能对河流进行了人为的拦截和筑堰，最后修成了陂塘。

（南）

图1　马王堆出土《驻军图》部分复原图

---

1. 参见《史記会注考証》所引中井积德说，小竹氏《現代語訳史記》及其他著作。

第六章 马王堆出土《驻军图》中的聚落和灌溉

地图上描绘为红色的堤坝，应如颜师古所言，起到"遏山之流"的作用。

《汉书·沟洫志》还记载："它小渠及陂山通道者，不可胜言也。"将"陂山"这种方式与"小渠"并列，可见武帝以降，这种建造陂塘的方法已较为普及。可以说，根据《驻军图》我们才得以知晓"陂山"的正确解释，这点十分难得。（《沟洫志》所说的"通道"应与"陂山"和"小渠"都相关，指代人为开挖的用于灌溉的河道）

"小陂山"（《沟洫志》所记"小渠"的"小"也与"陂山"相关联）的普及与明器中见到的修筑于平原上的水池也当有前后继承关系。用"陂山"方式修建的陂塘规模较小，需要的工人数量不多，同地域内的居民只要同心协力，或有地方管理的指导，应该不难完成。《驻军图》中的陂塘规模很大，是由于军事需要逐渐修成的，这些军事用途的大规模陂塘对后来"小陂山"的出现应有刺激作用。

《驻军图》描绘了西汉初期陂的实态，仅就这一点而言，就是个重要的发现。该图还反映出，所谓"陂山"方式的灌溉模式在当时尚不普及，因为图中标识的聚落基本都分布于不需要陂塘灌溉的自然山川沿岸，每个聚落的规模约为十户到一百户。聚落规模之所以不大，或是因为聚落居民的灌溉依靠河川，凿渠引河水灌溉农田，这种灌溉方式限制了耕地所能养活的人口数量。

当然，该区域位于山间，地理上的限制导致耕地不多，这也是聚落规模较小的原因。不过，根据《驻军图》可知，该地区还存在不少强行并村的现象，显然，地理条件的制约不是影响聚落规模大小的唯一原因。平均约为四十户的小规模聚落的出现，与它们的形成过程密切相关，在探讨时需要特别注意这一点。

在这些相对来说位于边境地区的新地，人们（由于自然增长或是天灾等原因析出的人口）为了寻觅土地而结合成小群体来开辟生活空间。当然，自然流徙者是这群人的主体。关于聚落的形成过程，已有不少研究，可以确认所谓自然流徙型聚落经历了"金城郡型"的新秩

序的建构¹,与"落"的形成过程近似。²

对这种聚落的居民来说,不会指望依靠政府权力来实施像改造自然环境这样的规模较大的工程。因为各个聚落分别地、独立地定居和发展,灌溉设施这一类关乎人们生活基础的工程建设非常薄弱,气候条件一旦发生改变,经常会威胁到聚落的存亡。可以说,随着人口的增加,耕地的扩展、聚落的顺利扩大和发展都不会一帆风顺。

由此可见,影响聚落规模的因素很多。而并村行为也许是在政府权力的主导下进行的,其目标在于加强对小聚落的管理,建立更为安定的地域社会。当然,既不能因此完全否定军事因素对村落合并的影响,也必须注意到被合并的里并不全都位于军事设施附近。

除此之外,村落的合并可能还有其他原因。《驻军图》中,波里并于弇里、琇里,路里并于胡里,虑里并于兼里,导致波里、路里、虑里都成为"今毋人"的废村;合并㮈里的里名不明,但㮈里下标注"不反"。这说明即便随着人口的迁徙,地域社会得到了开发,仍然会出现由于维持地方治安一类的原因而出台暂行的政策,而这些政策未必会以开拓新地、安定人民作为主要目的。³

《驻军图》中记载了很多已被废弃或已呈废弃状态的里,反映出在再生产过程中,政府权力的作用并不十分有效,该地域内的聚落往往依据自然河川而形成,与水利灌溉工程的关系也不紧密。换句话说,聚落的形成和发展仍依靠天候。聚落内能够从事公共工程的户数平均只有四十户,而较小的里仅有十余户,对公共工程的发展有很大限制。

当然,也要考虑到各个里相互之间的共同性。如蛇上里和蛇下里,或有可能在蛇君的领导下实施与环境改造相关的公共工程。不过各个里之间的协作关系究竟如何,是否已经普遍化,目前还很难判断。虽

---

1. 拙稿:《漢代西北部における新秩序形成過程について》,《中央大学文学部紀要》史学科11,1966年,收入本书。
2. 拙稿:《中国古代における聚落形態について》,《中央大学文学部紀要》史学科16,1971年,收入本书。
3. 拙稿:《中国古代における聚落形態について》,《中央大学文学部紀要》史学科16,1971年,收入本书。关于先秦的徙民,参看拙稿:《商鞅の県制》,《中央大学文学部紀要》史学科22,1977年,收入本书。

第六章　马王堆出土《驻军图》中的聚落和灌溉　　　　　　　　　　　　157

然废村大量存在，但地图仍能如实反映出当地地域社会在共同性方面存在界线，发展得不充分（一般认为，三国时代以降，"村"字出现后，小规模聚落才普遍化。《驻军图》所记的"里"否定了这种看法。在汉代盛行屯田的时期，村已经出现。屯＝邨＝村，只不过是"聚""落"的代称，普遍用于指代没有城郭的小聚落）。

上文从《驻军图》中所见已经荒芜了的地方农村谈起，探讨了形成这一现象的背景，即聚落的形成过程及其与水利事业之间的关系。《驻军图》描绘的地域位于今湖南省南部，而迄今所知的西汉时期的陂，多位于关中平原，或是与河南南部、湖北北部山地地形接近的地区。[1]《驻军图》也反映出在长江以南，依据自然河川修筑陂塘用于灌溉的做法还不普及，而作为军事设施陂塘，却时常会被灵活利用于灌溉。

《驻军图》中传达出来的地域社会，受到了自然河川的惠泽，图中描绘的生活环境与华北地区不能相提并论。下面我们来看与之状况迥异的华北地区的水利和灌溉情况。

二、渠与井：华北地区的水利灌溉

小渠

华北地区的水利工程中最值得关注的是水渠。《汉书·沟洫志》（《史记·河渠书》最后一部分有相同记载）将"小渠"与上一节谈到的"小陂"并称，曰"不可胜言也"，说明十分普及。《沟洫志》称开挖小渠的目的是"溉田"，又称"穿渠"，说明小渠是人工开挖的灌溉设施。

作为灌溉使用的小渠的普及出现于武帝之后。根据《沟洫志》记载，已经普及小渠的地域有西北边境地区，从新开辟的朔方向西直至酒泉（利用黄河、川谷）；有关中地区，包括灵渠、成国渠、漳渠（利用诸川）；有汝南、九江（利用淮水）；有东海（利用钜定泽）、泰山（利用汶水）等。列举了淮水以北的地域。

---

1. 佐藤武敏：《古代における江淮地方の水利開発——とくに陂を中心として——》，大阪市立大学文学会：《人文研究》13-7，1962年。

据《史记》《汉书》，小渠、小陂之所以能够普及，肇端于武帝元丰年间堵塞了泛滥二十余年的黄河瓠子口的决口，修复了堤防，"自是之后，用事者争言水利"，此后人们对于水利的关注程度高涨。

一般认为，由于"用事者"的介入，不少小渠、小陂的修筑开始出现，并由地方官员（由于地方小规模水利工程的需要而设置的地方官吏）[1]主导完成。不过，如果这些小规模的水利工程果真只是由于修复瓠子口为契机而兴盛的，则颇显不自然。

《史记·河渠书》和《汉书·沟洫志》所记载的基本上是比较大的水利工程，没有涉及汉代地方上小规模的水利工程实态。显然，虽然记述小渠、小陂的文字很短小，但十分重要。不过二者都认为小渠、小陂的盛行与瓠子口治水工程紧密相关的看法则有失偏颇。西汉时期，官方主导的大规模水利事业不断地刺激着地方官吏，他们不断地寻求新的水利对策，小渠一类的小规模水利工程因此才逐渐普及，到武帝时期才形成了"不可胜言也"的状况。这种解释应是更为自然和恰当的。

武帝时期这段记载出现的背景是当时对地方官制的整顿，水利事业的急速发展当与之相关。地方豪族层借助官制整顿的机会逐渐转变为地方官吏。[2]

当时出现了较大的陂塘归个人（豪族）所有的现象，其中最有名的当属宁成在南阳修筑的陂塘。当然，小渠、小陂由民间力量修筑的情况也大量存在。关于当时陂塘修筑的具体情形目前虽然不得而知，但从武帝以降国家权力渗透到基层的水利事业这个层面来研究当时的国家构造，无疑是十分重要的。

既有研究已谈到，小规模的水利设施在西汉末至东汉初不断发展，在此之前，水利事业的中心是为适应公田灌溉而出现的大规模水利工程。[3]其实，小渠等地方小规模水利灌溉设施的普及可以上溯至武帝时期。

---

1. 佐藤武敏：《漢代の水利機構》，《中国水利史研究》4，1965年。
2. 五井直弘：《秦漢帝国における郡県民支配と豪族》，《人文論集》12，1961年；拙稿：《中国古代における郡県属吏制の展開》，《中国古代史研究》4，1976年，收入本书。
3. 好並隆司：《漢代の治水灌漑政策と豪族》，《中国水利史研究》1，1965年。

武帝以前的大规模水利工程

一般认为国家型大规模水利事业对小渠的普及影响深远。这些水利事业与以前谈到的第二次农地的形成[1]、公田、新开辟地区初县的设置[2]，或是土地私有的欠缺[3]等方面一样，是国家构造论中引人关注的部分。下面拟就这个问题略作讨论。

《史记·河渠书》[4]介绍了战国诸国的沟渠，有的沟通黄河与济、汝、淮、泗，有的在汉水与云梦之间，有的在长江与淮水之间，有的在吴地三江、五湖之间，有的在菑水与济水之间；同时还介绍了秦国李冰在成都修筑的水渠，称它们"皆可行舟，有余则溉浸"。说明沟渠的主要目的是交通，即方便漕运。至于灌溉，在沟渠经过的地域若水有余裕，则开凿小渠，引溉农田。水渠的灌溉功能实因漕运而生，是派生出来的次要功能。

《河渠书》接着记载了魏国的邺令西门豹在邺开挖了十二条水渠，明确记载其目的是用于灌溉。但是在《汉书·沟洫志》中，则记载是史起为了自己的飞黄腾达而批判西门豹，提出在邺地开渠灌溉，将其作为政治斗争的手段而已。《史记》中开凿了十二条水渠的记载，其实是后人褚少孙补写的，不见于《史记》原文。很可能因为邺地诸渠的具体实态不明，后世才出现了各种不同的传闻。

其实，邺城始筑于齐桓公时期，在西门豹时代成为魏文侯的根据地，所以邺地的开发即便有官方的介入也不足为奇。不过，当时邺地的人口仅有两三千（见《史记·滑稽列传》），是否有必要开挖十二条水渠，这些水渠在西门豹时代是否都是由官方掘凿的，都存在不少疑问。同时，如果邺地大规模开凿水渠的话，对魏国的根据地来说是一件政治上的

---

1. 木村正雄：《中国古代帝国の形成》，不昧堂，1965年。
2. 増淵龍夫：《先秦時代の山林藪沢と秦の公田》，《中国古代の社会と文化》，东京大学出版社，1957年；《中国古代の社会と国家》，弘文堂，1960年；増淵龍夫：《中国古代国家の構造》，《古代史講座》4，1962年。
3. 例如豊島静英：《古代中国におけるアジアの生産様式》，《歴史評論》266，1972年。
4. 好並隆司氏在《漢代の治水灌漑政策と豪族》(《中国水利史研究》1，1965年）中比较了《史记·河渠书》与《汉书·沟洫志》在记述上的不同。其实，《史记·河渠书》也记载了地方上小渠、小陂的盛行。

大事，应该会有很大影响。

《河渠书》接下来记载了秦国的郑国渠，这是一条用于灌溉的水利工程。但这是韩国为了使秦国疲敝而采取的政治谋略的产物。这项灌溉工程的目的是使国家疲敝，因此应从工程对国家造成负担的角度进行评价，而不是溉田的成效。不过，这条记载恰恰反映了当时人们还没有充分认识到大规模水利工程在灌溉方面的良好效果。

那么，到了汉代又出现了怎样的情形呢？《河渠书》记载文帝时黄河在酸枣、金隄决口，武帝元光中在瓠子决口，都是有关黄河水灾对策的记载，没有涉及灌溉。在河决瓠子时，丞相田蚡的态度十分恣意，因为田蚡的奉邑在决口处的对岸（黄河以北），免受水灾且邑收很多，他就将决口之事归为天事而寝置不理。从这件事可以窥得官僚们对治水的认识和态度之一斑。

真正意义上的水利事业是郑当时、徐伯[表]（一作徐伯）主持开挖的漕渠。不过漕渠的主要目的是确保首都的粮食供应，方便漕运，渠下之民利用漕渠灌溉农田是它的次要功能。

此外，河东守番系创造了渠田，尝试开发汾水、河水河床上的耕地，其目的是减省漕运的劳顿，并确保首都的粮食供应。这显然不是着眼于全国的水利政策，由于计划的粗糙，番系的渠田也以失败告终。

《河渠书》接着讲的褒斜道土木工程等水利工程也是同样的结果。这说明在任职地兴修公共工程是地方官员最为关注的，而不重视修建的水利工程是否有成效。

汉中守张卬修整褒斜道漕运，主要目的也是确保都城的食粮供应，但没有任何成效。严熊（庄熊罴）开挖的龙首渠，采用井渠法，是一项工法特殊、耗时十年的大工程，目的亦是确保首都的粮食供应，但由于灌溉能力低下，农田也"未得其饶"。

以上列举了从先秦至汉武帝时期的水利工程，当时小渠、小陂仍不盛行。显然，这些工程多与漕运相关，以灌溉为目的的只有郑国渠，而郑国渠又只是一条由于失误而偶然利于灌溉的水渠。番系的渠田、严熊的龙首渠则是基于政治上的考量，即为了确保首都粮食供应而开挖的。换句话说，当时不存在以振兴农业为目的且具全国性视野的水利政策。邺地十二条水渠的开凿，其目的也是政治性的。而从土壤地理学上看，大规模水利灌溉农田法其实没有实际效果。[1]

引水灌溉是公共水利事业派生出来的次要职能。这些引水渠道（"田畴之渠"＝小渠）与武帝时盛行的小渠之间关系如何，在引水的具体形态方面有何异同，都是值得关注的问题。武帝时期的小渠与"用事者"，即地方官府之间关系密切，而先秦或汉初的地方官府与武帝以降相比，应该还没有分化出水利专官。[2]

从漕运用渠中引水溉田，当然要有官方的许可。但是引水之后田畴间水道要如何开挖，要投入多少公共劳动力，抑或在田畴开凿一类小渠工程方面，很多时候或是依靠民间力量进行，目前都不清楚。武帝以降"用事者"非常关心的小渠或许与小陂一样，出人意料地都由民间力量完成。而公共徭役或许仅限于对规模较大的河川、桥梁进行治理，而不涉及小沟小渠。

水井

上文指出，武帝之前的地方水利灌溉并没有国家强有力的保证。那么，在没有漕运水道经过，未开挖沟渠引漕溉田的地区，采取了哪种灌溉方法呢？以《驻军图》为代表的地区，能够依靠自然河流勉强维持，但在华北平原，显然不能依靠并不密集的自然河流。

当然，关于古代的气候也有多种说法。有的意见指出古代森林广布，属亚热带气候。[3]若是这样的话，即便是华北地区在水利方面也不存在问题。还有意见认为当时气候干燥。[4]不管华北地区与今天的气候是否一样，我们从文献中能看到的是，淮水以北多用沟渠，江淮地区多用陂塘。

在华北地区能够替代自然河川的水资源灌溉模式，分涌水（泉水）

---

1. 原宗子：《いわゆる代田法の記載をめぐる諸解釈について》，《史学雑誌》85-11，1976年。
2. 拙稿：《中国古代における郡県属吏制の展開》，《中国古代史研究》4，1976年，收入本书。
3. 竺可桢：《中国近五千年来气候变迁的初步研究》，《中国科学》1973年第2期；田村専之助：《中国気象学史研究》上，中国气象学史研究刊行会，1976年。
4. 西山武一：《アジアの農法と農業社会》，东京大学出版会，1969年。

灌溉和井水灌溉两种。即使在晚近的民国时代关于华北灌溉的调查中，除了水渠之外，这两者仍然处于重要的地位。[1] 关于涌水灌溉，《汉书·沟洫志》记曰："泉流灌浸，所以育五谷也。"《汉书·循吏传》记载以治理均水而闻名的召信臣曰："时行视郡中水泉"，出现了与水利灌溉相关的"泉"。这些记载都说明当时已经广泛意识到涌水灌溉的重要性了。

关于井水灌溉的论述不多。《庄子·天地》记载子贡在由楚归晋的途中，偶遇汉水附近的农夫用井水灌溉："凿隧而入井，抱瓮而出灌。"子贡劝导该农夫不要用瓮来汲水，教他可以"一日浸百畦"的桔槔之法，曰：

> 凿木为机，后重前轻，挈水若抽，数如泆汤，其名为槔。

然而农夫回答说，我不是不知道桔槔之法，只是厌恶使用这种机巧的手段。这个故事又见于《说苑·反质篇》，不过《说苑》将农夫换作"卫人"，子贡则被替换为"邓折"。《庄子·天运》又记曰："且子独不见夫桔槔者乎？"桔槔在此处成为谚语词汇。

这些记载反映出井水灌溉、用桔槔（吊杆汲水装置）取水都已经非常普遍。一般认为《庄子》的《天地》《天运》作于汉初[2]，说明桔槔取水法可上溯至汉初或更早的时期。成都出土的汉代陶井，还可以使用滑车取水。

井水是不可缺少的饮用水源。在龙山文化时期的遗址中，曾发现一口深七米、直径两米的水井。殷周以降的遗迹中，也陆续发现了水井。[3] 不难想见，这些水井应该都是饮用水源。

一般认为，水井始创于伯益（记载见于《世本》《吕氏春秋·勿躬篇》《淮南子·本经训》）或黄帝（记载见于《世本》）。黄帝与诸多始创相关，值得注意的是见于多种文献的伯益作井的神话。伯益是一位助禹治水

---

1. 河北、山西、山东等省的情况参见和田保：《水を中心として見たる北支那の農業》，成美堂，1942年。陕西省的情况参见《支那省別全誌·陝西省》，支那省別全志刊行会，1943年。
2. 罗根泽：《庄子外杂篇探源》，《燕京学报》第19期，1936年。
3. 中国科学院考古研究所：《新中国的考古收获》考古学专刊4，文物出版社，1961年。

第六章　马王堆出土《驻军图》中的聚落和灌溉

的人物，伯益作井，耐人寻味。伯益作井神话的出现，将水井与治水、水利关联起来，这一点要引起重视。

《易经·井》记曰："象曰，木上有水井。"说明水井使用了木吊桶和桔槔。《易经·井》还记道：

> 改邑不改井，无丧无得，往来井井，汔至，亦未繘井，羸其瓶。

说明水井也使用瓦器吊瓶。居住的人群不断变换，但水井仍然沿用，没有改变，反映了水井与居民之间密切的关系。此处所记的水井，其用途也主要是饮用。

不过，在战国至汉初的文献里，水井与"灌"的关系开始显现。这意味着水井不再是单纯的饮用水源，从文献记载上看，水井在这一时期逐渐成为灌溉设施。考古发掘证实了这一点，在北京和河南泌阳县都发现了汉代用于农田灌溉的水井群[1]，证明了华北地区水井灌溉的普及。

由于地层构造的不同，水井深度也不一致。用于饮用的水井需要获得优质水源，因此需要深掘，而用于灌溉的水井很浅。根据民国时期的调查，华北的水井深三到九米就可用于灌溉。单式辘轳水井一天可灌溉一公亩左右，每口井大约可灌溉十公亩田地；大井每口井约可灌溉三十公亩。[2]在考古发掘中，也发现了约深六至九米的古代水井。[3]

小井的开凿比较容易，以户为单位的水井开凿也因此成为可能。东汉时期的《僮约》中有"凿井浚渠"的记载，译作"庄园中的事务有凿挖水井、疏浚沟渠"。[4]但是，少数大井需要共同协作完成，在宋代

---

1. 中国科学院考古研究所：《新中国的考古收获》考古学专刊4，文物出版社，1961年。
2. 和田保：《水を中心として見たる北支那の農業》，成美堂，1942年。
3. 例如，河南省文化局文物工作队《河南泌阳板桥古墓葬及古井的发掘》(《考古学报》1958年第4期）称，发现了十一座砖井，深6~9米，在水井之中以及从水井到耕地之间存在筒瓦制作的管道（直径分别为19厘米、26厘米，长约11米）。
4. 宇都宮清吉：《僮約研究》，《名古屋大学文学部論集》5，1954年；《漢代社会経済史研究》，弘文堂，1955年。

及更晚的材料中有邻伍合作凿井的事例。[1]此外，先秦地方行政组织中，"井"（见于《周礼·小司徒》等）是最末端的单位，孟子所说的井田制不是说耕地被划分为井字状，而是反映了井水灌溉的情形，这个看法或许有些跳跃性且出乎意料。

关于凿井的技术，根据民国时期的资料，先由风水先生看地表的潮湿状况，再在地表焚火，观察蒸汽多寡，再选择并决定凿井的地点。"先有井、后有庄"这句谚语形象地反映了华北农村水井的重要性。[2]

显然，随着水井灌溉的普及，只要有较少的几个人就可以确保有相对安定的水源，新耕地和居住地也很容易随之扩大。这个时期就是自然村"落"形成的战国时期，水井灌溉的普及或可追溯到这个时期。

水井灌溉普及的背景是用于凿井的铁器的传入。前文曾谈到，大规模水渠工程的修筑也多始于战国时期。从考古发掘上看，虽然在战国以前的水利灌溉中有水井的存在，但更多的时候利用的是自然河水或地下泉涌之水。[3]

依存于自然水源的农耕形态限制了地域社会的新发展。水井灌溉成为可能之后，依靠自身力量，少数几个人就可以开拓新地，新居住地也因此急速扩大。但是这些新形成的地域社会无法充分把握固有的政治形态。商鞅的"开阡陌"政策的提出，是对地域社会变动的巧妙应对。

"用事者"所倡导的小渠灌溉由官方主持，在开发较早且希求稳定的地区推行。而水井灌溉显然不同，主要依靠民间人群的力量开掘，在没有得到官方保护的地区流行。显然，大规模的水利事业关注传统的地域，通过水利事业将政府权力贯彻到地域社会之中，目的是维持武帝之前，特别是先秦以来既有秩序的稳定，保护已长期开发的耕地。而新居住地域的扩大和形成，则只能依靠当地居民自身的力量。

为了实边而实施的徙民政策，其目的在于维持天下治安，是局部

---

1. 清水盛光:《治水灌溉に現はれたる通力合作の形式》,《中国郷村社会論》,岩波书店,1951年。
2. 山本斌:《中国の民間伝承》,太平出版社,1975年。
3. 参见佐藤武敏:《殷周時代の水利問題》,《人文研究》12-8,1961年；五井直弘:《中国古代の灌溉》,《古代史講座》八,1963年。二者对战国以前具有先驱性质的人工灌溉都有涉及。

地区短时期的策略而已，不能与本节所讨论的新地区的长期开发相提并论。

当然，随着井水灌溉的逐渐普及，那些能够获得较为稳定水资源的传统农耕地区也开始采用这种灌溉方式，这大概与入汉之后新兴的集约型农田法的出现有关。

结语

最近，中国古代史研究者们也开始关注人群共同体问题。不过，就每个独立的研究课题而言，仍有不少地方需要实证研究。本章涉及了这个问题，但只是浅显的试论。

第七章

秦咸阳城与汉长安城：围绕汉长安城建设过程的讨论

前言：汉长安城的规模

汉长安城[1]始建于高祖五年，历时十二年，于惠帝五年九月大致完工。之所以说大致完工，是因为虽然未央宫、长乐宫、北宫等中心宫殿以及长安城四周的城郭、城门在惠帝五年九月已经建成，但长安城内外的宫殿、苑囿等处的建设仍在继续，力求更加完善。

不过，有关惠帝五年九月大致完成的长安城的周长问题历来众说纷纭，各家看法如下：

（1）长安城中，经纬各长三十二里十八步，地九百七十三顷。(《三辅黄图》所引《汉旧仪》[2])

（2）长安城，方亦（六）十三里，经纬各长十五里，十二城门，九百七十三顷。(《续汉书·郡国志》所引《汉旧仪》)

（3）城，方六十三里，经纬各十二里。(《史记·吕后本纪》索隐所引《汉旧仪》)

（4）长安城，方六十里，经纬各十五里，十二城门，积九百七十三顷。(孙星衍辑《汉官七种》所引《汉旧仪》)

（5）周回六十五里，城南为南斗形，北为北斗形，至今人呼汉京城为斗城是也，(略) 八街九陌、三宫、九府、三庙、十二门、九市、十六桥。

长安，闾里一百六十，室居栉比，门巷修直。(《三辅黄图》)

（6）[长安城，方六十三里，经纬各二十（十二）里]，形似北斗。

---

1. 佐藤武敏氏在《長安》(近藤出版社，1971年) 一书的参考文献部分已将相关论文网罗殆尽。此后的研究包括古賀登：《漢長安城の建設プラン—阡陌・県郷制度との関係を中心として—》,《東洋史研究》31-2, 1972年;《漢長安城と阡陌・県郷亭里制度》, 雄山阁, 1980年。
2. 关于《三辅黄图》的成书时间，张国淦编著的《中国古方志考》(中华书局，1962年) 认为是汉人之作，此外，也有不少意见认为是魏晋时期的作品。在不存在问题的情况下，本章使用张阆声校《校正三辅黄图六卷》。

第七章　秦咸阳城与汉长安城：围绕汉长安城建设过程的讨论　　　　　　　169

　　　　长安城中，八街九陌，闾里一百六十，室居栉比，门巷修直。
（《三辅旧事》[1]）

　　材料（1）至（6）一致的地方是认为城郭内的总面积为九百七十三顷，闾里有一百六十个，不一致的地方是关于长安城的周长，有①六十里说、②六十三里说、③六十五里说、④经纬十二里说、⑤经纬三十二里十八步说等。

　　随着近年来发掘调查[2]的推进，可知长安城城墙周长两万五千米，约相当于汉六十里稍多。此外，也正如文献中提到的，长安城呈不规则的北斗南斗形。

　　显然，前述诸说中以①六十里说与考古调查结果最为接近。那么，除了周长六十里说之外，其他诸说为什么会出现且流传下来呢？记载了城周六十里的前揭史料（2）（4）谈到长安城直径（经纬）十五里，如果长安城形状不规整的话，这个说法就有问题。根据实测，南边城郭的长度约为汉代的十五里，东边城郭约为汉代的十四里，从这个距离来看，直径十五里基本反映了一部分城郭的实际状态。根据实测，西边城郭长约为汉代的十一里，材料（3）说长安城直径十二里，可能是无疑之中将长安城西边的城郭长度误认为是四周各边的长度了，这个说法与长安城的实际情况亦所去不远。

　　各段史料一致认为长安城内总面积为九百七十三顷，根据计算结果，材料（5）的城周六十五里说与之相合。城周六十五里说若果真是如此计算出来的话，其实是诸说中最为恰当的。另外各段材料都说城

---

1. 《三辅旧事》，撰者不详，见于《新唐书·艺文志》。清人张澍辑《三辅旧事》一卷。本文引用的"（长安城，方六十三里，经纬各二十[十二]里），形似北斗"，张澍称辑自《史记·吕后本纪》之《索隐》。但是，查《史记索隐》，这部分并不出自《三辅旧事》，而是出自《汉旧仪》。
2. 王仲殊《汉长安考古工作的初步收获》（《考古通讯》1957年第5期）记载，汉长安城东城墙长5940米，南城墙长6250米，西城墙长4550米，北城墙长5950米。但是，另据中国科学院地理研究所编《中国古代地理名著选读》第1辑（科学出版社，1959年）所载《汉长安城建章宫区遗址及渠道复原图（中国科学院考古研究所发掘调查资料）》，城墙的曲折部分未记入以上长度中（以南城墙为例，若记入曲折部分长度的话，则长七千数百米），若将曲折部分计算进来的话，则城墙周长两万五千米。

内有闾里一百六十个，若一里有百户，一户宅五亩的话，一百六十里共占地八百顷。而按照城周六十里之说，共占地八百四十顷。二者计算结果相接近，说明根据闾里数也可推测出城周长度。

不过，到了惠帝五年城郭建设完成时，长安城中除了一百六十个闾里之外，还建成了周长二十余里的长乐宫（《长安志》所引《关中记》）、周长二十二里九十五步的未央宫（《西京杂记》）[1]、周长十里的北宫等宫殿。这些新建宫殿面积约为二百三十顷，若计算长安城的总面积的话，有必要在闾里八百顷、"室居栉比"的城中居住地之上加上这些宫殿面积，一共大约有上千顷。这与长安城面积共九百七十三顷的记载比较接近，城周六十五里之说也是合适的。

一百六十个闾里"室居栉比"，不难想象城内的居住形态十分整齐。若按一里百户、一户五口计算，长安城中人口约有八万人，这与宇都宫清吉氏推定的公元前后长安城城市人口不会超过十万人[2]的数值比较接近。宇都宫氏还根据战国时期李悝所说的当时粮食的生产总量推测出城市居民和农民的比例为三比六。

如果将长安城中的闾里数视为长安城建设之初的惠帝时期的数值的话，那么惠帝以降，随着未央宫的扩建[3]、周长十余里的桂宫的兴修，城中居民的居住地当逐渐被压缩、减少。

上文所引关于长安城周长的史料中，城周六十里（直径十五里）之说接近于城址实态；根据城郭荒废后的宫殿面积和闾里数量又可推测提出城周六十五里之说。那么，材料（2）（3）所说的城周六十三里之说究竟是如何产生的呢？

---

1. 关于未央宫的周长，《三辅黄图》称："周回二十八里"，晋人潘岳的《关中记》称："周旋三十一里。"另外，《西京杂记》称，未央宫"街道周四十七里，台殿四十三所，其三十二所在外，十一所在后宫，池十三，山六，池一山二亦在后宫，门闼凡九十五"（《玉海·宫室》所引《西京杂记》作"街道周回七十里"），记载了附属于未央宫的宫殿等其他建筑，应当是未央宫逐步扩大之后的结果。因此，在诸条材料之中，本文取所记数量最少的《西京杂记》中的周长作为未央宫营建初期规模的反映。
2. 宇都宫清吉：《西漢の首都長安について》，《東洋史研究》11-4，1951年；《漢代社会経済史研究》，弘文堂，1955年，第152—153页。
3. 参见前引未央宫诸史料。

其实，城周六十三里说并没有像六十里说、六十五里说那样有相应的形成背景。六十三里说甚至与材料（2）（3）所记的直径数值之间都有矛盾之处，因此《玉海》卷一百七十三所引的《汉旧仪》，在夹注中改作直径"十六里"。由此可见，城周六十三里也许是城周六十里或六十五里的误写。材料（2）（4）所引的《汉旧仪》记载"经纬十五里"，材料（4）却又记载"方六十里"，造成这一现象的一种可能是原文本作"六十里"，受到了材料（5）《三辅黄图》等文献影响之后，《汉旧仪》的传本中混入了六十五里之说，又有些误写为六十三里；另一种可能是《汉旧仪》写作时采用了方六十五里，土地面积九百七十三顷，城郭东边、南边各长十五里的说法。

无论如何，《汉旧仪》所记的长安城的周长、面积与直径之间，或是周长、直径与面积之间都存在矛盾。《汉旧仪》成书之时，由于王莽末年的战乱，长安城已沦为一片灰烬，所以对长安城实际状态的认识也非常混乱。材料（3）的经纬十二里说，以及基于此说产生的城周四十八里之说，与长安城实态都相去甚远。如果城周六十三里之说是后人误写的话，那么经纬十二里之说也可能是经纬十五里的误写。

在讨论了周长六十里、六十三里、六十五里，以及直径十二里、十五里诸说之后，关于长安城的周长，见于材料（1）的"城中经纬三十二里十八步"也需要厘清。如果城郭的四边皆为三十二里十八步的话，长安城周长应为一百二十八里七十二步，这与长安城的实际状况差别巨大。下面我们将材料（1）至（6）的记载列表如下，来探讨这个问题。

材料（1）至（4）都出自《汉旧仪》，材料（1）与（2）（4）的相同之处在于所记载的城内面积均为九百七十三顷（材料1的引文中省略了城门以下部分），不同之处是未记城周、城门的情况，且关于直径的记载也与其他引自《汉旧仪》的材料大相径庭。造成这种差异的原因怀疑是材料（1）所引的《汉旧仪》在流传过程曾被后人改窜。

城名	（1）长安城中	（2）长安城	（3）城	（4）长安城	（5）长安城	（6）长安城中
城周		方六十(三)里	方六十(三)里	方六十里	周回六十五里	
直径	经纬各长三十二里十八步	经纬各长十五里	经纬各十二[五]里	经纬各十五里		
城门		十二城门		十二城门	十二门	
面积	地九百七十三顷	九百七十三顷		积九百七十三顷		
街陌					八街九陌	八街九陌
闾里					闾里一百六十	闾里一百六十
出典		《汉旧仪》			《三辅黄图》	《三辅旧事》

材料（1）的《汉旧仪》为《三辅黄图》所引，内容如下：

> ［长安城，惠帝五年］九月城成，高三丈五尺，下阔一丈五尺，上阔九尺，雉高三坂，周回六十五里，城南为南斗形，北为北斗形，至今人呼汉京城为斗城是也。《汉旧仪》曰："长安城中经纬各长三十二里十八步，地九百七十三顷，八街九陌。"

显然，《三辅黄图》引用《汉旧仪》的目的是为了支撑"周回六十五里"说。《三辅黄图》的作者认为长安城周长六十五里，引用《汉旧仪》作为证据，为了避免重复，删去了《汉旧仪》中关于城周的记载。"经纬各长十五里"当为《汉旧仪》原文，但这个说法与城周六十五里，面积九百七十三顷相互矛盾，作者于是进行了改窜，将城周六十五里一分为二，东西城墙（经）与南北城墙（纬）各长三十二里多（两边城墙之和为三十二里多，每一边城墙约稍多于十六里），于是形成了材料（1）中的文字。此外，《三辅黄图》还记曰："覆盎门与洛门，相去十三里二百一十步。"指出从长安城南边的覆盎门到北边的洛门，共有十三

第七章　秦咸阳城与汉长安城：围绕汉长安城建设过程的讨论

里二百一十步。这条材料直接否定了"经纬各三十二里十八步"之说。不过，若将六十五里二分的话，每一部分应是三十二里一百五十步。之所以改写为"经纬各三十二里十八步"，或许是因为这个数值能够同时满足面积为九百七十三顷，城周为六十五里的要求，且与六十五里的一半最为接近。

以上关于长安城周长的史料中，城周六十里、直径十五里说接近于长安城的实态。根据面积、间里数量则可推导出城周六十五里之说。这两种说法虽然差别很大，但随着长安城发掘调查的深入，其实已经没有必要再根据传世文献来研究汉长安城的规模了。

本章与另一篇拙稿《关于汉代县大率方百里的问题》[1]直接相关。从最近的研究和发掘情况看，汉长安城的城市规划是研究县乡亭里建构的重要例证[2]，上文围绕《汉旧仪》对有关长安城规模的各段史料进行了讨论，这些讨论与研究县乡亭里的构建也有关系。下面我们来讨论在渭水南岸建设长安城的具体经过，以及它与秦咸阳城的关系等问题。关于长安城的建设过程，有所谓的自然发展说、计划建设说等观点。

一、秦咸阳城的发展

秦孝公十二年（前350年），秦自雍迁都咸阳。记载见于《史记·秦本纪》：

> （孝公）十二年，作为咸阳，筑冀阙，秦徙都之。

《史记·商君列传》也有相关记载：

> 作为筑冀阙宫于咸阳，秦自雍徙都之。

---

1. 载《铃木俊先生古稀记念東洋史论丛》，山川出版社，1975年，收入本书。
2. 古賀登：《漢長安城の建設プラン—阡陌·県郷制度との関係を中心として—》，《東洋史研究》31-2，1972年；《漢長安城と阡陌·県郷亭里制度》，雄山閣，1980年。

据此可知，孝公十二年的咸阳城有咸阳宫及附属庭苑，有冀阙（正门），即城门。虽然不清楚城的周长[1]，但既然有城门，四周当有城墙环绕。

自此之后，以咸阳宫为中心，秦都的建设不断展开。《史记·秦始皇本纪》载：

> （始皇二十六年）（A）徙天下富豪于咸阳，十二万户。（B）诸庙及章台、上林皆在渭南。（C）秦每破诸侯，写放其宫室，作之咸阳北阪上，南临渭。（D）自雍门以东至泾渭，殿屋复道周阁相属。（E）所得诸侯美人钟鼓以充入之。
>
> （始皇二十七年）（F）作信宫渭南，已更命信宫为极庙，象天极。自极庙道通郦山，（G）作甘泉前殿，筑甬道，自咸阳属之。

从这段记载可知，秦统一天下后，于始皇二十六年（前221年）至二十七年开始着手扩建都城咸阳。

扩建工程包括两个方面的内容，其一是充实以咸阳宫为中心的都城，如（A）徙民都城（所谓的强干弱枝政策）、（C）建设六国宫、（D）（G）建设离宫并整备甬道和复道；其二是（F）在渭南建设"信宫"，作为象征天极的极庙。

建设信宫，以其为极庙。所谓极庙，司马贞《索隐》曰：

> 为宫庙象天极，故曰极庙。《天官书》曰："中宫曰天极是也。"

天极星是主宰上天的太一神、帝星的宫庙。从原来以渭北的咸阳宫为中心的首都转变为以渭南的信宫为中心的新首都之后，贵为极庙的信宫的建设，其性质与单纯的离宫建设不同，其建设计划实际上是对都城的一次重大改造。

1.《秦都咸阳故城遗址的调查和发掘》，《考古》1962年第6期。

第七章　秦咸阳城与汉长安城：围绕汉长安城建设过程的讨论

前揭所引《史记·秦始皇本纪》的（B）部分谈到，在计划建设信宫的渭南地区，已建有诸庙、章台和上林。关于上林苑，后文有专门论述。关于章台，《汉书·张敝传》记有"章台街"，颜师古注引孟康曰："在长安中。"《史记·楚世家》记载楚怀王三十年（秦昭王八年）怀王被骗至秦，"遂与西至咸阳，朝章台"。在章台朝见秦昭王。此外，著名的蔺相如也曾在章台朝见周王（《史记·廉颇蔺相如列传》）。

可见，在始皇帝之前，渭南地区不仅建有离宫和苑囿，有时还承担重要的政治职能。关于信宫的建设，《三辅黄图》记曰：

> （始皇）二十七年，（A）作信宫渭南，已而更命信宫为极庙，象天极。自极庙道骊山，（B）作甘泉前殿，筑甬道，自咸阳属之。（C）始皇穷极奢侈，筑咸阳宫，因北陵营殿，（D）端门四达，以则紫宫，象帝居。（E）引渭水贯都，以象天汉；（F）横桥南渡，以法牵牛。桥广六丈，南北二百八十步，六十八间，八百五十柱，二百一十二梁。桥之南北[有]隄，激立石柱。[1]（G）咸阳北至九嵕甘泉，南至鄠杜，东至河，西至汧渭之交，（H）东西八百里，南北四百里，离宫别馆，相望联属。

根据这段材料可知，始皇二十七年都城扩建工程中，除了建设信宫的计划外，同时还要在（F）渭水上架桥，整顿渭南的交通路线，（G）"南至鄠杜"。

上文所引的《史记·楚世家》说"至咸阳，朝章台"，虽然章台位于渭南，仍应视之为咸阳的一部分。这样看来，秦人很早就将咸阳城对岸渭南一带的土地看作是能够与咸阳城实现一体化的地域并进行了整顿。在渭南建设新都的计划，或许与早前咸阳城在渭南的扩建相关。

信宫完成后，都城的中心宫殿自然要建置于渭南。秦都咸阳城因此脱胎换骨，从一个地方诸侯国都转变为一个适应天下统一需求的新都城。从当时的实局来看，新都城的建设不仅是理念中的事情，也是

---

[1]. 关于横桥的尺寸，各条史料所记各有不同，此据《校正三辅黄图》。

现实中迫切需要的。

渭南的新都建设计划提出后，以咸阳宫为中心的渭北离宫建筑以及交通线路的整顿都是基于当时的实局而出现的。

始皇二十七年以信宫为中心的新都建设计划，除了整顿交通线路外，目前不清楚在这个阶段还做了哪些具体的事情。从文献上看，直至始皇三十五年，即统一天下十年后，新都建设计划才开始具体实施。《史记·秦始皇本纪》记曰：

> （始皇三十五年）（A）始皇以为咸阳人多，先王之宫廷小，我闻文王都丰，武王都镐，丰镐之间，帝王之都也。（B）乃营作朝宫渭南上林苑中。（C）先作前殿阿房，东西五百步，南北五十丈，上可以坐万人，下可以建五丈旗。周驰为阁道，自殿下直抵南山，表南山之颠以为阙。为复道，自阿房渡渭，属之咸阳，以象天极阁道，绝汉抵营室也。（D）阿房宫未成，欲更择令名名之。作宫阿房，故天下谓之阿房宫。（E）隐宫徒刑者七十余万人，乃分作阿房宫，或作丽山。发北山石椁，乃写蜀荆地材，皆至。（F）关中计宫三百，关外四百余。（G）于是立石东海上朐界中，以为秦东门。因徙三万家丽邑，五万家云阳，皆复不事十岁。

其中，（B）有关于建设朝宫的记载。朝宫位于渭南，由（A）可知，因原来的都城咸阳变得狭隘，所以提出建设新都的计划。与修建信宫一样，朝宫的修建也是新都建设计划的一部分。

根据（F）的内容，当时仅关中（咸阳到雍之间的地区）就有三百座离宫。(《汉书·贾山传》曰："起咸阳，而西至雍，离宫三百。"）这些离宫中的大部分当由始皇帝修建，被统一天下的意气激励着的始皇帝，不愿意停留在修建离宫的层面，他决心建设新都，以满足一个统一国家对首都的需求。

第七章　秦咸阳城与汉长安城：围绕汉长安城建设过程的讨论

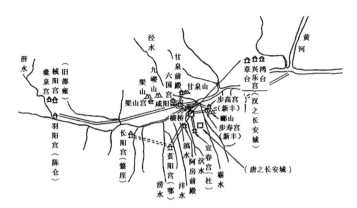

秦咸阳城及周边的离宫

🏛　宫殿、台观（迁都咸阳后所建）

⛰　山

===　秦始皇二十六、二十七年时从咸阳城出发的道路

（含甬道、复道，据《史记·秦始皇本纪》《三辅黄图》）

离宫的建筑（年代）	
离宫名	年代
橐泉宫	孝公
羽阳宫	武王
棫阳宫	昭王
长阳宫	昭王
章台	（昭王）
萯阳宫	文王
甘泉前殿	始皇帝二十七年
鸿台	始皇帝二十七年
六国宫	始皇帝二十七年
阿房前殿	始皇帝三十五年
兴乐宫	（始皇帝）
梁山宫	（始皇帝）
宣春宫	
步高宫	
步寿宫	

（出典：《史记》《汉书·地理志》《三辅黄图》）

建设新都的过程中，率先修建的是首都的中心宫殿，即信宫、朝宫。前殿建筑位于阿房之地，因此称之为阿房前殿或阿房宫。关于前殿之名"阿房"的解释很多，有以下诸种：

（1）阿房者，言殿之四阿，皆为房也。（《汉书·贾山传》颜师古注）

（2）大陵曰阿，言其殿高，若于阿上为房也，房字或作㫄。（同上）

（3）始皇作此殿，未有名，以其去咸阳近，且号阿㫄，阿，近也。（同上）

（4）此以其形名宫也，言其宫四阿旁广也。（《史记·秦始皇本纪》索隐）

（5）以其墙壁崇广，故俗呼为阿城。（《汉书·东方朔传》颜师古注）

（6）阿房是山名，下文自明。（《史记·秦始皇本纪》会注考证所引中井积德）

其中（6）为山名说，所谓"下文"，指的是"自殿下直抵南山，表南山之颠以为阙"，依据这条材料推测提出了此说。这条材料说的是通过一条近路可以将阿房前殿与景胜之地南山紧密联结，其实并没有必要将阿房视为南山的余脉山地。

《三辅黄图》关于阿房宫的记载如下：

阿房宫，亦曰阿城，惠文王造，宫未成而亡。始皇广其宫，规恢三百余里。离宫别馆，弥山跨谷，辇道相属，阁道通骊山八十余里，表南山之颠以为阙，络樊川以为池。作阿房前殿，东西五十步，南北五十丈，上可坐万人，下建五丈旗，以木兰为梁，以磁石为门。周驰为复道，度渭属之咸阳，以象太极阁道，抵营室也。阿房宫未成，成欲更择令名名之。作宫阿基旁，故天下谓之阿房宫。[1]

据此可知，阿房宫是始皇帝对秦惠文王时期阿城的扩建。入汉之后，阿房前殿又称"阿城"（《汉书·东方朔传》）。因为"阿"是别称，所以很难确定"阿"是否本为地名。不过，见于诸说的"阿房"，很可能是用于描绘惠文王所建的宫城的俗称。

先放下"阿房"的含义不论，作为朝宫的"前殿"，阿房前殿修建于咸阳城的渭南地区，位于樊川的西侧。与甘泉前殿一样，阿房前殿与正殿相比，是附属建筑。不过，因其由惠文王时期的阿城而成，且位于即将建立新都的渭南地区，所以有众多的离宫、苑囿存在。

上文提到，秦国的诸庙、章台、上林苑等都分布于渭南一带，除此之外，还有蒉阳宫[2]，见于《汉书·地理志》："有蒉阳宫，秦文王起。"在西边还有长杨宫、射熊馆，见于《汉书·地理志》"右扶风盩厔县"条："有长杨宫、射熊馆，秦昭王起。"另外《三辅黄图》还记有另一座秦的离宫"宜春宫"，位于杜县。始皇二十七年整顿渭南交通线路之时，铺设道路的地方不仅有鄠县，还包括了杜县。虽然宜春宫的建筑年代还不能确定，我们估计在整顿杜县道路之时，宜春宫已经存在。

始皇帝在选定新都建设地点之时，已经考虑到了渭南的状况。前揭引用的《史记·秦始皇本纪》始皇三十五年的史料说朝宫在"渭南上林苑中"，说明当时已经确定将朝宫建于渭南上林苑内了。

关于始皇帝的新都建设计划，《史记·秦始皇本纪》始皇三十五年的史料谈到两个问题：（1）作为首都，旧有的咸阳城越来越狭窄；（2）作为帝王之都，新都位于周文王所都之丰与周武王所都之镐之间非常合适。

---

1. 关于阿房前殿的规模，《三辅黄图》（东西五十步，南北五十丈）、《史记》（东西五百步，南北五十丈）、《汉书·贾山传》（东西五里，南北千步）、《三辅旧事》（东西三百里，南北五百里）的记载互不相同。
2. 《汉书·宣帝纪》王先谦补注所引周寿昌曰："《玉海》百六十六《蒉阳宫》引应劭注：宫在鄠，秦昭王起，此作秦文王，微异。"但是，检索手头的元后至元三年庆元路儒学刊本《玉海》，作："宫在鄠，秦文王所起。"

周代的丰位于澧水西岸的灵台，镐京位于昆明池以北的丰镐村[1]，阿房前殿恰好位于丰镐村附近。然而，新都的中心宫殿还未动工秦朝就灭亡了，所以不清楚秦人计划将中心宫殿建于何处，不过从阿房前殿的规模来看，正殿的设计规模应该相当大。

关于秦统一天下后拟建的新都与周代都城之间的关系，汉儒已从周、秦、汉朝代系统的角度进行了分析。[2]不过，要探讨始皇帝的新都建设计划，还要厘清这一计划与渭南的苑囿，特别是上林苑之间的关系。

二、秦上林苑

据前揭《史记·秦始皇本纪》，秦上林苑位于渭南，不过一直不清楚究竟在渭南的哪个地方。汉人继承了秦人的上林苑，关于汉代的上林苑，《汉书·东方朔传》有载：

> 乃使太中大夫吾丘寿王，与待诏能用算者二人，举籍阿城以南，盩厔以东，宜春以西，提封顷亩及其贾直，欲除以为上林苑，属之南山。（略）然遂起上林苑，如寿王所奏云。

讲的是汉廷欲在阿城以南、盩厔以东、宜春以西一带扩展上林苑之事。
扩张之后的上林苑的范围，《三辅黄图》有载：

> 东南至蓝田、宜春、鼎、湖、御宿、昆吾，旁南山而西，至长杨，五柞，北绕黄山，濒渭水而东。周袤三百里，离宫七十所。

可见，上林苑从蓝田沿南山至长杨、五柞两宫，到达了盩厔，同

---

1. 石璋如：《传说中周都的实地考察》，《中国历史语言研究所集刊》20下，1949年。另，黄盛璋《周都丰镐与金文中的莕京》（《历史研究》1956年第10期）认为丰不在霝台，当在礼水下游左岸一带。
2. 栗原朋信：《秦漢史の研究》，吉川弘文馆，1960年，第49—56页。

时从渭北的黄山宫（即槐里）沿渭水向东，占据了大片地域。

关于上林苑的占地范围，《三辅黄图》《汉旧仪》认为是三百里，而《三辅故事》记曰："上林北至甘泉、九嵕，南至长杨、五柞，连绵四百余里。"认为还涵盖了甘泉、九嵕之地，有四百余里。《三辅黄图》则指出在武帝时期甘泉附近有独立的甘泉苑。班固的《西都赋》说上林苑"四百余里，离宫别馆三十六所"。虽然也说是四百余里，但所记宫馆的数量又不一样。此外，《汉宫殿疏》记载的则是"三百四十里"，没有说明苑中的具体情形。显然，各条史料所记上林苑的范围各有差异。

加藤繁氏曾对上林苑进行过研究。[1]加藤氏指出上林苑虽建有离宫，供人游园，但在经济上也发挥着自身的作用。上林苑面积广大，在七八个县内绵延，其间的民田并非全部改作园林，或仍有部分以官佃的形式进行耕作。

班固《西都赋》曰："西郊有上囿禁苑，林麓薮泽，陂池连乎蜀汉，缭以周墙。"由"上囿禁苑"可知上林苑为"禁苑"，四周筑有高墙。《长安志》所引《关中记》曰："上林苑门十二，中有苑三十六，宫十二，观二十五。"记载上林苑的四周围墙共开设了十二个门。在如此广大的地域之内，不能否定民户的存在。[2]

然而，在《汉书·萧何传》中有这么一段记载："后[萧]何为民请曰：长安地狭，上林中多空地弃，愿令民得入田，毋收藁为兽食。"萧何请求高祖开放上林苑的一部分荒地予民耕种，不料激怒了高祖，高祖以萧何"为请吾苑，以媚于民"，将其下狱治罪。由此可知，作为汉室的禁苑，即便上林苑中有些未加整顿开发的地域，也不允许人民自由进入围墙之内耕作。[3]

高祖时期的上林苑见于《汉书·高帝纪》："故秦苑囿园地，令民得田之。"说明承继自秦代的上林苑，高祖二年十一月，为了增加关中

---

1. 加藤繁：《漢代に於ける国家財政と帝室財政との区別並に帝室財政一斑》，《東洋学報》8-1、9-1、2，1981年；《支那経済史考証》，东洋文库，1952年。
2.《关中记》（本文中有引用）曰："(苑)中有苑三十六"，在上林苑之中应当可以再区分出作为牧场、狩猎场等场所的"苑"。
3.《三辅黄图》记载了汉武帝时期设置于甘泉苑内的御宿苑，称："汉武帝为离宫别馆，禁御人不得入，往来游观，止宿其中。"禁止人民进入苑中。

的粮食产量,开放了苑囿的一部分为民田,但这只是与项羽对峙时期的临时措施,在长安城建成之后上林苑就再次禁苑化了。

秦代上林苑的管理方式应与汉初一致。《史记·秦本纪》曰:"孝文王元年,①赦罪人,②修先王功臣,③褒厚亲戚,④弛苑囿。"放宽苑囿的限制是新王即位时的一项恩典。新王即位,大行恩赦是当时的通例。文王之后的庄襄王即位时,曾"a大赦罪人,b修先王功臣,c施德厚骨肉,d而布惠于民"(《史记·秦本纪》庄襄王元年)。对比这两条材料可知,d"布惠于民"与文王时的④"弛苑囿"相对应,内容应该相同。说明新王行恩赦之时,放宽了禁苑规则中对一般庶民的限制,也从侧面反映出平时对禁苑的管理非常严格。

汉武帝曾扩展上林苑的范围,大片渭北的土地也纳入了上林苑的范围。而秦代上林苑只在渭南,所以很难从汉代上林苑的范围来推测秦时的情形。《三辅故事》说"秦始皇上林苑中作离宫别馆一百四十六所",宫馆数量比武帝扩张之后的"宫馆数七十"(《三辅黄图》)还要多,原因大概在于其中很大一部分在秦末战乱中已经损毁。

即便是汉武帝再建上林苑之时,苑中宫馆数量仍不及秦时一半,但不能推测认为秦时渭南的上林苑面积比汉时要大,其原因正如前引《汉书·萧何传》所云,"上林中多空地弃",秦汉交替之时上林苑遭到了荒废。

《史记·司马相如列传》记载司马相如曾假托先秦苑囿之名作《上林赋》,描绘苑囿的奢侈并力谏曰:"地可以垦辟,悉为农郊,以赡萌隶,隤墙填堑,使山泽之人得至焉,实陂池而勿禁。"研究指出,上林苑这一类建筑物与自然景观一体化的庭园建筑始兴于秦朝。[1]

从惠文王时期开始,秦人修建了阿城(宫),即阿旁宫的前身,以及位于长安县的章台、位于盩厔县的长杨宫、位于鄠县的萯阳宫、位于杜县的宜春宫和其他离宫,都分布在渭南的苑囿之中。为了将咸阳城与渭南地区直接相连,秦人还在渭水上架设了横桥(渭桥、石柱桥)。前揭《三辅黄图》记载横桥架设于始皇帝计划修建信宫之时。不过《三辅旧事》观点不同,曰:"秦于渭南有舆(兴)宫,渭北有咸阳宫,秦

---

1. 伊藤清造:《支那及滿蒙の建築》,大阪屋号书店,1939年,第557—558页。

第七章 秦咸阳城与汉长安城：围绕汉长安城建设过程的讨论

昭王欲通二宫之间，造横长桥，三百八十步。"认为秦昭王时就已在渭水上架设横长桥了。所谓"横长桥"应即见于《三辅黄图》的"横桥"，由此可知在始皇帝之前就已经架设了横桥。

《三辅旧事》所说的"兴宫"又称兴乐宫，即后来的长乐宫。《三辅黄图》记载兴乐宫（长乐宫）是入汉后修建的，而《史记会注考证》有"信宫即长信宫"之说，说明长乐宫的附属宫殿长信宫应该就是秦始皇于二十七年计划修建的信宫。不过，这只是一种推测，如前所述，留存下来的信宫应非附属宫殿之一。

还有一个问题，始皇二十七年的信宫建设计划与兴乐宫的修建年代是否相关呢？《三辅黄图》《三辅旧事》《三辅故事》等文献一致认为秦始皇营造了兴乐宫，这与上引《三辅旧事》中秦昭王在咸阳宫和兴宫之间架设横长桥的记载相矛盾。

《三辅旧事》还谈到："始皇帝即位，在渭南作长乐宫，桥通二宫。"说明始皇帝曾在位于咸阳宫和渭南离宫之间的渭水上架桥。《三辅旧事》关于昭王时期的横长桥和始皇帝时期的横桥的记载之间或许产生了某些混乱。

昭王曾在渭南修筑章台、长杨宫，其中章台是与东方诸国进行外交的重要舞台。因此，即便没有始皇帝时所修的石柱桥那么坚固，昭王时在渭水上架设通往渭南的横长桥也是理所应当的。

所以，始皇帝的横桥很可能是由昭王时期的横长桥改筑而成。或可认为，渭南苑囿早在始皇帝之前的秦昭王时期就正式建成了，上林苑或许也是昭王渭南苑囿计划的一部分。

那么，最关键的秦上林苑究竟覆盖了哪些地方呢？肇端于《三辅黄图》的传统观点将其与汉武帝扩张之后的上林苑混为一谈，秦上林苑的问题因此愈加扑朔迷离了。《三辅黄图》记载始皇二十七年设计信宫之时，在渭南地区（1）"自极庙道通郦山"，同时整顿交通路线（2）"南至鄠杜"。

始皇所整顿的交通线有两条，其一通往营建自己陵墓的郦山，其二通往杜县及鄠县。与信宫建设计划相关联的交通线之所以要修建，其目的在于连接离宫与郦山之间的地域，这与当时驰道修筑的目的截然不同。通过甬道紧密联系起来的地域正是始皇二十七年渭水以南散布着诸多重要离宫（郦山、庙宇等）的地域。

离宫多与苑囿相关。始皇二十七年与甬道相连的鄠县有萯阳宫，据传曾为始皇帝母后的居所[1]，此说的真伪性还难以判断。此外，杜县有宜春宫等离宫，汉长安城一带还有章台、兴乐宫等。《三辅黄图》曾提到还有鸿台，在汉代是长乐宫的附属建筑，曰：

> 鸿台，秦始皇二十七年筑，高四十四丈，上起观宇，帝尝射飞鸿于台上，改号鸿台。

秦代曾为始皇帝狩猎游览之地。

《史记·秦始皇本纪》正义引《括地志》曰："阿城，在雍州长安县西北二十四里。"在长安县西北二十四里有阿城，汉属长安县。据《秦始皇本纪》，秦时阿城在"上林苑中"。

始皇二十七年整修的鄠县、杜县的交通线和甬道，实际上可能是咸阳城的渭南地区以及上林苑内的交通线。当然，渭南交通线的整修，未必始于始皇二十七年。汉武帝建元三年扩张上林苑之时，调查了阿城以南、盩厔以东、宜春以西地域［长杨宫、五柞宫、倍（萯）阳宫、宜曲宫、宜春宫等呈点状分布的地域］的田亩顷数，或是为征用土地做准备。《汉书·东方朔传》还记曰："又诏中尉左右内史，表属县草田，欲以偿鄠杜之民。"说明当时对鄠、杜两县的居民曾有过专门的补偿。

上林苑的扩建缘于武帝在长杨宫、宜春宫一带的微服私访。武帝在这一带狩猎时，踩踏到了居民的田地，与他们产生了纠纷。在不知武帝为当朝天子的情况下，鄠、杜两县的居民将纠纷诉诸县令，县令拘留了武帝身边的一些人。受这件事情的影响，武帝将上林苑南扩至终南山，终南山以北地区全部禁苑化，且支付一定的补偿，将居于禁

---

1. 此说见于《说苑·正谏篇》："毐惧诛因作乱，（略）（皇帝）取皇太后迁之于萯阳宫。"明人程荣校曰："一本作棫阳"，棫阳宫见于《汉书·地理志》"雍县"条。据《史记·秦始皇本纪》记载，因嫪毐之乱，迁徙皇太后至雍地，棫阳宫之说更为合适。要注意的是，《说苑》之中，除了这条史料外，其他各处所记皇太后的迁徙地亦均为棫阳宫。棫阳宫与皇太后产生联系的背后或许存在某种背景。

第七章　秦咸阳城与汉长安城：围绕汉长安城建设过程的讨论　　　185

苑之内的鄠、杜两县居民迁至他县。

《汉书·东方朔传》中有东方朔反对上林苑扩张的谏言，上文曾引述了一部分，另有一部分曰：

> 故酆镐之间，号为土膏，其贾亩一金。今规以为苑，绝陂池水泽之利，而取民膏腴之地，（略）且盛荆棘之林，而长养麋鹿，广狐菟之苑，大虎狼之虚，又坏人冢墓，发人室庐，（略）垣而围之，骑驰东西，车骛南北。

可知扩张后的上林苑荆棘丛生，居民的室庐也多被破坏。苑囿的拟建范围在酆镐之间，而支付赔偿的仅限鄠、杜两县。这说明对拟建范围内其他各县的居民来说，即使耕地被没收（或征购），他们仍可能继续在原处居住，承担苑内陂池、牧场等处的各项杂役。之所以向鄠、杜两县居民支付赔偿，原因在于这些居民搬迁之后，需要拆除他们的房屋。（《汉书·地理志》和《续汉书·郡国志》记载支付赔偿的是"鄠县、杜县"，因此不能说武帝时搬迁的对象包括了这两个县的所有居民）

　　武帝与鄠、杜两县居民的纠纷可以说是扩张上林苑的诱因。不过，如果将两县居民搬迁出去是惩罚措施的话，应该不需要支付赔偿。武帝再次兴建、扩张上林苑之时被严格禁苑化了的鄠、杜两地，与始皇二十七年整修渭南离宫间的交通线时提到的"南至鄠杜"，指代的是同一个地域。由此可知，鄠、杜之地本为秦上林苑地，因此受到汉廷的特别重视，这可能是鄠、杜两县居民搬迁的背景。

　　总而言之，秦代的上林苑位于咸阳城的渭南地区，作为禁苑对一般人民的居住有严格的限制。[1]不过，目前仍不清楚在渭南地区秦人究

---

1. 《史记·秦始皇本纪》《正义》所引《庙记》曰："北至九嵕甘泉，南至长杨五柞，东至河，西至汧渭之交。"《正义》认为这是始皇二十六年至二十七年之间的事情。这段材料与《三辅黄图》的内容的确比较类似，但是"南至长杨五柞"中的五柞宫建造于汉代，与秦代的情形有矛盾。关于《庙记》，《汉书·经籍志》载："庙记一卷"，撰者不详。又据《庙记》记载，长杨宫为秦昭王所营建，那么通往长杨宫的交通道路自然应当很早就得到了修整。虽然修整的时间仍难以确定，但在始皇二十七年，通往鄠县的道路（甬道）应当修整完毕了。又，《艺文类聚》卷六十二所引"汉宫阙名"将长杨宫（及宜春宫等）所在地归为长安之下，存在错误。

竟是如何划分土地并建设上林苑的。《史记·秦始皇本纪》始皇二十六年有一条记载："诸庙及章台、上林，皆在渭南。"将渭南的上林苑与诸庙、章台并记。另外，《史记·秦始皇本纪》还记载二世皇帝葬于杜南的宜春苑中，这个宜春苑很可能是上林苑宜春宫及附属庭苑的合称。

三、始皇帝新都建设计划与阿房前殿

现在回到始皇帝新都建设计划这个问题上来。《史记·秦始皇本纪》记载的始皇三十五年的朝宫建设计划中，只提到在阿房建宫殿作为朝宫前殿，没有涉及正殿及其他有关新都整体建设的规划。

不过，从"乃营作朝宫渭南上林苑中"可知，新都应当位于秦上林苑中。虽然上林苑的具体范围还不能确定，但从阿房前殿位于上林苑内来看，作为正殿的朝宫也应当位于苑内。结合横桥位置等因素分析，包括章台、兴乐宫等宫殿群在内的秦咸阳城渭南地区，即后来建设汉长安城的地方，最有可能是秦新都中心宫殿的规划建设地。

始皇二十七年筹划建设的中心宫殿实际上没有动工。《史记·秦始皇本纪》记载始皇三十五年，"听事，群臣受决事，悉于咸阳宫"。咸阳宫依然是日常政务的中心。从秦始皇在天下统一之后对长城的建设不难窥知他有一个建设一流的宏大新都的梦想，而这项工程需要相当充分的准备。

章炳麟曾提出"信宫"之"信"是"再宿"之意，曰"（始皇）作信宫渭南，已更命信宫为极庙。《赵世家》曰：'武灵王十九年春正月大朝信宫。'信宫何义也？答曰诗有客传，一宿曰宿，再宿曰信。此为宿留之所，故曰信宫。汉有长信宫者，谓其长宿此也。信宫长信义，犹古人之寝也。"以信宫为宿留之宫。[1]

目前我们不清楚信宫是否就是正式宫殿的名称。对咸阳宫来说，渭南地区的这些宫殿都只是离宫。但始皇二十七年计划建设的信宫，其性质与所谓的单纯用于"再宿"的宫殿截然不同。

---

1. 章炳麟：《太炎文录初编》之《与尤莹问答记》。

第七章　秦咸阳城与汉长安城：围绕汉长安城建设过程的讨论　　187

一般认为阿房前殿只是朝宫及正殿建筑的附属。而作为附属的阿房前殿规模就已十分宏大，它"以磁石为门"（《三辅黄图》），用磁石作门来检查出入宫殿之人是否带有凶器，由此不难想象规划中的正殿规模之大了。

从阿房前殿到规划建设新正殿的地域，不仅凭依南山，为景胜佳地，还都进行了整修，已为皇家禁苑。咸阳宫只是战国时期列国之一的都城而已，秦帝国当然有必要谋建新都。就拟建新都的渭南地区而言，虽然不清楚始皇帝在多大程度上意识到了它与周之古都之间的关联，但他肯定意识到的是，在这一地区建设统一帝国的新都是非常合适的。

四、长安城的新置

连阿房前殿的完工都没有看到，始皇帝营建新都的梦想就破碎了。极尽豪奢的诸多宫殿由于秦末汉初的战乱而多有荒废。汉高祖采纳娄敬的意见，决定在这一片废墟上建设首都。这一年是高祖五年。依据佐藤武敏氏的研究，高祖五年后九月开始补修长乐宫，至高祖七年十月完工。高祖七年二月，长安城的中心宫殿未央宫建成，也是这一年长安城开始行使都城的功能。[1]

关于汉代的新都"长安"，《汉书·地理志》记曰："长安，高帝五年置。"指出高祖五年"置"长安。而《史记·汉兴以来将相名臣年表》则曰，高祖六年"更命咸阳曰长安"。认为是改咸阳之名曰长安。《史记·高祖本纪》索隐所引《汉仪注》亦曰："高祖六年更名咸阳曰长安。"认为高祖六年改咸阳之名为长安。

晋皇甫谧的《帝王世纪》指出了咸阳和长安的关系，并说长安"其城狭小"，曰：

　　（汉高祖）都长安，秦咸阳之地。今京兆所治县，其城狭小，
　　至惠帝三年，始更筑广，五年乃成。

---

1. 佐藤武敏：《長安》，近藤出版社，1971年，第30—32页。

显见，关于长安县的设置有高祖五年和六年二说。《史记·汉兴以来将相名臣年表》索隐指出高祖二年卢绾为长安侯，当与此长安县有关。王先谦在《汉书·地理志》的补注中谈到，始皇八年有材料称始皇帝之弟成蟜为长安君，可知秦代已有长安之名。

作为君侯之名的长安与汉代的长安县是否指代相同的地方，目前尚不清楚。《元和郡县图志》记曰：

> 长安县，本秦旧县，初楚怀王封项羽为长安侯，则长安久矣，非始于汉，但未详所在耳。

也指出在高祖五年建长安县之前长安之名已经出现，但未详其地所在。

《汉书·地理志》则曰：

> 渭城，故咸阳，高帝元年，更名新城，七年罢，属长安，武帝元鼎三年，更名渭城。

认为高祖元年废咸阳之名，改作新城，高祖七年并于长安县，武帝元鼎三年又从长安县析出，单独设渭城县。从这段材料看，秦"咸阳"入汉后改称长安县，但高祖五年又决定在秦咸阳建都，故将咸阳分为渭北、渭南两部分，渭北沿用入汉后改称的新城县之名，渭南是拟建都城之地，因此单独设立长安县。

高祖七年新都建成，渭北的新城和渭南的长安再次合并，统一称长安县。前文谈到，秦咸阳城应当扩大到了包含离宫等附属建筑的渭南。《读史方舆纪要》西安府"长安县"条提出长安县原为秦代杜县一乡的观点，云：

> 长安县，附郭，在府治西。本秦杜县之长安乡，始皇帝封其弟成蟜为长安君，楚怀王亦封项羽为长安侯，汉初以封卢绾，高帝五年置长安县。

第七章　秦咸阳城与汉长安城：围绕汉长安城建设过程的讨论　　189

最近古贺登氏指出，汉长安城以旧杜县西北部地区和沉水流域聚落为基础建成。他认为，这两个聚落，或者说这两个都乡，其范围为"(长安县)经纬三十二里十八步"(《三辅黄图》所引《汉旧仪》),《汉书·百官公卿表》称"县大率方百里"，即"周围百里"，说的就是围绕着都乡的周边地区有一百里。[1]

此说是古贺氏县乡亭里制研究的重要依据。但是，前文已经谈到，《三辅黄图》所引《汉旧仪》关于长安城规模的记载实际上经过了《三辅黄图》作者的改窜，因此未必能反映长安城的实态。"县方百里"也不能理解为周围百里。另外，从前引《汉书·地理志》的内容来看，《读史方舆纪要》关于长安县形成于杜县长安乡的说法颇有疑问。

《续汉书·郡国志》长安县下有地名"杜邮"，长安县和杜县的关系因此也更加扑朔迷离。或可认为，杜邮本在杜县内，建都于长安县之后，都城范围扩大，突破了秦咸阳时期的范围，逐渐扩大到临近的杜县境内，因此出现了长安县下有杜邮的情形。另外，《玉海》卷一百七十三曰："长安秦咸阳之地，长安乡也。"认为长安乡非属杜县，而在咸阳。这也只是一条将用作先秦侯君之名的长安与汉代长安县关联起来的史料而已。

五、汉长安城的建设

汉代的长安县在秦咸阳故地，从高祖五年到七年，地处长安县内的汉长安城实际上位于秦咸阳城渭南地区的上林苑内。

汉长安城建设的指挥者是萧何。关于萧何，最为人们熟知的是他在高祖入关后立即前往咸阳宫收律令、图书之事。由萧何主持的咸阳城的建设，不是重建沦为废墟的秦咸阳宫和阿房前殿，而是修筑免遭焚毁的兴乐宫，修复兴乐宫（即长乐宫）的同时还新建了未央宫。萧何之所以能获得长安城建设的指挥权，当与他获得始皇帝的新都建设计划有关。

---

1. 古賀登：《漢長安城の建設プラン—阡陌・県郷制度との関係を中心として—》,《東洋史研究》31-2，1972年;《漢長安城と阡陌・県郷亭里制度》，雄山閣，1980年。

娄敬向高祖献策，劝说迁都关中，但未具体明言在长安之地建都。筑城于长安的建议，估计来自萧何。当然，精通建设实务的萧何并没有原封不动地因袭始皇帝的新都建设计划。比如关于未央宫的选址等问题，萧何都经过了细致的考量。始皇帝新都建设计划中的中心宫殿，很有可能就在汉长安城一带。

一般认为是汉人的辛氏在他撰写的《三秦记》[1]中这样描写长安城：

> 龙首山长六十里，头至渭水，尾连樊川，头高二十丈，尾渐下，高五六丈。土赤不毛，云：昔有黑龙，从山南出饮渭水，其行道成土山，[故因以名也]。今长安城，即疏山焉（为）台殿，基址不假[版]筑。

疏（将山顶修治平整）龙首山而造的台殿，当是未央宫。《后汉书·文艺传·杜笃》曰："规龙首，抚未央。"《长安志》引潘岳《关中记》曰："未央宫殿及台，皆疏龙首山之土以作之，殿基出长安城上，非筑。"

龙首山亦见于《山海经·西山经中》："龙首之山，其阳多黄金，其阴多铁，苕水出焉。"郝注认为这就是见于《三秦记》的龙首山。《西山经》成书于先秦，龙首山之名出现很早。虽然不能确定，但所谓"汉室龙兴"（《汉书》孔安国序）的意识与建于龙首山上的未央宫多多少少应有关联。

此外，《三秦记》还记曰：

> 长安地皆黑壤，城中今赤如火，坚如石，父老所传，尽凿龙首山土为城。

在长安一带，仅长安城中土壤为红色，且十分坚硬，乃开凿龙首山建筑宫殿之故。出现土壤为红色的说法，或认为与汉人尚赤有关，其实这一说法有事实依据，挖开长安城附近的山地也会发现有一定比例的

---

1. 依据类似的《三秦记》（《汉唐地理书钞》所收）所补充的内容用"[ ]"表示。

第七章　秦咸阳城与汉长安城：围绕汉长安城建设过程的讨论　　191

赤土存在。[1]

　　负责长安城建设的萧何在补修既存的长乐宫的同时，在高达二十丈的龙首山上修建了未央宫，作为长安城的中心宫殿。将宫殿建于龙首山上，基本省去了版筑的程序，且因"殿基出长安城上"，很可能是耸立于长安城上的宏大的宫殿建筑。充分利用龙首山是都城建设中十分得当的一环。

　　在始皇帝的新都建设计划中，应该也考虑到了对龙首山的利用。不难想见，汉长安城沿用了秦的新都建设计划，巧妙地结合并利用了秦代渭南既有的离宫和当地的地形。

　　在建设之初，长安城一带首先修建了一些离宫。作为禁苑，这一带严禁百姓进入，一般居民的聚落当然也不复存在。不过，利用旧有离宫进行的建设，在计划性方面就会有所欠缺。

　　另外，长安城虽然建于禁苑之中，但作为都城，其性质决定了必然有官僚和百姓居住其中。主要宫殿群中的每个宫殿周围都有城垣环绕，百姓的闾里也有必要修筑城郭。出于治安的考虑，到了这个时候主要都市的城郭化已成惯例。建成后的长安城，其城郭的形状因在西北部避让河水而不规则，在南部也有些凹凸不平。

　　有研究指出，长安城城郭形状的不规则与既有聚落的分布相关。[2]的确如此，高祖五年开始修建都城的同时，在原为禁苑的地区增置了一些闾里。城郭始建于惠帝元年，距高祖五年已有八年时间。

　　在这八年间，长安城的人口和居住地区应有相当多的增加。但是，长安城一带本为禁苑，以萧何为首的相关都城建设者若想把城郭规划为方形，则应限制居民住地的扩张。同样，从地形上看，如果想规划建设方形的城郭，也应该回避西北边不规则的河流。唐长安城为方形，就是这种规划的具体例证。但实际上城郭建好后，汉长安城是不规则的。

　　究其原因，或是因为建设长安城的重点在修筑禁苑中的离宫以及对龙首山的巧妙利用等方面，对惠帝时城郭化了的整体地域缺少长期

---

1. 伊藤清造的《漢長安都城攷（一）》(《考古学雜誌》23-7，1933年) 认为，《三秦记》所说的土壤为赤色等只是传说，并非可以信据的史实，不过用龙首山之土筑城倒是可以考虑的。
2. 那波利贞:《支那都邑の城郭とその起源》，《史林》10-2，1925年。

的考量，故未将城郭方形化。

但是，不能因此而批评说长安城的建设推进者很无能。在都城营建之初，或将其作为禁苑来建设，因此规划上较为随意。还有一种可能，都城的规划或依据始皇帝的新都建设计划提出，建设规模实际上更为宏大。其实，在战国时代诸国的都城中也没有执意设计成极规整的方形形状的例子。

将首都城郭化的建设不能拖延太久。惠帝元年，开始以当时的主要宫殿为中心修筑城郭。就长安城而言，如果说营建之初还有一定的自由来选择城郭的形状，那么到了惠帝元年，因为城中有很多必须纳入城郭之内的部分，因此即便有建设方形城郭的计划，也必须考虑到都城的实际形态是否允许。

这样看来，那波利贞氏提出的"自然发展说"[1]更接近于汉长安城建设的实际。这一地区在秦代本为禁苑，有建城的特殊条件，因此就中国都邑的建设以及城郭化而言，不具有普遍性。

结语

上文阐述了汉长安城与秦咸阳城的关系，指出长安城的营建继承了秦的新都建设计划，建设于渭南的禁苑之中，并探讨了史料中有关长安城规模、周长记载的相互矛盾之处，以及始皇帝的新都建设计划、秦上林苑的位置、汉新置长安县的经过等问题。

对长安城的研究，除了城市修筑的过程，还应该涉及城内的布局结构，本稿需要在这方面继续完善。当然，长安城的研究还寄希望于今后发掘与调查工作的深入。

补记：本稿为1974年10月9日历史学研究会东洋前近代史部会例会报告之一部分。

---

1. 那波利贞：《支那都邑の城郭とその起源》，《史林》10-2，1925年。

第七章　秦咸阳城与汉长安城：围绕汉长安城建设过程的讨论　　193

　　本稿脱稿后，长安城内的考古学调查逐步推进，城内建筑物的配置等情况也逐渐明晰，不过本稿没有就长安城的建设过程再作补充论述。关于长安城的考古学调查，请参看黄展岳:《汉长安城的发掘》,《新中国的考古发掘和研究》第四章二，文物出版社，1984年；中国社会科学院考古研究所:《汉长安城未央宫——一九八〇～一九八九年考古发掘报告》(中国田野考古报告集考古学专刊丁种第50号)，中国大百科全书出版社，1996年；等。

第八章

汉代的地方都市：河南县城

前言

研究汉代的都市，较多关注的是帝都长安和洛阳。本章拟对地方县城，特别以河南县城为中心来探讨汉代地方"都市"的某些问题。[1]

一、文献所见汉河南县城的地理概况

《汉书·地理志》"河南郡"条记河南县曰：

> 河南，故郏鄏地。周武王迁九鼎，周公致太平，营以为都，是为王城，至平王居之。

又记曰："雒阳，周公迁殷民，是为成周。"由此可知，周公旦在成周之地置雒阳县，同时在河南县建造王城。[2]

《续汉书·郡国志》"河南尹"条记曰：

> 河南，周公时所城雒邑也，春秋时谓之王城。东城门名鼎门，北城门名乾祭。又有甘城，有刷乡。

周东迁后的河南县建于春秋时期的王城城址，其西南（据刘昭注）还有甘城和刷乡。

《续汉书·郡国志》比较详细地记载了以县治为中心的城、乡分布

---

1. 以文献为中心进行的县城研究，参见周振鹤：《西汉县城特殊职能探讨》，复旦大学历史地理研究所：《历史地理研究》第1辑，1986年。
2. 关于王城与成周的地望及位置关系，有学者认为王城与成周在同一地点，如宫崎市定：《中国城郭の起源异说》，《歴史と地理》32-3，1933年；《宮崎市定全集》3，岩波书店，1991年；也有学者持双都说，如上田早苗：《古代中国の都市》，《講座考古地理学》2，《古代都市》，小学馆，1983年。此外，叶万松、余扶危的《关于商周洛邑城址的探索》（《人文杂志丛刊》2《西周研究》，1984年）依据考古学成果提出周公所筑成周在瀍水下游两岸。

第八章 汉代的地方都市：河南县城

情况。以雒阳县为例，有诸多聚、乡、亭、城，包括唐聚、上程聚、士乡聚、褚氏聚（县南）、前亭（县西南）、圉乡（县东南）、大解城（县西南）等。

《续汉书·郡国志》中附载于县名之后的主要是古迹一类的地名，但也可藉此窥得这些以县城为中心，以城、乡、聚、里、亭等为外郭的地域社会的实态。（参看后揭马王堆出土古地图）

关于本节所讨论的河南县的创置，《太平寰宇记》"河南县"条记曰：

> 河南，故郏鄏地。（略）秦灭，汉为县，属河南郡，后汉亦为河南县。

指出河南县初置于西汉。我们不清楚《太平寰宇记》的依据何在，姑从此说。关于河南县城的具体位置，《说文解字》曾有记载：

> 鄏，郏鄏，河南县，直城门官陌地也。从邑辱声。《春秋传》曰："称王定鼎于郏鄏。"

认为位于直城门官陌（段注：官路）一带。

据《三辅黄图》可知汉长安城的直城门在城西。但《续汉书·百官志》"城门校尉"条罗列的东汉雒阳城的十二个门中，却未见有直城门。那么，表示河南县城具体位置的"直城门官陌"应该不在穿雒阳城门而过的某条道路附近。

晋皇甫谧《帝王世纪》有这样一条史料：

> （周王）城西，有郏鄏陌，太康畋于有雒之表，今河之南。

将郏鄏之地称为"郏鄏陌"，认为在周王城西。郏鄏陌和《说文解字》中的"官陌"应指同一个地方。若把"城西"理解为王城之外的西方的话，就与前揭所引《汉书·地理志》中周王城和郏鄏为同一地的记载相冲突，所以"城西"必须理解为王城内的西部地区。

河南县之名历两汉、魏晋不变，至北魏改称宜迁县，北周再度复称河南县，隋唐至宋代虽有中断，但仍见河南县之名。下面我们来考察河南县城的具体地望。《水经注·谷水》记曰："又东过河南县北，东南入于洛。"据此，河南县位于谷水（杨守敬《水经注图》作"离山水"）以西。《水经注》又引《河南十二县境簿》曰："河南县城东十五里，有千金碣。"说明河南县位于千金碣（堰）西十五里。《洛阳伽蓝记·城西》记有千金碣，曰：

> 出阊阖门外七里有长分桥。中朝时，以谷水浚急，注于
> 城下，多坏民舍，立石桥以限之，（略）长分桥西有千金堰，
> 计其水利，日益千金。

千金碣在洛阳城阊阖门外七里长分桥西，是谷水上的水利设施。显然，若阊阖门、千金碣（长分桥）、河南县城呈直线排列的话，河南县城约在北魏洛阳城西侧阊阖门以西二十三里。

与东汉的九六城相比，北魏的洛阳城有所扩大，南北宽十五里，东西长二十里（《洛阳伽蓝记》）。北魏阊阖门估计与东汉的九六城城墙位置相同。[1] 只要后世河南县城的位置没有大的变动，那么东汉的河南县城与雒阳城的相对位置应与北魏时期史料所反映的情况相一致。（西汉雒阳县城位于东汉雒阳城中心宫殿之一的南宫，目前可以确定。见于《汉书·高帝纪》五年条。南朝陈顾野王《舆地志》曰"秦时已有南北宫"，把雒阳城南北宫的时代上推到了秦代）此外，元代的《河南志》记载隋炀帝时"东去王城五里，为宫，大业十三年遂平毁王城"。记载周代的王城在隋洛阳城西五里。

下面撇开雒阳城不论，从其他邻县与河南县的关系来看它的地望。在河南县邻县中，平阳县、新城县距离河南县较远，谷城（成）县与它距离较近。《水经注·谷水》记载"东北过谷城县北"，说明谷城县城在谷水（离山水）南。不过《水经注》又有谷城县城在谷水（今涧水）以北的记载，曰："城西，临谷水，故县取名焉。谷水又东迳谷城南，不历其北。"

---

1. 中国科学院考古研究所洛阳工作队：《汉魏洛阳城初步勘查》，《考古》1973年第4期。

第八章　汉代的地方都市：河南县城

显然，对谷水河道的推定估计也存在疑问。河南县城位于谷、洛交汇之处，从谷水与谷城县城的关系可知，谷城县城当在汉河南县城西北，《读史方舆纪要》则明言谷城县在河南县西北十八里。

综上，本节以文献为中心，研究指出河南县城始建于西汉，位于周王城较偏西的地区，也就是东汉雒阳城西部所谓的官陌之地，与谷城县临近。目前考古学者已挖掘了一座推定为汉河南县城遗址的古城址，下面我们以这座古城址为中心来仔细分析汉河南县城的具体情形。

二、汉河南县城的城墙

汉河南县城的发掘

始于1954年的周王城遗址的调查和发掘提供了以下认识：

（1）城墙筑于战国墓葬之上，且东汉末年的墓葬对城墙有破坏，说明这是一座汉代城址。

（2）古城址中出土了刻有"河南"（关于"南"字的释读，商承祚氏表示怀疑[1]）、"河市"、"河亭"等字的陶片，发现了"河南太守章"等封泥。

（3）在这座汉代城址外郭中发现了建筑年代可上溯至春秋，并在西汉后期废弃的城墙。

（4）正如上一节我们曾谈到的，根据文献记载可知汉河南县城建于周王城城址上。

（5）《括地志》（贺次君辑）云："河南县，王城，一名河南城，本郏鄏，周公所筑，在洛川河南县北九里，苑内东北隅。"说明周王城位于唐代东都西苑内，在西苑东北隅。《元和郡县图志》也有类似的记载："周成王定鼎于郏鄏，使召公先相宅，乃卜涧水东瀍水西，是为东都，今苑内故王城是也。"据此可知周王城在东都西苑内比较偏近涧水的地方。唐代已经清楚周王城靠近涧水，在东都西苑内了。《国语·周语下》说"灵王二十二年，谷洛斗，将毁王宫"。记载了谷（涧）、洛两水为患，

---

1. 郭宝钧:《洛阳古城勘察简报》,《考古通讯》创刊号，1955年。

周王城因而受灾的故事。

根据以上认识可知，涧水下游有两座城址，其中一座的年代是春秋中叶到西汉，应是周王城城址；另一座为汉代新建的，当为汉河南县城城址。[1]

上一节提出的汉河南县县城的位置，随着周王城的发掘而得到了确认。汉河南县城位于隋唐洛阳城西部的宫苑内，在汉魏洛阳城西约二十公里处，也就是周王城城址中较偏西部的地区（图1）。

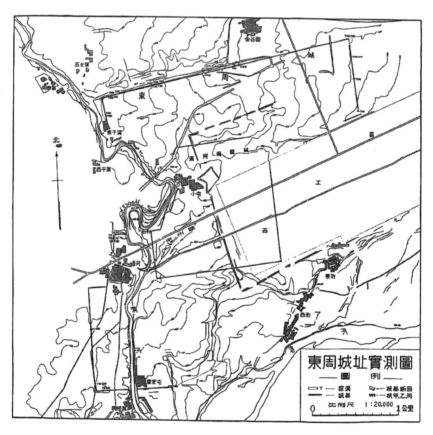

图1　汉河南县城图与周王城图

（考古研究所洛阳发掘队：《洛阳涧浜东周城址发掘报告》，《考古学报》1959年第2期）

---

1. 考古研究所洛阳发掘队：《洛阳涧浜东周城址发掘报告》，《考古学报》1959年第2期。

第八章 汉代的地方都市：河南县城

城墙的规模

下面来考察汉河南县城城墙的实态。西北部沿涧水修筑的城墙受到弯曲河道的影响而向东屈曲，导致北部的城墙在长度上比南部短了大约三分之一。

受到河流的影响城墙出现了不规则的部分，这一点与汉长安城比较类似。不过，除去不规则的西北部之外，汉河南县城基本上近于正方形，四周的城墙全长约5 400米，南北城墙相距约1 410米，东西城墙相距约1 485米。从方向上看，县城并非正南正北向，而是向西偏了大概五到十度。城墙墙基平均宽约6.3米，虽然现在城墙都已埋入地下，但根据发掘结果可知，残高从0.4到2.4米不等。城墙版筑而成，版筑厚度5到10厘米。[1] 版筑层中出土有汉代遗物（砖）[2]，证明城墙是入汉以后修筑的。

汉高祖的县邑筑城令

《汉书·高帝纪下》高祖六年条曰："冬十月，令天下县邑，城。"在垓下战胜项羽的翌年（前201年），高祖下达了全国县邑修筑城墙的命令。关于"县邑"有多种注解，或认为指皇后、公主的食邑（张晏），或认为指有县治的邑（颜师古），或认为指县中的属邑或士大夫以上阶层的食邑（王先谦补注引王启原）。从令文内容来看，颜师古的注解似更自然。

由此可知，甫一建国，汉廷就下令在天下各县筑城。不知河南县城汉代新建的城墙是否与之相关。高祖之所以下令筑城，王启原分析其原因说：

> 秦始皇三十二年，坏城郭，故县邑皆无城，至是复令城之也。（《汉书补注》）

---

1. 郭宝钧、马得志、张云鹏、周永珍：《一九五四年春洛阳西郊发掘报告》，《考古学报》1956年第2期。
2. 郭宝钧：《洛阳古城勘察简报》，《考古通讯》创刊号，1955年。

认为高祖六年的筑城令与史料中公元前215年始皇帝毁坏城郭之事有关。

　　始皇帝毁坏城郭的史料见于《史记·秦始皇本纪》。始皇帝三十二年，即天下统一后的第六年，立碣石门碑，曰："德并诸侯，初一泰平，堕坏城郭，决通川防。"（说明城郭毁坏于天下统一之时）如果始皇帝对城郭的毁坏非常彻底的话，那么对汉高祖来说，要使地方城市回归到治安的状态，在承担政治职能的各县治所周围筑造城墙就迫在眉睫了。不过，根据《汉书·高帝纪》的记载，在秦二世皇帝元年（前209年）九月，沛县县城有坚固的城墙，内容如下：

　　　沛令欲以沛应之，（略）沛令后悔，恐其有变，乃闭城城守，
　　欲诛萧曹。萧曹恐，踰城保高祖，高祖乃书帛射城上。

《高帝纪》记载秦二世皇帝三年，刘邦攻宛之时，宛地有数十个郡县城，曰："宛郡县连城数十，其吏民自以为降必死，故皆坚守乘城。"在刘邦和项羽仍处于对峙状态的高祖三年，说到荥阳城的攻防时，称其有东门、西门、城东观等城墙。史料中还记载在秦末混战之时，魏地有"数十城"（《汉书·高帝纪上》秦二世皇帝二年）。

　　从始皇三十二年堕坏城郭之碑的刻写到高祖六年筑城令下达期间，有城墙存在的地方"都市"不在少数。始皇三十二年碑文所说的堕坏城郭，或如张守节《史记正义》所言，关注的范围仅限于关东诸侯原来居住的城郭，而不是像王启原理解的那样，在始皇三十二年之后，所有城市的城墙都被破坏殆尽了。（附带要说的是，以本章所讨论的以周王城城墙为首的诸侯所居城市的城墙实际上并没有受到很大的破坏。碑文所说的堕坏城郭，其主要目的也许不是要破坏城墙，而是要铲除、讨灭旧诸侯国的残余势力。《史记·李斯列传》曰："以斯为丞相，夷郡县城，锁其兵刃。"将没收武器与"夷"郡县城并称。考虑到天下已经统一，这个"夷"应理解为毁坏郡县的城墙。"夷郡县城"与碑刻中"堕坏城郭"之间的关系目前尚不清晰，不过即便秦统一后对郡县城墙进行了毁坏，这种毁坏也是不彻底的）

高祖六年之所以颁布县邑筑城令，原因或在于秦统一天下的过程以及秦汉之间的战乱导致很多城墙遭到了破坏而亟需重建。

城墙筑造的时间

现在来讨论汉河南县城城墙的筑造与高祖六年县邑筑城令之间究竟有怎样的关系。从周王城内发现战国墓葬来看，周王城可能在周王室灭亡后就逐渐凋落了。[1] 不过，仅就周王城的城墙来说，在西汉后期之后才沦为废墟，此前一直有修筑和使用的痕迹。（隋唐时期，因在东都宫苑内而对部分北墙和东墙进行了补修[2]）

或可推测，汉河南县城先是沿用周王城城墙做县城城墙，而在稍早于周王城城墙完全荒废的西汉后期的某个阶段，又根据实际情况压缩了县城的规模，并筑造新的县城城墙。

若依此说，汉河南县城新城墙的修筑当晚于高祖六年。从筑城过程较为明晰的长安城来看，确定在此地建设帝都之后，先行建造的是宫殿（官署），然后才是城墙。汉长安城以秦代渭南地区的离宫为基础，先后建造了未央宫和东阙、北阙、前殿、武库、太仓等建筑。如后文所述，汉河南县城不仅包括了周王城内的一些重要的建筑，还将城内文化遗址比较多的地区也纳入其范围内。

当然，汉长安城内的重要宫殿都有各自的围墙，这些围墙应该是与宫殿同时建造的。但是，从高祖五年（前202年）确定定都长安开始到惠帝元年（前194年）正月，大约历经了八年岁月（前190年完工）之后，汉室才开始着手建设新的城墙，把宫殿区全部包围起来。

经历了秦末混乱之后，在汉初地方县城的建设中，可能为了安定民心而尽量利用既存的设施。所以入汉之后，汉河南县城可能也再次修筑并利用了原有的周王城城墙。帝都长安城同样也为注重实际的汉代县城的形成提供了例证。

---

1. 郭宝钧：《洛阳古城勘察简报》，《考古通讯》创刊号，1955年。
2. 考古研究所洛阳发掘队：《洛阳涧浜东周城址发掘报告》，《考古学报》1959年第2期。

汉河南县城与周王城、长安城

值得注意的是，汉河南县城的形状及周围的地理环境与汉长安城颇为近似（图2）。汉长安城北有渭水，西有泬（沈）水，东有灞水，南有终南山。长安城之所以又称斗城，是因为城市西北部被泬水斜着削去了一大块。

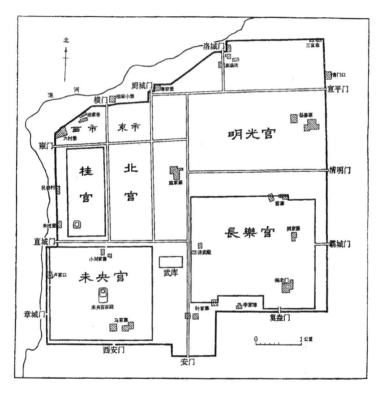

图2 汉长安城图
（王仲殊：《汉代考古学概说》，中华书局，1984年）

汉河南县城北有穿平缓起伏的邙山而过的黄河，西有涧水，东有瀍水，南有中岳嵩山，从县城形状上看，也是在西北部被涧水斜着削去了一大块。城南有洛水，合涧、瀍二水。而长安城西的泬水，其上游亦在长安城南。终南山北麓的水量也比较丰富。（武帝时曾于城南开挖

第八章　汉代的地方都市：河南县城　　　　　　　　　　　　　　205

漕渠）

　　饶有兴味的问题是，在筑城计划上周王城、汉长安城、汉河南县城三者有着怎样的影响关系。就长安城来说，筑城的总指挥萧何获得了始皇帝在渭南一带建设新都的计划，汉长安城的建设很可能用到了这个计划。[1]咸阳城是秦为一地方诸侯国之时的都城，统一之后需要建设新都，这是始皇帝新都建设方案出现的背景。如果长安城建设的基础规划是始皇帝的新都建设方案的话，那么比较长安城与周王城可知，始皇帝并没有采用周王城的构造来制定新都建设计划。

　　但是，阿房前殿区是始皇帝新都建设的一部分，其位置却在汉长安城外，这就说明汉长安城的建设也不是原封不动地照抄了始皇帝的新都建设计划。

　　其实，汉长安城的建设也受到了周王城等城址的一些影响。虽然还不清楚周王城东、西、南三面城墙的确切情况，但可知北边城墙全长2 890米，整个王城近于正方形，面积约为3平方千米，城墙厚约5米，版筑厚度不到10厘米，以南北轴线来衡量的话，城墙整体上略向西倾斜。[2]周王城的规模虽然大概只有汉长安城的一半，但在汉高祖五年（前202年）曾临时做过都城。《汉书·高帝纪下》曰："帝乃西，都洛阳。"说明曾定都雒阳。

　　高祖所都的雒阳城指的应该是成周。从娄敬进谏高祖定都长安的一段话中能够看出高祖以为定都周之王城很有意义，曰："陛下取天下，与周异，而都雒阳，不便。"（《汉书·高帝纪下》）

　　汉河南县城的规模约是周王城的四分之一。汉长安城周长约为24 700米，汉河南县城周长仅有它的十六分之一左右。就单边城墙来看，周王城仅有汉长安城的一半，而汉河南县城仅有周王城的一半。东汉雒阳城城墙全长约为13 000米[3]，虽然在形状上与周王城不同，但在规模上却大致相当。

　　附带要说的是，始皇帝的新都建设计划还规划了象征天极、天河

---

1. 拙稿：《咸陽城と漢長安城》，《中央大学文学部紀要》史学科20，1975年，收入本书。
2. 考古研究所洛阳发掘队：《洛阳涧滨东周城址发掘报告》，《考古学报》1959年第2期。
3. 王仲殊：《汉代考古学概说》，中华书局，1984年。

的景观。如"命信宫为极庙，象天极"（《史记·秦始皇本纪》始皇二十三年）。"引渭水贯都，以象天汉"（《三辅黄图》）。汉长安城、汉河南县城也将城北设计成北斗形。《三辅黄图》记载汉长安城又称"斗城"，其实，将城市建设与星座联系起来的想法，在统一的秦帝国的新都建设计划中已然出现了。而建设斗城的思想，或许来源于对周王城形状的思考。

周王城的斗形形状究竟是偶然形成的还是人为设计的，目前尚不清楚。《史记·天官书》记曰："所谓旋玑玉衡，以齐七政。"将北斗七星与太一神常居的天极并称，能够纠正日月五星（七政）的运行，地位十分重要。

上文从城市形状和周围的地理状况入手来探寻汉长安城和汉河南县城中周王城的影子。它们之间的相同之处或是偶然出现的，我们的讨论或许也有附会之虞。

沿城墙分布的壕沟

目前可以确知，在周王城外，沿着西墙的一段分布着一条深约5米的壕沟。壕沟的形成应与取土筑墙相关。根据考古发掘，壕沟内出土了唐代的开元通宝和瓦片，说明这条深沟直至唐代才被填埋掉。[1,2] 汉河南县城也有类似的情况，在城墙边有一条宽约1.5米、深约0.5米的壕沟，应该也是修筑城墙时取土留下的。[3]

三、汉河南县城内的情况

周王城

在周王城一带，特别是涧水流域，发现了一些新石器时代以及仰韶龙山时期的遗址（地点在东西干沟一带）。从殷（遗址在小屯村南到

---

1. 考古研究所洛阳发掘队：《洛阳涧滨东周城址发掘报告》，《考古学报》1959年第2期。
2. 郭宝钧：《洛阳西郊汉代居住遗迹》，《考古通讯》1956年第1期。
3. 郭宝钧、马得志、张云鹏、周永珍：《一九五四年春洛阳西郊发掘报告》，《考古学报》1956年第2期。

瞿家屯东北的涧水东岸，今东西干沟一带）到周（遗址在小屯村南到瞿家屯东北的涧水东岸，今西干沟西南一带），再到春秋战国（遗址在以小屯村为中心的涧水两岸，今西干沟西南一带），随着时代的推移这一带也发展起来。周王城的中心在这个区域偏西部靠近涧水的地方。

周王城城门和城内道路的位置，目前还难以确定。不过，从小屯村东、南部到瞿家屯一带，堆积物中瓦片数量非常多，地表亦可见大量的板瓦、筒片以及饕餮纹、卷云纹瓦当。这一带显然曾有重要建筑物存在[1]，一般认为是王城的宫殿区。[2]

在王城的西北部有较多手工工场遗址分布，发现的遗物主要是战国至汉初的制品。这一带有制造日用品陶器和明器的窑场，在窑场旁边的房屋遗址中发掘出多种制陶用具和陶片。窑场东南是制造骨器的场所，窑场之南则是制作玉器等装饰品的地方。

在宫殿区以东靠近洛水的区域有很多与洛水水运相关的战国粮食窖仓（灰坑）；在王城中部的中州路一带，分布着数量众多的战国墓葬。考古工作者发掘了其中几座带有墓道的大型墓葬[3、4]，也发现了一些车马坑。[5]如前所述，分布于城内的战国墓葬出现于王城渐趋荒废之后。

王城城墙下方有直径约20厘米的绳纹陶水管，向城外壕沟方向倾斜，用于城内排水。[6]河南县城内距离城墙西南角120米的地方发掘了一口废井，井口宽80厘米，井口以下3.2—4.5米的土中出土了战国至汉代的陶片，由此可知，废井挖凿于汉代或更早的时期。[7]

上文所讲的是汉河南县城的前身周王城的概况。另外，受调查地区所限，还无法很快弄清城内的实态。不过，从王城内的宫殿区、手工工场区、仓窖区等具有重要功能的遗存来看，周王城无疑是一座重

---

1. 考古研究所洛阳发掘队：《洛阳涧滨东周城址发掘报告》，《考古学报》1959年第2期。
2. 王世民：《东周各国都城遗址的勘察》，《新中国的考古发现和研究》，文物出版社，1984年。
3. 同上。
4. 中国科学院考古研究所：《洛阳中州路》，科学出版社，1959年。
5. 洛阳博物馆：《洛阳中州路战国车马坑》，《考古》1974年第3期。
6. 考古研究所洛阳发掘队：《洛阳涧滨东周城址发掘报告》，《考古学报》1959年第2期。
7. 郭宝钧、马得志、张云鹏、周永珍：《一九五四年春洛阳西郊发掘报告》，《考古学报》1956年第2期。

要的遗址。有观点认为，城内的平面结构近似于战国时代齐国的临淄城。[1]

汉河南县城

在周王城北城墙南偏西一带，有唐宋、汉、战国三层文化层，另外还有部分殷代晚期的文化层。[2]殷代以及新石器时代的文化层仅发现于城中特定的区域。

就汉河南县城的情况来看，周、汉代的器物出土于西城墙和南城墙之间的最多，其次是县城北部，城东部最少。[3]可见城内文化遗物的分布并不均衡。下面来简单整理一下汉河南县城内的考古学成果。

中区居住遗址

在前一年的基础上，1955年4月到6月继续对"洛阳西郊发掘区"进行发掘。在这次发掘中，将汉河南县城西城墙以西临近涧水的地方命名为"西区"（1—100号），将县城西部的中心地域命名为"中区"（101-200号），将县城内偏东的地区命名为"东区"（300号以上）。[4]虽然这不是唯一的称呼[5]，但为了方便行文，本文拟沿用中区、东区之名。

首先以居住遗址为中心来介绍中区的情况。中区遗址包括三座房址、四座圆囷、两方水井、十一个灰土坑，发掘报告对此有详细的描述（参看《汉河南县城主要居住遗址一览》）。中区的房址中，105号和1101号都是西汉时期的遗址，位置也较为接近。（根据发掘报告附载的地图，两座房址都在小屯村南约300米的地方[6,7]）

---

1. 王世民：《东周各国都城遗址的勘察》，《新中国的考古发现和研究》，文物出版社，1984年。
2. 考古研究所洛阳发掘队：《洛阳涧浜东周城址发掘报告》，《考古学报》1959年第2期。
3. 郭宝钧、马得志、张云鹏、周永珍：《一九五四年春洛阳西郊发掘报告》，《考古学报》1956年第2期。
4. 郭宝钧：《洛阳西郊汉代居住遗迹》，《考古通讯》1956年第1期。黄展岳：《一九五五年春洛阳汉河南县城东区发掘报告》，《考古学报》1956年第4期。
5. 考古研究所洛阳发掘队：《洛阳涧浜东周城址发掘报告》，《考古学报》1959年第2期。郭宝钧、马得志、张云鹏、周永珍：《一九五四年春洛阳西郊发掘报告》，《考古学报》1956年第2期。中国科学院考古研究所：《洛阳中州路》，科学出版社，1959年。
6. 中国科学院考古研究所：《洛阳中州路》，科学出版社，1959年。
7. 黄展岳：《一九五五年春洛阳汉河南县城东区发掘报告》，《考古学报》1956年第4期。

第八章　汉代的地方都市：河南县城

　　房址呈方形，每一边都长10米左右，建筑样式为半地下式，四周墙壁版筑而成。105号房址附近发现了一座水井遗迹。[1] 1101号房址附近除了水井之外，还有三座圆囷、两个灰坑遗迹。这两方水井和三座圆囷都没有使用砖块。从房址内的设施来看，1101号房址内的灶和炕很值得注意，另外，房址的堆积物中还发现了大量的瓦片，可知原是一座瓦房。[2] 105号房址没有发现瓦片遗存，但估计和1101号一样也是瓦房。

　　除了瓦片之外，房屋内还发现了空心砖、陶器类日常生活用品、铁制刀斧、铜钱等。此外，105号房址中还出土了半两钱的铸模。[3] 1101号房址中则发现了带有"河南""传舍""河亭"字样的陶片以及"雒阳丞印"封泥，该房址附近的灰坑中也出土了封泥，有"河南太守章""史守印信""雒阳丞印"等。[4] 显然，1101号房址不是普通的住所，而是官廨遗址。[5]（也有观点认为反映了一般居民的生活情况[6]）105号房址的情况也较近似，若将其理解为一般农民的住所的话，半两钱铸模的出土就意味着当时统治全国的政府没有统一铸钱，当然会觉得与当时的情形似不相符。

　　此外，在1101号房址北侧还有一座东汉时期的房址，详细情况不清楚。在105号房址的东侧则有一座东汉时期的圆囷，编为109号。该圆囷中出土了十数个带有"河市"印文的碗片。[7]（另有观点认为"河市"陶片的制作年代为西汉晚期[8]）二者都是东汉时期（或西汉晚期？）的遗存。圆囷附近一带地域或是与"河市"相关。

　　根据1982年的发掘，县城西南部有一堵东西走向的墙体，厚1.3米，以这堵墙为中心，在南北两面分布着十间方形的、每边长3.5米的房间。

---

1. 郭宝钧：《洛阳西郊汉代居住遗迹》，《考古通讯》1956年第1期。
2. 中国科学院考古研究所：《洛阳中州路》，科学出版社，1959年。
3. 郭宝钧：《洛阳西郊汉代居住遗迹》，《考古通讯》1956年第1期。
4. 中国科学院考古研究所：《洛阳中州路》，科学出版社，1959年。
5. 郭宝钧：《洛阳西郊汉代居住遗迹》，《考古通讯》1956年第1期。
6. 中国科学院考古研究所：《洛阳中州路》，科学出版社，1959年。
7. 郭宝钧：《洛阳西郊汉代居住遗迹》，《考古通讯》1956年第1期。
8. 中国科学院考古研究所：《洛阳中州路》，科学出版社，1959年。

房间之间的分割墙厚0.4米。位于中心位置的墙体,其两端都折向北方,具体的走向由于现在建筑物的叠压而没有继续进行调查。在墙体的东端角落发现了三条由筒形陶管组成的南北走向的排水管道。从地层上看,这是一座东汉时期的住房,可能是汉河南县城某位高级官吏的住宅。[1]

东区居住遗址

虽说是汉河南县城的东部区域,实际上挖掘的正好是县城的中部。从距离上看,从中区的105号房址到东区的300号遗址,其实只是向东延伸了一百多米。

显然,东区和中区的关系值得重视。东区的居住遗址中,有7座房址、9座粮仓、5个灰坑、2个扰土坑、1口水井、1条古水管、1条卵石路。除了1座房址和1座粮仓属西汉外,其余都是东汉遗址。

312号房址是西汉时期的遗址,其规模比中区的遗址略小。虽然四周墙壁的支撑柱很可能由砖块砌成,但墙壁本身不是砖质,是半地下式结构。墙壁上有凹洞,用于放置灯火。屋内出土了大量的薄瓦片、砖块,以及陶器、铁制刀斧、铜钱等生活用品。[2]在建筑样式、出土器物方面,与中区西汉时期的房址没有大差别。在该房址与中区的几座西汉房址中,都没有发现后文述及的东汉时代房址中出土的农具。

由此可知,312号房址原居住者所属的社会阶层与中区的情况近似。此外,东区中西汉时期的粮仓非砖室,其中除陶片外还出土了铁制斧锛、铜钱等。[3]不过,关于粮仓与312号房址的关系还很难确定。

东区东汉时期的房址多为半地下式,但有一例建于地面之上(半地下式房屋较多或因为这种样式的房屋易于调节冬夏的温度)。这些房屋中有的四壁砌有砖块,地面上也铺设了砖块。房屋规模都较小,约为30至50平方米。与西汉时期相比,房屋的建筑样式有所进步。314号等房址由两间房屋组成,其中一间用作谷物的贮藏库,房屋的性质很值得注意。

---

1. 考古研究所洛阳发掘队:《1954年秋季洛阳西郊发掘简报》,《考古通讯》1955年第5期。
2. 黄展岳:《一九五五年春洛阳汉河南县城东区发掘报告》,《考古学报》1956年第4期。
3. 同上。

另外，308号房址附近发现了砖砌水井、排水道，以及卵石铺成的道路，从中也能窥得当时生活环境之一斑（图3）。317号房址距离粮仓、灰坑很近，屋内出土了石臼、石杵、石磨盘等遗物，估计是加工谷物的场所（图4）。除了一座仓囷外，包括邻近317号房址的粮仓在内，所有的建筑都用到了砖块。

出土于房址、仓囷的器物，除了大量的瓦、砖（含空心砖）之外，还有日常生活用的陶器、铁制犁锄刀斧、铜镞、铜钱、谷物加工用具、水晶珠、刻有"东门传"的骨质私印，以及用作燃料的煤（石炭）。[1]显然，东区是农民和从事手工业[2]的一般平民的居住区。[3]

县城内居民的阶层

就汉代的居住遗址来说，位于辽阳市北郊三里的三道壕村发现的西汉居住遗址出土了较为丰富的遗物。这些遗物包括瓦当、生活用陶器、铁器（农具、车器、刀、带钩等）、陶纺轮、石磨、铜钱、玛瑙和琉璃装饰品等，此外遗址中还有水井、窑址、石头铺设的大路，与汉河南县城东区中东汉时期居住遗址的情况较为近似。

三道壕村聚落遗址最早的发掘报告公布后，学者指出该遗址反映的是村落中农民的生活状况。[4,5]不过，由于最近在遗址中新出土了"千秋万岁"瓦当、刻有"昌平"、"军厨"等字的陶片、兵器、玛瑙琉璃等装饰品，可知并不是一般农民的聚居地，而是辽东襄平县附近的一处屯戍地。[6]

---

1. 黄展岳：《一九五五年春洛阳汉河南县城东区发掘报告》，《考古学报》1956年第4期。
2. 黄展岳：《一九五五年春洛阳汉河南县城东区发掘报告》，《考古学报》1956年第4期。高伟：《汉代城邑聚落遗址的发现》，《洛阳汉墓的发掘和编年》，《新中国的考古发现和研究》，1984年。涧西地区的小型墓中也随葬铜镜、铁镜、铜罐、铜钱等物品。
3. 郭宝钧：《洛阳西郊汉代居住遗迹》，《考古通讯》1956年第1期。黄展岳：《一九五五年春洛阳汉河南县城东区发掘报告》，《考古学报》1956年第4期。
4. 东北博物馆（李文信）：《辽阳三道壕西汉村落遗址》，《考古学报》1957年第1期。
5. 辽宁省博物馆文物工作队：《概述辽宁省考古新收获》，《文物考古工作三十年》，文物出版社，1979年。
6. 高伟：《汉代城邑聚落遗址的发现》《洛阳汉墓的发掘和编年》，《新中国的考古发现和研究》，1984年。

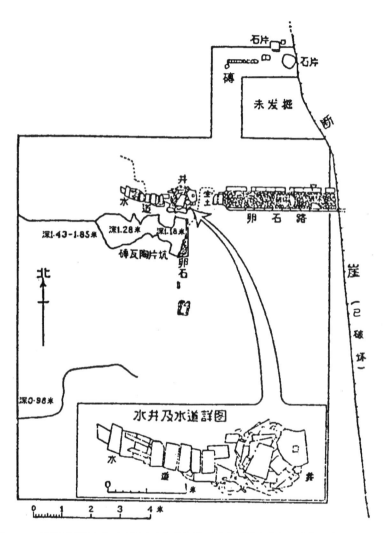

图3　308号房屋遗址（位于本图右上角发掘出石片和砖的地方）和南邻于房址的水井、排水道、卵石路

（黄展岳：《一九五五年春洛阳汉河南县城东区发掘报告》，《考古学报》1956年第4期）

第八章　汉代的地方都市：河南县城

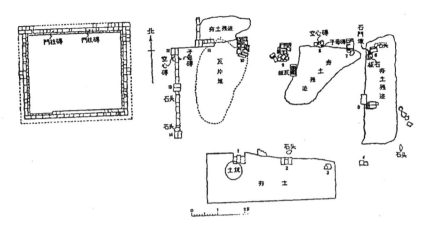

图4　317号房屋遗址（右）与320号谷仓（左）

（黄展岳：《一九五五年春洛阳汉河南县城东区发掘报告》，《考古学报》1956年第4期）

《汉书·食货志上》载董仲舒上言曰："富者田连阡陌，贫者亡立锥之地，（略）故贫民常衣牛马之衣，而食犬彘之食。"的确如其所言，与田连阡陌的富者不同，一般农民更近乎于贫者。就汉河南县城东区的东汉时期居住遗址而言，砖墙瓦顶的房屋中发现了铁制农具、刀、斧、镞，使用尚未普及的煤作为燃料，房屋附近还备有砖砌的粮仓和灰坑，几乎所有的房址都出土了铜钱，305号圆囷中甚至出土了二千六百多枚成贯的五铢钱。这样看来，若将居住于此的人民认定为无衣可穿、食犬彘之食的贫民的话就颇有疑问了。与中区一样，东汉时期该遗址也是高等级居住区，有异于一般农民的居所。[1]

在河南县城中部、今王城公园南300米一带，发现了一座东汉砖砌方形水池，长宽为3.58米×2.08米，深0.12–0.13米，另有一条砖砌排水沟从水池伸出。水池西北部有一口水井，可知水池利用的应该不是自然流水。水池底部也铺有砖块。[2] 关于水池的功能，或认为用于储存生活用水，或认为用于观赏，仍难以确定。不过，由此可以看出当时

---

1. 黄展岳：《城市富人和封建地主为主体的居住区》，《新中国的考古收获》（秦汉部分），文物出版社，1961年，第82页。
2. 黑秉洋：《汉河南县城内发现水沟》，《考古》1960年第7期。

对县城中部地区生活环境的治理情况。

汉长安城有一百六十个闾里,"室居栉比"(《三辅黄图》)。宇都宫清吉氏推测城中人口可能超过十万。西汉末年,平帝元始二年(3年)大旱,同时还出现蝗灾,当时实施了规模宏大的救济政策,不过在长安城中仅设五里之地来容纳贫民,史载"又起五里于长安城中,宅二百区,以居贫民"(《汉书·平帝纪》元始二年)。

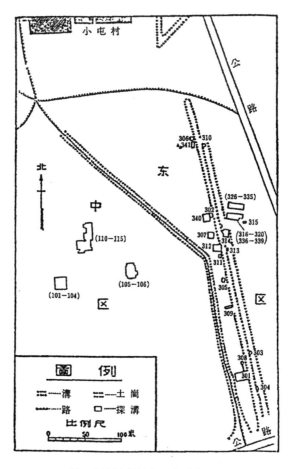

图5 汉河南县城东区遗址图
(黄展岳:《一九五五年春洛阳汉河南县城东区发掘报告》,《考古学报》1956年第4期)

三国魏如淳注认为"里"是指"民居之里"。关于长安城中居民的居住资格，目前还不清楚是否需要经过遴选，如陵邑居民需经"三选"（《西都赋》）才有入住资格。另外，长安城一带本为秦苑囿之地，闾里的形成和宫殿的建设是并行的，也不清楚最初长安城对居民的流入是不是毫无限制。从如淳注中的"民居之里"可知，除了"民"（贫民）的居住区，应当也有居民居住在里中。

汉河南县城中区、东区中的居住遗址比较靠近县城西南。虽然不清楚中区、东区是否也是"室居栉比"，但从居民结构来看，居住者的主体应该是众多的文武官员和富人。

如果以上对汉河南县城城内居住遗址的理解不误的话，那么这些位于官署区和县城中心区的遗址实际上是居住区，从这些遗址中能够看到日常生活。

四、河南县城的荒废

在已毁坏的河南县城城墙墙基上发现了一座砖室墓（WNM1·813号），墓葬陪葬品中有一件写有东汉献帝年号"初平元年"（190年）（有观点认为"初"字的释读还有疑问）字样的陶瓶。包含这座墓葬在内，这一类东汉末年的墓葬还有不少。因此，汉河南县城的下限可推定在东汉末年。[《后汉书·张皓传》载顺帝阳嘉元年（132年）廷尉张皓去世时，"时年三十八，遣使者吊祭，赐葬地于河南县"。不知墓葬是否位于城内]

那么，汉河南县城为什么会归于荒废呢？考古研究所洛阳发掘队认为原因在于随着时代的推移县城位置有移动。[1]但是，黄展岳氏的报告又指出，从遗物的类同性上看，可能是东汉末年战乱的破坏导致了县城的废弃。[2]

---

1. 考古研究所洛阳发掘队：《1954年秋季洛阳西郊发掘简报》，《考古通讯》1955年第5期。
2. 黄展岳：《一九五五年春洛阳汉河南县城东区发掘报告》，《考古学报》1956年第4期。

虽然没有文献直接记载东汉末年河南县城的具体情形，但是，埋藏之后长眠于瓦砖之下的2 600余枚成贯五铢钱，能够追忆起汉河南县城临终前的故事。

从黄尘飞舞的废墟中能够读到河南县的存续，却读不到它再次快速复兴和繁盛的任何征兆。

虽然涧水流域分布着新石器以来各个时期的居住遗址，但汉河南县城中，应该有不少伴随县城的设置而迁入的政治性较强的居民。置县之后，汉河南县城经历了四百年沧桑岁月。虽说汉河南县城是在周王城废墟上建设起来的，但经历了岁月沧桑之后，迁入县城的居民也不再是新兴居民了。

从这点来看，当地居民对河南县城应该有着故乡一般的感情。但是，尽管如此，这些居民却没有努力去恢复毁于战乱的城市的繁荣。究其原因，或是因为战乱之后，城市已不再是一座政治性很强的县城了。

由此看来，在经历了400年之后，置县之初的居民结构仍然没有大的改变。在讨论县城的性质之时，需要留意这一点。（在汉河南县城周边的烧沟、金谷园、七里河、涧西周山等地发掘了523座汉墓，如果这些墓主与县城居民有关的话，其身份当多为官吏和富人阶层。仅在涧西低地中发现了32座小型墓葬，墓主应为下层居民。由此可以窥得城内居民的结构）

五、县城图：和林格尔东汉墓壁画

汉河南县城诸多情形的明晰，有赖于考古学上的成果。但是，考古发掘的范围却只是局限在县城内的极小部分。

1971年，内蒙古和林格尔县东南发现的东汉墓壁画[1]，有五个县城城内图的精美彩绘，提供了从视觉上感受汉代县城的绝佳素材。该墓的墓主人葬于公元2世纪六七十年代，生前先是举孝廉为郎官，后历任西

---

1. 内蒙古自治区博物馆文物工作队：《和林格尔汉墓壁画》，文物出版社，1978年。

第八章　汉代的地方都市：河南县城　　　　　　　　　　217

河郡长史、上郡属国都尉、繁阳令、乌桓校尉，拥有宏大的庄园。有关墓主人的这些情况从墓室的壁画中可以判明，可以说壁画在一定程度上承担了墓志的作用。

下面我们以这些县城图为中心进行分析。彩绘壁画的县城图，包括西河郡离石县城（山西省离石县）、上郡土军县城（山西省石楼县）、魏郡繁阳县城（河南省内黄县）、上谷郡宁县县城（河北省涿鹿县）、定襄郡武成县城（山西省平鲁县）。各县城的大致情况如下：

离石县城

城墙呈长方形，城墙上壁和左壁有城门。（后揭宁县县城图以东为上，由此推测墓室壁画可能都以东为上。马王堆出土古地图以南为上。不过，除了宁县县城图之外，壁画中的其他县城图都没有标示东西南北）城内右上部四分之一的位置绘有府舍，城内写有"河西长史治所离石城府舍"等字。

土军县城

从壁画中能够确定城墙的三边，上壁有城门。城中央绘有长廊、列舍，城内写有"行（上郡）属国都尉时所治土军城府舍"。与县城图下方描绘的离石城一样，城墙外有河流环绕。

繁阳县城

城墙呈方形，左壁、右壁、下壁分别有1个、3个、1个（？）城门。城内不到二分之一处的右下角有子城，子城的两面利用了大城的城墙。子城内绘有长廊、列舍。子城在朝向大城内的方向开有二城门，在朝向大城外的方向也有二城门。在子城之外、大城之内，点状分布着筑有墙垣的小区以及小屋舍。城内写有"繁阳县令官寺"等字。（图6）

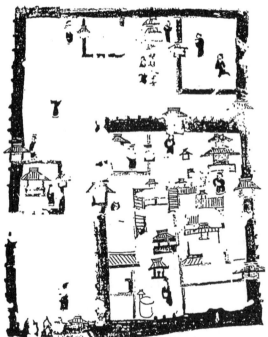

图6 繁阳县城图［上图为"繁阳县令官寺"，下图为繁阳县令被玺（书）时］
（内蒙古自治区博物馆文物工作队：《和林格尔汉墓壁画》，文物出版社，1978年）

第八章 汉代的地方都市：河南县城

宁县县城

城墙呈方形，城内写有"西门""宁城南门""宁城东门"等字。城内西北角有一座由城垣廊庑围成的子城，约占城内面积的三分之二还多一点。城垣上写着"幕府南门""东府门""共（供）官门"等字。幕府内绘有一间庑殿式堂屋，墓主端坐其中，堂屋后方有"齐室"二字。堂屋前绘有整列的文武官吏，正在围观乐舞杂技表演。城内东北部有"仓""库"，东城墙沿线分布着"司马舍""营曹"及其入口"营门""宁县寺门"等。城内东南角有重重围墙环绕的市场区，有"宁中市"三字。城内西南部有庖舍和马厩。城内东部有三座相互连接的楼观。

在宁县城南门之外，有一座围着城墙的方形设施，城墙大小与县城相当。其内武器林立，由武吏看守，有很多人在此拜伏行礼后进入南门。从先秦时期的城墙来看，不管是燕下都还是赵王城、云梦城等遗址，虽然与官署、宫殿区城墙邻接的建筑遗址很少，但都会将空闲的地区用城墙围绕起来，作为附属设施。这些附属设施的用途一直没有定论，宁县县城图为此提供了线索。（图7）

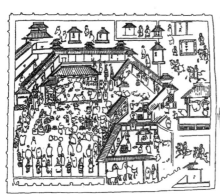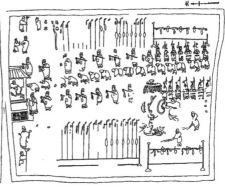

图7　宁县县城图

（内蒙古自治区博物馆文物工作队：《和林格尔汉墓壁画》，文物出版社，1978年）

武成县城

城墙呈方形，下壁开有城门。位于右上角的子城和官署占据了城内的主要范围，子城的两面墙利用了大城的两面城墙。子城内有左右并排的两栋大房屋，左为"堂"，即堂屋，右为"内"，是一间有水井、灶台的厨房。堂屋下方有厩舍。子城的右部是"长史舍"和"长史官门"。子城下方有"武成长舍""尉舍"，另有"武成寺门"，是子城的入口。

县城部分图：官署区和太仓

除了县城图之外，墓室壁画还细致描绘了位于宁县县城幕府东门内寺官区的情况。所描绘的官署有"右贼曹""左贼曹""尉曹""右仓曹""左仓曹""功曹"等。东门外还绘有"兵弩曹""金曹""阁曹""塞曹"等（全图未发表）。另外，还有配备"卫士"的"幕府大廊"图和"共（供）官橡史"庖舍细部图。

关于土军县城和离石县城，另有一幅记有"上郡属国都尉西河长史吏兵马皆食大（太）仓"的细部图，绘有"大（太）仓""金曹""辞曹"等建筑物（图8）。在繁阳县城的"繁阳县仓""繁阳吏人马皆食大（太）仓"细部图中，绘有仓与"功曹"等建筑物。在宁县县城的"护乌桓校尉幕府谷仓"细部图中，绘有与县城图城内东北部之仓类似的建筑物。这4个县城既有放大描绘的官署区细部图，又有仓（太仓）细部图，再次显示出仓在县政中的重要性。

壁画中还有一幅"繁阳县令被玺［书］时"图。从图中可以看到，方形城墙内有一屋舍，很多人在此参加仪式（图6）。这幅图在繁阳县城图旁边，目前尚不清楚描绘的是临近于县城的附属设施还是城内的细部，若是前者，则与宁县县城情况类似。

县城图与汉河南县城

此外，还有筑有坞壁的庄园图（图9）。不过，由于本章主要介绍县城图，所以需要考虑庄园的平面构成与汉河南县城之间的相关度。

和林格尔东汉墓县城图绘制的目的在于渲染墓主的任官经历，细部图对县城图也有所补强。因此，这些绘图应该多少有些夸张的成分，这点很值得注意。如果直接用山西、河北、河南等省出土的东汉县城图来论述汉河南县城内的情形，或许也是有问题的。

第八章 汉代的地方都市：河南县城

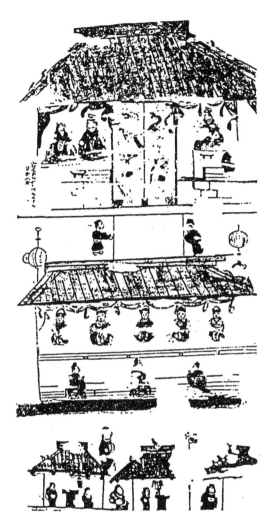

图8 县城太仓（"上郡属国都尉西河长史吏兵马皆食大［太］仓"上部）与官署（"金曹""辞曹"等）图

（内蒙古自治区博物馆文物工作队：《和林格尔汉墓壁画》，文物出版社，1978年）

当然，这也不是说和林格尔东汉墓县城图描绘的瓦房与汉河南县城内出土的层层叠叠的瓦片之间一点关联都没有。在县城图中，位于城内一角（官署区所在位置应无固定的原则）的子城内置官署区，与城内其他部分分割开来，这点与汉河南县城的情况有相似性，尽管后者的城墙位置仍未确定。

此外，宁县县城中靠近城门的地方设置了一处市场。从那些通过士兵把守的城门进入城内的人们表现出来的极为紧张的神情中，能够想象出城内弥漫着怎样的气氛。在这样的县城中，去追寻食不果腹的贫民的身影，不禁让人产生颇不协调的感觉。

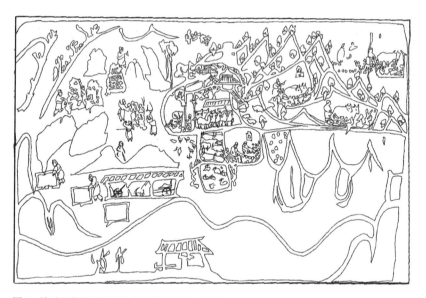

图9 坞壁环绕的庄园图（中上部有马厩、圈养牛羊的围栅，附近空地有鸡群、猪群；左上部三处农田使用牛耕；左下部为农舍；下部为坞堡门）

（内蒙古自治区博物馆文物工作队：《和林格尔汉墓壁画》，文物出版社，1978年）

六、县城与农村：马王堆出土古地图

都与市

和林格尔东汉墓的墓主拥有宏大的庄园，数量众多的农民在庄园中从事农业活动。城内的官吏、富人之中，有类似身份的人应该不少。铁制农具推广后，直接从事农业生产的人口应该没有那么多。

当然，不能因此而否定县城内农民的存在。《汉书·食货志上》曰："操

第八章 汉代的地方都市：河南县城

其奇羸，日游夜市。"将"都市"与"游"结合起来。所谓"都市"指的是都中之市，也就是都内附设的市场（位于城墙之内，或在城墙外比较靠近城墙的地方）。如前所述，"都（城）"的大部分是官署区，有武卒、卫士严加把守，能够供人"游"的范围很有限。这样看来，相较于拥有市籍者，限定市场区域并严加管理的主要目的更应该是防范那些从城外进来的外部人口。

关于汉长安城市场的位置虽然仍有争议，但一般认为多在城外[1]或是城内靠近城墙外墙的区域。[2]将市场设置在此应是基于对城内治安的考虑。北魏洛阳城的市场区也几乎都在城外。[3]若将汉长安城中的闾里以160个计，一里100户的话，共有16 000户居住于长安城中。

众所周知，依据考古报告，汉长安城内几乎全是宫殿区（图2），唐长安城则完全不同，拥有100万人口，城内设有东市和西市。对仅有10万人口的汉长安城来说，还没有发展到在城内设置规模宏大的市场区的程度。

当然，还要考虑到，人口比较密集的县城级的市场区，不仅对市场区本身，对近郊农村的经济活动的兴盛也有带动作用。（例如，张衡的《西京赋》描述了长安城近郊的繁盛景象，曰："郊甸之内，乡邑殷赈，五都货殖，既迁既引，商旅联槅，隐隐展展。"）不过，就城墙以内的情形而言，汉长安城和地方县城基本上没有差别。

降至唐长安城的建设时代，城墙建设的目的是鼓励消费、集中人口。唐长安城不仅拥有100万人口，城内还预留了很多空置的里坊。而对汉长安城来说，即便是举全国之力来应对灾害，也只能提供5个里来容纳灾民。

再来看汉河南县城，西汉时期的房址多集中在中区，而到了东汉，居住区扩展至东区。（虽然317号东汉房屋建于战国时代遗址之上，但与之毗邻的320号东汉方仓却是在西汉遗址上建成）这说明城内已经没

---

1. 佐藤武敏：《長安》，近藤出版社，1971年，第79—85页。
2. 王仲殊：《汉代考古学概说》，中华书局，1984年。
3. 森鹿三：《北魏洛陽城の規模について》，《東洋史研究》11-4，1952年；《東洋学研究歷史地理篇》，东洋史研究会，1970年。

有可用作居住区的空间，对一般百姓而言，已难以在城内形成新的居住区。

本章中谈到都市一词时，多数地方都加了引号。这是因为在汉代的城墙之内，不太能感受到《清明上河图》中城内的氛围。（都市的定义详后）

学者们常常引用战国齐都临淄作为都市繁荣的代表例证。但是，《史记·苏秦张仪列传》对临淄却是这样记载的：

> 临菑之中七万户，臣窃度之，不下户三男子（每户不少于三个男子），三七二十一万，不待发于远县。（《战国策·齐一》没有"不下户"中的"不"字。）

虽然记载"临菑之中"，但其实不仅限于城中。因为七万户是指除去"远县"的临淄圈一带的户数，当然应该包括了临淄城附近"近县"的户数。（这条史料讲的是可以征发的兵员数，有学者将"不下户三男子"译为"具有下户身份的家庭中，有的每户有三个男子"。这是不对的。当时国民皆兵，而不依据身份征兵。《周礼·小司徒》载："起徒毋过家一人"，说的是每家征发一人为兵，每户征发三个男丁的做法也是极少且不合理的）

《史记·苏秦张仪列传》接下来又说："临菑之途，车毂击，人肩摩。"是对临淄城附设的市场区或是市场区周边地区多少有些夸张的描写，临淄城内的居民我想应该也是比较有限的。

与洋溢着活力的人们相比，城内居民中大多数居住在官衙之中，外有武卒把守，在怠惰的日子里终日玩弄着权谋术数。理应是下一代接班人的"闾里少年"，也动不动就陷入颓废（《汉书·尹赏传》）。说起对城墙内的印象，就历史主人公所应具有的魅力而言，比起这些理应享受较高文化水准的"都市"居民，农村的活力更吸引人。

马王堆出土的古地图

马王堆出土的年代应为西汉初期的古地图如实地反映了筑有城墙

第八章 汉代的地方都市：河南县城

的县城与农村（里）之间的地理关系（图10）。在这些围筑着非方形城墙的县城周边，散布着不少里名写在圆圈之中的里，在河水丰沛的江南，这些里基本都分布在河流两侧。县城所在地既是交通要冲，也是军事上的要害之地，且有较宜居的自然、社会条件。从县城的数量上可知其存在的地理条件变化不大，由汉至清，县的数量基本维持在一千数百个，没有大的变化。（西汉置县1587个，唐代为1573个，宋代为1234个，明代为1171个，清本部十八省为1289个）这样看来，在县城市场区内，操其奇赢者或多或少有一些居住在圆圈标示的里中。

《汉书·景十三王·常山宪王传》记载在父亲宪王去世后仅六日，太子勃就"与女子载驰，环城过市"。与女子在城内驰骋、在市场区游荡是当时历数的勃的罪过之一。继承王位仅有数月，勃就因此被废。对那些挥金如土、放浪形骸的人们来说，市场是让人乐不思蜀、舍生忘死的地方。（《后汉书·廖扶传》记载谨慎之人的情况是"绝志世外,（略）常居先人冢侧，未曾入城市"）

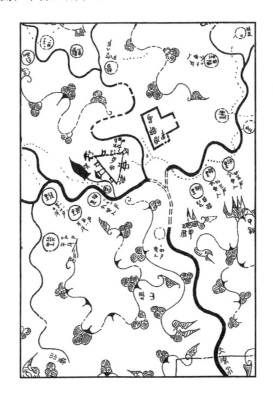

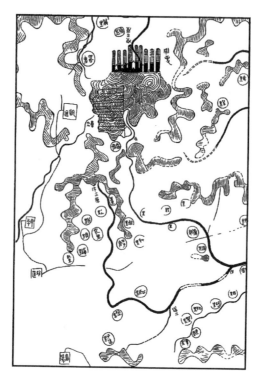

图10　县城与里（上为马王堆出土《地形图》，描绘了"龁道""南平""冷道""春陵"各县城及周边各里；下为马王堆出土《驻军图》，描绘了"箭道"县城、军城及周边各里）（马王堆汉墓帛书整理小组：《古地图》，文物出版社，1977年）。

"龁道""箭道"是置于边境的县级政区，史籍失载。除了县城、里之外，还绘有山川道路。

图中的部分城墙除外。

"都市"的展现

阻止"都"与"市"的一体化，并努力强化对"市"的管理，是隋唐以前国家政策的基本方向。因此，"都"与"市"的一体化、混合化，只能等待来自"都市"周围的农村的动力了。市场活动波及农村之后，强化对市场区域的管理就变得毫无意义了，"都"与"市"因而逐渐一体化，随之而来的是市制的崩溃。

第八章　汉代的地方都市：河南县城　　　　　　　　　　　　　227

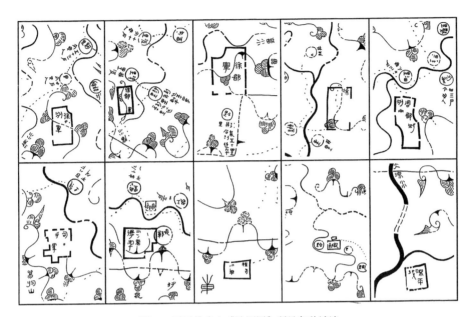

图11　马王堆出土《驻军图》所见各种城墙

（马王堆汉墓帛书整理小组：《古地图》，文物出版社，1977年）

结语

"都市"的定义

汉代的画像石（砖）数量众多，其中有不少描述了县城内的情况，包括门阙、庭院、市肆、武库、仓屋、庖厨、宴乐等，可作为和林格尔东汉壁画之补充。陶制明器中，也有能够再现当时住宅、庖厨、宴乐场景的精彩作品。漆器图案中，也有不少图像可资参考。因此，对地方县城的实态，可以描写得更为丰富。

尽管如此，一提到中国的都市（城市），浮入眼帘的景观却总是城墙。民国时代的小宫义孝氏曾说，中国的后进性因城墙而加倍。他甚至还在某些地方谈到，居住在城墙之内的人们心中也有一座城墙。[1]

但是，事实上，城墙因政治、军事、治安上的诸多需要而生。土

---

1. 小宫義孝：《城壁》，岩波新书，1949年。

筑城墙出现之前，为了防御外敌，聚落周围已出现壕沟和木栅。在华北地区，城墙还能抵御风尘、寒气、水灾[1]，具有保护生活环境的作用。

下面来看拥有城墙的居住地和所谓"都市"之间的关系问题。那波利贞氏指出，在与村落相对的都邑之中，市街地区有繁荣性，在位置上也有永续性。[2]加藤繁氏认为，与农民的聚落相对，都市有政治、经济中心的性质。[3]

从都市的定义上看，都市的共通点还包括量上的密集居住、都是大型聚落、同为巨大且一体的定居体等方面。[4]尽管从商业都市的角度来看，上文论述的汉长安城城墙之内的商业活动还不成熟，但是如果只要满足人口集中这一个条件就可称作都市的话，拥有近十万人口的汉长安城当然是一座都市。

依据《汉书·地理志》所记，长安、长陵、茂陵、僞陵诸县人口，也都在20万上下。（长安县80 800户，246 200口；长陵县50 057户，179 469口；茂陵县61 087户，277 277口；僞陵县49 101户，261 418口；雒阳县52 839户；阳翟县41 650户，109 000口；宛县47 547户；成都县76 256户；鲁县52 000户；彭城县40 196户）

但是，长陵、茂陵等陵县，是以三选者等迁徙民为中心设置的县。因此，与一般的县相比，县城内的情形多少会有些不同（《班固·西都赋》曰："浮游近县，则南望杜霸，北眺五陵，名都对郭，邑居相承，英俊之域，绂冕所兴，冠盖如云，七相五公"，描绘了陵县的状态，但未涉及经济的繁荣）。不过，包括其他一般的县在内，统计县内的户口数之时很多都将县内的农村人口也计算了进去。

---

1. 那波利贞：《支那都邑の城郭と其の起源》，《史林》10-2，1925年。讨论了城墙防御洪水的效果。
2. 那波利贞：《支那都邑の城郭と其の起源》，《史林》10-2，1925年。
3. 加藤繁：《宋代に於ける都市の発達に就いて》，《桑原博士還暦記念東洋史論叢》，弘文堂，1930年；《支那経済史考証》上，东洋文库，1952年；《黄河地方の都市特にその城郭について》，《大黄河》，大阪每日新闻社，1938年。
4. M·Weber（世良訳）：《都市の類型学》，《経済と社会》第9章第8節第1項《都市の概念と種類》，创文社，1964年。

第八章　汉代的地方都市：河南县城

因此，还需要讨论《汉书·地理志》所记县的户口数与县城内居住者之间的关系。与以数十户或一百户左右为单位的农村（里）的户口数相比，拥有城墙的居住地人口应当更为密集。

由此看来，称呼县城为"都市"也未必不正确。虽然如此，为了与唐宋时期及之后的都市含义相区别，如前文所述，本章在提到都市一词时都加上了引号，以便区分。

筑城过程的三种形态

接下来讨论汉代城墙筑造的过程，依据考古学成果，筑城的过程分以下三种形态。

（1）以前代聚落为基础形成。这种情况一般出现在人口稠密、手工业发达的聚落，以城墙规模的扩张为方向，如河北省黄骅县的汉城（章武县城）、湖南省宁远县的冷道县城、河北省武安县的午汲县城。

（2）沿用战国时代的城址并加以改修。

A. 沿用战国时代的故城，如临淄城、邯郸大北城及其他很多的小中城邑。

B. 以战国时代的城址为基础加以缩减，如汉河南县城。

C. 在战国时代旧城的一隅利用城墙修筑规模较小的城，如山西省夏县的汉城（河东郡城、魏安邑城）、汉鲁县县城、河北省易县的故安县城（燕下都）。

以上三例中的城在战国时期都是较重要的国政中心，至汉代则演变为郡县治所，其政治性比例相对缩减。

（3）在遭到破坏了的战国时期的城址附近重新修筑秦汉郡县城，如在湖北省江陵县纪南城东南2.5千米修筑汉郢县县城。[1]

以文献为中心进行分析，可知城墙的形成过程有以下两种：

---

1. 高伟：《汉代城邑聚落遗址的发现》，《洛阳汉墓的发掘和编年》，《新中国的考古发现和研究》，1984年。

（1）先修筑城墙，然后在城内进行建设和完善，形成都邑，如召公奭对洛邑的建设。

（2）聚落自然形成并发展单位相当规模的都邑之后再修筑城墙，如汉长安城。[1]

那么，筑城过程的不同是否会对城墙之内的情况产生影响呢？从考古学方面来看城墙的扩展与人口稠密程度的话，前文提到的黄骅县汉城[2]（520×510米）、冷道县 城[3]（东西南北四面城墙分别长约180米、157米、120米、130米，即见于马王堆出土地形图的方形县城图）、午汲县城[4]（东西城墙均长767米，北城墙长889米，四面各有一座城门，有东西方向道路一条、南北方向道路四条，总体情况不明）这三座县城（实测图都还未公开发表）在居住遗址（黄骅汉城城东有一座一边边长为120米的土台；冷道县城 城内有陂池；午汲县城内有铺石路、水井、灰坑、窑址，城墙修筑于东汉时期）和出土物品（黄骅汉城有日常生活用陶器、铜钱，"武市"刻字陶罐出土；冷道县城有大量的瓦及陶片、官印"冷道尉印"出土；午汲县城曾出土瓦，陶片，陶纺轮，铁制犁、锄、镰、刀、三棱镞、齿轮、铜钱）等方面与汉河南县城的情形都不存在太大的差别。

中国最近的古都研究

上文以汉河南县城为中心，讨论了汉代的县城与地方"都市"。正如砺波护氏[5]所介绍的，近年来中国的古都研究比较活跃，史念海氏谈到，在建设四个现代化新型城市之时有必要做好古都研究。[6]由此来看，

---

1. 那波利贞：《支那都邑の城郭と其の起源》，《史林》10-2，1925年。
2. 天津市文化局考古发掘队：《渤海湾西岸古文化遗址调查》，《考古》1965年第2期。
3. 周世荣：《长沙出土汉印章及其有关问题研究》，《考古》1978年第4期。
4. 孟浩、陈慧、刘来城：《河北武安午汲古城发掘记》，《考古通讯》1957年第4期；河北省文物管理委员会：《河北武安县午汲古城中的窑址》，《考古》1959年第7期；河北省文物管理委员会：《河北武安县午汲古城的周汉墓葬发掘简报》，《考古》1959年第7期。
5. 砺波護：《中国都城の思想》，《日本の古代》九《都城の生态》，中央公论社，1987年。
6. 史念海：《中国古都研究·序言》，浙江人民出版社，1985年。

第八章　汉代的地方都市：河南县城　　　　　　　　　　　231

古都研究中带有土木工程学、建筑学、地理学等较有自然科学色彩的研究自然比较盛行，而多角度的研究也丰富了中国城市的历史研究。

（补记1）本章未能提及的最近有关先秦时期城墙的研究还包括：

中国社会科学院考古研究所：《新中国的考古发现和研究》，文物出版社，1984年。

杉本憲司：《中国古代を掘る》，中公新书，1986年。

楊寛（尾形勇、高木智見訳）：《中国都城の起源と発展》，学生社，1987年。

江村治樹：《戦国三晋都市の性格》，《名古屋大学文学部研究論集》史学32，1986年；《春秋戦国秦漢時代出土文字資料の研究》，汲古书院，2000年。

佐原康夫：《春秋戦国時代の城郭について》，《古史春秋》3，1986年。

五井直弘：《中国古代の都城》，《季刊中国》6、7，1986年。

小川誠：《城牆の出現にかかわる問題》，《上智史学》31，1986年。

林田亜紀夫：《古代中国における城壁建築——戦国期を中心に——》，《史学研究》175，1987年。

（补记2）本章脱稿后，补记1中提到的杨宽氏的著作翻译出版（原文未刊行）。杨氏指出双重城墙，即城、郭并存以及坐西朝东、西城东郭是汉长安城之前"都城"（"都城"的语义参看前引礪波護：《中国都城の思想》，《日本の古代》九《都城の生態》，中央公论社，1987年）的形态。与本章相关的、值得注意的杨氏论点包括：

（1）汉长安城未央宫的位置符合此前宫殿、官署区置于城内西南隅的原则。

（2）汉长安城中的市区以及160个闾里都位于城外郭内，在郭区的北部和东北部。

先来看第（1）点，周王城的宫殿、官署区也在王城的西南部，与杨氏关于汉长安城的见解有类似之处。但是，文献记载未央宫的建造利用了龙首山的地形，应当考虑其位置在地理上的必然性（参看拙稿：《咸阳城と漢長安城》，《中央大学文学部紀要》史学科20，1975年，收入本书）。另外，依据本章分析可知，县城内子城的位置未必遵循一定的原则。例如燕下都（虽然是先秦时期的城），其宫殿位于城内的东北部。

再来看第（2）点，《西汉长安布局结构的探讨》（《文博》创刊号，1984年）已有近似的观点，认为不仅是市区，160个闾里也大部分位于城外的郭区，城内基本上都是宫殿和官署区。但是，《汉书·尹赏传》记载：

　　长安中，奸猾浸多，闾里少年，（略）城中，薄暮尘起，剽劫行者，死伤横道。

在"（长安）城中"，至傍晚时分，"闾里少年"趁着天色"薄暮"，行人难以辨识其相貌而进行劫掠。如果城内没有闾里的话，那么这些闾里少年则需要在开始限制通行的傍晚时分，通过严格管控的城门进入城内，并对活动逐渐稀少的城内行人进行劫掠。

当然，也许只有官吏是限制通行的对象，但不管怎样，在黯淡的黄昏时分发生于城内的劫掠行为全部由来自城外的闾里少年完成，总觉得有不自然之感。包括郭墙的确认等问题在内，只能等待今后考古学上的发现了。

另外，在本章脱稿之后，读到了何汉南的《汉唐长安城建筑设计思想初探》（《汉唐文史漫论》，1986年），该文认为汉长安城建设是依据天象进行配置的，并有详细论述，指出未央宫的名称与十二支的未、八卦的坤、十干的戊己等有关，其位置在西南则正当地之中心，紫微垣星座与天帝居所相当，门阙以北为正面。

汉河南县城主要居住遗址一览

地区	遗址	半地上、半地下建筑	遗址规模	门	墙面	屋内地面	遗址内出土物	邻接的遗址	邻接遗址内的出土物	时代	文献
中区	105号房址	建于当时地面以下2.5米	外边11×11米,内室8.5×8.5米	东向1门,门道宽0.7米,门前台阶高0.6米(通行不便)	版筑(四壁光平,墙根用泥土涂成圆角)	平坦,经过践踏固实,久者使用	西汉及战国式陶片,半两钱范,空心砖	(105号房基北约5米)水井,口径颇大,无砖,(未发掘,深度不明)		西汉(水井为战国至西汉)	郭宝钧:《洛阳西郊汉代居住遗迹》,《考古通讯》1956年第1期
	1101号房址	建于当时地面以下1.6米	10.3×10.3米	东、西、南三壁上各开一门,门道向西倾斜。东门宽0.9米(位于东壁中央),西门宽1.3米,在房屋西北隅,南门宽1.3米,在房屋西南隅。门向外开	版筑,厚约0.1米	光整坚实。中央有础石支柱(用于安放支撑屋顶的木梁),西壁旁有土坑,高0.1—0.3米,宽1.3米,东北角有灶	大量的瓦(圆瓦当、筒瓦、板瓦、瓦钉,大部分为卷云纹),陶器(碗、盆、瓶、釜、豆、罐、瓿、鼎、纺轮、陶狗等),空心砖、素砖、绳纹薄砖、铜器(斧、镞)、铁块、刀、钉、碎铁块、骨簪、有孔玉斧、矩形石刀、兽骨(猪、狗、牛、羊等),刻有"河南""博舍""兼"等"河宁"字样的陶片5个,"雒阳丞印"封泥2个。	(1101号房基东3米)灰坑3个,圆形,周壁无砖,规模从口径1.25米,底径1.05米,深1.7米,底到口径0.8米,深0.8米(另一个规模居中),径1.05米,于此二者中间;(1101号房基东3米)水井,无砖;(1101号房基东3米)灰坑2	圆囷:灰绿土;灰坑:陶釜、盆、碗、细把豆、布纹瓦,封泥20余个;封泥残块11个"河南大守章""守令印""守信印""雒""史""阳丞印""七""三丞""5印"	西汉(房址为汉初期,水井为战国至西汉)	中国科学院考古研究所:《洛阳中州路》,科学出版社,1959年。囷、水井、灰坑依据郭宝钧:《洛阳西郊汉代居住遗迹》,《考古通讯》1956年第1期

续表

地区	遗址	遗址规模	半地上、半地下建筑	门	墙面	屋内地面	遗址内出土物	邻接的遗址	邻接遗址内的出土物	时代	文献
中区	109号圆囷	口径1.95米	地下0.55米		砌砖		10余个印有"河市"字样的碗片			东汉("河市"陶片时代为西汉晚期)	郭宝钧:《洛阳西郊汉代居住遗迹》,《考古通讯》1956年第1期;括号内内容依据中国科学院考古研究所:《洛阳中州路》,科学出版社,1959年。
东区	312号房址	东西壁各长6.6米,南北壁各宽3.45米;两间,东西向,6.6×3.45米	建于当时地面以下1.3米	不明	地下部分四壁皆版筑,无砖。四壁各有两个直槽,大约宽33厘米,深14厘米,直槽底部平铺一块砖。南墙偏西有壁洞,或是砖柱遗迹(灯火用),比屋内地面高0.85米,壁洞高30厘米,洞深10厘米		大量的瓦(大多为薄唇,正面为绳纹,背面粗布a圆囷纹)、陶片(盆、罐、瓮、槽、汲瓶、碗、甑等)、纺轮2、陶丸1、陶鸟1、陶羊头1、铁器(斧1、锯、小刀、铜钱(大泉五十1、货泉1)	(312号址西南园)340号园62米,a圆园,无砖,口径2.75米,深0.55米,园底平,无夯土	陶片(盆、罐、瓮、槽、食、碗、甑、洗等柄豆100余片),铁器(斧1、锛1、残铁1)、铜钱(货泉11、大泉五十2、货布2,皆王莽时)	西汉	黄展岳:《一九五五年春洛阳汉河南县城东区发掘报告》,《考古学报》1956年第4期;括号内内容据郭宝钧:《洛阳西郊汉代居住遗迹》,《考古通讯》1956年第1期

第八章　汉代的地方都市：河南县城

续表

地区	遗址	半地上、半地下建筑	遗址规模	门	墙面	室内地面	遗址内出土物	邻接的遗址	邻接遗址内的出土物	时代	文献
	303号房址					铺砖（双行交错）残存面2×1.2米；带有"五""中"等文字隶书的砖各1,[青砖2×2米]	大量残砖、布纹瓦、石块；在铺地砖之下有同时代的砖堆积（发掘2米仍未到生土）			东汉	黄展岳：《一九五五年春洛阳汉河南县城东区发掘报告》，《考古学报》1956年第4期；方括号内内容据郭宝钧：《洛阳西郊汉代居住遗迹》《考古通讯》1956年第1期
	304号房址	建于当时地面以下1.1米，2.62米，1.88米	东壁全长3.88米，北壁残长2.62米，南壁残长1.88米，残存半间，2…×3.4米，南北向	不明	砌砖北壁中间有砖柱（或是为了支撑屋顶以防倾倒）	稍硬，灰色	砖，陶片多（盆、罐、瓮、缸、锅、汲瓶、甑、洗等），另有铁钉4个			东汉	黄展岳：《一九五五年春洛阳汉河南县城东区发掘报告》，《考古学报》1956年第4期；方括号内内容据郭宝钧：《洛阳西郊汉代居住遗迹》《考古通讯》1956年第1期

续表

地区	遗址	半地上、半地下建筑	遗址规模	门	墙面	屋内地面	遗址内出土物	邻接的遗址	邻接遗址内的出土物	时代	文献
	308号房址		南房的东西壁各长5.2米，南北壁各长3.9米（居住时面积4.94米，地面深1.46 3.64米）。			排砖一行，石片（沙岩）(柱础)	残长1.3米，东侧为砖。水井：六角形，井口下2.3米砌砖，自此以下为土壁，口径0.52米，已调查的深度为8.2米，（水井以西0.85米，两侧为用砖砌成的暗渠。	（308号房址南侧）石子路2条，一条东西向，残长4.18米，宽0.78—下为水道，另一条为南北向	水井：5.2米以下出土物较多（与地上建筑同时遭到破坏）；下为水用镶护石（中央有一孔）	东汉	黄展岳：《一九五五年春洛阳汉河南县城东区发掘报告》，《考古学报》1956年第4期
	314号房址		南房居住面距当时地面深1.11米，北房长3.55米（居住面距当时地面深1.2—1.3米），宽3.29米。3个房间；1个地面3.55×3.9米，其他两个5.2×3.9米，东西向	北房东壁中间	砌砖砖柱	平坦、坚硬。北房为灰绿色粮土（与仓房类似）	上部多瓦，下部多砖。瓦（细绳纹、布纹板瓦、筒瓦、半瓦当、空心砖80余（大量壁砖、空心砖、矩形砖）块、瓮、瓿、缸、碗、甑、铜、洗等；陶青瓷盒1，纺轮1，陶丸1，细柄豆、圆形陶片30余，铁器（刀2、犁1、环1、钉12），铜钱（半两1、五铢11、大泉5、布泉1），陶片1,300余，铁器60余。	（314号房址附近）313号房址灰坑，坑口2.68×2.20米，地下0.76米；307号扰乱坑，长坑4.1×3.4米，地下1.36米	灰坑：空心砖、盆、罐、骨细柄豆、印章（"东门传"私印）扰乱坑，板瓦、筒瓦、矩形瓦当、马路形砖、罐、盆、缸、瓮、汲瓶、碗、洗、盆、铁钉、铁锛、石杵	东汉	黄展岳：《一九五五年春洛阳汉河南县城东区发掘报告》，《考古学报》1956年第4期；方括号内内容据郭宝钧：《洛阳西郊汉代居住遗迹》1956年第1期

第八章　汉代的地方都市：河南县城

续表

地区	遗址	半地上、半地下建筑	遗址规模	门	墙面	屋内地面	遗址内出土物	邻接的遗址	邻接遗址内的出土物	时代	文献
	315号房址（部分发掘）				砌砖砖柱	铺砖残11个、柱础石头	大量的瓦、砖、陶盆、陶罐残片	与317号房址有密切关系		东汉	黄展岳：《一九五五年春洛阳汉河南县城东区发掘报告》，《考古学报》1956年第4期
	317号房址	地面上	东西外长8.2米，南北外宽6米。屋内东西7.1米，南北3.94米。3个房间，共8×4米，东北向	东北角（方向不明）	不甚平出，土质较硬，黄土淡黄色。居住面0.5米以下另有一居住面（有战国时代的瓦）	筒瓦（板瓦，背面布纹，正面绳纹），石具（石臼、磨盘、石杵、石磨），陶片300多片（盆、罐、瓮、瓿、缸、瓶、细柄豆、铜钱、洗等），釉陶兽2丸、釉陶兽2丸，陶片），铁器50件（斧1，小刀4、铸1，钉6，环14，权1，铺首1，铁叶1），钱币22，货泉7，不明者2）31（五铢22，货泉7，不明者2）	（317号房址西1.5米）320方仓（空）地面下1.45米，石南北壁长4.2米，东西壁宽3.58米，仓内面积为3.48×2.86米。砖壁，砖柱，仓底为灰绿色，土质坚硬平坦。（317号房址与320号房址附近）329。333、335号灰坑；以335号灰坑为例，坑口为1.60×1.55米，地下0.45米，钱币38市斤。326号扰乱坑：口13×？米，下1.02米	仓：瓦（板瓦、筒瓦、绳纹·布纹）、砖（空心砖数块，门墩砖1），陶片（盆、罐、瓮、瓿、瓶、汲瓶、鎯、碗、细柄豆、釉陶兽1，纺轮1，蒲1，刀1，钉26，钩3，铁器（锄3，铲1，磨盘1，臼2），环2，车器1），石具（货泉2，五铢8），铜镞2，水晶珠1，朱砂痕迹。仓地面的下方有西汉时期的瓦片，陶片（包括印有"河南"字样的陶片）灰坑：板瓦、筒瓦、空心砖、瓦当、盆、罐、甑、铲、煤、铁铸、铁刀，甑、铜、煤、铁铸、铁锸（重38市斤）抗乱坑：地板瓦、筒瓦、瓦当、门墩砖，盆、甑、洗、碗、罐、铁锸、铁刀	东汉	黄展岳：《一九五五年春洛阳汉河南县城东区发掘报告》，《考古学报》1956年第4期；方括号内内容据郭宝钧：《洛阳西郊汉代居住遗迹》，《考古通讯》1956年第1期

第九章

汉县的规模

本章将围绕汉代县的结构展开，探讨一两个与之相关的问题点。与上文所讨论的乡里制的情况不同，如何完满地解释地方行政区划中的户数规定与面积规定之间的关系，是本章的一大课题。这一课题也牵涉到应当怎样解释当时的居住形态及聚落等问题。

一、县的建构

县的四等级制

关于秦汉时期县的建构，《汉书·百官公卿表》记曰："县大率方百里，其民稠则减，稀则旷，乡亭亦如之，皆秦制也。"据此可知，秦汉时期县的组成部分包括：（1）方百里，有固定的面积；（2）民有稠稀，居民的户数与县域面积的减、旷密切相关。

现实情况中，面积与户数之间是如何进行调整的呢？《汉书·百官公卿表》又记："（县）万户以上为令，秩千石至六百石，减万户为长，秩五百石至三百石。"可见，以一万户为界，县分为大小两级。《续汉书·百官志》则曰："每县邑道大者置令一人，千石；其次置长，四百石；小者置长，三百石；（略）县万户以上为令，不满为长。"由此可知，东汉时期不满万户的县，分为次县和小县两类。不过，《通典》"职官秩品"条所引的"汉官秩差次"及"后汉官秩差次"有如下记载：

  万户以上县令——大县令（千石）
  次万户以上县令——次县令（六百石）
  减万户县长——次县长（五百石。成帝阳朔二年废除五百石之制，此后一直是四百石）
  次减万户县长——小县长（三百石）

可见，万户以上的县也曾二分。总的来看，整个两汉时期，根据户数县可以分为四个等级。

第九章 汉县的规模

但是,《续汉书·百官志》刘注所引应劭《汉官仪》记载:

> 前书百官表云:"万户以上为令,万户以下为长。"三边始孝武皇帝所开县,户数百而或为令,荆、扬、江南七郡,惟有临湘、南昌、吴三令尔,及南阳穰中土沃民稠,四五万户而为长。桓帝时,以江(汝)南阳安为女公主邑,改号为令,主薨,复复其故,若此为系其本,俗说,令长以水土为之,及秩高下,皆无明文,班固通儒,述一代之书,斯近其真。

应劭肯定了《汉书》中的令长制度,斥《续汉书·百官志》所载为俗说。关于令、长的制度,除了户数以外,应劭认为还受其他因素的影响。

严耕望氏指出令长的设置依据的是县内职务的繁简,而非户数的多少。比如在北部与羌胡邻接的地区,有些事务繁多的县,虽然户口很少,仍然适用大县之制。[1]

不过,依据钱大昭的《后汉郡国令长考》及丁锡田的《后汉郡国令长考补》(均收入《二十五史补编》)可知,吴郡、豫章郡、巴郡、蜀郡之中县令很少,但从各郡户数推算,一些县户数虽然过万,仍称县长,属长级之县,这验证了《汉官仪》中所谓俗说的正确性。

钱大昭、丁锡田的《令长考》虽然尽可能全面地检索了散见于诸书及碑碣中的诸县令长,但并未将郡中所有的令长网罗殆尽。(例如,豫章郡应有二十一县,钱、丁《令长考》只考证出九县,其中县令一、县长六、侯国相二。即便如此,严氏却假定豫章郡中只有一个令级之县,二万户,其余二十县全为长级之县,推算认为长级县平均每县有一万九千三百户[2])

此外,各县长官的称呼并不固定地是令或长、相,随时期不同而有变化。丁锡田的《令长考补》中,有多处出现同一县长官为"令或长"的记载。严氏依据钱、丁之研究,认为令长数只与《续汉书·郡国志》

---

1. 严耕望:《中国地方行政制度史》上编一,"中央研究院"历史语言研究所,1962年,第46—47页。
2. 拙稿:《漢代西北部における新秩序形成過程について》,《中央大学文学部紀要·史学科》11,1966年。收入本书。

所载的户数相关，进而将其作为两汉令长的定制加以讨论，现在看来，这一做法值得商榷。

就武帝时期的初郡、初县而言，因为需要在新获得的土地上区划自己的领土，所以才划分郡界，给予郡名。[1]在这些郡县之中，未必会依据当地的实际情况来设守、令、长。不过，这类事例应当只是一些特例，汉代四等级县下的令长制，大概如制度之规定，依据户数进行分等。

那么，现在的问题是，汉县四等级制是否只依据户数的多寡而形成。关于这一点，我认为户数的多少是四等级制的基础，从"大率""减旷"可知，在构建汉县之时，人们已经较多地意识到了有关县域面积方面的规定。

县的建构及其地理条件

关于县的建构，前揭所引《汉官仪》云"令长以水土为之"。的确，县与水土，或者说地理条件，有着十分密切的关系。

随着时间的推移，汉唐之间县（道、国）的数量不断变化：

西汉：1587（《汉书·地理志》）

东汉：1180（《续汉书·郡国志》）

晋：1232（《晋书·地理志》）

隋：1255（《隋书·地理志》）

唐贞观年间：1551（《旧唐书·地理志》）

各个时代疆域不同，县的数量也有增减。不过，将县的数量与户数结合起来看的话，会发现晋代户数为 2 459 840（《晋书·地理志》太康元年[2]），西汉户数为 12 233 062（《汉书·地理志》元始二年），前者只有后者的五分之一，而县的数量却没有减少那么多。而唐贞观年间的户数也只有三百万（《通典·历代盛衰·户口》）。

---

1. 拙稿：《漢代西北部における新秩序形成過程について》，《中央大学文学部纪要·史学科》11，1966年。收入本书。
2. 《晋书·地理志》记载各州的户数总计二百七十余万。《文献通考·户口》称户数为"此晋之极盛也"。

第九章　汉县的规模　　243

造成这一现象的原因，当然是每一个县内户数都有减少。据《晋书·职官志》记载，晋县有六个等级，即不满三百户、三百户以上、五百户以上、千户以上、千五百户以上、三千户以上。汉代以万户来区分县之大小，相较而言，晋县的户数相当稀少。唐县也与之类似，武德令称，诸州上县五千户以上，中县两千户以上，中下县一千户以上（《唐会要·置户口定州县等第例》）。

汉唐之间，县虽然多有废置，但也有不少汉代的县治及县名沿袭下来。可见，当如应劭所言，在县的建构过程中，除了户口数之外，也要考虑地理上的条件。

从《汉书·地理志》所载西北各郡的统县数与户数的关系来看，陇西、金城、天水、武威、张掖、酒泉、敦煌、安定、北地、上郡、西河、朔方、五原诸郡，每县平均约有 3 223 户。钱大昭《后汉郡国令长考》亦指出这些郡所辖县基本上都是长级。而《汉书·地理志》中，从京兆尹顺次往后一直到丹扬郡，这些被称为"内郡"的 39 个郡，每县平均约有 11 149 户。显然，县的构建有地域差异，与交通、军事要地也有关系。

依据是否有万户，大致可以区分汉县的大小。内郡（前述西北地区诸郡，有九郡设置于武帝以降）比较标准的县，其规模是万户，这个规模在地理条件上也较为合适。

可见，只有地理条件允许，内郡基本上以万户左右置县。而有些地域"远县去郡千二百至千五百里"（《华阳国志·巴郡》"后汉桓帝时"条），又有"今远州之县或相去数百千里"（《后汉书·仲长统传》"昌言"条）。在这些地方，县治一般设置于要冲之地。《汉官仪》言："三边始孝武皇帝所开县，户数百而或为令。"边郡置县，户数方面的考量不得不退居其次了。

"其民稠则减，稀则旷"的规定，反映了建县之时，户数是优先考虑的方面。但实际上，面积，或者说地理条件，也是一个重要的因素。

二、有关县乡亭里建构的诸说

"县大率方百里"之规定，对地方行政区划有哪些影响呢？下面来讨论这个问题。关于县的建构,《汉书·百官公卿表》记曰:"县大率方百里,其民稠则减,稀则旷,乡亭亦如之",反映出县的建构与乡亭亦相关,既有研究已探讨了"县方百里"与乡亭里之间的关系。

关于"乡亭亦如之"应该如何解释的问题,松本善海氏指出,乡亭也有固定的面积。《汉书·百官公卿表》曰:"大率十里一亭,亭有长,十亭一乡。"一亭方十里,当自一县方百里演变而来。[1]"乡亭亦如之"反映出乡亭与县一样,按规定当有固定的面积。

早在元代,学者方回就已经以这些解释为前提,将县与乡、亭、里放到一起进行考量了。他指出,从"方十里"之"十"到十亭一乡、十乡一县,最后形成了"县方百里"。[2]降至今日,此说依然延续不衰。

方回认为"方百里"来源于"方十里"之"十",这其实是一种误解。"十里一亭,十亭一乡"之说与《风俗通义》所载的"大率十里一乡"相互矛盾,松本氏无法同时解释这两条史料,最后只好说《汉书·百官公卿表》有关乡亭里的规定只存在于人们的观念之中。

好并隆司氏则认为,阡即百里,陌即十里,亭"方十里"指的是在阡陌纵横的土地上,亭呈长条形分布,十亭组成一乡,而不应该将一县十乡"方百里"想象成一个正方形。[3]好并氏之说,在本氏"亭方十里"想法的基础上,依据《汉书·百官公卿表》和《风俗通义》的内容进行讨论,是一个新的尝试。

但是,史料中没有"一县十乡"的说法。《汉书·百官公卿表》还记载:"凡县道国邑千五百八十七,乡六千六百二十二,亭二万九千六百三十五。"据此推算,一县平均有4.1个乡,"一县十乡"之说与此不合。不过,从县乡亭的数值来看,一乡实际上平均统辖4.5个亭,也与"十亭一乡"的规定不合。这样看来,仅从《百官公卿表》的数值记载,还不能完全否定"一县十乡"之说。关键问题在于,由于没有反映特定统属关系的史料,无法推测县乡之间是否亦和亭乡之

---

1. 松本善海:《秦漢時代における村落組織の編成方法について》,《和田博士還曆記念東洋史論叢》,1951年。《中国村落制度の史的研究》,岩波书店,1977年。
2. 钱大昭:《汉书辨疑》卷9所引方回《续古今考》。
3. 好並隆司:《漢代鄉里制の前提》,《史学研究》113,1971年。

间的建构模式相同。

此后，越智重明氏指出，十里一亭的意思是沿着阡陌等干线道路，每十里（距离）设一亭；全国平均一乡有4.5个亭，在特殊的情况下才出现十亭一乡；一县平均有4.1个乡。十里一乡是仅存在于户籍制度层面，百家集为一里，一乡十里，一县平均约为四十里，而一亭平均约有二里。[1] 越智氏之说巧妙地化解了史料之间的矛盾，解析史料之后得出了较为完备的结论。但是，此说中一县有四千户，与一县平均约万户的实际情形相去甚远。

最近，古贺登氏在有关县乡亭里制度的研究中，指出长安城的建筑规划有其相应的现实意义。古贺登氏认为，"县方百里"有两种含义，一为"周百里"，一为"四方各边百里"。"周百里"是指县下辖一百个里，其中县治所在的都乡面积较大，相当于两个普通的乡，周围约有98个里。"四方各边百里"乃就县的管辖范围而言，与一县有四乡相合。

一乡之中，在长5 000步的阡之左右，每隔2 400步有陌，共5条。在陌的左右，各有50顷耕地（依据240步为一亩之制，共计一千顷）及五户（伍）、十列（什，一里百家，一乡千户）农民。在乡治所所在地，另有五百户吏员、军人、商业及手工业者。

亭有路亭、乡亭两种。"十里一亭"指的是路亭；乡有乡亭，都乡设三亭，而下乡则设两亭。[2]

古贺氏之说视野广阔，涉及有关阡陌制的新见解。但是，仅从县乡亭里的建构来看，他的"一县四乡"说与越智氏的看法相同，而"一乡十五里"之说又与史料中"十里一乡"的记载大相径庭。此外他还提出，十五里之中有五里为乡治所居民的居住地，包括吏员、军人、商人，共计五百户，这个看法也值得继续讨论。

首先来看吏员。《汉书·百官公卿表》曰："吏员自佐史至丞相十二

---

1. 越智重明：《漢魏晉南朝の郷・亭・里》，《東洋学報》53-1，1970年。
2. 古賀登：《漢長安城の建設プラン——阡陌・県郷制度との関係を中心として——》，《東洋史研究》31-2，1972年；《県郷亭里制度の原理と由来》，《史林》56-2，1973年；《阡陌考——二四〇＝一畝制の成立問題を中心として——》，《史学雜誌》83-3，1974年；《漢長安城と阡陌・県郷亭里制度》，雄山閣，1980年。

(三）万二百八十五人。"西汉户数为12 233 061户，据此推算，民户与吏员的比例约为100∶1。假设一百户人口对应一位吏员，那么吏员数应是民户的百分之一。不过，《续汉书·百官志》称"里魁掌一里百家"，依据户数可知，仅里魁（里吏）就有十二万人之多，与《百官公卿表》所记不符。《通典》"职官官数条"云，《汉书·百官公卿表》所记吏员数为"哀帝时数，兼诸府州郡胥吏"。由此可知，《百官公卿表》之吏员数只统计到地方行政机构中的少吏，并未囊括乡里中的公务人员。

现在来看乡治内居住的吏员数量。里吏居于里内，亭吏居于亭舍，乡治所内的吏员应该只包括乡吏。据《汉书·百官公卿表》和《续汉书·百官志》的记载，乡里吏员有三老一人，啬夫、有秩各一人，另有游徼及乡佐，人数不明。《续汉书·百官志》刘注所引《汉官》记载首都雒阳令有吏员796人，而依据《汉书·地理志》所见雒阳县的户数，可推知吏员与民户的比例为1∶70，即七十户对应一吏。

由于不清楚东汉雒阳县的户口数，且雒阳作为都城，反映的是剧县的吏员数，因此这一比例可能并不适用于一般地方上的县。不过，假如按这一比例推算的话，若一乡一千户，吏员当为十四人。（以七十户对应一名吏员，可以得出这个数字。再来看尹湾汉简所记的东海郡的情况。东海郡有266 290户、170个乡、688个亭。乡吏每乡一人，亭长也是每亭一人，包括乡有秩、乡啬夫、游徼、乡佐、乡三老在内的乡吏共502人、亭长689人。涵盖乡亭里邮在内的全郡吏员总共2 203人，若加上三老、孝弟力田等则有2 771人。以2 203人计，则121户对应一名吏员；以2 271人计，则96户对应一名吏员。吏员户数占郡内总户数的8%强。详参本书所收《汉代的地方行政与官衙》一文）。

再来看军人。汉代实行征兵制，士卒来源于服军役的农民，即所谓的兵农合一。那些居住于城中没有耕地的军人当属武官之类。但是，这些武官从属于中央官府或将军莫（幕）府，应该没有多少居住在地方乡治之内。

最后要讨论的是商人，在乡治大小的地方，是否有数百户的商人从事商业经营活动呢？这是值得讨论的问题。

宇都宫清吉氏在讨论公元前3世纪到1世纪的社会时，认为农村人

第九章　汉县的规模

口和城市人口各占六成和三成，剩下一成为吏员和军人。[1]宇都宫氏推算非农人口的依据是战国时期李悝谈到的粮食生产总量。从当时的田租额（十税一）可以推定吏员和军人的数量。

当然，宇都宫氏的推测依据的是战国时期的史料，就汉代而言，田租虽然是三十税一，但即便是下贫农民，也要课算赋和口赋。以一家五口，夫妇二人和三个孩子为例，需要缴纳三百钱。在当时的一般年份，一石粟市值五十钱，三百钱折后六石粟。据《汉书·食货志》所载，晁错称当时一家有百亩田地，可收获百石粮食。按三十税一计，则需缴纳田租三石，再加上人头税六石，农民所纳谷物约占总收获谷物的十分之一，与战国时期的税负相当。

李悝谈到当时百亩土地产粮一百五十石，相较而言，晁错所说的田亩产量更低。这就意味着即使税率相同，在汉代，包括吏员（文武官吏）在内的全部非农人员的比例，可供回旋的空间更低。其实，我们需要探讨的不是农民和非农人员的比例，而是这些非农人员的居住地点分布问题。吏员应当集中在中央官府周边及郡县治所之中，商人则集中分布于华北的各大都市。[2]

古贺氏所描述的里总面积达一百顷，其中包括了住宅用地（一家五亩）与道路用地（一里之中有1.7顷）。（古贺氏认为住宅和道路用地占了一成。汉代没有战功田，因此每户的宅基地只有五亩）这样推算，每家约有耕地93.3亩。而一乡之中有两里是乡城所在地，乡城中有五百户居民，住宅共占地25顷。那么这两个里的二百户居民，其耕地总面积要减去25顷，平均每户要比其他各里少12.5亩，只有约80亩，显然偏离了井田制以来一家百亩的原则。另一个问题是，认定乡城中有五百户居民，依据的是一县（含三个下乡和一个都乡）有五千户居民，但这与两汉时期平均每县有一万多户的实际情形大相径庭。

再看里中的住宅用地。按一里百户、一户五亩的住宅规模推算，宅基地约为500步（690米）×240步（331米）。河北省的午汲古城从

---

1. 宇都宫清吉：《西漢時代の都市について》，《東方学》2，1950年；《漢代社会経済史研究》，弘文堂，1955年。
2. 同上。

春秋时期延续到汉代，在城址中认定为里的地方，每户的住宅面积是370米×175米。[1] 前者的数值显然要大得多。

三、乡亭里与县方百里

关于"乡亭亦如之"

从乡亭里与县的关系上看，上文引述的有关县乡亭里建构之诸说，其共通之处包括：

（1）与县方百里一样，乡亭里也有固定的面积；

（2）县乡的面积与户数应当如何匹配，有不少问题尚待解决。

关于乡亭里的构成，笔者另有讨论。[2] 有学者认为，构成乡里的基础是户数，乡里没有固定的面积，我也赞同这个看法。

构成乡里的户数是固定的，百家一里，十里一乡。亭负责交通、警察方面的事务，设置原则是每十里（距离）置一亭，十亭一乡表明一乡之内有十个亭舍。不过，实际情况是一乡只有大约4.5个亭。

既然设亭依据的是固定的距离，那么应可使用"亭部"一词来标明地籍，表示某地为某亭所管辖。但是，若据此认为"十亭一乡"与"十亭部一乡"有着相同的含义，则显然有误。

如果乡、亭部都依据固定的面积来区划全国的土地，那么作为租税征收单位的乡，当然也应该被视为一个地籍单位。但是，用"亭部"而非"乡部"来标明地籍，是因为构成乡的基础是户数，不适合作为地籍单位。

除了定垦田之外，《汉书·地理志》还记载了"邑居道路山川林泽群不可垦"及"可垦不可垦"的土地的详细面积，提封田面积总计145 136 405顷。（这个数字可能比实际统计的数量略少。或是因为提封田只统计了那些用作耕地且具有发展前途的地域）

《汉书·地理志》记载全国土地总面积四百六十六亿七千余万顷，

---

1. 五井直弘：《豪族社会の発展》，《世界の歴史》3，1960年。本论文涉及的午汲古城之里，未经发掘调查确认。
2. 拙稿：《漢代における郷について》，《中央大学文学部紀要·史学科》18，1973年。收入本书。

提封田"东西九千三百二里，南北万三千三百六十八里"，约占全国的三百二十分之一。提封田中，除去高山、巨泽、沙漠等地之外，应该都是作为地籍统计对象的地域。

乡的主要执掌是民政，与民户关系紧密，很难管控那些无主的空地及山川林泽等处。因此，在编纂地籍的过程中，利用了这些间隔固定距离而设置的亭（但是，目前尚难明确是否存在亭方圆几里的规定）。

但是，不可能设亭的地域也是存在的，这些地方构成了提封田的边界。可见，十亭一乡规定的是乡与十个亭舍（4.5个亭舍）之间的职务联系，没有必要从《汉书·百官公卿表》的记载演绎出十个亭部与一个乡面积相当的观点。

有些观点认为，作为地籍单位的亭具有土地买卖、地籍管理等民政职能。但是，我认为亭的职能仅限于传舍的管理和地区内的警察事务[1]，地籍、户籍的编纂都由县级机构负责。[2]

如果以上看法不误的话，那么提封田的总面积应与全国所有县的总面积相一致。（但是，如果按一县百里计算，县的总面积不到提封田面积的一半。如后文所述，县方百里是一个思想性很强的数值。前文所引西汉成帝时期的尹湾汉简，记载东海郡的提封田有512 092顷85亩，其中大约34万顷为耕地。若每个县都是四方百里，提封田50万顷只占到所有县域面积之和的七分之一）

这样看来，在乡里建构的过程中，十里一乡、十亭一乡都不能认作是关于面积的规定。那么，"乡亭亦如之"应当如何理解呢？再来重新检讨《汉书·百官公卿表》中关于县乡亭里制的规定，原文曰："[大率一里百家，十里一乡]，大率十里一亭，十亭一乡，县万户以上为令，减万户为长，县大率方百里，其民稠则减，稀则旷，乡亭［里］亦如之。"（[ ]之内容，据《续汉书·百官志》与《风俗通义》补入）这段文字记载了里（户数）、亭（距离）、县（户数、面积）的建构过程，然后

---

1. 好并隆司认为亭长亦参与民政管理（好並隆司：《前漢帝國の二重構造と時代規定》，《歷史学研究》375，1971；《秦漢帝國史研究》，未来社，1978年）。关于亭长的职务问题，我在《漢代における郷について》一文注59中有专门论述。
2. 拙稿：《漢代における郷について》，《中央大学文学部紀要·史学科》18，1973年。收入本书。

阐述了县在建构之时的实施细则及较灵活的处理原则。"乡亭亦如之"是说这些灵活的处理原则同样适用于乡亭（里）的构建，与方百里的县域面积及县域面积的减、旷无关。

由于《汉书》脱漏了关于里、乡统属关系的文字，学者们对所谓的"灵活处理原则"的解释较为混乱。值得注意的是，《晋书·职官志》也记载了建构地方行政区划中的灵活处理原则，曰："土广人稀，听随宜置里吏，限不得减五千户。"《通典·食货·乡党》亦曰："若山谷阻险、地远人稀之处，听随便量置。"应该都是对汉代政策的继承。

《晋书·职官志》指出，可依据人口的疏密灵活设置里吏。这一制度不只关涉到里，亦与高级行政区划的构建相关。（晋唐时期的政区规划中，未见有依据面积构建政区的原则）。汉代的灵活处理原则，其主旨和效果应该大致与之相同。

人为设置的地方行政区划，往往统一规划，有固定的面积。若从这个角度来观察汉代的乡里，需要首先弄清当时地方农村的居住形态。下文拟介绍中国古代聚落发展的梗概，以明确汉代乡里的具体情形。

在灌溉技术不成熟的时代，人们的生活依赖自然形成的河流以及雨水。华北平原地下水资源匮乏，早期的聚落多沿着山脚下的河流呈点状分布。《尔雅·释地》曰："邑外谓之郊，郊外谓之牧，牧外谓之野，野外谓之林，林外谓之坰。"可知聚落之间有大片的荒野和森林分布。由于中央政治势力较弱，且地方无法保障治安，规模较大的聚落有必要在聚落周围修筑土堡一类的防御设施，这些聚落称"邑"。

春秋战国时代，随着人口的自然增加、农具及灌溉技术的进步，聚落逐渐远离河流，广布于农民新开辟的土地之中。与原来筑有土堡的聚落相比，新聚落宛如落叶一般散布。《管子·轻重篇》及《山权数篇》称之为"落"。所谓"十室之邑"指的就是这一类的"落"。《庄子·胠箧篇》云："昔者齐国邻邑相望，鸡狗之音相闻，（略）阖四竟之内，所以立宗庙、社稷，治邑屋、州闾、乡曲者，曷尝不法圣人哉？"由此可知，聚落虽呈散村化分布，但聚落之间相去不远，村民有界线意识，地方行政区划体系亦较完整。此外，中央集权加强、政治机构完善保障了地方治安的稳定。

第九章　汉县的规模

这些新形成的聚落规模较小，几乎都没有土堡，动乱来临时则会紧急修筑坞堡。位于政治中心或交通要冲之地的聚落，聚集了大量的人口，形成了城市。一有动乱发生，这些城市容易成为攻击的对象，因此城郭的修筑很有必要。

以上这些讨论的前提是，汉代地域社会的构成基础是众多的自然村。按此，商鞅的"集小都乡邑聚为县"（《史记·商君列传》），应当理解为在全国范围内将既存的聚落统一纳入县制体系进行管理。另一个问题是，地域社会已逐渐自我瓦解，此时商鞅对人们的居住地进行大规模的改造，并建构新的地方体系，这一做法是否有必要。

此外，商鞅又"为田开阡陌封疆"（《史记·商君列传》），接着"而赋税平"。在已开垦耕地上开阡陌、封疆，使农户之间明确耕地的疆界，其目的在于调查耕地情况，并确立地籍制度。对国家财政来说，耕地调查是必不可少的。

关于阡陌制的起源众说纷纭。从字义上看，阡陌使人联想到经过统一划分的耕地，从井田制可知其大略。或可认为，阡陌制是旧有耕地区划形态的部分反映。但是，在汉代以散村形式分布的农村，很难重新进行耕地的统一规划，也不具备实现耕地均产化的社会条件。

再来看与租税密切相关的亩制问题（有百步一亩与二百四十步一亩两种制度）。大概在统一度量衡的同时，商鞅决定统一亩制。统一亩制的决定，以及根据亩制对耕地进行均等划分、重组的问题，需要另作讨论。[1]

县方百里

这样看来，恰当的做法是将县的建构和乡亭里的建构作为两个问题分开探讨。下面来讨论"县方百里"的问题。松本善海氏指出，《孟子·万章章句下》曰："天子之制地方千里，公侯皆地方百里。"（《礼记·王制》等文献也有类似的记载）至战国末年，七雄地方各千里。始皇帝统一后，

---

1. 参阅拙稿《中国古代における聚落形態について》（《中央大学文学部紀要·史学科》16，1971，收入本书）及《中国古代の農村一斑》（中央評論26-1，1974）。

天下方万里。入汉后，分封诸王，王国方千里，侯国及同一层级之县方百里。[1]

《后汉书·左雄传》云："今之墨绶，犹古之诸侯。"的确如此。墨绶是郡县长吏的代称，将其比附为诸侯令人难以理解。但是，"县方百里"是对诸侯封建之制的仿效，从这个角度考虑，又是可以认同此说的。那么，"方百里"反映了怎样的实际情形呢？

先来看"方"。《三辅旧事》记云："长安城方六十三里，经纬各十二里，形似北斗也。"可见，即便城市的一边呈斗形，也可称"方"。置县之时，要面对复杂的地理条件，没有必要必须将其设计成正方形或长方形。因此，将"方"理解为"具有县界"比较合适。也就是说，即使县的地域不规则，只要四至之内的面积与"方百里"相当就可以了。古贺登氏指出，《汉书·地理志》记载的全国定垦田，其县均面积与一县四乡应有的定垦田面积相合。定垦田的县均面积加上可垦、不可垦土地的县均面积，约占"方百里"的三分之二。李悝"尽地力之教"后的垦田面积与山泽邑居面积之比，和这个比例较为一致。这个观点十分重要。但是，将县中的垦田率扩大到全国范围，特别是边郡诸县，就不太合适了。

《汉书·地理志》的统计是以这一垦田率为前提的，从中可以得知汉县的具体实态，不过，实际上从对垦田率的统计中更可以看出汉代为政者的政治姿态——或班固的教养，《汉书》所记载的数值颇让人感到带有强烈的思想性。

《周礼》记载了三种地方行政制度：（1）乡遂之制（《遂人》《大司徒》），（2）井邑甸县都之制（《小司徒》），（3）九畿之制（《大司徒》）。前一种制度以户数为区划的依据，后两种以面积基础进行区划。后两种与诸侯国联系紧密，而与前一种相关的是春秋以降兵役的扩大，以及以户为单位的一元控制体系的发展。汉代的县乡里之所以与户数联系紧密，其实是自然发展而来的。

---

[1] 松本善海：《秦漢時代における村落組織の編成方法について》，《和田博士還曆記念東洋史論叢》，1951年。《中国村落制度の史的研究》，岩波书店，1977年。

第九章　汉县的规模

不过,仅就县而言,其设置还需考虑地理条件。虽然"方百里"有着浓厚的理想色彩,但若将"百里"作为直线距离(也可能指面积)来看,这个数字在治安等方面也不是完全没有现实意义。应劭的《地理风俗记》(《汉唐地理书钞》辑录)曾载:"涿县东五十里有阳乡亭,后分为县。"在距离涿县五十里之处,分置出一个新县。又曰:"博陵县,故饶阳之下乡也。"记载了由下乡升格为新县之例。同书还记载了不少"故县",其距离全都在百里之内。可见方百里的观点是可以信据的,不过,也不能将县治之间的距离严格地一般化或平均化。同时还需注意,内郡之县的面积与户数的增减联系也十分紧密。

结语

上文谈了四个问题:1.固定的户数是构建乡里的基础(亦需重视自然村的存在);2.县的建构要考虑户数和地理条件两方面因素;3.相隔固定的距离设亭,亭有亭舍;4.以户籍为基础的乡里和以地籍为基础的亭部共同组成了县(户籍、地籍分别对应人头税、田租)。[1]古贺氏认为县乡亭里制与长安城的建设计划有关,关于这个问题另有专文讨论。[2]拙文指出,长安城的建设基础是秦的离宫和上林苑地区,而非原有的二都乡及县周围方百里之地。

追记:本章为1974年10月9日召开的"历史学研究会东洋前近代史部会例会"会议报告的一部分。有关这个报告的要旨及讨论情况,刊载于《历史学研究月报》第180期。

---

1. 本章未涉及什伍制,关于这个问题,拙稿《中国古代における伍制について》(《中央大学文学部紀要・史学科》19,1974,收入本书)有专门论述。
2. 参阅拙稿:《咸陽城と漢長安城》,《中央大学文学部紀要・史学科》20,1975年,收入本书。

第十章

汉代初县的设置

前言

最近尾形勇氏在《漢代屯田制の一考察》一文中分析了西汉屯田行为的功能。他指出，"屯田"就是在准备设置新县的地方开拓灌溉那些尚未垦殖的土地，并营建一个能够接收、容纳移民的生活环境。换言之，为了在边境地区建构出一个能够再生产的体制，以此为目的而进行的各项具体准备，即屯田行为，又可称为移民过程的前一阶段。而屯田地区在军事、财政以及东西贸易等方面的职能，其实是屯田行为的派生功能。

在屯田概念方面，尾形氏提出了新见解。同时，他在西嶋定生的大著《中国古代帝国の形成と構造》的基础上，针对秦汉时期新邑的形成方式等问题，提供了具体的例证。

西嶋氏认为，在移民到来之前，"新邑"进行了一系列改造生活环境的准备工作，"根据推测，这些工作是包括士卒劳动在内的国家层面的徭役劳动"。经过改造，旧有族群解体，建立起他律性的秩序体系。通过皇帝单独实施的人身控制制度、赐爵制度，新邑成为一个建设他律性新秩序的实践场所。[2]但是，关于这个实践场所的形成过程，西嶋氏没有举出具体的例证。

尾形氏文章具体地分析了这种新秩序的形成方式，不过由于其研究地域仅限于边境地区，这一新秩序的形成方式是否反映了秦汉之县形成初期的一般实态，尚有疑问。在讨论这个问题之前，需要先弄清楚以下两个内在因素是否存在：1.移民以前，由于国家徭役及屯田垦殖而形成了新的生活场所，也就是确立了具有他律性社会秩序的条件；2.国家徭役及屯田等行为，导致了"徙迁民"自身所在的族群瓦解，并

1.《史学雜誌》72-4。
2.《中国古代帝国の形成と構造》第五章第三节，东京大学出版会，1961年。引号中的引文见于该书第528页。

第十章 汉代初县的设置

析出了独立的个体小农。

若将这两个问题一起讨论的话，量大体庞，颇有困难。因此，本章着重讨论第一个问题，对第二个问题，即对移民实态的研究，另有详述（参阅《汉代的边境徙民：初县的环境Ⅲ》），此处只大略介绍其结论。笔者认为，进入边境新邑的"徙迁民"，其主体是贫民，即所谓完全脱离旧有传统的个别异姓者的集合体，他们与皇帝加强个人控制的理念不相矛盾，因为都否认既存的秩序体系。

西汉时期，汉朝势力在西北地区（今宁夏、甘肃、青海、新疆等地）的扩张比较活跃。下文拟观察汉人在西北地区的经营方式，讨论第一个问题所说的新秩序的形成方式。这一新秩序的形成在多大程度上有想象的成分，是否能够彻底探究清楚？需要进行若干探讨。

进入正式讨论之前，先将尾形氏提出的新秩序形成方式总结如下：

1. 屯田之处有设置新县的情况。

2. 在屯田处囤积足够士卒消耗一年的粮食，以进行再生产活动，而后募民迁徙充实之。

3. 有屯田士卒自身定居、土著化的现象出现。

根据这三点，可以明确看出"屯田—初县设置—徙民"方式的出现。此外，初县的形成方式中，还有：

4. 郡的创置方式：在未开发地区筑城—置郡。

驱赶外敌之后，在新得到的土地上修筑一两个"城"，并划出一定的地区置"郡"，在郡内不断地修筑新城，进行"屯田"，并设"新县"徙"民"。这已经成为边境地区郡县设置的程式化过程。

一、屯田与初县设置

首先看屯田的基本功能，通过对几个事例的讨论，分析其是否相当于初县设置的准备阶段。尾形氏举了两个例子，分别如下：

①元狩三年，朔方郡新设沃壄、三封两县。¹元狩二年霍去病讨伐匈奴，此后的元鼎二年设令居县（《水经注·河水》）。朔方郡二县的设置在这两个年份之间。"是后匈奴远遁，而幕南无王庭，汉度河，自朔方以西至令居，往往通渠，置田官，吏卒五六万人。"两县地处朔方至令居之间的地域，可视为是屯田行为的产物。

②神爵二年，金城郡新设破羌、允街两县，其设置基础是神爵元年四月（六月²）至次年五月赵充国在此区域进行的屯田。

鄂尔多斯地区的置县

第①个例子讲述了鄂尔多斯地区置县与屯田之间的关系，认为屯田是沃壄、三封置县的准备步骤。但是，沃壄、三封两县新置于元狩三年，而《史记·匈奴列传》所见朔方至令居的屯田行为，并非如尾形氏所言，是元狩三年之前的事情，而是次年，即元狩四年，卫青、霍去病讨伐匈奴之后的事情。³因此，两县的设置与屯田之间没有任何关系。⁴

这次屯田行为，其目的是纯军事性的，即在前线的屯戍基地进行垦殖，这样既能削减军事运输，又可以维持军事基地的恒久化。

那么，沃壄、三封两县经历了怎样的设置过程？为何在元狩三年置县呢？尚缺乏明文记载。或许与元狩三年的山东水灾有关，当时关东贫民七十万余迁徙至鄂尔多斯地区⁵，这两县可能是当时仓促设置的。不过，无论如何，没有发现两县设置有任何的准备行为。

---

1. 《汉书·地理志》载："沃壄，武帝元狩三年城"，"三封，武帝元狩三年城。"尾形氏默认已"城"的话，则距置县已不远。包括临戎县在内，《地理志》所记的"城"仅有三例，一般作"置"。关于这个问题，《地理志》"弘农郡黾池县"条曰："景帝中二年初城，徙万家为县。"可知"城"的含义当依尾形氏之说。
2. 《汉书·武帝纪》曰："夏六月以降。"
3. 尾形氏认为此事的时间下限在《水经注·河水》所记令居置县的元鼎二年，但据《匈奴列传》记载可知，此事应发生于霍去病去世的元狩六年之前。
4. 尾形氏还指出临戎县的设置也是这次屯田的结果，但临戎县"元朔五年城"，早于此次屯田。
5. 关于元狩三年的徙民问题，各史料间的纪年相互抵牾，已有的解释也较为混乱。相关的史料有：（转下页）

第十章　汉代初县的设置

金城郡的置县

第②个例子中金城郡置县的例证又是怎么回事呢？尾形氏说，破羌、允街两县的设置，除了赵充国屯田之外，没有发现有移民实边、充实初县的记载，因此，应当是屯田士卒自身定居之后而产物。神爵元年赵充国上奏屯田之事时曰：

> 计度临羌东至浩亹，羌虏故田及公田，民所未垦，可二千

（接上页）（1）汉已得浑邪王，则陇西、北地、河西益少胡寇，"徙关东贫民，处所夺匈奴河南、新秦中，以实之"，而减北地以西戍卒半，其明年（元狩三年），匈奴入右北平、定襄（《史记·匈奴列传》）。

（2）其明年（元狩三年）山东被水灾，民多饥乏，于是，天子遣使者，虚郡国仓廩，以振贫民。犹不足，又募豪富人相贷假。尚不能相济，"乃徙贫民于关以西，及充朔方以南新秦中七十余万口，衣食皆仰给县官，数岁假予产业"（《史记·平准书》）。

（3）浑邪王等降，县官费众，仓府空。其明年（元狩三年），"贫民大徙，皆仰给县官"（《史记·平准书》卜士事迹。

（4）有司言："关东贫民，徙陇西、北地、西河、上郡、会稽，凡七十二万五千口，县官衣食振业，用度不足。"（《汉书·武帝纪》"元狩四年"条）

松田寿男氏认为，史料（1）所记的关东贫民的迁徙当在元狩二年，但只有"减戍卒半"应如《汉书·武帝纪》所言，在元狩三年。又，与史料（4）相互比较可知，史料（2）中有关元狩三年徙民的记载，其年份有误，应是元狩四年（《漢魏時代に於ける西北支那の開發》，《東亞論叢》3，1940年）。

加藤繁氏指出，史料（2）与（4）的纪年之所以不同，与汉承秦制，以十月为岁首有关。元狩四年也是一样，从十月开始进入新年。也就是以冬季为岁首，而以秋季为岁末。北中国发生水灾的时间大抵在夏秋之季，山东水灾也应起于元狩三年的夏秋时节，而对救助灾民方法的讨论当发生在接下来的冬季，即元狩四年之初。因此，《武帝纪》记之于元狩四年条，而《平准书》却记载水灾发生于三年冬天，实际上分别记述了水灾及救助的不同阶段。（《漢代に於ける国家財政と帝室財政との区別並に帝室財政一斑》，《東洋学報》8-1，9-1、2，1918年，《支那経済史考証》上，东洋文库，1952年，第48—49页）

若依二氏之说，则徙民史料分别记载了发生于元狩二年和元狩四年的事件。不过，据史料（2）可知，为了应对山东水灾，政府派遣使者前往灾区，同时富豪之家也开展了救助活动。由于不能完全救济所有的灾民，所以才采用最后的办法，即徙民。但据史料（1）又可知，多达七十余万关东贫民的实边行为，直接导致了当时边塞守备体制的一大变革，即"减北地以西戍卒半"。关于徙民的具体情况，可以尝试从《汉书·武帝纪》进行分析。

（5）（元狩二年）秋，匈奴昆邪王杀休屠王，并将其众合四万余人来降，（元狩三年）秋，匈奴入右北平、定襄，杀略千余人。遣谒者劝有水灾郡种宿麦。举吏民能假贷贫民者，以名闻。减陇西、北地、上郡戍卒半。（元狩四年）冬有司言，关东贫民徙陇西、北地、西河、上郡、会稽，凡七十二万五千口。（转下页）

顷以上，其间邮亭多坏败者。（略）愿罢骑兵，留弛刑应募，及淮阳、汝南步兵与史士私从者，合凡万二百八十一人，用谷月二万七千三百六十三斛，盐三百八斛，分屯要害处。冰解漕下，缮乡亭，浚沟渠，治湟陿以西道桥七十所，令可至鲜水左右。田事出，赋人二十亩。至四月草生，发郡骑及属国胡骑伉健各千，倅马什二，就草，为田者游兵，以充入金城郡，益积畜，省大费。今大司农所转谷至者，足支万人一岁食。谨上田处及器用簿，唯陛下裁许。（《汉书·赵充国传》）

所谓"为田者游兵，以充入金城郡，益积畜，省大费"，是指屯田结束之后，将屯田兵改纳入郡的体系中蓄积起来。接着，在神爵二年又"请罢屯兵，奏可"（《汉书·赵充国传》），记载了赵充国希望结束屯田。这虽然是一条有关屯田结束的材料，但并不包含屯田兵垦殖已经中止的意思。

在神爵二年"请罢屯兵，奏可"，即请求结束屯田之后，"充国振旅而还"。所谓"振旅"，指的是地位重要的屯田兵团班师回朝，而不是如尾形氏所推想的那样，屯田兵继续驻扎在屯田地，然后形成了初县。

还有一个问题，赵充国屯田地驻扎的所有屯田兵是否全部都班师回朝了呢？上段引文曰："为田者游兵，以充入金城郡，益积畜，省大费。"有观点认为这说明赵充国屯田之时，已经预先设想将屯田兵编入到将要建立的金城郡之中。其实，关于这段史料，有必要再做检讨。经过分析，笔者认为，从上奏文的前后文关系来看，这条材料与郡县体制

（接上页）与史料（2）一样，史料（5）元狩三年亦可见"遣谒者""举吏民能假贷贫民"等应对灾害的政策，但却没有记载其原因是山东水灾，而与史料（1）相同，记载了"减戍卒半"，又将徙民实边这一造成"减戍卒半"的因素系于元狩四年。不过，与史料（4）相同，（5）中有关元狩四年的徙民记录出现在"有司言"部分，即书面报告之中，而实际的徙民时间应在此之前，当早于元狩三年的"减戍卒半"。

依据以上分析，可以解决《汉书·武帝纪》与《史记·匈奴列传》之间的矛盾，又可知加藤繁氏的观点忽略了徙民与"减戍卒半"之间的关系。那么，松田寿男氏的观点又如何呢？的确，史料（1）所记的徙民事件与（2）、（3）中记载的或许不是同一件事，但是，导致北地以西地区戍卒减半的徙民，只有《匈奴传》认为发生于元狩二年，这一点很难解释。史料（1）中的徙民可能与"减戍卒半"发生在同一年，或许都是元狩三年之事。此外，史料（3）所记浑邪王来降之后的徙民，也应在元狩三年。

第十章 汉代初县的设置

的建立并不相关。

具体而言,"为田者游兵"是指到了"四月草生"之时,发"郡骑及属国胡骑伉健各千、倅马什二",配置到各军事据点,史料主要记述的是屯田之地这些"为田者游兵"[1]的军事职能。"以充入金城郡"的含义是,金城郡直接面临西羌威胁,因此在原有的以骑兵为主体的防御体系之外,开辟屯田以补强郡内的防御形势。"益积畜,省大费"说的是屯田在财政上的优点,强调可以"积谷"以节省转漕之劳费。

就"充入金城郡"而言,在上奏文中列出了金城郡屯田的具体功能,即"屯田十二利"。"十二利"之内容虽有前后之别,但有很强的近似性:

> 罢骑兵以省大费,四也;至春,省甲士卒,循河湟漕谷至临羌,以眎羌虏,扬威武,传世折冲之具,五也;以间暇时,下所伐材,缮治邮亭,充入金城,六也。(《汉书·赵充国传》)

这段叙述亦见"充入金城(郡)",讲的是屯田填补了金城郡的防御体制,而没有所谓屯田逐渐转变为郡县的意涵。

那么,在神爵二年,即赵充国屯田废止的同一年设置的破羌、允街两县,置县的原委是怎样的呢?赵充国的屯田上奏文谈到这一地域有不少无主的空闲之地,云:"其间邮亭多坏败者。"显然,在屯田之前,汉人势力已经扩张到这一地域。又,屯田兵的职掌也包括"缮乡亭,浚沟渠",说明原来已有一些设施,只需进行改造和修整。

此外,"屯田十利"上奏文还谈到:"居民得并田作,不失农业。"刘奉世指出,"并"当作"俱"解[2],周寿昌释曰:"民田与屯田同时并作,而不相妨。"[3]由此可知,赵充国之屯田与"原居农民"之田地并存,这一地域并非全是无主空闲之地,屯田之前已有民田开垦。

---

1. 关于"为田者游兵"的读法,若将其与前一句中的"发骑"并列,同为军事体制的话,则应如尾形氏所读,作"游兵于田者";若将其视为"发骑"的结果,则应如冈崎文夫氏所读,作"为了田者而游兵"(冈崎文夫:《魏の屯田制》,《南北朝に於ける社会経済制度》)。无论怎样理解,所记述的都是屯田的一项职能。
2. 《汉书·赵充国传》补注所引。
3. 同上。

因此，就没有必要认为"振旅"而还的屯田兵中需要有一部分在此初县之地定居不走，以成为新县之民了。

应该认为，赵充国屯田之后，这一地区的农田得以整备，周围局势也安定下来，移居此地因此变得较为容易，人口因而急速增加，加上这一地域作为军事据点，其重要性增加，因此创置了破羌、允街两县。

当然，作为新县设置的契机，赵充国屯田的作用不容否定。但是，决不能认为这一地域通过屯田形成了新的政治秩序，因为赵充国的屯田充其量只是他"贵谋而贱战"政治理念以及"坐而胜"策略的实施行为而已，只能视之为纯军事性的政策。

置县方式的两种类型

上文考察了在鄂尔多斯地区和金城郡屯田与置县之间的关系。通过分析可知，在这两个地区屯田有军事、财政上的原因，目的在于建立恒久化的基地，削减转漕费用等，而不能将其看作是置县的准备阶段。

置县方式有两种：鄂尔多斯及后述河西地区所置的县，其主体居民是国家主导的移民；金城郡所置的县，主体居民全部是流徙而来的流民。

之所以有这种差异，是因为在鄂尔多斯及河西走廊地区邻近匈奴，对外形势不稳定，且地为沙漠土质，生活艰苦，小规模的流徙民在此难以自给自足，而金城郡周边情况较为安定，容易灌溉，人数不多的流徙民更易于在此定居。

显然，"鄂尔多斯及河西型"置县方式中的移民有国家权力为背景，而在"金城郡型"的置县没有出现这一类的移民，而以移民的自然迁徙为设置基础。

就"鄂尔多斯及河西型"置县方式中新秩序的形成来说，如后文所述，在新生产体制的确立过程中，国家权力会不可避免地介入进来，其原因在于这些初县之地恶劣的环境。不过，除了置县之外，国家权力的介入是否还有其他的政治意图，尚有待探讨。

二、关于屯田中的积谷行为

上文指出，不能认为鄂尔多斯地区及金城郡的屯田是为了设置初县而做的准备。那么，作为所谓构建新邑的行为的"积谷"应当如何解释呢？关于这个问题，尾形氏引用桑弘羊有关轮台以东屯田的上奏文进行了分析，桑弘羊曰：

> 故轮台以东，捷枝、渠犁皆故国，地广，饶水草，有溉田五千顷以上，处温和，田美，可益通沟渠，种五谷，与中国同时孰。（略）臣愚以为，可遣屯田卒，诣故轮台以东，置校尉三人分护，各举图地形，通利沟渠，务使以时益种五谷。张掖、酒泉遣骑假司马为斥候，属校尉，事有便宜，因骑置以闻。田一岁有积谷，募民壮健有累重敢徙者，诣田所，就畜积为本业，益垦溉田，稍筑列亭，连城而西，以威西国，辅乌孙，为便。（《汉书·西域传下》"渠犁"条）

尾形氏指出，从"臣愚以为"至"田一岁有积谷"这一部分记述了屯田卒的屯田行为，其中"田一岁有积谷"意思是屯田卒通过耕作，储备足够一年食用的积谷，为预备到来的迁移民的再生产活动做准备。以此为契机，屯田地逐渐进入以募民为主体居民的第二个发展阶段。其发展结果正如晁错的新邑营造法所展示的那样，"稍筑列亭，连城而西"，给人以设置新县的印象。

他还指出，武帝下诏拒绝了桑弘羊的奏议，诏书讲到了不少需要苦心思虑的事情，但没有对屯田本身进行批判，这说明桑弘羊所讲述的屯田过程，作为共通的认识而为人们普遍接受。

这个观点涉及很多内容，包括"积谷"自身的含义，屯田性质是否产生了如此多的变化，以及是否可将史料中的屯田视为当时屯田的一般形态等问题。对这些问题我们暂且搁置不论，先来考察桑弘羊屯田计划所提到的"田一岁有积谷"，是否包含了屯田之后将置初县的设想。

有两个问题要解释清楚：其一，桑弘羊提出在轮台以东屯田的奏议中，"有积谷"之后的记述反映的移民有着怎样的意图；其二，给人以设置新县印象的"列亭连城"的具体情形如何。

关于第一个问题，若以尾形氏之说，在兵卒耕作一年之后移民来到屯垦地，那么很有可能出现战耕分离型的屯田，仅从屯田地存在移民的角度思考，作为军事基地的屯田，其性质应当会迅速地发生变化。因此，这个看法有很大疑问。

关于第二个问题，"稍筑列亭，连城而西"所说的"列亭连城"，常见于边塞屯戍地，如：

> 汉使光禄徐自为出五原塞数百里，远者千里，筑城鄣列亭，（略）而使游击将军韩说、长平侯卫伉，屯其旁。(《汉书·匈奴传上》)

又如：

> 建塞徼，起亭燧，筑外城，设屯戍，以守之。(《汉书·匈奴传下》郎中侯应所奏)

可见，"列亭连城"是建设边塞屯戍地时附带修筑的，目的在于确保边境地域各点、线的安全。没有理由认为桑弘羊奏文中的"列亭连城"之含义会有例外。

"稍筑列亭，连城而西，以威西国"，说的是该地区的屯田一旦确立，再列亭（交通通信机构）及城（候望之哨所），将这一基地向西方扩展，以向西方诸国宣示威令。

以上从积谷行为开始进行了分析，显然，作为军事基地的屯田，其性质未见有任何变化。而关于屯田积谷问题本身，有必要再作检讨。

尾形氏并不否认有些屯田积谷行为与新邑的形成无关，如：

> 至宣帝时，吉以侍郎田渠犁积谷，因发诸国兵，攻破车师。

第十章　汉代初县的设置

(《汉书·郑吉传》)

又如：

> 而轮台渠犁皆有田卒数百人，置使者校尉领护，以给使外国者。(《汉书·西域传上》"序语")

他认为这两条史料中的积谷行为，是屯田派生出来的职能。那么，事实果真如此吗？

来看西域地区有关屯田中积谷的几条材料：

> 国中有依循城，其地肥美，愿汉遣二将军屯田积谷，令臣得依其威重。(《汉书·西域传》"鄯善"条)
>
> [郑吉]东奏事，至酒泉有诏，还田渠犁及车师，益积谷，以安西国，侵匈奴。(《汉书·西域传下》"车师后城长国"条)
>
> 单于大臣皆曰："车师地肥美，近匈奴，使汉得之多田积谷，必害人国，不可不争也。"(同见《汉书·西域传下》"车师后城长国"条)

类似的事例很多，不过这些史料中的"积谷"反映的都是遥远的屯田地谋求实现自给化和恒久化，而不应当被视作营建新秩序的例证。

因此，所讨论的桑弘羊上奏中的"田一岁有积谷"，与其他一般性的屯田积谷行为没有任何不同，也没有什么特别的含义。作为屯田的一项基本内容，桑弘羊在奏文中附言了几句，仅此而已。

那么，"田一岁有积谷"中的"一岁"，或许让人感觉具有特殊的含义。关于这个问题，始于地节二年的汉廷与匈奴车师争夺战的材料详细记载了积谷行为的效用，曰：

> [郑吉]将免刑罪人，田渠犁，积谷欲以攻车师。至秋收谷，吉、憙发[田士等]，(略)会军食尽，吉等且罢兵，归渠犁田。

秋收毕，后发兵。(《汉书·西域传下》"车师后城长国"条）

将这段史料与《汉书·匈奴传》相关内容进行比较可知，屯田积谷开始于地节二年，"至秋收谷"在地节三年，而"秋收毕"在地节四年。这反映了"田一岁有积谷"的具体过程，是屯田积谷的通例。

最后要关注这一屯田形态是否具有普遍性。可是，包括桑弘羊屯田在内，探讨这个问题可供利用的汉代屯田史料太少。不过，即便材料少，桑弘羊屯田中提出的派遣已婚者前往西域的做法，却不见于任何其他的屯田事例。或又认为，汉代的屯田虽然一般都是军屯，但不能排除会有一些异例。但是，桑弘羊屯田实际上并没有真正施行，只是一个构想而已。另外，尾形氏还谈到了武帝针对桑弘羊奏文所下的诏书，可是，这个诏书主要构想了当时对外政策的重大转变，与屯田机构是否具有普遍性的问题并不相关。

三、关于边郡的创置

上文初次揭示了新秩序形成中的"屯田—置县—徙民"这一发展过程。下面来讨论初郡的创置过程。关于这个问题，尾形氏梳理了河西置郡的史料。内容如下：

（1）其后骠骑将军击破匈奴右地，降浑邪、休屠王，遂空其地，始筑令居，以西初置酒泉郡，后稍发徙民充实之，分置武威、张掖、敦煌。（《汉书·西域传》序语）

（2）最后匈奴远遁，而幕南无王庭，汉度河，自朔方以西至令居，往往通渠，置田官，吏卒五六万人，稍蚕食地，接匈奴以北。（《史记·匈奴列传》）

（3）又数万人，渡河筑令居，初置张掖、酒泉郡。而上郡、朔方、西河、河西开田官，斥塞卒六十万人，戍田之。（《史记·平准书》）

第十章　汉代初县的设置　　　　　　　　　　　　　　　　　　267

　　（4）故浑邪地空无人,（略）而汉始筑令居,以西初置酒泉郡。(《史记·大宛列传》)

通过分析,他归纳了河西置郡的过程:史料（1）反映的是"置郡—徙民";史料（2）如前文所析,反映的是"屯田—置县";史料（3）讲到"渡河筑令居";史料（4）"始筑令居,以西初置酒泉郡"反映的是"筑城—置郡"。并推想出边境地区新秩序的形成方式,即"筑城—置郡—屯田—置县—徙民"。

在这个新秩序形成方式中,关于屯田之后的部分,即"屯田—置县""屯田—徙民",在本章第一、二节中已经提出了质疑,那么关于"筑城—置郡",即在新获得地区所置的郡,其过程是怎样的呢?

元朔二年鄂尔多斯地区所置之郡

首先来探讨朔方置郡的情况。元朔二年春,卫青从云中沿黄河而上,远征至陇西,扩展了汉的控制范围,将鄂尔多斯地区纳入进来。同年"[春]置朔方五原郡,（略）夏,募民徙朔方十万口"(《汉书·武帝纪》)。首先要做的只是给新占地起一个"郡名",以确认其已纳入本国的领土,然后再募民迁徙,同时置县。

或认为与兵卒情况不同,置郡之初"募民"的目的是在新占地实现自给自足。不过,《史记·平准书》记曰:

　　及车骑将军卫青取匈奴河南地,筑朔方,（略）又兴十万余人,筑卫朔方,转漕甚辽远,自山东咸被其劳,费数十百万,府库益虚。

可见,募民十余万人接受了来自内郡的转漕,以"筑卫朔方",说明城邑的营造和守卫都由募民自己负责。在徙民之前,没有任何整顿生活环境以及确立自给化体制的迹象。虽然置郡的目标是实现郡内的自给化,但就朔方郡最初的实态来看,与军事基地其实并无大的差别。

但是,虽然处于这样的情形,三年后的元朔五年竟然新增置了临戎县,这说明尽管朔方郡的开发困难重重,却一直在慢慢地推进。同时,元狩二年"朔方亦穿渠,作者数万人,各历二三期,功未就,费亦各巨万十数"(《史记·平准书》)。可知朔方也开始穿渠,引水灌溉。这反映了一个不可忽视的事实,即在本地努力实现自给化的过程中,国家在某些方面也给予了援助。

秦代鄂尔多斯地区的经营

为了建立新秩序而进行的努力,在此前的秦代对鄂尔多斯地区的经营中也有体现。始皇三十二年,在蒙恬远征之后,鄂尔多斯地区首次纳入中国的控制范围。至始皇三十三年,史载:

> A.西北斥逐匈奴,自榆中竝河,以东属之阴山,以为三十四县,城河上为塞。B.又使蒙恬渡河,取高阙、陶山、北假中,筑亭障以逐戎人。徙谪,实之初县。(《史记·秦始皇本纪》)

斥逐匈奴后,秦人马上在此地域"置县"(史料A),划定自己的领土,紧接着就"徙谪"(史料B),以充实初县。

因此,此处提到的"徙谪实边"与单纯的屯戍不同,应视作置县行为,其目的是实现初县的自给化。徙谪的实际情形,《史记·匈奴列传》有载,曰:

> 北击胡,悉收河南地,因河为塞,筑四十四县城临河,徙谪戍,以充之,而通直道,自九原至云阳。

这里提到以谪人来进行"屯戍"。又,"使天下蜚刍挽粟,起于东('黄'之误)、腄、琅邪负海之郡,转输北河"。可知其粮食由内郡的转漕负担。

可以说,这个时期的鄂尔多斯地区,虽说已经设置了郡县,但与内郡相比,其状态仍大相径庭。此后,由于秦末的混乱,"常发三十万众筑北河,终于不可就,已而弃之"。所置之郡确立的郡县体制最后自

第十章　汉代初县的设置　　　　　　　　　　　　　　　　269

已土崩瓦解了。[1]

河西所置之郡

再来看河西走廊置郡的情况。关于这个问题，不能单纯地就置郡方式展开讨论，也要推察置郡过程，虽然这一过程尚不明晰，但存在一些有力的线索。下面就汉朝对河西的经营，特别是开始经营时的情形，检讨诸说[2]，考察其发展过程。（关于河西置郡的细节，参阅本书《汉代的西北部经营：初县的环境Ⅰ》一章）

先总结劳榦氏之说[3]，他认为河西地区最初仅设酒泉一郡。关于置郡年代，《汉书·武帝纪》和《汉书·地理志》说法不同，分别记载为元狩二年和太初元年，他仅指出当以本纪为准。张维华氏[4]同意河西最先置酒泉郡之说，但是，关于经营河西的开端，他认为，虽然元狩四年有"故浑邪王地空无人"（《史记·大宛列传》）的记载，但不能据此相信当时河西地域已经置郡，对河西的经营应当始于元鼎二三年，在招邀乌孙回归河西失败之后。

再来说施之勉氏的观点。[5]他指出，可以确认，在元狩四年之前汉廷未曾经营河西，对河西的经营应始于元鼎六年，即"破南越""征西

---

1. 关于秦代在鄂尔多斯置县的问题，西嶋定生氏指出，《史记·秦始皇本纪》载始皇三十五年"益发谪徙边"，始皇三十六年"始皇帝卜之，卦得游徙吉，迁北河榆中三万家，拜爵一级"，可知徙民是陆续迁入的。他认为，这些徙民必定从属于北部边境新设的郡县，由此判断，这些新设的初县，其内部结构完全是始皇帝统一天下之后才形成的，因此，这些初县或可说是典型的不具有传统郡县制性质的县。（前揭《中国古代帝国の形成と構造》，第521—522页）但是，很难说始皇三十五年的徙谪是否是为了在鄂尔多斯置县，而始皇三十六年的徙民，其性质与徙谪不同，有观点认为或是为了整顿初县，以与内郡之县相当，可这次徙民的起因却是占卜。另外，从"游徙"一词也难以判断此次的徙民是否是有计划的实边政策。可见，从这一系列的徙民难以判断当时是否打算将鄂尔多斯地区的初县整顿得如内郡之县一般。又，关于始皇三十六年的徙迁，余有丁的注解认为北河徙民与占卜无关，是独立的事件（《史记会注考证》），但未列出依据，难以凭信。
2. 详参日比野丈夫：《河西四郡の成立》，《東方学報》25,1954年；《中国歷史地理研究》，同朋舍，1977年。诸说的观点主要有：①以本纪为是，②以《地理志》为是，③折中本纪与《志》之说（王峻说），④本文所引四氏之说。但①②③均缺乏论据，本稿不一一列举。
3. 《居延汉简考证》，《居延汉简考释》，"中央研究院"历史语言研究所，1960年。
4. 《汉河西四郡建置年代考疑》，《中国文化研究丛刊》2，1942年。
5. 《汉书补注辨证》，香港：新亚研究所，1961年，第28—29页。

羌""公孙贺出九原,赵破奴出令居"之时,酒泉置郡亦应在这一年。

还有日比野丈夫氏的观点。[1]关于酒泉置郡的缘起,施氏认为是"赵破奴出令居",而关于经营河西的发端,日比野氏提出了质疑,认为越过武威、张掖而先设酒泉郡的做法值得怀疑,提出经营河西的时间当如《史记·平准书》所言,在元狩四年至元鼎三年之间。

《平准书》曰:"又数万人,渡河筑令居,初置张掖、酒泉郡。而上郡、朔方、西河、河西开田官,斥塞卒六十万人,戍田之。"讲的是从上郡、朔方、西河、河西等地派遣开田官及兵卒前往张掖郡等地。史料中的"河西",指的是与新设立的张掖郡等地有别的包含其他地域的河西地区。"河西"与上郡、朔方等郡并列记载,可知位于河西走廊且被称作"河西"的这个郡,当设置于《平准书》所记的元狩四年至元鼎三年之间,考虑到张骞自乌孙归来的时间在元鼎二年,那么河西郡设置时间应在元鼎二三年。

以上诸说中,劳榦氏提出经营河西始于《汉书》本纪说的元狩二年,但对置郡过程没有任何阐述。张维华氏指出,在招邀乌孙回归河西失败的情况下,汉朝有必要进入河西地区,这一点值得赞同,但是,这只是导致河西置郡的一个前提条件,仅据此就轻率地判断河西置郡于这一时期,很难让人凭信。

那么,施之勉氏的观点又如何呢?他所说的"破南越""公孙贺等讨伐匈奴"的时间与酒泉置郡的时间,没有史料能证明二者直接相关。[2]而关于"征西羌",《汉书·食货志》记载,"A.西羌侵边,(略)B.又数万人,渡河筑令居,初置张掖酒泉郡"。结合《汉书·武帝纪》可知,A指的是元鼎五年九月西羌对安故、枹罕的攻击,B与次年十月征西羌之后的情况有关,"发陇西、天水、安定骑士及中尉、河南、河内卒十万人,遣将军李息、郎中令一(徐)自为征西羌,平之。"元鼎六年"征西羌"之后,"初次"在河西置郡。

---

1. 日比野丈夫:《河西四郡の成立》,《東方学報》25,1954年;《中国歴史地理研究》,同朋舎,1977年。
2. 施之勉氏虽然引述了《史记·匈奴传》的内容,"是时汉东拔秽貉、朝鲜以为郡,而西置酒泉郡",但未从这条材料的前后关系推导出结论。

第十章　汉代初县的设置

经常发生的是，匈奴与西羌的入寇相互呼应，因此，酒泉置郡的目的是，"置酒泉郡，以隔绝胡与羌通之路"（《史记·匈奴列传》）。施之勉氏将酒泉置郡与对抗西羌（及匈奴）联系起来，是值得肯定的。

另外，同在元鼎六年，汉朝在南越之地置九郡，在西南夷之地置五郡，出现了在新占地大量置郡的情况。因此，从这个角度来看，施之勉氏将这一年"征西羌"与酒泉置郡联系起来，其说值得重视。

再来看日比野丈夫氏的见解。与前面三氏不同，据日比野氏之考定，在酒泉置郡之前，已设置河西郡。但是，《史记》《汉书》中都没有明确记述河西郡，而他所依据的《平准书》的相关史料，也应当重新解释。《平准书》并不是说从上郡、朔方、西河、河西向张掖郡等地派兵，而是说在从上郡至河西的广大地域内"开田官"，进行屯戍[1]，因此没有必要将"河西"认定为张掖、酒泉（敦煌）郡以外的某一处河西地域。[2]

日比野氏还推定河西郡设置在招邀乌孙回归河西失败、汉朝开始经营河西之时，即元鼎二三年。但实际上，所引《史记·平准书》史料中，"而"字以下记载的不是元鼎三年左右的事件[3]，而是元鼎六年或其后的事件。显然，且不论河西郡是否存在，单就经营河西而言，没有证据表明始于元鼎六年之前。

通过对以上诸说的检讨，可以推测出汉朝进入河西的过程。元狩二年讨伐匈奴之后，河西走廊成为一个无主的空闲地域；元狩四年至六年左右，开始经营进入河西的门户令居；元鼎二年，为了实现以胡制胡的目的，努力招邀乌孙回归河西，但终告失败；元鼎五年，大规模的西羌反乱爆发，为了控制羌、匈奴通使的主干道额济纳河，而在这一地域置酒泉郡，对河西的经营自此拉开了序幕。

下面以汉朝进入河西的经过为立足点，来看本节开头所列举的有关河西四郡的四种史料中的（1）和（4）。在史料（1）"降浑邪、休屠王，

---

1. 藤枝晃氏：《長城のまもり》，《自然と文化別編》2，1955年。日比野丈夫氏列举的事例包括《史记·河渠书》及同书《大宛列传》所记的"河西郡"，但未将其理解为郡名，而认为是地域名。
2. Swann, N. L., *Food and Money in Ancient China*, 1950.
3. 前引日比野氏之文指出《史记·匈奴列传》"汉渡河，自朔方以西至令居，云云"与《史记·平准书》所记为同一事件，但实际上，《匈奴列传》记载的是发生在元狩四年至六年间的另外一件事。

遂空其地"和史料（4）"故浑邪地空无人"之后，接着讲了河西的形势："始筑令居以西初置酒泉郡。"关于这条史料，一直以来都断读作"始筑令居以西"（开始修筑令居以西之地），会让人误认为浑邪来降之后，就立即着手经营河西之时，而忽视了经营令居在经营河西之前这一事实。另外，也让人产生错觉，认为在酒泉置郡之前，对河西的经营已有进展。

这条材料应该断读为"始筑令居，以西初置酒泉郡"（先筑建令居，在令居以西初次设置酒泉郡）。也就是说应该理解为：最先筑建的是令居，然后向西行进，再初次设置酒泉郡。史料（3）中"筑令居"的时间与史料（1）（4）中"筑令居"的时间不同（据《水经注·河水》,（1）（4）"筑令居"约在元鼎二年令居置县前后），在元鼎六年，这次对令居的筑建只是临时性的经营。

通过以上分析可知，河西地区置郡的情况与朔方郡相同，都是只先给新占地起一个郡名（在此之前没有进行任何的经营），然后再徙民充实。如《汉书·西域传上》序语曰："初置酒泉郡，后稍发徙民充实之。"

显然，就河西徙民来说，在徙民到达之前，未发现屯田等移民已在此形成了新邑的情况。或有观点对此表示怀疑，指出元鼎六年的史料"初置张掖、酒泉郡。而上郡、朔方、西河、河西开田官，斥塞卒六十万人，戍田之"（《史记·平准书》），说明河西地区有屯田行为。但是，元鼎六年的这次屯田，并不是为了在河西置郡而仅在河西一地实施的，而是由于当时匈奴勾结西羌入寇五原、安故等西北边地，针对这一形势而推行的军事措施，其目的不是置郡和徙民。

此外，与鄂尔多斯地区一样，来到河西新邑之地的移民努力实现自给自足所依靠的是他们自己的双手。

最后，日比野丈夫氏提出的河西地域酒泉郡置郡最早，跨越了武威、张掖之地的说法也值得怀疑。关于这一点，或可大胆推测认为，初期的酒泉郡在一段时间内包括河西的全部地域，河西另外的三郡都分置自酒泉郡。《史记·卫将军骠骑列传》记曰："及浑邪以众降数万，遂开河西酒泉之地。"将河西与酒泉作为同义词并列记录，或许印证了这一推测吧。

四、关于迁徙民的自给化

上文指出，边境地区新秩序的确立，依靠的是移民自己努力耕作，实现自给化，在此之前，国家并未通过屯田等公家徭役对边境的生活环境进行过整备。那么，移民自给化活动的实态究竟如何呢？

金城郡的情形不太清楚，从"鄂尔多斯及河西型"中的移民来看，迁徙的主体是贫民。在对移民的动员过程中，往往有"募"或"欲往者"[1]"敢徙者"[2]等记载，采用的是可称之为"自发式动员"的原则。

在"自发式动员"的情况下，应当有一些诱导迁徙的恩惠和保护措施。例如，晁错列举了几点措施，包括赐爵、免除力役，或者给予房屋、生产工具等（《汉书·晁错传》）。但是，放下所谓自发式的移民先不说，当时的现实是，面对这些贫民，有必要采取紧急且强制性的迁徙措施来紧急救济，以防止他们流民化。因此，晁错的计划在实边过程中实施了多少，是值得怀疑的。

虽说移民实边过程中，主要依靠自己的努力实现自给化，但同时官府对这种自给化给予了保护，"衣食皆仰给县官，数岁，假予产业，使者分部护之，冠盖相望。其费以亿计，不可胜数"（《史记·平准书》）。官府先给予衣食，再贷给可供数年使用的"产业"，即种子、牛马等再生产工具。官府的保护持续到移民能够自给自足为止，"予冬夏衣廪食，能自给而止"（《汉书·晁错传》）。

《盐铁论·结和篇》曰："以略无用之地,立郡沙石之间,民不能自守,发屯乘城,挽辇而赡之。"可见，虽然已在边境地域置郡徙民，但土壤不适宜农耕，未能实现自给自足，最后发展到移民随意地逃出迁徙地，而官府不得不继续供给移民食物以维持他们的生活。

不仅如此，朝廷支出的费用也不断上涨，金额巨大。而徙民实边政策的施行，未必只有单纯的军事原因，或只与领土扩张相关。如前文所述，这一政策的推行有其政治意图（齐民策），实施的背景是为了

1.《汉书·晁错传》。
2.《汉书·西域传下》。

解决移民自身内在的社会矛盾,因为移民的主体是因关东地区的灾害而分化出来的贫民。

结语

上文通览了西汉时期对西北部的经营,讨论了以下四个问题:

(1)屯田是具有军事性质的任务,不能将其看作郡县设置的前提条件。

(2)由于地理情况的不同,初县的形成方式也有差别,有依靠国家徙民而形成的"鄂尔多斯、河西型",也有由自然流徙而至之人开拓出现的"金城郡型"。

(3)在鄂尔多斯及河西之地郡的创置中,先给予新占地一个"郡名",以划定自己的领土,然后再徙民实边。

(4)在"鄂尔多斯及河西型"迁徙者实现自给化的过程中,常见国家提供的经济援助,这是由当地的客观地理环境所决定的,与其他因素无关,比如说其政治背景是为了体现皇帝的理想化控制等。

第十一章

汉代的西北部经营：初县的环境 I

前言

西汉时期对匈奴的"百年战争"

西汉时期,汉朝的势力向西北部(包含西域在内)扩张,从汉廷对外政策的角度整理分析,扩张历程大概可分为三个时期。

第一个时期:前133年以降。由于首都圈防卫及其他方面的需要,汉廷将匈奴王庭从阴山山脉一带排挤至更远的北方,以确保沿黄河北上的道路(长安—泾水—萧关—乌水—朔方—五原—阴山山脉南麓,长安—榆林—河曲—阴山山脉东端地区)的安全;同时,讨伐位于祁连山脉北麓的匈奴势力,修筑令居这一前往祁连山脉、湟水流域的据点。

第二个时期:前111年以降。在祁连山脉东端的令居至祁连山脉北麓之间,有一些由山脉之中流出的河流冲积而成的扇状地区(oasis,绿洲),此外,在祁连山脉之中,还有可沿河谷南北通行的地点(武威:石羊水—庄浪河—湟水;张掖:额济纳河—民乐—大通—湟水;酒泉:额济纳河—湟水,或额济纳河—疏勒河—青海;敦煌:党河—柴达木盆地—青海),要确保对它们的控制,以防止羌与匈奴通过河西地区进行联系,进而在西部对关中形成威胁。

第三个时期:前68年以降。力图消除匈奴在河西及西域地区的影响,经营车师(吐鲁番),谋求依靠自身的力量自匈奴之西夹击之。

从汉廷经营西北的三个时期来看,无论哪个阶段都与对抗匈奴的政策有关,涵盖了从前133年的马邑事件至前36年谋杀匈奴郅支单于约一百年的时间。被动员参加这场汉与匈奴"百年战争"的汉朝士兵,其人数的近百分之九十集中于汉武帝时期,多达二百数十万(参照后揭附表Ⅱ)。

对西北部的经营,可能是西汉时期最大的外交课题。此外,汉朝所经营的西北部地区,既与塞北、河西、西域相关,又与一些远离当今中国领土的地域相关,因此,这一研究与北亚、中亚史有少量重合。

第十一章　汉代的西北部经营：初县的环境 I

松田寿男氏有关"汉代西域经营"的观点

关于这一问题，松田寿男氏在1975年将其多年的研究成果体系化之后，总括为"丝绸之路论"[1]发表，从中亚史的角度探讨了西汉对西北部的经营，并提出了一个结论。

松田寿男氏的结论认为，一直以来都将西域和汉人的关系纳入经略（经营）西域的范畴之中，并从保护官营商队的角度讨论对匈政策、讨伐大宛、屯田政策等问题，这是"极其错误"的，因为在张骞出使西域之前，从先秦时期开始，西域与中国的往来已经存在。发动政治、军事力量经营西域，实际上是在"西域贸易一直存在"这一前提下进行的。因此，将西域贸易与西域经营一视同仁的做法，是中亚史中依据"支那本位"立场而形成的，并不是从西域的"自律性"出发的。

本章的课题

松田氏的"丝绸之路论"重视西域及西域贸易的自律性，指出汉朝的军事行动并没有开辟出新的西域贸易路线，又从这个论点出发，严厉批评了基于对匈奴政策与屯田政策而提出的西域经营论之"误"。但是，无论怎样强调西域、中亚史的"自律性"，也不能下结论认为汉朝经营西北部的目的就是在于保障东西交通路线和西域贸易的畅通，关于这个问题，需要再次厘清事实关系，因此还有必要再作考证。

当然，西域位于东西交通（西域贸易）路线之上，在历史上曾起过重要的作用，这是无需否定的。而卷入西域争斗的各地政治势力，各有图谋，并以西域为舞台展开了角逐，这也是事实。因此，在分析西域周边诸势力的图谋之时，需要将其从各个不同的事例中剥离，逐一检讨，当然，这一分析不会只受到东西交通、贸易论以及丝绸之路论的单方面影响。依据实证材料，对西域史进行更为立体的把握，绝不会伤害到西域自律性本身。因此，本章在思考这些问题的同时，打算对西汉时期的西北部经营略作探讨。

---

1. 松田寿男：《シルクロード論》，《東西文化交流史》，雄山阁，1975年。

一、对匈奴战争的开始

武帝时期的马邑事件可以说是汉廷经营西北以及发动对匈奴战争的发端,本节首先以这一事件之前的时期为中心,以1975年发表的伊瀬仙太郎氏的研究[1]为基础,讨论在废除与匈奴的和亲政策,并发动正式的对匈战争之前经历了怎样的发展过程。

伊瀬仙太郎氏的论述

首先来总结伊瀬氏论文的要点。他认为匈奴与汉产生纷争,特别是匈奴对汉的侵寇,起因在于汉人不再积极地通过和亲条约与关市向匈奴提供其所希求的物质,特别是奢侈品,转而"基于中华思想,选择以武力作为压制他们(匈奴——笔者注)的手段"。将匈奴侵寇这一史实,归因为"对抗汉廷不法行为的手段",指出匈奴寇汉的过错在汉廷一方。

为了论证这一结论,伊瀬氏列举了一些具体的证据,其中与本节相关的内容包括以下几点:(1)前177年,匈奴右贤王入居鄂尔多斯,汉人边塞地区的吏人有侵侮右贤王的行为。(2)前166—前162年,匈奴的连岁侵寇,"匈奴,日已骄,岁入边,杀略人民畜产甚"。文帝在写给单于的信中也指出起因在于邪恶不正的汉人贪求利益,而《史记》《汉书》却认为与中行说的私怨相关,进而将事件的责任全部推到匈奴一方,这其实受到了汉人普遍存在的先入为主观念的影响。(3)景帝时,应匈奴要求开放关市之后,匈奴入寇的情况很少。(4)武帝即位后,明确了和亲条约,支持关市,匈奴因而与汉亲近,并来往于长城附近。(5)前129年,武帝下令"不法袭击"聚集于关市中的匈奴人,从而导致了此后两国持续八十余年的战争。(6)前89年,匈奴单于提出若能像以前一样和亲的话就中止侵寇行为。

如果以上所举的事例都可以得到确认的话,那么如后文所述,就马邑事件之前的匈汉关系而言,当时汉朝在首都防卫等方面较为紧迫的情形已初现端倪,应是汉廷自作自受的结果,这一认识对分析汉廷的对外政策产生了直接的影响。

---

1. 伊瀬仙太郎:《汉匈奴交涉の一考察》,《東西文化交流史》,雄山阁,1975年。

第十一章　汉代的西北部经营：初县的环境 I　　　　　　　　　279

开战后谋求和亲的举动

关于伊濑氏提出的各点，虽然可以逐一进行考察，但打算先看第（6）点。前89年（征和四年），狐鹿姑单于提出以和亲为前提中止战斗。当时两国间已经展开了四十余年的死斗，《汉书·匈奴传上》记载了当时匈奴的状况：

> 武帝崩（前87年，后元二年），前此者，汉兵深入穷追，二十余年，匈奴孕重，堕殰，罢极，苦之，自单于以下，常有欲和亲计。

匈奴在这个时候提出和亲，真正的意图并不是获得物资，而是由于连年的战争，十分疲苦，犹如妇人妊娠，没有体力而最终流产一样，已经到达了极限，匈奴的政策重心转变为谋求与汉的休战。

武帝时，汉与匈奴的战争正式开始之后，从马邑事件这一全面战争的发端开始到前129年汉军出塞这段时间内，两国官方途径的物资交流中关市仍然存在。《史记·匈奴列传》载：

> 自是（马邑事件）之后，匈奴绝和亲，攻当路塞，往往入盗于汉边，不可胜数，然匈奴贪，尚乐关市，嗜汉财物，汉亦尚（通）关市不绝，以中之，自马邑军后五年之秋，汉使四将军各万骑击胡关市下。（"通"字见于《汉书·匈奴传上》）

这段时间之后，虽然还可见"马弩关"（《汉书·昭帝纪》"始元五年"）等关名，但关市已经不固定存在了。开战之后，匈奴的王庭被逐于漠北，军事上也陷入了绝境。对匈奴来说，两国间的和亲或许说明匈奴更希望与汉进行物资交流，而不是政治对峙，不过关于这一点没有明文记载。

由于开战之后汉、匈奴之间的和亲举动与本节课题相关，虽然多少有些烦琐，还是将开战后汉匈之间主要的和亲、修好事例列表如下（附表1）。

附表 1

年号 皇帝·单于	和亲、修好关系主要事项		关联事项		出典
	汉	匈奴	汉	匈奴	
前 119 年（元狩四年） 武帝·伊稚斜		单于用赵信计，遣使好辞请和亲		（匈奴远遁，而幕南无王庭）	《汉书·匈奴传上》
	天子下其议，或言和亲，或言遂臣之。丞相长史任敞曰："匈奴新困，宜使为外臣，朝请于边。"汉使敞使于单于				
		单于闻敞计，大怒，留之不遣	先是汉亦有所降匈奴使者	单于亦辄留汉使相当	
前 110 年（元封元年） 武帝·乌维	而使郭吉风告单于。（略）南越王头已县于汉北阙下。今单于即能前与汉战，天子自将兵待边；即不能，亟南面而臣于汉		天子巡边，亲至朔方，勒兵十八万骑，以见武节		《汉书·匈奴传上》 （又见于《汉书·武帝纪》"冬"）
		单于大怒，立斩主客见者，而留郭吉不归			《汉书·匈奴传上》
		数使使好辞甘言，求和亲		单于终不肯为寇于汉边，休养士马，习射猎	
	汉使王乌等窥匈奴		王乌，北地人，习胡俗，去其节，黥面入庐		
		单于爱之，阳许曰："吾为遣其太子入质于汉，以求和亲。"			

第十一章 汉代的西北部经营：初县的环境 I 281

续表

年号 皇帝·单于	和亲、修好关系主要事项		关联事项		出典
	汉	匈奴	汉	匈奴	
前107年（元封四年）武帝·乌维	迺遣使说之		以匈奴弱，遂可臣服		《汉书·武帝纪》"秋"
		单于使来，死京师	匈奴寇边		
	汉使杨信使于匈奴。（略）杨信说单于曰："即欲和亲，以单于太子为质于汉。"		汉用事者以匈奴已弱，可臣从也。杨信为人，刚直屈强，素非贵臣也，单于不亲。欲召入，不肯去节，迺坐穹庐外，见杨信		《汉书·匈奴传上》
		单于曰："非故约。故约，汉常遣翁主，给缯絮食物有品，以和亲，而匈奴亦不复扰边。今乃欲反古，令吾太子为质，无几矣。"		匈奴俗，见汉使非中贵人，其儒生，以为欲说，折其辞辩；少年，以为欲刺，折其气。（略）汉留匈奴使，匈奴亦留汉使，必得当迺止。	
	汉使王乌等如匈奴				
		绐王乌曰："吾欲入汉见天子，面相结为兄弟。"		匈奴复謟以甘言，欲多得汉财物	
	王乌归报汉，汉为单于筑邸于长安				

续表

年号 皇帝·单于	和亲、修好关系主要事项		关联事项		出典
	汉	匈奴	汉	匈奴	
		匈奴曰："非得汉贵人使,吾不与诚语。"		诸所言者,单于特空给王乌,殊无意入汉,遣太子来质	
		匈奴使其贵人至汉,病,服药欲愈之,不幸而死			
	汉使路充国佩二千石印绶,使送其丧,厚币直数千金				
		单于以为汉杀吾贵使者,迺留路充国不归			
前105年（元封六年）武帝·詹师庐	使者入匈奴		儿单于立,汉使两使,一人吊单于,一人吊右贤王,欲以乖其国		《汉书·匈奴传上》
		匈奴悉将致单于,单于怒而悉留汉使	匈奴使来汉,亦辄留之相当	汉使留匈奴者,前后十余辈	
前100年（天汉元年）武帝·且鞮侯		匈奴归汉使者,使使来献	（前年,贰师将军斩大宛王首）		《汉书·武帝纪》"春"
		尽归汉使之不降者路充国等于汉。单于乃自谓："我儿子,安敢望汉天子! 汉天子,我丈人行。"		恐汉袭之	《汉书·匈奴传上》

第十一章　汉代的西北部经营：初县的环境 I　　283

续表

年号 皇帝·单于	和亲、修好关系主要事项		关联事项		出典
	汉	匈奴	汉	匈奴	
	汉遣中郎将苏武，厚币赂遗单于				
		单于益骄，礼甚倨，非汉所望也			
前89年 (征和四年) 武帝·狐鹿姑		单于遣使遗汉书云："南有大汉，北有强胡。胡者，天之骄子也，不为小礼以自烦。今欲与汉闿大关，取汉女为妻，岁给遗我糵酒万石，稷米五千斛，杂缯万匹，它如故约，则边不相盗矣。"	贰师将军降		《汉书·匈奴传上》
	汉遣使者报送其使		(或是因为汉拒绝了匈奴的建议)		
		单于留使者，三岁乃得还			
前85年 (始元二年)左右 昭帝·狐鹿姑		自单于以下常有欲和亲计，(武帝崩)后三年，单于欲求和亲，会病死 (单于)风谓汉使者，言欲和亲		武帝崩，前此者，汉兵深入穷追，二十余年，匈奴孕重，堕殰，罢极苦之。左贤王、右谷蠡王以不得立怨望，率其众欲南归汉。恐不能自致，(略)于是二王去，居其所	《汉书·匈奴传上》

续表

年号 皇帝·单于	和亲、修好关系主要事项		关联事项		出典
	汉	匈奴	汉	匈奴	
前85年（始元二年）昭帝·壶衍鞮		（单于）风谓汉使者，言欲和亲		左贤王、右谷蠡王以不得立怨望，率其众欲南归汉。恐不能自致，（略）于是二王去，居其所	《汉书·匈奴传上》
前81年（始元六年）昭帝·壶衍鞮		移中监苏武，前使匈奴，留单于庭十九岁，迺还			《汉书·昭帝纪》"春"
		乃更谋归汉使不降者苏武、马宏等，（略）欲以通善意		常恐汉兵袭之	《汉书·匈奴传上》
前79年（元凤二年）昭帝·壶衍鞮		单于弟左谷蠡王思卫律言，欲和亲，而恐汉不听，故不肯先言，常使左右风汉使者。然其侵盗益希，遇汉使愈厚，欲以渐致和亲		卫律已死。卫律在时，常言和亲之利，匈奴不信，及死后，兵数困，国益贫	《汉书·匈奴传上》
	汉亦羁縻之				
前71-69年（本始三年—地节元年）宣帝·壶衍鞮		兹欲乡和亲，而边境少事矣		匈奴大虚弱，诸国羁属者皆瓦解，攻盗不能理	《汉书·匈奴传上》

第十一章 汉代的西北部经营：初县的环境 I

续表

年号皇帝·单于	和亲、修好关系主要事项		关联事项		出典
	汉	匈奴	汉	匈奴	
前68年（地节二年）宣帝·虚闾权渠		单于闻之喜，召贵人谋，欲与汉和亲。左大且渠心害其事，曰："前汉使来，兵随其后，今亦效汉发兵，先使使者入。"（略）时匈奴亡其三骑，不敢入，即引去	汉罢外城，以休百姓	是时匈奴不能为边寇	《汉书·匈奴传上》
前60年（神爵二年）宣帝·虚闾权渠		酒使题王都犁胡次等入汉，请和亲，未报，会单于死		单于将十万余骑旁塞猎，欲入边寇。（略）月余，单于病欧血，因不敢入，还去，即罢兵	《汉书·匈奴传上》
前60年（神爵二年）宣帝·握衍朐鞮		握衍朐鞮单于立，复修和亲，遣弟伊酉若王胜之，入汉献见		颛渠阏氏即与右贤王私通，（后，握衍朐鞮单于）（略），单于初立，凶恶	《汉书·匈奴传上》
前60年（神爵二年）宣帝·或是前60年的两位单于		匈奴单于遣名王奉献，贺正月，始和亲			《汉书·宣帝纪》"秋或冬"

续表

年号 皇帝·单于	和亲、修好关系主要事项		关联事项		出典
	汉	匈奴	汉	匈奴	
前58年（神爵四年）宣帝·握衍朐鞮?		匈奴单于遣弟呼留若王胜之，来朝		（呼韩邪单于自立，握衍朐鞮单于自杀）	《汉书·宣帝纪》"五月"
前56年（五凤二年）宣帝·单于分立		匈奴呼遬累单于帅众来降，封为列侯		（呼韩邪、屠耆、呼揭、乌藉、车犁五单于，闰振、郅支骨都侯单于等）	《汉书·宣帝纪》"十一月"《汉书·匈奴传下》
前54年（五凤四年）宣帝·单于分立		匈奴单于称臣，遣弟谷蠡王入侍			《汉书·宣帝纪》"春"
前53年（甘露元年）宣帝·单于分立（呼韩邪）（郅支）		匈奴呼韩邪单于，遣子右贤王铢娄渠堂入侍。(略)匈奴单于遣弟左贤王，来朝贺			《汉书·宣帝纪》"正月"
		左伊秩訾王为呼韩邪计，劝令称臣入朝事汉，从汉求助，如此，匈奴乃定。呼韩邪议问诸大臣，皆曰："不可。匈奴之俗，本上气力而下服役，以马上战斗为			《汉书·匈奴传下》

续表

年号 皇帝·单于	和亲、修好关系主要事项		关联事项		出典
	汉	匈奴	汉	匈奴	
		国,(略)今兄弟争国,不在兄,则在弟,虽死犹有威名,子孙常长诸国。汉虽强,犹不能兼并匈奴,奈何乱先古之制,臣事于汉,卑辱先单于,为诸国所笑。虽如是而安,何以复长百蛮。"左伊秩訾曰:"不然。强弱有时,今汉方盛,(略)今事汉则安存,不事则危亡,(略)"呼韩邪从其计,引众南近塞,遣子右贤王铢娄渠堂入侍。郅支单于亦遣子右将驹于利受入侍			
前52年（甘露二年）宣帝·单于分立（呼韩邪）（郅支）	诏有司议,咸曰(略)。匈奴单于,乡风慕义,举国同心,奉珍朝贺,自古未之有也。(略)诏曰:"(略)今匈奴单于称北藩臣,朝正月,(略)其以客礼待之,位在诸侯王上。"	匈奴呼韩邪单于,款五原塞,愿奉国珍,朝三年正月			《汉书·宣帝纪》"十二月"

续表

年号皇帝·单于	和亲、修好关系主要事项		关联事项		出典
	汉	匈奴	汉	匈奴	
		呼韩邪单于，款五原塞，愿朝三年正月		（甘露三年）呼韩邪单于正月朝，（略）郅支单于亦遣使奉献。（甘露四年）两单于俱遣使朝献	《汉书·匈奴传下》

本表梳理了匈奴的衰退，尤其是其内讧加剧的过程，至宣帝甘露年间，单于本人向汉称臣、入朝。如果只从谋求和亲、修好的举动来检讨两国各自想法的话，汉朝一方向匈奴表现出和亲、修好举动的事例共三例，分别发生于前110年、前107年、前105年。不过，前110年是为了让匈奴臣服，前107年是为了要求单于太子入汉为质子，前105年是为了扰乱匈奴国内的政局。显而易见的是，在激烈的交战时期，从来没有谋求对等的和亲、修好的举动。

而从匈奴一方来看，除去汉朝主动提出的几次之外，共有十七例。匈奴对汉的原则是"匈奴之俗"中的"得当"（前119年、前107年），即对等主义，或是"常长诸国"（前53年），即匈奴至上主义。针对汉朝的"非礼"行为，依据自身的原则态度来处理。如：(1)拘留汉使（前119年、前110年、前105年、前89年）；(2)"非得汉贵人使，吾不与诚语"（前107年），或是欺瞒、美言戏弄，并不认真回应；(3)强横地要求履行"故约"（前107年、前89年）；等等。

汉朝希望履行"故约"之后，匈奴可以停止侵寇行为（前107年、前89年），但是，如果汉朝听信了匈奴的美言而向其供应物品的话，结果却是"单于益骄，礼甚倨"（前100年），与汉朝的期待正好相反。匈奴认为和亲、修好的举动是理所应当的，这种思维隐藏着回归到对汉优越时代的想法。

当然，到了武帝末年，匈奴对汉的军事力量感到恐惧，而同时匈奴国内内讧加剧，因此希望通过和亲与汉休战，甚至还曾考虑求取汉军的援助。由此可见，两国开战之后谋求和亲的举动，已经不再局限于物资交流方面，更具有政治、军事性质。

前177年右贤王的侵寇

除第（6）点之外，前述（1）至（5）点都是汉、匈奴发展为全面战争过程中存在的问题，对讨论两国最终开战的原因十分重要。

下面按照顺序来看，首先谈一谈第（1）点所说的汉朝负责边塞事务的吏人侵侮匈奴人的问题。这件事见于前176年（文帝四年）冒顿单于写给文帝的书简。《史记·匈奴列传》记载：

> 前时皇帝言和亲事，称书意合欢，汉边吏侵侮右贤王，右贤王不请，听后义卢侯难氏（支）等计，与汉吏相距，绝二主之约，离兄弟之亲。（略）汉以其故不和，邻国不附，今以小吏（后义卢侯难氏等）之败约，故罚右贤王，使之西求月氏击之。以天之福，（略）诸引弓之民，并为一家，北州已定，愿寝兵休士卒养马，除前事，复故约，以安边民，以应始古。使少者得成其长，老者安其处，世世平乐，未得皇帝之志也，（略）皇帝即不欲匈奴近塞，则且诏吏民远舍。（《汉书·匈奴传上》"氏"作"支"）

事情的背景是前些年鄂尔多斯、北地一带右贤王受到侵犯，单于明言"汉边吏，侵侮右贤王"，将责任归于汉朝。

但是，文帝在前174年（文帝六年）回复单于的书信中却没有提到汉朝的任何责任，也没有涉及"汉边吏，侵侮右贤王"这件事。《史记·匈奴列传》载：

> 使郎中系雩浅遗朕书曰："右贤王不请，听后义卢侯难氏

等计，绝二主之约，离兄弟之亲，汉以故不和，邻国不附。今以小吏败约，故罚右贤王，使西击月氏，尽定之。原寝兵休士卒养马，除前事，复故约，以安边民，使少者得成其长，老者安其处，世世平乐。"朕甚嘉之，此古圣主之意也。汉与匈奴约为兄弟，所以遗单于甚厚。倍约离兄弟之亲者，常在匈奴。然右贤王事已在赦前，单于勿深诛。单于若称书意，明告诸吏，使无负约有信，敬如单于书。

文帝反而责备匈奴，称"倍约离兄弟亲者，常在匈奴"。又说这一次是因为右贤王手下的"小吏"败约，所以责罚右贤王。文帝说"右贤王事已在赦前，单于勿深诛"，如果单于同意这封书信的内容，就明告匈奴"诸吏"，不要背约，而要有信，"敬如单于书"。这封信只言及匈奴一方对事件的处理。

文帝"敬如单于书"所转述的单于书信的内容，是"愿寝兵休士卒养马，除前事（右贤王侵寇事件），复故约（高祖时的和亲条约），以安边民"，意味着文帝同意匈奴的和亲建议。但对单于提出的汉人"吏民"离开边塞远舍的提议，汉朝并不同意，文帝的信中也没有关于边塞警备后撤的内容，说明汉朝并不认为应当为这一事件负责，这点是不言自明的。

针对右贤王的侵寇，文帝曾颁发诏书，内容见于《汉书·匈奴传上》（《史记·孝文本纪》"帝曰"部分也有相同的内容），曰：

下诏曰，汉与匈奴，约为昆弟，无侵害边境，所以输遗匈奴甚厚，今右贤王离其国，将众居河南地，非常故，往来入塞，捕杀吏卒，驱侵上郡保塞蛮夷，令不得居其故，陵轹边吏，入盗，甚骜无道，非约也。

这篇诏书也只批评匈奴违约。或许整个事件的真相已然不明。这个时期匈奴的单于是冒顿单于，他杀害父亲头曼单于夺取单于之位，扩张领土，并确立了自身的绝对权威。另外，如果汉朝边塞之吏果真侵侮

第十一章　汉代的西北部经营：初县的环境 I

了邻接地区的匈奴的话，也只不过是突发性的局部事件，并不会给匈奴造成很大的打击。由此看来，如果没有冒顿单于的默许，右贤王果真敢冒着犯罪的风险，擅自离开领地，并调动兵卒吗？总觉得有些不自然。

另外，对遭受汉朝八万五千车骑的反击而逃走的右贤王，匈奴的处罚只是命他讨伐月氏，而这只是他原本的任务而已。所以，在这个事件中，冒顿单于的书信有意模糊右贤王的军事行动及匈奴的真正意图，让人不得不怀疑他是在故意隐瞒其他的真相。

前166—前162年匈奴的侵寇

再来看第（2）点。前166年（文帝十四年）老上单于率十四万骑驻留北地、萧关一带一月有余，匈奴士兵甚至入侵至三辅、甘泉宫附近，匈奴接着连岁侵寇边塞（云中—辽东）。面对这一事态，文帝撰写书简送至匈奴，匈奴亦同意不再侵扰，并提出与汉和亲。存在问题的书简是匈奴提出和亲之后，文帝于前162年（文帝后二年）的回复。

下面将伊濑氏论及的该书简的相关内容揭载如下，出自《史记·匈奴列传》：

今闻渫恶民，贪降其进取之利，倍义绝约，忘万民之命，离两主之驩。

内容与邪恶不正之民贪图利益相关，可以再稍微详细引用该书简内容如下：

Ⓐ皇帝敬问匈奴大单于，无恙。使当户且居雕渠难、郎中韩辽，遗朕马二匹，已至，敬受。Ⓑ先帝制：长城以北引弓之国，受命单于；长城以内冠带之室，朕亦制之。使万民耕织射猎衣食，父子无离，臣主相安，俱无暴逆。Ⓒ今闻渫恶民，贪降其进取之利，倍义绝约，忘万民之命，离两主之欢，

然其事已在前矣。Ⓓ书曰:"二国已和亲,两主欢说,寝兵休卒养马,世世昌乐,闟然更始。"Ⓔ朕甚嘉之。圣人者日新,改作更始,使老者得息,幼者得长,各保其首领,而终其天年。朕与单于俱由此道,顺天恤民,世世相传,施之无穷,天下莫不咸便。Ⓕ汉与匈奴,邻国之敌,匈奴处北,地寒,杀气早降,故诏吏遗单于秫糵金帛丝絮佗物,岁有数。(略)Ⓖ朕追念前事,薄物细故,谋臣计失,皆不足以离兄弟之欢。朕闻天不颇覆,地不偏载。朕与单于,皆捐往细故,俱蹈大道,堕坏前恶,以图长久,(略)俱去前事。朕释逃虏民,单于无言章尼等。Ⓗ朕闻古之帝王约分明,而无食言。单于留志,天下大安。Ⓘ和亲之后,汉过不先。单于其察之。

从文脉上看,存在问题的离绝两主之欢的"渫恶民"已是既往之事,"已在前矣"。另外,从单于的书信来看,这件事情已经得到了和解。单于提出休兵马(Ⓓ部分),并将"前事"视为谋臣的过失,不足以破坏兄弟之约(Ⓖ部分)。

此处的"渫恶民"云云,是"已在前矣"(Ⓒ)的"前事""前恶"(Ⓖ部分),是已经得到解决了的事情,结合前揭所引前176年单于所写的书信来看,此处的"前事"是指前177年右贤王入寇鄂尔多斯地区之时的事情(前174年文帝写给单于的信中所说的"渫恶民",自然是指匈奴一方的人民),Ⓖ中的"谋臣计失"是指当时"右贤王不请,听后义卢侯难氏等计"之事。Ⓓ中的"书曰"所说的内容,与前176年单于所写的书信中的语句,包括缔结和亲、中止战争、休养兵卒马匹、世世太平等内容大概一致。

Ⓒ"渫恶民"这一部分之前的"今闻",或许还有需要讨论的地方。这封书简的开篇称:"先帝制:长城以北引弓之国,受命单于,长城以内冠带之室,朕亦制之。"先帝即高祖,首先陈述高祖时期的约定,并以之作为后继者文帝时期的政治理念,接着以"今闻"引出前177年的事件。在书简的最后,Ⓗ部分称"朕闻古之帝王约分明,而无食言",先与上文的前176年单于的来信相呼应,接着指出前174年两国和亲之

后，匈奴单方面擅自违反和亲之约，连年侵寇，并以此为依据，称："①和亲之后，汉过不先，单于其察之"，隐藏着对匈奴态度的谴责，以之作为书信的总括。

从这封书信的全文结构来看，"今闻"之"今"很值得注意。"今"与前文Ⓑ中的"先帝制"相互对应，或许具有代指文帝即位后（"今上"之今）的某种意思。书信写于前162年，距离前177年右贤王入寇鄂尔多斯，已经过去了十多年，将这件事称作"前事"也是理所当然的。

依据以上分析，从前162年文帝的书信中，无法明确地看到具有前文第（2）点所说的前166—162年之间匈奴侵寇这一历史背景。另外，与前162年的和亲条约相关的还有《史记·孝文本纪》"后二年（前162年）"条的诏书，内容如下：

> 上（诏）曰：朕既不明，不能远德，使方外之国，或不宁息。夫四荒之外，不安其生，封畿之内，勤劳不处，二者之咎，皆自于朕之德薄，而不能远达也。间者累年，匈奴并暴边境，多杀吏民。边臣兵吏，又不能谕吾内志，以重吾不德也。夫久结难连兵，中外之国，将何以自宁？今朕夙兴夜寐，勤劳天下，忧苦万民，为之恒惕不安，未尝一日忘于心，故遣使者冠盖相望，结轶于道，以谕朕志于单于。今单于反古之道，计社稷之安，便万民之利，新与朕俱弃细过，偕之大道，结兄弟之义，以全天下元元之民。和亲已定，始于今年。（《汉书·文帝纪》"上"作"诏"）

诏书在指出连岁遭受匈奴侵寇的同时，也指出边塞之臣、兵吏面对匈奴不能充分贯彻文帝的意志。从"遣使者冠盖相望"来看，文帝频繁地派遣使者，努力与单于接触，体现了文帝对事态的担心以及对边境守备吏卒的焦虑，但是，由此是否能够判断出汉朝边塞吏卒对匈奴存在不法行为呢，从字面上看十分抽象，很难明确。

景帝时的对匈形势

接下来讨论第（3）点所说的景帝时关市交易比较顺利，匈奴的侵寇较少这一问题。史料记载这一时期的侵寇行为共计四次：

Ⓐ前156年（景帝元年），"匈奴入代，与约和亲"。（《史记·孝景本纪》）

Ⓑ前148年（景帝中二年）二月，"匈奴入燕，遂不和亲"。（《史记·孝景本纪》）

Ⓒ前144年（景帝中六年）六月，"匈奴入雁门，至武泉，入上郡，取苑马，吏卒战死者二千人"。（《汉书·景帝纪》）

Ⓓ前142年（景帝后二年）春，"匈奴入雁门，太守冯敬与战，死，发车骑材官屯"。（《汉书·景帝纪》）

其中Ⓐ的结局是缔结和亲，此前的"入"，即侵寇行为与和亲是并行的。不过，《汉书·景帝纪》"元年夏四月"条记载："遣御史大夫青翟，至代下，与匈奴和亲"，没有提到"匈奴入代"。在荀悦的《汉纪》中，"青翟"作"陶青翟"，颜师古指出"翟"系衍字。另外Ⓑ中的"遂不和亲"，不见于《汉书·景帝纪》"中二年二月"条，这一条仅有"匈奴入燕"。

关于这一问题，《史记·匈奴列传》记载：

孝景帝复与匈奴和亲，通关市，给遗匈奴，遣公主如故约，终孝景时，时小入盗边，无大寇。

或许在当时，边塞吏卒数千人战死、郡太守被杀，对汉朝来说都算是"小入""无大寇"吧。上述景帝时期匈奴的入寇记录Ⓐ至Ⓓ，大概都是属于这一类的情况。另外，从《史记·匈奴列传》的记载来看，景帝时期汉朝对匈奴的形势后退到被动的地位了。与逐渐慢性化了的边塞侵寇相比，更为紧急的"大寇"，如后文所述，即威胁到首都圈的匈奴的入寇，是出现的新情况。

因此，对第（3）点来说，在这种慢性化的入寇过程中，景帝时期的和亲政策是否能够让匈奴得到满足，而起到防止侵寇的作用，还需要慎重地进行判断。

武帝即位之初的对匈形势

下面来看武帝即位之后的情况，即第（4）点。这一点所依据的史料见于《史记·匈奴列传》，内容如下：

> 今帝即位，明和亲约束，厚遇，通关市，饶给之，匈奴自单于以下皆亲汉，往来长城下。

的确，从前140年武帝即位到前133年（元光二年）的马邑事件，从史料上看这一时期没有具体的入寇记录。

但是，《汉书·武帝纪》记载从前134年（元光元年）冬天（？）到六月，李广、程不识二将在云中、雁门屯戍，记曰：

> 卫尉李广为骁骑将军，屯云中，中尉程不识为车骑将军，屯雁门，六月罢。

这是马邑事件前一年的事情。前142年（景帝后二年），郅将军讨伐匈奴，原因是距此一年多之前匈奴侵寇上郡，依据其后的匈奴形势，而进行讨伐（《史记·孝景本纪》"后二年"："郅将军击匈奴。"）。同年三月，为了应对匈奴侵寇雁门，车骑材官进行军屯（《汉书·景帝纪》："匈奴入雁门，太守冯敬与战死，发车骑材官屯"，亦见于《史记·孝景本纪》）。武帝这次新派遣将士兵卒前往北部边境，实际上是时隔八年之后再次采取的军事行动。

由此看来，如果真的像《史记·匈奴列传》所记载的，匈奴亲汉，两国关系发展十分顺利的话，那么在武帝即位不久的前134年，汉朝为何要单方面地屯兵呢？这一行为很难理解。不过，从《汉书·武帝纪》"元光二年（前133年）年"条中的武帝在马邑事件发生之时颁发的诏书中可以看出一斑。诏书曰：

> 朕饰子女，以配单于，金币文繡，赂之甚厚，单于待命加嫚，侵盗亡已，边境被害，朕甚闵之，今欲举兵攻之，何如。

显然，赠予匈奴公主、物资（和亲）之后，反而招来了匈奴对汉的嫚心，可知武帝即位之后，不论和亲条约是否存在，"侵盗亡已"的状态依然持续。

据此可知，虽然没有关于双方的冲突的直接记载，但可以充分地推测认为前134年的边郡屯戍不是汉朝一方单方面的军事行动。结合前一年的军屯及其他诸事来看，此前被认为是汉朝一方怀有企图而挑起的马邑事件，或许与匈奴的"侵盗亡已"有着很深的关联。

同时，这也反映了当时的实态以及与匈奴的和亲条约的局限性，而开战之后与和亲相关的诸多举动亦能看出这一点。

前129年汉军对关市的袭击

最后来分析第（5）点，即前129年（元光六年）卫青、公孙敖、公孙贺、李广四将军对关市中聚集的匈奴人发动的袭击，是否如伊濑氏所说，是"不法袭击"和"不信行为"。

先来看前129年的出兵情况，《史记·匈奴列传》载：

> 自马邑军后五年之秋，汉使四将军各万骑，击胡关市下。将军卫青出上谷至茏（龙）城，得胡首虏七百人。公孙贺出云中，无所得。公孙敖出代郡，为胡所败七千余人。李广出雁门，为胡所败，而匈奴生得广，广后得亡归。汉囚敖、广，敖、广赎为庶人。（茏，《汉书·匈奴传上》作"龙"）

这次战斗，共计四万骑的大军从上谷、代、云中、雁门分别出击，但只有卫青斩首"七百余人"，公孙敖、李广皆大败于匈奴。可以说是出动的军队很多而战果甚少的一次行动。

关于这件事，见于《汉书·武帝纪》"元光六年（前129年）"条武帝诏书称：

第十一章 汉代的西北部经营：初县的环境 I

> 夷狄无义，所从来久，间者匈奴数寇边境，故遣将抚师，古者治兵振旅，因遭虏之方入，将吏新会，上下未辑。

依照颜师古的解释，原来是平时训练人民以期万全，而这次遭受匈奴侵寇，事前未做慎重的准备，派遣的是匆忙组建的军队，形势上存在准备不充分等原因。

这篇诏书接着说：

> 代郡将军敖、雁门将军广，所任不肖，校尉又背义妄行，弃军而北，少吏犯禁。用兵之法，不勤不教，将率之过也；教令宣明，不能尽力，士卒之罪也。将军已下廷尉，使理正之，而又加法于士卒。二者并行，非仁圣之心。朕闵众庶陷害，欲刷耻改行，复奉正义，厥路亡繇。其赦雁门、代郡军士不循法者。

记载了军队的混乱以及对败北二将的问罪。

这种情况如果出现在汉朝对匈奴持和亲政策的时期，在军事上无论如何都不会处于被动地位，缺乏事先准备的出军可以说是无可奈何的。那么，在这一时期与匈奴的关系中出现的如此紧急的事情究竟是什么呢？关于这一点，《史记·匈奴列传》有载：

> 自是（马邑事件）之后，匈奴绝和亲，攻当路塞，往往入盗于汉边，不可胜数。

而在此前一年，还存在其他的情况，如《汉书·武帝纪》"元光五年（前130年）"条载："发卒万人，治雁门阻险。"另外还有其他的非直接原因的事件，如《汉书·武帝纪》"元光六年（前129年）"条，记载出军（前129年秋）之前的同年春天，"匈奴入上谷，杀略吏民"等事。

这次侵寇事件的被害情况不明，但却是《汉书·武帝纪》所载的

第一条有关匈奴侵寇的具体记事。虽然不清楚究竟给汉朝造成了多么深刻的冲击，具体情形亦不详，但从前129年春匈奴对上谷的侵寇促使汉朝在没有事先准备的情况下急速派遣四万大军来看，可以想见这次冲击的规模一定相当大。同时，由于这一事件导致随后对匈奴的全面战争就此进入实质阶段，可以说在汉代的西北部经营史上具有重要的地位。

回到本来的问题上来，前129年汉军的出兵是否真的是汉朝单方面的"不信行为"与"不法袭击"呢？从以上分析来看，这一说法是有待商榷的。

上文检讨了引导出伊濑氏论点的见解，即汉朝的对匈奴策是否是基于中华思想而实施的，汉朝是否始终都是行使武力一方的问题。上述讨论并没有以专门攻击匈奴为目的，虽然仅以中国一侧的史料为中心，但可以看出认为责任完全在汉朝一方的看法，仍然需要慎重考虑。

如何理解汉初的与匈奴和亲条约

经过以上讨论之后，再来看伊濑氏认为存在问题的和亲条约。对汉朝来说，当初是如何处理这个问题的，仍然需要再作分析。

在探讨武帝的积极对匈政策的背景时，一般会举出两点：Ⓐ为父祖以来的屈辱外交画上终止符；Ⓑ作为财政丰裕的中央集权国家，武帝时汉朝的基础已经十分稳固。[1]其中Ⓑ是内政方面的原因，暂且不论，单就屈辱性的外交来说，与存在疑问的和亲条约当然是相关的。

在伊濑氏的论述中，认为汉朝将和亲条约认定为屈辱性的外交反映了自身的不诚实与武力主义。这一看法是存在问题的。如果只阐述结论的话，比较妥当地说，这一看法只是一般说法的延伸。

那么，对汉朝来说，应当如何理解与匈奴的和亲政策呢？关于这一点，从文帝时随和蕃公主出行的中行说为匈奴所献的计策可见一斑。《史记·匈奴列传》载：

---

1. 如護雅夫、神田信夫编：《北アジア史（新版）》，山川出版社，1981年，第45页。

第十一章 汉代的西北部经营：初县的环境 I

> 匈奴人众不能当汉之一郡，然所以强者，以衣食异，无仰于汉也。今单于变俗好汉物，汉物不过什二，则匈奴尽归于汉矣。其得汉缯絮，以驰草棘中，衣袴皆裂敝，以示不如旃裘之完善也。得汉食物皆去之，以示不如湩酪之便美也。

所进之言一方面谈到匈奴固有习俗的保持，另一方面又说汉如果将本国物资（据桓谭《新论》，西汉时期的财政为大司农四十万万、少府八十三万万）的十分之二用于匈奴的话将会如何等。当然，这只是依据假定的数额而进行的推测。不过，如果每年赠予匈奴相当多的物资，并因此影响到汉朝财政的话，那么对汉朝来说当然是遭受了"邻敌之国"（《史记·匈奴列传》）的屈辱。

《汉书·韩安国传》载："遣刘敬奉金千斤，以结和亲，至今为五世利。"虽然所赠物资、岁币的总额难以确定（两国开战之后，武帝征和四年，"岁给遗我蘖酒万石，稷米五千斛，杂缯万匹，它如故约"；宣帝甘露三年，"赐以冠带、衣裳、黄金玺、盭绶、玉具剑、佩刀、弓一张、矢四发、棨戟十、安车一乘、鞍勒一具、马十五匹、黄金二十斤、钱二十万、衣被七十七袭、锦绣绮縠杂帛八千匹、絮六千斤"；宣帝黄龙元年，甘露三年之额"加衣百一十袭、锦帛九千匹、絮八千斤"；元帝竟宁元年，甘露三年之额"加衣服锦帛絮皆倍于黄龙时"；哀帝元寿二年，"加赐衣三百七十袭、锦绣缯帛三万匹、絮三万斤，它如河平时"。以上据《汉书·匈奴传》。未见征和四年的实施情况）但刘敬所缔结的和亲条约，对汉朝来说应当不会成为负担。

当然，《汉书·韩安国传》的这段记载，见于武帝时期对是否采择马邑之计的议论，依据和亲派韩安国的叙述编纂而成，是否可信仍有待讨论。《韩安国传》同时记载了与韩安国对立的强硬派王恢多次重复的主张，但他也没有提到和亲条约会对汉造成负担。

另外，前175年（文帝五年）发布废除盗铸钱的诏令，贾谊对此有谏言，见于《汉书·食货志下》，称："制吾弃财，以与匈奴逐争其民，则敌必怀。"甚至提出了积极赠予匈奴财物，以将匈奴怀柔同化的意见。

在前174年（文帝六年）左右前往匈奴的中行说，显然是了解汉朝的对匈气氛以及有关对匈政策的议论的。前文提到的中行说献给单于的计策中，提到以汉物的十分之二赠予匈奴的话，匈奴必然归属汉朝，其背景或许也是汉廷的这些议论。另外，依据和亲条约将公主嫁出，对汉朝来说，也隐含着让匈奴归顺的远谋。《史记·刘敬列传》曰：

> 陛下诚能以适长公主妻之，厚奉遗之，彼知汉适女送厚，蛮夷必慕以为阏氏，生子必为太子，代单于，何者贪汉重币，（略）冒顿在，固为子婿，死则外孙为单于，岂尝闻外孙敢与大父抗礼者哉，兵可无战，以渐臣也。

将两国的关系定位为"昆弟"，显然也未将和亲条约视为屈辱，并不认为其存在严重的问题。

到了昭帝时期，《盐铁论》也有讨论匈奴问题的各篇，包括备胡、击之、西域、和亲等，对和亲条约亦给予了肯定，并无否定的评价和意见。

当然，缔结和亲条约的前提是汉朝与匈奴的武力对峙。对于依照现实情况而采择、利用的和亲条约，从前162年（文帝后二年）和亲之后的制诏之中可以看到当时的总体评价，制诏见于《史记·匈奴列传》，曰：

> 制诏御史曰：匈奴大单于遗朕书，言和亲已定，亡人不足以益众广地，匈奴无入塞，汉无出塞，犯今约者杀之，可以久亲，后无咎俱便。朕已许之。其布告天下，使明知之。

一方面，两国将有关"亡人"，即投降者的争议搁置起来，不作为主要问题；另一方面，申明必须遵守和亲条约，犯"约"者杀之，强调了维护条约的决心，并向天下公示。

同样，"倍约离兄弟之亲者，常在匈奴"（文帝六年文帝写给单于的书简），"和亲之后，汉过不先"（文帝后二年文帝写给单于的书简，以上见于《史记·匈奴列传》），"汉与匈奴和亲，率不过数岁即背约"（武帝元光元年大行王恢之言，王恢曾"数为边吏，习胡事"，据《汉书·韩安国传》）等都体现了这种维护约定的决心。虽然有像《史记·孝景本纪》"中二年"条的"匈奴入燕，遂不和亲"之类的情况，破坏、放弃和亲条约的或是匈奴，或是汉朝，但总的来说，像"汉以其故（右贤王入居河南地），不和"（文帝四年单于写给文帝的书简，见于《史记·匈奴列传》）这样由匈奴一方所指出的情况，是十分少见的特例，无法反映对汉朝和亲条约的正确认识。

匈奴对首都圈的威胁

据上可知，从和亲条约的相关方面探讨始于马邑事件的对匈奴积极政策的提出背景，是存在问题的，那么，需要重新考虑应当从哪些角度进行分析。关于这一点，还应首先回到马邑事件发生之时的诏书中所说的"侵盗，亡已"之上，即匈奴的侵寇上面来。

的确，关于匈奴的侵寇，如果采用武力进行对抗的话，当然必须要有与匈奴展开全面战争的思想准备。不得不与匈奴武力对决，这一严重事态出现的背景，是匈奴的几次深入的侵寇：

Ⓐ前177年（文帝三年）五月，"匈奴入北地，居河南为寇"。六月"其发边吏骑八万五千诣高奴，遣丞相颍阴侯灌婴击匈奴，匈奴去，发中尉材官属卫将军，军长安"（见《史记·孝文本纪》，《汉书·文帝纪》作"匈奴入居北地河南为寇"）。

Ⓑ前169年（文帝十一年），"匈奴寇狄道（陇西）"（见《汉书·文帝纪》），入侵狄道一带的记载还有：前182年（吕后六年），"匈奴寇狄道，攻阿阳"，前181年（吕后七年）十二月，"匈奴寇狄道，略二千余人"，以上见于《汉书·高后纪》）。

Ⓒ前166年（文帝十四年）（冬），"匈奴单于十四万骑入朝那、萧关，杀北地都尉卬，虏人民畜产甚多，遂至彭阳，使奇兵入烧回中宫，侯骑至雍甘泉"。"以中尉周舍、郎中令张武为将军，发车千乘骑十万，军长安旁，以备胡寇，而拜昌

侯卢卿为上郡将军，宁侯魏遫为北地将军，隆虑侯周灶为陇西将军，东阳侯张相如为大将军，成侯董赤为将军，大发车骑，往击胡。单于留塞内月余，乃去"（见《史记·匈奴列传》，《汉书·文帝纪》作"中尉周舍为卫将军，郎中令张武为车骑将军，军渭北"）。

Ⓓ前158年（文帝后六年）（冬），"匈奴三万人入上郡，三万人入云中"。"以中大夫令勉为车骑将军，军飞狐，故楚相苏意为将军，军句注，将军张武，屯北地，河内守周亚夫为将军，居细柳，宗正刘礼为将军，居霸上，祝兹侯，军棘门，以备胡，数月胡人去，亦罢。"（《史记·孝文本纪》）

Ⓔ前144年（景帝中六年）六月，"匈奴入雁门，至武泉，入上郡，取苑马，吏卒战死者二千人"。（《汉书·景帝纪》）

如上所列，匈奴数万到十数万的骑兵很容易地侵入首都圈所涵盖的上郡、北地、陇西等邻接三辅的诸郡，匈奴兵甚至会越过萧关，出没于甘泉宫一带。（除了上文所列的匈奴侵寇的记载之外，自高祖白登之耻之后，匈奴的入寇地还有：高祖七年十二月侵"代"，高祖八九年左右侵"代、雁门、云中"，高祖十年侵"代"，十一年正月侵"参合"，十二年侵"上谷以东"，以上据《汉书·高帝纪下》；文帝时侵"云中—辽东，尤其是代"，以上据《史记》之《韩信列传》及《匈奴列传》；景帝元年侵"代"，景帝中二年二月侵"燕"，后二年春侵"雁门"，以上据《史记·孝景本纪》）

再来看汉朝的对策。先说Ⓐ。前177年，丞相自率八万五千兵卒出师，但只到达三辅稍北的上郡高奴（今延安附近）一带；同时，卫将军进行军屯，以加强长安周边的防卫。再看Ⓒ。前166年，以战车千乘、骑卒十万共同驻屯于长安近郊，同时，五将军分别驻守于与三辅北部、西部邻接的上郡、北地、陇西（据王先谦补注）等郡。不过，即便如此，匈奴还是在长城内逗留了一月有余。再看Ⓓ。前158年，发动六将军对抗匈奴，其中四人屯戍首都周边（霸上、细柳、棘门、北地），另外两将军屯戍于今山西省北部地区。

第十一章　汉代的西北部经营：初县的环境 I

当然，能够保存下来的史料未必很多，而匈奴的侵寇也不会只集中于三辅一带。在后来的前100年（武帝天汉元年），史料记载且鞮侯单于曾说"安敢望汉天子"（《汉书·匈奴传上》），那么匈奴是否真的有兼并汉朝的意图呢？从汉兴以来与匈奴的关系来看，匈奴做过多少探索和准备是很值得怀疑的，因此匈奴大概没有兼并汉朝的意图。

但是，对汉朝来说，面对匈奴的侵寇，防卫线却不得不反复地集中于首都周边地区，这种形势与匈奴单纯地入盗西北边郡的性质是迥异的。位于关中盆地的政权以前有过受到异民族的威胁而崩溃的先例。对长安周边的兵屯防卫，汉廷是绝对不敢掉以轻心的，因此，匈奴的侵寇一旦到达首都圈，当然会让汉王朝产生强烈的危机感。

面对这种紧迫的异常形势，汉廷放弃了高祖以来的和亲政策。卷入对匈奴的全面战争，将会遭受巨大的牺牲，汉朝对此必须有充分的思想准备。而对由强烈的危机感而带来的全面战争的爆发，是不应当觉得奇怪的。因此，武帝时期对匈奴政策的转变，原因不应当归结为和亲条约的屈辱性质以及武帝个人的资质等，面对焦灼的事态，以及前述"大寇"危机的逼迫，即便当时不是武帝在位，全面战争也是迟早要发生的，是不可避免的选择。

汉朝对匈奴出击的图式

为了验证上文的结论，有必要更加具体地探讨匈奴的侵寇意图。关于这个问题，内田吟风氏已有多角度的研究。内田氏指出，匈奴"实施武力的时期，不是饥饿期，反而是会取得成功的食物充足、兵卒众多的丰盛期"[1]，由此看来，面对这一时期匈奴的侵寇，汉朝危机感的紧迫程度会更高。

同时，包括全面战争开始之后的时期在内，汉朝的对匈奴战争几乎都见于史料，可以完整地将匈奴的侵寇及汉朝的报复、防御用图式表示出来。下面就以事件较为错综复杂的武帝时期及以后的情况列表

---

1. 内田吟風：《古代遊牧民族の農耕国家侵入の真因》，《ユーラアシア学会報》3，1955年；《北アジア史研究匈奴篇》，同朋舍，1977年。

如下（附表2）。

附表2

年号	匈奴的动向（是引起右栏所列"汉朝的动向"的起因）：入寇地、汉朝的受害情况）	出典	汉朝的动向：将军、兵数、出军地点、行军目的地	出典
前134年（武帝元光元年）?—六月	（"侵盗亡已"，元光三年诏书，参照本文）	《汉书·武帝纪》	李广（屯云中）、程不识（屯雁门）	《汉书·武帝纪》
前133年（元光二年）春			韩安国、李广、公孙贺、王恢、李息等五将军，三十余万（屯马邑）	《汉书·武帝纪》《汉书·匈奴传上》
前129年（元光六年）春	入上谷（略吏民）	《汉书·武帝纪》		
前129年（元光六年）秋			卫青、公孙敖、公孙贺、李广等四将军，四万骑（出上谷、代、云中、雁门，至龙城）	《汉书·匈奴传上》《汉书·武帝纪》"春"
前129年（元光六年）冬（秋）	盗边（渔阳尤甚）	《汉书·匈奴传上》《汉书·武帝纪》"秋"	韩安国（屯渔阳）	《汉书·武帝纪》《汉书·匈奴传上》
前128年（元朔元年）秋	入辽西（杀太守、略二千人），入渔阳、雁门（败渔阳太守、都尉，杀略三千余人，围韩安国）	《汉书·武帝纪》《汉书·匈奴传上》	卫青三万骑、李息（出雁门、代）	《汉书·武帝纪》《汉书·匈奴传上》
前127年（元朔二年）春	入上谷、渔阳（杀略吏民千余人）	《汉书·武帝纪》	卫青、李息（出云中，至高阙、符离、陇西）	《汉书·武帝纪》《汉书·匈奴传上》
前126年（元朔三年）夏	入代郡（杀太守、略千余人）	《汉书·武帝纪》《汉书·匈奴传上》		

第十一章　汉代的西北部经营：初县的环境 I

续表

年号	匈奴的动向（是引起右栏所列"汉朝的动向"的起因）：入寇地、汉朝的受害情况）	出典	汉朝的动向：将军、兵数、出军地点、行军目的地	出典
前126年（元朔三年）秋（夏）	入雁门（杀略千余人）	《汉书·匈奴传上》、《汉书·武帝纪》"夏"		
前125年（元朔四年）夏	入代、定襄、上郡（杀略数千人），入河南、朔方（杀略吏民甚众）	《汉书·武帝纪》《汉书·匈奴传上》		
前124年（元朔五年）春			卫青、苏建、李沮、公孙贺、李蔡、李息、张公次等七将军，十余万人（出高阙、朔方、右北平，出塞六、七百里，围右贤王）	《汉书·武帝纪》《汉书·匈奴传上》
前124年（元朔五年）秋	入代（杀都尉，略千余人）	《汉书·武帝纪》《汉书·匈奴传上》		
前123年（元朔六年）二月			卫青、公孙敖、公孙贺、赵信、苏建、李广、李沮等七将军，十余万骑（出定襄，数百里，遇单于兵）	《汉书·武帝纪》《汉书·匈奴传上》
前123年（元朔六年）四月			可能是卫青等七将军，十余万骑（出定襄，绝幕）	《汉书·武帝纪》
前122年（元狩元年）五月以降	入上谷（杀数百人）	《汉书·武帝纪》《汉书·匈奴传上》		
前121年（元狩二年）三月			霍去病，一万骑（出陇西、过焉耆山，至皋兰）	《汉书·武帝纪》《汉书·匈奴传上》
前121年（元狩二年）夏			霍去病、公孙敖，数万骑（出陇西、北地，过居延，攻祁连山）	《汉书·武帝纪》《汉书·匈奴传上》

续表

年号	匈奴的动向（是引起右栏所列"汉朝的动向"的起因）：入寇地、汉朝的受害情况）	出典	汉朝的动向：将军、兵数、出军地点、行军目的地	出典
前121年（元狩二年）夏	入代郡、雁门（杀略数百人）	《汉书·匈奴传上》		《汉书·武帝纪》《汉书·匈奴传上》
前120年（元狩三年）秋	入右北平、定襄（杀略数千人）	《汉书·武帝纪》《汉书·匈奴传上》		
前119年（元狩四年）春			卫青、李广、公孙贺、赵食其、曹襄、霍去病等六将军，十余万骑、数十万人（出定襄、代，至幕北，闻颜山、狼居胥山、瀚海）	《汉书·武帝纪》《汉书·匈奴传上》
前112年（元鼎五年）九月	（西羌、攻安故、围枹罕），入五原（杀太守）	《汉书·武帝纪》		
前111年（元鼎六年）十月			李息、徐自为，卒十万人，陇西、天水、安定骑士等（征西羌）	《汉书·武帝纪》
前111年（元鼎六年）秋			公孙贺（一万五千骑）、赵破奴（一万余）（出九原、令居，至浮苴井、匈奴河水）	《汉书·武帝纪》《汉书·匈奴传上》
前107年（元封四年）秋	寇边	《汉书·武帝纪》《汉书·匈奴传上》	郭昌、浞野侯（屯朔方）	《汉书·武帝纪》《汉书·匈奴传上》
前104年（太初元年）、前102年（太初三年）	（大宛杀汉使者）	《汉书·武帝纪》《汉书·李广传》	（李广利讨伐大宛）（两次总计六万六千骑、数万人）（屯居延休屠，十八万）	《汉书·武帝纪》《汉书·匈奴传上》
前104年（太初元年）冬	（匈奴左大都尉）曰："我欲杀单于降汉，汉远，汉即来兵近我，我即发。"	《汉书·匈奴传上》		

第十一章 汉代的西北部经营：初县的环境 I

续表

年号	匈奴的动向（是引起右栏所列"汉朝的动向"的起因）：入寇地、汉朝的受害情况）	出典	汉朝的动向：将军、兵数、出军地点、行军目的地	出典
前104年（太初元年）夏			公孙敖（筑受降城）	《汉书·武帝纪》《汉书·匈奴传上》
前103年（太初二年）秋（春）			赵破奴二万骑（出朔方，至浚稽山）	《汉书·武帝纪》《汉书·匈奴传上》"春"
前103年（太初二年）秋（春）（赵破奴出军后）	攻受降城，入边	《汉书·匈奴传上》		
前102年（太初三年）夏			光禄勋徐自为（于五原、卢朐之间筑城障列亭）	《汉书·武帝纪》《汉书·匈奴传上》
			韩说、卫伉（屯光禄塞旁），路博德（筑居延泽上）	《汉书·武帝纪》《汉书·匈奴传上》
前102年（太初三年）秋	入定襄、云中、五原、朔方（杀略数千人，坏光禄诸亭障）	《汉书·武帝纪》《汉书·匈奴传上》		
前102年（太初三年）秋	入张掖、酒泉（杀都尉，略数千人）	《汉书·武帝纪》《汉书·匈奴传上》	任文（救张掖、酒泉）	《汉书·匈奴传上》
前100年（天汉元年）	单于益骄，礼甚倨，非汉所望也	《汉书·匈奴传上》		
前100年（天汉年）秋			发谪（屯五原）	《汉书·武帝纪》
前99年（天汉二年）五月	（匈奴夺回西域的轮台基地，参看本文）		李广利（三万骑）、公孙敖、路博德、李陵（五千人）（出酒泉、西河、居延，至天山、会涿邪山、居延北千余里）	《汉书·武帝纪》《汉书·匈奴传上》

续表

年号	匈奴的动向（是引起右栏所列"汉朝的动向"的起因）：入寇地、汉朝的受害情况）	出典	汉朝的动向：将军、兵数、出军地点、行军目的地	出典
前98年（天汉三年）秋	入雁门	《汉书·武帝纪》		
前97年（天汉四年）春			李广利、路博德、公孙敖、韩说等四将，七万骑，步兵十四万余［《史记·匈奴传》记载步骑（步兵）十七万］（出朔方、雁门、五原，单于待余吾水南，与左贤王战）	《汉书·武帝纪》《汉书·匈奴传上》
前91年（征和二年），九月以降	入上古、五原（杀略吏民）	《汉书·武帝纪》、《汉书·匈奴传上》		
前90年（征和三年）正月	入五原、酒泉（杀两部都尉）	《汉书·武帝纪》、《汉书·匈奴传上》		
前90年（征和三年）三月			李广利、商丘成、马通等三将，四万骑，十万余人（出五原、西河、酒泉，至浚稽山、天山、车师）	《汉书·武帝纪》《汉书·匈奴传上》
前87年（昭帝后元二年）冬	入朔方（杀略吏民）	《汉书·昭帝纪》	发军（屯西河），左将军桀（行北边）	《汉书·昭帝纪》
前85年（始元二年）	左贤王、右谷蠡王，率其众欲南归汉	《汉书·匈奴传上》		
前85年（始元二年）			习战射士（诣朔方）、故吏（屯田张掖郡）	《汉书·昭帝纪》
前83年（始元四年）秋	入代（杀都尉）	《汉书·匈奴传上》		

第十一章　汉代的西北部经营：初县的环境 I

续表

年号	匈奴的动向（是引起右栏所列"汉朝的动向"的起因）：入寇地、汉朝的受害情况）	出典	汉朝的动向：将军、兵数、出军地点、行军目的地	出典
前80年（元凤元年）	入边	《汉书·匈奴传上》	汉追之，发人民（屯瓯脱）	《汉书·匈奴传上》
前79年（元凤二年）	屯受降城	《汉书·匈奴传上》		
前79年（元凤二年）	入张掖（日勒、屋兰、番和）	《汉书·匈奴传上》	张掖太守、属国都尉郭忠（发兵）	《汉书·匈奴传上》
前78年（元凤三年）	入五原（略杀数千人），攻塞外亭障（略取吏民）	《汉书·匈奴传上》	范明友，二万骑（出辽东）	《汉书·昭帝纪》《汉书·匈奴传上》
前74年（元平元年）	（乌孙公主上书，请求出兵）	《汉书·匈奴传上》		
前72年（宣帝本始二年）夏	数侵边	《汉书·宣帝纪》		
前72年（本始二年）秋			田广明、赵充国、范明友、韩增、田顺、常惠等六将，十六万骑、西域兵五万（出西河、酒泉、云中、张掖、五原，至鸡秩山、候山、蒲离候水、乌员、余吾水、右谷蠡王庭）	《汉书·宣帝纪》《汉书·匈奴传上》
前71年（本始三年）正月			五将军（或与前72年规模相同，十六万余骑）（出长安）	《汉书·宣帝纪》
前71年（本始三年）冬	（匈奴讨乌孙）	《汉书·匈奴传上》	汉三千余骑（入匈奴）	《汉书·匈奴传上》
前68年（地节二年）	发兵，先使使者入，南旁塞猎，相逢俱入	《汉书·匈奴传上》	边骑（屯要害），治众等四人，五千骑（出塞数百里）	《汉书·匈奴传上》
前68年（地节二年）	发两屯各万骑，以备汉	《汉书·匈奴传上》		

续表

年号	匈奴的动向（是引起右栏所列"汉朝的动向"的起因）：入寇地、汉朝的受害情况）	出典	汉朝的动向：将军、兵数、出军地点、行军目的地	出典
前67年（地节三年）秋	（争夺车师，参看附表3）	《汉书·匈奴传上》《汉书·西域传下》	郑吉（讨车师），（车师继续抗争至前62年，参看附表3）	《汉书·匈奴传上》《汉书·西域传下》
前61年（神爵元年）三月	（西羌）反	《汉书·宣帝纪》	三辅中都官弛刑等（诣金城）	《汉书·宣帝纪》
前61年（神爵元年）四月			赵充国、许延寿（讨西羌）	《汉书·宣帝纪》
前61年（神爵元年）六月			辛武贤（讨西羌）	《汉书·宣帝纪》
前60年（神爵二年）	欲入边		赵充国,四万余骑(屯缘边九郡)	《汉书·匈奴传上》
前44年（元帝初元五年）	郅支单于杀汉使谷吉	《汉书·元帝纪》《汉书·匈奴传下》		
前36年（建昭三年）秋—冬			甘延寿、陈汤,汉兵、胡兵四万余人（从南北两道，至康居界）（斩郅支单于）	《汉书·元帝纪》《汉书·陈汤传》《汉书·匈奴传下》

当然，以上都是中国单方面的记录，均以匈奴为非，或许以此来说明汉朝出兵的正当化。不过，在文帝时期（文帝四—六年之间）有关和亲的议论中，大部分的公卿都认为匈奴的土地贫瘠，汉人无法居住。《史记·匈奴列传》载："公卿皆曰，单于新破月氏乘胜，不可击，且得匈奴地，泽卤非可居也，和亲甚便。"可知汉朝并没有意图通过与匈奴的战争，来积极地获取塞外领土的野心。

曾历任边境地区之官的清人赵翼，对武帝时期包括鄂尔多斯地区在内的领土扩张，在其书《廿二史札记》"汉书武帝纪赞不言武功"一

第十一章　汉代的西北部经营：初县的环境 I

项中称："其中有秦所本有，已沦入外国而武帝恢复之者，如朔方、朝鲜、南越、闽越，秦时已内属，然不过羁縻附隶，至武帝，始郡县其地。"指出朔方及朝鲜、南越、闽越等地并不是在武帝时期才初次纳入中国领土之中的。关于这些地区，除了箕子朝鲜等问题有部分异议之外，对河西、西域的经营，一般承认是武帝时首次进行的，赵翼亦曰："并有秦所本无，而新辟之者，西北部则酒泉、敦煌等郡，南侧九真、日南等郡，西南则益州等郡，而西域三十六国，又秦时所未尝开化。"

在分析汉朝对外政策时，河西、西域的经营的确是一个十分重要的课题。那么汉朝的经营经历了怎样的历程呢？下文拟对此进行讨论。

二、经营河西的历程

以上所述为对匈奴政策的第一个时期，只是本章开头所说的汉朝经营西北部的前史而已。前文也已经指出，汉朝的对匈奴政策转换为积极政策，其起因不一定只在于汉朝武力主义的兴起。接下来，本节打算探讨汉朝对河西的经营，即汉朝西北部经营的第二个时期，而这一般很容易与领土野心、扩张主义联系起来。

有关河西地区始置郡年代的诸说

关于汉代的河西经营，日比野丈夫氏已有详细的研究[1]，笔者也曾略有涉及。[2]下面拟分析经营河西开始之前的经过、背景，以及存在问题的置郡（四郡设置）和置郡之前的准备时期，也就是主要讨论河西经营的前史。

先来看问题颇多的河西地区置郡的开始时间。已有诸说可整理如下：（1）前121年（元狩二年）说，（2）前115年（元鼎二年）说，（3）前113年（元鼎四年）以降说，（4）前111年（元鼎六年）说，（5）前

---

1. 日比野丈夫：《河西四郡の成立について》，《東方学報》25，1954年；《中国历史地理研究》，同朋舍，1977年。
2. 拙稿：《汉代西北における新秩序形成過程について》，《中央大学文学部紀要》史学科11，1966年；收入本书。

104年(太初元年)说,(6)时期不确定说等。

主张第(1)种说法的有劳榦氏与刘光华氏[1],劳榦氏指出,《汉书·武帝纪》称前121年(元狩二年)年置武威、酒泉郡,《汉书·地理志》称前104年(太初元年)置张掖、酒泉郡,较之杂采图经一类文献的《地理志》,依据史官注记而作的本纪其史料来源应当更可信。但是,本纪中的武威等说法是错误的,派遣张骞出使,计划将乌孙招回故地,而乌孙故地在祁连、敦煌间。刘光华氏主张《汉书·武帝纪》前121年(元狩二年)置酒泉郡的记载是正确的,其依据是1973年至1974年居延地区考古试掘之际,在额济纳河(弱水,Edsin-go)畔的肩水金关出土的两枚木简,分别记载了"元朔二年"与"元狩四年",与"元狩二年"时代接近。其一为残简:

元朔二年。(72Ej77)

另一枚为:

牒书除将司御三人//一牒元狩四年四月甲寅朔甲寅尉史□敢言之。(EjT10·311)

主张第(2)种说法的有松田寿男、张维华、日比野丈夫三氏。[2]松田寿男氏指出,前121年(元狩二年)汉朝控制河西之后,没有适合的策略,由于将乌孙招回的计划失败,所以在张骞回国后的前115年(元

---

1. 劳榦:《有关四郡问题》,《居延汉简考释之部》,"中央研究院"历史语言研究所,1960年;刘光华:《汉武帝对河西的开发及其意义》,《敦煌学辑刊》1,1980年。
2. 松田寿男:《汉魏时代に於ける西北部支那の開発》,《東亜論叢》3,1940年。不过,此后不久,松田氏在《東西文化の交流》(至文堂,1962年,第73页)中又认为置郡年代不明。张维华:《河西四郡建置年代考疑》,《中国文化研究汇刊》2,1942年。日比野丈夫:《河西四郡の成立について》,《東方学報》25,1954年。另外,长沢和俊《前汉の西域経営と東西交通》(《シルクロード研究》,国书刊行会,1979年)一文认为,或许在招回乌孙失败后立即设置了酒泉郡。护雅夫、神田信夫编《北アジア史(新版)》(山川出版社,1981年,第53页)与日比野氏持同一说,认为"河西郡"置于前115年。

第十一章　汉代的西北部经营：初县的环境 I　　　　　　　　　　　　　　313

鼎二年），设置了武威、酒泉两郡，不过后来松田氏又回避置郡的确切年代。张维华氏的观点与松田氏的旧说接近，认为招回乌孙失败后设置了酒泉郡。而日比野氏认为，前121年之后，开始经营令居，至前115年，首先以令居为中心建置河西郡（张掖郡之前身），而后于前111年（元鼎六年）置酒泉郡。

　　主张第（3）种说法的是黄文弼氏。[1]他认为张骞的乌孙之行结束后，西域诸国与汉来往的时间在张骞去世（前114年）后，而置酒泉郡的年代当在此后的前113年（元鼎四年）以降。但是，一说张骞从乌孙归国的时间在元狩年间（前122—前117年）之前，而西域诸国开始入朝的时间实为前115年（元鼎二年）。此外，《汉书·西域传上》序言部分称，"始筑令居以西，初置酒泉郡"，即令居与酒泉郡同时设立。另据《水经注》可以确认，前115年令居置县之时，酒泉郡已经设立。

　　主张第（4）种说法的有施之勉、张春树、陈梦家等人，也包括笔者在内。[2]施之勉氏认为，前111年（元鼎六年），在汉朝攻破南越、在西南夷地区置郡、讨伐西羌、汉将赵破奴出军令居讨伐匈奴等时代背景下来考虑，酒泉郡的设置当在前111年。笔者也认为前112年（元鼎五年）西羌的反乱是酒泉置郡的动因。张春树、陈梦家两氏亦持同样的见解。

　　主张第（5）种说法的有M. A. N. Loewe（鲁惟一）和A. F. P. Hulsewé（何四维）两氏。[3]二人均依据《汉书·地理志》中的纪年，认为酒泉、张掖两郡设置于前104年（太初元年）。Hulsewé（何四维）氏经过考证指出，前104年以前当地已经存在小规模的统治机构

---

1. 黄文弼：《河西四郡建置年代考》，《西北部史地论丛》，上海人民出版社，1981年。
2. 施之勉：《河西四郡建置考》，《大陆杂志》3-5，1951年；施之勉：《汉书补注辨证》，新亚研究所，1961年。拙稿：《汉代西北部における新秩序形成過程について》，《中央大学文学部紀要》，史学科11，1966年。张春树：《汉代河西四郡的建置年代与开拓过程的推测》，《汉代边疆史论集》，食货出版社，1977年。陈梦家：《河西四郡的设置年代》，《汉简缀述》，中华书局，1980年。陈氏认为张掖郡亦置于元鼎六年。
3. M. A. N. Loewe, *Record of Administration*, vol.1, Cambridge University Press, 1967, pp.59-60. A. F. P. Hulsewé, M. A. N. Loewe, *China in Central Asia: The Early Stage 125B.C.-A.D.23*, Sinica Leidensia Vol. XIV, 1979. pp.75-76.

（Administrative units）了。

最后来看第（6）种说法，这是岑仲勉氏[1]的看法。岑氏认为，郡的建设虽然在奉诏后即开始进行，但基地的经营需要花费相当长的时间，因此纪、志、传中关于置郡的年代记载才会出现差异，或许每个记载都有自身的依据。不过，由于有些史料本身存在错误，因此置郡的年代也难以明确。

河西地区的置郡背景

上文为了解决史料上的异同，讨论了各种有关置郡背景的说法，并打算在此基础上确定开始经营河西的时间。但是，从以上讨论来看，尚无法调和诸说，达成一致的看法。

因此，要完成对既有讨论的整理，需首先将有关河西地区开始置郡的主要记载罗列出来。

Ⓐ明年（元狩二年），浑邪王率其民降汉，而金城、河西，西并南山、至盐泽，空无匈奴，匈奴时有候者到，而希矣。其后二年（元狩四年），汉击走单于于幕北（张骞自乌孙回国及去世，在元鼎二、三年。与乌孙结昆弟之约，在元封年间。获得大宛的汗血马，年代不明），而汉始筑令居，"以西，初置酒泉郡，以通西北国"，（略）是时汉既灭越（元鼎六年），而蜀西南夷皆震，请吏入朝，于是（元鼎六年—元封二年），置益州、越巂、牂柯、沈黎、汶山郡，欲地接以前，通大夏。(《史记·大宛列传》)

Ⓑ汉又（元鼎六年）遣故从骠侯赵破奴，万余骑，出令居，数千里，至匈河水，而还，亦不见匈奴一人，是时（元封元年），天子巡边至朔方，（略）是时（元封三年），汉东拔秽貉、朝鲜，以为郡，"而西，置酒泉郡，以鬲绝胡与羌通之路"。(《史记·匈奴列传》)

---

1. 岑仲勉:《酒泉郡等四郡》,《汉书西域传地理校释》, 中华书局, 1981年。

第十一章　汉代的西北部经营：初县的环境 I

Ⓒ其明年（元鼎五年），南越反，西羌侵边为桀，（略）数万人发三河以西骑，击西羌（元鼎六年），"又数万人，渡河筑令居，初置张掖、酒泉郡"，而上郡、朔方、西河、河西开田官斥塞卒六十万人，戍田之。（《史记·平准书》）

Ⓓ（元狩二年）秋，匈奴昆邪王，杀休屠王，并将其众合四万余人来降，置五属国，以处之，"以其地为武威、酒泉郡"，（略）（元鼎六年）匈河将军赵破奴出令居，皆二千余里，不见虏而还，乃分武威、酒泉地，置张掖、敦煌郡，徙民以实之。（《汉书·武帝纪》）

Ⓔ自武威以西，本匈奴昆邪王、休屠王地，武帝时，攘之，"初置四郡，以通西域，鬲绝南羌匈奴"。（《汉书·地理志》"秦地"条）

Ⓕ西伐大宛，并三十六国，结乌孙，"起敦煌、酒泉、张掖，以鬲婼羌，裂匈奴之右肩"。（《汉书·韦贤传》）

Ⓖ（元狩二年）骠骑将军击破匈奴右地，降浑邪、休屠王，遂空其地，始筑令居，"以西，初置酒泉郡"，后稍发徙民，充实之。（《汉书·西域传上》序言）

Ⓗ先帝推攘，斥夺广饶之地，"建张掖以西，隔绝胡羌"。（《盐铁论·西域篇》）

Ⓘ乃武帝征四夷，开地广境，北却匈奴，西逐诸羌，乃度河湟，筑令居塞，"初开河西，列置四郡，通道玉门，隔绝羌胡，使南北不得交关"，于是障塞亭燧，出长城外，数千里。时先零羌与封养牢姐种，解仇结盟，与匈奴通，合兵千余万，共攻令居、安故，遂围枹罕（元鼎五年），汉遣将军李息、郎中令徐自为，将兵十万人，击平之（元鼎六年），始置护羌校尉，持节统领焉，羌乃去湟中，依西海盐池左右，汉遂因山为塞，河西地空，稍徙人以实之。（《后汉书·西羌传》）

Ⓙ"（元鼎二年）汉乃于浑邪王故地，置酒泉郡，稍发徙民，以充实之，后又分置武威郡，以绝匈奴与羌通之道"。（《资治通鉴》）

在以上有关河西经营背景的各史料中，从Ⓐ《史记·大宛列传》的文本性质上看，主要目的在于记录与西方的交通，而Ⓑ、Ⓕ、Ⓗ、Ⓘ、Ⓙ全部与阻断匈奴、西羌的联系有关，Ⓔ则是兼有以上两方面的意义（Ⓒ、Ⓓ、Ⓖ没有明确记载）。

可见，各种史料都强调要阻断匈奴、西羌之间的联系，这应是经营河西的主要目的。前121年（元狩二年）昆邪王来降汉之后，汉朝深感需要阻断匈奴与西羌的往来，不过，这一点从史料上能否得到确认呢？《汉书·武帝纪》"元鼎五年"条载，前112年（元鼎五年），"西羌众十万人反，与匈奴通使，攻故安（安故），围枹罕，匈奴入五原，杀太守"。可见，除了防止匈奴与西羌对汉采取共同军事行动之外，汉朝并没有要阻断二者往来的意图。或正因如此，前揭史料中，均记载了前112年经营河西开始之时对西羌进行讨伐的Ⓒ、Ⓘ，尤其是Ⓘ中的《后汉书·西羌传》等，记载了西羌反乱之时，特意补充说："河西地空，稍徙人以实之"，也就是说，当时汉朝并未打算着实经营河西地区。

不过，涉及这方面的史料比较少。Ⓐ中的"通西北国"，是张骞乌孙之行结束后，西域诸国入朝的意思，据《史记·大宛列传》记载：

> 骞还到，拜为大行，列于九卿，岁余卒，乌孙使既见汉人众富厚，归报其国，其国乃益重汉，其后岁余，骞所遣使通大夏之属者，皆颇与其人俱来，于是西北国，始通于汉矣。

讲的是张骞去世（前114年）后，同时与张骞同行来汉的乌孙使者亦归其国后，"其后岁余"，"于是西北国"如何如何。从时间上看，与前112年西羌反乱的时期相距不久。另外，《史记·大宛列传》还记载：

> 自博望侯张骞死后，匈奴闻汉通乌孙，怒欲击之。

由于张骞的出使，乌孙与汉相通，匈奴得知后大怒，意欲讨伐乌孙。前112年匈奴联合西羌声势浩大地入寇汉朝，或许就是匈奴对西域诸国入朝于汉的反击，而西羌之所以与匈奴一同侵汉，可能是因为汉朝通

第十一章　汉代的西北部经营：初县的环境 I　　　　　　　　　317

过经营令居等地，对湟水流域的影响力不断加强，西羌也因此而颇感不安吧。当然，这种理解只是推论，不过如果这一推论成立的话，说明匈奴非常重视汉朝的"通西北国"，并认为这阻碍了自身的利益。而就汉朝的史料而言，所记载的经营河西的背景多与阻断匈奴与西羌的共同军事行动有关，背后的原因亦在于此。

酒泉置郡与对令居基地的经营

依据以上分析可知，汉朝开始经营河西的时间，在招回乌孙失败后、西羌发生反乱的前112年（元鼎五年）之后不久。不过，据刘光华氏介绍，额济纳河畔曾采集到写有"元朔""元狩"纪年的木简，元朔年间木简的具体内容不明，不过可以推测昆邪王来降之后，这一地区军事性地位增强，而后又促使汉朝加强了对河西地区的关注。这些木简是填补河西置郡之前"空白的十年"研究的珍贵史料。

在前揭引述的有关四郡的各种史料中，ⒶⒷⒼⒿ认为河西地区最先设置的郡是"酒泉"，Ⓒ认为是"张掖、酒泉"，Ⓗ认为是"张掖以西"（ⒺⒾ只笼统地说是"四郡"），Ⓓ认为是"武威、酒泉"，Ⓕ认为是"敦煌、酒泉、张掖"。关于置郡的具体过程，认为"初"置的是酒泉或张掖郡：

　　始筑令居，以西，初置酒泉郡。（Ⓐ、Ⓖ）
　　渡河筑令居，初置张掖、酒泉郡。（Ⓒ）

张掖郡的设置年代还有待考证，暂且不论，先说酒泉郡，毫无疑问是河西四郡中最先设置的。

这是因为在河西地区置郡的过程中，对将要经营的河西来说，"酒泉"具备最为适合的地理条件，因此最先选择此地置郡。酒泉位于额济纳河与疏勒河的河谷地带，是连接祁连山脉南北的交通要冲，有着丰富的水量，既制约着祁连山脉的中、西部，又与天山东部、阴山山脉西端相通。各史料记载张掖郡与酒泉郡一样，也是河西地区较早设置的郡，其原因亦在于张掖与酒泉有着相近的地理条件。

但是，若只在酒泉、张掖置郡的话，汉朝对祁连山脉东部的经营就会有所欠缺。关于这一点，如前所述，日比野氏考定认为，在设置酒泉郡的初始时期，汉朝经营令居，并以此地为中心设置了"河西郡"。

令居位于祁连山脉的东端，是连接南北的要冲之地，也是控制庄浪河、大通河流域的绝佳要地，《史记·匈奴列传》记载前119年（元狩四年）卫青等将讨伐匈奴，"匈奴远遁，而幕南无王庭"之后，接着又说：

> 汉度河，自朔方以西，至令居，往往通渠置田官，吏卒五六万人，稍蚕食，地接匈奴以北。

这是有关汉朝经营令居的最早记录。《水经注·河水》篇记载：

> （涧）水出令居县西北塞外，南流迳其县故城西，汉武帝元鼎二年置，王莽之罕虏也。

认为在招回乌孙失败之后的前115年（元鼎二年）年置令居县。《史记·平准书》记载前111年（元鼎六年）西羌反乱之时，"又数万人，渡河筑令居，初置张掖、酒泉郡"。说明当时再次充实、加强了对令居的经营。

也许是因为令居基地在很长的时期内经历了多次的强化，所以在前111年（元鼎六年）西羌十万人反乱之时，令居并没有成为攻击的对象，而是攻击了黄河以南的安故与抱罕。在同一年，赵破奴率领一万骑骑兵讨伐匈奴，一直攻打到匈河水（鄂尔浑河），其出军地点亦在令居。从令居出发前往匈河水，较之沿黄河、贺兰山北上的行军路线（公孙贺同时从九原，即五原郡出兵），经额济纳河北上的可能性更大。如果当时酒泉已经成为汉朝基地的话，当然应该从酒泉出兵，而事实上却是从令居出兵，这说明在此时河西地区的中心基地，仍然是令居。

"河西郡"存在吗？

史料记载，昆邪王来降之后，河西之地空空无人。不过，事实上，令居依然是河西的基地，发挥着自身的作用，承担着管理河西地区一带的责任。然而，令居却不能阻止匈奴与西羌的南北呼应及所发生的反乱。位于祁连山脉东端的令居是不可能完全掌控、管理连接祁连山脉南北的多条交通要道的。

因此，前112年（元鼎五年）受到匈奴与西羌的联合攻击之后，汉朝意识到有必要经营酒泉这一祁连山脉中、西部军事基地中最大的要地了。那么，新置郡之时，令居县属于哪一个郡成为需要解决的问题。如前所述，日比野氏认为令居属于"河西郡"，该郡的设置年代在招回乌孙失败、张骞回国之年，即前115年（元鼎二年）。

由于"河西郡"不见于《汉书·地理志》，日比野氏从各种史料中找到了与其他郡名并存的"河西"之名，包括：

Ⓐ "上郡、朔方、西河、河西。"（《史记·平准书》）
Ⓑ "朔方、西河、河西、酒泉。"（《史记·河渠书》）
Ⓒ "河西、酒泉。"（《史记·卫将军骠骑列传》）
Ⓓ "金城、河西。"（《史记·大宛列传》）

进而推测存在"河西郡"。

的确，关于河西四郡的设置年代，史料上存在差异，问题不少。不过，在祁连山脉东端，今甘肃省东部地区所置的郡，除了陇西郡为"秦置"（北地郡亦是秦置）外，金城郡置于昭帝时期的前81年（始元六年），较为邻接内郡三辅的天水、安定两郡，至迟在武帝时期的前114年（元鼎三年）已经开置（参见附图1），关于这些郡的置郡年代，史料上没有异议。

从甘肃省东部地区的郡县化进程来看，汉代天水、安定两郡的设置等，原因应当主要在于前115年（元鼎二年）招回乌孙的失败，所以设置新郡的想法当不会早于前114年。

显然，令居位于比天水、安定两郡等更为边远的地区，汉朝果真会在这比天水、安定两郡更远的地区更先设置"河西郡"并推行郡县化吗？当然这是存在疑问的。

来看前揭与所谓"河西郡"相关的诸史料。史料Ⓓ中与"河西"并列的"金城"，当时还不是郡名。史料Ⓐ的上下文为："初置张掖、酒泉郡，而上郡朔方西河河西开田官斥塞卒六十万人，戍田之。"从记述的前后关系上看，如果其中的"河西"指的不是酒泉郡等地，而是指置于祁连山脉东部特定地域的郡的话，那么这条材料一边记载说酒泉郡设置之后新开辟了田地，一边却没有提及酒泉郡的具体开田情况，显然存在矛盾。

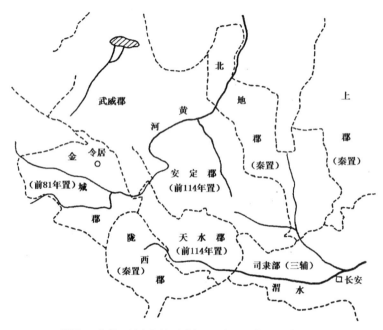

附图1　依据地图出版社刊《中国历史地图集（二）》绘制

再来看史料Ⓑ与Ⓒ。与Ⓐ、Ⓓ的情况相同，其中的"河西"都应当理解为祁连山脉北麓的绿洲一带，是一般性的地区名称。"河西酒泉"大概有"河西之酒泉"方面的含义。令居县可能属于当时已经存在的陇西郡（或北地郡）。不过，正如同汉朝对河西的经营困难重重一样，以上只是通过对破碎且错综复杂的相关史料进行梳理之后进行的初步探讨。关于令居县的归属，当然还需要继续研究。

经营河西的意义

从《史记·大宛列传》的各处记载均可得知，经营河西并不是因

第十一章 汉代的西北部经营：初县的环境 I

为向往西域的珍宝，也不是由于张骞出使西域后获得了新信息而引发的，而是由于军事上的自卫需要。

在汉朝对匈奴战线从令居、贺兰山脉东麓、鄂尔多斯一直延伸到辽东的时期，面对西羌的入寇，汉朝之所以表现得如此敏感，原因在于这不是单纯地对付西羌，而是要同时考虑到匈奴与西羌合作之后，其威胁会直达关中邻接地区，所以从防卫首都圈地区来看，必须经营河西，以斩断二者的联系。

从昆邪王来降以后，经历了"空白的十年"才设置河西四郡来看，汉朝是否对河西地区有着积极的扩张领土的野心，当然是值得怀疑的。不过，从经营河西的结果来看，正如《盐铁论·西域篇》所载的大夫之言："建张掖以西，隔绝羌胡，瓜分其援，是以西域之国，皆内拒匈奴，断其右臂。"对匈奴在西域的地位造成了巨大的冲击。

三、进入西域：从轮台基地到渠犁基地

上文讨论了汉朝西北部经营的第二个时期，即河西经营时期，分析了开始经营河西的来龙去脉。酒泉置郡之后，设置其他各郡之时，每一处经营地点都位于连接祁连山脉南北的交通要地，可以看出河西经营的基本特征并无太大变化。同时，酒泉郡之后所置的郡，都缺乏决定性的史料，也会出现无法确定置郡年代的情况。因此，本节拟就汉朝在西北部经营的最后一个时期，即第三个时期的西域经营略作讨论。

张骞开拓新的西行路线

谈到汉代与西域的交往，首先会举出的例子是著名的张骞出使大月氏，其目的亦在对抗匈奴，现在无需再讨论了。这次大月氏之行虽没有达成所期待的目的，但从西域回国之后，张骞提出避开西羌、匈奴所在地区，开拓新的西行路线，也可理解为提出了"广地万里"与领土扩张的新策略，推进新的与大夏等西方诸国之间交通路线的开拓。《史记·大宛列传》记载：

> 骞曰，（略）今使大夏，从羌中险，羌人恶之，少北则为匈奴所得。从蜀宜径，又无寇。天子既闻，大宛及大夏、安息之属皆大国，多奇物，土著，颇与中国同业。而兵弱，贵汉财物。其北有大月氏、康居之属，兵强，可以赂遗设利朝也。且诚得而以义属之，则广地万里，重九译，致殊俗，威德偏于四海。天子欣然以骞言为然。

对于这一提议，汉朝自身的真实意图《史记·大宛列传》亦有记载：

> 初汉欲通西南夷，费多，道不通，罢之，及张骞言可以通大夏，乃复事西南夷。

显然，这与张骞的意图未必一致，将西域经营定位于以前多次反复进行的西南夷经营的延长线之上。

作为开拓新的西行路线的提议者以及经营西域的实行者，张骞交通西方诸国的努力虽然以失败告终，但并未受到任何责难，这与李广利讨伐大宛时的情形不同。《史记·大宛列传》又记曰："汉以求大夏道，始通滇国。"为了谋求交通西域，而开辟了与滇国的交往。或许因为汉朝本来的目的就在于经营西南夷，又因张骞的西域开拓而达到了预期的成果，所以张骞并未受到责难。

张骞煞费苦心地提出了宏大的建议，但汉朝的反应、姿态却是这种程度的，由此可窥知当时汉朝西域观之大概。另外，元朔年间张骞的乌孙之行，目的在于以之为契机，期待西方诸国的入朝，虽然这一目的得以实现，但就这次乌孙之行本身而言，却与对匈奴策略息息相关，《史记·大宛列传》记载：

> 今诚以此时而厚币赂乌孙，招以益东，居故浑邪之地，与汉结昆弟，其势宜听，听则是断匈奴右臂也。

第十一章　汉代的西北部经营：初县的环境 I

讨伐大宛的背景

张骞的乌孙之行使汉朝的西域经营迈出了一大步。公元前102年（太初三年）开始的对大宛的讨伐，有观点认为是为了补给马匹、改良马匹品种而求取汗血马[1]，但事情的起因是大宛认为"汉去我远"，轻侮欲以所持财物购买汗血马的汉使，接着在自己的势力范围郁成国内将其杀害，并夺取财物（《史记·大宛列传》）。可见从最开始汉朝就没有打算以武力来得到汗血马。

但是，羽田明氏指出[2]，此次讨伐大宛最应该考虑的是与匈奴的关系。《史记·大宛列传》也指出，第一次讨伐大宛失败后，公卿们提出今后应集中于讨伐匈奴。针对这样的意见，武帝在第一次讨伐大宛之时，或是听信了曾去过大宛的姚定汉等人的话："宛兵弱，诚以汉兵，不过三千人，强弩射之，即尽虏破宛矣。"而"欲侯宠姬李氏""取善马"等原因应是较为轻微的。在第一次讨伐失败后，欲进行大规模的第二次讨伐并整顿出兵体制之时，称：

> 宛小国，而不能下，则大夏之属轻汉，而宛善马绝不来，乌孙、仑头，易苦汉使矣，为外国笑。

基于这样的考虑，甚至处分了反对的官员，强行出兵讨伐大宛。

第二次讨伐大宛之时，武帝确实是为了能够获取善马，但压制朝议，甚至处分了持反对意见的官吏并最终出兵，其主要目的十分明显，应当是担心"外国"对汉的轻视。大宛杀害汉使，汉朝出兵受挫，汉与西域的关系就此搁置。在汉人进入河西地区之后，与汉朝新前线邻接的西域诸国，因为汉朝的军事失误，而使匈奴在西域具有了绝对的地位。

当然，在汉使被杀而引发对大宛的第一次讨伐之时，汉朝的这种担心已经影响到其对客观形势的判断。《盐铁论·西域篇》记载的大夫

---

1. 如伊瀬仙太郎的《中国西域经营史研究》，岩南堂书店，1968年再刊，第4页。在当时的战斗中，骑兵数量多达数万到十万骑，规模很大，虽然有改良马匹的考虑，但还不至于仅仅因为马匹的补给问题就出兵讨伐大宛。
2. 羽田明：《西域》，河出书房新社，1982年新装版，第157页。

之言曰:"初贰师不克宛而还也,(略)则西域皆瓦解而附于胡。"分析了有关匈奴在西域的影响力的情况,不难想见,武帝所担心的"外国"中,就包含了匈奴。

"乌孙、仑头,易苦汉使矣"(《史记·大宛列传》),事实上,据《汉书·西域传下》"乌孙国"条记载,张骞在赴乌孙之时,对侮辱前往西方的汉使并使其受尽折磨的乌孙记载称:"乌孙远汉,未知其大小,又近匈奴,服属日久。"可知乌孙已归顺匈奴很久。从元封年间(前110—前105年)汉朝公主的下嫁也能看出这一点。公主细君为乌孙王昆莫的右夫人,而匈奴女性为地位更高的左夫人,公主一年和昆莫相见的次数只有不过一两次而已。继昆莫之后为王的岑陬也一样,在细君死后娶楚王戊之孙解忧为妻,但在遗言中,却将自己的王位传给了匈奴妻所生的泥靡。显然,即便是与汉朝交往较深的乌孙,在当时也受到了匈奴的强烈影响。

讨伐大宛和轮台抵抗

位于今天山南麓轮台县(Bugur)的仑头(轮台),显然与地处天山北麓、与匈奴邻近的乌孙不同,为何也折磨汉使呢?关于仑头,据《史记·大宛列传》记载,在第二次讨伐大宛之时,是除了战争当事国之外,唯一与汉朝发生过战斗的地方。"于是贰师后复行,兵多,而所至小国,莫不迎出食给军,至仑头,仑头不下,攻数日屠之,自此而西,平行至宛城。"在第二次讨伐大宛之时,连具有浓厚匈奴色彩的乌孙也不敢背负汉朝的邀约,《汉书·李广利传》载:"初贰师后行,天子使使告乌孙大发兵击宛。乌孙发二千骑往,持两端,不肯前。"虽然没有参加实战,但毕竟出动了两千骑士,表现出了协助汉朝的姿态。

仑头的抵抗选择的是全盘覆灭之路,与西域其他诸国相比,总觉得有些异常。如果说仑头的行为仅是根据自己一国的判断而决定的,就会让人产生费解。其实,关于这个问题,《汉书·西域传上·序语》已有很好的解释:"匈奴西边日逐王,置僮仆都尉,使领西域,常居焉耆、危须、尉黎间,赋税诸国,取富给焉。"在此仑头毗邻的焉耆(Kara-shahr)、危须、尉犁(Korla)之间匈奴设置了僮仆都尉,从西域诸国征收赋税。因此可以推测,仑头所进行的包括妨害汉使在内的反汉行为,说到底匈奴都难逃其咎。

关于武帝时期的轮台屯田

讨伐大宛结束之后,《史记·大宛列传》记载:

> 而敦煌置酒泉都尉,西至盐水,往往有亭,而仑头有田卒数百人,因置使者,护田积粟,以给使外国者。

可知汉朝在仑头设立了其在西域的第一个基地。《汉书·西域传上·序语》亦有相同的记载:

> 自贰师将军伐大宛之后,西域震惧,多遣使来贡献。汉使西域者益得职。于是自敦煌西至盐泽,往往起亭,而轮台、渠犁皆有田卒数百人,置使者校尉领护,以给使外国者。

可知基地的负责人被称为使者校尉。在《汉书·西域传》中,汉朝的基地除了轮台外,还出现了渠犁之名。

以此为依据,清代的硕学徐松认为,《汉书·西域传》记载的是昭帝时期的事情,认为汉朝在西域的基地最初以渠犁为中心,轮台是后来从渠犁中分置的(《汉书·西域传补注》)。近年来,施之勉氏[1]也支持徐松之说。他引用了《汉书·西域传下》"渠犁"条的内容:

> 故轮台以东,捷枝、渠犁,皆故国,地广,饶水草,有灌田五千顷以上,处温和,田美,可益通沟渠,种五谷,与中国同时孰,(略)臣愚(桑弘羊)以为可遣屯田卒,诣故轮台以东,置校尉三人,分护。

指出征和年间(荀悦《汉纪》、《资治通鉴》认为是征和四年,前89年)

---

1. 施之勉:《屯田轮台在昭帝时》,《大陆杂志》49-1,1974年。

桑弘羊的轮台屯田策虽然被武帝否决了，但另一方面，至昭帝时，又根据桑弘羊征和年间的"前议"，向轮台派遣"校尉"，开始实施屯田。同条记载：

> 昭帝乃用桑弘羊前议，以扞弥太子赖丹为校尉，将军田轮台，轮台与渠犁，地皆相连也。

并指出《史记·大宛列传》记载的仑头屯田事件，发生于昭帝时期，而不是武帝时期。韩儒林氏[1]也主张讨伐大宛之后汉朝在西域的屯田地位于渠犁。

与以上观点不同，笔者曾经指出徐松之说有误[2]，认为汉朝在西域的基地，最早的是武帝时期的轮台，渠犁的屯田则是始于宣帝时期。施之勉氏所提到的、见于前述桑弘羊奏言中的拟屯田地在"轮台以东"，也就是奏言中接着所说的轮台及位于其东的捷枝、渠犁。但是，荀悦《汉纪》征和四年"条"所载的奏言内容却是："故轮台以东，皆故国处，（略）臣愚以为可遣屯田卒诣轮台，置校尉二人。"将屯田地点限制在轮台一处。另外，在《汉书·西域传下》"渠犁"条也记载了武帝否决桑弘羊奏言的诏文，相关内容有："今又请遣卒田轮台"，或是"今请远田轮台，欲起亭隧"等，只涉及轮台屯田。桑弘羊主张的屯田地只限于轮台一地是显而易见的。

武帝时对车师的讨伐以及轮台屯田的动向

在讨伐大宛之后，如果轮台已经存在屯田的话，那么前89年（征和四年）重新奏请轮台屯田就显得不自然了，因此才出现了徐松之说。

但是，关于这个问题应该注意的是，讨伐大宛后两年，即前99年（天汉二年），《史记·匈奴列传上》记载李广利率三万骑与右贤王在天山一带对战，称：

---

1. 韩儒林：《汉代西域屯田与车师伊吾的争夺》，《穹庐集》，上海人民出版社，1982年。
2. 拙稿：《汉武帝の外征をめぐって》，《中央評論》24-2，1972年，收入本书。该文大致梳理了本章未能涉及的马邑事件之后的汉匈关系。

第十一章　汉代的西北部经营：初县的环境 I

> 汉使贰师将军广利，以三万骑出酒泉，击右贤王于天山，得胡首虏万余级而还。匈奴大围贰师将军，几不脱，汉兵物故什六七。

此役汉军惨败，同时出兵的李陵还投降了匈奴。《汉书·西域传下》"车师后城长国"条记载了同在前99年发生的事件：

> 武帝天汉二年，以匈奴降者介和王为开陵侯，将楼兰国兵，始击车师。匈奴遣右贤王将数万骑救之，汉兵不利，引去。

可见，由投降汉朝的匈奴人率领的楼兰国士兵也参加了这场李广利与右贤王的战争，而车师正是其中的一个战场所在地，即今天的吐鲁番。这场战争是汉军首次以车师为目标进行的，即所谓的"始击车师"。

首次讨伐车师以失败、班师回朝而告结束。但在第一次讨伐车师之后的第九（或十）年，即前90年（征和三年）（或第二年），再次以马通率四万骑讨伐匈奴，并途经车师之北，同时，开陵侯率领的楼兰、尉犁、危须等地的士兵，作为马通军队的后盾讨伐车师，最终令车师王投降。《汉书·武帝纪》"征和三年"条记载：

> （三月）重合侯马通四万骑，出酒泉，（略）通至天山，虏引去，因降车师。

《汉书·西域传下》"车师后城长国"条亦曰：

> 征和四年，遣重合侯马通，将四万骑击匈奴，道过车师北，复遣开陵侯将楼兰、尉犁、危须，凡六国兵，别击车师，勿令得遮重合侯，诸国兵共围车师，车师王降服，臣属汉。

两条材料在纪年上有一年的差异（《汉书·景武昭宣元成哀功臣表》《汉书·李广利传》都将李广利出兵讨伐匈奴系于征和三年）。

见于《汉书·西域传下》"渠犁"条武帝征和四年诏文，记载了当时西域诸国军队的形势与规模，称：

> 前开陵侯击车师时，危须、尉犁、楼兰、六国子弟在京师者，皆先归，发畜食迎汉军，又自发兵凡数万人，王各自将，共围车师，降其王，诸国兵便罢，力不能复至道上食汉军。

与首次攻打车师一样，在匈奴降者开陵侯的指挥下，居住于京师的西域六国子弟率领各自国家的兵士一同出战，从"力不能复至道上食汉军"可以想见这场战争是相当严酷的。而各国军队的总规模也达到了数万人。

在马通率汉军、开陵侯率西域六国军讨伐车师，在天山东部作战的时候，匈奴也在前90年（征和三年）派遣大将偃渠与左右呼知王率两万余骑兵出征，但在目睹汉军的强大之后就撤退了。《汉书·匈奴传上》记载：

> 重合侯军至天山，匈奴使大将偃渠，与左右呼知王将二万余骑，要汉兵，见汉兵强，引去。重合侯无所得失。是时汉恐车师兵遮重合侯，乃遣阆（开）陵侯，将兵，别围车师，尽得其王民众而还。

这次虽然没有与匈奴作战，但降服了第一次讨伐未能攻克的车师，获得了位于天山东部的匈奴的重要据点。

那么，现在的问题是，为何在前99年（天汉二年）之后，天山东部以及车师成为汉军的新攻击对象呢？解答这个谜团的关键隐藏于前文所述的前89年（征和四年）桑弘羊轮台屯田的上奏之中。

前101年（太初四年），讨伐大宛之后创设了使者校尉主掌的轮台基地（亲汉诸国可能也出现于讨伐大宛之后？），在前99年首次讨伐车师之前，即已受到了匈奴及车师等天山东部地区亲匈奴诸国的攻击而节节败退，或许由于这个原因，汉朝才开始首次在天山东部向车师展

第十一章　汉代的西北部经营：初县的环境 I

开报复。

但是，由于当时匈奴动员了其主力部队，汉军大败，不得不放弃轮台屯田。由此可以看出匈奴对天山东部地区的关心程度非常之深。紧接着到了前90年，《汉书·武帝纪》"征和三年"条记载："匈奴入五原、酒泉，杀两都尉。"匈奴侵犯酒泉、五原，甚至杀害了两郡的都尉，由此引发了同年（或者第二年）在天山东部对车师的第二次攻击。

但在此之际，同时从五原出兵的李广利却投降了匈奴，受到如此重大打击的汉朝，在天山东部的作战中一鼓作气，取得了胜利。而对于此前不得不放弃的轮台屯田，在匈奴势力退出天山东部之后，桑弘羊等人再次提出了讨论。

实际上，对于桑弘羊的上奏，如前文所引，武帝的诏文亦曰"今又请遣卒田轮台"（《汉书·西域传下》"渠犁"条），称轮台屯田为"又"，暗示在桑弘羊上奏之前就已经存在了。

因此可见，汉朝攻打车师的背景是轮台屯田、讨伐大宛之后西域所出现的新形势，其中既有匈奴的进攻，也有汉朝对匈奴的反击。在第二次讨伐车师之后的第二年，即车师投降后的前89年（征和四年），桑弘羊奏请再次开置曾经不得不舍弃的轮台屯田，也是十分自然的。

不过，要注意的是，从第一次讨伐车师到第二次讨伐，中间相隔了九（或者十）年。也就是说，仅仅经营了一两年就被迫放弃了轮台屯田的再次开置，并不是第二次讨伐车师的唯一目的。这关涉到汉朝如何评价轮台屯田的问题。另外，前90年（征和三年）匈奴对酒泉、五原的侵寇为何会引起对车师的第二次讨伐，也需要进行讨论。

其实，这与前102年（太初三年）讨伐大宛之后，不见于史书记载的匈奴对酒泉的侵寇相关。汉朝讨伐大宛的时间在酒泉置郡后不久，可以推测酒泉地区作为支撑讨伐大宛的腹地，曾经遭受了匈奴的侵寇。《史记·大宛列传》载："益发戍甲卒十八万，酒泉、张掖北置居延、休屠，以卫酒泉。"在居延、休屠置十八万兵力，以防卫河西的中心地"酒泉"。从前90年（征和三年）酒泉再次成为攻击对象，可以看出在距离河西很近的天山东部，匈奴势力依然存在。同时，这对开始不久的河西经营也有着不小的影响。因此，汉朝决意再次讨伐天山东部的车师。对车师的讨伐是理所当然的，不过，在如此紧迫的形势下，讨伐大宛之后才屯戍的仅有数百人的轮台基地，自开置以来应当不可能一直存续。[1]

因此，第二次讨伐车师成功之后，在西域出现新形势的背景下，桑弘羊上奏请求屯田轮台，不过武帝以李广利失败与民众疲惫为理由拒绝了他的建言（《汉书·西域传下》"渠犁"条）。这是武帝驾崩前一年的事情。另外，之所以选择轮台作为使者校尉的驻屯所，或许与讨伐大宛之时，轮台守军因为是李广利的军队而遭到屠杀，成为被称作"故轮台"（《汉书·西域传上·序语》）的无人废墟也存在关联。

武帝时是否存在渠犁屯田

接下来讨论前面提到的在武帝时轮台屯田的同一时期是否存在渠犁屯田的问题。[2]前文所引《汉书·西域传上·序语》称："轮台、渠犁，皆有田卒数百人"，同时记载了轮台、渠犁的屯田。除此之外，《汉书·郑吉传》言：

> 自张骞通西域、李广利征伐之后，初置校尉，屯田渠犁，至宣帝时，吉以侍郎田渠犁，积谷，因发诸国兵，攻破车师。

《汉书·西域传下》"渠犁"条载：

> 自武帝初通西域，置校尉，屯田渠犁，是时军旅连出，师行三十二年，海内虚耗，征和中，贰师将军李广利，以军降匈奴。

《水经注·河水》篇亦曰：

---

1. 张春树的《试论汉武帝时屯田西域仓头的问题》（《汉代边疆史论集》，食货出版社，1977年）指出，讨伐大宛之后到征和三年之间曾在轮台进行过军屯，昭帝时期的"轮台以东"屯田并不以轮台为中心。
2. 认为渠犁屯田同时存在的有《シルクロード事典》（芙蓉书房，1975年）"库尔勒"条（第116—117页）、"塔里木盆地"条（第193页）等。

第十一章　汉代的西北部经营：初县的环境 I

> 汉武帝通西域，屯渠犁。

这些史料都将武帝时西域的屯田限定于渠犁一地。

不过，关于武帝时的渠犁屯田，前文已略有讨论，在与实施屯田同时代的著作《史记》中，并未出现轮台以外存在屯田的记载，在桑弘羊再开西域屯田的上奏以及武帝的回覆诏文中也将屯田地限定于轮台一处。另外，昭帝时依据桑弘羊的奏请而实施的屯田，其地点也只是在轮台。

《汉书·武帝纪》"天汉二年"条记载前99年（天汉二年），"渠犁六国，使使来献"。渠犁等六国使节入朝，可见渠犁与被称作"故轮台"的轮台不同，仍然是个独立国家。但是，《汉书·西域传下》"渠犁"条所载桑弘羊的奏言（前89年）却说："故轮台以东，捷枝、渠犁，皆故国。"如果不将此处的"故国"理解为"古国"[1]，而解释为与轮台一样的非独立国家的话，那么这条材料所反映的应该就是前90年（或前89年）车师投降之后的西域新形势，与讨伐大宛之后的情形无关。

如果讨伐大宛之后渠犁仍然是独立国家的话，那么需要考虑汉在独立国屯田的情况。汉朝在独立国的屯田，较早的是昭帝时期的伊循城屯田。据《汉书·西域传上》"鄯善国"条可知，楼兰国根据自己国内的情况，邀请汉人屯田，史载：

---

[1] 小竹武夫译《汉书（下）》（筑摩书房，1979年，第351页）称："故轮台以东的捷枝、渠犁皆为古国。"前注 A. F. P. Hulsewé 的著作（p.166）称："to the east of old Lun-t'ai there are Chieh-chin and Ch'ü-li which are both ancient states（在故轮台以东有捷枝和渠犁两个古国）。"二者将"故轮台"的"故"理解为"原来的"，而将"捷枝、渠犁，皆故国"中的"故"解释为"古"。另外，据成一等人撰写的《丝绸之路漫记》（新华出版社，1981年）这部新疆地区详细的旅行记录的第一章《在汉唐屯田遗址》记载，汉代的轮台屯田地位于今轮台县东南二三十千米处，称为"卓果特沁城"，在这座古城以西的红荆树丛中，仍残存着长长的笔直沟渠和大小均匀、四角方整的田地遗迹，驱车前行两小时，这些遗迹仍然延续存在。卓果特沁城今残高6.7米，周长约一千米，圆形。城内有圆形小湖，城中有高台。城东为塔里木河。与卓果特沁城相距两小时车程的"柯尤克沁城"是汉代的轮台国城，亦为圆形。当地人称呼这一带的古烽火台为"恰克（车轮）拜来克（车辐）"。该书作者认为，"恰克拜来克"反映了当地人将卓果特沁城的圆形城墙（车轮）与中心高台（车轴）联系了起来。此外，该地还曾出土汉代的陶片以及石碾、石磨等。虽然正式的考古学报告还未发表，但饶有兴味。

> 王自请天子曰："身在汉久，今归单弱，而前王子在，恐为所杀。国中有伊循城，其地肥美，愿汉遣二将屯田积谷，令臣得依其威重。"于是汉遣司马一人，吏士四十人，田伊循，以填抚之。其后更置都尉，伊循官置始此矣。

由此可见，在讨伐大宛之后，除轮台外，在西域绿洲的独立诸国，颇令人怀疑汉军是否有必要强行修筑基地（城），并维持屯田等行为。

另外，除了《水经注》这部后世著作外，只记载了武帝时渠犁屯田的《汉书·郑吉传》《汉书·西域传下》"渠犁"条，其内容都与后来的宣帝时期实施的渠犁屯田（详后述）存在较深的关系。因此，这些有关武帝时屯田渠犁的记载，包括总叙西域情形的《汉书·西域传上》序语部分，或许是作者将其与宣帝时出现的渠犁屯田混同了，才出现了这种失误。

昭帝时的西域经营与轮台屯田

从上文可知，武帝时对西域的经营首先实施的是轮台屯田，不过由于匈奴势力的逼迫，实施后不久就被迫放弃了。

武帝之后迎来了十四年的昭帝统治时期。在这段时间内，匈奴的侵寇依然持续（前87年"入朔方"，前83年"入代"，前80年左右"入边"，前79年"入张掖"，前78年"入五原"，参见前揭附表2）。在此期间，匈奴的势力再次进入车师，《汉书·西域传下》"车师后城长国"条记载："昭帝时，匈奴复使四千骑，田车师。"（《汉书·常惠传》也提到，昭帝时，"乌孙公主上书言：'匈奴发骑田车师，车师与匈奴为一，共侵乌孙，唯天子救之。'汉养士马，议欲击匈奴，会昭帝崩"。《汉书·西域传下》"乌孙国"条也有同样的记载）

此外，降服于汉并时时进贡的楼兰国，或许也受到了匈奴势力向天山东部回归的影响。据《汉书·西域传上》"鄯善国"条记载，向匈奴派出质子的楼兰国王甚至多次实施了反汉行动，"后复为匈奴反间，数遮杀汉使"。

因此，前77年（元凤四年），在霍光压制楼兰（派遣傅介子暗杀楼

第十一章　汉代的西北部经营：初县的环境 I

兰王安归,并树立亲汉政权)的同时,汉朝于同一年(纪年据《资治通鉴》)又派遣西域扜弥国质子赖丹至轮台屯田。《汉书·西域传下》"渠犁"条曰：

> 昭帝乃用桑弘羊前议,以扜弥太子赖丹为校尉,将军田轮台。轮台与渠犁,地皆相连也。龟兹贵人姑翼请其王曰："赖丹本臣属吾国,今佩汉印绶来,迫吾国而田,必为害。"王即杀赖丹,而上书谢汉,汉未能征。

这次轮台屯田是根据桑弘羊的"前议"进行的,屯戍基地的性质也沿袭了武帝时"使者校尉"的形态（一种亭障）。赖丹担任的"校尉"或许就是使者校尉。

但是,由于这次轮台屯田的校尉赖丹曾经是龟兹的质子,龟兹感觉受到了威胁而杀害了赖丹,再次开置的屯田又一次失败了。《汉书》虽然没有记载这一事件的发生时间,但据《汉书·傅介子传》记载,前78年（天凤三年）,与第二年杀害楼兰王安归相关的傅介子在出使大宛的途中,顺路访问了龟兹。在判断赖丹遇害事件的发生时间时,不能不考虑这件事情。由此推测,派遣赖丹屯田轮台应当发生于前78年之后,《资治通鉴》的纪年可以凭信。

另外,关于昭帝时轮台屯田的规模,史料没有明确记载,因此无法确定。根据桑弘羊的上奏（"前议"）,预定屯田的地方在"轮台以东",奏言的原文包含了"以东"二字。有观点因此认为昭帝时的屯田范围亦是如此。[1] 但是,从校尉赖丹和龟兹之间未发生大规模战役而迅速被杀害来看,这次屯田的规模不大,应当没有包括轮台以外的各国,或许充其量只是与汉武帝时期一样,仅有数百人的规模而已。

昭帝时期的轮台屯田依然遭受了挫折,汉军的鲜血浸染了屯田之地。汉朝在收到龟兹有关杀害赖丹的请罪书之后,却没有任何处置。可以说不论是武帝时期短命的轮台屯田,还是昭帝时期的消极姿态,对西域都缺乏长期的展望。由此可以看出汉朝在保卫使者校尉基地及

---

1. 张春树:《试论汉武帝时屯田西域仑头的问题》,《汉代边疆史论集》,食货出版社,1977年。

西域交通路线上存在局限，毫无热情。

宣帝时期的西域经营与渠犁屯田

接下来是宣帝时期。《汉书·宣帝纪》"本始二年（前72年）"条载：

> 诏曰："朕以眇身，奉承祖宗，夙夜惟念孝武皇帝，躬履仁义，选明将，讨不服，匈奴远遁，平氐羌、昆明、南越，百蛮乡风。"

宣帝时期，虽然汉朝的西北边地逐渐趋于安康，但匈奴的侵犯依然继续，乌孙还将请求援军的书简托付给了汉使。"本始二年（前72年）"条又记载：

> 匈奴数侵边，又西伐乌孙，乌孙昆弥及公主因国使者上书，言昆弥愿发国精兵击匈奴，唯天子哀怜出兵，以救公主。

宣帝在即位（前73年）后不久的前72年（本始二年）及次年，两次动员二十万大军（包括乌孙兵五万，据《汉书·匈奴传上》）讨伐匈奴。

战争导致匈奴人畜损失惨重，遭受了巨大的打击。"然匈奴民众死伤而去者，及畜产远移死亡不可胜数"（《汉书·匈奴传上》），"于是匈奴遂衰耗"（同上）。此后，由于前60年（神爵二年）即位的握衍鞮单于的暴政，引发了匈奴内讧的表面化。匈奴对汉的侵寇也逐渐平息下来。

匈奴形势的变化对汉朝的西域经营也有影响。前72年，据《汉书·常惠传》记载：

> 以惠为校尉，持节，护乌孙兵，昆弥自将翎侯以下五万余骑，从西方入。（略）时汉五将皆无功，天子以惠奉使克获，遂封惠为长罗侯。复遣惠持金币，还赐乌孙贵人有功者，惠因奏请龟兹国尝杀校尉赖丹，未伏诛，请便道击之，宣帝不许。大将军霍光，风惠以便宜从事，惠与吏士五百人，俱至乌孙，还，

第十一章 汉代的西北部经营：初县的环境 I

> 过发西国兵二万人，令副使发龟兹东国二万人，乌孙兵七千人，从三面攻龟兹，兵未合，先遣人责其王以前杀汉使状。王谢曰：乃我先王时，为贵人姑翼所误耳，我无罪。惠曰：即如此，缚姑翼来，吾置王。王执姑翼诣惠，惠斩之，而还。

为讨伐匈奴而从军的常惠，曾率领西域诸国五万骑，有战功而受封长罗侯。为了给参与讨伐匈奴的乌孙人论功行赏，常惠再次出使乌孙，他趁此机会，发动西域诸国兵士四万七千人，讨伐昭帝时曾杀害赖丹的龟兹国。常惠的讨伐虽未得到宣帝的许可，却顺应了霍光的内在意愿。《汉书·西域传下》"乌孙国"条记载，在此后的前64年（元康二年），"元康二年，乌孙昆弥因惠上书，愿以汉外孙元贵靡为嗣，得令复尚汉公主，结婚重亲，畔绝匈奴"。龟兹也因此寻求与汉联姻，发誓永远叛离匈奴。

《汉书·宣帝纪》及《汉书·西域传下》"乌孙国"条记载，前71年（本始三年）霍光封常惠为长罗侯，并默许其讨伐龟兹，另从《汉书·宣帝纪》与《汉书·霍光传》可知，霍光于前68年（地节二年）春病情加重，并于同年三月去世。由此看来，常惠讨伐龟兹的时间应当在前71年至前68年之间，王先谦推测发生于前69年（地节元年）（《汉书·西域传下》"乌孙国"条补注）。

如果对龟兹国的讨伐发生于前69年的话，那么第二年，也就是前68年，继轮台屯田之后开始在渠犁屯田。《汉书·西域传下》"车师后城长国"条记载：

> 地节二年，汉遣侍郎郑吉，校尉司马憙，将免刑罪人，田渠犁，积谷，欲以攻车师。

与之前轮台屯田所建立的单纯为出使西方的汉使提供服务的使者校尉基地不同，其主要任务是为了攻打车师。

显然，与轮台屯田相比，屯田于渠犁的基地其特征发生了很大的变化。在龟兹国也已经臣属于汉的情况下，这一时期的屯田地点为何从过去一直关注的轮台转移到了渠犁呢？这也是一个需要讨论的问题。

渠犁的位置和开设屯田的背景——使者校尉基地的蜕变

《汉书·西域传下》"车师后城长国"条曰:"车师,去渠犁千余里,间以河山。"《汉书·西域传下》"渠犁"条曰:"轮台,西于车师千余里。"如果以经营车师为任务,那么从轮台、渠犁到车师的行程都是"千余里",并无太大差异。这样看来,屯田基地从轮台向渠犁转移的原因不在于此。

要了解汉代屯田地点的变更情况,需要对问题较多的渠犁的位置略作说明。清人徐松指出渠犁的地望是轮台以东的塔里木(Tarim)河北岸(《汉书西域传补注》)。近年来,嶋崎昌[1]、岑仲勉[2]两氏认为在乌垒以南,黄文弼氏[3]认为在尉犁西境的砂碛之中,A. F. P. Hulsewé(何四维)氏[4]认为在库车(Kucha)的东南。但是,仍无法确定与轮台相比,渠犁到车师的行程究竟存在哪些优点。

因此,需要整理《汉书·西域传》中有关渠犁位置的史料进行分析。关于渠犁的四至,《西域传下》"渠犁"条曰:"东北与尉犁,东南与且末,南与精绝接,西有河,至龟兹五百八十里。"且末(Charchan)、精绝(Niya)沿南道分布,尉犁(Korla)、龟兹(Kucha)距离渠犁比较近。松田寿男氏指出,《汉书·西域传》记载的与都护府乌垒(Chadir)临近的诸国里程是值得信从的[5],以渠犁周边的里程为例,有如下记载:

Ⓐ "(渠犁),西有河,至龟兹五百八十里。"("渠犁"条)

Ⓑ "(乌垒),其东南三百三十里,至渠犁。"("乌垒"条,据王先谦《补注》补入"东"字)

Ⓒ "(龟兹),东通尉犁六百五十里。"("渠犁"条)

---

1. 嶋崎昌:《姑师と車師前・後王国》,《中央大学文学部紀要》,史学科11,1966年;《隋唐時代の東トゥルキスタン研究》,东京大学出版会,1977年,第50页。
2. 岑仲勉:《渠犁,附轮台》,《汉书西域传地理考释》,中华书局,1981年。
3. 黄文弼:《汉西域诸国之分布及种族问题》,《西北部史地论丛》,上海人民出版社,1981年。
4. A. F. P. Hulsewé, M. A. N. Loewe, *China in Central Asia: The Early Stage 125B.C.-A.D.23*, Sinica Leidensia Vol. XIV, 1979. P.164.
5. 松田寿男:《烏壘からの里数を論ず》,《古代天山の歴史地理学の研究》,早稻田大学出版部,1956年。关于尉犁的地望推定,有(清)傅恒等辑《钦定皇舆西域图志》的焉耆西南方Kalgan aman说,(清)松筠《新疆识略》的Korla说,A·斯坦因的Karakuum说等,松田氏采用的是Korla说,本章亦采此说。

Ⓓ"(尉犁),西至都护治所三百里。"("尉犁国"条)

Ⓔ"(龟兹),东至都护治所乌垒城,三百五十里。"("龟兹国"条)

Ⓒ虽然记载于"渠犁"条之中,但明显属于龟兹国情况的一部分。因为"渠犁"条首先记载了渠犁国的人口、四至,接着主要叙述了经营轮台的始末,最后涉及龟兹国的动向,而这不见于"龟兹国"条,其中提到了Ⓒ这条记载,因此有些观点误认为Ⓒ指的是渠犁的情况。

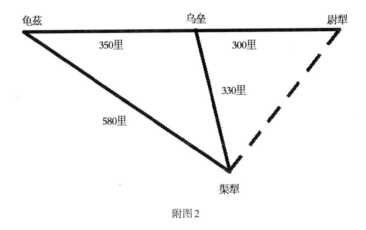

附图 2

基于这些里程来推断渠犁地望的话,如附图 2 所示,与徐松的推测基本一致。渠犁四至中的"西有河",当指塔里木河。如果塔里木河在渠犁附近弯曲或有支流的话,位于渠犁以西的说法就不存在问题了。实际上,《水经注·河水》对此有记载:

> 敦薨之水,自西海经尉犁国,国治尉犁城,西去都护治所三百里,北去焉耆百里。其水又西出沙山铁关谷,又西南流经连城,别注裂以为田。桑弘羊曰,臣愚以为连城以西,可遣屯田,以威西国,即此处也,其水又屈而南经渠犁国西。故《史记》曰:西有大河,即斯水也。又东南流经渠犁国。治渠犁城,

西北去乌垒三百三十里。汉武帝通西域，屯渠犁，即此处也。
南与精绝接，东北与尉犁接。又南流注于河。

"敦薨"即博斯腾湖（Bagrash-kul），"敦薨之水"即孔雀水（Konche-darya）。《水经注》所引《史记》之言，应该是《汉书·西域传》的记载，"西有大河，即斯水也"中的"河"应当是指孔雀水。

再来看渠犁的地望与里程。龟兹在渠犁和乌垒以西（Ⓐ、Ⓑ），乌垒与龟兹相距350里（Ⓔ），乌垒与渠犁相距330里（Ⓑ），渠犁在乌垒东南（Ⓑ），以此为基础来推算渠犁和龟兹间里程的话，可知在680里左右。不过，上文所引的Ⓐ称二者相距580里，让人难免会对这些数字的运算产生疑问。不过，如果将Ⓐ所记的里程按照Ⓔ和Ⓑ的记载修正为680里的话，那么渠犁的地望就比之前推断的位置更偏东北，如附图3所示，更靠近孔雀水。

观察孔雀水附近的状况，一般利用的是杨守敬的《水经注图》，如附图4所示。不过杨图并未表现出河道的实际状况，因此还需要参考A.Stein（斯坦因）调查，如附图5所示。《水经注》记载尉犁城与渠犁城之间的孔雀水沿岸有"连城"遗迹，实际调查中可以确认存在九处候望遗址。根据最近（1957—1958年）黄文弼氏的考古发掘报告[1]，又确认了存在汉代遗址"库鲁克山南麓之烽墩"。黄氏所说的库鲁克山（Kuruktâgh）南麓的烽墩与A.Stein所确认的位于孔雀水沿岸，亦即库鲁克山南麓的候望大概是同一处遗迹。

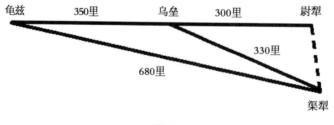

附图3

---

1. 黄文弼：《新疆考古发掘报告》，文物出版社，1983年，第46页。

第十一章　汉代的西北部经营：初县的环境 I

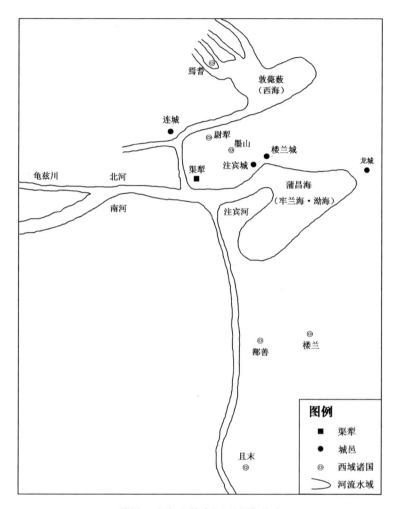

附图4　据杨守敬《水经注图》绘成

另外，"别注裂以为田"说明候望地区存在开田种植的情况。《水经注》认为"连城"是见于桑弘羊奏言中的预定屯田地区（今本《汉书·西域传下》"渠犁"条所记桑弘羊奏言称："臣愚以为可遣屯田卒，诣故轮台以东，（略）益垦溉田，稍筑列亭，连城而西，以威西国。"）。

《水经注》中的"连城"、开置屯田之处，在"西有河"之地，若以此来判断地望的话，汉代的渠犁当位于孔雀水与库鲁克水流域的古代遗址"营盘"附近。[1] 若依此说成立,则可知《汉书·西域传》《水经注》记载渠犁四至时所说的"东北与尉犁",即尉犁在其"东北"有误,当改作"西北"。

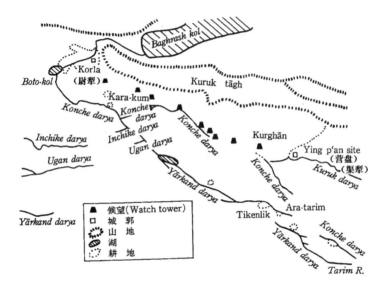

附图5　据 A. Stein, *Innermost Asia* 绘成

推论虽然稍微有些重复,但如果渠犁的确位于营盘附近的话,那么较轮台偏东,不仅与汉的往来更加便利,同时还避开了匈奴常置僮仆都尉[前60年(神爵二年)西域都护府设置后,匈奴废置了僮仆都尉]的尉犁、焉耆、危须等地,只要向北越过库鲁克山即可直达车师,更为便捷有利。

如果汉朝以轮台基地为据点,与车师,甚至其背后的匈奴全面对决的话,那么从汉到轮台的途中会受到尉犁等亲匈奴诸国的威胁,存

---

1. 科兹洛夫(P.K. Kozlov)、赫定(S.A.Hedin)、A・斯坦因等人曾对营盘做过多次调查,虽然已成为废墟,但仍残存带有四门的巨大城墙、数量较多的家庭房屋、位于台地上的墓地、小寺院,以及高达8米、周长31米的塔等遗址。参见赫定:《探检家としてのわが生涯》,(山口四郎 訳,白水社,1966年,第275页);斯坦因:《中央アジア踏查記》,(沢崎顺之助訳,白水社,1966,第258页)等。另外,关于从营盘至库鲁克山的交通情况,在1979年访问新疆大学历史系时曾经进行过确认,得知由红柳敷设的道路至今仍然留存。

第十一章　汉代的西北部经营：初县的环境 I　　　　　　　　　　　　　　　341

在危险。同时，从轮台去往车师的行程中，也必须途经僮仆都尉影响下的诸国。当然，如果按照前人观点将渠犁地望拟定于乌垒以南、尉犁西南的话，那么轮台基地所隐含的这些问题在渠犁是依然存在的。

显然，以渠犁为基地，以不足两千人的势力能够长期持续地与车师对抗，一个十分有利的背景条件就是渠犁的地理位置。虽然翻越库鲁克山的道路未必是当时的常用道路，但与其他地区互通往来应当也没有那么困难。

对抗车师的背景

依据以上分析，大致厘清了屯田基地从轮台变更为渠犁的过程。那么，接下来要认真谈谈经营车师的背景了。车师是位于天山东部地区的一大绿洲，汉朝一直想将其纳入自身的势力范围之中，从武帝以来与车师的对抗历程显然可以看出，其目的在于削弱匈奴对河西、西域的影响力。

同时，由于汉朝多次谋求与大月氏、乌孙的合作却未见成效，经营车师还隐藏着从东西两面夹击匈奴，依靠自身的力量迫近远遁于哈拉和林地区的匈奴王庭的目的。《汉书·西域传下》"车师后城长国"条记载了与宣帝屯田渠犁、车师相关的诏书，明确提到其目的在于"以安西国，侵匈奴"。

但是，由于匈奴顽固的反击，在前63年至前62年间（元康三四年）放弃了对车师的经营。此后西域经营的新进展依赖于匈奴的自我崩坏，如前60年（神爵二年）西域都护府（乌垒）及前48年（元帝初元元年）戊己校尉（车师前王庭）[1]等机构的创置，皆是如此。不过，要说汉廷西北部经营基本特征的转变，则要归结到前36年（元帝建昭三年）西域

---

1. 伊濑仙太郎氏《中国西域经营史研究》（岩南堂书店，1968年再刊，第9—12页）指出，关于戊己校尉的治所，《汉书·元帝纪》"建昭三年"条颜师古注"戊己校尉者，镇安西域，无常治所"当理解为"镇安西城"，戊己校尉的治所在安西城，即交河城（Yâr-khoto）。但是，颜师古注当读为"在西域镇安"，未必与戊己校尉治所相关。另外，也不能确定当时的车师在安西城。松田寿男氏《乌垒からの里数を论ず》（《古代天山の歴史地理学の研究》，早稻田大学出版部，1956年，第73—74页）依据《汉书·西域传下》"车师后城长国"条所记载的"突出高昌壁入匈奴"，认为高昌壁（Kara-khodjo）是戊己校尉的治所。但是，这条材料讲的是突破位于车师前王国东境的高昌壁阵营，向东奔走逃入匈奴，不能作为高昌壁为戊己校尉治所的依据。

都护甘延寿等人谋杀郅支单于这一事件上。

关于汉与匈奴围绕车师进行的对抗，史料纪年方面存在混乱，王先谦的补注也有失误，笔者此前对存在问题的部分纪年曾有过粗略的讨论[1]，下面用表格形式来罗列事情的演进过程（附表3）。

附表3

年号	汉朝的动向	出典	匈奴的动向	出典
前68年（宣帝地节二年）	地节二年，汉遣侍郎郑吉、校尉司马憙，将免刑罪人，田渠犁，积谷，欲以攻车师	《汉书·西域传下》"车师后城长国"条（下文简称《西域传》）		
前67年（地节三年）	至秋，收谷，吉、憙发城郭诸国兵万余人，自与所将田士千五百人，共击车师，攻交河城，破之。王尚在其北石城中，未得，会军食尽，吉等且罢兵归渠犁田			
	其明年，西域城郭共击匈奴	《汉书·匈奴传上》（下文简称《匈奴传》）		
前66年（地节四年）	收秋毕，复发兵攻车师王于石城。王闻汉兵且至，北走匈奴求救，匈奴未为发兵。王来还，与贵人苏犹议，欲降汉，恐不见信。苏犹教王击匈奴边国小蒲类，斩首，略其人民，以降吉。车师旁小金附国，随汉军，后盗车师，车师王复自请击破金附	《西域传》		
	取车师国，得其王及人众而去	《匈奴传》		
			匈奴闻车师降汉，发兵攻车师	《西域传》

---

1. 拙稿：《汉代西北部における新秩序形成過程について》，《中央大学文学部紀要》史学科11，1966年。对演进过程的把握多少有些不同，亦可参见嶋崎昌：《姑师と車師前·後王国》，《中央大学文学部紀要》，史学科11，1966年。

第十一章 汉代的西北部经营：初县的环境 I

续表

年号	汉朝的动向	出典	匈奴的动向	出典
			单于复以车师王昆弟兜莫为车师王，收其余民，东徙，不敢居故地	《匈奴传》
	吉、憙引兵北逢之（匈奴）	《西域传》		
			匈奴不敢前	《西域传》
	吉、憙即留一候，与卒二十人留守王，吉等引兵归渠犁	《西域传》		
	车师王恐匈奴兵复至而见杀也，乃轻骑奔乌孙，吉即迎其妻子，置渠犁	《西域传》		
	东奏事，至酒泉，有诏，还田渠犁及车师，益积谷，以安西国，侵匈奴。吉还，传送车师王妻子诣长安，赏赐甚厚，每朝会四夷，常尊显以示之	《西域传》		
	于是吉始使吏卒三百人，别田车师	《西域传》		
	而汉益遣屯士，分田车师地，以实之	《匈奴传》		
前65年(宣帝元康元年)			得降者言，单于大臣皆曰："车师地肥美，近匈奴，使汉得之，多田积谷，必害人国，不可不争也。"果遣骑来击田者	《西域传》
			其明年，匈奴怨诸国共击车师，遣左右大将各万余骑，屯田右地，欲以侵迫乌孙西域	《匈奴传》
前65－63年（元康元—三年）	吉，乃与校尉，尽将渠犁田士千五百人，往田	《西域传》		

续表

年号	汉朝的动向	出典	匈奴的动向	出典
前63年(元康三年)			匈奴复益遣骑来,汉田卒少,不能当,保车师城中。匈奴将即其城下谓吉曰:"单于必争此地,不可田也。"围城数日乃解。后常数千骑,往来守车师	《西域传》
			后二岁,匈奴遣左右奥鞬,各六千骑,与左大将,再击汉之田车师城(今雅尔湖故城)者,不能下	《匈奴传》
前63—62年(元康三—四年)	吉上书言车师去渠犁千余里,间以河山,北近匈奴,汉兵在渠犁者,势不能相救,愿益田卒。公卿议,以为道远烦费,可且罢车师田者	《西域传》		
	诏遣长罗侯(常惠),将张掖、酒泉骑,出车师北千余里,扬威武车师旁。胡骑引去,吉遒得出,归渠犁,凡三校尉,屯田车师	《西域传》		
	(车师)王之走乌孙也,乌孙留不遣,遣使上书,愿留车师王,备国有急,可从西道以击匈奴。汉许之。于是汉召故车师太子军宿在焉耆者,立以为王,尽徙车师国民,令居渠犁,遂以车师故地与匈奴。车师王得近汉田官,与匈奴绝,亦安乐亲汉	《西域传》		
前62年(元康四年)	后汉使侍郎殷广德责乌孙,求车师王乌孙贵将,诣阙,赐第与其妻子居,是岁元康四年也	《西域传》		

结语

上文将西汉时期的西北部经营划分为三个时期,大致的发展脉络并未超出对匈奴政策的范围。当然,汉朝势力进入西北是汉与匈奴"百年战争"的结果,而不是为了控制东西交通要道并获取东西交易的利权(事实上并没有多大的实际利益),也没有演变为重大的外交课题。

这样看来,本章与《史记·大宛列传》的叙述或多或少存在龃龉之感。的确,《史记·大宛列传》是洋溢着异国情趣的名篇,而本章以这篇文献为基础写出的,如前文所呈现的,有不少属于感性世界的内容。《盐铁论·西域篇》记载讨伐大宛之时的大夫之言曰:"先帝,绝奇听,行武威。"描绘了武帝的心境。即便是在位超过五十年的武帝,在国事方面也不会因为某些奇闻而一时兴起恣意行为。

前文所选取的研究课题都属于汉朝的对外政策方面,这些课题都是能够将皇权的实际状态具象化,并窥知皇权性质的恰当题材。本章的主要着眼点亦在于此。

本章虽然通览了西汉时期的西北部经营,但在所涉及的研究对象方面仍然不足。另外,仍然有存在疏漏与附会之虞。(本章以昭和五十八年于京都大学召开的东洋史研究会大会所作的报告《〈汉书·西域传〉序言研究》为基础增补而成)

附记:本章脱稿后,在日本的书肆中购得了以撰写《匈奴史》(内蒙古人民出版社,1977年)闻名的林幹氏所编撰的《匈奴史论文选集一九一九——一九七九》(中华书局,1983年)。另外,片桐功的《中華人民共和国に於ける匈奴史研究》(《名古屋大学東洋史研究報告》9,1984年)梳理了中国匈奴史研究的动向。不过,在本章中,笔者的主要舞台是中国西北部地区。在1979年和1982年,笔者曾两次前往吐鲁番、乌鲁木齐、天山旅行,并于1982年从呼和浩特、阴山山脉南麓、贺兰山脉东麓出发,前往河西走廊,又溯湟水至西宁。这些实地见闻是促成本章写作的一个契机。

补论

汉武帝的外征：初县的环境Ⅱ

前言

曾听过"西域热"这个词。"西域",广义上是指从中亚到西亚的地域,而狭义上只指东突厥斯坦地区。松田寿男氏认为"西域"一词不见于《史记》,首次出现是在班固的《汉书》中。[1] 其实,在《史记·卫将军骠骑列传》所记的"西域王浑邪王"这条材料中,这个词汇已然出现。本篇所讨论的是狭义上的"西域"。在说到西域的时候,汉武帝大概是必然会被提及的人物之一。

汉武帝是西汉的第七位皇帝,其在位时间长达54年(前141—前87年),约占西汉王朝的四分之一。他"雄才大略",是奠定中国历史的三位人物之一,与成教的孔子、立政的始皇并列,有"定境者武帝"之称。的确,一说到武帝,首先就会想到他积极果断的对外政策。不过,令人意外的是,汉人对武帝的对外政策却有十分严厉的批判。西汉宣帝时的经学家夏侯胜批评武帝称:"武帝多杀士众,竭民财力,天下虚耗。"(《汉书》卷七十八)。正史《汉书》的编撰者东汉班固在《汉书·武帝纪》的"赞"中,专引武帝的文略,对其武功则只字不提。

但是,清代的考证学者赵翼在读到前人对武帝的批判时却说:"(武帝所增地)几至一倍,(略)永为中国四至,千万年皆食其利。"(《廿二史札记·汉书武帝纪赞不言武功》)将武帝的武功列为其第一功绩。赵翼曾历任边境地方官,因此对领土问题非常关心。

关于武帝的外征,新中国的历史教科书(如高级中学《中国历史》上册,新中出版社,1952年刊)均将其认定为"侵略战争"。不过同时又将当时对外扩张的基本原因归结为中国文化较周围诸国更高,中国的工业制品所到之处深受欢迎。

历史上所出现的领土问题,虽然时代久远,但也有其新的一面。

从公元前3世纪末至前2世纪,以今天的内外蒙古地区为中心,匈

---

1. 松田寿男:《西域》,《アジア歴史事典》五,平凡社,1967年,第151页。

补论　汉武帝的外征：初县的环境 Ⅱ　　　　　　　　　　　　　　　　349

奴冒顿单于建立了一个西至新疆、东到满州（中国东北地区）的大帝国。他的一些事迹留存在西汉史家司马迁的著作中。

冒顿初立，当时势力强盛的东胡先向匈奴索要宝马"千里马"，又向单于索要阏氏（单于后妃）。群臣提议讨伐无道的东胡，冒顿却压制了臣下的意见，与东胡修近邻之谊，将宝马以及阏氏都赠予了东胡。东胡气势更加骄纵，打算占据匈奴与东胡之间无人居住的不毛之地。匈奴群臣认为既然是不毛之地，无论如何处置皆可。冒顿则认为"土地乃国家之基"，处斩了主张将土地给予东胡亦可的家臣，接着出兵讨伐东胡。(《史记·匈奴列传》)

虽说是游牧国家，但当政者本人的气魄，以及司马迁所关心的事情都在这段材料中体现了出来。

下面进入正文部分，本章拟讨论两个与武帝外征相关的问题：①西域经营初期的基地问题——对徐松观点的批判，②武帝外征的背景。

一、轮台与渠犁

《汉书·西域传》序言记载将军李广利第二次讨伐大宛（Ferghana）（前102—前101年）后汉朝势力向西域的扩展时说：

> 自敦煌西至盐泽（Lob-nor），往往起亭，而轮台（Bugur）、渠犁（Konche-darya）皆有田卒数百人，置使者校尉领护，以给使外国者。

可是，《汉书·郑吉传》却说："李广利征伐之后，初置校尉，屯田渠犁。"此处的"校尉"，应即《西域传》中的"使者校尉"，但所记载的屯田地却是在校尉治所渠犁。另外，《汉书·西域传》"渠犁"条载："武帝初通西域，置校尉，屯田渠犁。"与《汉书·郑吉传》的记载相同。

或许正是根据这些记载，清代的硕学徐松在其名著《汉书·西域传补注》中，对《汉书·西域传》序言部分的"轮台、渠犁皆以田卒数百人"作了如下的注解：

（A）这是昭帝时期的事情。
　　（B）轮台、渠犁都是西域小国（胡国），汉灭之以置田卒。渠犁有田卒千五百人，从中分出一部分屯田轮台。
　　（C）田卒人数，两地各为数百人。

在徐松的观点中，（B）暗示汉初经营西域时最早设立的基地是渠犁，这点尤为引人注目，也是需要提出的问题。

　　不过到目前为止，关于基地设立这一中国正式拉开西域经营大幕的问题，还没有深入的讨论。因此下文拟就此略作分析。

　　下文在讨论徐松观点的同时，将关注汉朝西域经营发展动向。若先陈述结论的话，那就是：在徐松的观点中存在不少忽视西汉西域基地设立的进展的地方，西汉最先设立的基地应当是以轮台为中心。

　　先来看徐松观点中的（A）。在昭帝时期的西域经营中，不存在徐松所说的在渠犁开置屯田的事情。

　　另外，虽然还曾临时派遣扜弥（Uzun-tani）太子赖丹屯田轮台，但很快被龟兹王以"赖丹本臣属吾国，今佩汉印绶来，迫吾国而田，必为害"（《汉书·西域传》"渠犁"条）的理由杀害，屯田失败。因此，昭帝时期在轮台、渠犁并没有常置各数百人的田卒与校尉。

　　武帝晚年，前89年曾下发所谓的"放弃西域诏"，此后的昭帝时期一时中断了对西域的经营。

　　又，《史记·大宛列传》载："汉已伐宛，（略）而敦煌置酒泉都尉，西至盐水，往往有亭。而仑头（轮台）有田卒数百人，因置使者[校尉]护田积粟，以给使外国者。"显然，《汉书·西域传》序言的记载当本自《史记·大宛列传》。若然，由于《史记·大宛列传》记载的是武帝时讨伐大宛之后不久的西域经营情况，《汉书·西域传》序言部分自然只是对它的模仿。

　　而前文所引《汉书·郑吉传》及《西域传》"渠犁"条的"屯田渠犁"一事，也应当是讨伐大宛之后不久发生的，仍然是武帝时期的事情。

　　据此可知，徐松的观点中，（A）轮台、渠犁屯田为昭帝时期事显然是错误的。

补论　汉武帝的外征：初县的环境Ⅱ　　　　　　　　　　　　　　　　351

再来看（B）提到的汉朝的基地从渠犁扩大至轮台的说法是否正确。前引《汉书·郑吉传》曰："李广利征伐之后，初置校尉，屯田渠犁。"（《汉书·西域传》"渠犁"条有大致相同的记载）的确，汉朝开始经营西域之时，首先置渠犁校尉，开屯田，此后才有轮台屯田。时代较晚的北魏时期的《水经注·河水》亦曰："汉武帝通西域，屯田渠犁。"

但是，最为重要的史料，《汉书·西域传》所依据的《史记·大宛列传》却说："而仑头（轮台）有田卒数百人，因置使者[校尉]。"只有置使者校尉于轮台的记载，并未涉及渠犁屯田。关于两者的异同，或认为是《史记·大宛列传》脱漏了有关渠犁的内容。

《汉书·西域传》"渠犁"条桑弘羊上书称：

> 故轮台以东，捷枝、渠犁，皆故国，（略）臣愚以为可遣屯田卒，诣故轮台以东，置校尉三人，分护。

这份奏疏的年代为前89年（据《资治通鉴》），"轮台以东，捷枝、渠犁，皆故国"，或据此说明轮台、渠犁在武帝时同时开置屯田。

但是，桑弘羊奏疏书写于前89年，距离《史记·大宛列传》记载的前101年之后不久的西域情形，二者间隔十余年。因此，在桑弘羊上奏之时，汉朝对西域的经营已有相当进展，仅凭这条材料认为《史记·大宛传》存在遗漏的做法是有问题的。

因此，需要重新考察《史记·大宛列传》所记屯田只涉及轮台一处的背景。首先来看武帝答复桑弘羊奏章的诏书。桑弘羊称经营西域的基地在"轮台以东"，非常笼统、含混，而武帝的答复称："今又请遣卒田轮台，轮台西于车师千余里。""今请远田轮台，欲起亭隧"（《汉书·西域传》"渠犁"条），只以轮台经营为中心来论述是否派遣屯田卒。

这暗示在当时的西域经营中，对轮台尤为重视。虽然这一时期的西域经营因武帝所下的诏书而中止，但至昭帝时，采用桑弘羊上奏再开屯田，而最先屯田的地点仍然是轮台，由校尉（赖丹）负责。

显然，武帝时期西域经营的中心在轮台。那么前引《汉书·郑吉传》和《西域传》"渠犁"条在列举武帝时期的基地时，为何只说渠犁而不提轮台呢？

  下面来逐一分析。首先要注意的是，《汉书·西域传》"渠犁"条论述的中心，当然是渠犁的形势，而《汉书·郑吉传》因郑吉曾在宣帝时负责渠犁屯田，在联系到武帝时期，就只强调渠犁屯田了。让人感觉这两条材料都没有涉及武帝时西域经营的总体情形。

  或可推测，班固在《汉书·西域传》序言中记载有关渠犁屯田的事情时虽然引用了《史记·大宛列传》，但由于宣帝时郑吉的渠犁屯田太过出名，在史料中经常出现，因而在轮台之后将渠犁也附加了进去。

  接下来要考虑的是，在开始经营西域之时对轮台的经营为何更为重要。

  据《史记·大宛列传》记载，对大宛的第二次讨伐是开始经营西域的起因。而在讨伐之时，西域诸国中只有轮台进行了彻底的抵抗。"而所至小国，莫不迎出食给军，至仑头（轮台），仑头不下，攻数日屠之，自此而西，平行至宛城。"轮台抵抗汉军的真相无法究明，且存在诸多疑问：①北道之中，为何只有轮台抵抗大军数日，而后遭"屠"全灭呢？②如果李广利的西行路线是汉代的西行常道，即从敦煌出发，途经尉犁（Kara-kum）的话，难免会在尉犁这个匈奴僮仆都尉的常驻地发生冲突，可是，在李广利西行途中，除了轮台事件之外，并未遇到其他的麻烦，内中有何因由呢？

  关于第②个疑问，原因或在于李广利觉得大宛讨伐更为重要，要避免中途与匈奴产生矛盾，因此避开了匈奴的前线基地尉犁，而从敦煌经轮台西行。

  关于第①个疑问，即轮台为何敢于抵抗汉朝的大军。汉远征军避开尉犁之后，邻近尉犁的轮台，这个曾一度与北道胡国乌孙并称的国家或许受到了匈奴的策动，因而阻止汉军西行。如果不这样理解的话，那么就很难解释为何轮台不惜加上国家命运来抵抗汉朝大军，而李广利竟然不惜"屠之"也要将其彻底剿灭这一凄惨的抗争背景。

  汉朝为了确保北道的安全，当然会选择在靠近尉犁的轮台这一牵制匈奴的绝佳之地建设基地。而渠犁并不具有与轮台屯田一样的必然因素。

  依据以上分析可知，徐松的观点（B）是未必恰当的。再来看观点（C）

提到的田卒人数。

徐松为什么认为在开始经营西域之时,渠犁的田卒为一千五百人呢?原因或在于宣帝时郑吉屯田渠犁之时,"田士千五百人"(《汉书·西域传》"车师后城长国"条),而徐松将这一记载与武帝时的情形相互混淆了。因此,不能认为武帝时的田卒数量也是一千五百人。

由此可见,徐松对西汉经营西域之初基地设置的分析存在几处错误。笔者认为,反映了西域经营之初的实际情形,尤其是记载了使者校尉治所的《史记·大宛列传》,更值得重视。

二、汉与匈奴

接下来想谈谈武帝时期与经营西域相关的对外政策,而这与武帝的对匈奴政策密不可分,因此打算先梳理汉与匈奴对抗的历史进程,以明晰武帝发动讨伐匈奴战争的背景。

武帝继位之后,汉朝可以说终于具备了讨伐匈奴的条件:

> 非遇水旱之灾,民则人给家足,都鄙廪庾皆满,而府库余货财。京师之钱累巨万,贯朽而不可校。太仓之粟陈陈相因,充溢露积于外,至腐败不可食。(《史记·平准书》)

在讨伐匈奴之前,武帝于前139年派遣张骞出使大月氏,谋划远交近攻之策,于前135年讨闽越王郢,以断后顾之忧。接着在前133年决意讨伐匈奴,曰:

> 朕饰子女以配单于,金币文绣赂之甚厚,单于待命加嫚,侵盗亡已。边境被害,朕甚闵之。今欲举兵攻之,如何?(《汉书·武帝纪》)

这一年夏天,汉与匈奴的和约因马邑之计而破裂,汉与匈奴的殊死斗争自此拉开帷幕,直至元帝时期(前36年秋)斩杀郅支单于于康居(Sogdiana),长达九十余年。

前人曾指出，武帝对匈奴的讨伐为高祖以来屈辱的对匈奴关系画上了一个终止符，是武帝的一大英明决断。这一观点自身是没有问题的。但是，认为这是武帝的英明决断，将其只归结于受到美化了的武帝的个人资质，则存在一定问题。

　　即使不是武帝，对讨伐匈奴这件不能回避的紧迫事情也不能置之不理。下面重新回到武帝及之前汉与匈奴的关系上，来考察其间的具体情形。

　　匈奴在冒顿单于出现之后，国势迅猛发展，前200年于白登（山西大同）击破汉高祖，当时号称有胜兵三十万。面对匈奴，汉朝采取了诸多怀柔政策，包括：①奉献巨额的帛绢酒米等岁币，②和亲公主下嫁匈奴，③结昆弟之和，④通关市，适应匈奴购买必需品的需求。汉朝并不想挑起事端。

　　但是匈奴面对汉朝的怀柔政策，却对其横加侮辱，连岁寇边，甚至曾羞辱吕后。至文帝时（前166年冬），匈奴老上单于引十四万骑入寇，迫近首都所在的三辅地区，以至于得以一窥雍县（今陕西凤翔）的甘泉宫。首都长安受到了匈奴的直接威胁。

　　这一时期汉与匈奴的对峙情形可标示于地图之上，如附图1所示，可以很明显地看出首都长安的防卫形势是多么紧迫。

　　上文所说的武帝的英明决断，其中显然有很强的现实性因素。如后文所述，前166年匈奴侵入三辅是较为特殊的情况，但对汉朝来说却是现实存在的巨大威胁。虽然有些言过其实，但确实可以说正是现实需要，才使得高祖以来的基本国策，即对匈奴和亲政策出现了一次重大的转机。

　　以上叙述了武帝的积极应对匈奴政策出现的背景，接下来简单地梳理一下西汉时期的汉与匈奴关系。可分为三个时期：

　　第一期：匈奴优势期　高祖七年（前200年）—武帝元光二年（前133年）

　　第二期：汉与匈奴对抗期　武帝元光二年（前133年）—元帝建昭三年（前36年）

　　第三期：汉与匈奴和平期　元帝建昭三年（前36年）—光

补论　汉武帝的外征：初县的环境 II　　　　　　　　　　　　　　　355

武帝建武二十四年（公元48年）

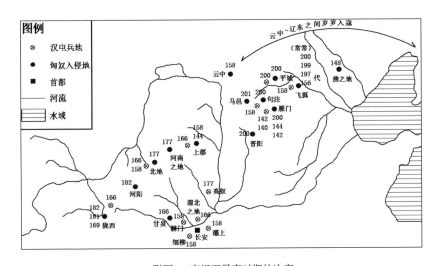

附图1　高祖至景帝时期的边塞

（说明：数字为屯兵、入寇时间，指公元前××年）

关于汉与匈奴关系中匈奴侵入掠夺的原因，内田吟风氏[1]、江上波夫氏[2]曾从匈奴的经济活动方面进行过研究。下面打算探讨匈奴入寇与上文已讨论的西域经营之间的关联，并总结出汉朝势力向西北部扩展之梗概。

首先是第一个时期，如附图1所示，从辽东至陇西的长城沿线，匈奴多次、反复入寇，其中又以云中至代这一地域受害最为显著。原因在于：这一地域①距离匈奴单于庭（Huhu-hoto）较近，易于往返；②距离关中较远，警备不充分；③经过战国以来的开发，食物等必需品、优质的特产及其原料等较为丰富，因而成为侵寇目标。

而匈奴对陇西至关中一线的侵寇，除了两次侵入狄道（今属甘肃）之外，其他几次都不是以单纯的掠夺为目的。文帝时期，前177年入寇北地郡（今甘肃环县）是为了报复汉朝官员对右贤王的挑拨，前169年入寇狄道、前166年入寇三辅，都受到了宦官中行说的煽动。据江上波

---
1. 内田吟风：《古代遊牧民族の農耕国家侵入の真相——特に匈奴史上より見たる——》，《ユーラシア学会研究報告》1，1955年；《北アジア史研究匈奴篇》，同朋舎，1975年。
2. 江上波夫：《匈奴の経済活動——遊牧と掠奪の場合——》，《東洋文化研究所紀要》9，1956年。

夫氏推测，匈奴的侵寇地域与东西诸王大致的势力范围相关。[1]若依其说，西北地区相当于所谓的匈奴右地。

匈奴较少入寇西北地区，除了因为关中守备较为坚固之外，可能还与右贤王以下诸王主要用心于经营西域相关。汉朝方面，在第一个时期秉持"不出塞"的原则，实施兵屯和徙民等政策，专心于防备。

进入第二个时期之后，汉朝的前线向鄂尔多斯、河西、西域延伸，匈奴的入寇也随之逐渐转移——与其他地域相比，匈奴对代至云中之间地域的入寇仍然与第一个时期一样多——对河西、西域的汉人基地的攻击明显增多。这一时期的形势又可划分为以下三个阶段：

（1）前133年汉与匈奴开始对抗—前89年《放弃西域诏》的颁布与外征的中止（约四十年）。

这个阶段的重要事件有：

① 前127年夺回鄂尔多斯。

② 前121—前119年平定河西，"匈奴远遁，幕南无王庭"（《汉书·匈奴传》），汉由此确立了对匈奴的优势地位。

③ 前104—101年讨伐大宛与汉朝进入西域。

还可看出以下情形（附图2）：

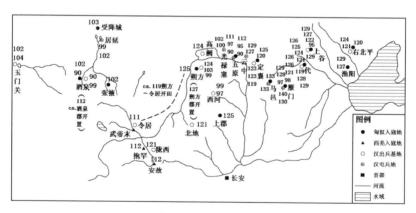

附图2　武帝时的边塞

说明：数字为屯兵、入寇时间，指公元前××年。

---

1. 江上波夫:《匈奴の経済活動—遊牧と掠奪の場合—》,《東洋文化研究所紀要》9，1956年。

A. 汉朝取得了对匈奴的优势地位。
B. 汉朝在新占领地区设置郡县。
C. 匈奴将单于庭迁移至Kharakhorum附近。
D. 讨伐大宛之后,常见匈奴入寇酒泉、张掖等汉人基地。

另外,与掠夺相比,匈奴入寇的性质演变为以排挤汉朝势力为目的。

(2)前89年中止外征—宣帝本始二年(前72年)再次开始远征(二十七年)。

这一时期霍光专政。他专注于内政,称"百姓内定,然后恤外"(《盐铁论·地广篇》),与前代外征导致百姓怨声载道不同。匈奴方面,由于壶衍鞮单于的即位引起了内讧,无法趁汉朝正处于调整期而入侵。两大势力之间维持了暂时的平静。

如附图3所示,匈奴的入寇较为零星,而对西域,汉朝也只停留在谋划阶段。

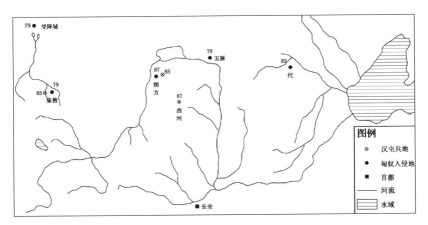

附图3　昭帝时期至宣帝本始元年的边塞

(说明:数字为屯兵、入寇时间,指公元前××年)

(3)前72年开始外征—元帝建昭三年(前36年)攻杀郅支单于(三十六年)。这一阶段为匈奴的衰退期。

① 前72年讨伐匈奴后,匈奴遭受了沉重的打击,"民众死伤而去者,及畜产远移死亡,不可胜数"(《汉书·匈奴传》)。

② 前68—65年的车师争夺战。

③从前57年五单于争立至前56年郅支、呼韩邪两单于对立，匈奴分裂。

④前51年呼韩邪单于入朝于汉，前36年诛杀郅支单于，匈奴平定。

如附图4所示，这一阶段边境安定，匈奴与汉的对抗以西域的车师争夺最为引人注目。江上波夫氏指出，关于匈奴的分裂衰退，需要注意其家畜数量的变化，他分析了家畜数量减少与游牧民族分裂衰退之间的关系后指出，武帝末征和四年以前，匈奴人均拥有十九头以上的家畜，但到了宣帝本始二年（前72年），人均只拥有十头或更少，而至地节二年（前68年）甚至激减至五头或五头以下。[1]家畜的减少，除了战争因素之外，还受到天灾影响。

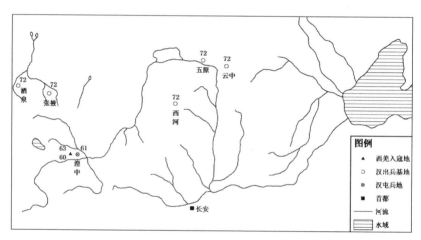

附图4　宣帝本始二年及其后的边塞

（说明：数字为屯兵、入寇时间，指公元前××年）

结语

以上以汉武帝外征为题稍微探讨了几个问题，不过也大致满足了所需要的页数。由于本章是一篇小论，需要引论的文献多有省略，希望能够得到谅解。

---

1. 江上波夫：《匈奴の経済活動—遊牧と掠奪の場合—》，《東洋文化研究所紀要》9，1956年。

第十二章

秦汉时代的边境徙民：初县的环境Ⅲ

前言

为了守卫首都所在的关中地区，阻止匈奴入侵，西汉时期积极经营西北地区，实边政策扩大到征讨、屯戍、徙民等多个方面。经营西北的过程中，连年发动的人口数量众多，在正规的服徭役者之外，以相当多的庶人、谪者为主，还包括奴婢及异民族的投降者等。[1] 发动的人口从武帝末期开始增加最为显著，当与武帝晚期之后匈奴势力衰弱，汉朝没有必要举全国之力与之作战相关。那么，为何会出现这么多其他身份的人来代替正规的服役者呢？

本章拟就这一问题，以边塞经营的众多事例中出现的对庶人和谪者的发动为中心略作考察。

一、庶人

经营边塞之时动员所谓庶人的事例，如表1所示：

表1

	纪年	动员	经营	出典
（1）	文帝十一年（前196年）	募民之欲往者	徙塞下	《汉书·晁错传》
（2）	武帝元朔二年（前127年）	募民（十万口）	徙朔方	《汉书·武帝纪》《史记·平准书》《汉书·食货志》

---

1. 这种情形与秦代的迁徙对象"庶人""罪囚""捕虏"较为类似，不过，秦代的"捕虏"来源于战国时期的其他六国。关于秦代的迁徙民，可参看久村因：《古代四川に土着せる漢民族の来歴について》，《歴史学研究》204，1957年。另外，对奴婢的征发往往以赎罪及赐爵为条件，如"募以丁奴婢赎皋，及输奴婢欲以拜爵者"（《汉书·晁错传》晁错徙边奏疏），又或以复除及为郎增秩为条件促使民众提供奴婢，如"兴十万余人，筑卫朔方，（略）费数十百巨万，府库益虚，乃募民能入奴婢得以终复为郎增秩"（《史记·平准书》）。《汉书·匈奴传》所记侯应的奏疏称："边人奴婢愁苦欲亡者，多曰闻匈奴中乐，无奈候望急何，然时有亡出塞者。"可知奴婢与边塞地域的经营存在联系。征发这些奴婢的背景，可与本文提到的债务奴隶的情况相参照。

续表

	纪年	动员	经营	出典
（3）	元狩四年（前119年）	徙关东贫民（凡七十二万五千口）	徙陇西、北地、西河、上郡、会稽	《汉书·武帝纪》《史记·匈奴列传》《史记·平准书》《汉书·食货志》
（4）	元鼎六年（前111年）	徙民	徙张掖、敦煌	《汉书·武帝纪》
（5）	征和四年（前89年）	募民壮健有累重敢徙者	屯田轮台（但未实施）	《汉书·西域传下》"渠犁"条

庶人的实态

这些事例中，除了（3）是"贫民"之外，其他的都是"民"。关于（1）中的"民之欲往者"，史载：

> 募罪人及免徒复作令居之，不足募以丁奴婢赎罪及输奴婢欲以拜爵者，不足乃募民之欲往者，皆赐高爵复其家。（《汉书·晁错传》）

晁错在制定徙民政策时，对这些与罪囚、奴婢不同的"民"设下了伏笔，"使先至者安乐而不思故乡，则贫民相募（慕）而劝往矣"。可以推测在晁错的预想中，罪囚、奴婢的迁徙只不过是对贫民迁徙的试探，徙边的主要着眼点还是在"民之欲往者"，即"贫民"。

关于（2）中的"募民"，史载：

> 募民徙朔方十万口，又徙郡国豪杰及訾三百万以上于茂陵。（《汉书·武帝纪》）

此处的"民"是与徙于茂陵的豪杰、富人相对的称呼，显然应指下层阶级之人，即贫民。

这样看来，虽然（4）中"民"的具体身份难以确定，但既然是徙边之"民",其中的大部分应是"贫民"。

那么,这些贫民是如何出现并迁徙的呢?《汉书·地理志》"秦地"条在记载河西的居民来源时称:"其民,或以关东下贫,(略)家属徙焉。"提到了关东下贫。前文第(3)条引文记载的多达七十余万口的徙民亦是"关东贫民"。显然,这些徙边的贫民往往与关东(山东)之地相关。

关东之地即华山、太行山以东的黄河流域,由于连年遭受水旱灾害,析出了很多的贫民、流民,出现了人相食的惨状,隐藏着非常不安定的社会威胁。

西汉时期贫民的迁徙地域

当然,面对灾害要寻求救济之策,在救济之策中,徙边是本地安顿政策失败之后的最后选择,史载:

> (元狩三年)山东被水灾,民多饥乏,于是天子,Ⓐ遣使者,虚郡国仓廥以振贫民。Ⓑ犹不足,又募豪富人相贷假。Ⓒ尚不能相救,乃徙贫民于关以西及充朔方以南新秦中七十余万口。(《史记·平准书》)

由此可知,与当时的实边需求相比,贫民徙边的主要目的还是在于防止人口的流民化。同时,西汉时期的贫民徙入地不仅限于边境地区,还包括江淮之地。除了表1第③条的记载之外,在元鼎二年左右,史载:

> 山东被河灾,及岁不登数年,人或相食,方二三千里,天子怜之,令饥民得流就食江淮间,欲留留处,使者冠盖相属于道,护之,下巴蜀粟以振焉。(《汉书·食货志》)

关中之地也是流民的徙入地,如表2所示:

第十二章　秦汉时代的边境徙民：初县的环境Ⅲ　　　　　　　　　　　363

表2

	纪年	徙边记载	出典
（1）	成帝河平元年（前28年）	流民入函谷	《汉书·天文志》
（2）	阳朔二年（前23年）	关东大水，流民欲入函谷	《汉书·成帝纪》
（3）	鸿嘉四年（前17年）	（诏曰）关东流冗者众（略）流民欲入关，辄籍内	《汉书·成帝纪》
（4）	平帝元始二年（公元2年）	郡国大旱蝗，青州尤甚，民流亡。（略）罢安定呼池苑，以为安民县。起官寺市里，募徙贫民，（略）于长安城中，宅二百区，以居贫民	《汉书·平帝纪》

需要注意的是，这些迁徙记录集中于武帝时期，少见于武帝之后。[1]而向关中地区的迁徙、流徙，则多见于成帝及之后的时期。

思考其原因，当在于对贫民的迁徙只是恤民政策的一个方面。就徙边来说，如后文所述，在徙民能够自给之前，还需要解决向边远地区输送衣食等生活物资一类的难题。因此，在武帝之后对匈奴形势缓和的情况下，就没有必要强行推行大规模的实边政策了。武帝之后，财政穷乏，这一类的实边政策较难实施，面对灾害则推行更为容易的政策，包括免租、种子及食物的补给等[2]临时措施，以及向江淮——史料中很少出现江淮徙民，或许与当时向这一地区的迁徙主要是自然流徙相关——或关中迁徙流民等。

进入成帝时期之后，向关中地区迁徙的记载相继出现，或许与元帝时废止陵园苑囿有关。那么，既然入关记载集中于成帝时期，是否说明成帝之前没有迁入关中的情况出现呢？在营建初陵及设置陵县之时，除了所谓的徙陵，即"三选七迁"[3]之外，还有一些与明确记载了"豪

---

1. 《汉书·赵充国传》所记神爵元年讨西羌及屯田金城郡的"应募"，其具体实态无法确定。
2. 免租的例子有：鸿嘉四年关东水旱（訾三万以下者）、绥和二年河南水灾（訾十万以下）、元始二年青州等地旱蝗（天下民訾不满二万，及被灾之郡不满十万）等（皆出自《汉书》各本纪）。为了应对灾害，除了支给种谷之外，还会分发房屋、棺钱（葬钱）等。
3. 三选是指三种入选的人，即"高官之家、富人及役使他人的兼并之家"。七迁是将人民强制移居于以高祖至宣帝的七个陵墓为中心营建的城市之中。参见宇都宫清吉：《西漢の首都長安》，《汉代社会经济史研究》，弘文堂，1955年。

族""名家""吏民訾三百万以上"等身份的"三选"者[1]不同的,只记载了身份为"民"的迁徙者。如表3所示。

表3

纪年	徙陵者	恩典	徙陵地	出典
(1) 景帝五年夏（前152年）	募民	赐钱二十万	阳陵	《汉书·景帝纪》
(2) 武帝建元三年春（前138年）	（河水溢于平原,大饥人相食）赐徙茂陵者,户钱二十万,田二顷	赐户钱二十万田二顷	茂陵	《汉书·武帝纪》
(3) 昭帝始元三年秋（前84年）	募民	赐钱、田宅	云陵	《汉书·昭帝纪》
(4) 宣帝本始二年春（前72年）	徙民	起第宅	平陵	《汉书·宣帝纪》

不过,如第(1)、(2)、(3)条所记,在这些迁徙者中有赐予"钱"的情况[2],这不见于三选者的迁徙。

第(2)条史料所记的赐钱,原因在于"河水溢于平原,大饥人相食",大概是针对遭受水灾而逃亡的贫民的救济措施。第(3)条史料中的"募民"或许恰巧与此前的大灾有关,大灾之后还特别免除了田租,史载:

> 诏曰,往年灾害多,今年蚕麦伤,所振贷种食,勿收责,毋令民出今年田租。(《汉书·昭帝纪》)

这些未记载"三选者"身份的迁徙者［第(4)条尚未确定］,或许并不具有适合三选的身份,属于下层阶层。迁徙三选者的名义和目的在

---

1. 例如,高祖九年（徙长陵）的"齐诸田、楚昭屈景、燕赵韩魏后及豪杰名家"(《汉书·娄敬传》),武帝元朔二年（徙茂陵）的"郡国豪杰及訾三百万以上"。此外,还见于太始元年（徙茂陵、云陵）,宣帝本始元年（徙平陵）,元康元年（徙杜陵）,成帝鸿嘉二年（徙昌陵）等（以上据《汉书》各本纪）。
2. 只有始元四年夏曾"赐钱户十万"予徙云陵的"三辅富人"(《汉书·昭帝纪》)。通常来说,适合徙陵的三选者均为郡国权势之家,此处以关内三辅富人徙陵,或是一个特例。

第十二章　秦汉时代的边境徙民：初县的环境Ⅲ　　365

于"强本弱末"[1]，而三迁者以外贫民的徙陵则与其性质不同，可能是齐民政策的一部分。

只向这些人赐钱，让他们与三选者保持平衡，还可能是为了确保帝陵不受污秽侵染。所赐钱财高于中家之财（十万钱），多达二十万钱，受赏者皆在三选者之外。

不过，要注意的是，贫民徙陵的花销巨大，安置入关贫民的齐民政策自身存在限制。另外，就徙陵行为而言，以三选者徙陵强调的是强干弱枝，而支付巨额钱财的徙陵行为，大概具有一定的装饰性。

徙边民的自给化

回到前文所说的西北地区迁徙上来。所动员的迁徙者，表1的（1）（2）（5）为"募"，即招募(1)"欲往者"、(5)"敢徙者"，可知是自发性的动员。

这些庶人在自发地向边境迁徙——中途可能带有强制性质——之时，国家会赐爵、免除赋税、提供房屋及生产用具等，在生活环境方面做好准备。[2]另外还会给予数年之内可以进行再生产的产业，"数岁假予产业"（《史记·平准书》"元狩三年·徙边"），"予冬夏衣廪食，能自给而止"（《汉书·晁错传》），在能够自立之前持续予以帮助，这显然是以实现徙民在边境地区的定居为目的的（征和四年募民参加轮台屯田，并未实施，不在此范畴之内）。

这些定居边境新邑的人民，往往兼负有军事性使命，即承担守备边塞、补给兵粮等任务。正因为如此，历来存在将徙边、充实边地解释为民屯的倾向。但是，这些徙边之民的特殊性是附加于边境郡县所处的地理环境之上的，若一味地强调其特殊性，则会忽视由徙民构成的郡县边民谋求自立的努力。

1.《汉书·娄敬传》。
2.《汉书·晁错传》有营建边塞新邑的记载："调立城邑，（略）先为室屋，具田器，（徙罪囚、奴婢），不足乃募民之欲往者，皆赐高爵，复其家。"不过这些措施究竟实施了多少，仍然存在疑问。

二、谪

经营边塞之时发动谪者的情况如下表所示（表4）：

表4

	纪年	谪	经营	出典
（1）	武帝太初元年（前104年）	发天下谪民	讨大宛	《汉书·武帝纪》
（2）	太初四年（前101年）	发天下七科適	讨大宛	《汉书·李广利传》
（3）	天汉元年（前100年）	发谪（民）	戍屯五原	《汉书·武帝纪》《汉书·五行志中之上》
（4）	天汉四年（前97年）	发天下七科谪	讨匈奴	《汉书·武帝纪》

徙边谪的任务

表中的谪、適、讁都是同义，动员"谪"的方法与前文的庶人不同，都是"发"。从谪者的实态（详后述）来考虑，"发"应当具有强制发动的意思。这些谪者被动员之后，要专门承担"远征""戍屯"等劳役。

在汉代，劳役全部由丁男义务负担，发动谪者承担劳役，其目的可能在于补充正规服役者的不足，或替代、减轻一般国民的负担吧。

谪之实态：七科谪

下面来探讨在什么情形下会发动谪者并使其承担劳役。首先必须先厘清谪的实态。

对谪者的发动在秦始皇三十三年（前214年）已经出现。"发诸尝逋亡人、赘婿、贾人，略取陆梁地，为桂林、象郡、南海，以適遣戍。"（《史记·秦始皇本纪》）"使蒙恬渡河，取高阙、陶山、北假中，（略）徙谪实之。"（《史记·秦始皇本纪》）但对谪的性质未做具体说明。

颜师古注解表4中的"天下谪民"曰："庶人之有罪谪者也。"注解《汉书·郦食其传》"令適卒分守成皋"中的"適卒"时曰："適卒，谓卒之有罪谪者，即所谓谪戍。"注解《汉书·武帝纪》元狩三年秋"发谪吏穿昆明池"中的"谪吏"时亦曰："谪吏，吏有罪者，罚而役之。"今人多从颜师古之说，将"谪"解释为"罪囚"。[1]果真是这样吗？

最先解释"谪"的意涵的是三国时期魏人张晏。他在注释表4的"天下七科谪"时列举了七科，分别是："吏有罪一，亡人（命）二，赘婿三，贾人四，故有市籍五，父母有市籍六，大父母有市籍七，凡七科也。"张晏之说的根据尚不清楚，《汉书·晁错传》记载了秦代的谪戍，称："戍者死于边，输者偾于道，秦民见行如往弃市，因以谪发之，名曰谪戍。先发吏有谪及赘婿、贾人，后以尝有市籍者，又后以大父母、父母尝有市籍者，后入闾取其左。"列举了七种负担戍卒任务之人：(1) 吏有谪，(2) 赘婿，(3) 贾人，(4) 尝有市籍者，(5) 大父母尝有市籍者，(6) 父母尝有市籍者，(7) 入闾取其左。所发动的顺序以此为：最先发动(1) 至(3)，不足的话以(4) 补入，接下来是(5)(6)，最后为(7)。

应劭在注解《汉书·食货志上》始皇帝时"发闾左之戍"时也引用了《汉书·晁错传》的这条材料。比较《汉书·晁错传》中的七类人与张晏的七科谪，内容大致相同，不同之处在"亡人"与"入闾取其左"这两处，如下表（表5）所示：

表5

《汉书·武帝纪》张晏注	吏有罪	亡人（命）	赘婿	贾人	故有市籍	父母有市籍	大父母有市籍	
《汉书·晁错传》	吏有谪		赘婿	贾人	尝有市籍	父母尝有市籍者	大父母尝有市籍者	入闾取其左

前揭所引《史记·秦始皇本纪》曰："发诸尝逋亡人、赘婿、贾人，（略）以适遣戍"，屯戍的"谪"者除了"赘婿""贾人"之外，还有"尝逋亡人"。"尝逋亡人"当与张晏之说中的"亡人"相关（详后述），可知在秦代"亡人"已经属于谪者了。

---

[1]. 久村因氏解释称，谪"大概是作为统一国家的秦在创制各种正式用语时所设定的，与朕、诏、制、黔首等类似。就这个字本身来说，无论是称罪人还是称谪，大概没有太大的不同"。参见久村因：《古代四川に土着せる漢民族の来歴について》，《歴史学研究》204，1957年。

另外,《史记·陈涉世家》记载秦二世元年七月"发闾左适戍渔阳",其中的"闾左"当与《汉书·晁错传》中的"入闾取其左"同义,可知"入闾取其左"也属于谪的范畴。

如果"亡人""入闾取其左"皆属于谪的范畴的话,那么谪的种类就与所谓的七科之数不合了。"天下七科谪"中的"七"这个数字大概是当时论者的总称,或许没有必要拘泥于"七"这个数字吧。表4(1)中的"天下谪民"应当是见于《汉书·李广利传》的从军者中的"郡国恶少年"。"太初元年,以广利为贰师将军,发属国六千骑及郡国恶少年数万人以往。"可知"郡国恶少年"亦属于谪的概念范畴。

这样算起来,谪的种类似乎又增加了。下面想首先讨论张晏及《汉书·晁错传》相同的各个谪的内容,再来考察"亡人""入闾取其左""郡国恶少年"等不同的部分。

先来看张晏所说的"吏有罪"。"吏有罪"之"罪",《晁错传》作"谪",应劭注作"过",意思大致相同,指的是吏获罪徙边,具体事例如表6示。

表6

	纪年	迁徙者	经营(迁徙地)	出典
(1)	武帝元狩五年(前118年)	天下奸猾吏民	徙边	《汉书·武帝纪》
(2)	征和二年(前91年)	吏士劫略者	徙敦煌	《汉书·刘屈氂传》
(3)	昭帝元凤五年(前76年)	吏有告劾亡者	屯辽东	《汉书·昭帝纪》
(4)	元帝建昭二年(前37年)	京房、张博、张光妻子	徙边	《汉书·淮阳宪王钦传》《汉书·京房传》
(5)	成帝永始二年(前15年)	解万年	徙敦煌	《汉书·成帝纪》
(6)	永始二年(前15年)	陈汤	徙敦煌(后安定)	《汉书·陈汤传》
(7)	哀帝初年	薛况	徙敦煌	《汉书·薛宣传》
(8)	建平二年(前5年)	李寻、解光	徙敦煌	《汉书·李寻传》

这些事例中,(4)—(8)均为高官,包括(2)在内还都是减罪

第十二章　秦汉时代的边境徙民：初县的环境Ⅲ　　369

一等的发配徙边者。¹（1）与（3）之中未出现官位和姓名，获罪的或许是下级官吏，其罪状为"奸猾""有告劾亡"。

"奸猾"大概是指利用其地位获得巨利之类的不当行为²，"有告劾亡"是指遭到告劾而逃亡之人。³其详细内容虽然还无法确定，但应当不是（2）及（4）至（8）等材料中特意书写的获重罪者。⁴

这些迁徙者中，除了（3）为"屯"，即在边塞屯戍地服役之外，其他皆为"徙"。大庭脩氏指出，（1）至（8）中的迁徙者"在迁徙地的生活大概不受到任何限制"⁵，也就是说他们在迁徙地并不需要服劳役。但是，仁井田陞氏说："秦汉时期，在对偏远边境的开拓经营中，免去本应为死刑囚的死罪，改为徙刑囚、流刑囚，利用他们屯戍充军，即所谓的'实边'。"⁶认为所有受到迁徙的罪囚都需要承担屯戍充军等劳役。因此，（4）至（8）还需要再作讨论。不过，（1）与（3）所记载的应该是以经营边塞的形式来负担劳役刑。⁷

这样看来，"吏有罪"谪者的屯戍充军，大概很多都与表4中的（1）（3）等情况类似。

另外，大庭氏在讨论汉代的迁徙刑时指出，前文所说的"天下奸猾吏民""吏有告劾亡者"都不是罪人，"吏有罪"者也不是指现在的被捕入狱者，而是指有犯罪前科者。迁徙刑在武帝时期尚未施行，至元帝、成帝之时，以其为死刑的替代刑推行开来。⁸不过，笔者认为大庭氏对"天下奸猾吏民""吏有告劾亡者"以及"吏有罪"的解释存在

---

1. 关于（4）至（8），参见大庭脩：《漢の徙遷刑について》，《史泉》6，1957年；《秦漢法制史の研究》，创文社，1982年。
2. 大庭脩：《漢律における不道の概念》，《東方学報》（京都）27，1957年；《秦漢法制史の研究》，创文社，1982年。《史记·秦始皇本纪》"始皇三十四年"条"適治獄吏不直者，筑长城及南越地"中的"治獄吏不直者"大概与此类似。
3. 如淳注："告劾亡者，谓被告劾而逃亡。"
4. 关于告劾亡者的例子有："发三辅及郡国恶少年、吏有告劾亡者"（《汉书·昭帝纪》"元凤五年"），将告劾亡者与后文所述的轻侠之徒恶少年并列，认为有着相同的罪责意识。
5. 大庭脩：《漢の徙遷刑について》，《史泉》6，1957年；《秦漢法制史の研究》，创文社，1982年。
6. 仁井田陞：《中国法制史研究（刑法）》，东京大学出版会，1959年，第92页。
7. 仁井田陞的《中国法制史研究（刑法）》（东京大学出版会，1959年）第78页注6指出，徙谪过程中的劳役与髡钳城旦（即徒刑）相似。
8. 大庭脩：《漢の徙遷刑について》，《史泉》6，1957年；《秦漢法制史の研究》，创文社，1982年。

一些问题,他的论证前提是武帝时不存在迁徙刑,但实际上早在秦代就已经出现徒罪因于边境服役的记载了。武帝时期对边塞的经营十分积极,非常有可能仿照秦代之例发动罪囚戍边。

接下来分析表4(2)中的"吏士劫略者"的情况。据《汉书·刘屈氂传》记载,在镇压巫蛊之乱时,"诸太子宾客尝出入宫门,皆坐诛,其随太子发兵以反法族,吏士劫略者皆徙敦煌郡"。将与巫蛊之乱相关者迁徙至敦煌郡。颜师古注"吏士劫略者"者曰:"非其本心,然被太子劫略,故徙之也",作了进一步的解释,即不是太子一方的谋反者,但受到太子胁迫参与了谋反行动,因而减其罪徙边。

若依此说,则所谓的"吏士劫略者"并不是有前科之人,而是罪囚,不过由于其罪行是受到他人强迫才犯下的,所以酌情减罪一等,由死刑改为徙边。这件事情发生于武帝征和二年。

如果以上考订不误,那么可知汉代所谓的迁徙刑承袭于秦,或是死刑,或是劳役刑的替代刑罚,实施年代更早。

接下来是"赘婿"。学者已经指出,"赘婿"实际上是以劳动偿还债务的奴隶。[1]余下的"贾人""故(尝)有市籍""父母有市籍""大父母有市籍"四种情况,是指本人现在或过去曾从事商业活动,或本人父母、祖父母曾从事商业活动。

上文叙述了七科中的六科,最后来看剩下的"恶少年""亡人""入间取其左"这三种情况。首先是"恶少年",以恶少年屯戍充军的事例如表7所示。

表7

	纪年	恶少年	经营	出典
(1)	武帝太初元年(前104年)	(发)郡国恶少年(属国骑)	讨大宛(第一回)	《汉书·李广利传》
(2)	太初三年(前102年)	(发)恶少年(边骑)	讨大宛(第二回)	《汉书·李广利传》
(3)	昭帝元凤五年(前76年)	发三辅及郡国恶少年	(屯辽东)	《汉书·昭帝纪》

---

1. 仁井田陞:《汉魏六朝に於ける债权の担保》,《東洋学报》21-1,1933年。

第十二章　秦汉时代的边境徙民：初县的环境Ⅲ

颜师古注解第（1）条中的恶少年曰："无行义者"，注解第（3）条中的恶少年曰："无赖子弟。"见于汉代史料的"少年"即所谓的"常组徒党为奸，应变起事的年少轻侠无赖之徒"。[1]

那么"亡人"又指什么呢？"亡人"又常写作"亡命"[2]，颜师古注之曰："谓脱其名籍而逃亡"[3]，即脱离本籍地的逃亡者。大庭脩氏解释为脱离本籍的恣意逃亡者，不过这些逃亡者行踪不明，无法移徙于边地，《史记·秦始皇本纪》"始皇三十三年"条载"尝逋亡人"，可知过去有类似的情况，汉朝沿而用之，缉捕逃亡者徙边。[4]此外，松田寿男氏将"尝逋亡人"中的亡人解释为流民。[5]

这样看来，应当将"亡人"理解为脱离本籍逃亡的流民化人群。不过，还应将亡人与因灾害而逃亡的流民区别开来。与其他六科相比，作为"七科"之一的"亡人"，其科者的性质较弱。

下面来分析散见于《汉书》之中的被认为是"科者"的"亡人（命）"事例。《汉书·吴王濞传》载：

> 招致天下亡命者盗铸钱，（略）佗郡国吏欲来捕亡人者，讼共禁不与，如此者三十余年，以故能使其众，（略）诱天下亡人谋，作乱逆。

吴王利用亡命者来达到富国强兵的目的。从亡命者名籍所在的郡国吏人前往捕缚来看，他们并不是简单的流民、贫民之类，而是科者。亡命者寻求得到吴王濞的保护，而吴王濞是继承了春申君以来遗风的、以大侠闻名的豪雄，由此亦可大约窥知亡命者的性质。

成帝时期外戚王氏五侯之一的红阳侯父子，也"交通轻侠，臧匿亡命"（《汉书·酷吏传·尹赏》），喜好游侠并藏匿亡命之人。武帝时

---

1. 增淵龍夫：《漢代における民間秩序の構造と任侠的習俗》，《一橋論叢》26-5，1951年；《中国古代の社会と国家》，弘文堂，1960年，第69页。
2. 《汉书·武帝纪》"天汉四年"条补注："先谦曰：官本注，亡人作亡命。"
3. 《汉书·张耳传》。
4. 大庭脩：《漢の徙遷刑について》，《史泉》6，1957年；《秦漢法制史の研究》，創文社，1982年。
5. 松田寿男：《汉魏時代における西北支那の開発》，《東亜論叢》3，1940年。

的豪侠郭解亦藏匿亡命者,"臧命(师古曰:臧名,臧亡命之人也)作奸剽攻"(《汉书·游侠传·郭解》)。

那么,这些归入权门豪家的亡命者究竟是什么人呢?《汉书·朱云传》记载,元帝时朱云受到举荐,在即将踏上为官之途时,又因"云素好勇,数犯法亡命"被清退了回去。班固这样评价他的经历:"少时通轻侠,借客执仇,长八尺余,容貌甚壮,以勇力闻。"是好勇轻侠之徒,所谓"犯法亡命"大概是"通轻侠"时期的事迹吧。

张耳在年轻时曾为豪侠信陵君之客,财力雄厚之后则自己招揽侠客。他也曾经有过亡命行为,"尝亡命游外黄"(《汉书·张耳传》)。游侠之徒周丘亦曾"亡命吴,酤酒无行"(《汉书·吴王濞传》)。西汉末年的魁侠原沙也有亡命经历,曾"亡命岁余"(《汉书·原沙传》)。

可见,亡命行为多见于游侠之间,亡命动机则是在本籍地犯罪之后别无选择,只能逃亡。像张耳"亡命游外黄"一样,还有一些投奔他乡游侠的情况。总体而言,亡命者是指轻侠无赖之徒。

不过,虽然亡命者大多是游侠之徒一类的人物,但还有一些与春秋战国时期无法类比的"郡国亡命"者,如:

> 赏视事数月,盗贼止,郡国亡命散走,各归其处,不敢阙长安。(《汉书·尹赏传》)

这些"郡国亡命"者的性质应当与群盗类似,数量大概也不少,其性质或与一般意义上的汉代游侠不同。[1]

最后来分析《汉书·晁错传》所说的"入闾取其左"的含义。三国魏孟康注之曰:"秦时复除者,居闾之左,后发役不供,复役之也,或云,直先发取其左也。"认为闾左指复除者,他们居住于闾里的左侧。唐司马贞继承了这一观点,注解《史记·陈涉世家》"闾左"时称:

---

1. 宫崎市定:《游侠に就て》,《歴史と地理》34-4、5,1934年;《宫崎市定全集》5,岩波书店,1991年。

> 闾左谓居闾里之左也，秦时复除者居闾左，今力役凡在闾左者尽发之也。又云凡居以富强为右，贫弱为左，秦役戍多富者役尽兼取贫弱者也。

东汉应劭注《汉书·食货志上》"发闾左之戍"时说："尽复入闾取其左，发之，未及取右而秦亡。"颜师古认为诸说之中以应劭的观点最佳，在注《汉书·晁错传》"入闾取其左"时称："居闾之左者，一切皆发之，非谓复除也。"此说否定了闾里之内存在按贫富不同分开居住的情况，机械地认为先发左侧的居住者，后发右侧的居住者，但在还未发右侧之时，秦就即将覆亡了。采信颜师古之说者甚广。

现在我们不清楚秦代贫穷者是否只能居住于闾里的左半区，不过如果依照颜师古之说，机械地认为闾左是闾里左半区居住者的话，那么他们为何要被归入"科者"之中呢？这一点无法解释。另外，如果在闾里内部分左右地区进行劳役征发是惯例的话，那么当然应该有"闾右"一词，但在史料中实际上找不到这个词。

《汉书·宣帝纪》在叙述宣帝即位之前的事迹时说，宣帝"具知闾里奸邪，吏治得失"，通晓市井情形。将了解"闾里奸邪"与"吏治得失"这一为政者之要谛并列强调。那么，受到如此重视的"闾里奸邪"究竟是指什么呢？

这让人想起《汉书·游侠传》序言称豪侠陈遵为"闾里之侠"，以及《汉书·尹赏传》中的"长安中奸猾浸多，闾里少年，群辈杀吏，受赇报仇"等。显然，"闾里奸邪"大概是所谓的地域社会中像癌一般存在的豪侠或轻侠无赖之属。换言之，这些豪侠即地方权门豪族，他们将没有自己生业、如游民一般存在的轻侠无赖之徒收为私属，养作私兵，往往藉此来专断地方政治。

将这一类人纳入国家公权统治的基层机构之中，是汉朝维持国家体制的一项重要措施，关于这个问题，增渊龙夫氏曾有深入的分析。[1]

---

1. 增淵龍夫：《漢代における民間秩序の構造と任俠的習俗》，《一橋論叢》26-5，1951年；《中国古代の社会と国家》，弘文堂，1960年，第69页。

因此，为政者自身非常希望能够熟悉"闾里奸邪"的情况。

再回到闾左的问题上。在字义上，闾左之"左"还有"邪道""不正"等含义。依据此义，闾左应该是指依附于权门豪族的轻侠无赖之徒，征发闾左的目的在于抑制地域社会中的所谓权门豪族的势力。

这样理解的话，"入闾取其左"所取之人与前文中的"恶少年""亡人"一样，都是轻侠无赖之徒。这三者实际上应当属于同一类型的科者。[1] 七科谪中"七"这个数字除了是对谪者的总称，还有一些积极的意义。

以上讨论了七科谪的内容，大概可以归纳为四种："适用劳役刑的有罪吏员""债务奴隶""商贾""轻侠无赖之徒"。若如开篇所引颜师古之说将其全部理解为罪因的话，则是存在问题的。

无论是张晏还是《汉书·晁错传》，对七科谪的排序依据的都是谪的有罪程度。张晏将"亡人"列于第二位，《汉书·晁错传》将"闾左"列为第七位。从《史记·秦始皇本纪》"始皇三十三年"条"发诸尝逋亡人、赘婿、贾人"来看，谪者的顺序与张晏说相一致。但是，《汉书·贡禹传》记载："孝文皇帝时，贵廉絜，贱贪污，贾人、赘婿及吏坐赃者。"其中的贾人、赘婿、吏坐赃者与《汉书·晁错传》所记应当最先徙边的三种谪者一致，却未见亡人与闾左。

关于这个问题，或许要注意《史记·秦始皇本纪》"尝逋亡人"中的"尝"。"尝逋亡人"是指战国七雄对立之时逃亡于他国者，与汉代所谓的轻侠之徒不同。张晏在考定七科之时想到的是秦代的亡人，而文帝时的晁错想到的是当时的七科，二者或是因此才出现了差异。

动员的背景

来看谪的实态。有罪之吏之所以受到揭发和征发，原因在于他们利用自己的地位获得不当的巨利，威胁到了国家的治道。征发债务奴隶，目的当在于打击他们的所有者，即大地主和富商。征发贾人，与当时的农本主义以及对追逐末利者的严格压制有关。轻侠之徒没有生业，

---

1. 《汉书·李广利传》补注所引郭嵩焘注亦将恶少年、亡命者解释为寇盗之流，称："秦法，弛刑徒戍边为发谪，汉因之有七科发谪，所发之恶少年亡命，则亦寇盗之流也。"

第十二章　秦汉时代的边境徙民：初县的环境Ⅲ

又压迫良善之人，是造成地方政治出现困难和混乱的危险分子。这几类人都会引发社会矛盾，因此遭到贬谪，徙边服役。

依据齐民政策而徙边的庶人转变为边地的新邑民，而谪者与之不同，因为是时人意识中的有罪者而受到征发，所以主要用于屯戍充军。但是，不论是庶人还是谪者，被动员徙边的背景都在于被动员者自身存在特定的矛盾之处，在讨论汉代边塞经营的性质时需要注意这一点。

三、谪者、罪囚的征发历程：以西北地区的经营为中心

徒刑囚的征发

上文的讨论集中于七科谪，除此之外，边塞经营中的人员征发还应当包括罪囚，如表8所示：

表8

	纪年	徙发	经营	出典
（1）	武帝太初元年（前104年）	赦囚徒	讨大宛	《汉书·李广利传》
（2）	昭帝元凤元年（前80年）	将三辅太常徒免刑	讨武都氐	《汉书·昭帝纪》
（3）	元凤六年（前75年）	募郡国徒	（筑辽东玄菟城）	《汉书·昭帝纪》
（4）	宣帝地节二年（前66年）	将免刑罪人	屯田渠犁	《汉书·西域传下》"车师后城长国"条
（5）	神爵元年（前61年）	发三辅太常徒弛刑	诣金城	《汉书·赵充国传》

除了第（4）条之外，其他皆有"徒"字，徒应当理解为服劳役刑，对他们的征发分别为：（2）与（4）"免刑"，（5）"弛刑"。在与迁徙同时出现的"赦""免刑""弛刑"之中，"赦"大概与秦代"赦罪人迁之"式的赦一样，是替代刑之义。[1]关于"弛刑"，颜师古释曰："谓不加钳钛者也，弛之言解也。"胡三省注"将弛刑五十人"（《资治通鉴》"建武二十六年"条）曰："弛刑者弛刑徒也，说文弓解曰弛，此谓解其罪

---

1. 大庭脩：《漢の徒遷刑について》，《史泉》6，1957年；《秦漢法制史の研究》，創文社，1982年。

而输作者。"解除服刑者的刑具——钳、钛,如胡注所说,原因在于使其服劳役——输作——这一替代刑。

"赦"与"弛"大概同义,而"免刑"会免除主刑之义,与"赦"等字的含义一样,也指处以替代之刑。《汉书》记载了这些被处以替代刑、屯戍充军的"徒"与一般兵卒的区别,另外,在居延汉简中,这些人被称为"弛刑"或"弛刑屯",以与"田卒""河渠卒""戍卒"等兵卒相区别。

那么,这些罪囚是否应当归入"谪"的范畴之中呢?虽然从史料中无法了解"徒"的具体罪行,但在有罪意识方面,这些单纯为"徒"之人与有罪吏、商贾一类的谪者还是存在区别的。

新开发土地上的居民

《汉书·地理志下》"秦地"条记载河西地区的居民情况时说:"自武威以西,(略)其民或以关东贫民,或以报怨过当,或以诖逆亡道,家属徙焉。"迁入新开发地区的居民以贫民为主,前文已有叙述。不过在贫民之外出现的"报怨过当""诖逆亡道"究竟是指哪些人呢?松田寿男氏认为他们都属于"谪",在对外地的开拓中常常出现。[1]

"报怨过当"与"诖逆亡道"的具体含义虽然难以确定,但从敦煌地区为罪囚的流徙地来思考的话,大约反映了很多受到迁徙的刑徒流徙至此的情形,可见,将"报怨过当""诖逆亡道"理解为以劳役为目的的徙边谪者,似乎不太恰当。要注意的是,实边的罪囚应当不会成为新开发地区的主体居民。

罪囚屯戍充军的历程

最后来梳理在整个西汉时期上文所述的谪者、囚徒屯戍充军的演进历程。先将西汉时期经营西北所动员的人员构成列表如下。

---

1. 松田寿男:《汉魏时代における西北支那の開発》,《東亜論叢》3,1940年。

第十二章 秦汉时代的边境徙民：初县的环境Ⅲ

表9

纪年	动员		经营	出典（《汉书》）
	兵卒	其他		
高祖七年	步兵三十二万		讨匈奴	《高帝纪》《匈奴传》
吕后五年	河东上党骑		屯北地	《高后纪》
文帝三年	边吏车骑八万		诣高奴	《匈奴传》
十四年	骑卒十万		屯渭北	《文帝纪》《匈奴传》
十四年	车骑		屯上郡、北地、陇西	《匈奴传》
景帝后二年	车骑材官		屯雁门	《景帝纪》
武帝元光二年	三十万		屯马邑	《武帝纪》
元光五年	卒万人		治雁门	《武帝纪》
元光六年	四万骑		讨匈奴	《匈奴传》
元朔元年	三万骑		讨匈奴	《匈奴传》
元朔五年	兵十余万人		讨匈奴	《匈奴传》
元朔六年	十余万骑		讨匈奴	《武帝纪》《匈奴传》
元狩二年	数万骑		讨匈奴	《武帝纪》《匈奴传》
元狩四年	骑五（十）万私负步兵数十万		讨匈奴	《武帝纪》《匈奴传》
元鼎六年	陇西、天水、安定骑士中尉，河南河内卒十万		讨西羌	《武帝纪》
元鼎六年	二万五千余骑		讨匈奴	《匈奴传》
元封元年	勒兵十八万骑		行幸北边塞	《武帝纪》
太初元年		天下谪民（＝郡国恶少年），属国六千骑	征大宛	《武帝纪》《李广利传》
太初二年	二万骑		讨匈奴	《武帝纪》《匈奴传》
太初三年	边骑六万	赦囚徒（斥侯）恶少年（充军）天下七科谪（转输）	征大宛	《李广利传》
天汉元年		谪	屯五原	《武帝纪》

续表

纪年	动员		经营	出典(《汉书》)
	兵卒	其他		
天汉二年	三万骑,步兵五万		讨匈奴	《武帝纪》
天汉四年	步兵十万余,七万骑	天下七科谪	讨匈奴	《武帝纪》《匈奴传》
征和三年	四万骑,九(十)万余人		讨匈奴	《武帝纪》《匈奴传》
后元二年	军		屯河西	《昭帝纪》
昭帝始元二年	习战射士		诣朔方	《昭帝纪》
始元二年		故吏将	屯张掖郡	《昭帝纪》
元凤元年		三辅太常徒免刑	讨武都氐	《昭帝纪》
元凤元年	兵		讨匈奴	《匈奴传》
元凤二年	兵		讨匈奴	《匈奴传》
元凤三年	二万骑(北边七郡)		(讨乌桓)	《昭帝纪》《匈奴传》
元凤五年		三辅及郡国恶少年,吏有告劾亡者	(屯辽东)	《昭帝纪》
元凤六年		郡国徒	(筑玄菟城)	《昭帝纪》
宣帝本始二年	二十余万骑,锐卒习骑射者	郡国吏三百石,西域乌孙之兵	讨匈奴	《宣帝纪》《匈奴传》
本始四年	三千余骑		讨匈奴	《匈奴传》
地节二年	五千骑		讨匈奴	《匈奴传》
地节二年		免刑罪人	屯田渠犁	《西域传》
地节三年		西域城郭兵,渠犁田士(免刑罪人)	讨车师	《匈奴传》《西域传》
神爵元年	佽飞射士、羽林孤儿、材官(三河、颍川、沛郡、汝阳、汝南)、骑士(金城、陇西、天水、安定、北地、上郡)	三辅、中都官徒驰刑及应募胡骑、越骑、羌骑	讨西羌	《宣帝纪》
神爵二年	四万骑		屯缘边九郡	《匈奴传》
元帝建昭三年	屯田吏士	西域胡骑	讨匈奴	《元帝纪》《匈奴传》

据上表可知，自武帝讨伐大宛开始，动员了正规兵卒之外的人员。针对这一现象，米田贤次郎氏指出，从武帝晚年开始，匈奴势力衰弱，因此没有必要举全国之力来发动战争[1]，另外，在连年出兵之后，不得不考虑减轻国民的负担。不过，虽然从武帝末期开始出现了以谪者、囚徒或胡骑充军的倾向，但从表9来看，所动员的正规兵卒的数量远远超过了他们，因此对这些人的征发仍然只是对正规军的补充而已。居延汉简中出现的"弛刑屯士等"被认为是罪囚的名籍，数量也极其有限。

结语

上文探讨了西汉时期逐步对西北地区实施控制的过程中，动员庶人、征发谪者参加劳役、经营边塞的问题。动员庶人（贫民）徙边的目的在于防止小农的没落及流民的出现，是减少影响社会不安因素的齐民政策，谪者则具有反社会的性质，对他们的动员是存在必然性的。

同时，之所以迁徙这两类人实边，除了他们自身所带有的矛盾特性之外，还因为对他们的迁徙能够减轻一般民众的负担。另外，本课题与笔者已发表的有关边塞地区新秩序的形成过程有关[2]，关于这一点可以附带着说一句，那就是他们并不是与谋求家族集团解体以及分离小农的皇权相矛盾的存在。

（附记）本稿提交之后，影山刚氏发表了有关"亡命者"的论文，本稿未能涉及。参见《中国古代の塩業の生産組織と経営形態——主として専売制以前に関して——》，《史学雑誌》75-1，1966年（《中国古代の商工業と専売制》，东京大学出版会，1984年）。

---

1. 米田賢次郎:《秦漢帝国の軍事組織》,《古代史講座》5，学生社，1962年，第262页。
2. 拙稿:《漢代西北部における新秩序形成過程について》,《中央大学文学部紀要》史学科11，1966年，收入本书。

【地方行政编】

第一章

中国古代的社制

前言

社，既可作为社稷，出现于国家性的礼仪之中；又可作为"田社"，其规模或为十家，或为五家。另外，还有"国社""侯社""县社""里社"等称呼。因此，作为中国古代的社会、政治史上的课题，社一直以来备受关注。但是，以往的研究关注的多是社的初始形态，以及古人的宗教、习俗等方面。[1]

究其原因，主要是出于社的起源是自然发生于民众间这一想法，如清代顾炎武等人曰："社之名起于古之国社、里社，故古人以乡为社。"（《日知录·社》）认为社之起源除了与国社有关外，也与里社及地方聚落相关。

不过，关于这个问题，清人金鹗曰：

> 至于里社，（略）其制始于秦，古未之有也，一里二十五家，即得立社，是民自立社也。月令，仲春之月，命民社。郑志亦谓，此秦社，自秦以下民始得立社也。今引秦里社，以解古之置社，未免混乱。（《求古录·礼说·社稷考》[2]）

认为里社这样小规模的社始于秦朝，否定了先秦的二十五家为一里社这种制度的存在。

另外，与社密切相关的是土的祭祀。有关于此，近年来，赤塚忠氏以甲骨文为中心进行研究后指出，殷代的土的祭祀并不是原始宗教，而是殷王朝在将各个地方各族的神灵纳入王朝的祭典之际，以土作为其象征。因此，土并不是自然出现的神，而是随着祭典制度的完善被

---

1. 守屋美都雄：《社の研究》，《史学雑誌》59-7，1950年；《中国古代の家族と国家》，东洋史研究会，1968年。这两部文献所引用的相关论文均可参看。此外，还可参考加藤常贤：《書社及社考》，《社会学》9，1943年；池田末利：《社の変遷》，《哲学》13、1961。俞伟超：《铜山丘湾商代社祀遗迹的推定》，《考古》1973年第5期；宇都木章：《社に戮すことについて》，《中国古代史研究》，吉川弘文馆，1960年。
2. 《皇清经解续编》卷671。

第一章　中国古代的社制

创造出来的神灵。[1]

一般认为成书于战国末年的《管子·侈靡》篇记载："千聚无社，谓之陋。"其中有"无社"二字。丁士函认为，"千聚"的"千"应改为"十"。[2]但在不同的地域，不论是千个还是十个聚落，各地都有"无社"现象的存在。

在周礼中，既有后文提到的二十五家一社制，另一方面，在比闾族党州乡，二千五百家之州设有"州社"。而在党族之下也各自有其祭祀礼仪，如党正有"春秋祭宗"或"以礼属民，而饮酒于序，以正齿位"，族师有"春秋祭酺"等。但是，都没有提到社的存在。

至于二十五家之间，史载："春秋之祭祀役政丧纪之数，聚众庶。"根据唐代贾公彦所记，"间胥皆为之聚众庶，以侍驱使也"。认为间的居民连单独的祭祀也没有，仅仅作为上级行政单位祭祀的役使而存在。

由此可知，迄今为止有关社的研究，主要将其作为自然产生的存在加以关注，因此仍有需要重新检讨之处。因此，本章将从社作为"社制"，即行政机构这一角度出发稍作探讨。[3]

一、书社及二十五家为一社之制

依据《商君书·赏刑》，可以确定社是地方上的小聚落。其内容虽然假托周武王之名，但仍可知"里有书社"的记载出现得很早。《商君书》的成书，多认为晚至战国末年，而陈启天却认为《赏刑》篇乃商鞅（殁于前338年）自作。[4]不论如何，社与里的关系，与秦国通过县制实现

---

1. 赤塚忠：《甲骨文に見える土について》，《高田真治博士古稀記念論文集》，大东文化大学汉学会，1963年。
2. 郭沫若等：《管子集校》，科学出版社，1956年。
3. 关于社制的研究，可参看有高巖：《支那に於ける地方自治の由来》，《史潮》1-1，1931年；那波利貞：《唐代の社邑に就きて》，《史林》23-2，3，4，1938年；那波利貞：《唐代社会文化史研究》，创文社，1974年；曾我部静雄：《中国及び古代日本における郷村形態の変遷》，吉川弘文館，1963年；曾我部静雄：《社会という語の意味》，《中国社会経済史の研究》，吉川弘文館，1976年。
4. 陈启天：《商鞅评传》，商务印书馆，1935年。

了全国统一的商鞅有关，而这一观点系首次提出，应当引起关注。

置于里中的社，此处称作"书社"。书社早可见于《春秋左氏传》哀公十五年（前480年）："因与卫地，自济以西，禚、媚、杏以南书社五百。"西晋初的杜预将其中的书社解读为"二十五家为一社，籍书而致之"。此外，《史记·孔子世家》曰："书社地七百（里）。"唐人司马贞注曰："古者二十五家为里，里则各立社，则书社者，书其社之人名于籍。"他与杜预一样，同意"二十五家一社"的说法，且提到书社与户籍编制有关。《管子·版法解》记载，"武王伐纣，士卒往者，人有书社"。这里的"人有书社"与《商君书·赏刑》中的"里有书社"相似，也与每一个居民相关，从中亦可窥知，可能存在以社为媒介编制户籍之制。[1] 要注意的是，这种户籍编制以二十五家为单位。

由此可知，社与小聚落的关系最早可追溯到春秋时代。《春秋左氏传》昭公二十五年（前517年）中又记曰："齐侯曰，自莒疆以西，请致千社，以待君命。"杜预注"社"曰："二十五家一社。"《吕氏春秋·高义》曰："请以故吴之地，阴江之浦，书社三百，以封夫子。"东汉末年的高诱注"书社"曰："社二十五家也，三百社七千五百家"，也采用了二十五家一社说。

那么，现在的问题是，这些注释家所说的二十五家一社制又是以何为依据呢？其实，或都与《周礼》有关。在现行的《周礼》版本中虽然没有这方面的内容，但《说文解字》《白虎通·德论》所引《周礼》中，有"周礼二十五家为社，各树其土所宜木"（《说文解字》），"周礼说二十五家，置一社"（《白虎通·德论》）等记载，即二十五家一社制。[2] 另外，在《周礼·遂人》中也可见二十五家一里制。

《周礼》多反映汉制。二十五家一社制虽然不一定与百家一里制的汉制相一致（实际上也存在二十五家一里的情况），但就汉制而言，正

---

1. 前页注文所列加藤常贤的论文，对《史记·孔子世家》中的"昭王将以书社地七百里封孔子"作如下解读：（1）"封"字以上说的是土地的幅员；（2）如果以二十五家为社的单位的话，不应作"书社"，而应作"社七百"；等等。并认为"书社"是"租籍"的假借字。但是，既然采邑是封土，较之面积，更应当以作为户籍对象的户数为单位。从乡遂等制度，亦可知先秦的行政单位很多都以户为统计基准。
2. 现行的《周礼》版本所记大司徒之职为，"设其社稷之壝，而树之田主，各以基野之所宜木"。

第一章　中国古代的社制

如后文所述,是存在里社的。因此,关于先秦、春秋时代的书社可解释为,根据《周礼》,它们既与汉代的里社相重合,又与东汉以降的二十五家一里(社)制相关。因此,有必要探讨所谓的先秦的社与小聚落的里之间的关系。

清人金鹗在《求古录·礼说·社稷考》中,就《春秋左氏传》哀公十五年的"书社五百"曾有讨论:"五百社计一万二千五百户,齐与卫地,未必如此之大。"指出如果一社二十五户,那么"五百社"与实际情况不符,因此将其解读为一书社为五百户之意,曰:"凡言,书社几百者,皆谓几百户也。"竹添光鸿在《左氏会笺》哀公十五年的"书社"的注释中也偏向金鹗的说法。

不过,泷川资言对《史记·孔子世家》的书社注释曰:"盖书社,书名于里社之籍也,犹曰居民也,书社十,即十户,书社百,即百户。"虽然"书社十"的"十"为户数这一点没变,但他又提出了一书社为十户的说法。关于"书社几百"这一形式中的"几百",之前的注释都将其作为社(二十五户、十户)的数量来解释,而泷川先生提出了户数说。

上文谈到,社与里等小聚落的结合,较早的记载与商鞅相关。但关于商鞅,我们可以确定他在全国施行了县制,却并不能确定他是否已经完善了里这样的下级行政组织。因此里制的形成,也有可能在商鞅之后。那么,就商鞅以前的春秋时代而言,先不讨论里的户数(二十五家)到底如何,首先要关注的是,究竟是否已经出现了像里这样的下级行政单位及相关制度,这一说法颇有疑问。

因此,将春秋时代的书社与里(或二十五户一社)这样的小聚落或基层行政单位联系起来讨论,是存在问题的。"书社几百"之"几百"二字,理解为户数更显自然。《史记·孔子世家》有"书社地七百里"的记载。司马贞《索隐》虽然将这七百里与社相结合,但指出这个"里"字是旧有的衍字[1],我认为应遵循这样的解释。

与书社相关的还有《春秋左氏传》昭公二十五年的记载:"齐侯曰:'自莒疆以西,请致千社,以待君命。'"关于其中的"千社",如前文所述,

---

1.《史记会注考证·孔子世家》注。

杜预注曰："二十五家一社制。"泷川资言则曰："盖二十五家为里，里有社，一社二十五家，百社即二千五百家，千社即二万五千家，与书社大小悬隔,古人往往混之。"(《史记会注考证》) 认为应与书社相区别，而与里社相联系。

作为地方行政制度的里（社）制，竹添光鸿解释说："千社者，千家也。"(《左氏会笺》) 此说当是。当然，就"几社"的记载而言，因为有些社被分置于地方，所以在战国末期如果出现像"里书社"之类说法的话，对于"几社"的用法也可能有别的解释。例如，《战国策·秦策二》中记载秦国昭襄王事迹时说："秦王使公子他之赵，谓赵王曰，齐与大国救魏，而倍约不可侵恃，大国不义以告弊邑，而赐之二社之地，以奉祭祀。"其中可见"二社"一词，或是指"二里社"。

总之，春秋时代的书社只是借书社之名来掌握户口，由此并不能推论出社的具体实质、规模等。也就是说，"社的原始形态是以民间小聚落为单位而设置的"这个观点失去了一个论据。

下文将考察社的原意，作为了解先秦社制的实际情况的线索。

二、社的起源

社，或与稷并称，组成"社稷"一词，用来表示国家之意。

《春秋左氏传》昭公二十九年（前522年）载有"社稷五祀"，列举出少皞氏的四位叔父（重、该、修、熙，重为句芒，该为蓐收，修及熙为玄冥）、颛顼氏之子（犁，为祝融）、共工氏之子（句龙，为后土）等五官之祀。句龙即后土之祀，亦即"社"。关于稷，又记曰："稷，田正也。有烈山氏之子，曰柱，为稷，自夏以上祀之。周弃亦为稷，自商以来祀之。"与"五祀"相区别。换言之，虽说是"社稷五祀"，但稷并不属于五祀。关于五祀，《国语·鲁语上》将禘、郊、宗、祖、报等五种祭礼作为"国之典祀";《白虎通·德论》将门、户、井、灶、中霤作为"五祀";《礼记·祭法》中将司令、中霤、门、行、属称作"天子祭五祀"。而《春秋左氏传》昭公二十九年的"社稷五祀"，却又将"社"排除在五祀之外。

第一章　中国古代的社制

这是因为在《春秋左氏传》的时代，社稷虽然并称，但社与稷却有着不同的起源。从中亦可窥知社祀比稷更受重视这一事实。

实际上，在《古文尚书》之《太甲上》中，有"先王顾諟天之明命，以承上下神祇、社稷、宗庙，罔不祗肃"等内容。[1] 若放下这些记载不论，则社与稷的并称当晚至春秋时期。

稷，也与后稷相关。稷与社不同，以稷神、农业神的形式流传下来。相关文献在战国以降，主要集中于秦汉时期。

但关于社，通过《诗》《书》及较古的文献，可在一定程度上了解其内容。在《诗经·大雅·绵》中有关于周之大王古公亶父在岐山建都的记载，歌咏了他"立家室""作庙""立皋门""立应门""立冢"等行程事迹。这些都是中国古代如何营造都城的宝贵文献。在都城中营造的与祭祀有关的设施，有宗庙和冢土，而"冢土"被释作"大社"。

关于冢土，《诗经·大雅·绵》记曰："迺立冢土，戎丑攸行。"戎丑指大众。西汉毛亨注曰："起大事，动大众，必先有事乎社，而后出。"说的是发动人民之时先祭祀社。"大事"指战争，在《尚书·泰誓上》（虽然被认为是伪古文）中，武王伐殷时，"予小子，夙夜祗惧，受命文考，类于上帝，宜于冢土，以尔有众，厎天之罚"。将冢土与宗庙、天神一同祭祀。

营造都城时，也同时营建宗庙与社。记载见于《墨子·明鬼下》："且惟昔者虞夏商周，三代之圣王，其始建国营都日，必择国之正坛，置以为宗庙，必择木之修茂者，立以为菆位。"其中，"菆位"即是社祀之意。

那么，社为什么与宗庙一样备受重视呢？关于这个问题，《诗经·小雅·甫田》记曰："以我齐明，与我牺羊，以社以方。"这里的社与《毛传》中"社后土也，方迎四方气于郊也"相同，与迎接四方诸气的功能相关。

关于社与方的关系，《诗经·大雅·云汉》曰："祈年孔夙，方社不莫"，将方（四方）与社并称。《白虎通·德论》引《尚书》逸文[2]云："尚书曰，

---

1. 相关的《古文尚书》诸篇的年代晚至魏晋时期。《易经·震》之"出可以守宗庙、社稷，以为祭主也"属于象传，时代晚至春秋。《诗经·周颂·载芟》小序部分的"载芟春藉田而祈社稷"，或是《良耜》小序部分的"良耜秋报社稷"，书写时代都晚至战国。
2. 《北堂书钞》"馆"条称"尚书无逸"。

太社唯松，东社唯柏，南社唯梓，西社唯栗，北社唯槐。"从中可以了解社形态的一个方面。在这里，社由太社及东南西北四方构成。另外，《尚书·禹贡》载"厥贡，惟土五色"，西汉孔安国注曰："王者封五色土为社"，说明"五色土"与社有关。

关于五色土与社的关系，在《独断》《白虎通·德论》等文献中也持续有记载。这反映了社与方（四方）关系之深，说明社同时具有方社的性质与功能。赤塚忠氏也提到甲骨文中的四土祭祀与五色土、五社之间的关系。[1] 作为"方社"的社，能够迎接"四方气"，统括四方之神。另一方面，实现通过社来掌控各地居民的政治意图，是社祀行为的背景。

《尚书·商书·逸篇》(《汤誓》)曰："汤既胜夏，欲迁其社，不可。作夏社、疑至、臣扈。"当殷将夏纳入自己的控制之下时，夏社的迁徙就成了问题。孔安国认为，由于句龙之德无人能及，所以不能迁移夏社（夏朝灭亡之后，连续大旱，商汤因此举行了对亡夏之社的祭祀，"作夏社"指的就是这件事，参见《吕氏春秋·顺民》）。不过，从甲骨文中有关土的祭祀可知，殷朝也设立有社。由此可知，殷朝在不断扩大领土的同时，有必要逐次消除其他国家的社祀，即对所谓的亡社进行处置，所谓的夏社问题，也与当时的这一形势相关。

那么，统括各地神明，或者说统括领域内诸族的社，只设立于都城吗？答案是否定的。《尚书·召诰》曰："越翼日戊午，乃社于新邑，牛一羊一豕一。"可知周公驻留在新建的洛邑之际，举行了社祀。说明社祀也可在洛邑这样的地方举行。

《北堂书钞·社稷》所引《尚书·无逸》之逸文曰："天子社阔五丈，诸侯社半之"，可知"诸侯社"的存在。如果此时社的功能主要是统合、安抚地方诸侯，那么理所当然的是，在洛邑这样的地方都市，对社的有效利用很早就开始了。

《尚书·禹贡》所记的"厥贡，惟土五色"，孔安国注曰："王者封

---

1. 赤塚忠：《甲骨文に見える土について》，《高田真治博士古稀記念論文集》，大东文化大学汉学会，1963年。

第一章　中国古代的社制

五色土为社，建诸侯，则各割其方色土与之。"说的是封建之时，各地分置社，并分与方土。《战国策·秦策一》曾言："今（令）荆人收亡国，聚散民，立社主，置宗庙，（略）令魏氏收亡国，聚散民，立社主，置宗庙。"可知在战国时代的楚国和魏国，社作为统合的象征而存在，并发挥作用。

《尚书·甘誓》云："用命赏于祖，弗用命戮于社。"天子亲征之时，携带宗庙祖主及社主相随。这意味着，对于像战争这样特别需要国人协作的事态，宗庙和社发挥着重要的作用。

《甘誓》作于夏启讨伐有扈之际。夏启对所支配氏族的管理受到宗庙的束缚，与此相对的是，地方诸侯却甘于通过社来接受启的支配。旌表功绩，受赏于祖前，原本面向的是支配氏族（夏），对夏族以外的地方诸侯而言，这是能够与支配氏族相比拟的至高荣誉。与此相对的是，一旦违抗命令，就会受戮于社前。这意味着违抗命令者，即便是支配氏族，也会失去夏族以外诸侯神明的庇护。显然，社与宗庙的功能是各不相同的。

上文以《诗》《书》为中心，探讨了社的原始形态和功能。有关社在地方基层小聚落的分置，见于后世文献。这反映了社的性质在逐渐多样化（详后述）。

周公的时代，已经出现社分置于地方和诸侯国的现象。周朝封建的扩展，更加推进了社在地方的分置。例如，《春秋左氏传》庄公二十三年（前671年）中可见"齐社"；闵公二年（前660年）中可见"鲁社"。

《礼记·祭法》曰："王为群姓立社，曰大社；王自为立社，曰王社；诸侯为百姓立社，曰国社；诸侯自为立社，曰侯社；大夫以下成群立社，曰置社。"反映了"王社""侯社""置社（大夫社）"等不同社的具体情形。这说明社祀行为的确有一定的实效性。

要注意的是，社的地方分置加剧了社的形态、功能的复杂化。特别是在推进政治统合、加强中央集权的过程中，方社的原意也随之改变了。

社虽然是基于政治意图而特别设立的祭祀礼仪，但在春秋以降，便从单纯的方社之礼仪向社稷神转化，接着又转变为书社一类户籍编制的媒介，如润滑剂一般，不断地发挥作用。

当然，正如《礼记·祭义》所载，"建国之神位，右社稷，而左宗庙"，在接下来的秦汉时代，社祀在国家仪礼中仍然备受重视。《汉书·郊祀志下》曰：

> 莽又言："帝王建立社稷，百王不易。社者，土也。宗庙，王者所居。稷者，百谷之主，所以奉宗庙，共粢盛，人所食以生活也。王者莫不尊重亲祭，自为之主，礼如宗庙。《诗》曰'乃立冢土'。又曰'以御田祖，以祈甘雨'。《礼记》曰'唯祭宗庙社稷，为越绋而行事'。圣汉兴，礼仪稍定，已有官社，未立官稷。"遂于官社后立官稷，以夏禹配食官社，后稷配食官稷。稷种谷树。徐州牧岁贡五色土各一斗。

说明直至王莽时代，仍只有官社，而未设官稷。

《晋书·礼志上》云："故汉至魏，但太社有稷，而官社无稷，故常二社一稷也。"说明从汉到魏，有稷合祀于太社，用于皇帝祭祀，在地方的官社并未置稷。

官社即王社，是诸侯祭祀的地方。显然，社祀与稷不同，与地方的居民控制有着更深的关系。由此可知，分置于地方的汉代祭祀中，相较于稷，社更受重视。如后文所述，在汉制中，州也有社而无稷。可以明确的是，稷祀与社的作用不同，且没有太多的历史经历。

上文讨论了社的原始形态及后续的发展。接着要探讨在中央集权化和地方行政制度不断完善的过程中，社具体起到了哪些作用。

三、里社与私社

春秋时代的书社并不都以地方聚落为单位。在地方聚落的原始习俗中，也无法看出社的起源。

社在地方的分置，更应当说是上级政治意图的结果，社与地方聚落发生关联，出现得相对较晚。

前文提到的《商君书·赏刑》中"里有书社"的记载表明社与小

第一章　中国古代的社制

聚落有关联，其时代为战国，是一个较早的事例。所记载的社、书社，与处于地方行政单位末端的里相关。

这个向地方社会渗透的社，其性质并非私立，而是公立。在社对地方社会的渗透过程中，书社发挥了它的行政功能，在地方居民的户籍编制中起到了作用。可以说，社在地方分置的另一个意图是强化对居民的人身控制。

一般认为成书于战国末年的《管子·乘马》篇记曰："方六里，一乘之地也；方一里，九夫之地也。（略）方六里，名之曰社。"《乘马》篇记载的官制行政单位分别为"暴、部、聚、乡、方"，"方六里"相当于其中最下级的暴。要注意的是，这里出现的社也是公立之社（公社）。

关于里社，《史记·陈丞相世家》曾曰："里中社，平为宰。"记载陈平曾任里社之宰，反映的是秦末的史实。

《汉书·高帝纪》汉二年（前205年）二月条载："令民除秦社稷，立汉社稷。"可知在汉二年时，废除秦的社稷，设立了汉的社稷。汉二年发生的这件事，同见于《史记·萧相国世家》："何守关中，侍太子，治栎阳，为法令约束，立宗庙、社稷、宫室、县邑。"可知在汉二年，设立了汉室宗庙，所谓王朝建国应有的形制也已完善，社稷亦在此时建立。

尽管如此，《汉书·高帝纪》的内容与《史记·萧相国世家》相比，内容稍有不同，后者记载了"宗庙、社稷、宫室"等汉朝中央之事，且《汉书·高帝纪》所记的有关汉二年社稷的变更涉及了"民"。在《汉书·高帝纪》汉二年二月条中，除了有关社稷的记载之外，还提到了免除蜀汉之民的租税、免除关中从军者的家庭夫役、设三老制等内容，这些都是与地方居民直接相关的事件。毋庸置疑，汉二年的社稷变更发生于中央，但是，也可以充分肯定，"民"社，亦即里社也发生了变更。

因此，上述陈平任职的里社为秦之里社，在汉二年应该更换为了汉之里社。陈平所在的里社一直存续到东汉时期。东汉蔡邕曾立"陈留东昏库上里社碑"。[1] 库上里即是陈平曾任社宰的里。

1.《北堂书钞》"社稷"条另有引述。

《礼记·祭法》曰："大夫以下成群立社，曰置社。"东汉郑玄注称，大夫以下至庶人，"群众也，大夫以下谓下至庶人也，大夫不得特立社，与民族居，百家以上则共立一社。今时里社是也"。即以百家为标准，百家建一社。又从"今时"可知，东汉的里社也是百家一里，与汉制所规定的地方行政机构相一致，这说明秦、两汉都在里内置社。

《汉书·郊祀志上》载，汉二年，"悉召故秦祀官，复置太祝太宰，如其故仪礼，因令县为公社"。反映出社继承自秦制，且在县内也有社的存在。前文的汉二年的社稷的变更当然也应该包含县社在内。另外，在《汉书·郊祀志上》中还有"高祖祷丰枌榆社"的记载，对于其中的"枌榆社"，郑氏注曰："枌榆，乡名也。"认为枌榆是一个乡名。《史记·封禅书》《集解》所引张晏注称："或曰枌榆乡名，高祖里社也"，将其视为里社。如果枌榆是乡名，那么或许可以考虑乡社的存在。在《续汉书·郡国志》沛国条见有"枌榆亭"，颜师古称："以此树为社神，因立名也。"即，枌榆的（乡里）名称来源于社内的一处景观。

《续汉书·祭祀志下》记载："建武二年，立太社稷于雒阳，在宗庙之右，（略）郡县置社稷，太守令长侍祠，牲用羊豕，唯州所治，有社无稷。"可知在东汉，除了县社之外，还设有郡社和州社。只有州未置稷，原因应该从州主要以监察为任，与民政相去甚远的角度考虑。另外，郡社、州社之制或许也承继自西汉。《汉书·五行志中之下》载："又昌邑王国社，有枯树复生枝叶。"可知还有"国社"。

这样看来，在秦汉时代，社在地方行政制度中起到了作用，是中央集权化的组成部分。汉高祖二年所实施的社稷变更，是为了能够与项羽对峙而匆忙推行的，目的在于笼络关中地区的民心。

那么，作为地方行政制度的社，又有着怎样的实效性呢？关于这个问题，《汉书·郊祀志上》记载，汉高祖十年（前197年）春，"有司请令县，常以春二月及腊祠（社[1]）稷以羊彘，民里社各自裁以祠"。当时，县社奏请中央，希望可以在二月和腊月（九月）举行社祀，同时请求各里可自行在里社举办社祀，此事得到了许可。

---

1. "社"字据《初学记·岁时部》及《太平御览·时序部》等文献补入。

第一章　中国古代的社制

据上文所引《续汉书·祭祀志》也不难发现，郡县的社祀以太守令长为侍祀，包括里在内的各地方行政单位的社祀，皆在各自的行政单位举行。

从汉高祖十年春各地奏请自祠一事或许可以推知，此年之前的地方公社的社祀皆在中央的管理下进行。《礼记·月令》记载，"（仲春之月）择元日，命民社"。可知社祀乃"命民"为之，说明社祀需接受中央的管理。

前文所引《汉书·郊祀志上》记载，汉二年县社以秦"故仪祀"的名义再兴。此时县社的祭祀，由中央官员太祝、太宰管理。像这种由中央祝官管理地方郡县祭祀的情况，《汉书·郊祀志上》有言："至如它名山川诸神及八神之属，上过则祠，去则已。郡县远方祠者，民各自奉祠，不领于天子之祝官。祝官有秘祝，即有灾祥，辄祝祠移过于下。"可知在秦朝，除了边远地区，一般郡县的祭祀（当然也包括社祀）大都是在天子巡幸之时，由中央祝官直接主持举行。此外，郡县祭祀也承担着将天子之灾祥转移到民间的作用。

由此可知，自汉高祖十年春开始，县社的祭祀定于二月及九月，允许各地方公社独自举行祭祀。显然，以此为契机，地方公社的祭祀逐渐脱离中央，社渐渐地浸透到地域社会之中，并固定下来。

值得注意的是，汉制禁止集众饮酒，"汉律，三人以上无故群饮酒，罚金四两"（《汉书·文帝纪·序语》颜师古引文颖注）。但在社祀之时，人们却聚在一起，歌唱行乐。如《淮南子·精神训》载："今夫穷鄙之社也，叩盆拊瓴，相和而歌，自以为乐矣。"东汉的高诱认为"穷鄙之社"即是"穷巷之小社"。所谓小社是里社的一种，《礼记·郊特牲》云："唯为社事，单出里。"社祀之时，里中的全体居民都参加进来。

小社的聚会，成为一次公开允许集众饮酒的机会。社内供奉有羊、彘、牛等牺牲，《续汉书·礼仪志》记载："朔前后各二日，皆牵羊酒，至社下以祭日。"可知还供奉有酒。当然，祭祀结束后也应该预备有酒宴。

关于社祀的花费，《汉书·食货志上》引战国李悝之言曰："除社闾尝薪春秋之祠，用钱三百。"可知从很早的时代开始，这些费用都由地域居民承担。汉代的社费自然也应由居民负担。

《汉书·地理志》秦地条记载武威以西各地曰：

> 酒礼之会，上下通焉。吏民相亲。是以其俗风雨时节，
> 谷籴常贱，少盗贼，有和气之应，贤于内郡。此政宽厚，吏
> 不苛刻之所致也。

自武帝置河西四郡以降，便将"关东贫民""抱怨过当"或"悖逆亡道"之徒的家属迁到武威以西等新开辟的地区。因此，这些地区的居民构成，是从传统的自律型秩序之中分离出来的，但即使是新开辟的地区，仍举行"酒礼之会"，治安比内郡还要好。这些地区酒礼之会"二千石治之"，由官员（郡守）支持举办。

当然，河西地区的酒礼之会，是否属于社祀还有待论证。[1] 不过，社祀也是一项集众饮酒活动。就社的功能而言，可以想见应该能够起到"吏民相亲"的效果。

《墨子·明鬼下》记载：

> 今絜为酒醴粢盛，以敬慎祭祀，（略）内者宗族，外者乡里，
> 皆得如具饮食之。虽使鬼神请亡，此犹可以合欢聚众，取亲
> 于乡里。（略）上以交鬼神之福，下以合驩聚众，取亲乎乡里。

这条史料指出，不管鬼神是否存在，"内者宗族，外者乡里"，酒醴粢盛之礼还起到了使宗族、乡里"和亲"的作用。此处乡里的和亲，与宗族内之礼也有共通之处。

在传统宗族内的秩序之下，地方公社酒礼之会的目的或许是谋求乡里吏民的和亲。《墨子·明鬼下》或认为成书于战国末期的秦国。[2] 战国末期正是中央集权不断加强，地域社会中宗族纽带大规模瓦解的时期。

---

1. 作为地方酒礼的一种，还有"乡饮酒"。东汉郑玄注《礼记·乡饮酒义》曰："如今郡国下令令长于乡射饮酒，从太守相临之礼也。"可知乡饮酒之礼指的是令长在太守临席之时举行。另外，《仪礼·乡饮酒礼》注曰："今郡国十月行此饮酒礼，（略）而饮酒于序，以正治。"可知饮酒礼在十月举行。而社祀在二月及腊月举行。
2. 渡辺卓：《古代中国思想の研究》，創文社，1973年。

第一章　中国古代的社制

在地域社会再次形成的过程中，社祀之中的集众饮酒之礼，可认为是面对流动化的地域社会所采取的一项必要的应对措施。

就这样，作为集权化的辅助手段，社（书社）祀逐渐在地域社会中固定下来。不过，《汉书·五行志中之下》还记载了对民间立社的严格禁止。元帝建昭五年（前34年），兖州刺史浩赏"禁民私所自立社。山阳橐茅乡社，有大槐树，吏伐断之，其夜树复立故处"。

关于这些禁立之"社"，三国魏人张晏言："民间三（二）月九月又（立）社，号曰私社。"认为私社指春秋二时的私社祀。晋人臣瓒则曰："旧制二十五家为一社，而民或十家五家共为田社，是私社。"认为相对于二十五家一社的公社，私社指的是只有十家、五家的小聚落所立的田社。颜师古以臣瓒之说为是。

由此可见，西汉时期除了公社外，还存在着私社。关于私社，在兖州山阳郡橐县茅乡的事件中，甚至将作为社的标识的树木砍倒，反映出社坛本身已被破坏殆尽。

当然，关于茅乡私社的史料也记载了大槐树的复活，可见地域居民对私社有着很深的感情。但是，通过这个事件可以看出，西汉末期私社的存在已经成为国家面临的一大问题。对私社的打压或许不止茅乡私社一例。也可以看出，面对政府权力的粗暴打压，所谓的槐树复活，其实寄托了民众的无声反抗。

问题在于，政府为什么要如此严厉地打压私社？关于这一点，普遍认为私社的存在，损害了里社等公社的权威，降低了公社的机能。同时，西汉末期打压私社的记载，反映出私社的出现不会太早，出现时间应该晚于里社。

暂且放下政府对私社的打压不提，来看与地域社会直接相关的公社。在自祀被认可之后，不可否认的是，公社的性质发生了改变。就地方公社而言，除了县社、里社等之外，其他还有县社稷一类的记载，并称为稷神。颇有问题的是如何看待此类稷神，若将其限定在社内，则应指土地神。《说文解字》曰："社，地主也。"这一解释很有代表性，说出了汉代公社的性质。但是，《汉书·郊祀志》中另载有"天社""巫社"等，《汉书·栾布传》甚至记载在文帝时有专门祭祀栾布一个人的"栾公社"。

在与多种多样的私社混处的过程中,随着地方官制的逐渐确立,充任户籍编制及居民管理媒介的地方公社,原来的功能减弱,在地方行政中不得不沦为次要地位。《后汉书·孔融传》记载:"郡人甄子然,临孝存,知名早卒,融恨不及之,乃命配食县社。"也就是说亦存在郡人配食县社,也就是袝祭的情况。

汉代以降,地方公社的存在并不明显[1],原因之一应是公社功能的变化。社的形态与功能错综复杂,究其原因,是战国秦汉时期社自身的性质发生了改变。

《隋书·礼仪志二》记载:

> 梁社稷在太庙西,(略)每以仲春仲秋,并令郡国县祠社稷、先农,(略)及腊又各祠社稷于坛。百姓则二十五家为一社,其旧社及人稀者,不限其家。

可知梁代采用二十五家一社之制,这是汉代百家一社制解体的明证。不过,同时还存在"旧社",说明虽然丧失了原有的作为公社的功能,社本身得到了延续,仍然存在。

隋朝时,出现了作为义仓单位的社。关于私社,《唐会要·社稷》所载天宝元年十月九日之敕曰:"其百姓私社,亦宜与官社同日致祭。"可知到了后世,私社与官社共同存在。

结语

通过以上分析可知,从本义上看,社指方社,在中央集权国家的形成过程中,作为行政机构之一的社,经历了从州郡县到基层的里都曾设置的过程。尤其是地方公社的功能,先于官僚制度的确定,或者

1.《晋书·陆云传》曰:"云乃去官,百姓追思之,图画形像、配食县社",载有"县社",且在县社中有配食行为。

第一章　中国古代的社制

说作为官僚制度的辅助手段而被灵活运用。但是，随着中央集权国家、官僚体制的健全，社祀本身的性质也发生了变化，公社的功能和作用渐渐变得形同虚设。

　　与此相对的是有关社与古人信仰形态、习俗关系的讨论。社在这方面的形态和功能，应当理解为各地置社的过程中所衍生出来的现象。

第二章

春秋战国时代的县制

前言

商鞅县制实施于秦孝公十二年(前350年),也就是第二次变法之时。

商鞅的变法推行了两次,一次在秦孝公三年(前359年),一次在孝公十二年,具体内容见于《史记·商君列传》。关于这里所讨论的县制,《商君列传》记载:"而集小都乡邑聚为县,置令丞,凡三十一县,为田开阡陌封疆。"

关于商鞅变法,除县制之外,根据《商君列传》所记,还有以下内容:

(1)令民为什伍,而相牧司连坐。不告奸者腰斩,告奸者与斩敌首同赏,匿奸者与降敌同罚。

(2)民有二男以上不分异者,倍其赋。

(3)有军功者,各以率受上爵。(略)宗室非有军功,论不得为属籍。

(4)为私斗者,各以轻重被刑。

(5)大小僇力,本业耕织,致粟帛多者复其身,事末利及怠而贫者,举以为收孥。

(6)明尊卑、爵、秩等级,各以差次名田宅、臣妾、衣服,以家次,有功者显荣,无功者,虽富无所芬华。(以上为第一次变法的内容)

(A)而令民父子、兄弟,同室内息者为禁。

(B)而赋税平。

(C)平斗桶权衡丈尺。(以上为第二次变法的内容)

仅就"县制(阡陌制)"而言,除了《商君列传》的记载之外,还见于《史记·秦本纪》孝公十二年条:"并诸小乡聚,集为大县,县一令,四十一县。为田开阡陌。"此外,同书《六国年表》周显王十九年(秦孝公十二年)条亦载:"初取小邑,为三十一县。令为田开阡陌。"虽然

第二章　春秋战国时代的县制　　　　　　　　　　　　　　　　　403

同属商鞅变法，《史记·六国年表》却未提及县制（阡陌制）以外的任何改革，连《秦本纪》中也仅有一句："变法修刑、内务耕稼、外劝战死之赏罚。"可见，《史记》只强调商鞅变法中的县制（阡陌制）。

司马迁创作《史记》的时代在秦统一天下，实施郡县制之后大约一百年。或许是由于从武帝开始，推行并逐渐确立了新体制，即郡县制控制体系，因此商鞅的县制才引起了司马迁的强烈兴趣。

《史记·六国年表》序言称："因秦记。"那么，《史记·秦本纪》的内容，也应以《秦记》作为主要参考。[1]关于商鞅变法，只详细记载县制（阡陌制）的《史记·秦本纪》，以及同书中的《六国年表》，其记载形式，应该源自成书于秦史官之手的《秦记》。

当然，这只是一种推测。即便如此，除了《史记》中的记载之外，在考察秦汉郡县制的形成、实态之时，商鞅县制仍是一个重要的课题。但是，迄今为止，关于商鞅的县制研究，由于史料上的限制，尚难以究明，甚至连实施区域至今都无定论。因此，本章将围绕商鞅县制中的一些问题稍作探讨。

一、春秋之县与秦汉郡县

在《周官》之外的文献中，县首见于春秋时代。关于这一点，唐人杜佑已有总结：

> 春秋时，列国相灭，多以其地为县，则县大而郡小，故《传》云："上大夫受县，下大夫受郡。"县邑之长，曰宰，曰尹，曰公，曰大夫，其职一也。至于战国，则郡大而县小矣。（《通典·职官·县令》）

指出了春秋时期列国在对抗的过程中，在所占领地区置县。清代顾炎武也指出："则当春秋之世，灭人之国者，固已为县矣。"（《日知录·郡

---

1. 栗原朋信：《秦漢史の研究》，吉川弘文馆，1956年，第21页。

县》)并搜集具体事例来印证这一事实。清人赵翼表示,这些春秋之县"盖皆因秦制而仿之"(《陔余丛考·郡县》),明确指出该制度在秦国确立较早,其他列国的县制均受秦之影响。

进入民国时代,顾颉刚氏检讨了楚、秦、晋、齐、吴等春秋列国的县,提出了两点新认识:(1)秦、楚存在置大县的倾向,将县公与"诸侯"并列记载。(2)秦、楚之县直属君主,而晋、齐、吴之县则是卿大夫的封邑。[1] 顾氏的研究,对于理解春秋的县,有着重要的意义。

不过关于第(2)点,即认为楚、秦之县的性质为君主直辖地这一点,最近增渊龙夫氏提出了批判,很值得注意。针对顾氏的观点,增渊氏专门以楚县为中心进行分析,并提出:(1)县公有世袭(斗班—斗克,申公叔侯—申叔时,都是父子关系)及封邑化的现象;(2)县公多为王族出身的有力世族。他认为要实现从春秋之县向秦汉之县的转变,居住于邑中并起到支配作用的旧有氏族族群组织秩序的瓦解,以及这些支配氏族的世族官僚化,都必不可少。[2]

对比汉武帝之后的郡县与春秋之县可知,正如增渊氏所言,或许不能直接认为春秋之县是秦汉郡县的起源。不过,增渊氏同时指出,春秋时期置县,有破坏旧有氏族族群组织核心结构的意图。从县与封邑混合分布可知,县在设置之时已经存在问题了。不过即便如此,从县与君王的关系来看,由于君王力量的大小各有不同,中央支配权的强化及走向官僚化道路也并非毫无可能。

来看楚国申县的县公。虽说申公是世袭的,但可以确认的是世袭仅仅存在于父子两代之间。因此,不可以据此就说当时的县已经侯国化,且可传予子孙而形成了普遍的世袭化。

据《春秋左氏传》"襄公三十年"条记载,绛县是晋国都城所在的大县,县大夫是晋国强族赵武之"属"。不过,当时赵武竟不知县大夫的姓名,质询之后方知为己之"属"。《左传》没有记载这个县大夫的姓名。大县绛县这样的县大夫,由赵武的族内近亲担任不足为奇,但仅以"属"

---

1. 顾颉刚:《春秋的县》,《禹贡》7-6、7合刊,1937年。
2. 増淵龍夫:《先秦時代の封建と郡県》,《経済学研究》2,1958年。《中国古代の社会と国家》,弘文堂,1960年。

第二章　春秋战国时代的县制

称记之，或许是"疏属"，近似于"私属"一类的人物。

再来看《春秋左氏传》"僖公二十五年"条中的原县。晋文公攻取原地之后，马上任命赵衰为"原大夫"（或作"原守"），原因在于"昔赵衰以壶飧从径,馁而弗食"，说的是赵衰带着食粮跟随公子重耳（文公）流亡，自己宁肯饿着肚子也不肯进食。作为文公的五贤士之一，赵衰是当时受到重用的近臣。不过，就其受任为县大夫一事而言，不是因为他与君主之间有亲族关系，而在于"其廉且仁,不忘君也"（杜注）。在县大夫的选任上更重视信义。

由此可知，春秋时代的县并未全部封邑化，也并不是全部由王族出身的有力氏族所把持。

关于此点，在秦至汉初的郡县中，虽然没有确切的世袭化事例，但郡县守令的"久任"倾向已经十分明显。郡守的本郡回避制度亦尚未充分确立，任职本郡的事例并不鲜见（如会稽郡出身的严助、朱买臣出任会稽太守之例）。一旦担任郡县的守令，往往在同一地域长期任职。虽然并不能称其为完全的封邑化，但在当时的郡县中大致发挥着类似的影响力。因此，这些守令常常被称为"郡县之君"，而其属吏也具有私属性质。

此外，关于守令的出身，有记载秦代宰相李斯的儿子李由担任了三川（洛阳）的郡守。因此，需要考量重要郡县的长吏与中央政府掌握重权人物之间的关系。

即便如此，与春秋的县制相比，秦汉的郡县数量明显增加，因此对人才的需求也变大。如果只从与中央政府人物关系来考虑郡县守令的话，其自身也存在局限性。

或许正是因为如此,汉廷从其他方面来规制官僚的素质。《汉书·景帝纪》后二年五月诏书记载，"今訾算十以上，乃得宦"。从资产上加以制约，设定了为官的资格。不过，景帝时期，这一制约标准也曾下降为"訾算四"。

这反映出在需要确保人才数量的情况下,未必会严格地维持资产层面的要求。其结果是，扩大了人才录用的机会，为作为皇帝手足的官僚制度的确立提供了一个契机。

根据以上分析可知，即便在秦汉的郡县制中，也尚未解决春秋之县最初所存在的问题。就春秋之县来说，县大夫属于公权的范围，其统率力对县固有的性质影响颇大。春秋列国使用"县"这一新的称呼，目的在于排除旧有的统治氏族的势力，通过公权来掌控或县系（《说文解字》："县，系也。"）其势力范围。从这一事实本身看来，其与秦汉郡县关联密切。

不过，既有研究往往强调春秋之县的局限性，以及与秦汉郡县的截然不同等方面，而将秦汉郡县理解为过于整备和完善的制度。

关于春秋之县的局限性，既包括所设置的县与采邑在地域上的混杂，以及对设县地域的限定，如随着国势的扩大、合并邻近国家之后，将县主要置于边境等地，还包括县的急速扩展并不明显等。

这是因为春秋列国的政治改革在中央集权化方面并未充分推进。在这一点上，商鞅推行的县制与之判然有别。

不过，增渊龙夫氏在解说春秋之县时，首先谈及的是《春秋左氏传》"宣公十一年"条及《史记·楚世家》所记，楚庄王灭陈置"县"之后，遭到了楚大夫申叔时从道德层面的批判，而楚王"乃复封陈"，中止了陈县的设立。增渊氏指出，这条史料借申叔时之口来批判庄王置"县"，说明《左传》对"县"与"封"已经明确地给予了相反的价值评价。

但是，这条史料所提到的申叔时对楚王的责难，其出发点并不是将陈作为县来讨论，而是强调楚王无端地使用蛮力夺取他国，原文如下：

> 抑人亦有言，曰牵牛以蹊人之田，而夺之牛，牵牛以蹊者，信有罪矣。而夺之牛，罚雠已重矣。诸侯之从也，曰讨有罪也，今县陈，贪其富也。以讨召诸侯，而以贪归之无，乃不可乎。

因此，不能依据这段文字来认为后世对于封建及郡县相对立的评价已然萌芽，也不能由此推测与封建相对立的县正以汹涌之势发展起来。

二、关于商鞅之县的户口及县制施行区域之诸说

秦孝公十二年商鞅置县的数量,有"三十一县"(《史记·六国年表》)、"四十一县"(《史记·秦本纪》)等说。关于此"三十一县"及"四十一县"的差异,有以下诸说。

(1)是单纯的笔误,当采用"四十一县"说。[1]

(2)据《史记·秦本纪》,当作"四十一县"。[2]

(3)据《史记·六国年表》及《商君列传》,当采用"三十一县"说。[3]

关于县数上的差异,若不首先判明商鞅所说的一县规模及秦国的全部户口数的话,则难以确定。

守屋美都雄氏指出,《汉书·地理志》记载三辅的户口数分别是:户647 180、口2 436 360,商鞅时代的秦户口当少于这个数量,推测一县在万户、全国在三十一万户以上。[4]

针对此说,西嶋定生氏则提出,在三辅户口数之中,除去《汉书·地理志》明确记载了户口数量的长安、长陵、茂陵三县(大都会)之外,剩余五十四县的户口数平均值为户8 430、口32 100。而商鞅时代的县当比这个规模小得多,估计在一县二三千户左右。

另外,他还指出,秦国的户口总数可从兵力情况加以推测。秦献公二十一年,"与晋战于石门,斩首六万"(《史记·秦本纪》)。可知秦国兵力当多于这个数量,秦国也应拥有与兵力相匹配的人口数。不过石门之战发生于孝公之前,至商鞅时代,"三十一县"及十万户以下的户口数当指咸阳以东的新地域。[5]

---

1. 宫崎市定:《東洋的古代》,《東洋学報》48-2、3,1965年;《宫崎市定全集》三,岩波书店,1991年,等。
2. 杨宽:《商鞅变法》,上海人民出版社,1955年。
3. 守屋美都雄:《開阡陌の一解釈》,《中国古代の社会と国家》,东京大学出版会,1957年;《中国古代の家族と国家》,东洋史研究会,1968年,等。
4. 守屋美都雄:《開阡陌の一解釈》,《中国古代の社会と国家》,东京大学出版会,1957年;《中国古代の家族と国家》,东洋史研究会,1968年,等。陈启天的《商鞅评传》(商务印书馆,1935年)也认为商鞅之县施行于全国范围。
5. 西嶋定生:《郡県制の形成と二十等爵制》,《中国古代帝国の形成と構造》第五章第三節,东京大学出版会,1961年。

米田贤次郎氏也有类似的看法。《战国策·赵策三》有关赵惠文王时的记载称："古者四海之内，分为万国，城虽大无过三百丈者，人虽众无过三千家者。"他据此指出一城有三千户，一万五千口，而商鞅所说的"三十一县"，当有人口四十五万，以"四十一县"计，当有人口六十万。"四十一县"、口六十万的情况，其地域应在咸阳以东与国境线之间。[1]

据此可知，商鞅之县的户口数有以下两说：

（1）一县万户说。

（2）一县二三千户说。

而关于户口数的问题，并不仅与县的规模有关，亦牵涉到商鞅之县的施行地域。

一县万户说认为，商鞅之县推行于全国范围；而"一县二三千户"说认为仅推行于咸阳以东地域，或如后文所论，限定在咸阳周边地域。

在这两说中，持一县万户说中守屋氏并未就其论点提出任何依据。当然，在《汉书·百官公卿表》中规定了县的平均值为"万"户[2]，云："县令长者秦官，掌治其县，万户以上为令，（略）减万户为长。"但是，这条史料反映的是汉制中的县户数，无法据此来直接推定商鞅时代的户口数。（关于这个问题详后述）

当然，"一县二三千户"说也不是没有问题。作为米田氏论述依据的"人虽众无过三千家者"，所说的城（县），同一条文献称其为"古者"，说的是以三万之军可臣服天下的小国分立时代。

《战国策·赵策三》中的这条记载，接下来说："今千丈之城，万家之邑相望也。"如果要计算赵惠文王时代城邑的平均户数，不应该是一城三千家，而当取"今"之记载，即当世的情况，一城万家更为恰当。另外，西嶋氏所说的"一县二三千户"也未脱离想象的范围。

由此看来，有必要在此重新讨论商鞅之县的户口数问题。同时，

---

1. 米田贤次郎：《三四〇步一畝制の成立について－商鞅变法の一側面－》，《東洋史研究》26-4，1968年。《中国古代農業技術史研究》，同朋舍，1989年。
2. 拙稿：《漢代における県大率方百里について》，《鈴木俊先生古稀記念東洋史論叢》，山川出版社，1975年，收入本书。

这一讨论对以县的户数为前提来分析自古以来县制的施行地域当然也具有深刻的影响。

三、大县

关于商鞅之县的规模，记载商鞅变法的史料中没有留下什么线索，不过《史记·秦本纪》载："并诸小乡聚，集为大县。"可知当时商鞅之县已是"大县"。关于先秦的大县，《逸周书·作雒解》有所记述：

> 制郊甸方六百里，国西土为方千里，分以百县，县有四郡，郡有四鄙，大县立城，方王城三之一，小县立城，方王城九之一，都鄙不过百室，以便野事。农居鄙，得以庶士，士居国家，得以诸公大夫。凡工贾胥市臣仆，州里俾无交为。

可知大县规模相当于四郡，即王城（千七百二十丈，郭方七百里）的三分之一。（农民所居的鄙容纳一百户）不过，《逸周书》成书于战国时代或战国以降，其文字具有强烈的思想色彩，真实性值得怀疑。

降至汉代，汉制中有大县令、次县令、次县长、小县长等级别，其中万户以上之县置大县令。但是，这仍属于汉制的范畴。

那么，《史记·秦本纪》"大县"的记载的依据究竟是什么呢？这个"大县"，即便是在将史料系统整理为一的《史记·六国年表》中也没有出现过。在记述商鞅变法最为详尽的《史记·商君列传》中也没有涉及。

因此，将商鞅之县称作"大县"，可能是司马迁根据其他一些史料做出的判断。

汉制之大县有万户规模。战国时代亦是如此，《战国策·赵策一》载晋阳之役（前455—前453）"破赵，则封二子者各万家之县"，可见当时已经存在"万家"之县。此处的万家（户）之县，是知（智）过向智伯提议，作为魏谋臣赵葭、韩谋臣段规改变各自主君魏桓子、韩康子计谋的补偿。不过，智伯否决了这个提议，称："破赵，而三分其地，又封二子者各万家之县一，则吾所得者少。"最终导致自取灭亡。

在这个时代，给予万家之县是破规格的待遇，可知万家之县无疑应与大县相当。

另外，《战国策·魏策三》记载，无忌向魏王晋言称："所亡于秦者，山北、河外、河内，大县数百，名都数十。"已见"大县"一词。这条材料反映的是战国时代末期的事情，如实记载了不断为秦国所攻略的魏国大县的情形，可知大县数量已至数百，亦可见地处中原的魏已十分繁盛。《战国策·魏策一》称："乃之万家之邑一"，有"万家之邑"一词。同书《魏策二》记载："亦许由也，衍请因令王致万户邑于先生。"有"万户邑"之称。

《战国策》中，县与邑并称，又称"县邑"（《韩策》）。魏国也有万户规模的大县。

另外，《战国策·秦策二》载："宜阳，大县也。上党、南阳，积之久矣，名为县，其实郡也。"称宜阳为大县。《战国策》的这段记述，发生在秦武王即将攻拔宜阳之际（前308年）。而据《战国策·东周》记载，此时"宜阳城方八里，材士十万，粟支数年"。当时宜阳已拥有材士，即能够充任兵役的人数多达十万。

从"材士十万"可知，宜阳大县的口数当数倍于此。假设一家出一材士，则此"大县"规模已达十万户。或因为此，时人称宜阳大县"名为县，其实郡"。

由此可知，汉制所规定的大县万户，上溯至战国时代来看，其实态多已一致。（甚至可以看到像宜阳大县那样超过一县万户的情况）

现在来看《史记·秦本纪》中商鞅之县为"大县"的记载，司马迁应该是在拥有相当可靠的判断依据的基础上，才提出商鞅之县为万户（或万户以上）规模大县的论点，这一理解应当没有问题。

那么，在将商鞅之县理解为万户大县之后，需要分析这"三十一县"或"四十一县"究竟设置于哪些地区呢？

一县万户的话，"三十一县"为三十一万户，"四十一县"则为四十一万户。当时秦国全境的户口数量不明，常被利用的西汉平帝元始二年（公元2年）三辅的户数为647 180。以此为基准计算，减去汉代新设的长安、长陵、茂陵等三县的户数之后，剩余的户数为455 236。

第二章　春秋战国时代的县制

平帝与商鞅的时代之间相隔350年，西嶋及米田两氏推测秦国咸阳以东的户数为十万户左右。而商鞅之大县为"三十一县"乃至"四十一县"，那么应有三十一万户或四十一万户居民。除去汉代人口急剧增长的长安、长陵、茂陵三大都市之外，平帝时三辅全境的户数接近四十五万，由此可知，不能再像以往那样将商鞅之县的分布地域仅限定于咸阳以东了。

商鞅之县很有可能设置于秦国全境。

如果将商鞅之县理解为设置于秦国全境的话，那么佐藤武敏氏研究的重要意义就尤为凸显。佐藤氏据《元和郡县图志》确认咸阳、高陵、斄、美阳、武功诸县置于秦孝公十二年，并指出了商鞅之县在斄、美阳、武功等咸阳以西的地区亦有设置。[1]

中国的地方志多采用沿革史体裁，对《元和郡县图志》的内容也有定论。既然商鞅之县置于全部国土，那么《元和郡县图志》记载咸阳以西有秦孝公十二年所置旧县也是理所当然的了。

佐藤武敏氏不仅确认了商鞅之县也曾置于咸阳以西地域，同时还依据西嶋及米田之说认为商鞅之县的规模为一县三千户，并指出商鞅之县所在的新都咸阳周边地区，是作为首都建设的一环而设置的君主直辖区。但是，从已有材料来看，商鞅之县应当是万户规模的大县。

不过，如果认为大县仅仅拥有一个单一的万家城邑，也是存在问题的。《春秋左氏传》"昭公三年"条记载："晋之别县不唯州，谁获治之。"可知春秋之县有"别县"。杜预注称："言县邑既别甚多，无有得追而治取之。"别县的例子十分常见。

晋国的州县原来归晋国的温县管辖。从这一实例可知，春秋之县由复数的邑（本邑及支邑）构成。

《春秋左氏传》"哀公十七年"条"实县申、息"中提到的申、息两县，是被楚文王灭掉的"国"。显然，春秋时期的一个县往往相当于一个国的规模。因此可以推测商鞅的大县存在模仿春秋大县的可能。

---

1. 佐藤武敏：《商鞅の県制に関する覚書》，《中国史研究》6，1971年。

四、春秋之县与商鞅之县：县的功能

依上文所言，若商鞅之县遍布于秦国全境，还需要解决"三十一县"与"四十一县"的差异问题，不过，在明确秦国的总户数之前，这个问题其实无法真正地得以确认。但是，如果从商鞅之县实施于全境来考虑的话，这一差异似乎也不是一个问题了。

与春秋之县相比，商鞅时期县的功能发生了哪些变化呢？这是下文将要讨论的问题。

春秋之县制多置于接近国境的地区。[1] "列国相灭，多以其地为县"（《通典》），正如这条史料所反映的，春秋之县多置于列国抗争中新获得的地方。显然，县本身具有边防等军事性质的使命。

《春秋左氏传》"成公七年"条记载申公巫臣，即申县县公之言曰："此申、吕所以邑也，是以为赋，以御北方。"可见申、吕二县亦是对抗晋、郑的前线基地。他随后以"赋"减少为由，反对将申、吕二县的支邑分离出来。可以想见，在对县的经营中，边防义务等支出占了很大的比重，要做到自给自足，需要县的全部地域内"赋"的收入才能满足需求。

杜预将此"赋"释作"兵赋"，或是因为将"赋"与下文中的"御北方"关联起来解读。不过，"赋"字本身其实就带有军赋的性质。

《春秋左氏传》"襄公三十年"条记载了晋之绛县，杜注也认为，筑"城"之时，供夫役，即此绛县中担任夫役的，是县大夫的属吏"舆尉"。关于"舆尉"，服虔注曰："舆尉、军尉、主发众使民。"（《孔疏》）《左氏会笺》注曰："盖舆众也，舆尉掌发众使民，故名舆尉。舆尉，军中则掌厮役辎重。"都认为是带有武吏特征的县的属吏。

由此可见，作为军事基地，春秋时期的县有其特定的使命；同时，在机构层面，县依赖于兵赋，县的行政则与武吏相关。如果从贯彻支配权的层面上来看，春秋之县的军事性质也促使县朝着集权化方向发展。

---

1. 增渊龙夫:《先秦时代の封建と郡县》,《经济学研究》2，1958年。《中国古代の社会と国家》, 弘文堂，1960年。

据史料记载，晋国的绛县有一位七十三岁的老人仍在充任役夫。赵武获知此事后，废其舆尉，并任命老人为县师。"（绛县人或年长）以为绛县师，而废其舆尉。"（《春秋左氏传》襄公三十年）可见，只要有充分的力量，中央的支配权甚至可以向下直接介入到县吏人事任免事务中。

关于绛县的属吏"县师"，杜预注曰："县师掌地域，辨其夫家人民。"视其为地域居民的管理者。杜注的依据是《周礼·县师》篇，其文称："县师掌邦国、都鄙、稍甸、郊里之地域，而辨其夫家、人民、田莱之数，及其六畜、车辇之稽。"不过，《左氏会笺》有不同的见解："久穷居绛县，故举以为之师也。"认为因其长居于地域社会之中，具有较大的影响力而获此任。"师"字除了教导者的含义外，还有"官吏"之义，如《孟子·梁惠王下》有"工师"一词，赵岐注曰："工师，主工匠之吏。"

据此可知，所任命的绛县县师，有可能是县大夫的属吏。而获任为县大夫的人则是远远超过六十五岁这个免役年龄的七十三岁年长者，虽然《左氏会笺》认为应该是地方长老，但却仍然需要服夫役。

在春秋时期的县政中，地域社会中具有长老性质的人物开始参与进来。在县的行政组织中，对地域社会存在影响力的人物的加入，说明县具有向民治机关转化的趋势，同时也反映了县还有向地域居民深刻渗透的意图。

这种现象与利用三老、父老的秦汉郡县支配体制存在联系。不过，如后文所述，即便这条史料中的县师事例能够获得确认，也不能由此认为春秋之县有促使地域社会秩序发生重大变革的意图。

那么，究竟应该如何理解商鞅之县呢？首先来看商鞅之县的组织机构。《史记·商君列传》载："置令、丞"，同书《六国年表》"周显王二十年（秦孝公十三年）"条，即商鞅县制公布之后的第二年，载曰："初为县，有秩史。"可知至秦孝公十三年，以令丞为中心的县级组织开始设置属吏，"有秩史"反映了组织机构的具体化。或许是在县制公布之后的翌年，有关县制建设的实际活动才开展起来。

商鞅之县的官僚组织由"令—丞—（有秩）史"组成，相对来说未作细致的分化，不过却与汉初郡的组织"太守—（都尉）—丞—卒吏·书佐"形式类似。最近湖北省云梦县睡虎地十一号秦墓出土的秦简[1]中,可见不少战国末至秦统一初期的吏名,与汉制相比,仍处于未分化的状态。

与军事色彩浓厚的春秋之县不同,商鞅之县由"令—丞—(有秩)史"组成,有着朝秦汉郡县制发展的趋势,逐渐强化县的民治特征。当然,也不能因为属吏中出现了有秩史而认为商鞅县制中缺乏军事性质的功能。应当承认,商鞅已经充分认识到春秋之县的军事性特征及其作用。

《商君书》能够较好地反映商鞅的思想。其《垦令篇》言:"百县之治,(略)官属少[则]征不烦。"指出了官府属吏的数量问题。《勒令篇》言:"授官、予爵、出禄,不以功,是无当也。"指出拜官与封爵(军功)、食禄相关。又在《去疆篇》中称:"十里断者国弱,五(九)里断者国强,(略)举民众口数,生者著,死者削。"以"里"为单位区划国家,并编造户籍。而存在疑问的《境内篇》则云:"其县四尉,訾由丞尉。"记载了县尉之称。

虽然《国语·齐语》《管子·小匡》等文献中有关于里制的记载,但商鞅县制与里制等具体行政区划之间的关系已不得而知。不过,既然商鞅县制是在秦国全境范围内推行的新的行政改革制度,那么商鞅对于县之下里制等地方行政组织的确立,应当也有充分的考虑。或许与县内官吏的组织化一样,里制的推行应当也需要一定的时间。

虽然与秦汉时期相比,商鞅的县制并不完善,但与春秋之县相比,其在民治方面的比重显著增加,亦可见其作为行政制度在不断进步。

不过,关于战国时期的县,《韩非子·五蠹篇》云:

> 今之县令,一日身死,子孙累世絜驾,故人重之。是以人之于让也,轻辞古之天子,难去今之县令者,薄厚之实异色。

一日为县令,子孙后世皆可乘配马的舆车。由此可知,距离官僚制度在县中的确立仍然十分遥远。

县制推行之后仅仅过了十二年,秦孝公殁后,作为商鞅之县推进

---

1. 拙稿:《湖北雲夢睡虎地秦墓管見》,《中央大学文学部紀要》史学科26,1981年。

者的商鞅却被处以极刑。虽然如此，商鞅的各项改革总体上变化不大，据史料记载，"宗室非有军功者，论不得为属籍"，说明在激烈的变法中，即使是宗室也无例外，大量的封建性质的采邑逐渐被统合到县制之下。

还需注意的是，在商鞅被处死之后，被统合到县制之中的采邑有一部分重新恢复为采邑，反映了从商鞅县制发展为秦汉郡县的过程中，仍有很多的曲折。

最后要谈到的是，在商鞅县制实行之中，商鞅本人却在县制施行后的秦孝公二十二年，因出击魏国并俘虏了公子卬而受封为列侯，获封十五邑，号商君，这与当时全国范围内推行县制存在矛盾。不过，商鞅本人的受封，应与商鞅变法中对军功之人赐爵，并依据爵级给予一定比例的田宅有关。

虽然商鞅爵制仍然有需要继续探究的问题，但在爵制与县制的关系层面，从商鞅政策的整体性来否定附属于爵级制度的食邑（采邑）的存在，也是不可取的。

换而言之，在列强抗争的形势下，即使是改革家商鞅也不得不在集权化的范围之外，以军功爵的形式包容旧体制的残余。商鞅本人所领的十五邑也具有食邑（采邑）的性质，不过他的爵位并不能世袭。

五、徙民及阡陌制

接下来讨论商鞅之县的组合方式，史籍记载：

> 集小都、乡、邑、聚为县。（《史记·商君列传》）
> 并诸小乡、聚、集为大县。（《史记·秦本纪》）
> 初聚小邑，为三十一县。（《史记·六国年表》）

首先，作为县的组合对象的"小都""小乡""小邑""小聚"，从"小"字可以判断出都是小规模的聚落。都、乡、邑、聚等各不相同的聚落名称，则反映了当时居住形态的大致情形。

这类小聚落中，称作"落"的往往不在税役征收的对象之中。[1] 当然，大邑也是形成县制所主要依赖的对象，但正如守屋美都雄氏所言，《史记》中有关商鞅县制的文献更注重强调最高的支配权能够贯彻到社会组织的末端。

那么，对这些居住地域所实行的"集""并""取"，究竟包含了哪些内容呢？守屋氏指出，县的组合以旧有的大聚落为基础，又以新设"三十一县"为契机，通过"亭"的设置，将僻远地区的小聚落编入县内。[2] 守屋氏之说中，认为商鞅之县与"亭"制同时推行，这一点史料记载并不明确，不过他提出的聚落由县统辖的观点可从。

关于这个问题，西嶋定生氏认为，位于咸阳以东的新领土中的商鞅之县，是通过家庭分异法，将国内的小聚落之人迁徙至新地而组成的，因此，其居民应是秦人占领新地之后的流放民，可见西嶋氏力图从秦汉式郡县制中寻求商鞅之县的形成过程。[3] 西嶋氏所说的秦汉式郡县制，是传统家族秩序已经完全解体之后的状态，始皇帝徙民并设置初县是一个较具体的事例。

关于秦汉时期的初县、初郡，有学者指出，其意图并不在于促使传统家族秩序解体。[4] 因此，有必要仔细探究这个问题。

要明确的是，商鞅县制施行之时，没有史料记载曾有过徙民活动。那么，西嶋氏为什么提出商鞅之县的组合过程中，存在由其他聚落移居而来的大规模的徙民呢？（如果当时采用了分异法，那么"三十一县"或"四十一县"的设置，需要大量的徙民，必然会在秦国全境范围内出现大量的强制性的骨肉分离现象。虽然时代有异，但不应该这样设想）

---

1. 拙稿：《中国古代における聚落形態について》，《中央大学文学部紀要》史学科 16，1971 年，收入本书。
2. 守屋美都雄：《開阡陌の一解釈》，《中国古代の社会と国家》，东京大学出版会，1957 年；《中国古代の家族と国家》，东洋史研究会，1968 年，等。
3. 守屋美都雄：《開阡陌の一解釈》，《中国古代の社会と国家》，东京大学出版会，1957 年；《中国古代の家族と国家》，东洋史研究会，1968 年，等。
4. 拙稿：《漢代西北部における新秩序形成過程について》，《中央大学文学部紀要》史学科 11，1966 年，收入本书。

第二章　春秋战国时代的县制

实际上，作为此说的背景之一[1]，增渊龙夫氏曾提出春秋置县之时，也曾采取过强制性的徙民行为。[2]增渊氏指出，晋文公伐阳樊时，阳樊居民曾进行了强烈抵抗，因此文公乃"出"阳樊之民，史载：

> 阳樊不服，围之。苍葛呼曰：德以柔中国，刑以威四夷。宜，吾不敢服也。此谁非王之亲姻，其俘之也，乃出其民。（《春秋左氏传》僖公二十五年）

所谓"出"，就是将当时的住民全部强制性地转移到其他处所。这与"灭"小国之后"迁"其居民的情况有共通之处。（如《春秋左氏传》襄公六年："齐侯灭莱，（略）迁莱于郳。"）在灭小国之后，欲统治该地区，若维持原居民的氏族秩序，则会使得居民的抵抗力得以留存，进而成为统治的阻碍。因此，增渊氏认为，居民被强制性地迁移至其他地区，国灭移民的情况下，国邑内的秩序及内部组成将发生巨大的变化。

若依增渊氏的观点，新占领地区居民被迁出之后，耕地、房屋都应当留存下来，不至于成为一片废墟，徙民政策在该片土地上应当得到了顺利推行。然而，这并不是当时对占领地区的唯一支配方式。增渊氏接着分析了上文所引阳樊的史料之后，即有关原县设置的经过：

> 冬，晋侯围原，命三日之粮。原不降，命去之。谍出，曰原将降矣。军吏曰："请待之。"公曰："信，国之宝也，民之所庇也，得原失信，何以庇之？"所亡滋多，退一舍，而原降，迁原伯贯于翼，赵衰为原大夫。"（《春秋左氏传》僖公二十五年）

晋文公讨伐原邑之时遵守了与部下的约定，这是因为文公恐与晋人失约，原地也因文公之信而归服于晋，最后只有原邑长原伯贯被强制迁

---

1. 西嶋定生：《郡県制の形成と二十等爵制》，《中国古代帝国の形成と構造》第五章第三节，东京大学出版会，1961年，第517页。
2. 増淵龍夫：《先秦時代の封建と郡県》，《經濟学研究》2，1958年。《中国古代の社会と国家》，弘文堂，1960年。

居于翼。

对原县来说，由于居民信服文公，晋国只清除了原伯（或也包括原地的强族），没有彻底徙民。显然，与前文所说的阳樊相比，原邑居民的氏族秩序大体上得到了保留。

从阳樊邑与原邑两例灭国事件可知，对灭国后的旧有居民有两种处理方式：(1)邑中居民全部被迁走；(2)仅迁走邑中的支配氏族。另外，两例灭国事件之所以出现对占领地居民处理方式的差异，其原因在于每个邑各自的服属过程不同。

《春秋左氏传》昭公十五年记载，晋人荀吴进攻鲜虞、包围鼓邑，在鼓人即将投降之时，考虑到过于轻易地允许鼓人投降的话，得到鼓邑后，鼓人的忠诚之心与勤勉之能当不安定，因而直到鼓人食物耗尽、无可对抗之时，才允许他们投降。这个故事记载了在征服邑的时候，同时要考虑获得邑之后的治安政策等问题。

就阳樊邑而言，居民一直抵抗到最后，因此为了将来的治安考虑，而将居民全部迁走。但对原邑来说，由于在讨伐过程中居民降服归顺了，因此没有必要采用像阳樊邑那样的强制措施。另外，鼓邑也是一个不同的例证，说明在对占领地的支配过程中并不是全部实行将原住民迁走的政策。

据此可知，所谓春秋时期的灭国徙民政策破坏了居民的氏族秩序，使其丧失自律能力，并由此开始设置初县，这一系列的推测需要重新考虑。灭国徙民政策应与针对被灭之国居民所采取的治安对策相关，而不应当与通常所说的初县的设立发生关联。散见于《左传》与《史记》中的"出民"（此处的"民"是否指代邑中的全部居民，仍存在疑问）未必与初县的设置相关，也验证了这一点。

再来看《史记·秦本纪》有关魏国安邑的记载："(昭襄王)二十一年，错攻魏河内，魏献安邑，秦出其人，募徙河东，赐爵，赦罪人迁之。"表明魏国的安邑在纳入秦人统治之时，曾"出其人"，并迁入新居民。在迫于秦的压力于公元前361年迁都大梁之前，魏国的都城位于安邑所在的河东之地。而在魏迁都大梁之后，河东地区则一直处于秦、魏两国的抗争漩涡之中。

第二章　春秋战国时代的县制

因此，在昭襄王二十一年，魏献安邑于秦之时，安邑的居民只能成为"出人"的对象了。在安邑实行的"出人"政策，在战国末年秦昭襄王时期，对当地居民的强制迁徙是基于安邑的治安对策而提出的，是一个不同的例子。

在"出人"的同时，秦国将募民及所赦罪人迁入安邑，并于次年，即昭襄王二十二年置县，"河东为九县"。西嶋定生氏也注意到了这一点，并将徙民与初县的设置关联起来。

但是，据《史记·秦本纪》可知，除了昭襄王二十一年的这条记载外，在昭襄王时代还有三个有关"赦罪人迁之"的事例（昭襄王二十六年迁于穰，二十七年迁于南阳，二十八年迁于鄢、邓），但是这三个事例都未提及"出民"的行为。无论是赦罪人的徙民活动还是一般的募民迁徙，其目的应当都是一样的，都是统治者力图构建新秩序的一种手段。显然，在这三个例子中，都未因徙民而设置郡县（只有南阳在八年之后置郡）。

此外，秦于昭襄王二十九年攻获楚国的郢，三十年获巫、江南，并以之置南郡、黔中郡，在置郡之时亦未有徙民行为（江南在置郡之后的第二年返还给了楚国）。

昭襄王二十一年置河东九郡也属于这种情况，因此可知战国时代的徙民，其意图未必与郡县化相关。"出民"是在春秋中期以降列国抗争越发激烈的过程中，为了维持治安而不得不强行实施的措施。在成为空地的新占领区，依靠募民来形成新邑是十分困难的，因此在战国时代，徙民活动往往以赦罪之人的迁徙为中心。另外，在天下统一之后，徙民活动以七科谪的形式延续下来，演变为针对贫民、流民的政策。

至此可得出的看法是，春秋战国时期的县未必以破坏原住民的氏族关系为前提。商鞅的县制当然也完全符合这一点。同时，商鞅之县力图将地方的小聚落一并编入县的统辖之中，以实现对地方的彻底控制。县的规模、组合方式虽然可以考虑采用什伍制度[1]，但仍然是以户（口）数为基准的。而且商鞅之县的组合方式与秦汉时期县的形成方式也是

---

1. 拙稿：《中国古代の伍制について》，《中央大学文学部紀要》，史学科19,1974年；收入本书。

一致的。

要理解商鞅的县制,当然还不得不涉及阡陌制这一问题。关于阡陌制,在本章开头提及的《史记》中涉及商鞅县制的三条史料都有记载。

下面来谈谈阡陌制,如果需要专论阡陌制的话,本稿就不得不重新撰写了。因此我们打算只涉及阡陌制与商鞅县制之间的关系,就迄今为止有关这一问题的看法略作总结。具有代表性的两说如下:

(1)将县的下属机构"亭"所辖区域之中的一定面积的土地,以千亩、百亩为单位进行的土地整理,谓之阡陌。(守屋美都雄说[1])

(2)在咸阳以东预备置县的地区,开垦耕作新邑周围的未开垦土地,将其整理、区画为千亩、百亩,谓之阡陌。(西嶋定生说[2])

在第(2)说中,人为建造的新邑、耕地的开垦及徙民活动是初县设置的前提。但是,如前所述,从春秋战国至汉代,郡县的设置未必需要先有相关的准备工作,因此,这一说法存在疑问。

而关于第(1)说,由于尚不能确定商鞅县制中"亭"是否存在,因此这一观点想象的成分颇多。另外,阡陌是否具有千亩百亩的含义,也并不明确。

不过,从以上各个问题点来看,两说之中相较而言(1)说更显妥当。一般观点大多支持阡陌制是以一定的标准重新区划土地这一说法,可以理解为依靠国家权力来重新整合耕地。第(2)说属于这类观点之一。[3]而第(1)说认为阡陌制是为了消除当时已存在的土地丈尺不统一的情况,是土地制度发展进程中的新举措。

第(1)说还认为未开垦土地的开发与阡陌制也存在一定的关联。随着县制在全境推行,秦国对地方的控制贯彻到了国土的最基层,并导致未开垦的土地公有化,且得到了持续的开发,这反映了实行阡陌制的第一要务并非是未垦土地的开发。

---

1. 守屋美都雄:《開阡陌の一解釈》,《中国古代の社会と国家》,东京大学出版会,1957年;《中国古代の家族と国家》,东洋史研究会,1968年,等。
2. 西嶋定生:《郡県制の形成と二十等爵制》,《中国古代帝国の形成と構造》第五章第三节,东京大学出版会,1961年,第517页。
3. 楠山修作:《阡陌制研究》,《東方学》38,1969年;《中国古代史論集》,著者刊,1976年。他认为里乃是依据一里百家的标准建构而成。

对阡陌制的不同解读，与对国家权力的理解，以及对地域社会实态的理解都是息息相关的。不过，在这一点上，还无法从商鞅县制引申认为阡陌制必然有尝试改造地域社会构成的意图。这是认为第（1）说更为妥当的原因所在。

那么，若就阡陌制做出结论的话，可将其理解为以确保财政为目的，以既耕地为中心，以土地地籍制作为目标，在新亩制基础上实施的土地丈量制度。简单地说，"阡陌"与"封疆"并称，意涵相互并列。与"阡陌"字义相关的"千""百"二字，虽然是由丈量土地而衍生出来的，但其意涵并未达到与土地分割、耕地的重新规划整合直接相关的程度。

结语

综合以上论述，可得出以下观点：

（1）春秋时期的县具有采邑化及官僚制度不完善等特征，从一些侧面亦能看出秦汉郡县仍然保留了春秋之县的一些残余。

（2）春秋之县排除了旧统治氏族的势力，在君主控制之下将其土地紧密地连接在一起，在郡县制的形成过程中，这种全新的政治面貌值得仔细评价。

（3）春秋时期的县具有很高的军事性功能。由于仍然带有边防军事的使命，春秋时期的县有着明显的向集权化方向发展的趋势。

（4）可以看出，春秋时期的县尝试着将地方长老一类的人物纳入地域管理机构之中，对于一般居民来说，并不是要从上而下地强制破坏既存的地域秩序，而是要利用地域社会的秩序，悄无声息地将统治力渗透到基层社会之中，这与利用"三老""父老"的秦汉式郡县制有异曲同工之处。

（5）商鞅之县是万户的大县，与商鞅的其他各项变法相同，县（阡陌制）的施行地区，遍及秦国全境。将县（阡陌制）的施行限定于部分区域的观点与变法的其他各项内容互相矛盾。

（6）商鞅县制虽然在全国范围内实施，但仍然允许伴随赐爵行为而出现的食邑的存在。

（7）推测在商鞅之县内部当有民治性质的机构，但县级以下的行政组织等方面的具体内容尚不清楚。

（8）商鞅之县有不少地方仿效了春秋之县，但就其得以在全国范围内实施这一点来说，是具有划时代意义的改革。当然，这也与对君主权力的理解有关。

（9）在整个春秋战国时期，通过对旧有居民的强制性迁徙以及向新获得土地移民，人为地建造新邑，是基于治安对策（军事上的需求）而采取的措施，未必与实行县制、建立新秩序存在直接的关系。

（10）县制的施行是为了掌握户口，而阡陌制则是在以既耕地为中心形成的新亩制基础之上，以土地地籍制作为目标，以确保财政为目的的制度。

第三章

中国古代的伍制

前言

商鞅之前的伍制

不少观点认为,(什)伍连坐制[1]起源于商鞅变法中的什伍制。其实,伍制的起源要更早,虽然殷周时期尚难以确认伍制是否存在[2],但在春秋时代确实已经试行。

《春秋公羊传》僖公十九年(前641年)记载:"梁亡,此未有伐者,其言梁亡何,自亡也,其自亡奈何,鱼烂而亡也。"关于史料中梁国自取灭亡的经过,东汉何休注记曰:"梁君隆刑峻法,一家犯罪,四家坐之,一国之中无不被刑者,百姓一旦相率俱去。"关于这一情况,董仲舒的

---

1. 已有的关于伍制的研究如下:
   尸水宽人:《周代五家の组合》,《国家学雑誌》11-131,1898年。
   闻钧天:《中国保甲制度》,商务印书馆,1935年。
   清水盛光:《中国乡村社会論》,岩波书店,1951年。
   樱井芳朗:《什伍制度についての考》,《東京学芸大学研究紀要》6,1954年。
   米田賢次郎:《二四〇步一畝制の成立について》,《東洋史研究》26-4,1968年;《中国古代農業技術史研究》,同朋舎,1989年。
   好並隆司:《秦漢帝国の構造について》,《歴史学研究》312,1966年。
   好並隆司:《商鞅変法をめぐる二、三の問題》,《岡山史学》52,1972年;《秦漢帝国史研究》,未来社,1978年。
   越智重明:《什伍制をめぐって》,《東方学》41,1971年。
   古賀登:《县乡亭里制度の原理と由来》,《史林》56-2,1973年;《漢長安城と阡陌・县乡亭里制》雄山閣,1980年。
   拙稿:《漢代における里と自然村とについて》,《東方学》38,1969年;收入本书。
   岡埼文夫:《南朝に於ける士庶区别に就ての小研究》,《内藤博士還暦記念祝賀支那学論叢》,1926年。
   松本善海:《郷保組織を中心としたる唐代の村政》,《史学雑誌》53-3,1942年;《中国村落制度史の史的研究》,岩波书店,1977年。
   増村宏:《晋南朝の符伍制》,《鹿大史学》4,1956年。
   増村宏:《宋书王弘伝の同伍犯法の論議》,《鹿児島大学文理学部研究紀要文科報告》4,史学編1,1955年。
   此外,与刘宋时期伍制相关的史料有郝懿行的《补宋书刑法志》,见《二十五史补编》卷3。
2. "什"与"伍"字不见于甲骨文及《诗经》、《书经》、《易》之《卦爻辞》等与殷周相关的史料,首见于与春秋时期相关的史料中。

《春秋繁露·王道》篇也有类似的记载："梁内役（一作取）民无已，其民不能堪，使民比地为伍，一家亡五家杀刑，其民曰亡者封，后者刑。"有关梁国的严刑峻法，《春秋左氏传》僖公十九年记曰："初梁伯好土功，亟城而弗处，民罢而弗堪。"《史记·十二诸侯年表》穆公十九年则曰："梁好城，不居，民罢相惊。"从这些记载可以看出，伍制成为逼迫民众负担繁重的土木工程的手段，虽然很难认为其是常设的制度，但当时同样采用了以五家为单位的连坐制，可以归入伍制的范畴。

当然，记载梁国伍制的都是后世的文献。而《春秋左氏传》桓公五年（前706年）关于郑国兵制的材料称："先偏后伍，伍承弥缝。"可见，先于梁国的伍制，郑国的兵制中率先采用了伍作为计算单位。伍制与兵制相关这一问题，后文将详细叙述，不过由这条材料可见，后世有关梁国伍制文献的出现，似乎也不是那么突然。

另外，郑国子产时期，虽然时代稍晚，也有关于伍制的记载，见于《春秋左氏传》襄公三十年（前542年），曰：

> 子产使都鄙有章，上下有服，田有封洫，庐井有伍，（略）从政一年，舆人诵之曰："取我衣冠而褚之，取我田畴而伍之，孰杀子产，吾其与之。"及三年，又诵之曰："（略），我有田畴，子产殖之。"

在实施之初，人民对子产的改革有强烈的反感。在这项改革之中，与禁行奢靡并行的伍制成为众人攻击的对象。

关于伍制，晋人杜预注曰："使五家相保。"不过，受到人民如此厌弃的伍制，恐怕就是在庐井，即聚落居民中实施的五家连坐之制吧。另外，伍制也与田畴增殖相关[1]，因此在实施三年后得到了民众的支持。作为一项长期延续的制度，伍制有其成功之处——这项改革的确立过程与商鞅变法十分近似。

---

1. 前页注①好并氏《秦漢帝国の構造について》一书认为，伍制与井田法之中的八家类似，其本质是"分田制禄"；春秋时期伍制的实施，其背景可能是试图建立一元支配的体制。因此，伍制既包含以五家为一组实施的连坐制度，同时大概也具有农耕互助的性质吧。

到了战国时期，也可以见到有关伍制的记载。《史记·秦始皇本纪》载秦献公十年（前375年），"为户籍，相伍"。该处伍制的实施细节不甚明晰，但考虑到春秋时代的伍制，鉴于同样以五家为单位实施，想来也可以纳入伍制的范畴。还需注意的是，秦献公时期的伍制又与户籍相关，这一点将在后文再做说明。

商鞅推行的什伍制与商鞅之后伍制的变迁

秦献公十年之后仅仅十六年，至秦孝公三年（前359年），实施了著名的商鞅什伍制。商鞅什伍制也同样与春秋时期以来的伍制有着密不可分的关联。

商鞅的什伍制在伍制史上颇受瞩目，其原因有二：

（1）在构成上，不再以"伍"为制，而改以"什伍"为制。

（2）包括什伍制在内的商鞅变法各项改革成为秦统一帝国建立的基础，故而什伍制也与各类改革措施一起对后世产生了巨大的影响。

关于第（1）点，即什伍的构成，将在后文再做详解。关于第（2）点，简单来说，包括什伍制度在内的商鞅第一次变法在实施之初反对者颇多，但实施三年之后逐渐稳定，七年之后更是获得了人民的普遍支持，为孝公十三年（前350年）的第二次变法打下了坚实的基础。史载："卒用鞅法，百姓苦之，居三年，百姓便之。"（《史记·秦本纪》）"行之十（七）年，秦民大说。"（《史记·商君列传》）

秦代以降，什伍制的名称很多，且一直延续下来，有两汉南朝的伍制、北魏的邻长制、北齐的比邻制、隋代的保长制、唐代的邻保制、宋明清的保甲制等，至民国时期仍有保甲运动。

本章将就伍制的变迁，即从先秦至南朝的情形进行研究。不过，关于伍制的构成、功能，以十家或五家为单位所进行的组合，其具体的组合形态究竟是怎样的，目前仍存在疑问。

伍制的起源与兵制

虽说伍制与连坐制、地方政制关系更密切，但其实在兵制中也有体现。甚至可以说，与连坐制、地方政制相关的伍制——本章中，只要事先未做说明,所说的伍制都是指这种情况——起源于兵制中的"伍"。

可以看出,所谓的"什""伍"不同于因地缘聚居而产生的"邻里""比闾",与特定的数值有着紧密的联系。实际上,周代的兵制中已有相关记载:"五人为伍,五伍为两。"(《周礼·小司徒》)这段史料所反映的周代兵制的真伪或许存在问题,不过据上文可知,春秋梁国推行伍制之前,在郑国的兵制中已然出现了"伍"。什制也是一样,并非初见于商鞅改革,在《春秋左氏传》襄公十三年(前560年)有关兵制的记述中已经出现:"新军无师,晋侯难其人,使其什吏率卒乘官属。"证实了什制的存在。[1]至于商鞅的什伍制本身,也如后文所述,其构成、赏罚等方面均与兵制有相同之处。

同时要注意的是,文献所记的前707年、前542年郑国,以及前641年梁国的伍制,其出现的时期正好与春秋诸国兵制改革的时期相吻合,如《春秋左氏传》僖公十五年(前645年)载:"晋于是乎作州兵。"关于晋国的州兵制度与将兵役扩大到即民(农民)之间是否存在关联,有观点表示怀疑[2],但就公元前6、7世纪来说,尝试着向民众扩大兵役的范围却是的确存在的事实。

可以推测,春秋时期伍制的实施与新出现的兵役征募范围向民众的扩展是存在关联的。将兵役范围扩展至全体人民,应当是基于更为一元化的统治机构的完备。当然,这也与旧有族群秩序的破坏、以户为单位的郡县制领域支配以及汉代以降朝向乡里制方向的发展直接相关。

借用兵制上的组织结构,依据一定量的户数来整顿地方政制秩序,当然是颇具意义的,但兵制与地方行政制度并没有必要完全一致。《国语·齐语》(相同内容同样见于《管子·小匡》篇)记载:

---

1. 孔颖达疏"什吏"曰:"什吏谓十人长也,(略)则晋人为军或十人置吏也。"竹添光鸿《左氏会笺》则认为是"步卒之称"。
2. 宫崎市定认为"作州兵"是指将平民纳入兵役范围,见《古代支那赋税制度》,《史林》18-2、3、4,1933年,《宫崎市定全集》3,1991年。五井直弘认为"作州兵"是指在聚落单位中制作兵器,然后再加以征发,将平民纳入兵役始于《春秋左氏传》所记襄公十三年(前560年)的"悼公初有四军",见《春秋時代の県についての覚書》,《東洋史研究》26-4,1968年。

（管子）作内政而寄军令焉，（略）五家为轨，故五人为伍，轨长帅之，十轨为里，故五十人为小戎，里有司帅之。（略）春以蒐振旅，秋以狝治兵，是故卒伍整于里。（略）伍之人祭祀同福，死丧同恤，祸灾共之，人与人相畴，家与家相畴，世同居，少同游，故夜战声相闻，足以不乖，昼战目相见，足以相识，其欢欣足以相死，居同乐，行同和，死同哀。

五家之轨与五人一组的兵士集团相同，反映了当时地方行政制度中农兵一致的建设目标。

关于兵制与地方行政制度的关系，从《周礼·小司徒》中可见一斑，载："乃会万民之卒伍而用之，五人为伍，五伍为两，四两为卒，五卒为旅，五旅为师，五师为军，以起军旅，以作田役。"对比兵制与地方行政制度，如"比、闾、族、党、州、乡"（《周礼·大司徒》）及"邻、里、酂、鄙、县、遂"（《周礼·遂人》）可以看出，都是一家一兵，呈现出像"五家：比邻"与"五人：伍"这样的比例结构，即"凡起徒毋过家一人"（《周礼·小司徒》）。

不过，《汉书·刑法志》对周代兵制的描述有所不同，曰：

地方一里为井，井十为通，通十为成，成方十里；成十为终，终十为同，同方百里；同十为封，封是为畿，畿方千里；（略）故四井为邑，四邑为丘，丘十六井；（略）四丘为甸，甸六十四井也。有戎马四匹，兵车一乘，牛十二头，甲士三人，卒七十二人，干戈备具，是谓乘马之法。

另外，《韩诗外传》卷四载：

古者八家而井田，方里而为井，广三百步，长三百步。（略）八家为邻，家得百亩。（略）八家相保，出入更守，疾病相忧，患难相救，有无相贷，饮食相召，嫁娶相谋，渔猎分得，仁恩施行。

此处的"井",与《国语》中有着同福同恤关系的五家一样,由有着相忧相救关系的邻里八家构成。兵卒、甲士大约是每七家出一人的比例,未必拘于一家一人的原则。

可以说,兵役并不一定遵循一家一人的原则,而是与不同时期的不同情况相适应,因为就以家(户)为基础的地方行政制度组织来说,要做到户数与所需征发的壮丁数量保持比例上的一致性,还是存在局限的。

伍的转化

虽然不是本章的讨论对象,但还需要指出"伍"字的其他含义。《史记·淮阴侯列传》载:"生乃与哙等伍",《史记·外戚世家》曰:"心置我籍赵之伍中,宦者忘之,误置其籍代伍中。"《汉书·司马迁传》载:"独与法吏为伍。"其中的"伍""伍中"等字词只有"成组""集团"的含义,这是在原有的行政组织初级单位字意基础上的转化,是超越了数字"五"本义的新用法。

一、伍与连坐制

商鞅的什伍制

随着商鞅什伍制的实施,伍制最终定型,并为历代沿用。那么,具有长久生命力的伍制究竟有着怎样的效用呢?下面先来分析商鞅的什伍制。

(1)令民为什伍,而相牧司连坐,不告奸者腰斩,告奸者与斩敌首同赏,匿奸者与降敌者同罚。(《史记·商君列传》)

(2)设告[相]坐而责其实,连什伍而同其罪。(《韩非子·定法》)

这两条史料记载了什伍制中有关告奸者赏赐,匿奸者连坐的内容。关于告奸连坐制，亦见于《韩非子·制分》篇：

> 然则［征奸之法］奈何，其务令之相规其情者也。［然］则使相关奈何，曰盖里相坐而已。禁尚有连于己者，理不得相阘，唯恐不得免，有奸心者不令得［志］。阘者多也，如此，则慎己而阘彼，发奸之密，告过者免罪受赏，失奸者必诛连刑。如此，则奸类发矣，奸不容细，私告任坐使然也。[1]

这条材料反映出，为了强化告奸行为，连坐的范围不再限于什伍，而扩大至里中的全体居民，并采用私告（密告）的形式。

连坐制原本就是着眼于地缘关系的制度，因此为了强化它，将连坐范围扩大到整个村庄也是顺理成章的。不过，商鞅的什伍制为连坐的范围设置了一定的界限，是更具有现实意义的。

同时亦可得知，伍制通过私告得以维持，伍制的处罚规则是：一人有罪，同伍的全部人员均受到牵连。而对捕告者的赏赐一般归私告者本人所有，如《墨子·号令》篇记曰：

> 城下里中，家人皆相葆，若城上之数，有能捕告之者，封千家之邑，若非其左右及他伍捕告者，封之二千家之邑。

从商鞅所推行的什伍制开始，至两汉南朝时期的伍制，都不见将责任归于伍长等人，可知告奸多采用私告的形式。

汉、三国的伍制

那么，由商鞅什伍制发展而来的汉代的伍制又起到了怎样的作用呢？《续汉书·百官志》记载：

---

1. 《制分》篇内容据王先慎《韩非子集解》，其中方括号之中的内容，据梁启雄：《韩子浅解》，中华书局，1960年。

> 里魁掌一里，什主十家，伍主五家，以相检察，民有善事恶事，以告监官。

什伍之中，有善事恶事均向监督官员报告。报告善事这一点，不见于商鞅之制，可见汉代伍制发生了变化。同时，商鞅什伍之中的连坐规定在此处也没有出现。

首先来看有关连坐规定的变化。《续汉书·百官志》中，虽然并未提及连坐规定，但什伍需要"告恶事"，为保证效力，连坐当然是不可或缺的。虽然萧何废止了连坐制（参见本书《汉代的里与自然村》一章），但《盐铁论·周秦》篇记载的文学之士的晋言中，有"什伍连坐"的规定，与族刑、缘坐制并列提出，其曰：

> 今以子诛父，以弟诛兄，亲戚[相]坐，什伍相连，若引根本之及华叶，伤小指之累四体也。如此，则以有罪及诛无罪，无者寡矣，（略）自首匿相坐之法立，骨肉之恩废，而刑罪多[矣]。父母之于子，虽有罪犹匿之，[其]不欲服罪尔，[闻]子为父隐、父为子隐，未闻父子之相坐也。闻兄弟缓追以免贼，未闻兄弟之相坐也。闻恶恶止其人，疾始而诛首恶，未闻什伍之相坐。（略）君君臣臣，父父子子，比他何伍，而执政何责也。[1]

显然，汉代的伍制依然保留了告奸连坐的功能。

关于汉代的告奸之制，西汉文帝时博士韩婴所撰的《韩诗外传》卷四记曰："今或不然，今民相伍，有罪相伺，有利相举，使构造怨仇，而民相残伤。"记载了告奸是伍制的一项功能。《淮南子·泰族训》中则称"居民相伺"，云："商鞅为秦，立相坐之法，而百姓怨矣，（略）使民居处相伺，有罪相觉，于以举奸，非不掇也，然而伤利睦之心，而构仇雠之怨。"

1.《周秦》篇方括号之中的内容，据王利器：《盐铁论校注》，古典文学出版社，1958年。

上述事例均出自西汉,至王莽时期,"伍人相伍"(《汉书·王莽传》),说明伍制与连坐制依然密切相关。不过,王莽时期的伍制与汉制略有不同,这一点后文将另作分析。至东汉时期,伍制依然存在,如《后汉书·光武帝纪》"建武七年"条载:"今还复民伍",《后汉书·仲长统传》载:"明版籍以相数阅,审什伍以相连持。"进入三国时期,伍制仍然见于文献,如《三国志·魏书·郑浑传》载:

[京兆令]浑以百姓新集,后制移民之法,使兼复者与单轻者相伍,温信者与孤老为比,勤稼穑明禁令,以发奸者。

可见当时依然有告奸之制。

相较于告奸连坐制,《续汉书·百官志》记载的什伍"告善事"又意味着什么呢?关于这一点是有明文记载的,如后文《管子·君臣》篇所述,什伍与官吏的举选也息息相关。所谓"告善事",并不仅仅针对善行进行褒赏,如"三老掌教化,凡有孝子顺孙、贞女义妇、让财救患,及学士为民法式者,皆扁表其门,以兴善行"(《续汉书·百官志》),或也与官吏举选、乡评好坏等方面密切相关。

王莽的伍制

从结论上说,王莽的伍制就是告奸连坐制,但与汉制相比又有一些不同。下面就此略作讨论。

《汉书·王莽传中》"始建国二年"条载:

(1)盗铸者不可禁,乃重其法,一家铸钱,五家坐之,没入为奴婢。

可见,依据王莽的伍制,盗铸者将被施以重刑。那么,"重其法",即施以更严重刑罚的原因何在呢?从王莽伍制关于盗铸的记载可略窥一二。

（2）又坐邻伍铸钱挟铜。(《汉书·王莽传下》"天凤四年"条）

（3）敢盗铸钱及偏行布货，伍人知不发举，皆没入为官奴婢。(《汉书·王莽传下》"地皇元年"条。颜师古注曰："伍人，同伍之人，若今伍保者也。"）

（4）民犯铸钱，伍人相坐，没入为官奴婢，其男子槛车，儿女子步，以铁锁琅当其颈，传诣钟官，以十万数，到者易其夫妇。(《汉书·王莽传下》"地皇二年"条）

（5）民坐挟铜炭，没入钟官，徒隶殷积数十万人。(《后汉书·隗嚣传》)

据材料（3）可知，关于连坐，与前文所述相同，只限于匿奸的场合。

从材料（5）来看，连坐的范围仅为"民"，而从材料（1）来看，连坐为"五家坐之"，即五家为一组，材料（2）则称"邻伍"，即由邻近五家构成。

材料（1）说"重其法"，但与西汉时期相同，连坐的范围都是以五家为单位组成，而较之商鞅的什伍制却是处罚更轻了。另外，就罪行来说，王莽时期采用了官奴婢制度，并不是生命刑或身体刑，与商鞅之制相比，这一点也称不上是严刑。

"乃重其法"的情况，材料（4）有所体现。连坐之人不仅限于伍中各家的户长，犯罪之家的其他成员，甚至"儿女子"都会受到牵连，而被没入官。

自古以来的伍制中，出现犯罪之人的家庭，其左右，即近邻之人皆连坐，当然同时也适用族刑。如《墨子·号令》篇称："若欲以城为外谋者，父子妻子同产皆断，左右知不捕告，皆与同罪。"不过，关于伍中其他各户受到连坐处罚的，据《管子·立政》篇等文献推测，应当只限于户长。[1]

关于连坐与族刑的关系，《汉书·刑法志》记载："陵夷至于战国，

---

[1] 好並隆司：《秦漢帝国の構造について》，《歴史学研究》312，1966年；《商鞅変法をめぐる二、三の問題》，《岡山史学》52，1972年；《秦漢帝国史研究》，未来社，1978年。拙稿：《漢代における里と自然村とについて》，《東方学》38，1969年；收入本书。

韩任申子，秦用商鞅，连相坐之法，造参夷之诛。""相坐之法"，即什伍连坐制。"参夷"，按颜师古注曰："夷三族。"三族，或释作父族、母族、妻族，亦或解释为父母、兄弟、妻子。无论是哪种解释，夷三族都属于族刑、缘坐之制。关于连坐与缘坐，商鞅已经进行区分，连坐与同游同恤的地缘关系相关，缘坐则与对亲情关系的利用相关。连坐与缘坐的并用见于李悝的《法经》[1]："[杂律·略城禁]越城一人则诛，自十人以上夷其乡其族。"李悝之法，据《晋书·刑法志》记载："[秦汉旧律]其文起自魏文侯师李悝，（略）商君受之以相秦。"可见李悝之法对商鞅的改革曾有较大的影响，据此也可以说连坐、缘坐也并非起于商鞅。依小仓芳彦氏之说，连坐、缘坐起源于战国君主为了强化统治而实施的官僚统御之术。[2]

如此看来，王莽伍制将刑罚扩大至同伍各家的"儿女子"，可以说是伍制连坐与族刑缘坐的综合，算得上是"重其法"的严刑了。但是，该项严刑是针对王莽时期特定的社会形势而设立的，进入东汉之后不久，建武七年（前31年）去除王莽伍制，"今还复民伍"（《后汉书·光武帝纪》），恢复了西汉旧制。

晋南朝的伍制

关于晋南朝的伍制，《晋书·王羲之传》载：

> 自军兴以来，征役及充运，死亡叛散，不反者众。（略）又有常制，辄令其家及同伍课捕，课捕不擒，家及同伍，寻复亡叛，百姓流亡，户口日减，其源在此。

从中不难看出，按照晋的伍制，若伍中有人潜逃拒不服役，其家人与同伍之人皆有追捕的义务。如未追捕成功，则家人和同伍之人都将被问罪。而且在晋代，这是一种"常制"。

---

1. 董说：《七国考》"魏刑法"条，桓谭《新论》"论"所引。
2. 小仓芳彦：《族刑をめぐる二、三の問題》，《学習院大学文学部研究年報》2，1965年；《中国古代政治思想研究》，青木書店，1970年。

第三章 中国古代的伍制

这种对于亡叛者发起连坐的制度,亦见于刘宋,《宋书·沈攸之传》载:"为政刻暴,(略)将吏一人亡叛,同籍符伍,充代者十余人。"《宋书·羊玄保传》载:"[太守刘式之]立吏民亡叛制,一人不禽,符伍里吏送州作部,若获者赏位二阶,玄保以为非宜,(略)此制施一邦而已(略),由此此制得停。"认为对叛逃者的加强连坐刑是刻暴之政,或可施行于一邦,但不能成为刘宋的常制。

在刘宋时期的伍制中,亦屡见告奸连坐的事例,如对不守葬法之人要求同伍者予以纠察(《宋书·何承天传》);如若劫掠繁多,一人受罚,其家族及同伍数十人皆依匿奸连坐(《宋书·谢庄传》);又或因风俗峻别而比伍连坐(《宋书·谢方明传》)等。[1] 显然,刘宋的伍制也同样是告奸连坐制。

由此可见,晋代伍制连坐制的强化、扩大,或许只是针对逃避劳役的亡叛者。另外,晋南朝伍制的运用仍然以告奸连坐为主要形式。短期之内伍制的强化或与魏晋以来政局不安和地区社会的混乱有关,虽然还不至于变为常制,但伍制在晋南朝的强化也不失为一种尝试。

据《南史·郭祖深传》记载:

> 又梁兴以来,发人征役,(略)多有物故,辄刺叛亡。(略)录质家丁,合家又叛,则取同籍;同籍又叛,则取比伍;比伍又叛,则望村而取。一人有犯,则合村皆空。

---

1. 《宋书·何承天传》:"时丹阳丁况等久丧不葬,承天议曰:'礼所云还葬,当谓荒俭一时,故许其称财,而不求备。丁况三家数十年中,葬辄无棺椁,实由浅情薄恩,同于禽兽者耳。窃以为丁宝等同伍积年,未尝劝之以义,绳之以法。十六年冬,既无新科,又未申明旧制,有何严切,欻然相纠。或由邻曲分争,以兴此言。如闻在东诸处,此例既多,江西淮北,尤为不少。若但谪此三人,(略)俱亏圣明烹鲜之美。臣愚谓况等三家,且可勿问,因此附定制旨,若民人葬不如法,同伍当即纠言,三年除服之后,不得追相告列,于事为宜。'"
《宋书·谢庄传》:"臣窃谓,五听之慈,弗宣于宰物,三宥之泽,未洽于民谣。顷年军旅余弊,劫掠犹繁,监司计获,多非其实,或规免身咎,不虑国患,楚对之下,鲜不诬滥。身遭铁锁之诛,家婴孥戮之痛,比伍同闬,莫不及罪,是则一人罚谬,坐者数十。"
《宋书·谢方明传》:"江东民户殷盛,风俗峻刻,强弱相陵,奸吏蜂起,符书一下,文摄相续。又罪及比伍,动相连坐,一人犯吏,则一村废业,邑里惊扰,狗吠达旦。方明深达治体。(略)州台符摄,即时宣下,缓民期会,展其办举;郡县监司,不得妄出,贵族豪士,莫敢犯禁,除比伍之坐,判久系之狱。"

南朝梁时，作为一项共同的责任，对征役不力的追责连坐，从家庭向同籍、同伍、同村逐渐扩大。

二、伍与地方政制

纵观伍制连坐的变迁，其主要目的在于告奸。《通典》中也将商鞅什伍制列入"刑制"条。而同为什伍制，东汉和刘宋之制则被《通典》列入了"职官乡官"条。

有关伍制的规定，除了商鞅和东汉（《续汉书·百官志》）、刘宋（《宋书·百官志》）什伍制之外几乎没有记载，但商鞅之后，伍却出现了与连坐制不尽相同的新功能。

《汉书·尹赏传》载：

> 乃部户曹掾史与乡吏、亭长、里正、父老、伍人，杂举长安中轻薄少年恶子。

伍人与县中的户曹及乡吏、亭长、里正等地方官吏一同管理无赖恶徒，由此可以看出伍已经具有了地方行政制度基层机构的性质。关于这种不同于连坐制的伍的作用，《管子》诸篇中有较多的记载。

《管子》诸篇中的什伍

下面列举《管子》诸篇中有关伍、什伍的若干记载。

（1）下什伍以征，近其罪状［巽升］，以固其意。(《君臣下》)

（2）水官亦以甲士当被兵之数，与三老里有司伍长行里，因父母案行，阅具备水之器。(《度地》)

（3）常令水官吏与都匠，因三老里有司伍长，案行之，［笼畚、板筑、雨蓑、食器、雨具］常以朔日始出具阅之。(《度地》)

（4）令五官之吏与三老里有司伍长，行里顺之。(《度地》)

（5）三老里有司伍长者，所以为率也。(《度地》)

第三章　中国古代的伍制

（6）常以冬日,顺三老里有司伍长者,以冬赏罚。(《度地》)

（7）岁有四秋,而分有四时,故曰［大春］农事且作,请以什伍农夫,赋耜铁,此之谓春之秋。(《轻重乙》)[1]

（8）夫善牧民者,非以城郭也,辅之以什,司之以伍,伍无非其人,人（什[2]）无非其里,里无非其家,故奔亡者无所匿,迁徙者无所容。(《禁藏》)

根据郭沫若氏的说法,（1）中的"罪状"当作"巽升"[3],此处的什伍与人才举用、官吏推荐等密切相关。（2）至（6）中,伍长与三老、里吏一同调查征兵对象、检查水利工程、参与赏罚等里中公共事务的处理。

据（7）可知,当时还以什伍为单位,向编入什伍的农夫发放犁具耜铁,使其耕作,至秋熟之时,再偿还费用。耜铁的分配也以什伍为单位执行。耜为手耕农具。《淮南子·主术训》载:"一人蹠耒而耕,不过十亩。"耒虽然与耜的构造有所不同,但也是手耕农具的一种。使用耒耕作,一个人一天最多只能耕作十亩地。虽然同为手耕农具,但赵过创制的輓犁却是"率多人者田日三十畮,少者十三畮"(《汉书·食货志》),一天可以耕作三十亩。按（7）的记载分析,如果耜和耒的耕作能力相当,都处于一日耕作十亩左右的低水平,那么可以推测,可能并非一个什伍一耜,而是一家一耜。

不过,《管子·乘马》篇却记曰:"丈夫二犁,童五尺一犁",耒与辕组合称二犁,耜与辕组合称一犁,使用的是牛耕。[4]从战国时代开始,牛耕的发展十分显著。崔寔《政论》(《齐民要术·耕田》)记载:

> 武帝以赵过为搜粟都尉,教民耕殖,其法三犁共一牛,一人将之,下种挽耧皆取备焉,日种一顷,今三辅,犹赖其

1.《轻重乙》篇"［　］"中的内容,据《管子集校》(1956年)补。
2.《通典》"食货"条,以"人"作"什"。
3.《管子集校》,科学出版社,1956年。
4. 天野元之助:《中国農業史研究》,御茶之水书房,1962年,第740页。

利。今辽东耕犁,辕长四尺,延转相妨,既用两牛,两人牵之,一人下种,二人挽耧,凡用两牛,六人一日,才种二十五亩,其悬绝如此。

按赵过牛耕之法,三犁耕作,可以达到一日百亩,而辽东的耕犁一日只能耕种二十五亩。[1]

记载于《管子·轻重乙》篇中的材料(7),成文时间较晚,或认为其作者是西汉武、昭帝时期的某位理财家。[2]因此,《轻重》篇所说的耜铁,是较为发达的犁具,已经进入牛耕或人輓犁的阶段。因此,在汉代,以什伍为单位共用犁具,五家一组耕地五百亩,是有可能的。不过,以伍为单位共用犁具的耕作方法,其普及程度如何仍存在疑问,而从(7)来看,伍制与农耕也存在密不可分的联系(犁具共同体)。

材料(8)反映了什伍对里中的亡命者有通报、控制的责任。

据此可知,什伍既要控制市井无赖以及亡命之徒,也要协助处理乡里的一般民政事务,还是铁制农具的分发单位。伍人"世同居,少同游",对地域事务较为了解,参佐地方行政也尽在情理之中。

《管子·立政》篇还记载:

> 凡出入不时、衣服不中、圈属群徒、不顺于常者,间有司见之,复无时,若在长家子弟、臣妾、属役、宾客,则里尉以谯于游宗,游宗以谯于什伍,什伍以谯于长家,谯敬而勿复,一再则宥,三则不赦。

对"出入不时、衣服不中、圈属群徒、不顺于常者"的责任追究,依照里尉→游宗→什伍→长家(户主)的顺序。《鹖冠子·王铁》篇中也记载了几乎相同的事例:

---

1. 西山武一、熊代幸雄译:《齐民要术》上,农林省农业综合研究所,1957年,第36页注72。
2. 罗根泽:《管子探源》,中华书局,1931年。下文所引《管子》各篇的成文年代皆参照本书之说。

第三章　中国古代的伍制

> 伍人有匿，故不奉上令，有余不足居处之状而不辄，以
> 告里有司，谓之乱家，其罪伍长以同。里中有不敬，长慈少
> 出等异众不听，父兄之教有所受闻不悉，以告扁长，谓之乱里，
> 其罪有司而贰其家。扁不以时循行，教诲受闻不悉，以告乡师，
> 谓之乱扁，其罪扁长而贰其家。

依照令尹→柱国→郡大夫→县啬夫→乡师→扁长→里有司→伍长→家（伍人）的顺序追究责任。

对于"过党"者，《管子·立政》篇记载：

> 凡过党，其在家属，及于长家，其在长家，及于什伍之长，
> 其在什伍之长，及于游宗，其在游宗，及于里尉，其在里尉，
> 及于州长，其在州长，及于乡师，其在乡师，及于士师。

按照长家→什伍之长→游宗→里尉→州长→乡师→士师的顺序，从家长向上级行政单位依次追究责任。在同篇文献中也记载了对孝悌忠信贤良者的报告，曰：

> 凡孝悌忠信贤良儁材，若在长家子弟、臣妾、属役、宾客，
> 则什伍以复于游宗，游宗以复于里尉，里尉以复于州长，州
> 长以计于乡师，乡师以著于士师。

其顺序是：什伍→游宗→里尉→州长→乡师→士师。

不论是上述哪一种情况，从《管子·立政》篇的记载来看，在地方行政制度的实际应用中，什伍都不是地方行政的临时辅佐，已经常态化并负责具体的事务。结合前文所述《管子》诸篇中所提及的什伍的作用，不难看出什伍和地方行政制度在诸多方面都有关联。

本节中提到的《管子》诸篇当成书于战国末至汉初，其所描述的什伍与地方行政制度的关系大概反映了汉制的情形。《汉书·尹赏传》

所描述的伍人与里、乡、县各吏之间的协作关系，应该也与当时的这种情形密切相关。[1]

由此可知，从伍制和乡里制的关系来看，国家的控制力已经超越了里，到达伍这一基层组织。关于伍制的组成，《续汉书·百官志》载："里有里魁，民有什伍。"可知什伍由民（地缘）组合而成，而不是以里为基准编制而成。[2]《管子·立政》篇对此有记述：

> 分国以为五乡，乡为之师，分乡以为五州，州为之长，分州以为十里，里为之尉，分里以为七游，游为之宗，十家为什，五家为伍，什伍皆有长焉。

从国至游的行政区划的组建，依据的基准是由上至下各级行政区的具体规模，而什伍却与基层行政单位游相分离，是独立组建而成的。

其原因在于，伍制原本是为了告奸而设立的组织，最初与主管民政的地方行政制度无关。不过，如上文所述，在地方行政事务的实施过程之中，伍制不断地参与进来，而伍制的参与也反映了固有的乡里制在地域控制方面存在不足。

同时，虽然地缘共同体发生了变革，作为连坐的实施单位，伍制并未因地方行政对它的利用而失去其固有的特性[3]，仍然保留着连坐方面的作用。

就利用地缘关系参与乡里制方面来说，父老的作用也是相同的，不过从《墨子·号令》篇所载的"里中父老（小）[4]，不举守之事及合计者"来看，父老与吏还是有区别的。

---

1. 关于伍家与上级行政单位之间的关系，北朝的三长制有所反映，史载："若一疋之滥，一斤之恶，则鞭户主，连三长"（《魏书·张晋惠传》），可知伍家——此处是行政单位——之长若需承担责任的话，同时也会连及上级行政机关之长。
2. 拙稿：《漢代における里と自然村とについて》，《東方学》38，1969年；收入本书。
3. 板野長八：《中国古代における人間観の展開》，岩波书店，1972年，第302—303页。
4. 王引之认为"小"是衍字（孙诒让《墨子闲诂》所引）。

伍长

伍中有伍长。《管子》所见的伍长或许经过了一定的加工润色。《汉书·黄霸传》中也有伍长一词："置父老师帅伍长。"《三国志·魏书·公孙度传》载东汉时事曰："先时，属国公孙昭守襄平令，召度子康为伍长。"也有伍长的记载。不过，拙论已经指出[1]，这些伍长并非常设的，而是长吏为了方便管理而临时安排的。与作为连坐单位的伍制不同，这里的伍长与耳目、爪牙、落长等的性质相同。

基于连坐制的五家，由于其告奸形式为私告，因此"长"的存在并不是必需的。伍制（伍人）虽然与地方行政制度关系颇深，但也只是为了方便管理而设置。从两汉至南朝，伍中虽置长，但伍却没有固定化地成为里直接管辖的下级行政单位。

除了《管子》之外，《周礼·司徒》的记载也验证了伍长的存在："邻长五家则一人。"五家之邻长，负责纠察、互助、移居（或与居民登记相关）等事宜："邻长掌相纠、相受，凡邑中之政相赞，徙于他邑，则从而授之。"同时，亦可知其与告奸连坐之伍制相关。《汲冢周书·大聚解》中也有伍长的记录："五户为伍，以首为长，十夫为什，以年为长。"晋孔晁注曰："首为五家冣服"，伍首与葬服亦有关联。由于五家一组的编制与兵制有着较深的关系，有观点认为与兵制组织一样，伍制、邻长或也具有统率兵卒的权力，不过，目前尚没有确切的证据能够证明伍长是伍中的常设之职。

三、伍的编成

伍制与家

前文论述了伍制的起源、作用等，接下来打算探讨伍制的编成问题。

伍制是连坐制的基础，由于连坐存在一定的范围，因而伍制也必然存在数量上的界限。伍，《说文解字》曰："相参伍也，从人五。"参伍，错杂之义。据"从人五"可知，伍是基于"五"这个数字的单位。

---

1. 拙稿《漢代における地方小吏についての一考察》，《中央大学文学部紀要》史学科17，1972年；收入本书。

在古代中国人的思维之中"五"是一个基础性的数字，如用五行来代表民生必须的五种物质（五材）。

本章研究的伍制与告奸连坐制相伴而生，初见于春秋时期，最初即以五家一伍的形式组成。当然，以五为单位的组合方式可以上溯至兵制（或行政组织），但兵制中的伍以个人、壮丁为单位组成，与告奸连坐制中的伍是相异的。

如前文所述，以家为单位的伍制的出现具有特定的历史背景。通过《管子》的《牧民》《形势》《权修》《小匡》《治国》《山至》《轻重甲》《轻重乙》等篇可知，以家为单位的地方控制是地方政制的组成部分[1]，同时还应看到，已经形成了"家—乡—国—天下"的顺序，上层的控制并非直达个人，而是通过家进行管理。另外从《老子》[2]等文献也可以得知，先秦地方行政制度诸形态还包括轨、伍、邻、比等，也都以家为基础构成。

《续汉书·百官志》载："里魁一里百家，什主十家，伍主五家。"《宋书·百官志》称："五家为伍，伍长主之；二伍为什，什长主之；十什为里，里魁主之。"可见家也是什伍制与乡里制的构成单位。后文指出，伍制的编成多在八月案比之时，显然，户籍上的家与什伍组织中的家其形态应当是相同的。

---

1. 《牧民》篇："以家为乡，乡不可为也，以乡为国，国不可为也，以国为天下，天下不可为也，以家为家，以乡为乡，以国为国，以天下为天下。"

   《形势》篇："道之所言者一也，而用之者异，有闻道而好为一家者，一家之人也，有闻道而好为乡者，一乡之人也，有闻道而好为国者，一国之人也，有闻道而好为天下者，天下之人也。闻道而好定万物者，天下之配也。"

   《权修》篇："兵之守在人，人之守在粟，故地不辟则城不固，有身不治，奚待于人，有人不治，奚待于家，有家不治，奚待于乡，有乡不治，奚待于国，有国不治，奚待于天下。天下者国之本也，国者乡之本也，乡者家之本也，家者人之本也，人者身之本也，身者治之，本也。"

   《小匡》篇："是故民皆勉为善士，与其为善于乡，不如为善于里，与其为善于里，不如为善于家。"

   《治国》篇："民富则安乡重家，安乡重家则敬上畏罪。"

   《山至》篇："桓公问管子曰：'请问国会。'管子对曰：'君失大夫为无伍，失民为失下，故守大夫以县之策，守一县以一乡之策，守一乡以一家之策，守家以一人之策，（略）币准之数，一县必有一县中田之策，一乡必有一乡中田之策，一家必有一家直人之用。'"

   《轻重甲》篇："食三升则乡有正食而盗，食二升则里有正食而盗，食一升则家有正食而盗。"

   《轻重乙》篇："且使外为名于其内乡，为功于其亲，家为德于其妻子。"

2. 《老子》："以身观身，以家观家，以乡观乡，以邦观邦，以天下观天下。"

第三章　中国古代的伍制

不过，关于这一点，越智重明氏认为，汉代伍制中的家基本上是指核心家庭，而乡里制的家大概是指兄弟终世同居、沿袭小宗制度的户籍上的家。[1]有关家族制的情况暂且不作具体讨论，但总的来说，在地方政制中，伍制的功能已然包括了乡里制的部分功能，认为伍制中的"家"与一里百家之"家"形态不同的观点很值得继续讨论。

伍制与五家

伍制以家为单位，家长是伍的构成人员。那么，五家与伍的构成之间有着怎样的关系呢？

如《说文解字》所言，"伍"字与数字"五"关系密切。《春秋公羊传》僖公十九年（前641年）何休注曰："一家犯罪，四家坐之。"可知连坐的范围为五家。而常常被讨论[2]的《荀子·议兵》篇"五甲首而隶五家"中的"隶五家"，唐杨倞解释为"役隶乡里之五家也"，也同样与伍制有关。

以五家作为赏赐及课役的单位，也见于《春秋左氏传》定公九年（前501年）："得敝无存者，以五家免。"这一记述出现在将要获取敝无存之尸时。

另外，在先秦的地方行政制度中，最基层的地方行政单位也多以五家为一组编制而成，如：

五家一轨，五十家一里。（《国语·齐语》《管子·小匡》）
五家一轨，三十家一邑。（同上）

---

1. 前揭越智重明：《什伍制をめぐって》，《東方学》41，1971年。他认为，汉代的伍制由核心家庭构建而成，而晋南朝时期同伍之中的家则是户籍记录上的家；同时还指出，将《宋书·百官志》所记里制中家（即户籍上的家）的性质等同于伍制中家的性质的理解是不妥当的。
2. 关于《荀子·议兵》篇的探讨，可兹列举的有：增淵龍夫：《商鞅变法の一問題》，《野村博士還暦記念論文集封建制と資本制》，1956年；增淵龍夫：《中国古代の社会と国家》，弘文堂，1960年；平中苓次：《秦代土地制度の一考察》，《立命館文学》79，1951年；守屋美都雄：《秦の軍功褒賞制における人的支配の問題について》，《社会経済史学》23-1，1957年；《中国古代の家族と国家》，东洋史研究会，1968年；好並隆司：《秦漢帝国の構造について》，《歷史学研究》312，1966年；好並隆司：《商鞅变法をめぐる二、三の問題》，《岡山史学》52，1972年；好並隆司：《秦漢帝国史研究》，未来社，1978年；楠山修作：《商鞅の轅田について》，《東方学》46，1973年；楠山修作：《中国古代史論集》，著者刊，1976年；等。

> 五家一邻，二五家一里。(《周礼·遂人》《汉书·食货志》)
> 五家一比，二五家一闾。(《周礼·大司徒》)
> 五家伍，五十家一里。(《鹖冠子·王鈇》《汉书·晁错传》)
> 五家伍，一十家一连。(《管子·乘马》)
> 五户伍。(《汲冢周书·大聚解》)[1]

这些材料或许也与以五家为单位的伍制存在关联。

当然，最基层地方行政单位也有以八家为单位编制而成的，如：

> 八家一邻，二四家一闾。(《尚书大传·洛诰》)

---

1. 《国语·齐语》："管子于是制国，五家为轨，轨为之长，十轨为里，里有司，四里为连，连为之长，十连为乡，乡有良人焉。"
《管子·小匡》："制五家为轨，轨有长，十轨为里，里有司，四里为连，连有长，十连为乡，乡有良人，三乡一帅。"
《国语·齐语》："管子对曰：'制鄙，三十家为邑，邑有司，十邑为卒，卒有卒帅，十卒为乡，乡有乡帅，三乡为县，县有县帅，十县为属，属有大夫，五属，故立五大夫。'"
《管子·小匡》："五鄙奈何？管子对曰：'制五家为轨，轨有长，六轨为邑，邑有司，十邑为率，率有长，十率为乡，乡有良人，三乡为属，属有帅，五属一大夫。'"
《周礼·遂人》："掌邦之野，以土地之图，经田野，造县鄙，形体之法，五家为邻，五邻为里，四里为酇，五酇为鄙，五鄙为县，五县为遂。"
《汉书·食货志》："(殷周之盛)，五家为邻，五邻为里，四里为族，五族为党，五党为州，五州为乡，乡万二千五百户也。"
《周礼·大司徒》："令五家为比，使之相保，五比为闾，使之相受，四闾为族，使之相葬，五族为党，使之相救，五党为州，使之相赒，五州为乡，使之相宾。"
《鹖冠子·王鈇》："五家为伍，伍为之长，十伍为里，里置有司，四里为扁(甸)，扁为之长，十扁为乡，乡置师，五乡为县，县有啬夫治焉，十县为郡，有大夫守焉，命曰：官属郡大夫退修(循)其属县，啬夫退修其乡，乡师退修其属，扁长退修其里，里有司退修其伍，伍长退修其家，事相斥正，居处相察，出入相司。"
《汉书·晁错传》："臣又闻古之制边县以备敌也，使五家为伍，伍有长，十长一里，里有假士，四里一连，连有假五百，十连一邑，邑有假侯。"
《管子·立政》："分国以为五乡，乡为之师，分乡以为五州，州为之长，分州以为十里，里为之尉，分里以为十游，游为之宗，十家为什，五家为伍，什伍皆有长焉。"
《汲冢周书·大聚解》："开辟修关，道五里有郊，十里有井，二十里有舍，(略)以国为邑，以邑为乡，以乡为闾，祸灾相恤，资丧比服，五户为伍，以首为长，十夫为什，以年为长，合闾立教，以威为长，合旅同亲，以敬为长。"

第三章　中国古代的伍制

> 八家一邻，二四家一朋。(《尚书大传·皋陶谟》)[1]

这一编制方式与井田制相关，与伍制所属系统不同。另外，《释名·释州国》载：

> [周制] 五家为伍，以五为名也，又谓之邻。邻，连也，相接连也。又曰比，相亲比也。五邻为里，居一方之中也。五百家为党，党，长也，一聚之所尊长。万二千五百家为乡，乡，向也，众所向也。

所记的编制方式与《周礼·大司徒》中的"五家一比，二五家一间"比较相近，二十五家居于"方一里"之内。《汉书·刑法志》载："因井田而制军赋，地方一里为井，井十为通，通十为成，成方十里。"可知"方一里"为一井。关于"井"，《释名·释州国》曰："周井九夫为井，其制似井字也。"《韩诗外传》称："八家而井田，方百而为井。"在井田制体系中，"方一里"之内有九（八）夫，即九家。这些以井作为地方行政制度基础的史料——前文所引之外，还有《周礼》之《小司徒》及《匠人》篇、《司马法》、《管子·乘马》等[2]——与伍制系统之间的关系究竟如何，仍然不甚明晰。

关于伍制与五家的关系，还可以从先秦兵制的相关记载略窥一斑：

---

1. 《尚书大传·洛诰》："八家为邻，三邻为间，三间为里，五里为邑。"
   《尚书大传·咎繇谟（洛诰）》："古之处师，八家而为邻，三邻而为朋，三朋而为里，五里而为邑，十邑而为都，十都而为师，州有十二师焉。"
2. 《周礼·小司徒》："乃经土地而井枚其田野，九夫为井，四井为邑，四邑为丘，四丘为甸，四甸为县，四县为都。"
   《周礼·匠人》："九夫为井，井间广四尺，深四尺，谓之沟，方十里为成，成间广八尺，深八尺，谓之洫，方百里为同，同间广二寻，深二仞，谓之浍。"
   《司马法》(《周礼·小司徒》郑注所引)："六尺为步，步百为畮，畮百为夫，夫三为屋，屋三为井，井十为通，通为匹马，三十家。士一人徒二人，通十为成，成百井三百家，革车一乘，士十人徒二十人，十成为终，终千井三千家，革车十乘，士百人徒二百人，十终为同，同方百里，万井三万家，革车百乘，士千人徒二千人。"
   《管子·乘马》："方六里，命之曰暴，五暴命之曰部，五部命之曰聚，聚者有市，无市则民乏，五聚之命曰某乡，四乡命曰方，官制也，（略）方一里九夫之田也。"

    五人伍，二五人两。(《周礼·小司徒》《白虎通》)

    五人伍，十人什，五十人属。(《尉缭子》)

    五人伍，五十人小戎。(《国语·齐语》《管子·小匡》)[1]

在这些材料中，"伍"都是兵制的最基层单位。当然，兵制中的伍与家（同时还有地域社会）并不是完全等同的（因为未必每一户都有成丁），不过以"五"作为计数单位，说明五家组合与兵制是存在关联的。

商鞅什伍制的连坐范围

  伍由五家组成，连坐的范围也以五家为限，这一点基本没有问题。不过，商鞅什伍联称，在伍之前冠以"什"字，导致在解释什与伍关系方面出现了混乱。

  关于什伍，《续汉书·百官志》《宋书·百官志》都解释为十家五家，《管子·立政》篇也采用此说，从之者甚广。什伍制同时有连坐的功能，而连坐的范围自然也是通过什伍来加以限定的。唐人司马贞注《史记·商君列传》之"什伍"时称："一家有罪，而九家连举，发若不纠举，则十家连坐，恐变法不行，故设重禁。"以十家为连坐的范围，是所谓的"重禁"。唐人杜佑在《通典·职官》"乡官"条中将"什伍"释作"十家五家"，而在"东汉官秩差次"条中却说"亭长、乡有秩、三老、游徼、家什等"，又将其释作"什家之制"。[2]

---

1. 《周礼·小司徒》《尉缭子》的原文在本文正文部分已引用。

  《白虎通·三军》："三军者何法，法天地人也，以为五人为伍，五伍为两，四两为卒，五卒为旅，五旅为师，师二千五百人，为一军六师一万五千人也。"

  《国语·齐语》："以为军令，五家为轨，故五人为伍，轨长帅之，十轨为里，故五十人为小戎，里有司帅之，四里为连，故二百人为卒，连长帅之，十连为乡，故二千人为旅，乡良人帅之，五乡一帅，故万人为一军，五乡之帅帅之。"

  《管子·小匡》："以为军令，是故五家为轨，五人为伍，轨长率之，十轨为里，故五十人为小戎，里有司率之，四里为连，故二百人为卒，连长率之，十连为乡，故二千人为旅，乡良人率之，五乡一帅，故万人一军，五乡之帅率之。"

2. 光绪丙申四月浙江书局刊本，九通所收本。

第三章　中国古代的伍制

最近，主张将重点放在"什"上的，有陈启天氏[1]以司马贞之说为依据的研究，还有梁启雄氏[2]，他说："商君使民五家为伍，十家为什，互相纠察，有奸人就告发，不告发，十家连带受罚。"将什伍解释为十家五家的同时，又认为连坐的范围为"十家"。萨孟武[3]、张友鸾氏[4]等也持相同意见。越智重明氏[5]认为，伍是组的意思，什伍以十家为构成单位，这一点从《后汉书·仲长统传》《盐铁论·申韩》篇等文献中都可寻得依据。

正如司马贞所评价的，为了贯彻变法法令，商鞅什伍制用"重禁"。同时，还要注意到什伍制与氏族集团解体之间的关联。另外，《韩非子·定法》篇说："公孙鞅之治秦也，设告相坐，（略）是以其民用力劳而不休，逐敌危而不却。"又可知商鞅的什伍制力图谋求民力的最大化。《盐铁论·非鞅》篇称："商鞅以重刑峭法为秦国基，（略）又做相坐之法，造诽议，增肉刑，百姓［齐］栗，不知所措手足也。"将"重禁"的具体形态解释为增加肉刑，强化刑罪。不论是何种解释，都充分证明商鞅在新引进"什伍"之时，可能对以前的伍制，如秦献公时期的伍制等进行了强化，而十家连坐制的施行其目的或许也在于强化伍制。

那么，什家与伍家之间的关系究竟如何呢？《管子·五行》篇载：

> 然则凉风至，白露下，天子出令，（A）命左右司马，衍组甲，厉兵，（B）合什为伍，以修于西境之内。

可知（A）秋季修甲，同时（B）在民间"合什为伍"。关于"合什为伍"，丁士涵认为其中的"为"是衍字，并引《幼官》篇"修乡闾之什伍"，以及《禁藏》篇"辅之以什，司之以伍"证之。张佩纶则改作"合为什伍"。[6]丁士涵、张佩纶均将其视作常见的"什伍"一词，不过，若按《五行》

---

1. 陈启天：《商鞅评传》，商务印书馆，1935年，第56页。
2. 梁启雄：《韩子浅解》，中华书局，1960年，第408页。
3. 萨孟武：《中国社会政治史》卷1，三民书局，1969年第3版，第240页。
4. 张友鸾：《史记选注》，人民文学出版社，1957年，第224页，注22、23。
5. 越智重明：《什伍制をめぐって》，《東方学》41，1971年。
6. 《管子集校》，科学出版社，1956年。

篇原文来理解的话，什伍指的是以什为单位编制而成的组合。

再来看《管子·度地》篇："笼臿、板筑，各什六，十车什一，雨輂什二，食器雨具人有之，锢藏里中。"记载了里中为了预防水灾而做的准备，防灾作业的单位是"什人"。

据此可知，由于商鞅的什伍制将连坐范围扩大到了十家，原本以伍家为单位的做法就失去了存在的意义。因此在防备水害之时改以十家作为基础单位，反映了现实中对十家之制的灵活运用。

唐制中"四家为邻，五家为保"，具有邻和保两个组织，这点与什伍制相同。有些观点认为邻和保是两个独立的组织[1]，不过从什伍制的运用情况来看，不能认为什和伍也是性质不同的组织。[2]

另外，还有观点认为将什伍解释为十家、五家，体现了人为性质的城市体系的构造[3]，那么，在远离城市的散村中，五家、十家之间的关系又该如何理解呢？在《周礼》《国语》《管子》等文献中，以五家为基础单位的地方行政制度较多，而以十家作单位的地方行政区划则极为少见。故而又有一说认为"什"是修饰词，并没有实际含义。[4]但考虑到商鞅什伍制，较之之前的伍家，采用什家连坐，连坐范围既已扩大，上述说法似乎又站不住脚。

什伍制被认为是"重刑峭法"，原因即在此。复言"重禁"，自然也不会止于原来的伍制。当然，"重刑峭法"重在对刑法的强化，如春秋梁国"一家亡，五家杀刑"（《春秋繁露·王道》篇）。与商鞅什伍制

---

1. 宫崎市定：《四家を隣と為す》，《東洋史研究》11-1，1950年；《宫崎市定全集》，岩波书店。增村宏：《唐の隣保制》，《鹿大史学》6，1958年。
2. 《史记·商君列传》司马贞注曰："刘氏云，五家为保，十保相连"，指出五家组成一保（十保或指二伍十家，有十家连坐之义）。张守节则曰："或为十保，或为五保"，谈到了五保与十保。他们所说的保，虽然是指唐制邻保之中的保，但同时还有"四邻入保（四方之民来城郭自保守）"（《淮南子·时则训》《吕氏春秋·十二自纪》）等用法，可知与表示地缘关系的"邻"不同，"保"能够超越地缘，具有更为广泛的连带性，而本章所讨论的伍制的编成，只与地缘相关。又，《汲冢周书·大聚解》曰："五户为伍，以首为长，十夫为什，以年为长"，由于五户与十夫的关系难以确定，"首"与"年"之间的关联仍然不明确。
3. 米田贤次郎：《二四〇步一畝制の成立について》，《東洋史研究》26-4，1968年；《中国古代農業技術史研究》，同朋舍，1989年。古賀登：《县乡亭里制度的原理和由来》，《史林》56-2，1973年；《漢長安城と阡陌·县乡亭里制》，雄山阁，1980年。
4. 樱井芳朗：《什伍制度についての考》，《東京学芸大学研究紀要》6，1954年。

第三章 中国古代的伍制

有着密切联系的《尉缭子·伍制令》云:"伍有干令犯禁者,揭之免于罪,知而弗扬,全伍有诛。"一旦连坐则全部诛杀。正是由于伍制基于兵制而设,自实施之初就全盘沿用了兵制的严刑重罚,故而商鞅什伍制中连坐的量刑也自然具有相当的力度,不能视其为特例。

什伍制的起源

那么,将"什"字冠于"伍"字之前的制度究竟起源于何处呢?商鞅什伍制的赏罚皆依兵制而作,《商君书·境内》篇记载商鞅的兵制为"五人伍,五十人一屯长"。[1]并未见"什"这一单位。虽然有观点推测《境内》篇与什伍制存在关联[2],但这并不足以肯定商鞅的兵制中也存在什制。如前所述,从组织构成上来说兵制与什伍制没有必要保持一致。

但同样如前文所言,什伍制与兵制紧密相连。暂且不说商鞅的什伍制与兵制的关联,先来看曾经作为兵制存在的什伍制本身。《尉缭子·伍制令》载:

> 军中之制,五人为伍,伍相保也,十人为什,什相保也,五十人为属,属相保也,百人为闾,闾相保也。伍有干令犯禁者,揭之免于罪,知而弗揭,全伍有诛。什有干令犯禁者,揭之免于罪,知而弗揭,全什有诛。属有干令犯禁者,揭之免于罪,知而弗揭,全属有诛。闾有干令犯禁者,揭之免于罪,知而弗揭,全闾有诛。吏自什长已上至左右将,上下皆相保也,有干令犯禁者,揭之免于罪,知而弗揭者,皆与同罪。夫什伍相结,上下相联,无有不得之。奸无有不揭之罪,父不得以私其子,兄不得以私其弟,而况国人聚舍同食,乌能以干令相私者哉。

---

1. 《商君书·境内》篇:"其战也,五人[束簿]为伍,一人[死]而[刭]其四人,能人得一首则[优],(略)五[十]人一屯长,百人一将,(略)五百主短兵五十人,二五百主,将之主,短兵百,(略)国[尉],短兵千人,[大]将,短兵四千人。"引用原文方括号之中的内容,从守屋美都雄《漢代爵制の源流として見たる商鞅爵制の研究》(《東方学報京都》27,1957年)、《中国古代の家族と国家》(东洋史研究会,1968年)所改。
2. 米田賢次郎:《二四〇步一畝制の成立について》,《東洋史研究》26-4,1968年;《中国古代農業技術史研究》,同朋舎,1989年。

反映了魏的兵制中包含了伍制和什制。现存的《尉缭子》,有伪作说,明人董说认为,其兵制是与商鞅同时代的魏惠王时期的制度。[1]

魏国的兵制与商鞅之制大多类似,其编制如下:

五人(伍长)—十人(什长)—五十人(卒长?)—一百人(伯长)—一千人(千人之将、司马)—一万人(万人之将)—将军—大将军[2]

商鞅的兵制与之大体一致:

五人(伍长)—十人?—五十人(屯长)—一百人(将)—五百人(五百主)—一千人(二五百主)—国尉—大将

另外,魏的兵制对于干令犯禁也同样采用告奸连坐制。

春秋时代的史料(如《春秋左氏传》襄公十三年)中散见有关于兵制中什制的材料,因此《尉缭子》所记魏国的兵制,不能以其为后世伪作而全盘否定。商鞅什伍制的起源或与春秋战国时期的列国兵制,特别是魏国兵法存在关联。

汉魏晋南朝的什制与伍制

以商鞅推行什伍制为契机,伍制得以强化,从五家连坐制扩大为十家连坐制,而汉代以降,伍制又回归了五家连坐制。

西汉伍制有伍人、比伍、相伍等称呼:

(1)乃部户曹掾吏,与乡吏、亭长、里正、父老、伍人,杂举长安中轻薄少年恶子。(《汉书·尹赏传》)

(2)亦县县有名籍,盗贼发其比伍中。(《汉书·尹翁归传》)

---

1. 董说:《七国考》。
2. 参见《伍制令》《束伍》等篇。又,《兵教上》篇载:"伍长—什长—卒长—伯长—兵尉—神将—大将",《制谈篇》曰:"千人—司马",《攻权》篇曰:"五人伍,十人什,百人卒,万人将。"

（3）今或不然，令民相伍。(《韩诗外传》卷四)

前揭《汉书·王莽传》也有邻伍、伍人等称呼。《王莽传》记载当时对盗铸者"延重其法，一家铸钱，五家坐之"，可知当时的伍制以五家为连坐单位。

王莽时的五家连坐制，即便是前述"重其法"的时期，也比商鞅的十家连坐刑罚要轻。如果西汉连坐制也是以十家为单位的话，那么王莽之制较之更轻，就称不上"重其法"了。因此，可以从王莽的五家连坐之制上溯而窥知西汉之情形。东汉郑众注解"大比"曰："五家为比，故以比为名，今时八月案比是也。"(《周礼·小司徒》郑玄注所引)指出大比即为八月案比，也说是以五家为单位进行编制（详后述）。

建武七年"今还复民伍"(《后汉书·光武纪》)，恢复前汉旧制，废除了将连坐和缘坐一体化的王莽之制，可知东汉伍制也是五家连坐制。

成书于秦汉之交[1]的《墨子·号令》篇中与伍制相关的记载有"伍人不得斩，得之除"，"伍坐"等，又说："能捕得谋反、卖城、踰城敌者一人，以令为除死罪二人，城旦四人。"只要捕获谋反者一人，即可赦免两人死罪与四人城旦。如果未能捕获，当然会获罪，应是两人（以上？）死罪、四人城旦。

死罪与劳役刑应当都是为了追捕谋反者而采用的连坐刑，由于死罪是极刑，死罪以外适用缘坐刑的城旦四人，估计是伍中谋反者所在家庭之外的四家家长。

从《墨子·号令》篇来看，伍的连坐涉及伍中的全部人口。而在实际运用中，罪犯所在家庭与其余四家受到的责罚或许是有差异的。

由此推测，连坐制在秦汉之交可能已经恢复为五家连坐。在汉代群盗蜂起之时，《汉书·成帝纪》"鸿嘉四年"条载："相捕斩，除罪。"只要能够捕获斩杀同党罪犯，自身便可得到赦免。《后汉书·光武纪下》"建武十六年"条记载："听群盗自相纠擿，五人共斩一人者，除其罪。"赦免的范围以五人为限。这里的五人虽然不能直接等同于连坐制中的

---

1. 大塚伴鹿：《墨子の研究》，森北书店，1943年。

伍人，但就单位数量而言却是一致的。

《礼记·曲礼上》载："群居五人，则长者必异席。"孔颖达注曰："谓朋友居处法也，（略）古昔地敷横席，面容四人，四人则推长者居席端。"讲述了五人席次的划分，可知在地域社会的群居礼仪中，同样以五人为单位划分。《礼记》反映的多是汉代礼制的实态。

居延汉简记曰：

（上缺）近仓谷里三铢五分，五家相证任伍中（下缺）
（上缺）尉谊临。（简 29.8）

这支简虽已残断，但可知五家，即"伍"中各家的关系。"相证"说的是在地方交纳（？）钱谷之时互相佐证。这支汉简记载的应是西汉公文，在研究西汉伍制的编制组成方面可资参考。

再来看汉碑。建于东汉熹平年间的《仓颉庙碑》云："良辰荐祀告□□□复氏五家须□□祷祈雨降。"是关于祈祷降雨的碑文，也是五家共同祈雨。

上述虽有推论的成分，但从中不难发现，西汉伍制与王莽伍制一样，都是五家连坐制。不过，越智重明氏引述的《后汉书·仲长统传》和《盐铁论·申韩》篇中的记载还需再作讨论。《后汉书·仲长统传》载：

（1）然则寡者为人上者也，众者为人下者也，一伍之长，才足以长一伍者也，一国之君，才足以君一国者也，天下之王，才足以王天下者也。愚役于智，犹枝之附干，此理天下之常法也。（略）（2）明版籍以相数阅，审什伍以相连持，限夫田以断并兼，定五刑以救死亡，益君长以兴政理，急农桑以丰委积。（略）（3）向者天下户过千万，[除]其老弱，但户一丁壮，则千万人也，遗漏既多，又蛮夷戎狄居汉地者尚不在焉。丁壮十人之中，必有堪为其什伍之长，推什长已上，则百万人也，又十取之，则左史之才已上，十万人也，又十取之，则可使在政理之位者，万人也。以筋力用者，谓之人，人求丁壮，以才智用者，谓之士，士贵耆老，充此制以用天下之人，犹将有储，何嫌乎不足也。

（1）中指出人才的差异关乎地位的差异，（2）中则列举了整顿户籍等十六条政务，（3）中则详细计算了人才的数量。（1）中以"长"为例，从伍长论及王者，（3）中为了方便计算"长"等人才的数量，"又十取之"，以十为计量单位，"长"之名也始自"什长"。

《后汉书·仲长统传》论述的是天下的人才，虽然列举了伍长、什长之名，但只是借物比喻而已，与伍制的真实形态无关。

再来看《盐铁论·申韩》篇：

> ［文学曰］文诛假法，以陷不辜，累无罪，以子及父，以弟及兄，一人有罪，川里惊骇，十家奔亡。

这一记述似乎与连坐制相关。不过，《盐铁论》所载御史与文学关于伍制的议论亦见于《周秦》篇，曰：

> ［御史曰］一室之中，父兄之际，若身体相属，一节动而知于心。故今自关内侯以下，比地于伍，居家相察，出入相同，父不教子，兄不正弟，舍是谁责乎？
> ［文学曰］今以子诛父，以弟诛兄，亲戚相坐，什伍相连，（略）君君臣臣，父父子子，比地何伍，而执政何责也？

御史所说的是"伍"，与之相对的是文学使用"什伍"一词。

在汉代，"什伍"之称见于兵制，"五人为伍，伍长一人，十人为什，什长一人，百人为卒，卒史一人"（《汉旧仪》）。《淮南子·兵略训》有"什伍""伍连什伯"等词，《汉书·晁错传》亦见"什伍"一词，但都是指兵制中的什伍。在告奸连坐制中使用"什伍"一词则极其罕见。而《盐铁论》中的文学却刻意使用了"什伍"一词。

但是，要注意的是，文学的议论目的在于指责连坐制。因此，在发难之时，特意引用声名昭著的商鞅十家连坐之酷法，使用什伍制用语，目的在于强调连坐制之非，其用词是可以理解的。"十家奔亡"可能也是文学在解说汉制之时，将其与商鞅旧制关联起来，以作论难之用而已。

另外，关于连坐制，《南史·郭祖深传》记载南朝梁时"一人有犯，则合村皆空"。晋、南朝并无什制存在[1]，而是五家连坐制。不过在当时的实际施行过程中，也有可能波及他伍或全村，因此所谓的"十家奔亡"，也未必是夸张之言。

当然，也不排除实际情况已经改变却依然沿用旧称的情况。前述《后汉书·仲长统传》（2）中的"审什伍以相连持"等，其性质大概就是如此。但不论怎样，连坐制使无辜之人受到牵连，而商鞅又将其从五家连坐扩展为十家连坐，恐怕也只有在战国列国对抗的非常时期才能获准实施。如果在汉代长期施行十家连坐制之类的酷刑，恐怕会造成人民紧张过度，反而会引发社会混乱。因此在后世的连坐制中，也将十家连坐制视为特例。[2]

两汉之后，伍制在魏晋南朝继续施行。两汉南朝的伍制均以五家为一组。虽然不清楚商鞅之后在哪个时期改为五家连坐，但什制是只见于秦国的制度。

《续汉书·百官志》载：

> 县万户以上为令，不满为长，侯国为相，皆秦制也。（略）里有里魁，民有什伍，善恶以告。本注曰：里魁掌一里百家，什主十家，伍主五家，以相检察，民有善事恶事，以告监官。

《宋书·百官志》载：

---

1. 增村宏：《晋南朝の符伍制》，《鹿大史学》4，1956年；《宋書王弘伝の同伍犯法の論議》，《鹿儿岛大学文理学部研究纪要文科报告》4，史学编1，1955年。
2. 《隋书·食货志》记载，北齐河清三年令："十家为比邻，五十家为闾里，百家为族党。"有"十家比邻"之说，而王安石的保甲制也是以十家为一保。不过，同属于北朝之制的还有北魏三长制下的"五家一邻"，作为地方行政制度的末端构成，五家一邻的组成特性鲜明，生命力顽强，至王安石的保甲制，在施行三年之后也重新变更为五家一保制。王阳明的保甲法也是十家一甲，不过这是后世以乡村保长为首建立的自卫制度，是基于乡约而构建的。

第三章　中国古代的伍制

> 县令长秦官也，大者为令小者为长，侯国为相，汉制［也］[1]，（略）五家为伍，伍长主之，二伍为什，什长主之，十什为里，里魁主之。

为何十家五家之制度仍然得以存续呢？如后文所述，连坐制历来受到各种批评，西汉时也曾一度废除了参夷、连坐之罪。其后连坐制虽然再度复活并得以施行，恐怕也只是为了维护王朝的统治基础，具体的实施并不十分地严苛。

如下文所述，伍制的编制、完成每年都会持续进行。《晋书·职官制》的内容只涉及里制，《续汉书·百官志》和《宋书·百官志》则对伍制均有记载，不过《宋书》却并未提及关键的连坐问题。《续汉书·百官志》《宋书·百官志》没有触及当时现行的伍制，而是转述了有关商鞅的什伍制的释义，这或许反映了伍制在当时已然成为徒有其表的虚制。

伍制的编成方法

伍制的编制、完成，采用了怎样的方法呢？

从秦献公十年"为户籍，相伍"（《史记·秦始皇本纪》）来看，伍制与户籍有关。《管子·度地》篇载：

> 令曰：常以秋岁末之时，阅其民，案家人比地，定什伍口数，别男女大小。其不为用者，辄免之，有锢病不可作者疾之，可省作者，半事之，并行以定甲士被兵之数，上其都。

讲的是每年秋天貌阅居民，实施户籍调查，调查户口、性别、年龄、疾患、兵役适龄情况等，同时普查什伍口数，即编成什伍。关于《度地》篇的这段记载，尹知章曰："案人化地，有十口五口之数，当受地若干。"[2] 认为什伍按十口五口之数进行土地分配。"案家人比地，定什伍口数"

---

1. 拙稿《漢代における里と自然村とについて》（《東方学》38，1969年，收入本书）讨论了《宋书·百官志》中的这条记载。
2. 《管子集校》，科学出版社，1956年。

与"比地为伍"用法相同,意思是根据什伍的地缘情况编排什伍。

《管子·幼官》篇又言:"[九和时节],修乡间之什伍,量委积之多寡,定府官计数。"也说什伍的编排在秋季进行。

一般认为《管子》之《度地》《幼官》两篇成文较晚,是汉代的作品,所反映的多是汉制。实际上,东汉郑众也提到了汉代以五家为单位的编排,与八月案比以及户籍编纂同时进行,前文已有引述:"五家为比,故以比为名,今时八月案比是也。"(《周礼·小司徒》郑玄注所引)另外,《汉书·尹翁归传》载:

> 郡中吏民贤不肖,及奸邪罪名,尽知之,县县各有记籍。(略)奸邪罪名,亦县县有名籍,盗贼发其比伍中,翁归辄召其县长吏,晓告以奸黠主名,教使用类推迹盗贼所过抵,类常如翁归言,无有遗托。

翁归曾任东海大守,并曾入守右扶风。在任时,在各县的名籍之中记载居民的贤、不肖、前科等,以县之名籍来督励各县令长,以使其勤务治安。因此在各县名籍中,据"盗贼发其比伍中"等内容亦可见伍制的编成等记载。

《盐铁论·周秦》篇曰:"故今自关内侯以下,比地于伍。"可知除列侯以外,关内侯以下的所有臣民均不分士庶,依据地缘以五家为单位编排。刘宋时期,有关于同伍之人犯法时士庶区别的问题的记载(《宋书·王弘传》),从中可知沿袭汉制未改。[1]

先郑(郑众——译者)也谈到伍籍的问题,说:

> 比居谓伍籍也,比地为伍,因内政寄军令,以伍籍,发军起役者,平而无遗脱也。(《周礼·小宰》郑玄所引)

---

[1] 古贺登的《阡陌制下の家族、什伍、闾里》(《一九七三年史学会部会报告》)及《漢長安城と阡陌・県郷亭里制度》(雄山阁,1980年)认为,五家一邻是指在同一住宅地范围内居住的五个核心家庭,他们同时也是三族之内的亲戚血缘集团。本章没有否定伍的血缘集团性质,不过认为伍的编排更应该是以地缘为原则。

不过,仅凭这条文献仍难以确定伍籍与户籍之间的关系。《唐书·高骈传》载:"[秦]彦者徐州人,本名立,隶伍籍。"《旧唐书·秦彦传》则作:"秦彦者徐州人,本名立,为卒隶徐州。"可知唐制中的伍籍即军籍。由此可知,先郑所说的伍籍或许也是与军令类似的编制。

结语

伍制的实施状况

最后谈谈伍制的实施状况。首先来看伍制的效果,特别是作为伍制核心的告奸连坐制是否充分发挥了作用。

如《韩诗外传》所言,告奸连坐制"使构造怨仇,而民相残伤",有严重破坏地域秩序之嫌疑,其实施过程中也受到了强烈的批判,以《盐铁论》文学的批判意见最具代表性。

降至东汉,尚书令左雄甚至说:"[秦]县设令长,郡置守尉,什伍相司,封豕其民"(《后汉书·左雄传》),改变了以往"分伯建侯""代位亲民""民用和穆"状况的郡县制以及同时实施的什伍制,都受到了他的严厉批判。当然,左雄的言论主要是为了批判秦朝的酷政,而同时又将什伍一并列举出来。

对伍制的强烈批判,如下文所引,目的在于祛除私告之风。

> [及孝文即位],惩恶亡秦之政,论议务在宽厚,耻言人之过失,化行天下,告奸之俗易。(《汉书·刑法志》)

《汉书·赵广汉传》记载,广汉任颍川太守时,"又教吏为缿筩",设置意见箱并实施密告制度。如果伍制中的告奸连坐制能够充分发挥作用的话,则完全不必使用意见箱。次任颍川太守韩延寿废止了意见箱之制,史载:

> 令相告讦,(略)颍川由是以为俗,民多怨雠,延寿欲更改之,教以礼让。(《汉书·韩延寿传》)

或许也正是因为这样的原因,在伍制的实际运用中多有变通。《宋书·沈约传(自序)》曾说,伍中之人犯罪的话,其犯罪地点如果较远,同伍之人适用连坐之刑或不妥,应将距离犯罪现场百步之内的伍纳入连坐范围。《宋书·王弘传》则认为同伍者不论士庶一律连坐亦存在问题。关于这两条记载,后者牵涉到贵族制的发展,前者则意味着直至南朝,仍然看不出伍制的发展完善及其历史变迁过程。

前文所引《续汉书·百官志》《宋书·百官志》关于伍制的模糊记载也说明伍制连坐制自身有局限性。

总结

以上论述可总结为以下几点:

(1)伍制的起源与春秋时代兵役的扩大、以户为单位的一元支配体制的发展有关。

(2)伍制的作用在于构建告奸连坐组织。

(3)由于伍制可以充分了解地缘实情,故而常为地方政制所利用。

(4)伍制,在每年八月案比之时,以近邻五家为单位编制而成。

(5)作为非常时期的政策,只有商鞅的什伍制强化了连坐范围,将其扩展至近邻十家。

综而言之,(6)由于连坐制会严重影响乡村秩序,因此长期受到强烈批判,虽然在伍制的编成过程中连坐制仍然继续得以实施,但其实效却是值得仔细斟酌的。

另外,伍制与唐代的邻保制之间也有许多值得思考的关联,容另文再表。

第四章

睡虎地出土竹简所见的伍制

前言

作为中国地方行政制度之一的伍制，从文献上可以上溯至春秋时期，约公元前7世纪。在兵役突破士大夫阶层的范围，扩大到农民阶层的过程中，将原为兵制组成单位的伍（五人组）引入地方行政制度之中，从而产生了伍制，伍（五家组）则成为地方的基层组织。

《国语·齐语》曰："作内政而寄军令焉"，反映了兵制与内政之间的关联性。不难推想，在兵农分离的时代，作为职业军人的士大夫阶层，往往会将兵制中的内容灵活应用到日常生活之中。更进一步地说，在将兵制中的内容作为地方行政制度的一部分向全国推行的同时，又贯彻实施国民皆兵的政策，都是君主谋求集权、强化人身控制的措施。

一般认为，作为地方行政制度的伍制的确立，契机之一是商鞅所实施的什伍制。商鞅的什伍制将春秋时期的伍制变更为什制，扩大连坐的范围，以达到强化治安的目的。商鞅的什制以十家为一组，若组内有一家（户）犯罪的话，其余九家的户长都要连坐，是恐怖政治的真实体现，正因为如此，进入汉代之后，虽然在称呼上仍然保留什伍制之名，但其实已经回归到春秋时期的伍制了。

商鞅的什伍制的实施开始于前359年（或说前356年）。不过，由于史料上的限制，其结束的年代以及具体的编制形态、功能等均无法究明。

1975年，湖北省云梦县睡虎地秦墓竹简的大量出土，为探讨这些问题提供了新材料。竹简的主人是生活于战国末年至秦统一初年的一位县吏。竹简的内容以秦律最受瞩目，不过也包含了很多关于伍制的记述，从中可以了解向来存疑的商鞅之后的什伍制情形以及伍制的发展状况。

关于春秋时期到两汉六朝的伍制，笔者曾有略述[1]，不过当时对睡虎

---

1. 拙稿：《中国古代の伍制について》，《中央大学文学部纪要》史学科19，1974年；收入本书。该文所引史料，本章不再重复引用。

第四章　睡虎地出土竹简所见的伍制

地出土竹简所反映的战国及秦统一之初的伍制却未能涉及。因此，下文拟对睡虎地出土竹简中与伍制相关的记载略作整理。本章所引用的睡虎地竹简，依据1981年文物出版社刊行的《云梦睡虎地秦墓》一书，简号标记于所引史料之后的"（　）"内。

一、伍的编成

［史料1］可（何）谓四邻，四邻即伍人谓殹。（《法律答问》简号469）

据史料1可知，在战国末期至秦统一初年，曾以"四邻"为基础编制成"伍"。仁井田升氏在研究唐代户令恢复旧制之时，曾谈到邻、保之间的关系，他对"四家为邻、五家为保"的肯定[1]，引发了学界对邻、保的具体构成及其功能的论争。

关于这场论争的过程，松本善海氏已有详细的介绍。[2] 论争的一个中心问题是，四家之邻与五家之保究竟是并列组合的，还是保已经涵盖了邻。

论争的问题乍看起来只是琐碎的细枝末节，但由于其着眼点是位于国家控制体制最末端的邻、保的功能问题，因此颇受关注。

关于唐令所记四家一邻与五家一保的组合及邻、保各自的功能（特别是邻），目前还没有一个决定性的解决方法。不过，虽然是公元前3世纪的材料，但据前揭所引睡虎地出土史料1可知，四家一组的邻与五家一组的伍不是并列的组织，邻是被包括于伍之内的。

再来看四邻与伍的组合方式。史料1称"四邻即伍人"，组合的前提当然是有一户作为中心及基准的家庭，然后再加上这一家庭的四邻。那么，伍的具体的编制形态可以推想为由左右并列的五家组成，可参

---

1. 仁井田陞:《唐令拾遗》，东方文化学院，1933年。
2. 松本善海:《吐鲁番文書より見たる唐代の鄰保制》，《西域文化研究》6，法藏館，1963年;《中国村落制度の史的研究》，岩波书店，1977年。

看图示（附图1）。[1]

附图1：

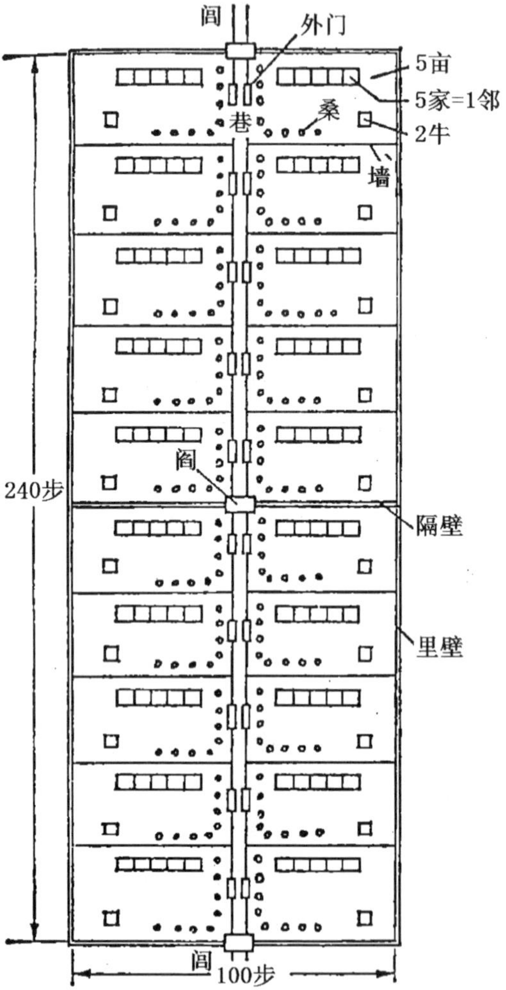

古贺登氏所说的秦汉之里

---

1. 米田賢次郎:《二四〇步一亩制の成立について—商鞅变法の一侧面—》,《東洋史研究》26-4。《中国古代農業技術史の研究》,同朋舍,1989年。古賀登:《阡陌制下の家族・什伍・閭里》,《法制史研究》24,1975年;《漢長安城と阡陌・県郷亭里制度》,雄山閣,1980年,第293—294页。

第四章　睡虎地出土竹简所见的伍制　　463

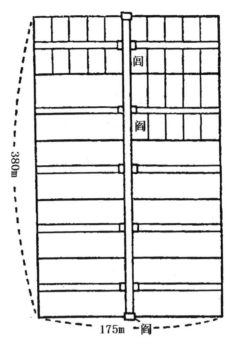

米田贤次郎氏所说的商鞅之里

"四邻"一词，还见于《国语·齐语》，曰："四邻大亲"，不过说的是齐国向南边的鲁国、西边的卫国、北边的燕国返还所占诸邑，并相互确定封疆（国境）的事情。此处的"四邻"，是四方诸侯国之意。

关于邻的字义，东汉郑玄注《诗经·小雅·正月》曰："邻，近也。"民国汪仁寿《金石大字典》所收录的"邻"字的古文字，还有"**66**"（《汉孙根碑》）及"∞"（《汗简》）。加藤常贤氏认为"邻"的古文字字形作"🞏"、"∧∧"，字形中的"口"指的是为了防止他人侵入建筑围墙，并有门遮掩的一户住宅。"🞏"、"∧∧"则表现了两处住宅并列为"邻"的形态。[1]

"四邻"可以理解为以临近某一中心的东西南北四方之邻，这是比较传统的解释，不过藤堂明保氏从音韵学上分析认为，一户户住家并列如念珠串联的状态（附图2）也可以称作"邻"。藤堂氏引用《说文

---

[1] 加藤常贤:《漢字の発掘》，角川书店，1971年，第196页。《说文解字通训定声》认为"∧∧"字当是比之误体"。

解字》中的"五家为邻"与《论语·里仁》中的"子曰：德不孤，心有邻"，作为后一种字义的辞例。[1]

附图2：

藤堂明保氏所说的"邻"

藤堂氏所主张的"邻"是如念珠串联般的并列状态，这与前文已经提出的同列五家组成一伍的形态相一致。不过，关于《论语·里仁》中的"邻"字，三国魏人何晏释曰："以类聚"，朱熹则解释称："邻，犹亲也"，这些理解都与特定的数字、形态相去甚远。

与《说文解字》不同，白川静氏认为"鄰"的正字当作"隣"，"隣"的本义是使用人牲的圣所，其中有专司祭祀的官吏，后世转化成为行政单位名称。[2] 东汉刘熙的《释名·释州国》曰：

> 五家为伍，以五为名也，又谓之邻。邻，连也，相接连也，又曰比，相亲比也。

"邻"不仅有"相接"的意思，还有"连"的含义。"接""连"的字义未必如四方之邻所反映的，伍中各家是直接邻接的状态，而是如念珠一般并列串联的状态。"四邻"一词，确如藤堂氏所言，当理解为四方的近处、四方的邻国、四方的邻人。[3]

将"四邻"理解为东西南北等四方关系的话，那么"邻"的字义表现的或许是念珠环状相连的状态。不过，若按此理解的话，如藤堂氏所论，一边将《说文解字》中的"五家为邻"理解为同列的五家，一边又将"四邻"解释为分处四方、环状相连的四家，伍的编排形态就会出现明显的差异。

---

1. 藤堂明保：《漢字語源辞典》，学灯社，1965年，第477—481页。
2. 白川静：《字統》，平凡社，1984年，第892页。
3. 藤堂明保：《漢和大字典》，学习研究社，1978年，第259页，"四邻"条。

当然，睡虎地出土材料的时代为战国末期至秦统一初年，而《说文解字》是东汉时期编纂成书的，如果二者所记载的五家一组的形态自身就存在差异的话，藤堂氏的理解自然也没有问题。不过，由于《说文解字》"五家为邻"的含义与本章相关，有必要重新再作讨论。

以前揭史料1所说的"四邻即伍人"为基础来看《说文解字》的"五家为邻"，可知《说文解字》所说的"五家"，其组成包括四邻及位于四邻中间的那一家住户。以上所考虑的相"邻"关系中，四邻呈现出念珠串联的形态，不过，如果以中间住户为中心向四个方向画线，相邻的四家分别通过直线与中心相连的话，其形态也是完全可以成立的。

当然，也可能由于时代的差异，后世的《说文解字》受到了朝着统一方向发展的社会背景的影响。不过，即便如此，若依据睡虎地出土的史料来理解《说文解字》所记五家一组的形态的话，要首先审慎考虑五家组合出现的背景，即战国秦汉时代是否存在的条里制问题。这是因为，依据睡虎地出土资料能够确定五家组合的存在，但不能认为到了汉代之后为了满足人为的条里区画的需要，而将五家组合都变更成了并排为一列的形态。

依据"伍即四邻"而认为五家住户根据四邻关系进行编排的观点今后需要慎重考虑。不过，从前揭史料1至少可以得知伍的存在方式不是固定的。

正如古文字"**66**""∞"所象，位于中间的家庭与东西南北四邻之间的位置关系未必是固定的，不变的只是中间家庭与四个方向的各个邻居之间互相临近，在空间上两两层积的状态（附图3）。[1]当然，由于具体的组合形态有差异，也不应该否定如念珠串联般的五家一组的形态。

---

1. 古賀登:《漢長安城と阡陌・県郷亭里制度》,雄山閣,1980年,第275—287页。古贺氏引用了《孟子·梁惠王章句上》："壮者以暇日修其孝悌忠信，入以事其父兄，出以事其长上"，认为或许从（井田）夫屋制开始，父子兄弟三族聚居，同居于一处大门之内，这样的家庭五家一组组成一伍及一乡。但是，关于"入以事其父兄"的解释应如守屋美都雄氏所言，不能过于受限于家族研究中所谓"三族制"这样的传统说法，而要看到汉代家族的大小及形态是多种多样的，从仅由夫妻组建的小家庭到包括从兄弟在内的大家族在当时都同时并存，因此对这句史料的理解不能局限于同居家族。(《漢代家族の形態に関する再考察》,《ハーバード燕京同志社東方文化講座》2, 1956年；《中国古代の家族と国家》, 东洋史研究会, 1968年）能够明确证明五家组合是血缘族制的史料仍然是不充分的。

附图3：

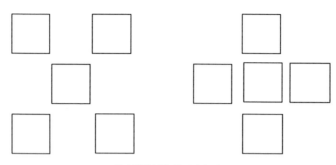

"四邻即伍"的五家组合

那么，为了保持五家一组的原则，在伍的编排过程中是否会突破作为聚落单位的里的限制呢？目前还无法确定。不过，伍制应该不是严整划一地严密遵循五这一数值。"四邻"与"近邻"之义亦相通，而里最初是征发赋役的基本民政单位，与单纯的治安维护组织伍的性质也不同。

依汉制之规定，一里有百户，不过实际上未必会完全一致。对伍来说，除了由多个相邻的里组成的城市之外，在一般的情况下，如果完全无视近邻原则，脱离生活的实态及地缘关系来研究伍的话，则忽略了伍制的现实性与实效性。与里的编排方式一样，五家一伍这个数量组合不是伍制实施的绝对条件。同样，编排而成的伍，其样式、形状也未必是绝对一致的。

［史料2］冗募归，辞曰日已备，致未来不如辞，訾日四月居边。●军新论攻城，城陷，尚有栖未到战所，告曰战围以折亡，段者，耐，敦长、什伍智弗告，訾一甲，伍二甲。●敦表律。（《秦律杂抄》简号363、364）

据史料2可知，与伍并称的还有"什伍"一词。追究同一事件的责任时，什伍罚一甲即可，而伍则罚二甲，所罚更重。

由此可知"什伍"与"伍"是两个不同的组织。睡虎地秦墓竹简整理小组的译文将伍解释为"同伍的人",不过又将"什伍"解释为"同什的人"。[1] 较之同伍之人,同什的人相互之间的人际关系应该更冷淡一些,从这个角度来看,同什之人责任较轻是可以理解的。但是,《敦表律》是关于边境屯戍的律文,此处的什伍更有可能是指军队组织(队列)中的什与伍。[2]

另外,本章提到的与民间地方行政相关的十家组合,依据睡虎地出土竹简尚无法确认。

因此,商鞅所确立的十家组合制度,在战国末期至秦统一初年很可能已经废止,当时的秦人又恢复了商鞅之前的伍制。[3]

二、伍的构成

[史料3]吏从事于官府,当坐伍人不当,不当。(《法律答问》简号525)

[史料4]大夫寡,当伍及人不当,不当。(《法律答问》简号526)

这两条史料中,睡虎地秦墓竹简整理小组认为史料4反映了爵位较高、人数也较少的大夫不与一般的伍人一起列入五家组合。[4]陈自方氏则指出睡虎地秦律中的连坐有三种[5],即:(1)家族连坐;(2)什伍连坐;(3)官吏连坐

---

1. 睡虎地秦墓竹简整理小组:《睡虎地秦墓竹简》,文物出版社,1978年,第146页。
2. 睡虎地出土竹简中可见有关军队组织中什伍制之"伍"的记载:"□□　□□某爱书:某里士五甲、公士郑才某里曰丙共诣斩首一,各告曰:'甲、丙战刑丘城,此甲、丙得首殴,甲、丙相与争,来诣之。'●诊首曰□齧发,其右角痏一所,袤五寸,深到骨,类剑迹,其头所不齐脬脬然。以书譣首曰:'有失伍及菌不来者,遣来识戏次。'"(《封诊式》,简号614—616)
3. 好竝隆司的《商鞅变法の新解释》(《中国における権力構造の史的研究》,1982年)认为,商鞅什伍制中的"什"没有特殊的含义,可能是指两个伍的组合,或者是十个伍。他还认为伍制中的连坐也是由商鞅创始的。
4. 睡虎地秦墓竹简整理小组:《睡虎地秦墓竹简》,文物出版社,1978年,第217页。
5. 陈自方:《秦汉连坐制度试探》,《北方论丛》1979年第2期。而马先醒的《坐与连坐》(《简牍学报》10,1981年)指出秦法的连坐范围有五种划分:①家室,②三家,③邻伍,④什伍,⑤乡里。

认为应将官吏从什伍连坐制中分离出来。

若按此说，伍的构成与汉制所说的不同。按汉制，"今自关内侯以下，比地于伍"（《盐铁论·周秦》），关内侯以下的所有人都要按照地缘关系编入五家组合之中。陈自方氏之说中的官吏连坐，实际上是官僚组织内部的一种责任体制，如官吏对所管辖的部下有连带责任，治狱不直的官吏会被免去职务等。不过，职务上责任与日常生活中的伍制，不应当是相互排斥的关系，不能说因为在职务上需要负责，就可以免除日常生活之中的责任和义务。

虽然秦爵的具体形态仍不十分明确，但仅将"大夫"爵级者排除到伍制的范围之外，也是不可理解的。史料4"大夫寡"中的"寡"，迄今为止一般理解为"寡少"，那么大夫数量寡少的原因也颇值得深究。

有解释认为，与史料3所记吏人的情况一样，史料4反映了伍中的连坐规定不适用于大夫[1]，富谷至氏提出的大夫不是什伍组成人员的观点也颇有信从者。[2]但是，就史料3记述的"从事于官府"的吏是否应当作为伍人受到连坐这一问题来说，如果吏不是伍的组成人员的话，就根本没有必要设问了。吏也是伍的组成人员，这一点是毋庸置疑的。

那么，在史料3中，伍人连坐为什么能够得以免除呢？原因在于当时应当连坐的吏"从事"于官府。对吏来说，"从事于官府"是理所应当的，而此处却特意记入以作说明，这一点值得注意。关于从事于官府的"从事"一词，《法律答问》又记曰：

> 大夫甲坚鬼薪，鬼薪亡，问甲可（何）论，当从事官府，须亡者得。●今甲从事，有（又）去亡，一月得，可（何）论，当赀一盾。复从事，从事有（又）亡，卒岁得，可（何）论，当耐。（简号497、498）

---

1. 古賀登:《漢長安城と阡陌·県郷亭里制度》，雄山閣，1980年，第229页。冨谷至:《連坐制とその周辺》，《戦国時代出土文物の研究》，京都大学人文科学研究所，1985年;《秦漢刑罰制度の研究》，同朋舎，1998年。
2. 冨谷至:《連坐制とその周辺》，《戦国時代出土文物の研究》，京都大学人文科学研究所，1985年;《秦漢刑罰制度の研究》，同朋舎，1998年。富谷氏将大夫归入大夫以上官爵者的范围，因此将大夫排除在什伍构成人员之外。

可见，"从事"不仅有恪尽吏职之意，还包含了罪责意识及强制性服役的情况。[1]因此，"从事于官府"的吏也可能包括了因特殊原因而服役的一些人。

在史料3所记载的情况中，免除同伍连坐的规定适用于吏。因此，史料3记载的"从事于官府"的人，即便是同伍之人，可能也存在不需要连坐的情况。

再来看仍存在疑问的史料4。与史料3的记载形式类似，史料4询问的是"大夫寡"之人是否需要以同伍之人的身份受到连坐，不至于得出具有大夫身份的人不是伍中组成人员的推论。

史料4中"大夫寡"的文意仍有待解明。关于这个词，古贺登氏认为是指第五级爵到第九级爵的大夫阶层之中的五级爵大夫与六级爵官大夫[2]，将"寡"理解为爵级较低者。富谷至氏则认为是指大夫以上人数较少的高级爵位者。[3]睡虎地秦墓竹简整理小组认为是人数较少的大夫爵之意。很难判断"寡"字的解释究竟该以哪一说为是。史料3记载了对"吏从事于官府"者免除连坐的规定，参照来看，"大夫寡"应该说的是大夫的身份，说的是大夫"寡"者才具备免除连坐的资格。虽然还不能确定大夫所指究竟是高级爵位者还是一般的有官位者，但"寡"字似乎不应当理解为"寡少"，而应与《管子·问》篇所记的"问独夫寡妇孤寡疾病者，几何人也"中的"寡"字含义更近。或认为史料4以讲述刑罚优遇的措施为主要目的，不过与这一观点相比，其目的更在于说明免除连坐的具体事由吧。

这个问题还有俟后考。关于史料3、4还有一个需要提出的问题，那就是通过这两条史料能否确认在伍制范围之外是否还有居民存在。

---

1. 在睡虎地出土竹简中"官府从事"这样的用语还有："令敖史毋从事官府，非史子殹，毋敢学学室，犯令者有辠。内史杂。"（《内史杂》，简号258）不过由于"敖史"一词意义不明，"从事官府"的具体内容还难以确定。另外还有"从事公"一词，是类似于"从事官府"的用语："隶臣妾，其从事公，隶臣月禾二石，隶妾一石半，其不从事，勿禀，（略）仓。"（《仓律》，简号116）此处的"从事公"显然是在官府服役的意思。
2 古贺登：《漢長安城と阡陌・県郷亭里制度》，雄山阁，1980年，第299页。
3 冨谷至：《連坐制とその周辺》，《戦国時代出土文物の研究》，京都大学人文科学研究所，1985年；《秦漢刑罰制度の研究》，同朋舍，1998年。

从睡虎地出土竹简来看，包括史料3、4在内，都无法确认。

《封诊式》的分类篇目《封守》篇记曰：

> ［史料5］乡某爰书：以某县丞某书，封有鞫者某里士五甲家室、妻、子、臣妾、衣器、畜产。●甲室人：一宇二内，各有户，内室皆瓦盖，木大具，门桑十木。●妻曰某，亡，不会封。●子大女子某，未有夫。●子小男子某，高六尺五寸。●臣某，妾小女子某。●牡犬一。●几讯典某某、甲伍公士某某："甲党有［它］当封守，而某等脱弗占书，且有鼻。"某等皆言曰："甲封具此，毋它当封者。"即以甲封付某等，与里人更守之，侍（待）令。（简号588-592）

"公士"为下级有爵者，从这段材料可知有爵者亦是伍的组成人员。接下来看史料6：

> ［史料6］匿敖童，及占癃不审，典、老赎耐。●百姓不当老，至老时不用请，敢为酢伪者，赀二甲；典、老弗告，赀各一甲；伍人，户一盾，皆迁之。●傅律。（《秦律杂抄》简号360、361）

史料称"伍人"，记载了伍的实态。"伍人，户一盾"证明户是伍的构成单位。户是编制户籍的基础存在，也是征发劳役的单位，其性质及发展方向确立于商鞅的分异之法。

> ［史料7］贼入甲室，贼伤甲，甲号寇，其四邻、典、老，皆出不存，不闻号寇，问当论不当。审不存，不当论。典、老虽不存、当论。（《法律答问》简号468）

史料7询问，若贼人侵入甲家，伤害了甲，里典、老与甲的四邻有何责任。在贼人侵入甲家之时，四邻碰巧都不在家，与典、老不同，需免

第四章 睡虎地出土竹简所见的伍制

除四邻的责任。

如果四邻之中有人在家，知道贼人侵入甲家却放任不理，可能会视其为"不告奸"或包庇罪犯而加以追责。四邻皆不在的时候，则不适用"令民为什伍，相收司连坐"（《史记·商君列传》）的连坐制，也不追究四邻的责任。

不过，对典、老来说，不论在或不在，放任贼人侵入而又未有好的应对，都是计策不全、体制不备的表现，换言之，就是未能恪尽职责，需要追究责任。典即里典，当是里中的吏员[1]，老的具体身份尚不确定。在前揭史料6中，典、老并列记录，在《法律答问》也有记载：

[史料8] 甲诬乙通一钱黥城旦辠，问甲同居、典、老当论不当论，不当。（简号553）

可知典、老对地域治安均有责任。从史料6、7又可知，老需承担的责任与伍人、四邻有差别。

睡虎地秦墓竹简整理小组认为"老"即"伍老"，相当于后世的保甲长。[2] 从史料9可知，市列之中存在伍长，即"列伍长"，曰：

[史料9] 贾市居列者及官府之吏，毋敢择行钱、布，择行钱、布者，列伍长弗告，吏循之不谨，皆有辠。金布。（《金布律》简号135）

在"贾市"的运营过程中，列伍长与官府的吏员负有共同责任。虽然不太清楚战国、秦代市的组织形态，但商鞅的抑商政策既然得到了实施，此后的市场运营理所当然地受到官府的影响。

因此可知，史料9中的"列伍长"设置于国家强力控制下所出现的

---

1. 关于里典，睡虎地出土竹简载："可（何）谓衞敖，衞敖当里典谓殹。"（《法律答问》，简号568）里典是指率（衞）豪（敖）者，即豪强有力、辩护伉健之人。（睡虎地秦墓竹简整理小组：《睡虎地秦墓竹简》，文物出版社，1978年，第237页）
2. 睡虎地秦墓竹简整理小组：《睡虎地秦墓竹简》，文物出版社，1978年，第143页。

特殊的市场管理体制之中，没有必要引申认为在一般居民的伍制组织中也有设置。再来看前揭史料7中存在疑问的"四邻"问题。贼人所侵入的甲家的"其四邻"，依照史料1"四邻即伍人"的原则，指的是以受害者甲家为中心的"伍"，即五家组合。

进而言之，若忠实地遵循"四邻即伍人"的原则，可以说随着"其四邻"中的"其"这一家的变更，四邻也会发生变化，可知四邻亦非固定不变。

由于五家组合的不固定，依据四邻原则确定的地缘范围内的"伍人"关系也不得不随之不断变更。因此，虽然存在依据血缘关系构建的五家组合，但这种以血缘为纽带的伍未必是十分普遍的，《春秋左氏传》昭公三年（前539年）记载的定居之时需先卜邻的风俗[1]也反映了这一点。

显然，在这种不固定的伍制组织中，追究伍长等人的责任是没有意义的。另外，将"老"理解为"伍老"也是有问题的。"老"在某种程度上代表了公共的立场，因此有观点以其为汉代实施三老制的直接原因，这种看法其实只是一种推测。[2]而在整个两汉六朝时期，作为伍中核心存在的伍长是否是常置的，目前仍然无法确定。[3]

三、伍的功能

伍的功能之一是实施连坐制，这一点已广为人知，上一节也有介绍。简文中也有涉及伍与连坐制关系的史料：

> ［史料10］战死事，不出，论其后，有（又）后察不死，夺后爵，除（诫责）伍人，不死者归，以为隶臣。（《秦律杂抄》简号365）
>
> ［史料11］律曰：与盗同灋，有（又）曰：与同辠。此二

---

1. 拙稿：《中国古代聚落の展开》，《地域と民衆》，青木书店，1981年；收入本书。
2. 古贺登氏之《漢長安城と阡陌・県郷亭里制度》（雄山阁，1980年，第312—313页）认为三老在商鞅开阡陌之后在秦国业已存在。但是，史料中能够确认的三老之制始于汉高祖二年。
3. 拙稿：《中国古代の伍制について》，《中央大学文学部纪要》史学科19，1974年；收入本书。

第四章　睡虎地出土竹简所见的伍制

物，其同居、典、伍，当坐之。云与同皋，云反其皋者，弗
当坐。●人奴妾盗其主之父母，为盗主，且不为，同居者为
盗主，不同居不为盗主。(《法律答问》简号390、391）

[史料12] 伍人相合，且以辟皋，不审，以所辟皋皋之。
有（又）曰：不能定皋人，而告它人，为告不审。今甲曰伍
人乙贼杀人，即执乙，问不杀人，甲言不审，当以告不审论。
且以所辟，以所辟论当殹。(《法律答问》简号466、467）

史料10讲的是依照战功行赏其子，后又发现战功不实，复褫夺其爵位，并累及同伍之人。

由于受爵之人不一定必须服兵役，因此此处所说的"伍人"可能指代民间伍制中的人。虽然论功行赏的具体程序还不太清楚，但可知建功者的后人申请受赏的手续一旦出现问题，同伍之人可能也需承担责任。战场上事实关系明确的责任，却让民间的同伍之人来承担。

另外，史料11中的"与盗同灋""与同皋"也都是在具体事实关系未确定的情况下，将没有犯罪行为的人与当事者放到一起追究责任，追责的范围包括"同居""典""伍"等人。当时认为，作为犯罪当事者四邻的伍人当然有告奸的义务，"与盗同灋""与同皋"就是对这些未尽到告奸义务的伍人的处罚。

再来看典的职责。简文载：

> 可谓逋事及乏繇，律所谓者，当繇，吏典已令之，即亡弗会，为逋事；已阅及敦车食若行到繇所乃亡，皆为乏繇。(《法律答问》简号534)

典的职责既包括较为日常的行政事务，如中央下达服役的政令之后，典与上级官府派遣的负责人一起向里人传达政令等，也包括其他各项事务，如《封诊式》的《疠》篇所载的罹患奇病者，以及所谓"经死"的自杀者，其死亡与告奸连坐没有关系，无需牵扯同里同伍之人，典

负责将这些情况上"告"县廷。又如《封诊式》之《封守》篇（史料5）所载对嫌疑人财产的确认、封印、监视，《穴盗》篇（史料13）所载组织对被盗家庭的调查，以及《亡自出》篇所载在逃亡者自首之时对是否为本人的确认等，在县廷进行刑事搜查之时典都要为之提供帮助。

史料6中，里人有匿户行为，在认定废疾者、免老者中有违规行为，典没有去纠正；史料7中，里内出现盗贼伤人事件，典应对迟缓；史料8中，里人之间发生了诬告事件；这些情况下，都要追问典的责任。

由此可见，里内的各种事情都需要里典承担责任。不过，在里典之外，还要追问里内"老""伍""同居"的责任，虽然他们各自的责任未必完全相同，前文已经引用的史料6、7、8以及现在讨论的史料11对此都有记载。

史料	史料6	史料7	史料8	史料11
事件当事者，"（）"内为罪刑	典（赎耐）	免老诈伪者（訾一甲）	犯人不明，被害者甲家	诬告者甲，被告者乙
连坐关系者，"（）"内为罪行	老（赎耐）	典（訾一甲）	典（论）	典（不作为论的对象）	典（坐）
		老（訾一甲）	老（论）	老（不作为论的对象）	
		伍人（各户一盾）	四邻（若不在场则不论）		伍（坐）
	未正确报告匿户及废疾者			同居（不作为论的对象）	同居（坐）
事件概况		未正确报告免老情况	对于贼伤事件的处置	发生诬告	"与盗同灋"，"与同皋"

显然，里内形成了数层人员相互监视的体制。与典、老、伍一样需要共同承担责任的还有"同居"，其具体实态究竟如何，目前还存在

第四章　睡虎地出土竹简所见的伍制

不少问题。[1]

关于"同居",《法律答问》记载:

> 可（何）谓室人可谓同居,同居独户母之谓殹。●室人者,一室,尽当坐辠人之谓殹。（简号571）

又载:

> 可（何）谓同居,户为同居。（简号392）

"同居"指一户之人,连坐的单位是"室"。

伍人犯罪牵连四邻四家,而同居并不涉及多个户。如果一户各室是由不同形态的家庭、人员组成的话,那么犯罪所波及的伍中同居之户必然包括了多个室,这种由户与室构建而成的伍,其四邻构成形态与一般情形颇有不同。

如果同居之中的一室有奸者,同居之中的其他室的人会受到牵连,这种情况与其称为连坐,倒不如称为"缘坐"。在讨论伍的编排、形态之时,同时应当注意对四邻之家的连坐也包括了缘坐这一形式。

依据睡虎地出土竹简尚无法弄清伍的运作细节。《汉书・刑法志》载:"秦用商鞅,连相坐之法,造参夷之诛。"可知在商鞅施行什伍制之时,对相坐与参夷族刑（缘坐）已经有了明确的区分。商鞅之后的秦国在伍制中是否仍然并用了缘坐制度,目前还无法确认。汉代也是一样,除了王莽统治期,其他时期连坐与缘坐是否并用,尚无法知晓。[2]

在伍的编排过程中,户与室的组合形式是否不同,这一问题还有

---

1. 太田幸男:《睡虎地秦墓竹簡にみる"室"・"户"・"同居"をめぐって》,《西嶋定生博士還暦記念東アジア史における国家と農民》,山川出版社,1984年。松崎つね子《睡虎地秦簡よりみた秦の家族と国家》,《中国古代史研究》5,雄山阁,1982年。冨谷至:《連坐制とその周辺》,《戦国時代出土文物の研究》,京都大学人文科学研究所,1985年;《秦漢刑罰制度の研究》,同朋舎,1998年。这些著作对已有的讨论都介绍。
2. 拙稿:《中国古代的伍制について》,《中央大学文学部紀要》史学科19,1974年;收入本书。

讨论的空间。另外，称呼同居之中的"室"为"四邻"似乎也不符合"邻"字的本义，这也需要讨论。

《封诊式·穴盗》篇记载了一件盗贼凿通墙壁侵入家中的事件，简文载：

[史料13]爰书：某里士五乙告曰：(略)今旦起启户取衣，人已穴房内，(略)●即令令史某往诊，求其盗。令史某爰书：与乡□□隶臣某即乙，典丁诊乙房内。(略)讯丁、乙伍人士五□。(简号653—663)

县令史调查事情经过时，传讯了身为典的丁以及被盗者的同伍之人□，可知调查之时并不传讯伍中的所有人。□字无法辨识，不过从简文行文来看，应当是"戊"或类似的字。在调查被盗事件之时，协助搜查的是特定的人员。

这也说明邻居（四邻）之间存在天然的亲疏之别，平时各自独立营生，很少有人会熟知他人家的私事。前揭史料5是同属《封诊式》的《封守》篇，载"凡讯典某某，甲伍公士某某"，同伍之人某某也与典一同接受了询问。"某某"虽然有可能指多个人，但肯定不是伍中的所有人。

关于"典某某"，古贺登氏指出里中有多名典，是里正之下的小吏，这一观点很值得注意。[1]虽然本章讨论的是伍制，但此说对理解里的构造十分重要。"典某某"的表述方式只见于《封诊式·封守》条。当然，"典某某，甲伍公士某某"的记载也有存在脱漏的可能[2]，将"某某"理解为单个人也是可以讲得通的，如果将其理解为多个人的话，就需要考虑典的身份地位问题了。

在睡虎地出土竹简中没有发现"里正"一词。睡虎地秦墓竹简整

---

1. 古贺登：《漢長安城と阡陌·県郷亭里制度》，雄山阁，1980年，第311—324页。
2. A. F. P Hulsewé, *Remmnants of Ch'in Law*, E.J.Brill, 1985, p.185。这篇论文认为由于"伍公士某某"紧随"典某某"之后，"典某某"可能是误写，当作"典某"。

理小组将"典"解释为"里正"。[1]佐藤佑治氏从此说。[2]汉代里的组织结构不甚明晰,睡虎地出土竹简所记亦是如此。至于里正之下是否还设置数名小吏,也没有直接为证的史料。因此,前文的推论需要慎重考虑,与《封诊式》的其他事例相比,《封守》所记载的里的构成似乎有些特殊。

前文已经叙述过《封守》(史料5)的大概内容,记载了乡某调查、扣押查"封"嫌疑人某里士五甲的家产,如果调查有遗漏的话,典与同伍之人都将获罪。此外,还让典、伍人、里人看"守"受到查封的甲家,并写明了所看守的具体内容(甲的妻子已经逃亡)。甲家除了妻、子(未婚的大女子、身长六尺五寸的小男子)之外,还有臣妾及畜产(包括牡犬一),房屋为木造瓦葺,堂屋一间,卧室两间,门前种植桑树十株。

那么,甲家为什么必须承受"封""守"的处罚呢?据《封守》可知,①爰书由乡某(乡吏?)发布,而《封诊式》所记的其他爰书大多由县制作完成。②爰书写作的起因来源于县丞所下的文书,而《封诊式》所记的其他爰书大多以当地的里人及里、亭中的吏人作为告发者。这两点很值得注意。

《封诊式》记载的一般性事件中,在以里人及里、亭中的吏人作为告发者的情况下,负责指挥搜查的是县吏,乡、里、亭中的里人、伍人协助调查。但是,《封守》所记事件中负责指挥的却是乡吏,数名典、伍人协助调查,且特别强调对所查封的家产的管理,曰:"甲党(如果)有[它]当封守,而某等脱,弗占书,且有辠。"

由于不清楚所记事件的具体内容,讨论起来颇有隔靴搔痒之感。这一事件由乡负责,里吏、里人、伍人协助调查,是一种地域相关者总动员的体制,作为典的人员也有数人与这一体制发生了关系。那么,对甲家的处理不得不实施地域相关者总动员体制,其背景尚有难以解明之处。不知这种体制是否是实行封守的典型方式,亦不清楚"典某某"

---

1. 睡虎地秦墓竹简整理小组:《睡虎地秦墓竹简》,文物出版社,1978年,第143页。
2. 佐藤佑治:《雲夢秦簡よりみた秦代の地方行政》,《中国史における社会と民衆》,汲古书院,1983年;《魏晋南北朝社会の研究》,八千代出版,1998年。

的参与是否因为甲家家产可能分布于多个里中。

如果甲家的家产分布于多个里中的话，还需要考虑伍的编排是否有跨越相邻两个里的情况。当然，这只是推测。因此，分析记载了"典某某"内容的《封守》篇，需要考虑所记事件的真实情形，关于此还需要再作检讨。

接着回到本节开头讨论的史料12，讲的是伍中之人犯罪则牵连他人，可知伍中连坐制在维持治安方面能够发挥效用。不过，反过来看则暗示出另一问题，即伍人之间的相互协助。《国语·齐语》强调了这一点，曰："伍之人，祭祀同福，死丧同恤，祸灾共之，人与人相畴，家与家相畴，世同居，少同游。"不过，史料12却说明到了睡虎地竹简所反映的时代，地域社会之中互帮互助的体制正在逐渐崩坏。

结语

上文以睡虎地出土竹简中与伍制相关的记载为中心，探讨了战国末期至秦统一初期伍制的实际状态，大概包括了以下这些内容：

(1)民间的伍不一定都由同一排的五家编排而成，往往是以某一家作为中心和基准，加上四个方向紧邻的住户共同组成，是非固定的组织。什制仅存在于兵制之中。

(2)伍以户为单位，根据地缘组建而成，五家之间未必以血缘纽带作为前提要素。

(3)类似于伍长的核心人物并不常置于伍中。但是，市中存在伍长。

(4)除了告奸连坐的功能之外，从具体事例可知伍还有以下一些功能：

a. 虽然伍人需要连坐，即"与同皋"，不过根据事实关系有一些情况可以免罪（史料11）。

b. 错误申报或诬告匿户、废疾者若被发觉，不追究伍人的责任（史料6、8），但若欺骗伪报免老的话则适用连坐。（史料6）

c. 发生盗贼侵入案件之时，四邻若皆不在，无法扶助被害者，则免

第四章　睡虎地出土竹简所见的伍制

于连坐。（史料7）

　　d. 同伍之人若负责某些特别的职务、任务，则免于连坐。（史料3）

　　e. "伍人相告"有诬告之弊。（史料11）

　　f. 与远方战地所发生事情相关的案件，也要追问同伍之人的责任。（史料10）

　　g. 伍人需协助调查同伍之内发生的案件。（史料5、13）

　　从这些事例可知，在伍制中使用连坐不仅仅是要贯彻恐怖政治，还有较为多样的现实考虑。

　　但是，以上所分析的只是基于有限史料得出的有关伍制的一管之见。同时，本来还应该涉及构成伍的家、户的实际形态，限于篇幅暂且从略。户与前文已经谈到的"同居"的问题也有关联。一般认为，为了避免劳役不均而贯彻分异之制，家族分化之后每户人口会平均化，形成所谓的"五口"之家。不过，睡虎地出土竹简中记载了颇为不同的情况：

　　　　［史料14］夫妻子五人共盗，皆当刑城旦，今中尽捕告之，问甲当购□几可（何），人购二两。（《法律答问》简号506）

　　　　［史料15］夫妻子十人共盗，当刑城旦，亡，今甲捕得其八人，问甲当购几可（何），当购人二两。（《法律答问》简号507）

"夫妻子五人""夫妻子十人"等数字或许只是举例而已，不能认为反映了真实的状况，不过毕竟是记载了家庭人员构成的史料，暂列于此。

　　附记：陈直氏考定为秦陶的"大市中四井器陶盖"，陈邦怀《摹庐藏陶考释补正》（陈直：《摹庐藏陶捃存》，齐鲁书社，1983年）根据其中的"大市"二字将其改订为汉陶，又指出陶盖所绘图形中间的黑点表示水井，周边的四个黑点以及四个"⦿"标记（即"中四"）是与水井同时存在的八户人家。八家的位置形势如下图所示。□表示墙壁，

🌿表示墙下的桑树,"井器"指"中四"之家共用的汲瓶。

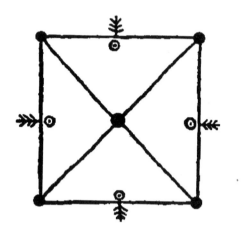

追记:在校订本书之时,张家山汉简吕后二年(前186年)律令发表,其中《户律》记载了伍及告奸之制,曰:"自大夫以下,比地为伍,以辨□为信,居处相察,出入相司,有为盗贼及亡者,辄谒吏、典,田典更挟里门籥(钥)以时开,伏闭门。"《二年律令》中未见有什制。(张家山二四七号汉墓竹简整理小组:《张家山汉墓竹简(二四七号墓)》,文物出版社,2001年11月)

第五章

汉代的乡

前言

《汉书·宣帝纪》"地节四年"条载：

> 其令郡国岁上系囚以掠笞若瘐死者所坐名县爵里，丞相御史课殿最以闻。

掌狱者在审讯的过程中，往往背离人道，对狱中之人鞭笞或以饥寒致其死亡，若发生这些情况，要上报责任者的名、县、爵、里。关于名县爵里，居延汉简也有记载："鞫毄，书到，定名县爵里□（下阙）"（239·46），即确认囚徒的名、县、爵、里。另外还有：

> （上阙）寿王敢言之，戍卒巨鹿郡广阿临利里潘甲，疾温不幸死，谨与
> （上阙）椠牍参絜书约刻书名（县）爵里，椠敦参弁券，书其衣器所以收（7·31）

可知戍卒死亡后也应记载其名县爵里。

这些都是有必要记下名县爵里，即县、爵、里及姓名的情况。吏卒、屯士死亡之时，居延汉简记曰：

> 马长吏，即有吏卒民屯士亡者，具署郡县里名姓年、长物色房衣服斋操、初亡年月日、人数白
> 报与病已、谨案居延始元二年戍田卒千五百人为驿马田官穿泾渠廼正月己酉淮阳郡
> （513·17、303·15）

第五章　汉代的乡

记载了郡、县、里名、姓、年及其他情况，此处需记郡名，未涉及爵位。

关于戍卒、田卒及骑士的名籍，居延汉简的一般书写方式为："戍卒、田卒，出身郡国，县，里，爵，姓名，年龄"，或"出身县名，骑士，出身里名，姓名"。[1] 又，军籍以外的内郡名籍的记载格式如下：

> 太史令茂陵显武里大夫司马迁年二十八。(《史记·太史公自序》索隐所引《博物志》)
>
> 汝南富波宛里田成卖。(贺梓城：《西安汉城遗址附近发现汉代铜锭十块》所载铜锭刻文[2])

汉代的地方行政制度包含了州、郡、县、乡、亭、里等各级单位。以上的名籍格式未包括州、乡、亭。州、亭没有出现是因为与郡、县、乡、里等民政机构性质不同，那么为什么乡也没有出现呢？

后文所引的三例居延出土名籍也出现了乡名，顾炎武指出，《史》《汉》关于名籍的记载中，除了"县、里"格式之外，还有"县、乡、里"及"县、乡"等形式。[3] 另外，《后汉书》中除了"县人何某"——如"县人朱达等"(《南蛮传》)、"县人申屠蟠扶等"(《高彪传》)之外，还有"乡人何某"——如"乡人朱并"(《张俭传》)、"乡人任安(《董扶传》)"等记载形式。但是，居延汉简所记的各类名籍却大多无法确定乡名，这是一个值得注意的问题点。

严耕望氏认为乡吏是郡县之属吏，乡"毫无地方自治之意义也"。[4] 如后文所述，对乡的这种理解是当今比较普遍的观点。

不过，如果把郡县乡里都看作是独立的行政单位的话，这一理解就存在问题了，需要重新检讨。同时，关于乡的编成、功能等也有一

---

1. 藤枝晃：《長城のまもり》，《自然と文化別編》2，1955年，第273、275页。
2. 《文物参考资料》1953年第3期。
3. 《日知录》卷22"乡里"条。
4. 严耕望：《中国地方行政制度史上编》，"中央研究院"历史语言研究所，1962年，第273页。

些需要厘清的问题。

关于汉代的乡制，《汉书·百官公卿表》《续汉书·百官志》等都有记载。其主要记事如下表所示（表1）。

表1

		《汉书·百官公卿表》	《续汉书·百官志》	《汉官》	《汉官仪》	《风俗通义》	《十三州志》	《汉书·高帝纪》
乡	编成方法	①（大率十里一亭）十亭一乡 ⑨（县大率方百里，民稠则减，稀则旷）乡亭亦如之			（十里一亭五里一邮，邮[亭]间相去二里半	（汉家因秦大率十里一亭）国家制度大率十里一乡		
	吏名 三老	②乡有三老	②[乡置三老]					举民年十五以上有修行，能帅众为善，置以为三老。乡一人(中略)复勿徭戍，以十月赐酒肉
	有秩	③[乡有]有秩	①乡置有秩 ④本注曰：有秩郡所署 ⑤秩百石	乡户五千则置有秩				
	啬夫	④[乡有]啬夫	⑦其乡小者，县置啬夫一人					
	游徼	⑤[乡有]游徼	③[乡置]游徼					
	乡佐		⑪又有乡佐属乡					

第五章　汉代的乡

续表

		《汉书·百官公卿表》	《续汉书·百官志》	《汉官》	《汉官仪》	《风俗通义》	《十三州志》	《汉书·高帝纪》
职掌	三老	⑥三老掌教化	⑨三老掌教化。凡有孝子顺孙，贞女义妇，让财救患，及学士为民法式者，皆扁表其门，以兴善行					
	有秩啬夫		⑥有秩掌一乡人					
		⑦啬夫听讼	⑧皆（有秩啬夫）主知民善恶					
		收赋税	为役先后，知民贫富，为赋多少，平其差品			均其赋役		
							有秩啬夫得假半张印	
	游徼	⑧游徼徼循，禁盗贼	⑩游徼掌徼循，禁司奸盗		习、设备五兵			
	乡佐		⑫主收民赋税					
来源		⑩皆秦制也						

续表

	《汉书·百官公卿表》	《续汉书·百官志》	《汉官》	《汉官仪》	《风俗通义》	《十三州志》	《汉书·高帝纪》
亭	亭有长	·亭有亭长·以禁盗贼。本注曰：亭长主求捕盗贼·承望都尉		·亭有亭候·年五十六老衰，乃得免为民就田，应合选为亭长·亭长课徼巡，亭长持二尺板以劾贼，索绳以收执贼·习，设备五兵，五兵弓弩戟楯刀剑甲铠鼓吏赤帻……	·亭长，一亭之长率也·亭吏旧名负弩，改为长，或曰亭父。亭，留也。盖行旅会之所馆		
里		里有里魁，掌一里百家					
什伍		民有什伍。本注曰：以相检察，民有善事恶事，以告监官					

（注）序号①②……依据的是原文的记载顺序。

不过，关于以上这些制度的实际运用记载的并不多。[1]而从最近新见的居延汉简中与乡相关的资料中可以一窥乡的面貌，因此本章拟对此略作整理来分析相关问题。[2]

---

1. 关于汉代乡制之规定，《晋书·地理志上》载西汉时"大率十里一亭，亭有长，十亭一乡，乡有三老、有秩、啬夫、游徼各一人。县大率方百里，民稠则减，稀则旷，乡亭亦如之，皆秦制也"。又，《后汉书·臧宫传》李注曰："《续汉书》曰：十里一亭，亭有长，以禁盗贼，每乡有游徼，掌循禁袭盗也。"《后汉书·任光传》李注亦载："《续汉志》曰：三老游徼，郡所署也，秩百石，掌一乡人，其乡小者县署啬夫一人，主知人善恶，为役先后，知人贫富，为赋多少。"《任光传》注所引的《续汉志》未将有秩理解为吏名，可见记载之混乱。
2. 居延汉简释文参考了劳榦的《居延汉简考释之部》（"中央研究院"历史语言研究所，1960年）、《居延汉简图版之部》（"中央研究院"历史语言研究所，1957年），以及中国科学院考古研究所的《居延汉简甲编》（科学出版社，1959年），本章根据图版来选择认为合适的释文。本章中的"乡"字，图版中有些与"卿"混淆。除了本章所列举的简文外，居延汉简（转下页）

第五章　汉代的乡

一、名籍与乡

乡名

居延汉简中记载了乡名的名籍，有以下三支简：

> 荥阳西乡春成里（下阙）（171·5）
> 魏郡繁阳北乡佐左里公乘张世（下阙）（334·35）
> 河南郡雒阳北乡北昌里公乘张世（334·45）

除此之外，居延汉简15·19——在本章中，汉简涉及乡的全文引用，但其他情况只引用原简编号——也记载了"北乡"，简495·12、506·20A中则出现了"东乡"，另外还有"西乡"：

> 出钱三百四，建平元年（五）月戊午孤山里王则，付西乡左忠（267·18）

"西乡"还见于简334·20A。又有东乡、西乡同时出现的：

> （上阙）居延丞竟告尉，谓东西乡□（下阙）（484·23）

（接上页）中或许还有一些与乡相关的重要资料。另外，以下诸简本文虽然没有言及，但应当也是与乡相关的，内容如下：
（上阙）县延乡□（下阙）
治所□□□（下阙）（239·25）
□报（致）乡（里）前无恙见数可□□□属乡□（下阙）（缺少简号）
（上阙）寄乡市钱七百八十四（103·27）
赀家安国里王严　车一两　九月戊辰载就人同里亶　已到未言乡（267·16）
（上阙）博乡？致部输赋用各等（55·16）
五月甲戌居延都尉德库丞登兼行丞下库城会居（下阙）
用者书到令长丞候尉明白大扁书乡市里门亭显见（下阙）（139·13）
□□万乡里节白故□□远关当再（29·15）

简202·11中出现了"南乡",简51·10及218·50有"陶乡",简320·17有"安典乡",简62·53有"曩乡"。无简号的竹简中还记载了"贾明乡":

（上阙）朔己亥贾明乡（啬夫）
（上阙）年□□如□谨案

以及"甯乡":

（上阙）叩头叩头·请甯乡致记□（下阙）（75·21A）

杜乡:

（上阙）欲复白之杜乡麦事
（上阙）叩头幸甚此敢言（32·21）

简21·1A有"广乡",简505·37A有"广明乡"等。

以上所列乡名中常有东西南北等字,由此可知乡的性质的一个方面。居延汉简的里名也有这种命名倾向。张春树氏指出居延县的里名有的有吉祥福瑞等字句,有的有第一、第二等数字。[1] 带有数字的里名与带有东西南北等字的乡名,其性质有共通之处。

此外,《金石萃编》所收《苍颉庙碑》的左侧,也有左乡、北乡等乡名:

万年左乡有秩游智千（下阙）
万年北乡有秩毕奋千五百
莲勺左乡有秩杜衡千五百

---

1. 张春树:《汉代边地上乡和里的结构》,《大陆杂志》32-3。

第五章 汉代的乡

> 池阳左乡有秩何博千五百

《武威汉简》所记书写于武威出土丝织品之上的磨咀子汉墓第四号墓出土柩铭中有"西乡"：

> 姑臧西乡阎导里壶子梁之（柩）

磨咀子汉墓第15号墓出土镇墓券中有"北乡"：

> 姑臧北乡西夜里女
> 子□宁死下世当归冢次
> □□□□□水社母□河留
> □□（有天）帝教如律令

《九章算术》中曾以北、西、南乡为计算示例：

> 今有北乡算八千七百五十八，西乡算七千二百三十六，南乡算八千三百五十六，凡三乡发徭三百七十八人。

若一户五口，则此处所记一乡平均有1623户。江陵凤凰山十号汉墓出土木牍（五号牍，《文物》1974年第6期）也记载有"西乡"：

> 郑里，二月，七十二算，算十钱，七百二十正，偃付西乡佐赐。

若再列举乡名的话，《汉书·地理志》中所见颇多，如表2所示：

表2

县名	乡名	备考	县名	乡名	备考
临晋	芮乡	故芮国	随	厉乡	故厉国
美阳	中水乡	周大王所邑	舂陵	上唐乡	故唐国
栒邑	豳乡	《诗》豳国	秭归	归乡	故归国
汧	蒲谷乡		竟陵	郧乡	故郧公邑
丹水	密阳乡	故商密（《左传》僖公）	昌邑	梁丘乡	《春秋·传》曰宋齐会于梁丘
皮氏	耿乡	故耿国	蕲	蟠乡	高祖破黥布
榆次	涂水乡	晋大夫知徐吾邑	蛇丘	隧乡	故隧国
	梗阳乡	魏戍邑	鄱阳	武阳乡	（右十余里有黄金采）
偃师	尸乡	殷汤所都	襄中	汉阳乡	
父城	应乡	故国武五弟所封	无盐	郈乡	（昭伯之故邑）

另外，《续汉书·郡国志》中也有很多的乡名，乡名之外还有亭、聚、里、城、山水、池泽等地名。《续汉书·郡国志》曰：

> 《汉书·地理志》记天下郡县本末，及山川奇异风俗所由至矣，今但录中兴以来郡县改异，及春秋三史会同征伐地名，以为《郡国志》。

《郡国志》主要记载有来历的名地、旧迹等内容。其中虽然也有表2中的乡名，但所记基本上还是先秦的国邑，或如"蕲县蟠乡，高祖破黥布"一类的旧迹。

作为聚落名的乡，其名称往往起源较早。[1]例如，《汉书·地理志》记载了五个本来为乡的县：获嘉县——故汲之新中乡，冠军县——故庐阳乡，舂陵县——故蔡阳白水乡，复阳县——故湖阳乐乡，海盐县——故武原乡。

显然，汉代的乡常与"故邑"相关，有学者据此认为汉代的乡有城郭。[2]但是，从汉代乡名中的东、西、南、北乡以及左乡等名称来看，

---

1. 拙稿：《中国古代における聚落形态について》，《中央大学文学部紀要》史学科16，1971年；收入本书。
2. 具有代表性的观点参见宫崎市定：《中国における聚落形态の变迁について》，《大谷史学》6，1958年；《宫崎市定全集》3，岩波书店，1991年。

第五章 汉代的乡

发源于秦汉地方行政制度的乡与此前使用同一聚落名称的地方其范围未必完全一致。换言之,乡是秦汉时期新的人为区划的行政单位——如后文所述,或许以户口数来区划,与原来的历史背景并不相关。

因此,《汉书·地理志》《续汉书·郡国志》中的乡名都是新的人为编制的地方行政制度上的乡,虽然偶尔使用名地旧迹作为乡名,但汉代乡制——亭、里也是一样——的具体实态与它们之间没有任何关系。[1]

另外,简81·10、181·10、181·2A、213·44A、213·8A还记载了"都乡"。关于"都乡",顾炎武曰:"今之坊厢",[2] 王毓铨氏曰:"县城所在之

---

1. 如次表所示,《汉书·地理志》中亦可见亭聚城等地名。

县名	亭·聚·城	备考	县名	亭·聚·城	备考
鄂	扈谷亭	扈,夏启所伐	成武	楚丘亭	齐桓公所城
襄陵	班氏香亭		定陶	陶丘亭	
铜鞮	上虒亭		上虞	仇亭	
谷成	赞亭		乌程	欧阳亭	
阴密	鲐埼亭		鄞	镇亭	
	嚣安亭		冀	梧中聚	
铜鞮	下虒聚		陕	焦城	故焦国
缑氏	刘聚	周大夫刘子邑	铜鞮	邑城	
梁	暴狐聚	秦灭西周,徙其君于此	荡阴	羑里城	西伯所拘也
梁	阳人聚	秦灭东周,徙其君于此	缑氏	延寿城	仙人祠
育阳	南筮聚		寿良	朐城	
冠军	宛临洮聚		叶	长城	(号曰方城)
宛陵	彭泽聚		令支	孤竹城	

除了本文所列的乡,关于汉代的亭聚,宫崎市定氏曾有研究,检讨了《续汉书·郡国志中》所见的亭聚地名,认为亭聚是具有城郭的。(参见宫崎市定:《中国における聚落形態の変遷について》,《大谷史学》6,1958年;《宫崎市定全集》3,岩波书店,1991年)那波利贞氏也有类似观点,他指出《续汉书·郡国志中》所见的聚很多都是可以上溯至春秋时期的古邑,具有类似于"坞"的堆土障壁,在西汉及以前,称坞状的聚落为"聚",进入东汉之后,改称"坞"。(《坞主考》,《東亜人文学報》2-4,1943年)的确,从上表来看,聚、城地名有些可追溯到古邑等早期源头。但是,没有发现亭也有这种例证。王莽将三百六十个西汉郡县改用亭名(据《汉书·地理志》,郡县改用亭名者一百零五例,改用聚名者二十二例,改用乡名、城名者各九例),可见对亭的重视,不过这也导致西汉之亭与《续汉志》中的亭有少许差异。由此看来,虽然亭、聚偶尔有原为古邑的情况,但这并不会影响到亭、聚自身的性质发生变化。

2.《日知录》卷22"都乡"。

乡"[1]，日比野丈夫氏认为都乡可与下乡（《汉书·韩信传》）相对比。[2]

顾炎武还指出，与都亭相对，存在下亭。《后汉书·皇后纪》"王美人"条有"都亭侯"，李注曰："凡言都亭者，并城内亭也。"——都亭详后述。

都乡往往省略了乡名，顾炎武认为是史籍记载所省[4]，但未说明省略的原因何在。

从都乡前面所冠的名称，如比景都乡侯（《后汉书·梁统传》）等例来看，都乡的乡名原则上与县名相同。[5]众多的都乡都省略了乡名，其原因或在此。

陈直氏也指出，封泥中有"县名+乡"的都乡之印以及"县名+亭"的都亭之印，[6]严耕望氏还谈到，乡治所在的首亭常与乡同名。[7]据此可知，县内称作都乡的原则上不会有其他地方，都乡即县治所在的乡，因此没有必要再特意地将都乡名与县名分别记载了。[8]

再回到名籍问题上来。前文已经谈到，本节开头列举的三种包含乡名的名籍在居延汉简的名籍中是比较特殊的。简171·15中的"荥阳"亦见于后文所引的简45·1A，守屋美都雄氏推测认为即河南郡荥阳县。[9]徐松也曾指出汉碑中"荥阳"、"荧阳"有混用的情况。[10]另外，简334·35中的繁阳与简334·45中的雒阳，都见于《汉书·地理志》的县名。这三支简中名籍的记载顺序都是郡、县、乡、里。

---

1. 王毓铨：《汉代亭与乡里不同性质不同行政系统》，《历史研究》2，1954年。
2. 日比野丈夫：《乡亭里についての研究》，《東洋史研究》14-121，1955年；《中国歴史地理研究》，同朋舎，1977年。
3. 《日知录》卷22"亭"。
4. 《日知录》卷22"都乡"。
5. 《后汉书·天文志》记载刘蒜坐罪，"又徙为犍阳都乡侯甍"，犍阳并非县名。《后汉书·桓帝纪》"建和元年"条及《后汉书·清河王庆传》记载刘蒜从尉氏侯被迁徙至桂阳，自杀。惠陈《后汉书补注》（獏雅堂丛书）又作"天文志徙犍为都乡侯甍"。地名犍阳有时混乱为犍为、桂阳。
6. 陈直：《汉书新证》，天津人民出版社，1959，第89页。
7. 严耕望：《中国地方行政制度史上编》，"中央研究院"历史语言研究所，1962年，第65页。
8. 不是都乡的情况，如《后汉书·皇后纪下》"灵帝末皇后"条中的"不其乡侯"，记载形式为"不其（县名）+乡"。这种情况，有可能是以不其县中的多个乡作为食邑，也有可能是省略了县名之下的乡名，还有可能是不其本身就是都乡，等等。
9. 守屋美都雄：《父老》，《東洋史研究》14-1.2，1955年；《中国古代の家族と国家》，东洋史研究会，1968年。
10. 《二十五史补编》所收《新斠注地理志集释》卷4"河南郡荥阳"条载："松按韩勅修孔庙后碑作荧阳"。

第五章 汉代的乡

关于名籍中乡名有无的问题，前文虽略有讨论，但牵涉郡县乡里的例子还有《释名》中的《爵里刺释书契》：

> 又曰爵里刺，书其官爵及郡、县、乡、里也。

记载了官爵及郡县乡里。[1] 宋人史绳祖撰写的《学斋占毕》所收录的汉墓碑中也有郡县乡里：

> 永嘉元年二月十二日蜀郡临邛汉安乡安定里公乘校官员王幽字珍儒。

这些情况中乡与郡县同时出现，说明作为地方行政单位的乡，是与郡县或里并称的独立组织。关于乡的所属问题详后述，下面先来整理有关乡的编成的诸说，以把握乡的实态。

乡的编成

如表1所示，汉代乡的编成有"大率十里一乡"与"（大率）十亭一乡"等不同说法。关于"十亭一乡"之亭，另可见"十里一亭"的规定。关于"十里一乡"之里，亦有"一里百家"之规定。显然，要分析乡的编成问题，不能绕开亭、里。

关于乡、亭、里的编成及统属关系，有观点指出，里是行政村，亭为公署，乡是里的上级行政单位，里、乡都是依据户数编排而成的。[2] 但是，这一分析的核心是里的性质，除此之外还需要再稍微讨论一下乡亭的问题。

---

1. 西嶋定生氏指出，"爵里刺"中的乡是否涉及严格意义上的乡名仍存在疑问。既然爵、里相互关联，那么爵制身份秩序当形成于里（参见《中国古代帝国の形成と構造》，东京大学出版会，1961年，第366—367页）。但是，无论是记载了爵的名籍还是本文所引的诸史料，都可以看到乡名。由此看来，见于"爵里刺"的乡应当也是一种行政单位。
2. 拙稿：《漢代における里と自然村とについて》，《東方学》38，1969年，收入本书。

如表3¹所示，乡、亭、里的编成问题已有很多说法。

再来总结乡、亭的关系。先看亭，有两种颇为不同的观点：

（1）亭是公署（亭舍），与乡里属于不同的的系统。

（2）亭有自身特殊的职掌——蔡美彪氏认为亭与乡里的职掌近似——但总的来说是位于乡、里之间的一个地方行政区划（单位）。

关于亭的不同理解自然会影响到对乡的编成的认识。

前一种观点认为亭原则上是按照一定距离设置的，乡是按"十里一乡"的方式编成；后者则认为乡的编成方式是十里一亭、十亭一乡。

同时，前者认为乡的编成重视户数——一乡约千户，而后者则分两说，一说认为乡以户数——一万户或两千五百户——为基准编成，另一说认为乡以地域（面积）为基准编成。

先来看以上诸说中认为亭是行政区划一派的观点。其中蔡美彪氏认为大乡的话一万户为一乡。²此说中一万户的数量应当是区分大县与小县的基准，以一万户为一乡显得颇为不自然。

---

1. 表3诸说出自以下文献：
   A. 曾我部静雄：《中国及び古代日本における郷村形態の変遷》第2章第1節，吉川弘文館，1963年。
   B. 王毓铨：《汉代亭与乡里不同性质不同行政系统》，《历史研究》2，1954年。
   C. 杨树藩：《两汉地方制度》第3章，政治大学，1963年。
   D. 拙稿：《漢代における里と自然村とについて》，《東方学》38，1969年，收入本书。
   E. 曲守约：《汉代之亭》，《大陆杂志》12-21，1955年。
   F. 蔡美彪：《汉代亭的性质及其行政系统》，《光明日报》1954年12月23日。
   G. 日比野丈夫：《乡亭里についての研究》，《東洋史研究》14-121，1955年；《中国歴史地理研究》，同朋舍，1977年。
   H. 越智重明：《漢魏晋南朝の乡亭里》，《東洋学報》53-1，1970年。另外，好並隆司的《漢代乡里制の前提》（《史学研究》23，1971年）也采用了大致相同的编成方式。
   I. 严耕望：《中国地方行政制度史上编》第一章下，"中央研究院"历史语言研究所，1962年。
   J. 劳榦：《汉代的亭制》，《"中央研究院"历史语言研究所集刊》22，1950年。
   K. 岡崎文夫：《魏晋南北朝通史》，弘文堂书房，1932年，第579—581页。
   L. 小畑竜雄：《漢代の村落組織に就いて》，《東亜人文学報》1-4，1942年。
   M. 松本善海：《秦漢時代における村落組織の編成方法について》，《和田博士還暦記念東洋史論叢》，講談社，1951年；《中国村落制度の史的研究》，岩波书店，1977年。
   N. 宮崎市定：《中国における聚落形態の変遷について》，《大谷史学》6，1958年；《宮崎市定全集》3，岩波书店，1991年。
2. 蔡美彪：《汉代亭的性质及其行政系统》，《光明日报》1954年12月23日。

表3

	1里	1亭	1乡	里亭乡的编成关系	备考	出处
行政村	100户	宿泊、警备	10里	里×10＝1,000户，10亭	1里100户，10里1乡，10亭1乡	・东汉之制	曾我部
	大率100户	警察	10里[亭部]	里×10＝大率1,000户		・10亭1乡为10里1乡之误	王毓铨
	大率100户	警察、宿泊	10里	里×10＝大率1,000户（周围二三十里的区画），10多个亭		・东汉时期亭已经成为小地域集团 ・邮警戒前后2里半，剩下的前后2里半由亭分担	杨树藩
	原则上100户（根据与自然村的关系而变）	警察、宿泊	10里	里×10＝原则上1,000户，原则上10亭（实际上3、4个亭）			池田
	25户（方1里）	警察、门的开闭，扫除	里×10＝250户（地域）	亭×10＝2,500户（地域）	5家1邻，5邻1里，10里1亭，10亭1乡	・"五家为伍，又谓之邻，居方一里之内也"（汉・刘熙《释名》） ・亭是地方行政的基础	曲守约
	100户	教化，治安，交通，宿泊，听讼	里×10＝1,000户	亭×10＝10,000户	1里100户，1亭10里，10亭1乡	・以大乡为基准。小乡较多的时候没有依据户口，而是依据地理、政治条件因方于设置乡的原户 ・亭类似于乡官里正	蔡美彪
	1定户（从乡的户数算出）	警察、通信	里×1定数＝1定地域[亭部]	亭×1定数＝1定地域[乡部]	里、亭、乡	・亭是地籍单位	日比野

续表

1里		1亭	1乡	里亭乡的编成关系	备考	出处
[100户]	宿泊、警察、听讼	里×10=10里（亭治所在阡陌等干线道路之上）[亭部=数个里]	10里×10=100里（乡治所），10里=1,000户（全国平均4、5家），10亭部=（全国平均4、5亭）		·乡亭的面积根据户口情况而有变化	越智
不特定户	民事、警事、武事	亭舍与亭部（分割乡）	将县区分为若干个乡		·亭是初级地方行政官	严耕望
一定地域（与户口无关）	警察、听讼	里×10=10里（地域与距离）	亭×10=100里（地域）	10里1亭，10亭1乡	·最大限度是1里百家 ·由里居而产生道里。亭以面积、距离为基准	劳榦
自然村	交通、裁判	里×10=10部落（10里）	亭×10=100部落			冈崎
自然村	警察、宿治	里×不特定数=不特定部落	亭×约4=不特定部落			
自然村	警察、交通	10里（有可能包含了数个部落）	里×不特定数=不特定部落	里、亭、乡	·亭与乡里都属于乡党概念	小畑
不是政府规定的行政区画	宿泊、警备	里×10=10里（地域）	亭×10=100里（地域）		·不存在以十进法进行的编排	松元
城郭内的一种区画	城郭聚落		城郭聚落	10亭1乡	·西汉之制	曾我部
自然村				亭、乡		宫崎

第五章　汉代的乡　　　　　　　　　　　　　　　　　　　　497

　　曲守约氏的两千五百户一乡说[1]也存在问题，如《释名》"一里"中的"里"是否是行政单位还有待讨论，又，若认为乡有固定面积的话，则很难同时满足十里一亭与十里一乡两个条件。此外，根据不同的情况还会出现忽视乡亭里之间数量关系的情形，而若要同时满足（里居）面积与（各亭之间）距离两个条件的话，则会丧失所坚持的原则立场。

　　如果忽视乡亭里之间的数量关系，那么乡的编成方式则会宽泛化。而如果力求同时满足面积与距离条件的话，又显得过于依赖所谓的规定了。

　　关于后一种观点，早年冈崎文夫氏曾有讨论[2]，最近劳榦氏亦从其说。[3]但是，这一说存在不少问题，正如清水盛光氏批判冈崎说时所指出的，"将里的解释从距离转向部落，这一思路有难以理解之处"。[4]

　　由此可知，将亭认定为行政区划仍然存在问题。如前文所论[5]，本文认为亭只是单纯的公署而已。由于乡里是以户为主体编制而成，而亭更侧重于一定的距离，在表示地域范围的时候，往往使用亭的名称而不是"亭部"一词，因此，将亭部与亭自身的性质区别考虑也是不合适的。

　　另外，如果认为乡里是依据一定的面积编成的，那么对很多地方没有人烟的边郡地区来说[6]，不管户口多少，只按面积来区划乡里的话，显然是存在问题的。

　　最后来看乡与县的关系问题。《汉书·百官公卿表》载："县大率方百里，其民稠则减，稀则旷，乡亭亦如之。"没有涉及乡与县的数量关系。《汉书·百官公卿表》又载："凡县道国邑千五百八十七，乡六千六百二十二。"一县平均辖四个多乡。《续汉书·百官志》载顺

1　曲守约：《汉代之亭》，《大陆杂志》12—21，1955年。
2　冈崎文夫：《魏晋南北朝通史》，弘文堂书房，1932年，第579—581页。
3　劳榦：《汉代的亭制》，《"中央研究院"历史语言研究所集刊》22，1950年；等等。
4　清水盛光：《中国乡村社会论》，岩波书店，1951，第26页。
5　拙稿：《漢代における里と自然村とについて》，《東方学》38，1969年，收入本书。
6　例如，《华阳国志》"巴郡"条载东汉桓帝时之事曰："远县去郡千二百至千五百里，乡亭去县或三四百或及千里，土界遐远，令尉不能穷诘奸凶，时有贼发，督邮追案，十日乃到，贼已远逃，（中略）给吏休谒，往还数千里。"显然，在边远地域是施行乡里制的，而乡里的编排在边地只能以户数为基础。但对亭制来说，在这些地方，为了行旅的方便，即使只设置亭舍，也应当是按照一定的距离间隔设置的。

帝时"县邑道侯国千一百八十"。《东观汉记》载桓帝永兴元年"乡三千六百八十一",与西汉相比减少了约一半。虽然顺帝与桓帝时代不同,但大致可推算出东汉一县平均辖三个多乡。

《汉书·樊哙传》记载讨伐韩王信之时,"定代乡邑七十三",又"定燕县十八乡邑五十一"。此处的"乡邑"即乡,是行政区划单位,但不清楚其数量是否包括代、燕两郡各自郡内全部的乡数。在县、乡邑的比例上,代郡(十八个县)县均辖四个多乡,燕郡县均辖三个乡少一点。[1]

上面所列的乡、县的数量关系都只是平均值。《华阳国志·蜀志》"蜀郡"条载:"成都县,郡治,有十二乡,五部尉,汉户七万,晋三万七千。"反映的是较晚的晋代的情形,一县有十二个乡。关于晋代的乡,《晋书·职官志》曰:"又县五百以上皆置乡,三千以上置二乡,五千以上置三乡,万以上四乡。"万户以上的县也只有四乡。成都县有三万七千户,分属十二个乡。若严格按照规定设乡的话,成都人口接近四万,置十二乡偏多。不过,晋代关于乡的规定还有:"县率百户置里吏一人,其土广、人稀,听随宜置里吏,限不得减五十户。"(《晋书·职官志》)成都置乡的数量当是适用了"随宜"的规定,根据户数来适当增减县中的乡数。

在汉代的县乡关系中,乡的编成依据的也是户数。因此,以方圆百里的土地面积为基准——县更注重地域性,从汉代至清代县的数量并没有很大的变动可见一斑,这一点与乡不同——设置的县,其所辖乡的数量会随着户数的增减而增减,对大县来说也可能会出现一个县管辖十个以上的乡的情况。

由于受到地理或政治因素的影响,汉代存在大乡、小乡之别,不过总体上还是以户数作为编成的基准。下面来看在地方行政制度中乡处于怎样的位置。

---

1. 《汉书·地理志》记载代郡有56 771户,平均每乡约780户。同时,《地理志》记载西汉平帝时的总户数为12 233 062户,除以《汉书·百官公卿表》所记的乡数之后,一乡约为1 850户。《续汉书·郡国志》所载东汉桓帝永寿十一年的户数为16 070 906户,除以《东观汉记》所记的乡数之后,一乡约为4 366户。本文已谈到,东汉的乡数比西汉减少一半以上,因此东汉时一乡的户数有增加。正因为乡是由户数编成的,所以乡的数量的增减才成为可能。或许也反映了东汉的乡与西汉时期相比性质略有不同。

第五章　汉代的乡　　　　　　　　　　　　　　　　　　　　　499

乡吏的所属

前文已述及，在名籍的书写格式中不一定省略乡名。但是，以居延出土军人名籍为代表的一类名籍中却全部省去了乡名。关于这个问题，日比野丈夫氏分析其原因称："想来乡只是县的代行机关，虽称'乡吏'，却也不是乡自身所置，而是由郡县派出的。"[1]

严耕望氏也认为乡吏是郡县吏，其所论更详，所依据的史料有：

> 雒阳令，（略）员吏七百九十六人，十三人四百石，乡有秩，狱吏五十六人。（《续汉书·百官志》所引刘注《汉官》）
> （翼奉曰）游徼亭长外部吏，皆属功曹。（《五行大义·论都官》）

认为乡有秩、啬夫、游徼都是郡县属吏，乡吏本身不具有地方自治的意义。[2]越智重明氏也认为，乡内不存在管理全乡的官吏，乡吏只是广义上的县吏。[3]

但是，劳榦氏认为乡吏不属于县吏的范畴[4]，杨树藩氏也将乡吏与县吏区别论述。[5]围绕乡里的所属问题，有必要就乡有秩、啬夫的性质以及乡在地方行政制度上的地位等问题略作探讨。

关于乡有秩、啬夫，《续汉书·百官志》载："有秩郡所署。""其乡小者县置啬夫一人。"可知有秩的任免权在郡，啬夫的任免权在县。二者"掌一乡人"（《续汉书·百官志》）。"游徼即啬夫之所统也。"（《急就篇》卷四颜师古注）认为同为乡吏的游徼归啬夫统领，有秩、啬夫是总括一乡的负责人。

《续汉书·百官志》刘注引后魏阚骃所撰《十三州志》曰："有秩啬

---

1. 日比野丈夫：《乡亭里についての研究》，《東洋史研究》14-121，1955年；《中國歷史地理研究》，同朋舍，1977年。
2. 严耕望：《中国地方行政制度史上编》第1章（丙），第5章（四），"中央研究院"历史语言研究所，1962年。
3. 越智重明：《漢魏晉南朝の乡亭里》，《東洋学報》53-1，1970年。
4. 劳榦：《漢朝的县制》，《"中央研究院"刊》第1期，1954年。
5. 杨树藩：《两汉地方制度》第3章，台湾政治大学，1963年。

夫得假半章印。"《法言·孝至》篇晋李轨注亦言:"五两之纶,半通之铜,皆有秩啬夫之印绶,印绶之微者也。"可知有秩、啬夫使用半通印。

陈直氏指出在封泥中未见游徼之印,同时认为在三老、啬夫的印章之外还存在很多的乡印。[1]

有秩、啬夫还负责"收赋税""听讼""知民善恶"。负责收赋税的还有乡佐,而听讼、知民善恶则与游徼的职责"徼循禁贼盗"密切相关。由此可知,有秩、啬夫在职掌方面得到了游徼、乡佐的辅佐,而他们自身则是乡内事务的统括者。

若乡内发生"伤风化"一类的问题,"一县莫知所为,令丞、啬夫、三老亦皆以系待罪"(《汉书·韩延寿传》)。令、丞需承担县中的责任,而有秩、啬夫需承担乡中的责任。

在汉代的地方行政制度中,州置部郡从事、典郡书佐,"主督促文书,察举非法",郡置五官掾,"其监属县",县亦置五官廷掾,"监乡五部"(以上据《续汉书·百官志》),上级行政单位逐级监察下级行政单位,同上计行为一样,州郡县之间保持着紧密的联系。

另一方面,州刺史、郡守、县令长等勅任官分别由中央直接派遣,州郡县属吏的任免则由刺史、郡守、县令长分别控制。

这样一来,作为地方行政单位的州郡县既保持了上下之间的有机联系,同时各自又有自身的主体性。对州郡县的切割,同时又使其相互牵制,再加上勅任官本籍回避制度,构成了削减地方官势力的有效手段。那么,下面需要考虑县之下的乡是怎样的情形。

对乡来说,即使没有完全地被编入郡县之中,乡吏的人事也不是像州郡县一样相互独立、由中央直接任免的。大乡(五千户以上)有秩的任免权由郡守掌握,小乡啬夫的任免权由县令掌握——关于游徼、乡佐的任免权缺乏明文记载。《汉书·鲍宣传》称"县乡啬夫",在乡啬夫之前特意冠上了县字。

需要特别注意的是,乡的大小不同,乡吏(有秩、啬夫)的任免也不同,有的由郡任免,有的由县任免。如果乡完全是县的一部分的话,

---

[1]. 陈直:《汉书新证》,天津人民出版社,1959年,第89—90页。

第五章 汉代的乡

应当不会出现规模大小不同任免权也相异的情况。然而事实上乡的大小不同，乡吏的任免亦不同。

由此可见，乡在地方行政制度中并非县的一个分支机构，而是与郡县并列的独立机构（行政单位）。对维持地方行政的平衡来说，县对乡——或亭、里的完全控制并不是一件好事。

《后汉书·任光传》载："初为乡啬夫、郡县吏。"可知任光先任乡啬夫，后为郡县吏。《后汉书·爰延传》载："后（县）令史昭以为乡啬夫，仁化大行，人但闻啬夫，不知郡县。"将郡县与乡区别开了。后文述及公文书传递的过程，其中县批准的前提是得到乡啬夫的许可。

乡以独立行政机关的身份发挥自身的作用，这一点无可置疑。正因为乡是拥有独立权能的行政单位，才需要在统属关系上考虑乡的大小问题。[1]

在汉代，乡的等级有大乡和小乡之分，对它们的管理也是分开的。不过如后文所述，尽管对大小乡的任免权各有不同，但在职掌方面大小乡都与县密切相关。

还有两个需要解释的问题：（1）《汉官》所见雒阳令的吏员包括乡有秩；（2）据翼奉之言，游徼为外部吏，属（县）功曹。

首先来看（1）中的乡有秩。根据乡的规模大小，乡吏或由郡、或由县任免。乡吏的俸禄预算或许也分别由所属的郡或县负责。

《汉官》"乡有秩"条前后的相关记载称："十三人四百石，乡有秩、狱吏五十六人，佐史、乡佐七十七人，斗食、令史、啬夫、假五十人。"与乡有秩并列的是狱吏，史载："奏请令长安游徼、狱吏秩百石。"（《汉书·赵广汉传》）按此标准，长安之外的狱吏应在百石以下，狱吏以下的吏，如乡佐等当不会超过百石，而由郡直接任免的乡有秩当是百石之吏。

再回到乡吏归属的问题上。作为具有任免权的组织的一员，乡有秩、乡啬夫无疑都是郡县之吏，而目前可见的雒阳县的乡有秩却只是县之

---

[1] 严氏指出，《后汉书·吴佑传》记载胶东侯相吴佑称呼啬夫为"掾"（严耕望：《中国地方行政制度史上编》，"中央研究院"历史语言研究所，1962年，第238页）。不过，此处的啬夫是否是指乡啬夫，还存在疑问。

吏员。因此，对《汉官》所见乡有秩的所属颇有疑问。[1]不过，尹湾汉简所记东海郡各属县的乡有秩与乡啬夫并列记载，都是县之吏员。比如：

> 海西（县）吏员百七人，（略）秩四百石官有秩一人，乡有秩四人，令史四人，狱史三人，官啬夫三人，乡啬夫十人，游徼四人，牢监一人，尉史三人，官佐七人，乡佐九人，亭长五四人。

不可否认的是，乡吏的任免与吏员所处的地位有乖离的倾向，但作为县的下级行政单位乡的吏员，总的来说乡吏也算是县之吏员。

1996年尹湾汉简发表之前，一般认为乡吏的任免已从郡、县之中分离出来，所以严耕望氏所主张的乡有秩、乡啬夫为郡县属吏的说法也是讲得通的，但从尹湾汉简东海郡属县的例子来看，这种看法不对，《汉官》正确地记载了当时的情况。

不过尽管如此，也不能完全否定乡吏的任免已从郡、县之中分离出来这一事实。只是要注意的重点是，作为县的下部机构，乡并不仅仅只单独受到县的影响。

《汉官》载：

> 佐史、乡佐七十七人，斗食、令史、啬夫、假五十人，官掾史、干、小史二百五十人，书佐九十人，循行二百六十人。

其中不见游徼之名，或是因为其已包含于斗食等吏员之中了。

另外，《汉官》所记河南尹的吏员亦不见乡有秩之名：

> 十二人百石，诸县有秩三十五人，官属掾吏五人，四部督邮吏部掾二十六人，案狱仁恕□三人，监津渠漕水掾二十五人，百石卒史二百五十人，文学守助掾六十人，书佐五十人，循

---

[1] 越智重明之《漢魏晋南朝の乡亭里》（《東洋学報》53-1，1970年）推测雒阳县中的是大乡。

第五章　汉代的乡

> 行二百三十人，干小史二百三十一人。

尹湾汉简所记东海郡太守的吏员，除太守、丞之外，其他的吏员如下：

> 太守吏员廿七人，（略）秩六百卒史九人，属五人，书佐九人，用算佐一人，小府啬夫一人。

比河南尹的吏员要简略。

再来看（2）中的翼奉之言。县的"外部吏"包括游徼——可能是小乡中的——与亭长。尤其是从游徼为县的外部吏可窥得乡吏性质的另一面。

设乡有秩的是五千户以上的大乡，这些大乡的规模有的甚至超过了小县，因此不难想象乡有秩的地位之高。大乡中乡有秩的数量也有一定的限制。尹湾汉简中东海郡的属县共置乡有秩二十五人，而有的地方乡有秩多达一百三十七人。

无论是西汉还是东汉，文献史料中关于乡有秩实例的记载非常少。曾任乡有秩的张敞出身于名门之家，其父为光禄大夫，祖父曾任上谷太守（《汉书·张敞传》）。乡啬夫有所不同，如乡啬夫朱邑（《汉书·朱邑传》）、鲍宣（《汉书·鲍宣传》）以仁爱、好学、明经等著称，不过不清楚他们的出身。东汉时期，乡啬夫第五伦为齐国诸田的子孙（《后汉书·第五伦传》），乡啬夫郑弘的从祖父是著名的郑吉（《后汉书·郑弘传》），曾任乡佐、乡啬夫的郑玄的八世祖曾是尚书仆射（《后汉书·郑玄传》《后汉书·杜密传》），不过不清楚他们出任乡啬夫之时具体的生活状态如何。像陈寔虽然是颍川侯陈轸的十世后人，但当时已经"单微""家贫"了。他年少时成为县吏，从事厮役杂务，后为都亭吏，得到县令的赏识进入太学学习，不过却未能入仕。虽然名声显著，却隐居民间，未能尽其才。（《后汉书·陈寔传》）同为乡啬夫的任光（《后汉书·任光传》）以及经外黄令史转任乡啬夫的昭（《后汉书·爰延传》），则完全不清楚其出身背景。

另外，《后汉书·第五伦传》载：

> 伦后乡啬夫,平徭赋,理怨结,得人欢心,自以为久宦不达,遂将家属,客河东。

可见乡啬夫的晋升非常困难。

以上分析了作为一个独立地方行政单位的乡的功能——关于这一点,后文还将从乡吏的职掌方面论述——不过并未涉及名籍中省去乡名的原因。下文拟就乡与户籍编成之间的关系来探讨这个问题。

二、乡与户籍

来看乡与户籍之间的关系。《周礼·天官·宫伯》汉郑玄注曰:

> 版,名籍也。以版为之,今时乡户籍,世谓之户版。

提到了"乡户籍"之称。关于户籍,郑玄注《周礼·秋官·司民》曰:"男八月、女七月而生齿。版,今户籍也。"可知户籍通称户版、版,也叫名数、数。

关于汉代的户籍,《东观汉记》"安帝元初四年"条曰:"方今八月案比之时。"可知八月进行户口调查。《后汉书·江革传》载:

> 建武末年,与母归乡里,每至岁时,县当案比(李注:案验以比之,犹今貌阅也),革以母老,不欲摇动,自在辕中挽车,不用牛马。

每年案比之时,在县中进行所谓的貌阅。

> 仲秋之月,县道皆案户比民,年始七十者授之以玉杖,辅之糜粥,八十九十礼有加,赐玉杖长尺,端以鸠鸟为饰。(《续汉书·礼仪志中》)

第五章　汉代的乡

案比之时根据老人的年龄，或授予玉杖，或供给糜粥，给予特殊的待遇。（尹湾汉简记载东海郡的情况如下：总计1 397 343人，"年九十以上"者11 670人，比例为119.7:1；"年八十以上"者33 871人，比例为43.3:1。而"年七十以上""受杖"者仅有2 823人，与九十多岁、八十多岁的人数相比，七十多岁人的数量非常少。或许当时对七十多岁"受杖"者的数量有限制，亦或是因为东海郡当时的状况就是如此。"六岁以下"者262 588人，与总人口的比例为5.3:1。总计266 290户，平均一户为5.2人）

户籍调查需要登记每户的家长、家族的本籍、爵位、姓名、性别、年龄、身体形状、姻亲等。[1]那么，户籍的调查、编制的程序如何呢？劳榦氏认为此项工作由乡职掌，与里魁有关。[2]日比野丈夫氏也认为乡以里为单位控制人民——由里的父老和里正来提交名籍资料。[3]越智重明氏的观点大概相同，里吏与父老一同编制名籍并提交给乡，然后经县、郡报告中央，乡以至于县也要保留户籍的副本。[4]根据这些说法，户籍的原本由乡或者里编制而成。

郑玄所说的"乡户籍"是论述户籍的编制与乡相关的依据，他同时还提到乡也掌管赋税。也就是说，人头税的征收与户籍的编制有必要同时进行。

但是，关于户籍的编制，前文所引的《续汉书·礼仪志》载："县道皆案户比民。"《后汉书·江革传》亦曰："县当案比。"也就是说每年

---

1. 关于汉代户籍的研究有：
   A. 加藤繁：《算赋に就いての小研究》，《史林》4-4，1919年；《支那社会经济史考证》上，东洋文库，1952年，第162—164页。
   B. 牧野巽：《漢代における家族の大きさ》，《漢学会雑誌》3-2，1935年；《支那家族研究》，生活社，1944年，第150—151页。
   C. 平中苓次：《居延漢簡と漢代の財産税》，《立命館大学人文科学研究所紀要》1，1953年；《中国古代の田制と税制》，东洋史研究会，1967年。
   D. 宇都宫清吉：《漢代における家と豪族》，《史林》，24-2，1939年；《漢代社会经济史研究》，弘文堂，1955年，第416—417页；等等。
2 劳榦：《汉代的亭制》，《"中央研究院"历史语言研究所集刊》22，1950年。
3 日比野丈夫：《乡亭里についての研究》，《東洋史研究》14-121，1955年；《中国歴史地理研究》，同朋舍，1977年。
4 越智重明：《漢魏晋南朝の乡亭里》，《東洋学報》53-1，1970年。宇都宫氏也认为乡有秩、啬夫以及乡佐与户口调查有关。

案比的主事者不是乡里,而是县。这其实说明县是负责户籍编制的中心机关,如果每年案比之时人们需要专门赶赴县府的话,是十分麻烦的。

此外,《后汉书·独行传》"陆续"条载:

> 时岁荒,民饥困,太守尹兴,使(郡户曹史)续于都亭,赋民饘粥,续悉简阅其民,讯以名氏,事毕,兴问所食几何,续因口说六百余人,皆别姓氏,无有差缪。

讲述了遭遇饥馑之时给予灾民饘粥之事。当时郡中的户曹史前往都亭,在施粥之时,郡户曹史在都亭"简阅"灾民的姓名等。

关于郡县的户曹,《汉书·百官公卿表》《续汉书·百官志》没有明文记载,不过记载了太尉公府属官中的户曹:"户曹主民户、祠祀、农桑。"(《续汉书·百官志》)主管"民户"。从名称上看,郡县的户曹大概也有类似的职掌。《五行大义》所记翼奉之言亦曰:

> (县)户曹以传舍为府,主名籍,传舍主宾客,与之奸,则民去乡里,户曹主民利户口,夺民利,故悉去。

县中的户曹负责名籍、户口、民利等。从翼奉之言可知,县户曹原本常驻于传舍,即亭舍——不过后来常驻亭舍之制废止,仍有不少不明之处。

结合前文郡户曹在都亭简阅灾民的记载推测,县之户曹所至的传舍或许是都亭舍。在遭遇饥荒、发放粮食之时,自然是负责户口调查的户曹史一同出席比较合适。由此看来,既然《后汉书·陆续传》记载户曹史在都亭简阅灾民,那么或许案比也有在都亭举行的习惯。

顾炎武认为都亭是"关厢"[1],劳榦氏认为是"县治所在之亭"[2],日比

---

1 《日知录》卷22"亭"。
2 劳榦:《居延汉简考证》"都亭部"条,《〈居延汉简〉考释之部》,"中央研究院"历史语言研究所,1960年。

第五章 汉代的乡

野丈夫氏认为是"县城内的亭"。[1] 关于这个问题，我们认为既然都乡是县治所在的乡，那么都亭或许是乡治所在的亭。

《后汉书·陆续传》记载在都亭简阅了"六百余人"。将简阅的人数看做是一乡的人口数是比较适合的。

另外，《后汉书·皇后纪》载：

> 汉法常因八月算人，遣中大夫与掖庭丞及相工，于洛阳乡中。阅视良家童女年十三以上二十以下、姿色端丽、合法相者，载还后宫。

其中"八月算人"的"算人"，李注曰："汉仪注曰，八月初为算赋，故曰算人。"认为算人即算赋。加藤繁氏认为算人应指案比，即人口调查。[2]《后汉书·皇后纪》称算人之时相工等要进行"阅视"，由此看来，如加藤繁氏一样，将算人理解为案比更显自然。而且此处进行案比的地方也是乡。

每年案比之时，居民也只要到乡里去即可。貌阅也不是一件很复杂的事情。那么，接下来要考察负责案比的机构。前文所引《后汉书·陆续传》记载郡中的户曹史负责简阅，但这只是饥荒等非常时期的状况。

《汉书·尹赏传》载：

> （守长安令）乃部户曹掾史，与乡吏亭长、里正、父老、伍人，杂举长安中轻薄少年恶子，无市籍商贩作务，而鲜衣凶服，被铠扞刀兵者，悉籍记之，得数百人。

县中的户曹史负责监督少年恶子等。这种场合中的治安管理本来应当不属户曹负责的事务，却动员了户曹史参加，原因在于监督无市籍者

---

[1] 日比野丈夫：《乡亭里についての研究》，《東洋史研究》14—121，1955年；《中国歴史地理研究》，同朋舍，1977年。

[2] 加藤繁：《算赋に就いての小研究》，《史林》4-4，1919年；《支那社会経済史考証》上，东洋文库，1952年，第162—164页。

时对需要注意的人物要"籍记"之。毫无疑问,县内与户籍事项相关的事情是由户曹负责的。

综合考虑前揭《续汉书·礼仪志》的"县道皆案户比民"与《后汉书·江革传》的"县当案比"等记载,可知汉代的户籍管理由令长指挥,县中的户曹等相关人员直接下至乡中——或都亭舍?——来对一乡的人员进行貌阅和案比。按照一县平均有四个乡,一乡平均有一千户左右计算的话,以县为中心来编制户籍是绝对可行的。

出土于罗布淖尔的木简[1]简34记曰:

> 土南郡涅阳石里宋钧亲　　　　　妻玑年卅
> 　　　私从者同县籍同里交上□□□

所记录的私从者为"同县籍",不言乡籍而说县籍,接着记录了里名。由此亦可知"县籍"是最基本户籍。居延汉简有一支残简:"□县名籍□"(212·45),可见"县名籍"一词。也许正因为县籍是基本户籍,所以本章所讨论的居延出土的名籍更侧重于记录县名,然后再加上所属最下级行政单位里的名称,而往往省略居于县、里中间的乡名——在县籍的原本之中应当也记录了乡名。

《汉书·尹翁归传》亦见"县名籍"一词:

> 翁归治东海明察,郡中吏民贤不肖,及奸邪罪名,尽知之,县县各有记籍,(略)奸邪罪名,亦县县有名籍。

当然,以乡为单位实施案比之时,乡亭里吏应当都会进行辅佐。但是,在汉代只需要由县户曹直接进行貌阅即可,不需要像唐代里正那样还有编制手实之类的手续。

---

1. 黄文弼:《罗布淖尔考古记》第4篇《木简考释》,北平研究院史学研究所中国西北科学考察团理事会,1948年,第202页。另外,居延汉简中的"同县阳里大夫赵勤"(170·3)可以确定"同县"指的是来自同一个县,接下来再记载里名。

第五章　汉代的乡

居延汉简记载：

　　建平三年二月壬子朔丙辰，都乡啬夫长，敢言之，□□
（下阙）
　　同均，户籍藏乡，名籍如牒，毋官狱征事，当得取□□
（下阙）（81·10）

这是一件记载建平三年（西汉哀帝时）收到都乡啬夫长证明的公文书。第二行开头的"同均"之前文字缺失，文意不明，但此二字应与前文内容相关。接下来的内容是：户籍由所在的乡保管，名籍（名县爵里）如文书所写，无犯罪前科，亦未滞纳税款，允许领取（某种物品）。

这条简文记载乡啬夫的任务包括验证是否"名籍如牒"。"毋狱征事"，如后文所述，是经常出现的语句。而关于乡与名籍的关系，尤其是重要的户籍，说的是"户籍藏乡"。户籍常备于乡——从乡承担征税、听讼等任务来看这是自然的事情——不过"藏乡"并不足以成为户籍由乡编纂而成的确证。

再来看有待讨论的郑玄所说的"今时乡户籍，世谓之户版"这条记载。如前文所析，在不能确认户籍由乡负责编制的情况下，将这条材料中的"乡户籍"理解为在乡中编成的户籍当然是存在问题的。由于户籍调查以乡为单位进行，所以出现了"乡户籍"之称，也许与"户版"一样，这一称呼只是一种通称或异称而已。

另外，无论是否有"县户籍"之称，仅就郑玄所说的"户版"只指乡户籍来说，颇感不自然。再来看乡与户籍编制之间的关系，如下文所述，在乡吏的职掌人员中，并不存在与户籍相关的吏。因此，认为户籍编纂由乡吏、里吏负责的观点存在不少问题。

最后再回到由县编制户籍这个问题上。原因之一在于汉代的乡里组织仍不完备，同时，如前文所述，可能与乡里吏员的素质也有关系。[1]

---

1. 拙稿：《漢代における地方小吏についての一考察》，《中央大学文学部紀要》史学科17，1972年，收入本书。

三、汉简中的乡吏

乡有秩

乡有秩前节已有涉及，居延汉简中与乡有秩相关的简文还有：

（上阙）襄乡有秩梁，敢言之，昌□（下阙）（62·53）

鸿嘉三年闰月庚午朔癸酉，安（典）乡有秩延寿，敢言（下阙）（32·17）

甘露四年六月丁丑朔甲辰，西乡有移（秩）□□
王武案毋官卫（狱）事，当为传致□□
□□□二月□（阳）□（面）
印曰雒阳丞（背）（334·20）

以上三简中，简62·53与简32·17均为残简，内容不详，不过都有公用语"敢言之"，估计是乡有秩书写的某种公文书。

简334·20的内容有所不同，从"当为传"来看，是雒阳县基于安典乡有秩的申请而发给传舍的相关文书——第三行缺字太多，文意不明，不过从文书形式上看，应当记载了县下发文书的发给时间及发出者（雒阳丞）。简文中还有"毋官狱事"，这是常见的公用语，与"毋官狱征事"相同，在下文所引的有关乡啬夫的简中经常出现。

在发给传舍的文书之中，乡有秩证明了涉及人员的犯罪前科与赋税缴纳状况，作为确认证据。由此可见，史料所记乡有秩、乡啬夫的职掌包括"收赋税、听讼"，是确实可信的。

同时，无论是否是由郡直接任免的乡有秩，其所负责的事务上的手续与乡啬夫一样，都是通过县施行的。可以说，在郡—县—乡的事务关系方面，即便是大乡，也没有任何不同的地方，其原因在于乡吏被认定为是县中的吏员。

简334·20虽然是县发行的文书，但文书中同时记录了乡有秩对"毋官狱事"情况的确认，而这一确认是获得县廷认可的前提，由此可见

第五章　汉代的乡

乡作为行政机关所具有的自主性。

除了以上所列简文之外，乡有秩还见于简45·1、简22·55，不过本章不再详论。下面来看乡啬夫问题。

乡啬夫

乡啬夫的任务与乡有秩相同。但是，乡有秩只见于大乡，而乡啬夫的设置更普遍，在史籍中更为常见。在汉简中情况亦是如此。

建平五年十二月辛卯朔庚寅，东乡啬夫护，敢言之，嘉平□（下阙）

□□□□一（公）乘忠等，毋官狱征事，谒移过所县邑，一序河津关所欲□，敢言之

十二月辛卯，禄福狱丞博，行丞事，移过所，如律令，/掾海齐令史众（面）

禄福狱丞印（背）（495·12、506·20）

（上阙）朔□□，都乡啬夫长，敢言（下阙）

（上阙）取传归敦煌　敢言（下阙）（181·10）

永始五年闰月己巳朔丙子北乡啬夫忠，敢言之，义成里崔自当，自言为分（家）私本（市）居延，丞（谨）案自当，毋（下阙）

狱征事，当得取传，谒移〔肩水金关〕居延县索关，敢言之

闰月丙子觻得丞彭，移肩水金关居延县索关，如律令，/掾晏令史建（15·19）

元康二年正月辛未朔癸酉，都乡啬夫（下阙）

当以令取传，居延令胜之、丞延年，□（下阙）（面）

印曰居延令印（背）（213·44、213·28）

以上是居延汉简所见有关乡啬夫发送给传舍的史料。在最前面的简文

中，公乘忠所书写的文书包括了多个人，这是以单人为书写对象之外的另一种发给形式。

另外，从简文"禄福狱丞博，行丞事"可知，发给传舍认可凭证的责任者是丞以上的县官。在居延汉简中，发给认可凭证的以丞居多。——除了上文列举的简495·12、506·20之外，还有简181·2、简260·6、简324·20、简334·40等。简140·1记录了紧急认可凭证的发给，在县长在场的情况下，狱守丞依据旅行者本人的陈述发给凭证，落款写作"狱守丞，就兼行丞事"，可见"行丞事"等字样。

依据汉简来研究文书传递的成果有大庭脩氏的大作[1]，已经厘清了这种文书的书写格式等。根据他的研究，书写格式包括日期时刻、请求者（旅行者）、旅行目的、对旅行者没有前科的确认、到达目的地之前的旅次——以上是乡书写的事项——以及县的认证等。上文所列的四支简中的三支大概都遵循了这样的书写格式。

> 元延二年八月庚寅朔甲午，都乡啬夫武敢言（下阙）
> 袁葆，俱送谨？女子赵佳张掖郡中，谨案曰（下阙）
> 留，如律令，敢言之，●八月丁酉居延丞□（下阙）（面）
> 居延丞印
> 八月庚子以来（背）（181·2）

这支简也见有乡啬夫，如果"俱送谨女子赵佳张掖郡中"是旅行目的的话，这应当也是传递文书的一种。

> 　　　　　□□里父老□（里）
> 邛｜秋赋钱五千　王安释（致）（数）（526·1A）
> 乡｜　　　　　啬夫食佐吉（临）

---

1. 大庭脩：《漢代の関所とパスポート》，《関西大学東西学術研究所論叢》16，1954；《秦漢法制史の研究》，創文社，1982。

第五章　汉代的乡　　　　　　　　　　　　　　　　　　　　　513

| 荥阳 | 秋赋钱五千 | 东利里父老夏圣等鼓（教）数
西乡守有秩志臣佐顺临　（45·1）
纯（从）（请）亲旦（具） |

这两支简[1]都是关于秋赋钱[2]的，其中出现了乡啬夫与乡守有秩。此外，简中还有里正、父老等，所以经常被引用。守屋美都雄氏依据简文指出，正式承担赋钱的征收、封入、发送责任的，不是父老与里正，而是作为乡吏的乡啬夫与乡有秩。[3]其说可从。

居延汉简中还有这样的记载：

| 广乡 | 秋赋 | 五千
王德少三　（21·1）
左四 |

此处的秋赋钱由"广乡"征收，即以乡为征收单位。简526·1，劳榦氏的释文作"□阝□□北"，从者甚多。不过，细审图版，前两字当读作"□阝乡"，为一乡名，简文中的里正、啬夫等应当都属于这个□阝乡。

不过，简45·1出现了县名荥阳（荥阳）。这似乎与其他简文中以乡为赋钱收缴单位的记载不同。其实，在荥阳两字下面有两条横线，而这两

---

1. 这两支简的释文从守屋氏之说，参见守屋美都雄：《父老》，《東洋史研究》14-1.2，1955年；《中国古代の家族と国家》，东洋史研究会，1968年。
2. 鎌田重雄氏认为秋赋钱是指八月案比之时对人头税的征收。(《乡官》，《史潮》7-1，1937年；《秦漢政治制度の研究》，日本学术振兴会，1962年）又，守屋美都雄氏指出汉简中的秋赋钱均为"五千"，很值得注意。（守屋美都雄：《父老》，《東洋史研究》14-1.2，1955年；《中国古代の家族と国家》，东洋史研究会，1968年）不过，汉简中还有"入秋　赋钱千二百元凤三年九月乙卯□"（280·15），可知不只是"五千"一种。此外，赋钱还常常被作为兵士月俸的财政来源，如：
　　　　赋钱六百
出
　　　以给广谷隧长安□元康三年三月奉　□元　（433·33、433·48）
还有简文曰："十月秋赋钱五千"（49·28），不过这支简"十月"等字的右侧残断，因此这些字才连为一行，所引还很难判断十月与秋赋钱之间的关系。
3. 守屋美都雄：《父老》，《東洋史研究》14-1、2，1955年；《中国古代の家族と国家》，东洋史研究会，1968年。

条横线之间有很大一块空白,虽然图版不清晰,但推测应当与其他两支简相同,此处记载了乡名。[1]按此,简45·1的秋赋钱征收单位也是乡。

  建平五年八月□□□广明乡啬夫宏,假佐玄,敢言之,
善居里男子丘张,自言,与家买客田居
  作(居)都亭部,欲取□□,案张等,更赋皆给,当得取检,
调移居延,如律令,敢言之(面)放行(背)(简505·37)

这支简也为人所熟知。[2]有人欲在他乡购买土地,乡啬夫交付"检"——购买土地的必要文书,或有县的封印——给他,其文称该人"更赋皆给",意思是"劳役及赋税并经完纳矣"(劳榦氏语),也就是赋税履行情况的确认凭证。正如上文秋赋钱事例所反映的一样,这支简印证了乡是赋税征收的单位和机构,与赋税相关的详细的账目应当也放置在乡内。

  有些残简虽然文意不甚明晰,但与乡啬夫相关,一并列举如下:

  (上阙)朔己亥,贾明乡啬□
  (上阙)年□□如□谨案(缺简号)
  永始元年七月己丑朔癸巳,陶乡啬夫(下阙)
  □□□官张掖□居延□□□(下阙)(简51·10)
  (上阙)年十一月壬申朔丁丑,陶乡啬夫定,佐博(下阙)
  □隧长□□□□(218·50)
  建平五年十月丁卯朔乙酉,乡啬夫(下阙)(495·18)

---

1. 居延汉简还有如下记载:
(上阙)上计卒史郝卿诣哪(乡)千人令史(下阙)(503·12)
虽然简文有残断,但可知是由主管上计的吏发给乡的文书。若然,上计制度与乡的性质也密切相关。
2. 相关讨论参见劳榦:《居延汉简考证》"都亭部"条,《〈居延汉简〉考释之部》,"中央研究院"历史语言研究所,1960年;日比野丈夫:《乡亭里についての研究》,《東洋史研究》14-121,1955年;《中国历史地理研究》,同朋舍,1977年;大庭脩:《漢の嗇夫》,《東洋史研究》14-1.2,1955年;《秦漢法制史の研究》,創文社,1982年。大庭氏指出这支简内容也与之类似:
(上阙)有秩护佐,敗言之(下阙)
(上阙)況更赋给,乡里□(下阙)(212·55)

乡游徼

前文已经讨论过乡游徼的职掌等问题。在居延汉简中,简299·21出现了"守游徼",曰:"居延守游徼徐成",不过,守游徼是乡吏还是县吏,尚无法确认。

乡佐

居延汉简中未见吏名"乡佐"。但是在列举乡啬夫名字的时候,提到了与乡啬夫并列的"佐"或"假佐",如"陶乡啬夫定,佐博"(218·50),"啬夫食,佐吉"(526·1),"西乡有秩志,佐顺"(45·1),"广明乡啬夫客,假佐玄"(505·27)。大庭脩氏认为佐是啬夫的属官,"假佐"也应当是指乡佐。在有关文书传递的简文中未见乡佐一词,说明确如《续汉书·百官志》所言,乡佐只与赋税相关,与司法等方面无关。[1]

乡佐不见于《汉书·百官公卿表》,《续汉书·百官志》载:"又有乡佐属乡,主民收赋税。"《急就篇》还记载了"假佐":"啬夫,假佐,扶致牢。"颜师古注曰:

> 啬夫,乡啬夫者也。假佐,县之假史也,扶致牢者,扶持罪人,而致之于牢狱也,一曰,假佐者,啬夫之权佐也。

可知关于假佐有两说,或说为县吏,或说是乡吏。《汉官》记载雒阳令的员吏中,"斗食令史啬夫假五十人","假"与啬夫并列出现。据此判断假佐应当是县吏,不过简505·37中假佐与乡啬夫连称,向县提供乡级的赋税证明,可知乡中也有假佐。

再看《急就篇》中的假佐,如果依颜师古之说,啬夫为乡吏的话,那么紧接着乡啬夫记载的假佐当然也应当是乡吏。

如果认为假佐是乡佐的话,则可知除了赋税之外,乡佐还与"致牢"等司法方面的政务有关。不过乡中的吏员人数本来就很少,与其认为不同乡吏有着各自分明的职掌,倒不如说乡吏之间互相协作,共同维

---

1. 大庭脩:《漢の啬夫》,《東洋史研究》14-1.2,1955年;《秦漢法制史の研究》,创文社,1982年。

护了乡的正常运转。

另外,《后汉书·崔骃传》注所引《前汉书音义》载:"乡亭之狱曰 犴。"乡亭(亭)有监狱,称作"犴"。[1]《急就篇》中的"牢"可能指的 就是亭(乡亭或是都亭)犴。

不过,好并隆司氏认为简505·37中的假佐可能置于亭长之下,推 测亭长与田地买卖等有关。[2]但是,如上文所析,将假佐限定于亭长之 下是存在问题的。

乡三老

乡三老是五十岁以上颇具人望者,每乡推选一人,负责乡中的教化, 同时享有"复勿徭戍"的待遇。然而实际上乡三老不只是负责乡内教 化的象征性存在,从《汉书·韩延寿传》可知,乡内发生骨肉之争的 时候,乡三老需与长吏一同"待罪",即受到问责。

因此,三老也可以称作是乡官[3],但不清楚是否有秩级,也没有确切 证据说明曾向三老颁受秩级。[4]

《后汉纪》"桓帝建和元年"条记载胶东侯相吴佑的事迹是载:

---

1. 《汉书·刑法志》注亦称:"服虔曰,乡亭之狱,曰犴。"
2. 好并隆司氏(《前漢帝国の二重構造と時代規定》,《歷史学研究》375,1971年;《秦漢帝国 史研究》,未来社,1978年)认为亭长应当是土地买卖的见证人,所引用的史料为《希古楼 金石萃编》中的《汉平莒男子宗伯望买田记》,这通碑文中有亭长及游徼的署名。不过,碑 文还称"租铢不遹",即发生了违反租铢律(《汉书·食货志》"除其贩卖租铢之律"师古注曰: "租铢,谓计其所卖物价,平其锱铢,而收租也。")的事情,因此,这通碑文与其说是为田 地买卖作证的记载,倒不如说是对违反租铢律事件的审查记录。而且,在亭长、游徼的署名 之下还有"审"这一字样。另外,好并氏还指出《后汉书·仇览传》记载蒲的亭长负责一般 的民事,不过从仇览"为制科令""严设科罚",而后"期年称大化"来看,亭长负责的应当 只是"以禁盗贼"等事务。此外,好并氏从《后汉书·陈宠传》中的"亭佐—亭长—督邮" 这一晋升轨迹推测亭长的统属与督邮有关,但是,关于亭长的晋升《汉书·朱博传》也有记载, 晋升轨迹为"县给事—亭长—功曹",《后汉书·王寔传》亦有记载,为"亭长—(郡)功曹" 等。由于本章的研究以乡为中心,好并氏论及的亭长性质(职掌)都是与乡有关的问题,故 而在此将疑问提出。
3. 如赵翼的《廿二史札记》称"三老孝悌力田皆乡官"。
4. 鎌田重雄氏论文(《乡官》,《史潮》7-1,1937年;《秦漢政治制度の研究》,日本学术振兴会, 1962年)注(13)也有讨论,认为"无秩",不过越智氏论文(越智重明:《漢魏晉南朝の乡 亭里》,《東洋学報》53-1,1970年)认为东汉时秩百石。

第五章　汉代的乡

> 民有词讼，失命三老孝弟，喻解之，不解，估身至闾里，自和之。

据此可知三老与"词讼"，即诉讼相关，但不清楚三老被给予了多大的权限。居延汉简中与三老相关的记载有：

> （上阙）三老毕赋钱（下阙）（面）
> （上阙）自言郫酒□孰（下阙）（背）（103·39）
> □□久负三老，□意既毋云＝叩＝头＝重叩头（下阙）
> □
> 上三老（106·46）[1]
> 县置三老二，□□□兴舩十二，置孝弟力田廿二，征吏二千石以□卅二，郡国调
> 列侯兵卌二，年八十予□未需颂□五十二（5·3、10·1、13·8、126·12）

这三支简都有残断，文书性质不明。不过，简103·39应当与三老、赋钱有关。简106·46中的"上三老"当理解为"恭奉于三老"，"上三老"出现于句末，或许说明这是书写给三老的文书。若然，从"叩头，重叩头"则能深切感受到三老的权威。

最后一支简是关于县三老的。《汉书·高帝纪》"二年"条记载："择乡三老一人，为县三老。"可知县三老原本应当只有一人，而此简称"县置三老二"，置三老两人。如果三老只是单纯的象征性的存在的话，应当不会出现增员的记载。这或许说明三老在现实政治中具有实质性的功能。如果县三老承担了实际事务的话，那乡三老也应当大致相同。虽然无法确知居延汉简所见的三老是否是乡吏，但从中可以看出三老颇具吏人的性质。

---

1. 关于这支简，劳榦氏考释称："此简断为三段，中段误接在下部。"此处据其说并依据图版改。

孝弟、力田

在乡中与三老并列的还有孝弟和力田。关于孝弟、力田,《汉书·惠帝纪》"四年正月"条载:"举民孝弟力田者复其身。"与三老一样享有"复其身"的待遇。《后汉书·明帝纪》"中元二年"条李注曰:

> 三老、孝弟、力田三者皆乡官之名也,三老高帝置,孝弟、力田高后置,所以劝导乡里,助成风化也。

将"孝弟力田"与三老并称为乡官,负责乡里的教化,由此可知孝弟、力田的性质大概与三老相同。[1]

尹湾汉简东海郡《集簿》在记录郡县侯国都尉府吏员之前,列出了县乡三老与孝弟、力田的人数:

> 县三老卅八人,乡三老百七十人,孝弟力田各百廿人,凡五百六十八人。

没有使用"吏员"一词。显然,三老与孝弟、力田并非吏员,不过在郡县内他们拥有公立人员的地位,与其他吏员相比享有更高的待遇。另外,东海郡《集簿》记载郡中县数为三十八个,乡数为一百七十个,每个县乡各有三老一人。

乡官、乡少吏

居延汉简中还可见乡官、乡少吏。

> (上阙)其乡官听书牒□〔下阙〕□□(484·63)
> □□

---

1. 关于孝弟、力田,小畑氏论文(小畑竜雄:《漢代の村落組織に就いて》,《東亜人文学報》1-4,1942年)第5节注及镰田氏论文(《乡官》,《史潮》7-1,1937年;《秦漢政治制度の研究》,日本学术振兴会,1962年)注(17)等都有讨论。

第五章　汉代的乡

　　　　（上阙）少章（□厚）为乡少吏毋（面）
　　　　严君□丁必□□
　　　　不侵候史王子其（背）（193·15）
　　　　（上阙）乡少吏庄□□（下阙）
　　　　（上阙）方议部候长罚（下阙）（43·29）

但是，这三支简都已残断，内容难以确定。只知道当时还有乡官、乡少吏等不同于乡吏的称呼。

结语

以上以乡为中心问题整理了汉简资料。不过所讨论的问题集中在乡自身，没有涉及乡与亭里的关系，以及乡与郡县的关系，因此对乡在地域社会中的地位探讨并不充分。同时，也没有言及乡的质变问题。[1]

　　（追记）与本章相关的研究论文还有佐藤武敏氏的《漢代の户口调查》（《集刊東洋学》18，1968年）。佐藤氏指出，依据《周礼》郑司农所注"乡户籍"条，可知乡吏根据里所提交的资料在乡中编制户籍，这一见解与拙文不同。拙文中没有能够参考这一重要的研究成果。

　　另外，在校正本书的时候，张家山汉简吕后二年（前186年）律令发表，其中《户律》记载："恒以八月令乡部啬夫、吏、令史相杂案户籍，副臧其廷，有移徙者，辄移户及年籍爵细徙所，并封（略）数在所正典弗告，与同罪，乡部啬夫，吏主及案户者弗得，罚金各一两，（略）民宅园户籍，年细籍，田比地籍，田命籍，田租籍，勤副上县廷，皆以篋若匣匮盛，缄闭，以令若丞，官啬夫印封，独别为府，封府户。"可知在八月"户时"，由负责乡内事务的县吏乡部啬夫、吏以及令史来制作户籍，里正予以协助。显然，在汉初户籍也是由县吏负责编成，

---

1. 如樱井芳朗的《漢代の三老について》（《加藤博士還曆記念東洋史集說》，富山房，1941年）认为随着三老性质的变化，乡也丧失了自治的性质。

与民宅园户籍以下等各种账目一同放在县的文书室中谨慎保管。不过,从吕后二年律令尚无法确认户曹等县中列曹存在与否。(张家山二四七号汉墓竹简整理小组:《张家山汉墓竹简(二四七号墓)》,文物出版社,2001年11月)

第六章

汉代的地方少吏

前言

已有研究指出,在中国,地方行政制度存在的问题之一是,中央政府意志的有效下达,只能传达至县,至于县以下的管理,则依靠村落自治体等组织,或者利用地方上之有权势者,以实现统治实效。[1]

单就汉代而言,已经确立起了郡县乡里的地方行政组织,甚至细化到一里百户的严密程度,这种专制统治网络在当时覆盖到了全国各地。但是,即便如此,汉代仍然存在同样的地方政治制度问题。

对此,增渊龙夫氏指出,当时的官员利用了游侠等势力。[2]当然,也有观点认为是由于皇帝的专制统治造成的。关于这个问题,其实有必要从官僚控制体系的一部分,位于专制控制最前端的郡县属吏,即少吏(非勅任官),以及乡亭里吏的具体情形入手进行考察,以了解汉代的国家结构。

顾炎武曾引用柳宗元所说的"小官多者其世盛,大官多者其世衰"来评论汉代的乡亭职务。[3]这一评价有将汉代少吏美化为有德贤才的倾向。[4]那么,事实果真如此吗?

本章将就与少吏相关的一些问题谈谈粗浅的认识。首先从长吏和少吏之间的关系谈起。

一、长吏与少吏

长吏的字义

《汉书·百官公卿表》"县令"条载:

---

1. 参见和田清编:《支那地方自治発達史·序説》,中华民国法制研究会,1939年;平野义太郎:《北支の村落社会㈠》,1944年。橘朴的《支那官僚の特殊性》(载《支那社会研究》,日本评论社,1936年)指出汉代的官僚控制体系仍不成熟。
2. 增渊龙夫:《中国古代の社会と国家》第1篇第1章,弘文堂,1960年。
3. 顾炎武:《日知录·乡亭之职》。
4. 最近仍然可见这一倾向,如郝兆巩《中国县制史》(宏业书局,1964年,第36页)有类似见解。

第六章 汉代的地方少吏

> 县令长者秦官,掌治其县。万户以上为令,秩千石至六百石;减万户为长,秩五百石至三百石。皆有丞尉,秩四百石至二百石,是为长吏,百石以下有斗食佐史之秩,是少吏。

相对于秩百石以下的少吏,还可见长吏之名。关于长吏,《通典·职官·禄秩》言"自四百石至二百石,为长吏,百石以下有斗食、佐史之秩,是为小吏"。同样,相对于小[少]吏(小吏与少吏的关系详后述,除了所引用的史料之外,本章统称为少吏),还提到了长吏,认为长吏为四百石至二百石之吏。此外,这条材料删减了《汉书》中有关令长的部分。清人何若瑶也给出了与通典相同的解释:"《百官表》:秩四百石至二百石为长吏。"[1] 最近,瞿昭旂氏[2]、杨树藩氏[3] 等认为可称长吏的只有丞尉。在我国,也存在有关长吏的解释。[4]

但是,认为长吏的禄秩是四百石至二百石的观点,是对《汉书·百官公卿表》中有关长吏规定的误解。实际上,长吏不仅指县之丞尉,也指令长。

据《汉书·韩延寿传》记载,延寿任左冯翊的长官之际,高陵县有某兄弟为田地而争讼。对此,延寿十分忧虑,且引咎自责曰:"既伤风化,重使贤长吏、啬夫、三老、孝弟受其耻,咎在冯翊。"高陵县的长吏们纷纷申请承担罪责:"一县莫知所为,令长、啬夫、三老,亦皆自系待罪。"值得注意的是,这条材料将"长吏"用"令长"一词替换。

当然,在汉代,长吏并非仅限指所有县中的令长丞尉。例如《潜夫论·劝将》载有"郡县长吏",《汉书·陈胜传》则曰:"诸郡县苦秦吏暴,皆杀其长吏,将以应胜。"可见"郡长吏"的用法。《汉书·张耳传》曰:"今陈王奋臂为天下倡始,莫不响应,家自为怒,各报其怨,县杀其令丞,郡杀其守尉。"由此可见,《汉书·陈胜传》中的长吏,

---

1. 《汉书补注·武帝纪》元光六年所引。
2. 瞿昭旂:《两汉之县令制度》,《禹贡》6-1,第8页。
3. 杨树藩:《两汉地方制度》,台湾政治大学,1963年,第49页。
4. 参见诸桥辙次:《大漢和辞典》卷11,大修馆书店,1959年。"长吏"条载:"汉制,一般为六百石以上者,县吏则为二百石至四百石者",指出依照汉制,作为县吏的长吏秩二百石至四百石。1988年的修订版也有同样的记载。

指的是县令丞和郡守尉。另外,《汉书·景帝纪》"中元六年"条载:"诏曰,夫吏者民之师也,车驾衣服宜称,吏六百石以上,皆长吏也,(略)长吏两千石车朱两轓,千石至六百石朱左轓。"将六百石以上称为长吏。不过,这份诏令只是针对与车驾令有关的官吏,与《汉书·百官公卿表》中二百石以上为长吏之规定并不矛盾。而且,在这份诏令中,长吏的上限是二千石,也就是郡太守。就县之令长而言,劳榦氏认为,汉初令长称作长吏,而在西汉中期以降,令长丞尉都可称作长吏。他指出,汉初只称令长为长吏的相关史料,见于《汉书·文帝纪》"元年二月"条,颜师古注曰:"长吏,县之令长也。"又举出其他材料,包括前揭《汉书·景帝纪》中元六年:"吏六百石以上皆长吏也。"以及《汉书·景帝纪》后二年:"县丞,长吏也。"劳榦氏认为后两条材料是例外现象,而以颜注作为其论点的依据。但是,《汉书·景帝纪》中元六年的这条史料已经谈到,长吏从汉初开始就已经是指令长丞尉,《汉书·景帝纪》后二年的"县丞,长吏也"亦已言明这一点,因此不应该将这两条材料排除在外。所以,《汉书·文帝纪》之颜注不能作为劳氏主张的依据。[1]

由此可见,长吏不仅仅是指县中的令长丞尉——只是一个指代中央政府官吏的称谓,也未必是个普遍性的称呼。[2]那么,《汉书·百官公卿表》对长吏的规定又该如何解释呢?就《汉书》《后汉书》中散见的"长吏"而言,《汉书·尹翁归传》中的"县长吏"无疑是一例,不过,如果只分析出现"长吏"的史料,确实大部分指代县内的令长丞尉。《汉书·高帝纪》"五年"条记载的"守尉长吏",颜师古注曰:"长吏谓县之令长。"因此我们可以认识到,汉代的长吏主要指代县之令长丞尉,也涉及郡之守尉,总而言之就是地方勅任官的总称。

另外,《汉书·酷吏传·宁成》记载:"为少吏,必陵其长吏。"单纯使用长吏一词指代比职位在自己之上的官员。不过,这只用于指特

---

1. 劳榦:《汉代的县制》,《劳榦学术论文集》,艺文印书馆,1976年。
2.《论衡》等文献中有"将相长吏"一词,将长吏与将相(即中央高官)区别使用。但是,镰田重雄指出,汉代的官吏之中,"万石的三公与二千石的九卿以下直至二百石的官吏,与百石以下的斗食佐吏有明显的区分",前者属长吏,后者属少吏。(参见氏著《漢代の社会》,弘文堂,1955年,第18页;《史論史話》,南雲堂エルガ社,1963年)不过,认为三公九卿也属于长吏的观点存在问题。

定的官吏，与我们目前所说的长吏范畴有差异。

诸多的蜂起暴动与长吏

综上可知，长吏即勅任官，是处在国家机构中最下层的勅任官——亲民之官（县长吏的另一个称呼），这意味着他们在地域管理的最前线任职。因此，把握长吏与地域社会的关系，是理解地方政治制度的重要课题。关于这个问题，要注意的是，在汉代，长吏们经常成为各地蜂起暴动之时的攻击对象。

例如，在秦汉交替之际，陈涉率众蜂起之时，得到了三老、豪杰的支持，便自立为王，当时"郡县多杀长吏，以应涉"（《汉书·高帝纪》秦二世元年），很多郡县的长吏遭到杀害。在刘邦举兵之际，沛县的县令便落入了沛县的父老、子弟之手。（《汉书·高帝纪》）会稽县的假守段通的被杀，是项梁势力扩大的重要契机。（《汉书·项籍传》）东阳郡的少年在拥陈婴为王之时，首先杀掉了县令。（《汉书·项籍传》）齐人田儋自立之时，也杀掉了狄县之令。（《汉书·田儋传》）

这样的事例在西汉末至王莽时期也比较普遍。成帝阳朔三年，颍川铁官徒蜂起之时，杀死了长吏。（《汉书·成帝纪》）永始三年，尉氏县樊并等人的起义以及山阳铁官徒蜂起之时，也杀掉了长吏。（《汉书·成帝纪》）此外，王莽天凤元年，吕母举兵之时，也杀死了县宰。（《后汉书·刘盆子传》）更始元年，樊崇远征长安之时，杀掉了宛县县令与河南太守等人。（《后汉书·刘盆子传》）

到了东汉末年的动乱时期，这种蜂起之际杀害长吏的事例更是不胜枚举。[1]

这些长吏之所以牺牲，与汉代长吏的职能有关。《续汉书·百官志》记载：

(1)（太守丞都尉）进贤劝功，决讼检奸。常以春行所主县，劝民农桑，振救乏绝，秋冬遣无害吏案讯诸囚，平其罪法。

---

1. 漆侠：《秦汉农民战争史》，三联书店，1962年，第149—153页。

论课殿最，岁尽遣吏上计，并举孝廉。郡口二十万一人，[典兵禁，备盗贼]。

（2）（令长）显善劝义，禁奸罚恶，理讼平贼，恤民时务，秋冬集课上计于所属郡国，（略）丞署文书，典知仓狱。尉主盗贼。

在管辖范围内长吏被赋予了极大的权限，而原则上他们会回避本籍，去外地地方赴任。[1] 即便是同为地方行政组织的郡县之间，在职位任免上也没有统属关系，郡县之间相互牵制，长吏被定位为皇帝的忠实代办人。

于是，以皇帝之权威统治地域社会的长吏，在暴乱蜂起之际，很多都成了众矢之的和打倒对象，其牺牲的理由也在于此。

当然，虽然都是长吏，但在秦汉交替这样的时期，由于所依凭的皇权崩溃，他们未必都会坚持做皇帝在地方上的代办人。以吴芮为例，他原本是番阳的县令，却和群盗黥布结合，"因率越人，举兵，以应诸侯"（《汉书·吴芮传》）。自己加入了叛乱的阵营。武臣伐赵之时，蒯通说范阳令曰："足下为范阳令十年，杀人之父，孤人之子，断人之足，黥人之首，不可胜数，然而慈父孝子，莫敢倳刃公之腹中者，畏秦法耳。"（《史记·张耳陈余列传》）蒯通的游说有一半近乎于威胁，范阳令只得投降武臣。"令范阳令乘朱轮华毂，使驱驰燕赵郊，（略）燕赵城可毋战而降也。"（《史记·张耳陈余列传》）范阳令为武臣所利用，保全了自己的性命。

但在刘邦举兵之时，最初"沛令欲以沛应之"（《汉书·高帝传》）。沛令原想加入叛乱阵营，但最终"沛令后悔，恐其有变，乃闭城城守"（《汉书·高帝纪》）。沛令下不了决心叛秦，而丧命于沛县父老、子弟之手。由沛令的例子可以窥探出在那个变革时期长吏的微妙立场。

长吏与少吏

那么在那个变革期长吏的属吏们——少吏们又表现出怎样的态度

---

1. 濱口重國：《漢代における地方官の任用と本籍地との関係》，《歴史学研究》101，1942年；《秦漢隋唐史の研究》上，东京大学出版会，1966年。

第六章 汉代的地方少吏

呢? 答案是,其中有一部分追随长吏殉职。

这等事例不多见,如王莽时代,吕母举兵,县宰被杀之时,"诸吏叩头为宰请"(《后汉书·刘盆子传》)。诸吏们纷纷为其请命。东汉安帝永初二年,在剧贼毕等人将矛刺向县令刘雄之时,少吏"前叩头求哀,愿以身代雄"(《后汉书·刘茂传》)。愿以自身性命来救县令。此外还有项籍在斩杀会稽假守时,"门下"数十人也为籍所杀。(《汉书·项籍传》)这里的"门下",也许是私属一类,但是这些"门下"后来转化为吏名"门下掾"(《后汉书·公孙述传》),其性质与掾吏类似,因此,这一情形较近于少吏为长吏殉葬的事例。

而与此相对的是,一部分少吏举起了反对长吏的旗帜。如果集中来看秦汉更替时期的话,与为长吏殉葬相比——为长吏殉葬事例的出现与后文所述地方政治制度的完善和发展或许有关——当然是举起反对大旗的少吏更多。

项梁等人在杀掉郡假守之时,"梁乃召故[人]所知豪吏,谕以所为,遂举吴中兵"(《汉书·项籍传》)。这些相互熟悉的豪吏们纷纷响应项梁,支持他的举兵。此外,在东阳县,少年,即轻侠之徒,在杀掉县令起兵之时,身为令史的陈婴成为这些少年中的指挥者,在县中成功地拉拢了多达二万人的势力。(《汉书·项籍传》)

再来看齐人田儋,他杀死县令之时,"而召豪吏子弟"。号召豪吏子弟曰:"诸侯皆反秦,自立,齐古之建国,儋田氏,当王"(《汉书·田儋传》),以求得他们的支持。另外,刘邦举兵之时,沛县的父老依照刘邦的命令杀死沛令,主吏(掾)萧何、狱掾曹参曾犹豫是否需要自任指导者站到领头之处,后来都转而协助刘邦,"于是少年豪吏如萧、曹、樊哙等,皆为收沛子弟,得三千人",以至形成了三千人的势力。(《汉书·高帝纪》)

所以在蜂起暴动之时,少吏的支持是扩大势力的一个契机。而在这些少吏之中,也有像令史陈婴那样的人,平素树立恩信,是令人敬仰的长者,而后又成为叛军的指挥。

但是,萧何、曹参的情况是:"萧曹等皆文吏,自爱,恐事不就后秦种族其家。"(《汉书·高帝纪》)是典型的机会主义者。沛令令萧、曹响应陈涉的起兵，萧、曹谋曰："愿君召诸亡在外者，可得数百人，因以劫众，众不敢不听"（《汉书·高帝纪》），进言希望以沛令的影响力来求得亡命者的支持。面对长吏的要求，萧、曹狡猾地避开了，或许他们并不是真心想帮忙。不过也不能说所有的少吏在地方上都有声望，因为也要考虑少吏自身的限制。

对于这些少吏来说，长吏的立场可以借用萧、曹的话来表示："君（沛令）秦吏，今欲背之，帅沛子弟，恐不听。"（《汉书·高帝纪》）沛令背离了作为秦朝的官吏的立场，是不能够统帅沛之子弟的。正如前文提及的，无法融入地域社会的长吏，即便同样是从事地方行政工作，其立场与少吏们相比，也是截然不同的。

此外，在加入起兵阵营的少吏之中，也有被称作"豪吏"者。关于"豪吏"，《汉书·曹参传》曰："（曹参）秦时为狱掾，而萧何为主吏，居县为豪吏矣。"曹参、萧何也可以称作豪吏。颜师古将豪吏释为"吏之豪长"。

《汉书·王温舒传》记载讨伐大宛之时，曾"诏征豪吏"，见有"豪吏"一词。但这些豪吏往往被认为是指才智武雄兼备的吏，是少吏中的头面人物。而像萧、曹这样的豪吏，是否果如刚刚提到的，具有特殊的背景——地方豪族之类，目前还无法确定。

接下来，针对疑问较多的郡县少吏，再稍微具体地进行阐述。

二、郡县的属吏——少吏

县之属吏——俸禄

相对于长吏，即郡县的勅任官，县内还存在秩百石之吏[1]，以及斗食、佐史等。"百石以下，有斗食佐史之秩，是少吏。"（《汉书·百官公卿表》）

秩百石是指月俸为十六斛[2]的吏，至于斗食、佐史，颜师古注曰："《汉官名秩簿》云，斗食月奉十一斛，佐史月奉八斛。一说斗食者，岁奉不满百石，计日而食，一斗二升，故云斗食也。"他指出，佐史月俸为

---

1. 少吏也包含百石之吏。《玉海·汉官秩差次》载："百石，自百石已下有斗食佐史之秩为少吏。"
2. 《续汉书·百官志》"百石奉月十六斛"。

八斛，而关于斗食的俸禄存在异说。

颜师古所举的两种说法分别是：

① 月俸十一（或作"一十"，见《通典·禄秩》引《汉名秩簿》《通考》《玉海》《汉官仪》等）斛，日俸约三斗七升。

② 日俸一斗二（或作"三"，见《通典·禄秩》）升，月俸约三斛六升。但《续汉书·百官志》刘昭注曰："《汉书音义》曰：'斗食禄，日以斗为计。'"而颜师古在《汉书·薛宣传》中又注云："斗食者禄少，一岁不满百石，计日以斗为数也。"据此，又提出了第三种解释。

③ 日俸一斗，月俸约三斛。

此外，《史记会注考证·秦始皇本纪》言："中井积德曰：'斗食，计日给几斗粟也。'亦自有多寡，非一日限一斗。"据此，又有第四种理解。

④ 日俸数斗。

当然，无需再赘言的是，斗食之月俸必在十六斛以下。不过，《汉书·宣帝纪》神爵三年之诏曰："其益吏百石以下俸十五。"而对诏书中的"俸十五"，颜师古注称："韦昭曰：若食一斛则益五斗。"引三国吴韦昭之说，理解为将俸禄增加二分之一之意。如此一来，这份诏书便成了给百石以下官吏增加俸禄的命令，若依"斗食月俸十一斛"之说，斗食者的俸禄超过了秩百石之吏。当然，只有在百石以上的俸禄未作修改的情况下，才会出现这种不自然情形。

宣帝神爵三年的诏书指出当时少吏俸禄微薄，"吏不廉平，则治道衰，今小吏皆勤事而俸禄薄，欲其毋侵渔百姓，难矣"。并下令增加少吏们的俸禄。如果这里所说的少吏是指百石以下的官吏的话，那么与《汉书·百官公卿表》中的"少吏"相当。此外，《汉书·哀帝纪》记曰："益吏三百石以下奉。"增加了三百石以下官吏的俸禄。

尽管对少吏们有这样的照顾，可是到了东汉，他们的生活还是很清苦，"乡官部吏，职斯［贱］禄薄，车马衣服，一出于民，廉者取足，食者充家，特选横训，纷纷不绝"（《后汉书·左雄传》）。可见，有些清廉少吏仅依靠俸禄已无法维持生活。另外，《史记·张耳陈余列传》记载张耳"为里监门以自食"，说的是张耳改了名，亡命至陈，任里监门，终于得以谋生。这里的里监门,如后文所述,处于乡里之吏的最下级,因此,这种情况下的"自食"(要注意的是,《汉书·张耳传》没有"自食"二字)不能理解为仅仅依靠俸禄生活。

依照晁错所言,农夫五口之家,年收入有百石。(《汉书·食货志》)少吏之禄薄到什么程度呢?若斗食之吏日均收入为一斗多的话,其收入还不如一般农户的年收入,即最底层民众的生活标准。

宣帝神爵三年诏令中的"俸十五",荀悦《汉纪·宣帝纪》"神爵三年"条作"其益吏百石已下俸五十斛"。《汉纪》中的"五十"或是"十五"的误书。不过,要注意的是,《汉纪》中增加了"斛"字。

那么,《汉纪》所记的"俸十五斛",或可读为月俸额增加至十五斛。如果这种读解成立的话,从增幅来看,上文中的看法①"斗食月俸十一斛说"与"斗食日俸一斗之说"相比,从十一斛增加到十五斛更显自然。

可是,如果上述读解成立的话,那么月俸十五斛与秩百石月俸十六斛就显得太过接近,也有疑问。

由此可知,不管是斗食月俸十一斛之说还是日俸一斗(二升)之说,都存在问题。

同时,这两说所主张的支给额差异很大。不过,也没有依据来认为日俸一斗说是据"斗食"一词的字面意思产生的空论而加以否定。

关于斗食之吏的俸禄,或可认为,斗食日俸一斗(二升)之说,似乎是为了与"斗食"之名相对应,实施于斗食之吏设置之初;而《汉官名秩簿》中斗食月俸十一斛之说,由于《汉官名秩簿》成书年代不详,仍存有疑问,不过也许是在宣帝时期增加俸禄之后出现的。

宣帝神爵三年颁布诏令,宣布对百石以下之吏增俸,若从这一角度来考虑的话,那么斗食之吏的俸禄屡次变动也是理所当然的,而斗食之吏俸禄说法不一,自然也就不足为奇了。

中井积德还指出,假如职掌有轻重之分,那么同样是斗食之吏,其俸禄也应当存在差别。但是,这个观点目前尚无定论。

关于斗食的俸禄，居延汉简中也有相关记载。即斗食月俸九百钱。[1] 按照汉代俸禄制的标准，即谷物价格来计算，一斛相当于71.42钱[2]，那么九百钱约为十二斛。上文罗列的各斗食俸额之说中，①月俸十一斛的说法与之大致契合。

佐史的俸禄在居延汉简中也有记载，与斗食同额，即月俸九百钱[3]，与上述所举的月俸八斛有些相差。

郡之属吏——俸禄

县之属吏中，存在食禄为秩百石、斗食、佐史的少吏，根据各自的职掌，分别有诸曹掾史等名称。[4]

与此相对的是，郡内的属吏在《汉书·百官公卿表》中没有提及，而《续汉书·百官志》有载曰：

> 皆置诸曹掾史。本注曰：诸曹略如公府曹，无东西曹，有功曹吏，主选署功劳，有五官掾，署功曹及诸曹事，其监属县，有五部督邮曹掾一人，正门有亭长一人，主记室史主录记书催期会，无令史阁下及诸曹，各有书佐，干主文书。[5]

关于其秩次，《汉旧仪》曰："郡国百石二千石调。"由此可知，郡属吏由二千石（郡太守）选任，有百石或百石以下的吏，俸禄额度与县少吏相同。

当然，在郡的属吏中，也出现"左冯翊二百石卒史"(《汉书·黄霸传》)这样的情况，对此，颜师古注曰："所谓尤异者"，说明其属于例外（关于这一问题详后述）。

---

1. 劳榦：《汉简中的河西经济生活》，《"中央研究院"历史语言研究所集刊》11，1947年。
2. 宇都宫清吉：《続漢志百官受奉例考》，《漢代社会経済史研究》，弘文堂，1955年。
3. 《续汉书·百官志》"百石奉月十六斛"。
4. 严耕望在《中国地方行政制度史》上编（"中央研究院"历史语言研究所，1961年，第221—234页）中列举了具体名称。
5. 诸曹吏的具体名称，参见宇都宫清吉：《続漢志百官受奉例考》，《漢代社会経済史研究》，弘文堂，1955年，第108—228页。

少吏与小吏

在此之前，关于郡县的属吏，笔者使用的都是"少吏"一词，《汉书·百官公卿表》所记县的属吏，用的是"少吏"一词，不过，在《通典》中使用的都是"小吏"。

因此，存在"少吏"和"小吏"两种用法。《汉书·武帝纪》记载元光六年，公孙敖等人在讨伐匈奴败北之际，曾被问罪：

> （敖等）所任不肖，校尉又背义妄行，弃军而北，少吏犯禁，用兵之法，不勤不教，将率之遇也。

这条文献中出现的少吏，难以判断一定就是县的属吏。颜师古对《汉书·武帝纪》中的少吏，引文颖注云："文颖曰：少吏，小吏也。"认为少吏与小吏大概是同义词。

此外，《汉书·宁成传》记载："为少吏，必陵长吏"，齐召南考证云："少吏，南本作小吏，非也，少吏自与长吏对言。"指出南监本使用了小吏一词。然而《史记·酷吏列传·宁成》却也作"小吏"。作为长吏的属吏来使用的少吏和小吏，混用的可能性比较大。因此，齐召南从与长吏的关系分析，认为称小吏不对，这一说法是有问题的。而且《汉书·宁成传》记载的长吏，也并不是像上述那样指代郡县的勅任官。

关于少吏，居延汉简还记曰："少章为乡少吏母。"（简193·15B）虽然是简牍断片，不能确定文意，不过"乡少吏"应该是指作为乡官的少吏。可见，少吏和长吏一样，不一定就是县的属吏。

《汉书·咸宣传》还记云：

> 于是作沈命法，曰："群盗起不发觉，发觉而弗捕满品者，二千石以下至小吏主者，皆死。"其后小吏畏诛，虽有盗，弗敢发。

这里出现的小吏一词，指的是郡县属吏。

再来看小吏的情况，《史记·万石张叔列传》记载："时奋年十五，为小吏侍高祖。"像这样单纯用于指代下级官吏的情况不少，但是，也存在将它理解为地方属吏的倾向，如《周礼·太宰》"吏以治得民"，郑玄注曰："吏，小吏，在乡邑者。"《汉书·汲黯传》记载："而公孙弘、张汤为小吏。"此处所记的公孙弘是"狱吏"，张汤是"长安吏"，都是地方属吏。再向前回溯，《史记·李斯列传》载："年少时，为郡小吏。"此处的"郡小吏"，司马贞《索隐》及各版本作"乡小吏"。

可以认为，作为所谓的下级官吏，少吏和小吏有共通点，因此经常混用。另外，由于《汉书·百官公卿表》记载了有关少吏的规定，因此或可认为，少吏与长吏的对应性更强。居延汉简中记载的也是"乡少吏"。少吏和小吏，都是被认可的说法，本章把作为敕任官的长吏所对应的郡县属吏，除史料引用内容之外，统一记作少吏。

三、郡县少吏与地方行政

由上可知，郡县属吏多数是只有百石以下薄俸的少吏。因此，少吏会寄食于地域居民，成为让他们叫苦不迭的贪吏，给地方行政带来大问题。

同时，少吏不仅会成为贪吏，渔食百姓，还带来其他问题。公孙弘曾言：

> 臣谨案诏书律令下者，明天人分际，通古今之谊，文章尔雅，训辞深厚，恩施甚美，小吏浅闻，弗能究宣，亡以明布谕下。（略）请选择其秩比二百石以上及吏百石，通一艺以上，补左右内史大行卒史，比百石以下补郡太守卒史，皆各二人，边郡一人，先用诵多者，不足择掌故，以补中二千石属，文学掌故补郡属备员。（《汉书·儒林传》）

这些官吏学识浅薄，不能充分理解诏书律令，无法将诏书律令的主旨传达给人民，也成为问题之所在，因此他主张应任用具备一定学问修养的文学之士。

关于少吏这一级别的官吏会有碍中央意志的下达这一点,《汉书·黄霸传》也有记载,宣帝时,黄霸任颍川太守之际,"时上垂意于治,数下恩泽诏书,吏不奉宣,太守霸,为选择良吏,分部宣布诏令,令民咸知上意"。可以看出,在颍川郡,郡吏(少吏)也没有向人民充分宣布诏书的内容。于是,郡吏特别选拔任命良吏,即堪任宣传诏书一职的吏员。与其说这是郡吏的怠工不作为,似乎更与公孙弘所提及的情况一样,当归因于吏员的学力不足。[1]

因此,提高少吏的素质就成了地方行政上的一大问题,如上文所述,公孙弘就此提出了任用文学之士的对策。《汉书·儒林传》记载了公孙弘的奏议实施之后的结果,曰:

> 自此以来,公卿大夫士吏,彬彬多文学之士矣。昭帝时举贤良文学,增博士弟子员满百人,宣帝末,增倍之,元帝好儒,能通一经者,皆复,数年以用度不足。

不过,即便有这么多的人员,对地方郡县来说,仍然是有限的。

为解决这一问题,《汉书·文翁传》记载,景帝末年文翁任蜀郡守时,在所管郡县的少吏之中,挑选较有才能的人,派遣他们到京师学习。

> (文翁)仁爱,好教化,见蜀地辟陋,有蛮夷风,文翁欲诱进之,乃选郡县小吏开敏有材者张叔等十余人,亲自饬厉,遣诣京师,受业博士,或学律令。

他同时又在郡内设置学官,即学校。

---

[1] 参见永田英正:《漢代の選挙と官僚階級》,《東方学報》41。他指出,地方属吏要具备两个方面的资格:(A)拥有一定程度的财产,品行稳重,在地方上较有名望;(B)大约能够熟记九千个字,如《汉书·艺文志》所载:"汉兴,萧何草律亦着其法曰,太史试学童,能讽书九千以上,乃得为史。"关于条件(A),本文已经指出很难说作为地方属吏者全部都有这样的条件;关于条件(B),《汉书·艺文志》在随后载曰:"吏民上书,字或不正辄举劾",说明期待郡县少吏一般都有如此高的学力,是不现实的,公孙弘之言确凿不虚。

> 又修起学官于成都市中，招下县子弟，以为学官弟子，为除更繇，高者以补郡县吏、次为孝弟力田。

派遣人员到京师留学、创设学校，目的不仅是教化郡内人民，从"高者以补郡县吏"，可以明确其目的也在于培养良吏。

可以推测，从汉代早期开始，各个郡县就尝试培养少吏的方法。据《汉书·文翁传》记载，"至武帝时乃令天下郡国，皆立学校官，自文翁为之始云"。《汉书·儒林传》记载，元帝时期，"郡国置五经百石卒史"。前者记载的是推行郡国学校，而关于后者沈钦韩指出，"此乡学教官之始"，可以得知，武帝以降，郡县之中的教育开始了全国性的普及。

前者起源于文翁的良吏培养，后者之"五经百石卒史"的设置，是基于公孙弘"少吏浅闻之奏议"而任用文学之士，因此都与针对少吏而采取的对策有关。

关于郡县的属吏，《续汉书·百官志》刘昭注引《汉官》讲到了河南尹的情形，称：

> 员吏九百二十七人，十二人百石，诸县有秩三十五人，官属掾史五人，四部督邮吏部掾二十六人，案狱仁恕□三人，监津渠漕水掾二十五人，百石卒史二百五十人，文学守助掾十人，书佐五十人，循行二百三十人，干小史二百三十一人。

雒阳令的情形则是：

> 员吏七百九十六人，十三人（四）百石，乡有秩狱史五十六人，佐史乡佐七十七人，斗食令吏啬夫假五十人，官掾史干小史二百五十人，书佐九十人，循行二百六十人。

因为两者都是京师的郡县，无法认为这反映了属吏设置的一般情形，但也不难想象郡县属吏已经达到了相当多的数量。

另外，郡县属吏一般是由郡太守、县令长选用本郡、本县的居民。但是，像三辅那样拥有密集人口，且有地方城市无法相比的复杂社会构成的郡县，其属吏需要有更加卓越的才干。

因此，三辅地区打破了录用本郡县居民的原则，《汉书·黄霸传》颜师古注所引如淳注曰："三辅得仕用他郡人"，准许选用他郡之人。[1] 同时,三辅中的左冯翊有采用"二百石卒史"的记载。据前文《汉书·黄霸传》颜师古注所引如淳说，"卒史独二百石,所谓尤异者也",可知"二百石卒史"的选用无疑是个例外。《汉书·兒宽传》颜师古注称："臣瓒曰，汉注，卒史秩百石。"可知卒史秩百石。

《汉书·赵广汉传》记载："广汉奏请，令长安游徼狱吏秩百石。"广汉任京兆尹之时，将游徼、狱吏之秩增加到百石。《汉书·张敞传》记载："吏追捕有功效者，愿得壹切比三辅尤异。"拜胶东相的张敞，奏请改善尽力于治安吏员的待遇，并获得准许。

这里的"三辅尤异"，据如淳所言，是指京兆尹中"游徼狱吏秩百石"和左冯翊的"二百石卒史"。京兆尹下属的游徼和狱吏获得了更高的俸禄，而三辅地区以外的胶东等剧郡，也在要求改善相关待遇。

为少吏增俸，促使了官吏更加自重，很显然这样有利于吸收优秀的人才。在赵广汉增俸之后，"其后百石吏，皆差自重，不敢枉法妄系留人"(《汉书·赵广汉传》)。前文提到的宣帝神爵三年的少吏增俸敕令，大概也属于这一类的少吏政策。

当然，在有关地方少吏的争论点上，学力低下等问题是否是贯穿整个汉朝的一般状况，还不得而知。在西汉末期吏俗方面，有较为有趣的记载。《汉书·朱博传》记载，成帝时期，朱博刚到琅邪太守任上的时候，属吏的形象是这样的：

> 博新视事，右曹掾吏皆移病卧。博问其故，对言："惶恐！故事，二千石新到，辄遣吏存问致意，乃敢起职。"博奋髯抵几曰："观齐儿欲以此为俗邪！"廼召见诸曹史书佐及县大

---

[1]. 漆侠：《秦汉农民战争史》，三联书店，1962年，第149—153页。

第六章　汉代的地方少吏　　537

吏，选视其可用者，出教置之。皆斥罢诸病吏，白巾走出府
门。郡中大惊。顷之，门下掾赣遂，耆老大儒，教授数百人，
拜起舒迟。博出教主簿："赣老生，不习吏礼，主簿且教拜起，
闲习廼止。"又敕功曹："官属多褒衣大祒，不中节度，自今掾
史衣皆令去地三寸。"博尤不爱诸生，所至郡，辄罢去议曹，曰：
"岂可复置谋曹邪！"文学儒吏，时有奏记称说云云，博见谓曰：
"如太守汉吏，奉三尺律令以从事耳，亡奈生所言圣人道何也！
且持此道归，尧、舜君出，为陈说之。"其折逆人如此。视事
数年，大改其俗，掾史礼节如楚、赵吏。

这里所看到的属吏的形象，首先是"故事，二千石新到，辄遣吏存问致意，
廼敢起职"或"褒衣大祒"，体现了属吏们的形式主义，以及恭顺的表
面背后隐藏的权威主义。耆老大儒门下掾赣遂教授的数百少吏"拜起
舒迟"，也正是效率低下的表现，而文学儒吏所言，更是远离实际，有
欠妥当。

琅邪的吏俗，在西汉初期被视为是上意下达的瓶颈，存在问题。
文翁、公孙弘等人开始倡导少吏的培养，宣帝时实施改善少吏俸禄等
政策，虽然经过这些努力，到了西汉末年成帝时期，地方少吏集团又
出现了问题，成为效率低下、缺乏机动性的官僚集团。

当然，关于琅邪郡的记载中提到"齐郡舒缓养民"，认为这种风俗
只存在于山东，楚、赵与之不同。但是，《汉书·朱博传》记载，朱博
依据生平经验——他曾历任栎阳、云陵、平陵各县县令，翼州、并州
各州刺史，指出了文学儒吏的无能。或许应该说，在较为发达的诸郡，
这种吏俗是非常普遍的。

琅邪郡的吏俗，也体现了汉代地方行政制度的完善。从武帝时期开
始，逐渐出现郡县属吏出身者晋升为勅任官的例子。[1]不过，从长吏的
立场来看，他们刚刚完成对少吏的培养，又要开始寻求更加迅速有效

---

1. 江幡真一郎：《西漢の官僚階級》注(5)，《東洋史研究》11-5、6，1952年；五井直弘：《秦漢帝国における郡県民支配と豪族》，《人文論集》21，1961年。

的对策来管理少吏。

《汉书·张敞传》记载，张敞刚到京兆尹任上之时，"求问长安父老偷盗酋长数人，居皆温厚，出从童骑，间里以为长者。（略）敞皆以为吏，（略）由是枹鼓稀鸣，市无偷盗。"任用父老与盗贼之长（他们亦称为间里"长者"）为吏。《汉书·王温舒传》也有记载，温舒甫任中尉之时，"素习关中俗，知豪恶吏，豪恶吏尽复为用，吏苛察淫恶少年"。在京师的警卫中任用豪恶吏。任用偷盗之人及豪恶吏，就是所谓的以毒制毒。

另外，《汉书·朱博传》还记载，"博治郡，常令属县各用其豪杰以为大吏，文武从宜"。选用豪杰担任县之属吏。县吏的任免权本应在县之令长手中，而朱博作为郡守，却干涉了县的权限，让他们任用豪杰。当然，属县的治理功绩也会影响到太守的治理功绩。因此，对属县的干涉或许也不应该说是特例。

如后文所提及的那样，这些豪杰往往又被称为侠，又或是对地域内谋求私利的权势者的称呼，由此看来，朱博的地域管理构想还有待推测。

事实上，在当时的地方行政中，常常见有伍长、父老、爪牙吏、耳目等吏（后述），也显示了他们的有效作用。张敞利用盗贼之长、豪恶吏、豪杰等与文学之士相距甚远的人，同样是希望在地方行政中发挥他们的作用。而作为长吏，地域关系的构筑是他们提高政绩的一个手段。

盗贼之长、豪恶吏、豪杰等，在当时的地域社会，是有特殊的立足之地的人物。《汉书·韩延寿传》记载，韩延寿甫任颍川太守之时，想要更改赵广汉以来的密告等制度，言："延寿欲更改之，教以礼让，恐百姓不从，乃历召郡中长老为乡里所信向者数十人，（略）销除怨咎之路，长老皆以为便，可施行。"不是发挥既存的地方行政组织的作用，而是找来乡里有影响力的长老[1]，最终彻底地达到目的。《汉书·原涉传》

---

1. 守屋美都雄认为长老与父老的实态相近。（参见氏著《父老》，《東洋史研究》14-1.2；氏著《中国古代の家族と国家》，东洋史研究会，1968年）但是，颍川郡户数为43万（《汉书·地理志》），而代表该郡的数十人被称作"长老"。由此可知，与父老相比，长老的影响范围更广。

记载，原涉虽然官至谷口令，父亲却被茂陵秦氏所杀。原涉欲辞官为父报仇，而"谷口豪杰为杀秦氏"，可见通过治县原涉与豪杰建立了很深的联系。原涉治理谷口县二十余年之后，据说达到了"谷口闻其名，不言而治"的境界。

《汉书·赵广汉传》记载："先是颍川豪杰大姓，相与为婚姻，吏俗朋党，广汉患之，属使其中可用者受记，出有审问。"颜师古注曰："择其可使者，奖厉而使之。"赵广汉任颍川太守之时，从豪杰大姓和吏员朋党之中，选择可用之人，他们从太守处"受记"，即接受太守私令。

赵广汉转任京兆尹时，作为策略之一，是否也选用了"可使者"呢？史载："长安少年数人，会穷里空舍，谋共劫人，坐语未讫，广汉使吏捕治。"（《汉书·赵广汉传》）可见在治安政策上，赵广汉的手法也十分见效。

《汉书·尹翁归传》记载，昭帝时，田延年甫任河东太守之时，就召集故吏五六十人。故吏与豪杰之类等不同，在地方行政制度不断完善、推进的同时，他们日益活跃。虽然同是太守的亲卫，他们被寄予期望发挥与一般少吏不同的作用。

这样看来，郡县的属吏作为维持有效的中央集权体制的官吏，与长吏相比有着过多的问题有待探讨。而且，利用豪杰等势力，就是为了弥补既存的少吏集团的缺陷。这与汉代民间秩序的特殊性——任侠秩序等，暴露出当时地方政治制度的不成熟。

当然，同时也实行了培养少吏、选任良吏等对策。只是备受瞩目的少吏培养，却产生了新问题，即出现了效率低下、缺乏机动性的官僚集团。关于这些属吏们的生活，史载："[至武帝之初]，守闾阎者食粱肉，为吏者长子孙，居官者以为姓号。"（《汉书·食货志》）"为吏者"，即非勅任官的下级吏员，关于他们的状况，如淳曰："时无事，吏不数转，至于长生子孙而不转职也。"大多数少吏为吏之后，只要没有特殊的状况，都首先确保各自的身份，以至于可能因任职过久而养育子孙。[1] 守

---

1. 《论衡·自记篇》记载，王充指七十岁时辞任州之属吏。而《汉书·王尊传》记载，王尊在十三岁时开始担任郡狱之少吏。

闾阎者（或是父老之类）也能"食粱肉"，说明他们比较富裕。然而如果他们只有斗食佐吏之秩，而非贪吏，那么所谓"食粱肉"的生活应该是想都不敢想的吧。

虽然大多数少吏终其一生都是不起眼的下级吏员，但其中也有极少数的人走向了担任勅任官之路。不过,也有被地方权势者捏住"长短"的少吏，如《汉书·宁成传》记载，"致产数千万，为任侠，持吏长短，出从数十骑，其使民威重于郡守"。另外，因为俸禄微薄，即使是被称为廉吏的少吏，也存在着不得不与地域权势勾结，搜刮民膏以补己需的情况。

在刘邦还是布衣之时，县主吏萧何就经常袒护他，原因就在于刘邦在当地是有势力的无赖人物。对于少吏来说，地域社会就是他们所依赖的生命线。

《汉书·何武传》记载，"武兄弟五人皆为郡吏，郡县敬惮之"。因为何武的五个兄弟都是郡吏，所以郡县之人都很敬惮他们。但是，何武本人是个有学识、曾受宣帝召见的人物，他的兄弟们也在各自的地域社会中有着一定的影响力。因此，从有识者、名家任地方少吏的政治转变这一点来看地方政治制度的发展，何武的事迹可以作为材料，不过，却不能以之为讨论少吏一般情形的材料。[1]

另一方面,来看少吏与长吏的关系。问题在于，与所谓的可称为"中央指向型"的长吏不同，少吏究竟能有多少协作意识呢？更何况县长吏没有举选属吏的资格。因此，即使是平时忠实地"拜起送迎"的属吏，一旦中央政府发生了动摇，如前所述，自保就成了少吏不得不考虑的更为现实的问题。

---

1. 五井直弘氏指出，从西汉中期开始，官僚初次任职之时为下级吏员的情况不断增加，说明在地方下级吏员与中央高官之间，已经不存在出身阶层的差别。虽然没有史料能够推测出西汉地方吏员的出身阶层，但可知出现了一些成为地方少吏的豪族。当然，由于地方少吏人数众多，也不能因此认为少吏即是豪族。参见氏著:《秦漢帝国における郡県民支配と豪族》,《人文論集》21，1961年。

四、乡亭里吏与地方行政

上文以郡县属吏为中心进行了论述,《汉书·百官公卿表》在长吏、少吏内容之后载:"大率十里一亭,亭有长,十亭一乡,乡有三老、有秩、啬夫、游徼。"即亭有亭长,乡中可见三老、有秩、啬夫、游徼等名称。《续汉书·百官志》又记载:"又有乡佐属乡,(略)里有里魁。"即乡有乡佐,里有里魁。除此之外,《汉书·黄霸传》记载:"置父老、师帅、伍长。"见有父老、师帅、伍长。

关于汉代的乡里之吏,至今已经有了许多研究。较早的有清人俞正燮的《少吏论》[1],旁征博引,下了很大工夫;清人顾炎武的《乡亭之职》也十分有名。[2] 不过,由于史料上的制约,时至今日,对这种最末端机构的研究仍残留不少问题。[3] 接下来,就从当中选出问题较多的几点,结合上节的少吏问题,稍作论述。

伍长与落长

首先来看伍长。关于汉代的伍制,《汉书·百官公卿表》没有记载,《续汉书·百官志》中虽有一句"民有什伍",却没有提及什伍之"长"。不过,在西汉时期,前文提到的《汉书·黄霸传》载有"伍长",《汉书·韩延寿传》则记载了"正五长",即伍长,曰:"又置正五长,相率以孝弟,不得舍奸人,闾里什伍有非常,吏辄闻知,奸人莫敢入界,其始若烦,后吏无追捕之苦,民无箠楚之忧,皆便安之。"东汉时期,也有伍长、什长的存在。《后汉书·仲长统传》记载,"丁壮十人之中,必有堪为其什伍之长,推什长已上,则百万人也"。

尽管在整个前后汉,散见有很多什伍之长的记录,但在前后《汉书》

---

1. 俞正燮的《癸巳类稿》卷11指出,少吏具备的特质包括:(1)知闾阎善恶,行教化;(2)在征调军队中发挥作用;(3)知户口、赋税;(4)打击奸盗;(5)参与官役;等等。
2. 顾炎武:《日知录·乡亭之职》。
3. 拙稿:《漢代における里と自然村とについて》,《東方学》38,1969年;拙稿:《中国古代の伍制について》,《中央大学文学部紀要》史学科19,1974年。以上两文收入本书。越智重明:《漢魏晋南朝の郷亭里》,《東洋学報》53-1,1970年。

志、表中却没有提及什伍之长。原因在于，这些什伍之长实际上并不是常置之职。《汉书·黄霸传》记载：

> 太守霸，为选择良吏，分部宣布诏令，令民咸知上意，使邮亭乡官，皆畜鸡豚，以赡鳏寡贫穷者，然后为条教，置父老师帅伍长，班行之于民间，劝以为善防奸之意。

黄霸甫任颍川太守之时，就挑选良吏，又灵活运用"邮亭乡官"，而在邮亭乡官之外，由太守"置"伍长及维护治安的父老等职。[1]

此外，《汉书·韩延寿传》也记载，在延寿任东郡太守时，"置"正五长。而这一时期的正五长，"其始若烦"，说明正五长设置之初，人民是有违和感的。由此可知，正五长并非常置，而是依据太守的个人意见创置的。

《汉书·尹赏传》记载，尹赏甫任长安令之时，"乃部户曹掾史，与乡吏、亭长、里正、父老、伍人，杂举长安中轻薄少年恶子"。他在取缔管辖范围的不法行为时，获得了乡吏以下之人的帮助。但在"伍"中，任职者不称"伍长"，而是"伍人"。也就是说，伍长并不一定是常设之职。

由《汉书·韩延寿传》可知，正五长的人选是对地域状况较为熟悉之人，他们负责收集信息，如果闾里什伍之中有奸盗等人，则禀告于吏，并协助追捕。

这样看来，什伍之长未必以什伍为单位设置，它其实与后述的落长相同，在当时的自然村——伍（伍即"民"，置于自然村内）的区域内行使职权。

但是，这只是关于什伍之长的推断。就什伍（实际上是伍）这一组织自身而言，在整个两汉时代都是常置的。那么这种不存在负责人

---

1. 守屋氏认为，这条史料应当释读为：黄霸"到任颍川太守时，使邮亭乡官，皆畜鸡豚，以赡鳏寡贫穷者，然后制作数条教令，置之于（颁予）父老、师帅、伍长，云云"（参见守屋美都雄：《父老》，《東洋史研究》14-1.2；氏著《中国古代の家族と国家》，东洋史研究会，1968年）。但是，这段材料已经明载，为使恩泽诏书贯彻执行，专门选择良吏来宣布诏令，而邮亭乡官等人亦得以知晓诏令主旨，在他们的日常工作中照顾鳏寡贫穷者，说明诏书之"条教"颇有成效。因此，没有必要再将"置"训为"颁予"。

第六章　汉代的地方少吏

(长)的什伍制究竟意味着什么呢？《续汉书·百官志》有载："什主十家，伍主五家，以相检察。"商鞅改革中，就曾实行什伍连坐告奸制。进入汉代以后，《盐铁论·周秦》中也有"什伍相连"的记载。此时，什伍的内容不仅仅包括告奸，而且还追加了连坐制。然而迄今为止，连坐制度的存在一直不断地受到质疑。

例如，劳榦氏在论及汉代乡亭里时，否定了连坐制的存在，他说：

> 这些都是沿袭秦制的，所和秦制不同的，就是这种组织含有警察的性质，却并连坐的规定，因此假如有盗贼，只要乡官告发就可以了，不必要十家连坐、互相保证，这种苛碎之法，总算汉把它免除了，后来保甲法却有十家连坐之规定，但从来未能有效实行过，因为过分扰民，不容易作为经常之制的。[1]

关于什伍连坐制，还有一些文献也提及过[2]，能够确认此制度的存在。可以认为，汉代的什伍制度中，比起置废不定的什伍长，什伍本身所带有的连坐制更加具有政治功效。

由此可知，伍长是为了维持区域稳定，根据需要由长吏置废的职位。《汉书·王温舒传》记载："温舒复为中尉，（略）素习关中俗，知豪恶吏，豪恶吏尽复为用，吏苛察淫恶少年，投缿购告言奸，置伯落长，以收司奸。"王温舒利用投书制度促使告奸，同时还置"伯落长"，打击奸人。

关于"伯落长"，颜师古称："伯亦长帅之称也，置伯及邑落之长。"将"伯落长"理解为长帅、邑落之长。与之相对，《史记·酷吏列传》作"伯格长"，徐广注曰："街陌屯落，皆设督长也。"司马贞曰："阡陌村落，皆置长也。"都将其解读为设置于主要交通道路以及村落的"长"。此外，王念孙指出："伯落长三字速读。"将其理解为"伯落"之长。[3]

---

1. 劳榦：《汉代的政制》，《中国的社会与文化》，1964年，第32页。
2. 拙稿：《漢代における里と自然村とについて》，《東方学》38，1969年；拙稿：《中国古代の伍制について》《中央大学文学部紀要》史学科19，1974年。以上两文均收入本书。
3. 《汉书补注》所引。

关于"伯落（格）长"的各种说法都存在一些差异，但是需要注意的是，它是以"落"，也就是以当时的自然村为单位，为了消除奸者而设立的。

在自然村中拥有巨大影响力的人物，后文还提到了父老。前文述及，在同福同恤的伍中[1]，人们世代同居，自少时同游，置有伍长。有时候在"落"中也会设置与伍长类似的落长，与之并列。

伍长和落长是为了告奸而以当时的自然村为单位设置的，置废无常，未必能称为吏。不过，作为告奸的重要举措，在伍长和落长之外，郡县属吏中还置"爪牙"。《汉书·王温舒传》载："择郡中豪敢往吏十余人，为爪牙，皆把其阴重罪，而纵使督盗贼。"出现了"爪牙"。此处的爪牙，是指在王温舒到任广平都尉之时，所任命的郡中豪敢之吏，即熟知地域情况的勇猛吏员，以他们为爪牙进行告奸。

《汉书·张敞传》记载张敞复任冀州刺史时，"以耳目发挥起贼主名区处，诛其渠帅"。利用的是"耳目"之人。不难想象，这里的"耳目"与前面的"爪牙"之吏相同，都是熟悉地域情形、堪当长吏之耳与目的人物。

父老

至今为止，几乎所有的观点都不认为父老属于吏的范畴。不过，又都同意父老在地域社会中发挥着重要的影响力。[2] 但是，父老究竟具有怎样的性质呢？关于这一点，多少还存在一些疑问。

小畑龙雄氏与守屋美都雄氏曾指出："它并不是根据中央政治意识而设立的官员，而是在里中，由于里的自身运转需要而自然产生的，由经验丰富者充任。"此外，他们还指出，里形成于战国以降，或与豪族及游侠集团不同，是旧存的地缘协同体。[3]

与之不同的是，西嶋定生氏指出，里内的"男子被分为了父老与

---

1. 《国语·齐语》。
2. 守屋美都雄:《父老》,《東洋史研究》14–1.2;氏著《中国古代の家族と国家》,东洋史研究会，1968年。
3. 小畑龍雄:《汉代の村落組織について》,《東亜人文学報》1–4,1941年，第375—376页。

第六章 汉代的地方少吏　　　　　　　　　　　　　　　　545

子弟,父老属指导者阶层,子弟是按照父老的指导从事实际行动的人"。[1]此外,增渊龙夫氏指出:"一般来说,父老位于里中民众之上,是统领里内民众的权势之人","可以说,里内秩序依赖的是以父老为中心形成的人际关系而得以维持。(略)从社会性质上看,与依赖所谓土豪、豪侠得以维系的秩序相比,其性质没有不同。"[2]

各位学者各有智仁之见。《汉书·高帝纪》载:"召诸县豪杰曰,父老苦秦苛法久矣。"将各县的"豪杰"称为"父老"。[3]另外,《汉书·张敞传》载张敞治京兆之时,"长安市偷盗尤多,(略)敞既视事,求问长安父老偷盗酋长数人,居皆温厚,出从童骑,间里以为长者"。张敞曾求问"父老"有关"偷盗长"之事。所记载的父老与偷盗长,都是"温厚"之人,而且被视为间里内的"长者"。

这里提到的豪杰,当然是指才智武雄的优秀人才。不过,《汉书·严延年传》载:"贫弱虽陷法,曲文以出之,其豪杰侵小民者,以文内之。"《汉书·刑法志》亦载:"民多贫穷,豪杰务私,奸不辄得。"又曰:"朝无威福之臣,邑无豪杰之侠。"可知豪杰中有些侵小民而营私利,被称作"侠"。

此外,这种豪杰在刘邦势力扩张之时也曾出现,而在陈胜起兵时,他们甚至上王号,称陈胜为王。而陈胜则"号召三老、豪杰会计事"(《汉书·陈胜传》)。显示了豪杰在地域社会中的强大影响力。

与豪杰经常混用的父老,如果简单地被看作是受爱慕如父亲、受尊敬如老者的地域社会的有识之士、经验丰富之人,抑或是里内子弟的指导阶层的话,就会出现一些问题。

当然,父老本身的形象,就是从地域居民如父亲般爱慕、如老者般尊敬的信赖关系中衍生出来的。《汉书·冯唐传》记载,担任郎中署长(颜师古注:"为郎署之长也")的冯唐,文帝称之为"父老"。可见,"父老"一词蕴含了尊称的含义。

但是,在汉代,父老之中有些成为豪杰一类的人物。《汉书·货殖

---

1. 西嶋定生:《中国古代帝国の形成と構造》,东京大学出版会,1961年,第375—376页。
2. 増淵龍夫:《中国古代の社会と国家》第1篇第1章,弘文堂,1960年,第94、172页。
3. 参见前揭五井氏论文。《史记·高祖本纪》之"召诸县父老豪杰曰",《汉书》却作"豪杰",无"父老"二字。

传》中的任氏，因为制定了自给节俭的家规，而成为"闾里率"。然而，如果任氏未曾有过"豪杰金玉尽归任氏"的经历的话又会怎样呢？

另外，《汉书·张敞传》记载：

> 求问长安父老、偷盗酋长数人，(略)敞皆召见责问，因贳其罪，把其宿负，令致诸偷以自赎，偷长曰，今一旦召诣府，恐诸偷惊骇，愿一切受署，敞皆以为吏。

父老之中，有些与"偷盗酋长"一起被捕。虽然不能说是普遍化的情况，但可知有些父老成为吏。《汉书·黄霸传》载："置父老、师帅、伍长，班之于民间，劝以为善防奸之意。"可知此处的父老为公共权力所利用，被公共权力所收编。

从居延汉简45·1、526·1A等简文，可知父老参与了赋钱的出纳，由此亦可见父老性质的一个方面。

因此，不能轻率地认为父老阶层是游离于地域住民之外的人群。同时，虽说汉代的父老阶层与伍长、落长等人群相同，都是被政府权力所利用的，但是，在政府对地域社会的控制方面，由于他们的存在，在里这一最末端的地域单位中大致确立了组织化。对父老阶层来说，比起所依存的公共权力，他们的生活场所更应该是地域社会，存在谋取私利与侵犯小民的情况。因此可以说，在公共权力与父老的协作关系中，双方都具有各自的界限。

里魁

由上述内容可知，在地方政治制度上，伍长、落长、父老并非吏人，不是常设之职。与此不同的是，据《续汉书·百官志》可知，里魁、亭长、乡官是常置之吏。三者之中，里魁还有一些疑问，因此接下来就此略作探讨。

虽然里魁之名仅见于《续汉志》，但关于里中之吏，《汉书·尹赏传》有"里正"，《史记·张耳传》有"里吏""里监门"。首先来看"里监门""里吏""里正"。关于"里监门"，《史记·郦食其列传》记载：

"好读书，家贫落魄，无以为衣食业，为里监门吏，然县中贤豪不敢役，县中皆谓之狂生。"可知郦食其曾任"里监门吏"。[1]

关于里监门，《史记·张耳陈余列传》载："两人(张耳、陈余)，亦反用门者，以令里中。"这里的"门者"就是里监门，其作用是向里内居民传达秦之诏书，因此被称作"里监门吏"，是位于行政最底层的吏员。

就张耳来说，是以亡命之身担任里监门的，而郦食其任职时，则不但家贫，且缺乏衣食。张耳任职之时，不得不忍受里吏的鞭笞，郦食其也很可能受到了县中贤人豪家的役使。因此，里监门究竟是否是常置之职还有待考证。不过里监门与里魁性质不同，里魁总管里中事务，"里魁掌一里百家"(《续汉书》)，里监门可能受其统率。

关于"里吏"，《史记·张耳陈余列传》指出："里吏尝以过笞陈余，[张耳曰]，今见小辱而欲死一吏乎？"由此可知，里吏具有笞打有过者的权威。《汉书·尹赏传》关于"里正"记载是："户曹掾史与乡吏、亭长、里正、父老、伍人，杂举长安中轻薄少年恶子。"可知里正与县吏一同承担打击轻侠无赖的职责。

作为地方行政的最基层区划，里在当时逐渐地制度化。在有关里魁(里吏、里正)的规定之中，其职掌应该也有相应的具体内容。但是值得注意的是，当时不称里魁，而称里吏、里正。

在当时，有很多人从最初的亭长、乡吏晋升为勅任官(详后述)。但目前还没有发现里吏晋升的记载。这与里魁之名不固定的道理相同，里吏之职过于微贱低禄，且一直处于公共权力的最底层，所以其实态才没有被记录下来吧。

此外，地域社会内的里魁，被地域内贤人豪家(即父老阶层)的强大势力所埋没，甚至受到他们的使役，或是依附于他们，这样一来里魁就只能勉强维持其形同虚设的地位了。

前文已经指出郡县少吏之间的界限，必须指出的是，处于地方行

---

[1]. 这条材料中，"里监门"之后有"吏"字，而高山寺《史记》(见《史记会注考证》)及《汉书·郦食其传》所记字序与之不同，均作"里监门，然吏县中贤豪"。但是，当以"里监门吏，然县中贤豪"之说为是，王念孙在《吏县中贤豪不解》(《汉书补注》所引)中已经指出了这个问题。

政组织最底层的吏，也有同样的情况。

《汉书·韩延寿传》中有"置正五长"的记载。颜师古注曰："正，若今之乡正里正也；五长，同伍之中，置一人为长。"认为"正、五长"分别指乡正、里正之长及伍长。如果颜师古的这一说法是正确的话，那么里长很可能与伍长相同，都是由长吏根据需要而置废的职位。但是，前面已经指出，作为里吏的里魁是常置之吏，因此，将"正五长"的"正"看作是里正的观点就不太讲得通了。因此，这里的"正五长"也许应当作正伍之长解，是伍长的别称。

乡亭之吏

里的上一级行政单位是乡。在各个乡里，每隔一定的距离就会设亭。亭一方面是行旅的宿泊之所，另一方面，为了打击奸盗，还设置了亭长、亭侯（《汉旧仪》）、求盗、[亭父]（《汉书·高帝纪》颜注所引如淳注）等吏员。此外，在乡内置有三老、有秩、啬夫、游徼、乡佐等。在乡亭吏之中，如果除去秩百石的吏员，其他都是秩不足百石、俸禄微薄的吏员。

迄今为止，较多的意见认为，这些乡亭之吏是选自豪族阶层，并进入了官僚统治体系的底层，以豪族阶层为乡亭之吏，可使专制政权自上而下地统治民众，进而巩固政权体制。[1]

的确，关于这一点，以黄霸为例，他曾为游徼，以"豪杰役使"徙云陵，是所谓的豪族人士。（《汉书·黄霸传》）与黄霸不同的是，担任亭长的朱博"家贫"，自少时起就在县里做侍从。（《汉书·朱博传》）同为亭长的王温舒曾盗过墓，做过奸盗。（《汉书·王温舒传》）此外，曾任求盗、亭父、亭长的任安，年幼时就成为孤儿，家境贫寒，想做少吏而没有门路，只当上了求盗、亭父和亭长。（《史记·田叔列传》褚少孙补）刘邦也曾做过亭长，当时还是身无分文之人。另外，担任里监门吏的张耳、郦食其，当时也过着贫寒的生活，离地域内的土豪人物相去甚远。

当然，也有当上乡吏后晋升为勅任官的人。曾任乡啬夫的朱邑，

---

1. 比如河池重造：《赤眉の乱と後漢帝国の成立について》，《歴史学研究》161，1953年。

以仁爱著称。(《汉书·朱邑传》)同样是乡啬夫的鲍宣,也好学明经。(《汉书·鲍宣传》)而曾任乡有秩的张敞,身出名门,其父官至光禄大夫,祖父官至上谷太守。(《汉书·张敞传》)所以乡吏并不都是出身寒门、无学识之人。但是,除掉张敞的例子,几乎没有发现乡吏有出自大户豪门者。

这就是说,将乡、亭、里吏都看做豪族人物是存在问题的。对乡、亭、里吏来说,其职位首先是他们赖以谋生的工具,因此,他们几乎不会奢望以这一职位作为晋升的起点。在这一点上,与郡县少吏的性质有相同的一面。而土豪阶层对公共权力拥有者任命他们为薄禄的地方少吏,进而编入体制内的做法,也不是那么期待。

当然,从自我保全的角度看,作为吏员,如果遇到比较有能力的长吏,需要不遗余力地协助、追随。降至东汉时代,随着地方政治制度的完善,成为少吏的吏员不断表现出希求晋升为官吏的倾向。[1]但是,虽然地方行政制度仍然照常实行,而那些被称作地域土豪阶层的人们已经不甘心做薄禄的地方少吏了,他们长时间置身于地方行政组织和官僚支配的框架之外,对郡县属吏及乡、亭、里吏施加压力,经营私利,专心致力于在地域社会中维持并扩张势力,这种情况必定不少。

结语

本章所探讨的问题包括:

(1)汉代的地方少吏俸禄微薄,因而有侵渔人民的倾向。此外,由于胸无点墨,往往成为上意下达的阻碍,导致问题的出现。

(2)从景帝时期开始,政府主张培养少吏;宣帝时期,少吏的增俸问题提上议程。

(3)发展的结果是,到成帝时期,出现了不少身着"褒衣大袑"的吏员,演化为效率低下的官僚集团,出现了许多新问题,随后政府

---

[1] 但是,《后汉书·李通传》记载的李通却是"且居家富逸,为闾里雄,以此不乐为吏"。他胸怀大志,不愿意为吏。当然,出任吏员也不是晋升的唯一途径。

开始对地方政治制度加以整顿。也就是说，对文学儒吏来说，进入少吏集团成为其晋升高位高官的重要起点。

（4）此外，对亭、乡、里吏来说，往往因为没有谋生之道而产生谋求这一职位的倾向。不过，也正因为如此，此亦成为作为官吏的他们职级晋升的一个台阶。

（5）由于少吏集团存在诸多问题，长吏开始利用以土豪、游侠、偷盗酋长为代表的，在地域社会已有根基的各种人群。

（6）然而，这终究不过是地域社会中的人群与各个长吏缔结的特殊关系而已。在西汉时期，以地域内的土豪阶层为少吏，将其纳入长效性的统治体制，这一做法并不一定是成功的。况且就少吏本身而言，其立足点终究不是长吏之侧，而是地域社会。

（7）为适应长吏的要求，地方土豪阶层担任地方少吏，成为协助公共权力的人群。此外，由于他们身处体制范围之外，能够对郡县属吏和乡、亭、里吏施加压力，在地域社会中谋求私利。

综而言之，这些内容可以概括为：

（8）长吏的字面意思，如《汉书·百官公卿表》所述，是县内的勅任官。不过，广义上讲，也指代郡县的勅任官。认为长吏之秩为四百石到二百石的解释是错误的。

（9）从《汉书·百官公卿表》中看出，少吏秩百石，有斗食、佐吏之秩，常与"小吏"混用。

（10）斗食有月俸十一（一十）斛之说与日俸一斗（余）之说。日俸一斗（余）之说是斗食设置之初的标准，而月俸十一（一十）斛之说应该是对少吏多次增俸之后形成的。

（11）伍长、落长不是常置之职，根据需要由长吏设立。

（12）与伍长一样，父老也被纳入了公共权力的最末端。

关于少吏问题，分歧多而史料少。虽说都属郡县属吏，乡、亭、里吏，其中各种人群也不能一概而论。从这个意义上说，本章只是一篇试论。

第七章

汉代的郡县属吏

前言

秦汉时代郡数的变迁

自秦统一天下以来，郡县制在全国范围内开始全面实施。秦代郡县制的大体情况可以从《汉书·百官公卿表》和《续汉书·百官志》中有所了解。然而秦帝国只经历了十五年就灭亡了。全国的郡县也从秦始皇二十六年统一天下时的"分天下以为三十六郡"——有观点认为，三十六郡形成于始皇三十六年，始皇二十六年之郡数少于此[1]——演变为秦末时的四十八郡（王国维《秦郡考》）。据《汉书·地理志》记载：

> 汉兴，以其郡太大，稍复开置，又立诸侯王国。武帝开广三边。故自高祖增二十六，文景各六，武帝二十八，昭帝一，讫于孝平，凡郡国一百三，县邑千三百一十四，道三十二，侯国二百四十一。

从汉高祖到汉武帝时期，又总计增置了七十六个郡——虽也有在新占领地区设置的初郡，但大多数是对大郡的分割。

在始皇二十六年天下统一、郡县制开始实施之前，不必说其他的战国六国，就连秦国也不受限于商鞅实行的县制，那种状态也被称作"郡县之君"（《史记·秦始皇本纪》始皇十年）。嫪毐事件尚未出现，诸侯国依然残存有封建制。随着秦至西汉郡县的急速增置，组织方面也不断完善，为维护组织功能而出现的人员之中，需要重点确保的是属吏（少吏）。

---

1. 鎌田重雄：《秦郡考》，《日本大学世田谷教養部紀要》4，1955年；《秦漢政治制度の研究》，日本学术振兴会，1962年。

如淳引用的汉律

秦汉时郡县的吏员居于怎样的地位，还不太确定。关于郡的组成，三国魏人如淳引用汉律曰："律：太守、都尉、诸侯、内史，史（丞）[1]各一人，卒史、书佐各十人。"（《史记·汲郑列传》集解所引）该条律文亦被《史记索隐·萧相国世家》所引："如淳按，郡卒史、书佐各十人。"从律中看出郡的组成包括诸侯和内史，而没有秦代的郡官郡监，所记载内容当在西汉时，且在太初元年内史改称三辅之前。

根据小川茂树氏研究，汉代律令的功能化分工不明晰[2]，不过如淳引用的"律"无疑就是汉律。这种郡的组成大致包括太守、都尉、丞和卒史、书佐，前者各一人，后者即属吏，各十人，郡内定员合计二十余人。

当然郡的吏员会根据郡的实际情况有所增减，但汉律所显示的汉初郡的吏员大致是当时的平均规模。

东汉的郡县吏员

与此相对，关于东汉的郡县，据《续汉书·百官志》刘昭注所引东汉伏无忌撰《古今注》所载，顺帝永和三年，"初与河南尹及雒阳员吏四百二十七人，奉月四十五斛"。此外，《续汉书·百官志》刘昭注所引《汉官》载，"河南尹员吏九百二十七人"。"雒阳令秩千石，丞三人四百石，孝廉左尉四百石，孝廉右尉四百石。员吏七百九十六人。"当然，关于《汉官》的员吏反映的是哪个时期的情况，目前尚无定论。而《古今注》所记载的河南尹和雒阳令是否分别反映了各自的全员吏，目前尚有疑问。[3]就河南尹来说，其中还包括了户数为二十一万的京师。但是，据《后汉书·陆续传》可知，明帝时，户数十二万的会稽郡，

---

1. 严耕望：《中国地方行政制度史·上编》，"中央研究院"历史语言研究所，1962年，第109页。"史"为"丞"之误。
2. 小川茂樹：《漢律略考》，《桑原博士還曆記念東洋史論叢》，弘文堂，1931年。
3. 关于《古今注》的记载，刘昭认为存在问题，云："臣昭曰，此言岂其妄乎，若人人奉四十五斛，则四百石秩为太优而无品，若共进奉者，人不过一斗，亦非义理。"

郡之掾史也多达五百余人。

各个郡县的官吏人数，与郡县的增置一道增加，由数十人逐渐增加充实，达到数百人的规模。[1]因此，本章拟对秦、汉初到东汉郡县吏员的演进略作探讨。

一、汉初郡县属吏的来源

买爵与买官

《史记·平准书》记载，武帝元狩三年，"法既益严，吏多废免。兵革数动，民多买复，及［千夫］[2]五大夫，征发之士益鲜。于是除千夫五大夫为吏，不欲者出马。"记载了当时为讨伐匈奴不断征兵，为复除赋役而买爵的百姓很多，导致征兵越来越困难。与此同时，因触犯法律而被罢免的吏员也很多，导致吏员人员不足。因此，获得特别恩典、得以复除赋役的买爵者，用以补充人数缺乏的吏员之职，而拒绝充任吏员者，则可改为供交马匹替代。

关于买爵的意义已经有详细的研究，特别恩典之一是得到官吏的身份。另据《史记·平准书》记载，买爵与官吏任用密不可分。《史记·平准书》中有关买官的记载集中于武帝时期，通过"入物""入财""输家之羊，入钱二十万钱""入羊""买武功爵""故盐铁家富者""吏得入谷""吏得入粟"等方式，可以任用为官吏或得以晋升。

前四项是以捐出家财（只有"输家之羊"与占卜仪式有关，为一例外）为目的的就官，通过"补官""补郎"等方式任用为官，不过，他们往往受到了批判，如"选举陵迟，（略）兴利之臣，自此始也"（《史记·平准书》），"郎选衰矣"（《史记·平准书》）等。"故盐铁家富者"，指的

---

[1]. 尹湾汉简的出土，厘清了成帝时期东海郡的郡县属吏实态。但是，尹湾简所记东海郡的属吏，却没有包含必然应当存在的列曹。
[2]. "［　］"中内容据《汉书·食货志》补。

是由于盐铁专卖制度的实行，作为抵偿而为官者。关于他们，也有这样的非难："吏道益杂，不选，而多贾人矣。"（《史记·平准书》）

相比之下，"吏得入谷（粟）"之"吏"有望成为正式的"官"。"（入奴婢），为郎［者］增秩""（入谷），郎至六百石"，说的是郎官可以通过这两种方式增秩。无论那种情况，或许是因为他们已经置身于官界，虽然也称作"买官"，却没有受到有违吏道的批评。此外，"买武功爵"可以复除赋役，或者选择"其有罪又减二等"这样赎罪型的特殊恩典，又或任用为官吏，不过，在这一种方式中，买官不是第一位的选择。

买官（卖官）多以买卖正式官职为目的。而"武功爵"的情况与之不同，史载：

> （元朔六年，）诸买武功爵官首者，试补吏，先除，千夫如五大夫，其有罪又减二等；爵得至乐卿，以显军功。军功多用越等大者，封侯卿大夫，小者郎吏，吏道杂而多端，则官职耗废。（《史记·平准书》）

五级官首"试补吏"，买爵最高可至八级爵乐卿。如果加上实战的军功，功大者可封侯卿，功小者也有做郎官的。

就武功爵而言，由于可以不经过正规的选拔而被任命为正式官员，因而受到了责难，史载"吏道杂而多端，则官职耗废"。关于武功爵的官吏任用，对本节开篇列举的元狩三年的武功爵七级千夫（相当于二十等爵中九级的五大夫，有免役权）阶层来说，不期望成为"吏"者，被强制要求"出马"。

关于这一点，也可能受到"法既益严"局势的影响。不过，出乎意料的是，在能够购买武功爵的阶层中，很多人对成为吏员持拒绝态度。

武功爵是元朔六年新设置的爵位系统，《史记·平准书》记载这一年"级十七万，凡直三十余万金"。说的是一级爵位价值十七万钱（七级爵千夫的价值,有一百一十九万金、一百一十九万钱、二十九万钱等说[1]),而元朔六年一年之内爵位销售额有三十亿钱。当时的中产之家资产大约为十万钱,千夫阶层之人属于有限的富裕阶层。

能够买爵的阶层,从二十等爵中也能窥见一斑。据《汉书·成帝纪》可知,成帝永始二年,三十万钱可赐爵五大夫,同时补任郎官。据《汉书·晁错传》记载,文帝时晁错的上书中,粟四千石可赐爵为五大夫,如果按一石七十钱来算的话,大约也值三十万钱。晁错的上书中也指出,即使是二级爵上造,平均也需要相当于平均农家六年收入的量,即粟六百石。

元狩三年,武功爵千夫阶层之人拒绝作"吏",因为千夫相当于五大夫,而千夫、五大夫都是理所当然应该被任命为郎官以上的职位。因此,这个时候强制他们为"吏",甚至提出"出马"这样的条件。《史记·平准书》中,"吏"通常不是正式官职而是指下级少吏,千夫阶层所拒绝任职的"吏",大概也只是地方郡县的属吏一类。

由此可知,武帝时,与郎官以上的正式官职相区别的是,吸纳地域富裕阶层充任地方属吏变得相当困难了。《汉书·景帝纪》"后元二年五月"条记载:"今訾算十以上,乃得宦。"要当上正式官职,需要"算十"也就是十万钱。但是这样的话就很难求得清廉的人才,因此下诏减少到"算四"。

即使是正式官职,也不一定能成功地获得人才。而郡县属吏更是存在诏令宣布能力、学力不足等问题,甚至出现不少"持吏长短",即

---

1. 《索隐》记载了两说:"大颜云,一金万钱也,计十一级,级十七万,(略)顾氏按解云,初一级十七万,自此已上每级加二万。"《史记会注考证》言:"胡三省曰,级十七万者,卖爵一级,为钱十七万,至二级则三十四万矣,自此以上每级加增,(略)中井积德曰级十七万,是为十七金,是买爵之定价矣。"小竹文夫氏《国译史记》将"级十七万"解释为所卖的级数。由于千夫与五大夫同级,"级十七万"若一直是指爵的价格的话,按顾氏所说,二十九万钱与五大夫的买卖价格三十万钱比较接近。武功爵的设立虽然是为了广开财源支援边塞戍卒,但与民爵相比,购买价格没有多大的优惠,不过不清楚其价格是否有如一百一十九万钱(金)那样高。

被地方权势者握有"长短"（把柄）的情况。[1]地域富裕阶层忌讳且避免为"吏"。

地方的富裕阶层对为"吏"持拒绝态度的情况，不仅存在于武帝时期，《墨子·号令篇》记载的虽说是战国末期的事情[2]，但也有类似的情况。当时，对能够将粟米、布帛、金钱、畜产等入官之人，"皆各以其贾，赔偿之，又用其贾贵贱多少，赐爵，欲为吏者许之，其不欲为吏，而欲以受赐赏爵禄，若赎出亲戚所知罪人者，以令许之"。赐予爵位的同时，亦可任用为吏，当然，买爵者之中也有不希望为"吏"者。《号令篇》又载：

> 如前侯反，相参审信，厚赐之，侯三发三信，重赐之，不欲受赐而欲为吏者，许之二百石之吏。守珮授之印。其不欲为吏，而欲受构赏禄，皆如前。有能入深至主国者，问之审信，赏之倍他侯。其不欲受赏，而欲为吏者，许之三百石之吏。

这种情况下任用的一般是秩为二三百石的"吏"。

《益梁宁三州先汉以来士女目录》

附在《华阳国志》卷末的《益梁宁三州先汉以来士女目录》集中记载了益梁宁地方士女生前的官职名。其中西汉时期有38人，东汉时期208人，两汉合计246人，其中州郡县属吏有22人。

所录西汉时期的郡县属吏，只有一人，为蜀郡成都人"德行［州］治中从事李弘字仲元"。而李弘在同书卷三中也曾出现，该卷列记了蜀郡的士人，依次为司马相如、杨子云、严君平、王子渊、李仲元、林公孺、何君公。李弘位列宣帝时的王子渊之后，又在宣帝至哀平之间的何君公之前，大概是宣帝时期的人。

---

1. 拙稿：《漢代における地方小吏についての一考察》，《中央大学文学部紀要》史学科17，收入本书。
2. 渡边卓：《古代中国思想の研究》第三部第二章《墨子諸篇の著作年代》，创文社，1973年。

这说明在西汉时期，或者说汉武帝以前的地方属吏中，在德行、文学、节操等方面能够彰显于后世的人才——相关人员不少是地方上的权势者[1]——比较少。这种现象的出现与地域富裕阶层忌讳并避任地方属吏有关。

那么，到了西汉时期仍然存在很多问题的郡县属吏，自秦代以降，至出现转机的汉武帝时期，究竟是有着怎样的人员构成呢？

二、郡县属吏与三老制

关于郡县属吏层所属社会阶层之诸说

郡县的名称，先秦时已经出现了。关于这一点，增渊龙夫氏以晋国的原、温两县为中心，探讨了河内诸邑，先秦的县与秦汉郡县一脉相承，主要原因在于：

（1）县大夫为世袭制。

（2）抑制各个支配氏族集团本族与县大夫的私属关系，推进官僚化。为了使官僚制有效地发挥功能，

（3）有必要分解属邑中残存的土著旧族遗制。[2]

本章以增渊龙夫氏的观点为出发点，特别对先秦县的官僚化问题，与秦汉郡县属吏制之间具体有哪些关联这一问题进行探讨。

关于秦汉时代的郡县属吏制，滨口重国氏认为，郡县属吏是地方百姓意志的代表者，协助上级的同时，施行符合地方情况的政治制度，一旦有不法横暴的行为出现，即加以阻止，保证民意的畅达。[3]

五井直弘氏详细研究了西汉官僚的出身，从高祖至文帝时代为前期，官僚初任为地方下级吏员的为0%；而到了中期，即从景帝至宣帝

---

1. 宇都宫清吉：《漢代における家と豪族》，《史林》24-2，1939年；《漢代社会経済史研究》，弘文堂，1955年。
2. 増淵龍夫：《先秦時代の封建と郡県》，《一橋大学研究年報経済学研究》2，1958年；《中国古代の社会と国家》，弘文堂，1960年。
3. 濱口重國：《漢代に於ける地方官の任用と本籍地との関係》，《歴史学研究》101，1932年，《秦漢隋唐史の研究》下卷，东京大学出版会，1966年。

第七章　汉代的郡县属吏

时期，上升为25%；至后期，即元帝至王莽时期，达到了46%强。这表明中期以后，地方下级吏员与中央高官之间出身阶层的差距逐渐消失，一般认为充担地方下级吏员的是地方豪族及其族人。[1]

增渊龙夫氏则认为，虽然郡县乡亭吏员多任用豪侠、土豪子弟（豪吏），但另一方面，豪侠、土豪也往往将这些下级吏员当做自己的部下加以利用，指出了地方下级吏员的多样性。[2]

另外，西嶋定生氏认为，秦统一之后，旧有的以宗族为纽带的地方势力并没有完全解体，在宗族纽带松弛的过程中，新的社会集团即地方豪族开始形成。豪族是一个既被国家镇压，又被国家利用的群体。汉代郡县的下级官僚，多采用豪族子弟，发挥着使国家权力浸透到地方的媒介功能。豪族之所以出任下级官僚，他认为是因为在国家权力的外部，豪族不能完成自律性的秩序。[3]

据上可知，郡县属吏制的运用大约都有共通之处，即将地方土著中的有力豪族吸收进入统治体制之内。而郡县属吏制的新发展是在景帝以后。

汉碑所见郡县属吏及其升迁

的确，就东汉的郡县属吏制来说，汉碑中所见几例地方属吏的升迁，至孝廉（或是察廉、辟召）的晋升过程，全国基本上都是一致的。由此可以窥知，当时的郡（县）机构对属吏的运用，在全国几乎是统一的。同时，《巴郡太守张纳碑》所载巴郡掾史七十三人中，有大半与巴郡的大姓相一致，可知郡县属吏之职多被土著大姓豪族所占据。[4]

---

1. 五井直弘：《秦漢帝国における郡県民支配と豪族》，《人文論集》12，1961年。
2. 増淵龍夫：《漢代における民間秩序の構造と任侠の習俗》，《一橋論叢》26-5，1951年；《中国古代の社会と国家》，弘文堂，1960年。
3. 西嶋定生：《中国古代統一国家の特質》，《前近代アジアの法と社会》，勁草書房，1967年。
4. 増淵龍夫：《所謂東洋的専制主義と共同体》，《一橋論叢》47-3；《新版中国古代の社会と国家》，岩波书店，1996年。

人名	卒年等	出身地	升迁	出典
柳敏	一四六年为太守	蜀郡	五官－功曹－□－守令－□－（孝廉）	《隶释》八
郑固	一五八年为郎中	（东郡黎县）	郡诸曹掾史－主簿－督邮－五官掾－功曹－□－□－□－（诏）	《隶释》六
混缉	一六七年卒	巴郡宕渠县	郡诸曹史－督邮－主簿－五官掾－功曹－□－□－□－（孝廉）	《隶释》七
武荣	灵帝初期人	汝南郡	州书佐－郡曹吏－主簿－督邮－五官掾－功曹－守令－州从事－（孝廉）	《隶释》十二
夏承	建宁年间卒		主簿－督邮－五官掾－功曹－□－上计掾－守令－州从事	《隶释》八
杨著	建宁年间卒	（司隶）	郡五官掾－督邮－功曹－□－□－（辟）	《隶释》十一
张表	一六八年卒	冀州	郡督邮－主簿－五官掾－功曹－□－□－州从事	《隶释》八
候成	一六八年卒	山阳郡防东县	主簿－督邮－五官掾－功曹－□－守长	《隶释》八
郭仲寄	一七一年卒	（魏郡）	郡五官掾－功曹－□－□－州从事－（举廉）	《隶释》九
李翊	一七三年卒	（益州）	郡督邮－五官掾－功曹－□－守长－□－（孝廉）	《隶释》九
尹宙	一七七年卒	颍川郡	郡主簿－督邮－五官掾－功曹－□－守令－州从事	《金石萃编》十七
郭究	一八四年卒	河内郡波县	郡主簿－督邮－五官掾－功曹－□－守令长－州从事	《隶释》十
赵□	一八八年卒		郡五官掾－功曹－□－□－州从事	《隶释》十一

560

在这些属吏中，武荣"治《鲁诗经》《韦君章句》，久游大学"；夏承"治《诗》《书》经"；杨著"穷七道之奥□，综书籍"；尹宙"治《公羊春秋》，通《书》传"。都有很高的儒学教养。当然汉碑的记载较集中于东汉末年，但据《后汉书·儒林传》《后汉书·文苑传》所述，可以看出知识分子担任属吏的情况，从建武年间开始就已经出现了。

然而，正如前文所述，西汉武帝时，土豪、知识分子担任属吏的情况不太普遍。这种现象在秦汉交替时期也是相同的。

灵活利用父老阶层

据《汉书·高帝纪》，高祖起兵之时，得到沛之"父老"的支持并掌控了沛之子弟，从而取得成功。一入关，高祖就与关中诸县的"父老（豪杰）"约法三章，控制了关中地区。再次起兵，在从汉中至关中，并将自武关东进之时，高祖也镇抚关外"父老"以求得关外诸县的支持。

在与项羽激烈对峙的高祖四年十一月，高祖病情恶化，入关之时高祖特意存问"父老"，并置酒席。诛伐项羽后，对不肯投降的鲁国，高祖也采取与鲁国"父兄（《史记》作父老）"直接接触的办法，鲁国未流血而降。

楚怀王称汉高祖曰"沛公素宽大长者"。然而，高祖根本不顾家事而爱好酒色，常常赊酒而饮。以亡命之身胁迫沛地父老，虽得到长者支持并掌控了子弟，但那时军队构成中，成为指导者的都是亡命中的少年（无赖之徒）好友，以及参加杀害沛令的豪吏。史载："于是少年、豪吏如萧曹樊哙等皆为收沛子弟得三千人。"起兵之时，尽管需要有一个名分，但高祖集团是如何配得起严谨温厚、德高望重的"长者"之名仍然是个问题。

汉高祖平定天下后的五年五月，对王陵指出的"陛下嫚而侮人"，回答曰："吾能用之。"当然，高祖的回答针对的是对将军的有效利用这一点，不过值得注意的是，高祖根据当时社会的实际情况，也能加以有效利用。

据《汉书·张敞传》，"偷盗酋长"也作为头面人物被闾里之人称为"长者"。称高祖为"长者"在意料之外，原因也许在于他能够通过有关的社会实际情况，了解各地状况，从而发挥出自己的本领。高祖在各地势力的确立，在于能够有效地利用当地的父老、父兄以及豪杰。

那么高祖是如何对待既有的地方行政组织的呢？高祖入关后，约法三章在关中诸县全面推行之时，"乃使人与秦吏，行至县乡邑，告谕之"，利用了秦吏。不过，在统一天下的过程中，几乎看不到利用既有的地方行政组织的事例。当然也不得不考虑到当时的地方行政组织属于秦帝国，利用起来也一定是有限度的。

三老制的采用

高祖在二年二月，出汉中至关中，再次起军时，发布了诸多政策，包括：

> （1）令民除秦社稷，立汉社稷。
> （2）施恩德，赐民爵。
> （3）蜀汉民给军事劳苦，复勿租税二岁。
> （4）关中卒从军者，复家一岁。
> （5）民年五十以上，有修行，能帅众为善，置以为三老，乡一人。择乡三老一人，为县三老。与县令丞尉以事相教，复勿徭戍，以十月赐酒肉。（《汉书·高帝纪》）

对高祖来说，这是首次对天下下发号令。

同时，从决意与项羽对决之时的形势来看这些号令，对高祖来说应该都是紧急且至关重要的政策。

政策（1）中社稷的变更宣告汉帝国的建立与王朝的更迭。政策（2）实行的是赐民爵之制。这既是对人民的抚慰，也表明在现实中民爵能够实现巨大的效用。政策（3）（4）复除汉中、关中的赋税，也是因为它们是讨伐项羽的根据地，作为腹地来说，这也是理所当然的。政策（5）是在乡、县中设置三老。

三老亦见于《史记·陈涉世家》，陈胜自立之时，在陈地"号令召三老、豪杰，与皆来会计也"，以求得三老、豪杰的支持。

第七章 汉代的郡县属吏

虽然不能确定秦代的三老在多大程度上制度化了——从高祖二年重新详述了乡三老、县三老的选择方法，可知三老制没有完全制度化——但汉高祖多多利用父老、豪杰，与陈胜自立之时寻求三老、豪杰的支持，情况大概是相同的。从三老"能帅众"这一点，可知三老与父老、豪杰都属于同一社会阶层。

《史记·陈涉世家》记载的陈胜自立之时寻求支持的"三老、豪杰"，在《史记·张耳陈余列传》中作"豪杰、父老"。而《汉书·张耳陈余列传》却只见"豪杰"一词。这是因为作者没有意识到三老、父老、豪杰的区别。

汉高祖在尚难判断天下趋势之时，迅速地实行三老制，由此可以看出在当时的县、乡功能中，有效利用三老阶层是十分迫切的要求。这意味着既存的县、乡之功能，在掌控地域社会方面存在一定的局限。

汉高祖通过担任亭长的经验，深切地感受到既存的地方行政制度在掌控地方社会及民众上存在缺陷，有必要立即使县乡——之后郡、国亦置三老——与地方土著势力一体化，通过合作协商来实现对地域社会的控制。

在与项羽对峙、稳定根据地的特殊时期，采用三老制应该是更加迫在眉睫的事情。汉高祖最初轻蔑地称县廷吏员"无所不狎侮"，为了扩大势力，最大限度地利用父老阶层，其原因当然不是仅仅因为县廷属于秦帝国下的行政机构。

高祖在向各县乡传达约法三章之时，利用了既有的行政机构。关于三老制，应该注意的是，三老不像乡吏、县吏那样身处官僚体制之内——后来三老也逐渐带有吏的特征[1]，丧失了三老本来的功能，至东汉末年三老制消失——而是"以事相教"，他们的定位是县乡制度的协作者。这意味着在当时的郡县廷中，至少属吏是不包括当地的权势者和土豪的。

近年（1996年）公布的《尹湾汉简》中，有成帝时期的《东海郡集簿》（上计文书），其中县三老、乡三老的地位也比太守、令长之下的郡县乡吏的地位高些，由此可见三老的权威之大。

---

1. 拙稿:《漢代における郷について》,《中央大学文学部紀要》史学科18, 收入本书。

郡县属吏的私属性

那么在秦汉交替之际，郡县机构呈现怎样的状态呢？关于这一点缺少明文记载，就沛县来说，可知有县令、主吏萧何、狱掾曹参。此外，主吏萧何也"给"（即兼任）泗川郡卒史一职。[1]

主吏萧何虽然是课最第一的能吏，但当县令宅中有（亡命的）客人到来之时，仍然被驱逐出去，原因在于他的身份只是一个沛地豪杰或吏员来访时的通报人。

在陈胜自立之时，沛县令有所动摇，打算背叛秦室，萧何、曹参为沛令献策曰："君为秦吏，今欲背之，帅沛子弟，恐不听，愿君召诸亡在外者。"（《汉书·高帝纪》）之后沛令改变对秦室的叛意，想要杀害已有叛意的萧何和曹参，二人不得不向亡命者刘邦处求得保护，终于成为其协助者。高祖杀死沛令，继承沛公的地位，萧何成为县丞，曹参成为中涓（以上据《汉书·高帝纪》）。高祖之所以称县公、曹参称中涓，是为了响应楚王陈胜，沿袭楚国的官制。[2]

从以上沛县的情况可以想象，在秦末县的构造中，从属吏被动员做私人家事等记载可以看出，县令与属吏之间存在比较有私属性质的关系。同时，在职掌、组织方面，县之属吏还可兼任郡卒史之职，不同组织之间的职掌分配也较有融通性。

如前所述，由于当时郡县属吏人数很少，在组织方面也很难避免出现尚未分化的职掌。另外，关于属吏与长吏的私属性关系，据后文可知，也有相应的历史过程。

汉高祖攻略南阳郡之时，南阳太守舍人陈恢为保全郡太守而与高祖进行交易。关于这个舍人，虽然几乎都认可颜师古的"私属官号"

---

1. 关于《史记·萧相国世家》记载的"（萧）何乃给泗水卒史事，第一"中的"给"，《集解》及《汉书·萧何传》颜师古注，都认为当理解为萧何成为沛郡的卒史。但是，《史记·萧相国世家》泷川考证所引煇则曰："以乃字观之，则何因事弁，乃得由县主吏掾，给郡卒史也"，理解为担任县主吏的同时，从事与郡卒史相关的职务。萧何先帮助沛令谋划，然后又协助高祖，至刘邦自立之前，一直担任县主吏一职，因此，"给郡卒史事"当以何煇的理解为是。《史记》将"事"字系于"卒史"之后，而《汉书》则认为"事"当从下读，作"事第一"，齐召南以《汉书》所断为是。不过，从萧何从事卒史相关职务可知，或当以"卒史事"这一断读法更为自然。
2. 陈直《汉书新证》（天津人民出版社，1959年）第99页《秦楚之际官名》收录了这一时期的官名。

第七章　汉代的郡县属吏

之说，但也有像守屋美都雄氏所指出的，舍人等是指成为权势者的私属，并以仕途为目标的人群。[1]

《史记·秦始皇本纪》载：

> （始皇）十二年文信侯不韦死，窃葬，其舍人临者，晋人也逐出之，秦人六百石以上，夺爵迁，五百石以下，不临迁，勿夺爵。

在私下举行吕不韦的葬礼仪式时，他的舍人聚集在一起。由于他们属于吕不韦一派，所以被一网打尽式地流放、左迁。这些舍人，原来都曾受到吕不韦的推荐和担保，而被补任为六百石、五百石的官吏。[2]

高祖攻南阳时，"吏民自以为必死"。在这时，南阳太守舍人陈恢的身份不再是一个使太守延命的使者，而是郡中吏民意志的代办人。那么舍人陈恢兼具郡吏的立场也就不足为奇了。

《史记·项羽本纪》载，项梁斩会稽郡假守殷通时，"门下大惊扰乱，籍所击杀数十百人，一府中皆折伏，莫敢起。梁乃召故所知豪吏，谕以所为起大事"。在项梁之后，项羽斩杀了会稽郡门下数百人，"府中"之人皆折伏。此时项梁正与假守殷通在郡府内对峙，和假守殷通一起被斩杀的数十百人，也就是近百的"门下"，大概也包括了郡之属吏吧。

"门下"与"舍人"二词可同义混用。[3] 从西汉末到东汉时期，郡县属吏中，冠以"门下"之称的掾史有门下掾、门下史等。严耕望氏认为，郡县属吏大致分为门下和列曹两类，以郡为例，与门下相关的吏有功曹、五官掾纲纪之吏和主簿、主记室、录事、少府、府门亭长、门下掾吏、书佐、循行、干、小史、门下督盗贼、门下贼曹、门下议曹等。与列曹有关的吏有户曹、时曹、田曹、仓曹、金曹、集曹、兵曹、决曹等，

---

1. 守屋美都雄：《漢の高祖集団の性格について》，《史学研究》158、159，1952年；《中国古代の家族と国家》，东洋史研究会，1968年。
2. 西嶋定生：《中国古代帝国の形成と構造》，东京大学出版会，1961年，第101页。
3. 如《史记·平原君虞卿列传》记载的平原君的门下毛遂，亦称舍人。

诸曹中未见有冠以"门下"一词的吏。[1]

同时,除了门下贼曹等属于例外情况之外,门下,即阁下之吏,在职掌方面与列曹有明显区别,虽然其具体职务仍不明确,但很多似乎都是长吏的股肱之吏,如主簿、主记室、录事、少府等。

由此可知,在郡县廷中,存在被称为门下(阁下)的股肱近侍之吏,与专心从事实务工作的列曹并存。这对深入思考郡县属吏制十分重要。

在秦末长吏与属吏的关系中,可窥知属吏的私属性特征。从这一点来看的话,随郡守而殉死的会稽郡"门下",虽是属吏,其行为也并非不可理解。此外,"门下"与"舍人"如果大概同义的话,南阳郡舍人陈恢也很有可能是郡吏,说明在秦末郡之属吏可泛称为"门下""舍人"。

将前文所述区分为门下和列曹的属吏制,与秦末泛称为"门下""舍人"的属吏制进行比较的话,可知从秦末至两汉,郡县属吏制中,在与长吏之间有深层私属关系、具有门下性质的吏之外,新增加了列曹一类的组织机构。

这一发展的结果是,具有门下性质的吏也与列曹一样逐渐组织化,不过,即便如此,他们在属吏之中仍然占有较高的地位。

另外,门下贼曹等当然也应该属于列曹,却冠以门下之名。这意味着随着门下与列曹的逐渐一体化,"门下"的含义中也包含了列曹,从而转化为新的郡县属吏的泛称。

门下和列曹的关系后文有叙述,而关于秦末长吏和属吏的关系,守屋美都雄氏批判了西嶋定生氏对高祖集团的理解,他认为,通过对中涓、舍人、卒的分析,能够看出战国以来权势者在政治、军事集团内的职阶特征,认为高祖集团具有政治性、战斗性的性质。[2]

另外,增渊龙夫氏同样通过对中涓、舍人、庶人的分析,指出他们是战国时代贵族、高官的私人家臣,同时也谈到了他们与秦汉时代

---

1. 严耕望:《中国地方行政制度史・上编》注(2),"中央研究院"历史语言研究所,1962年,第29—46页。
2. 守屋美都雄:《漢の高祖集団の性格について》,《史学研究》158、159,1952年;《中国古代の家族と国家》,东洋史研究会,1968年。

郎官之间的关系。[1]

关于舍人，《战国策·赵策一》有明确记载："赵王封孟尝君以武城，孟尝君择舍人以为武城吏，而遣之。"战国以来，作为私人家臣的舍人同时也带有吏人的性质。这与县主吏萧何同时负责县令的私事也有共通之处。

在秦统一后的郡县制体系中，郡县长吏与属吏的结合之中仍然残留着浓厚的战国以来私属性的主从关系。当然，秦末时郡县属吏的吏名是否已经泛称为舍人、门下等，仍有疑问。同时还可见到与狱掾等职掌相匹配的吏名。然而，《史记·樊郦滕灌列传》记载，樊哙"与高祖俱隐，初从高祖，起丰，攻下沛，高祖为沛公，以哙为舍人"。在高祖成为沛公，即公职人员之后，最初樊哙称"舍人"。

可以看出，随着官僚组织的完善，舍人的私属性质也在逐渐发生变化。樊哙不仅具有舍人的身份，因其立有军功，不断地提升爵位，从国大夫、列大夫、上间、五大夫到卿，最后被封为贤成君。

张良将舍人樊哙介绍给项羽时，对他的称呼是"参乘樊哙"。参乘与御者一起陪同主人乘车，《汉书·高帝纪》中，有"使参乘，监诸将"的描述。参乘的名称超出了当时陪乘的意思，带有一种官号的性质。

秦末时的属吏名称，尚未有细致的分化，即使是樊哙也不完全始终是高祖的私属人员。公职人员的官职名不明确，只是冠以"舍人""参乘"等私属性质的官号，同时也发挥着公职人员的职责。

《汉书·贾谊传》记载：

> 天下毂乱，高皇帝与诸公并起，非有仄室之势，以予席之也。诸公幸者，乃为中涓，其次厪得舍人，材之不逮至远也。

讲的是秦末跟随高祖的人马，分别受中涓、舍人之职。即便是在汉初

---

1. 增渊龙夫：《战国官僚の一性格》，《社会经济史学》21-3，1955年；《中国古代の社会と国家》，弘文堂，1960年。

的律令中，郡的属吏也只有"卒史""书佐"等类别。《史记·冯唐传》记载文帝时期的云中守魏尚云："其军市租，尽以飨士卒，私养钱，五日一椎牛，飨宾客军吏舍人。"关于私养钱，司马贞列举出两说，一为"市肆租税之入，为私奉养"，一为"官所别廪给"。此处从市租之前的"其军"来看，反映的是边郡之事。市租从字面上来看是租税的意思，却被充当为"私养"。或许这只是一种私人行为，但无论怎么考虑，这条史料的真实含义都很难确定。[1]

还要注意的是，魏尚将市租的所有收入都用来供给士卒，每五日则向宾客、军吏、舍人分发牛肉。不过，郡长官所招待的人士中，未发现有郡府之吏（文吏），这一点值得留意。那么，在宾客、军吏、舍人之中，由于宾客不属吏人，而与军吏区别记载的舍人就成了一个问题点。

在西汉初年文帝时期，舍人也应该是指郡之属吏。很难说在汉初属吏没有可能泛称为舍人。同时，如后文所述，秦末到汉初的郡县已经出现了长吏"久任"的倾向。此外，在郡守任用中，有宰相李斯之子李由任三川郡守（任子）、赵高女婿任咸阳令的情况。

长吏的久任

长吏与中央的具体关系仍然很难确定。秦末动乱时，长吏多是被攻击的对象，从这一点来看，在六国占领地中担任长吏的很多人有可能都出身于秦国。此外，为了强化中央的统治，在地域社会任职的长吏有可能需要回避自己的本籍地。

与郡县属吏相比，长吏与地域的关系可能没那么大。刘邦起兵之时的沛令也只表述为"秦吏"，除此之外的经历不明，不过可以肯定的事实是，他与地域社会没有关联。

另一方面，在长吏"久任"之时，郡县属吏与舍人、门下一类称呼之间的关系随之加强。因此，在汉初仍将属吏泛称为舍人的可能性

---

1. 加藤繁：《漢代に於ける国家財政と帝室財政との区別並に帝室財政一斑》，《東洋学報》8-1、9-1、9-2，1918年；《支那経済史考証》上，东洋文库，1962年，第58—59页。他指出，军市是为方便士卒而设立的军中之市，《冯唐传》的记载为一特例，市租在原则上当上交少府。

很大，而将地域内的父老阶层、豪族编入属吏之中的期待则没有那么强烈，高祖急切地实行三老制的背景亦在于此。所以，秦末的郡县属吏中虽有"豪吏"，但只是单纯地指代才智敏捷之吏。

三、郡县属吏制的完善

属吏的移病

通过以上叙述可以看出，秦末汉初的郡县属吏与长吏之间存在私属性质的关系。而在西汉末期，这种关系从属吏"移病"的习俗中可以窥得一斑。

《汉书·朱博传》记载，成帝时朱博赴任琅邪太守之时，郡之右曹、掾史全部"移病"，即以生病为由提出辞呈。朱博责问请辞缘由，答曰："故事，二千石新到，辄遣吏存问致意，乃敢起职。"当时的惯例程序是，随着太守的更替，郡中属吏一并辞任，然后再由新太守重新任命。

提出辞呈的原因亦在于此。不过，尽管朱博曾历任杜陵功曹，京兆曹史、督邮、栎阳、云阳、平陵、长安令，以及冀州、并州刺史，但对属吏"移病"的惯例也不知晓。

朱博被激怒后废除了相关的旧俗，斥罢了移书称病的右曹、掾史，让他们着白巾出府门，并从诸曹史、书佐以及属县大吏中补任了新的右曹、掾史。

遵循惯例的右曹、掾史并没有错。虽然他们意外地受到了牵连，但移病之俗本身未必具有普遍性。移病之俗在西汉末年虽然已成为"故事"，但值得注意的是，在郡之属吏中，存在应该实行移病以及没有必要实行两种观点。

也就是说，没有实行移病的是诸曹史，包括列曹、书佐等，而实行移病的右曹、掾史，大概属于功曹及门下掾史等系列，即所谓的与门下（阁下）相关的吏员。

逐渐被废除的移病之俗，正是秦末（之前）、汉初出现的郡县属吏制中吏员与长吏之间私属性关系的继承。

列曹制

即便是保存了旧习的琅邪郡，也建立了不实行移病行为的列曹组织。那么，作为汉代属吏制新发展的列曹组织，经历了怎样的发展历程呢？

《续汉书·百官志》记载："诸曹，略如公府曹。"郡之诸曹属吏制乃据中央官府之曹制而定。三国蜀人杜琼认为这种曹制始于汉代，曰："古者，名官职不言曹，始自汉已来名官尽言曹，吏言属曹，卒言侍曹。"（《三国志·蜀志·杜琼传》）在前揭所述成文于武帝太初元年之前的汉律中，郡之属吏仅有卒史、书佐，没有提到曹制。还没有明确的例证能够确定作为郡县属吏之名的列曹是否可以上溯至武帝之时。[1]

《汉书·于定国传》记载，于定国之父于公曾任郡之决曹，但任职时间不明。于定国在其父去世后亦任此职，而后升迁为御史中丞，其时恰逢昭帝驾崩。由此可知，其父于公任决曹的时代很有可能在武帝时期。昭帝以降，列曹的存在就更加明确了。

关于汉代地方行政组织的改革，《续汉书·百官志》记载：

> 汉之初兴，承继大乱，兵不及戢，法度草创，略依秦制，后嗣因循，（略）及至武帝，多所改作，然而奢广。

武帝之时，对当时承袭于秦的官制进行大刀阔斧的改革，扩大了行政组织。另外，《汉书·百官公卿表》也记载，"秦兼天下，建皇帝之号，立百官之职，汉因循而不革，明简易，随时宜也，其后颇有所改"。说明虽然汉制承袭自秦，但后来有了较大的改动。

---

1. 睡虎地秦简中可见"仓啬夫""库啬夫""厩啬夫"等记载,亦有用啬夫来指代县之令长的"县啬夫"一词。另外，《语书》记载，"凡良吏明律令，事无不能殹，有廉絜敦悫而好佐上，以一曹事不足治殹，故有公心"，其中出现了"曹"字，睡虎地秦墓竹简整理小组注记称："郡县下属分科办事的吏，称为曹。"不过，睡虎地秦简《秦律杂抄》还记载了"县啬夫、丞、吏、曹长"，"丞及曹长"等用法，而睡虎地秦墓竹简整理小组的注记又称："曹长，据简文应为工匠的班长。"可见，在睡虎地秦律所反映的地方行政制度中"曹"是否具有"列曹"的意思，仅从这些材料还很难判定。列曹的近似用法，从"啬夫"中可窥得一斑，不过，同列曹一样，啬夫的用法亦不固定。

第七章　汉代的郡县属吏

久任倾向的衰退

于公任决曹的记载，仅能确认武帝时期列曹制的存在，而不能证明武帝时已将新的列曹制引入郡县属吏制之中。

值得关注的是，从人事方面看，武帝之前的郡县廷中"久任"的倾向比较明显。《汉书·王嘉传》记载文帝之时的事情云："孝文时，吏居官者或长子孙，以官为氏，（略）其二千石长吏，亦安官乐职。"可见当时的官、吏保有自己的身份的时间很长。又据《史记·平准书》："至今上即位数岁，汉兴七十余年之间，（略）为吏者长子孙，居官者以为姓号。"可知到武帝时仍然没有太大变化。而《汉书·循吏传》序言部分曰："（至宣帝）以为太守，吏民之本也，数变易则下不安。"可知宣帝时出现了太守频繁更换的问题。《汉书·黄霸传》同样记载的是宣帝时期的事情："霸曰，数易长吏，送故迎新之费，及奸吏缘绝簿书，盗财务，公私费耗甚多，皆当出于民，所易新吏，又未必贤，或不如其故，徒相益为乱。"陈述了长吏频繁更换所带来的弊害。

至成帝时期，这种倾向依然没有改变。《汉书·王嘉传》载："吏或居官，数月而退，送故迎新，交错道路，（略）二千石益轻贱。"甚至进入东汉时期之后依然如此。《后汉书·朱浮传》记载，光武帝时，"间者守宰数见换易，迎新相代，疲劳道路，寻其视事日浅，未足昭见其职"。光武帝咨询众臣，提出了"自是牧守易代颇简"的改善策略，但到了顺帝时期，依旧存在长吏频繁变动的问题。《后汉书·左雄传》载：

> 典城百里，转动无常，各怀一切，莫虑长久，（略）臣愚以为守相长吏，惠私有显效者，可就增秩，勿使移徙。

以上列举的都是郡县长吏的例子。而《续汉书·百官志》刘昭注曰："《新论》曰：王莽时，置西海郡，令其吏皆百石亲事，一曰为四百石，二岁而迁补。"说明吏也是每两年迁转一次。当然，这反映的是王莽时期的政策，地域也在边远的西海，即今青海地区，所以不具有普遍性。

但是，从长吏频繁地变更任职地这个角度来思考的话，吏的情况大概也类似，每隔数年变动一次——这种变动不仅包括就任期间的迁转，与职掌的变更、升迁等或也相关。[1] 刘昭引用《新论》的意图或许也在于此。

无论如何，宣帝以后，郡县廷"久任"的倾向逐渐消失，时人的批判虽然很多，但久任之制最终没有复活。久任的衰退，单从精神论的角度是无法解释的，因为它具有更为现实性的因素。《续汉书·百官志》序言记载的武帝时期行政机构的改革，也是其背景之一。

再将关注点集中于郡县属吏制。武帝以前的属吏，安于长吏私属的身份，而以长吏为首的勑任官，则如《汉书·董仲舒传》所述，很多都任子为吏，兼为富訾之家，还没有确立像东汉时代那样由郡县属吏升迁为正式官职的晋升路线。当然，也不是说当时不存在由郡县属吏晋升为正式官职的例子，只是说多数郡县属吏久任的倾向非常强烈。

另一方面，由于久任，长吏的人事关系也较为固定——要注意的是，这种久任的长吏，通过任子等方式与中央保持联系——如前文所述，长吏与属吏之间不可避免地出现了私属性质的，有如舍人、门下一类的组合关系。

郡县属吏的养成——学官

与武帝之前不同的是，武帝时期之后，不仅郡县长吏的人事变动变得活跃起来，属吏亦是如此。关于这个问题，董仲舒所献官吏任用之策值得关注。董仲舒曰："臣愚以为使诸列侯郡守二千石，各择其吏之贤者，岁贡各二人。"(《汉书·董仲舒传》) 这反映了孝廉科的制度化。除此之外，吏员任用的法令还有很多，不过很多都是在武帝时期确立下来的。

另外，官吏任用的制度化，是为了支持武帝时期的行政改革，其目的在于确保官吏的持久性。而作为官吏供给源的学校，其制度也不

---

1. 《隶释二·相伯淮源庙碑》记载，桓帝时，南阳太守在庙中为民祈福，春季的侍祠官属为五官掾刘诉、功曹史刘瑗、主簿乐茂、户曹史任巽，而秋季的侍祠官属则变成了五官掾梁懿、功曹史周谦、主簿邓巍、主记史赵旻、户曹史谢综。春秋两季职掌相同的吏员人名完全不同，说明同一吏名之下可能有多人在任。不过，功曹史为右职，地位重要，亦有"功曹众吏之率"的称谓，定员人数当有限制。

第七章　汉代的郡县属吏

断完善，推进了对官吏预备人员的教育。由学校来培养官吏的形式，同样推行于京师中的太学。武帝时，太学定员仅五十人，未见实效，而后定员逐渐增加，昭帝时有百人，宣帝时有二百人，元帝时有一千人，成帝时增加到了三千人。

而对包括地方属吏在内的官吏的培养来说，郡国中设立的学校十分重要。《汉书·文翁传》载："至武帝时，乃令天下郡国，皆立学校官。"太学培养的是博士弟子员，而郡国学校则以培养众多的郡县属吏为目的。

随着时代的推移，郡县属吏的学养日益丰厚，作为正式官职的预备军，逐渐占有分量。东汉时孝廉科盛行的原因亦在此。

为培养郡县属吏而确保的人才，其待遇也不断改善。除了三辅、剧郡等例外情况外，郡县属吏的秩级原则上都在百石以下。秩百石即月俸十六斛。该级别之下还有斗食、佐吏等秩级。斗食的月俸存在异说[1]，不过佐吏的月俸没有疑问，为八斛。由此可见，少吏俸禄微薄，从而出现了侵渔百姓的问题。

《盐铁论·毁学篇》记载，"（大夫曰）士不在亲，事君不避其难，皆为利禄也。"在士也就是官吏的任用中，俸禄的功能即在于此。因此，政府曾多次给郡县属吏增加俸禄，包括《汉书·宣帝纪》记载的神爵三年对百石以下吏员的增俸，《汉书·哀帝纪》记载绥和二年对三百石以下吏员的增俸等。[2]

当然，改善俸禄虽然是对贫穷子弟的激励，但其额度毕竟有限，或许并非保证人才的最佳方法。

不过，在郡县属吏向官僚体系晋升的过程中，郡国学校的完善以及选举制度的确立逐渐居于一个十分重要的地位。当然，与这些举措同时并行的还有列曹的加入、郡县属吏制的改革等。具有长吏私属性质的属吏，其特性因此发生了巨大的变化。

从秦代推行郡县制到汉武帝时代，大约经历了一百年。随着中央

---

1. 参见前揭注释。
2. 在发表本章构想之时，上原淳道先生指出要注意物价与俸禄增额之间存在怎样的关系，关于这一点，容后再考。

集权制、郡县体制的大致稳定，土豪、父老层应当逐渐地加深了对体制得失的认识，从买官行为的存在也可以看出这一点。

但是，在武帝以前，几乎没有希望能够将地域内的权势者吸纳进入郡县属吏的行列。因此迫使政府在官僚制的体系之外设立特别的途径，如三老制等，来安抚地域内的权势者。此外，还不得不借助酷吏来镇压地方豪强。甚至曾出现长吏寻求与豪强建立私人关系的情况。

富裕阶层进入郡县属吏群体

不过，在官僚体制逐渐完善的情况下，郡县属吏的职业未来获得了保障，或者说获得保障的可能性很大，对土豪阶层来说，即便不包括斗食、佐吏这样的贱吏，郡县属吏也逐渐成为不能无视的存在了。

不难推想，在乡学中学有余裕的阶层很多是地方权势者的子弟。《汉书·文翁传》记载，"修起学官于成都市中，（略）数年，争欲为学官弟子，富人至出钱以求之，由是大化"。可见富人们转而对属吏十分关注。

太学、乡学的教学由博士、五经百石卒史担当，教学内容以儒学为中心。东汉时期郡县廷中的人员构成，实现了社会阶层与学养的一体化。通过旧有的三老来实现与地方权势者合议并调整政策的方式，逐渐变得没有意义。这也是三老制形式化，甚至走向废止的背景。

还有一个问题，是武帝以前的郡县廷对地方社会的掌控情况。郡县廷由郡县属吏构成，虽然说郡县属吏与长吏存在私属性的关系，但实际上也意味着他们在地域社会不能充分地发挥自身的影响力。因此郡县廷中的长吏，所依靠的更多是皇帝的权威，而同时作为"郡县之君（久任）"，他们也有必要精通地域内的各种情形。长吏的久任，原因不仅在于官僚制不成熟而产生的人事停滞，还有其他的相关背景。而在长吏的学养方面，也只能任其自然。

东汉时期的郡县属吏多数是正式官职的预备军，在向正式官职升迁的过程中出现了舞弊行为及沽名钓誉之风。此外，地方权势者、土豪阶层的意愿严重影响了官僚机构的发展趋势，这也成为一个新的课题。

地方权势者、土豪及豪族阶层被编入官僚机构之后，就土豪阶层

第七章　汉代的郡县属吏

与国家权力之间的关系来说，与土豪阶层自身性质的变化相比，郡县体制组织方面的变革更值得关注。

关于属吏制的改革，一方面，在门下系列的吏员中留存了既有的私属性质的属吏体制；另一方面，又设立了新的列曹，完善其组织结构。这种体制的确立虽然没有确证，但控制体系的强化、诸制度的完善应当都发生于西汉武帝时。(《续汉书·百官志》载："及至武帝，多所作改。")当然，也不能否定武帝以前出现列曹组织萌芽的可能性，这一点是以后的研究课题。郡县属吏制的改革在武帝之后继续推进，到了宣帝时代，久任的习惯瓦解，逐渐产生了实效。

结语

上文以秦、西汉时代为中心，探讨了郡县制，特别是郡县属吏制的发展，认为在组织结构上郡县属吏制确立于武帝时期，并指出在此之前除了长吏的久任倾向之外，郡县属吏之中还残存有私属性的性质。

作为支撑中央集权体制的末端机构，郡县属吏制的实态及演变给国家权力的运转带来了相当程度的影响。关于郡县属吏、乡里吏的实态以前已有少量探讨，以其为基础，本章着重分析了郡县属吏制的发展情况。

第八章

汉代的地方行政与官衙：尹湾汉简与马王堆《小城图》

前言

秦汉是中国基本国境线大致确立、领域内呈现政治统一的时期，这一点无需赘言。不过秦汉时期黄河流域与长江流域实现地域一体化、确立集权制等方面仍有讨论的余地。

其中一个需要讨论的是长江文明的地位确立问题，另一个需要讨论的是地方行政制度的实态问题。

这两个问题与众所周知的秦汉帝国，即所谓的中央集权国家的性质有很大的关联。不过由于史料上的限制，其中的联系尚无法厘清。因此，关于地域性，研究者更喜欢分析文化以黄河文明为中心向周边地域的扩展；关于政治制度，更注重分析建置于中央官府组织与郡县（郡国）制之上的皇权。

秦汉帝国是中国王朝统治的起点，因此应当重新检讨秦汉时期的国家与地域问题。近年来，考古学成果丰硕，其中也有不少与这一问题相关的新的出土资料。因此，下文拟围绕长江文明稍微介绍一下最近的讨论以及新见的史料。

一、华夏文明与长江文明

黄河文明

桑原隲蔵氏在《歷史上より観たる南支那の開発》《歷史上より観たる南北》[1]两篇文章中，指出古代汉族的根据地只是在以河南省一带为中心的北"支那"（主要在黄河流域，淮水、汉水附近以北）地区，有诸夏、中夏、华夏、中华、中国、中土等称呼。秦汉以降，汉族的势力范围不断扩大，很多汉族人向南方迁徙，导致南方的非汉族人群的

---

[1]. 桑原隲蔵:《歷史上より観たる南支那の開発》(1919年发表),《歷史上より観たる南北》(1925年发表);《桑原隲蔵全集》, 岩波书店, 1968年。

汉族化，南"支那"渐渐得以开发。隋唐时期，文化较发达的地区还限于今天的江苏、安徽、浙江、江西、湖北等省以北，但南宋以降，北"支那"文化昌盛的程度就远不及南"支那"了。他的这些论点已广为人知。

1987年以降，中国刊行了论文集《华夏文明》[1]，在第一卷《序言》中主编者田昌五氏也谈到，秦汉以前的中国古代文明是以黄河流域为中心发展起来的，是多个文明融合的产物。其中出现最早的是汉族的前身华夏族所创造的位于黄河中游的文明。其后，多个地域相继出现文明社会，到秦汉时期这些文明已经融合为一体。但是，在这本名为《华夏文明》的论文集中，第一、二、三卷分别是夏文明、殷文明、西周文明的特集，都只涉及黄河流域，只关注作为汉族前身的华夏族所创造的中原文明。

虽然较之桑原氏，田氏的主张更注重追溯中国文化一体化的形成过程，但二人都在黄河流域寻找文化的起源，这是他们的共通点。

长江文明

不过，近年来长江文明也受到了重视。虽然关注的时期以先秦为中心，但关于长江文明，特别是楚学的研究成果已经很多。下面以日中两国研究者共同完成的《日中文化研究》第七号（1995年刊）与第十号（1996年刊）中的特集《长江文明》[2]为例，对此略作介绍。这两本特集的内容并不只限于楚学，如第七号的开篇《古代长江文明难道不存在吗？》一文强烈批判了当时一直存在的以黄河文明作为中国全部文明代表的倾向。

书写《古代长江文明难道不存在吗？》一文的是成都出身的徐朝龙氏。徐氏指出，一直以来，（1）为了维持中国这一多民族国家政治上的统一，历代统治者也需要在意识形态领域将统治正当化，而政治中心的一元化正是实现统治正当化的一种手段，因而重视黄河文明；（2）数千年来处于政治统治中心的黄河地区文明一直被认为代表了整

---

1. 田昌五主编：《华夏文明》，北京大学出版社。第1集，1987年；第2集，1990年；第3集，1992年。
2. 《日中文化研究七——长江文明》，勉诚社，1995年；《日中文化研究一〇——长江文明》，勉诚社，1996年。

个的中国文明史，而享受良好的自然环境，数千年来支撑着中国经济的长江流域文明，却几乎很少有人评论。但是，随着近些年考古学的发展，人们越来越注意到长江文明是与黄河流域文明相异的，因而有必要从长江流域自身的发展、文明的完成程度，及其与中国文明的关系等方面重新审视长江文明。

特集所涵盖的范围很广，从新石器时代到秦统一期间的长江流域诸文化都有涉及，而同一时期，从1995年7月开始，武汉的湖北教育出版社刊行了共计十八种的《楚学文库》。这部文库虽然限定于楚国史，但编者（主编张正明氏）在各书开头共有的《献辞》中提到了对黄河文明与长江文明的定位，认为作为中国古代文化中心的华夏文化是二元的，河川流域分别是黄河与长江，始祖传说分别是黄帝与炎帝神农氏，作为象征的神兽分别是龙与凤凰，学术方面则分别是儒学与道家，风气方面分别是雄浑严谨与上品轻妙，仔细对比了南北差异之后，又指出数千年来对黄河流域的文化很重视，却忽视了长江流域的文化。

《献辞》强调有必要针对代表春秋战国时期南方文化的楚学开展研究，也有必要刊行《楚学文库》。同样与楚研究相关的是1981年6月鄂湘豫皖四省楚文化研究会的成立，湖北（鄂）、湖南（湘）、河南（豫）、安徽（皖）以及江苏、山东、北京、上海等省市的代表参加了成立大会，并从多角度讨论了楚文化。1985年6月，在合肥召开了楚文化研究会第三次会议，并筹划出版《楚文化研究论集》，1987年《论集》的第一集出版。[1]

在第三届楚文化研究会上，安徽省副省长以"现代科学的发展与趋势"为题做了重要报告。在《楚文化研究论集》的《序》中，主张楚人东夷说（故地为河南省鄢陵县）的顾铁符氏高度评价了楚文化，他认为由于楚人取得天下建立汉朝，汉文化得以大发展，因此在中国文化史上楚文化应该是最重要的源泉之一。他指出楚墓出土的文物是与①安阳殷墟，②敦煌莫高窟古文书等，③罗布淖尔、吐鲁番、居延木简与古文书相并列的20世纪前半期的空前的重大发现。

---

1. 楚文化研究会编：《楚文化史研究论集》第一集，荆楚书社，1987年。

第八章　汉代的地方行政与官衙：尹湾汉简与马王堆《小城图》　　581

顾铁符氏有关楚研究的论文收录于自己的论文集《夕阳刍稿》[1]中，他在论文集卷首的《微旨》中再次感叹道，由于资料上的制约，人们对楚国的历史与文化往往带有某种偏见。

对长江文明作出如此评价，其背景是认识到了长期以来长江文明受到了轻视与差别对待，进而力求批判黄河文明中心论。

对黄河文明的批判意见未必全部都是基于政治性的背景而提出的，我国近年来对长江文明的关注也在持续增加。其表现之一，就是原来称中国古代文明为黄河文明，而现在已经替换为了"黄河长江文明"。从考古学上看，值得注意的是，在新石器时代黄河、长江两流域的农耕文化中，可以发现陶器有共通的要素，而在从殷周古代国家形成到秦代以及西汉武帝时期，两者的城市与青铜器、文字、大型墓葬等都有共通之处。[2]

不过，"黄河长江文明"论在批判黄河文明一元论的同时，也反映出历史上很多城市之间文化呈现出不统一与混沌的状态。细而言之，历史时期，特别是在春秋战国时代的楚国，江汉之间生活着受到长江上游文化影响的原住民，以及殷周以来经由信阳一线抵达的东方势力集团，还有从丹淅地区迁徙而至的北来族群等，其结果是这一地区在生产形态、文化等方面与华北相异，但在都城、县制等统治机构及制度层面又与华北有共通性，故有观点认为长江流域的中原化从春秋时期楚国建立之前已经在推进了。[3]

桑原隲藏氏比对了位于南北的黄河、长江两流域的情况，运用文献史料中有关文化、官僚学者的出身地、户口数与大城市的分布、财力差别等方面的资料分析了地域差别随着时代推移而出现的变化。由于受到黄河文明一元论的影响，地域研究仍然处于艰难的摸索阶段，不过在这一时期依靠最近新出土史料进行地域研究的时候，也不能一味地批判黄河文明一元论。接下来看所谓的长江流域文明能够揭示出

---

1. 顾铁符：《夕阳刍稿》，紫禁城出版社，1988年。
2. 飯島武次：《中国文明起源と中国都市文明》，《文明学原論——江上波夫先生米寿祈念論集》，山川出版社，1995年。
3. 藤田勝久：《〈史記〉と楚文化——江陵、雲夢の地域社会》《〈社会科〉学研究》28，1994年。

多少新的史实。

二、楚墓与新出简牍

墓葬形态

从地域史角度分析，石器时代的出土文物与聚落遗迹当然可以再现当时人们的活动。不过，本章打算从战国时期楚墓（已发掘楚墓约有六千座，其中位于湖北江陵的有两千余座，位于湖南长沙的也有两千余座[1]）的墓葬形态与楚墓出土的简牍，来观察其与黄河流域有着怎样的关联。如果说秦汉时期中国古代文明已经完成了一体化进程，那么战国时代就成为分析地域性差异的最后一个时期了。

首先来看墓葬形态。墓穴为竖穴土坑，贵族墓的墓口有台阶（平民墓无台阶），椁有多室，棺也有多重，为悬底弧棺（后文称长方箱形墓）。墓主头向方面，贵族、平民均多为东向或南向（江陵楚墓多南向、长沙楚墓多东向），尸体为伸展葬，覆以竹席。贵族的陪葬品有青铜礼器、乐器、车马器、兵器（普遍有剑）、玉器、漆木器、镇墓兽、虎座飞鸟、虎座鸟架鼓、丝织品，以及其他物品（平民墓葬一般是仿铜陶礼器、漆木器[2]）。

楚墓与秦汉时期的墓葬相比，其形态稍有不同，不过随着政治上的统一，楚墓的形态也不断与黄河流域的墓葬形态相融合，逐渐一体化。殷周时期，中原墓葬的墓主头向多朝北，几乎都是伸展葬，到春秋战国时期，随着秦人的东进，受到渭水盆地墓制的影响，中原的屈肢葬（中原屈肢葬墓葬中墓主身体的弯曲程度没有渭水盆地的大）墓葬不断增加。墓主头向也丧失了朝北的原则（渭水盆地所代表的秦制头向朝西），战国中期以降新型的洞室墓普及开来。不过，进入汉代之后，屈肢葬作为中原的原有风俗，被与楚制相同的伸展葬所取代。[3]而秦汉时期的随葬品又以日常生活用品居多，很少有常见于楚墓的礼器、乐器、

---

1. 郭德维：《楚系墓葬研究》（楚学文库），湖北教育出版社，1995年。
2. 同上。
3. 黄晓芬：《秦の墓制とその起源》，《史林》74-6，1991年。

第八章　汉代的地方行政与官衙：尹湾汉简与马王堆《小城图》　　583

兵器等。

　　墓葬与身处不同习俗中的人们的精神构造密切相关，是人们具有延续性的习惯的体现。当然，为了逃避自然、战乱的威胁，或为了摆脱身份的拘束，又或是犯罪逃亡等，长江中游或黄河流域长期以来都较为稳定地有多样人群从周边地区流入。不过，即便如此，战国时期长江流域的墓葬性质仍然保留了自身的地域特征。

　　究其原因，除了被秦人占领以及实现郡县统治的地区之外，从周边地区较为稳定地流入长江流域的人群规模一直较小，外来人群不能左右地区的长期发展趋势。长江中游的楚国受到秦国的军事强攻是秦昭襄王二十八年、二十九年（前279年、278年）以降的事情。众所周知，秦人对占领地区的统治过程，也是杀害大量原住民、迁徙本国居民的过程。湖北省云梦县睡虎地秦墓陪葬了大量的秦律竹简，墓主喜（1975年末发掘）为屈肢葬，头向朝西，陪葬品以日常生活用品为主。[1]另外，湖北省云梦县龙岗秦墓也出土了与睡虎地秦律内容类似的竹简，或是由于墓主（有观点认为墓主名辟[2]，1989年末发掘）曾经受刑，其下肢形态无法确认，因此不清楚是屈肢葬还是伸展葬，不过陪葬品为日常生活用品，头朝北，身体朝西横卧。[3]云梦县这两座墓都随葬有秦律，一般认为与秦人占领并统治楚地相关，墓主是县中的吏役，墓葬的形态与楚墓迥异，而与秦制或中原墓制接近。这说明在秦国领土扩张的过程中，从北方迁入的移民的风俗通过墓制保留了下来，墓葬呈现出与楚风异质的特征。

楚简

　　再来看保留了地域性的楚国的国政。有关于这个论题的珍贵史料出土，就是湖北省荆沙市荆门十里铺镇王场村包山出土的大量的楚简。各地楚墓都曾出土简牍，但以遣策占卜、祭祷、历书（日书）之类居多，

---

1. 拙稿：《湖北雲夢睡虎地秦墓管見》，《中央大学文学部紀要》史学科26，1981年。
2. 胡平生：《云梦龙岗六号墓墓主考》，《文物》1996年第8期。
3. 湖北省文物考古研究所、孝感地区博物馆、云梦县博物馆：《云梦龙岗六号秦墓及出土简牍》，《考古学集刊》8，1994年。

包山楚简却包含了很多有关公元前4世纪楚人行政的记录。

占卜、祭祷、历书（日书）之类与镇墓兽一样，都是一窥地方人们精神生活颇具特色的材料，而包山楚简却是与楚人国政密切相关的珍贵史料。不过，由于以前没有发现过类似的史料，所以对这批竹简内容的理解也存在各种说法。

有观点认为，包山楚简中关于治狱的史料与见于《周礼·秋官》的治狱程序相同。[1]《周礼·秋官》的治狱程序可整理为听讼、约期、讯狱、弊断、外朝劾议、读鞫五个阶段，包山楚简的"疋狱"相当于听讼，"受期"相当于约期，120-161简相当于讯狱、弊断、外朝劾议，"所證"相当于读鞫，认为与《周礼》内容可以相互整合。

《周礼》反映的大概是黄河流域的治狱程序，与睡虎地秦简《封诊式》、张家山汉简《奏谳书》中的治狱程序也有互相重合之处，因此，如果说包山楚简所记的治狱程序与《周礼》治狱内容相一致的话，就说明长江流域与黄河流域在治狱程序上具有共通性。

但是，也有观点认为包山楚简"受期"不是治狱史料，而是有关官吏考课程序的。[2]这说明今后仍有必要从多角度进行检讨。再来看同一地方机构中的"受期"行为，如果受期与治狱过程中的复审相关的话，那么可知楚国的地方行政制度仍不完备（从县尹的存在等方面可知楚国应当已实行县制，但郡是否存在仍不明确。不过尽管已实行县制，但与秦县体制性质是否相同，仍有俟后考），仍然有分权体制的残存。而且，"受期"与睡虎地秦简《封诊式》所记治狱中的复审程序不一致。另外，就"疋狱"与"受期"的关系来说，有些案件中两者之间存在共通之处，如果因此认为这些案件是二者一体化的反映的话，那么在时间关系方面"疋狱"的日期应当比"受期"更晚。[3]而如前文所述，如果从《周礼》中的治狱流程来分析包山楚简治狱的话，就变成了约期（诉讼的受理、

---

1. 葛英会：《包山楚簡治獄文書と〈周禮秋官〉の比較研究》，《出光美術館館報》94，1996年；《包山楚简治獄文書研究》，《日中文化研究》10，1996年。
2. 曹锦炎：《包山楚简中的受期》，《江汉考古》1993年第1期。
3. 拙稿：《战国楚の法制——包山楚簡の出土によせて》，《中央大学文学部紀要》史学科38，1993年。

第八章　汉代的地方行政与官衙：尹湾汉简与马王堆《小城图》　　585

审理的日期）比听讼（提起诉讼）更早进行了。这样看来，包山楚简"治狱"与《周礼》"治狱"之间的关系仍需要再作讨论。

秦人治狱过程中，若需要再审应委托上级行政单位进行，这体现了秦国的集权化，与楚显然不同。战国时期各地存在地域差别，即所谓的"乡俗"（睡虎地《语书》），而汉帝国实现了对各地的政治统一及文明的一体化，下文拟介绍关于汉代地方行政制度的新出史料。

三、尹湾汉简：里与地方行政

里的规模

分析汉代的地域社会，马王堆出土古地图《地形图》《驻军图》中的多个里值得关注[1]，从居民的居住形态到地区的实态从中都可以一窥而得。古地图是公元前168年埋葬的陪葬品，其中《驻军图》甚至记载了里中的户数，平均每个里为41户，大里则多达108户，而有十多个曾多次出现。地图所描绘的地域横跨湖南、江西、广东三省，位于汉朝疆域中比较偏南的地方，不过由于没有类似的史料，只能以其为研究汉代里的一个例证。

从汉代里制一里百户的原则来看，地图中里的平均户数偏低，这是由地域性因素造成的。但是，最近有一批珍贵史料出土，对研究包括里在内的西汉地方行政十分重要。

这就是《文物》1996年第8期刊载的推定认为与西汉成帝时期东海郡相关的尹湾汉简。尹湾汉简出土于江苏省连云港市东海县尹湾村的二号汉墓（木牍遣策一枚）与六号汉墓（木牍二十三枚，竹简一百三十三枚），六号汉墓汉简收录了（1）《集簿》、（2）《东海郡属县乡吏员定簿》、（3）《长吏迁除簿》、（4）《吏员考绩簿》、（5）《武库永始四年兵车器集簿》、（6）《礼钱簿》、（7）《六甲阴阳书》、（8）《历谱》、（9）《遣策》、（10）《谒》、（11）《元延二年起居记》、（12）《行道吉凶》、（13）《刑德行时》、（14）《神

---

1. 拙稿：《馬王堆出土古地図と漢代の村》，《歴史と地理》242，1975年；拙稿：《中国古代における小陂、小渠、井戸灌漑について——馬王堆出土駐軍図の紹介によせて》，《中央大学アジア史研究》1，1977年。均收入本书。

乌傅（赋）》[1]等内容［《文物》1996年第8期收录了其中的（1）、（2）、（4）、（7）、（14）］。[2]

（1）《集簿》一般认为是上计一类的文书，《续汉书·百官志》刘昭注记载由县至郡的上计情况称：

> 胡广曰，秋冬岁尽，各计县户口垦田，钱谷入出，盗贼多少，上其集簿，丞尉以下，岁诣郡，课校其功，功多尤为最者，于廷尉劳勉之，以劝其后，负多尤为殿者，于后曹别责，以纠怠慢也。

尹湾汉简《集簿》记载的是东海郡向中央上计的情况，列出的内容包

---

1. 本稿脱稿（1997年9月）后，收到了惠赐的纸屋正和的《尹湾漢墓簡牘と上計、考課制度》（《福冈大学人文论集》29-2，1997年）一文。同时，连云港市博物馆、东海县博物馆、中国社会科学院研究中心、中国文物研究所的《尹湾汉墓简牍》（中华书局，1997年）在日本的书肆中也到货了。因此，笔者依据《尹湾汉墓简牍》重新补正了尹湾汉简的释文。另外，《尹湾汉墓简牍》对刊载于《文物》1996年第8期的论文中的分类进行了一些变更，新的分类情况如下："尹湾六号汉墓出土木牍"包括：（1）集簿，（2）东海郡吏员簿（《东海郡属县乡吏员定簿》。"《》"之内的是《文物》1996年第8期中的名称。下同），（3）东海郡下辖长吏名簿（《长吏迁除簿》），（4）东海郡下辖长吏不在署、未到官者名簿，（5）东海郡属吏设置簿（《吏员考绩簿》），（6）武库永始四年兵车器集簿，（7）赠钱名簿（《礼钱簿》），（8）神龟占、六甲占雨（《六甲阴阳书》），（9）博局占，（10）元延元年历谱，（11）元延三年五月历谱（《历谱》）（12）君兄衣物疏，（13）君兄绘方、中物疏，君兄节司小物疏（《遣策》），（14）名谒（《谒》）；"尹湾六号墓出土竹简"包括：（15）元延二年日记（《元延二年起居注》），（16）刑德行时，（17）行道吉凶，（18）神乌傅（《赋》）；"尹湾二号汉墓出土木牍"包括：(19)衣物疏。
2. 连云港市博物馆：《尹湾汉墓简版释文选》，《文物》1996年第8期。尹湾汉简的研究成果主要有：滕昭宗：《尹湾汉墓简牍概述》，《文物》1996年第8期；连云港市博物馆、东海县博物馆、中国社会科学院简帛研究中心、中国文物研究所：《尹湾汉墓简牍初探》，《文物》1996年第10期；谢桂华：《尹湾汉墓简牍和西汉地方行政制度》，《文物》1997年第1期；高敏：《试论尹湾汉墓出土〈东海郡属县乡吏员定簿〉的史料价值——读尹湾汉简札记之一》，《郑州大学学报》（哲学社会科学版）30-2，1997年；西川利文：《漢代における郡県の構造について—尹湾漢墓簡牘を手がかりとして—》，《佛教大学文学部论集》81，1997年；等。释文参考陈勇氏的报告《尹湾汉墓简牍研究》（日本秦汉史研究会大会，1997年11月10日召开）中的《尹湾汉墓简牍释文选正误表》进行了补正。陈勇氏的报告中还新增加了《东海郡所属县邑侯国长吏籍贯表》与《东海郡所属县邑侯国长吏除补表》。特别是后表列举了多个亭长、游徼因"捕格不道者""捕格群盗尤异"等功绩而被录用为长吏的事例，从而得知吏的录用除了"廉""秀材（才）""诏"等通常途径之外，还存在其他的选拔渠道。

第八章 汉代的地方行政与官衙：尹湾汉简与马王堆《小城图》

括东海郡的可耕地（提封）、耕地（园田、□种宿麦、其他）、种树地（春种树）、户口数、依照男女年龄计算的口数、岁出入、郡县乡亭邮里数以及官吏数等。关于里的规模，如附表1所示，一里平均有一百零五户，一乡平均有十五里、一千五百六十六户多。

附表1 《集簿》

县、邑、侯国：（如前）

县	侯国	邑	（有城堞）	都官	乡	□	里	正（人）	亭	卒（人）	邮	邮（人）
18	18	2	24	2	170	106	2 534	2 532	688	2 972	34	408

界：（如前）

东西（里）	南北（里）
551	488

三老、孝、弟、力田

县三老（人）	乡三老（人）	孝（人）	弟（人）	力田（人）	凡（人）
38	170	120	120	120	568

吏员（太守吏员、都尉吏员、县邑侯国吏员）

2 203人

太守吏员

太守（人）	丞（人）	卒史（人）	属（人）	书佐（人）	啬夫（人）	凡（人）
1	1	9	5	10	1	27

都尉吏员

都尉（人）	丞（人）	卒史（人）	属（人）	书佐（人）	凡（人）
1	1	2	3	5	12

县、邑、侯国吏员

令（人）	长（人）	相（人）	丞（人）	尉（人）	有秩（人）	斗食（人）	佐使（史）、亭长	凡（人）
7	15	18	44	43	30	501	1 182	1 804

侯家吏员

侯家丞（人）	仆、行人、门大夫（人）	先（洗）马、中庶子［庶子］（人）	凡（人）
18	54	252	324

户

户	（多前）户	（获流）户
266 290	2 629	11 662

口（人口）

口	（获流）
1 397 343	42 752

提封

提封
512 092顷85亩

□国、邑之园田

园田（顷、亩?）	□□（?）	（［……］长生?）
211 652	190 132	359［□□□］

□种宿麦

宿麦（顷）	（多前）
1 073□□	1 920顷82亩

男女比

男子（人）	女子（人）	女子多前（人）
706 064	688 132	7 926

年龄构成

［年］80以上	6岁以下	凡（人）	年90以上（人）	年70以上（人）：（受杖）	凡（人）	（多前）
33 871	262 588	296 459	11 670	2 823	144 932	718

春种树

春种树（亩）	（多前）（亩）
656 794	46 320

[以]春令成户口（春季新登记的户籍）及所用谷

户	口	用谷	率口
7 039	27 926	7 951石8斗8升	2斗8升（有希）

财政

一岁钱入（钱）	一岁钱出（钱）	一岁谷入	少□升出
266 642 508	145 834 391	506 637石2斗2升	421 581石4斗□□升

注记：（1）"如前"指与前一次调查相比没有变化。
（2）"多前"指比前一次调查增加的部分。
（3）"获流"指从他郡流入者（谢桂华氏认为指的是返回后再次登记的流民，参见《尹湾汉墓简牍和西汉地方行政制度》,《文物》1997年第1期）。
（4）"受杖"指授予玉杖。
（5）"有希"指有余。
（6）"凡"指总计。
（7）"率口"指平均一个人需要的谷物量（用谷）。
（8）《汉书·地理志》记载公元2年东海郡所辖县、侯国为38个，户358 414，口1 559 357，户均4.35人。
（9）劳榦氏论文指出汉代东海郡面积为22 500平方千米，每平方米为69.3人。(《两汉郡国面积之估计及口数增减之推测》,《"中央研究院"历史语言研究所集刊》5-2，1935年）

乡里亭邮的配置状况

汉制所规定的乡里标准为"一里百家""十里一乡"，东海郡的乡里偶尔有一些超过了这一原则。就里来说，与马王堆古地图描绘的呈现散村化（平均每里41户）状态的里相比，其规模有所不同。较之马王堆《地形图》中的里，东海郡里的范围更大，存在许多较大规模的聚落，不过即便如此，一般也是平均一百户的程度。虽然在此处用聚落来称呼里，但是正如对马王堆古地图及其他史料分析[1]中所谈到的，

---

1. 关于汉代的乡里，拙稿多有涉及。参见《漢代における里と自然村とについて》,《東方学》38，1969年；《漢代における郷について》,《中央大学文学部紀要》史学科18，1973年；《中国古代聚落の展開》,《地域と民衆》，青木书店，1981年；等等。以上诸文均收入本书。

东海郡的里究竟是一个个以自然村形式形成的独立的聚落，还是由规模为数百户或更大的集村区画而成的，仍然存在疑问，仅从《集簿》也无法究明这一问题。

《集簿》所记当时的县邑侯国共38个，并特别注明其中24个（六成以上）"有城（堠？）》"，也就是说治所中有城郭（简牍整理者的注释将"城"解释为"堠"，认为是瞭望台。若依此说，或是指不具备监视警备功能的简易外郭[1]）。而剩下的14个县级单位治所连城郭（或监视设施）都没有。马王堆《地形图》描绘的县城为方形，看上去恰似城郭。《东海郡属县乡吏员定簿》记载的东海郡各县邑属吏中，除去不常驻于县邑治所的与乡相关的人员（乡有秩、乡啬夫、游徼、乡佐）及亭长、邮佐之外，包括令丞在内的常驻于治所的官吏每县平均仅有21.7人。其中兰陵县为32人，是除侯国外拥有吏员人数最多的县，而不足20人的县多达7个（附表2）。

附表2　县邑的吏员构成

县邑名	令/长	①吏员总数	②乡亭邮吏员数				①减去②之后的吏员数量（县邑治所吏员）
			乡吏	亭吏	邮吏	总数	
海西	令（1000石）	107	27（14）	54		81	26
下邳	令（同上）	107	28（13）	46	2	76	31
郯	令（同上）	95	21（11）	41	2	64	31
兰陵	令（同上）	88	21（13）	35		56	32
朐（邑）	令（600石）	82	15（7）	47		62	20
襄贲	令（同上）	64	15（7）	21		36	28
戚	令（同上）	60	11（5）	27		38	22
费	长（400石）	86	20（7）	43	2	65	21
即丘	长（同上）	68	16（8）	32		48	20

1.《尹湾汉墓简牍》释文作"有堠"。从木简的图版很难判断是"城"字还是"堠"字。如果是"堠"字的话，无法确定是否有必要特别标记出来。"堠"可以理解为烽火台，如果地处内郡的县城应需要配备烽火台的话，那么在很多的县城中却没有发现，这是很难理解的。因此，释文或许作"有城"更为妥当，特别标记了城的情况。《汉书·高帝纪》记载，汉高祖六年冬十月，"令天下县邑，城"。

第八章　汉代的地方行政与官衙：尹湾汉简与马王堆《小城图》　　591

续表

县邑名	令/长	①吏员总数	②乡亭邮吏员数				①减去②之后的吏员数量（县邑治所吏员）
			乡吏	亭吏	邮吏	总数	
厚丘	长（同上）	67	12（9）	36		48	19
利成	长（同上）	65	12（4）	32	1	45	20
况其（邑）	长（同上）	55	10（5）	23		33	22
开阳	长（同上）	52	10（5）	19		29	23
缯	长（同上）	50	8（4）	23		31	19
司吾	长（同上）	41	9（7）	12		21	20
平曲	长（同上）	27	5（1）	4		9	18
□□（临沂）	长（300石）	66	12（7）	36	2	50	16
□□（曲阳）	长（同上）	28	6（3）	5		11	17
□□（合乡）	长（同上）	25	3（2）	7		10	15
□（承）	长（同上）	22	3（1）	6		9	13

注记：乡吏一栏"（）"中的数字为乡有秩与乡啬夫的总数，亦即该县所辖乡的概数。

　　除了侯府中另有18个吏员之外，侯国的情况与一般的县邑大致相同。也正因为如此，侯国吏员的数量比县邑多出若干名。不过即便如此，吏员人数最多的昌虑侯国也未超过40人，平均为32.8人。虽然都是县级单位，这些地方诸县的官吏组织规模较小，因此也不难理解县邑侯国的治所中为何有些连城郭（或用于监视的设施）都没有了。

　　据此可知，东海郡的县邑侯国的治所中，连城郭（或用于监视的设施）都不具备的超过了三成。由此来看，东海郡的地方控制是较为开放的、田园牧歌式的，在这种治所中连城郭（或用于监视的设施）都不一定需要的地方，很难认为其居住形态中已经出现了普遍的集村化。再来看里的形态，虽然与马王堆古地图所描绘的散村化的里相比，东海郡所辖里的居民数量有差别，但里的形态应当并无太大的不同。

　　东海郡中里的总数为2 534个，而作为里吏的里正只有2 532个，说明在一些地方一名里正管辖多个里。

　　东海郡为一乡四亭。一般认为"十里一亭"是汉制，但其中的里是面积单位"方里"还是单纯的距离单位"里"，尚存在疑问。仅就县亭关系来说，汉制有"十亭一乡"说，而据《汉书·百官公卿表》所记"凡县道国邑千五百八十七，乡六千六百二十二，亭二万九千六百二十五"来计算，一乡约为四五个亭，这一数值应当更接近真实。关于县与乡的关系，据《集簿》计算，各县邑侯国平均管辖四五个乡，这与《汉书·百官公卿表》大概一致。再来看邮。史载"十里一亭，五里一邮，邮间相去二里半"（《汉旧仪》），据此计算，邮的数量很多，应当是亭的两倍，不过东海郡中邮的数量比亭要少，大概的比例关系是20.2亭∶1邮。一邮约置邮吏（泛称邮人）十二人。[1]《续汉书·郡国志》刘昭注引《东观汉记》称："永兴元年，乡三千六百八十二，亭万二千四百四十二"，可知时代推移至东汉桓帝永兴元年（153年）时，一乡约辖三四个亭，情况还是没有太大变化。东汉顺帝时县邑道侯国数量为1 180个，总户数为9 698 630户（《续汉书·郡国志》），将其与之后的桓帝时期的乡亭数量相互参照比对，可知县均辖乡3.1个。与西汉末年的东海郡相比，一乡的户数增加到2 634户，再参照亭与乡的比例可知亭的规模也达到了一亭约780户的程度。

郡县属吏的组织化

东海郡《集簿》在记录乡吏的实态之外，还记录了郡县与侯国"吏员"的情况。涉及郡县、侯国官吏构成的是尹湾汉简中的②《东海郡属县乡吏员定簿》，它详细记载了吏员的名称与人数。关于郡县的官吏与构成，此前学者们一直引用的是《续汉书·百官志》刘昭注所引《汉官》记载的河南尹员吏与雒阳县吏员的情况。

将《汉官》所记与简文中的东海郡属县吏员相比较，可知吏员名称上有一些繁简差别，但属县的官吏构成大致一致，如附表3所示。《汉官》所记的河南尹与雒阳县的吏员反映了东汉时期的组织构成，而尹湾汉简所记官吏构成与之概同，这说明在西汉末年成帝时期的地方行

1.《集簿》载："里二千五百卅四，正二千五百卅二人，亭六百八十八，卒二千九百七十二人，邮卅四人四百八"，在里亭的数目之后记载了吏员数。因此，三十四应当是邮的总数，"人四百八"可能是邮吏的数量，以此看来，亭为六百八十八个，而邮只有三十四个，亭、邮之间失去了均衡。而《东海郡属县乡吏员定簿》所记载的邮吏却只包括了十名邮佐。因此，《集簿》中有关邮的记载或许可以理解为："邮，卅四人，四百八"，即邮的总数为四百零八个，邮吏为三十四人。

第八章　汉代的地方行政与官衙：尹湾汉简与马王堆《小城图》　　593

政制度中，从郡县以至于乡亭邮里的行政划分，包括其官僚组织（尤其是县乡亭邮里），已经基本具备了后来的东汉时期的规模。[1] 只是在属吏的人数方面，东汉时期雒阳的吏员数量应该算是一个特例，不过即便是一般的县，在确保稳定的吏员方面也存在困难，或正因如此，《吏员考绩簿》在定员人数补充完成之后还记录了超编的"赢员"。[2]

附表3　郡县邑侯国乡里亭邮官吏比较表

东海郡《集簿》

太守吏员	①太守	②丞	③卒史	④属	⑤书佐	⑥啬夫	吏员总数
	1	1	9	5	10	1	27

东海郡都尉县乡吏员定簿

太守吏员	①太守（□□□石）	②太守丞（600石）	③卒史	④属	⑤书佐	⑥用算佐	⑦小府啬夫	吏员总数
	1	1	9	5	9	1	1	27

《汉官》（河南尹）

河南尹员吏	①百石	②诸县有秩	③官属掾史	④四部都邮部掾	⑤案狱仁恕	⑥都津渠漕水掾	⑦百石卒史	⑧文学守助掾	⑨书佐	⑩循行	⑪干	⑪小史	吏员总数
	12	35	5	26	3	25	250	60	50	230	231		696

---

1. 拙稿：《中国古代における郡县属吏制の展开》，《中国古代史研究》4，1976年。本书所收。
2. 《尹湾汉墓简牍》所收录的《东海郡下辖长吏名簿》中，从吏（小吏）晋升为官（长吏）的108例中，除了"廉（孝廉）"等晋升途径外，因"功"（60例）与"捕（群盗、不道者、亡徒、贼等）"（11例）而晋升的实际上多达71例。另外还有亭长因"捕"而晋升为相、尉、丞，游徼因"捕"而晋升为尉，乡有秩有"功"而迁为丞，卒史因"功"而迁为丞等事例。在这些晋升的事例之中，"捕格山阳亡徒尤异除"，有观点指出与永始三年十二月山阳铁官之徒的叛乱相关（参见滕昭宗：《尹湾汉墓简牍概述》，《文物》1996年第8期），不过也仅有3例。如果这些吏升迁为官的情况反映了当时一般性的倾向的话，那么说明直至西汉末年，在选官任用制度方面尚未出现特例优先的情形。

东海郡《集簿》

县邑侯国吏员	①令	②长	③相	④丞	⑤尉		⑥有秩
	7	15	18	44	43		30

东海郡都尉县乡吏员定簿

县邑侯国+盐铁官	①令(1000石)	①令(600石)	②长(300石)	③相(400石)	③相(300石)	④丞(400石)	④丞(300石)	④丞(200石)	⑤尉(400石)	⑤尉(300石)	⑤尉(200石)	⑥狱丞(200石)	⑦官有秩	⑧乡有秩	⑩狱史
(38+5)	7		15	18		43			43			1	5	25	78

《汉官》（雒阳员吏）

雒阳员吏	①令(1000石)	②丞(400石)	③孝廉左尉	④孝廉右尉	⑤四百石		乡有秩	狱史
	1	3		1	13			56

⑦斗食	⑧佐使(史)	⑧亭长	侯家丞	仆、行人、门大夫	先(洗)马、中庶子[庶子]	吏员总数(除侯家吏员)	侯家吏员总数
501	1 182	18	54		252	1 840	324

⑨令史	⑪官啬夫	⑫乡啬夫	⑬游徼	⑭牢监	⑮尉史	⑯官佐	⑰乡佐	⑱邮佐	⑲佐	⑳亭长	侯家丞(比300石)	仆、行人、门大夫	先(洗)马、中庶子[庶子]	吏员总数
144	60	137	82	33	80	200	88	10	81	689	18	54	252	2 163

第八章　汉代的地方行政与官衙：尹湾汉简与马王堆《小城图》　　595

⑧(斗食)令史	⑧(斗食)啬夫	⑧(斗食)假	⑪循行	⑦佐史	⑦乡佐	⑩书佐	⑨官掾史	⑨干	⑨小史	吏员总数	汉官吏员(400石以下)
50			260	77		90	250			802	796

注记：·○内的数字表示记载的顺序。
　　　·"循行"也作"修行",严耕望氏认为当理解为"巡行"(《中国地方行政制度史》上编1,"中央研究院"历史语言研究所),此处从其说。
　　　·依据与《集簿》中"斗食"之间的关系判断,雒阳员吏"斗食令史啬夫假"中的"斗食"应当与接下来的"令史、啬夫、假"全部相关。

　　就吏员数量的差异来说,首都所在的河南尹地区（927人）与东海郡（27人）之间存在巨大的差异是可以理解的。造成差异的一个原因是吏员设置繁简有别（河南尹吏员之中,不见于东海郡的就有百石、百石卒史、诸县有秩、官属掾史、四部督邮部掾、案狱仁恕、监津渠漕水掾、文学守助掾、循行、干、小史等877人,除去这些吏员之外,河南尹的吏员只有50人）。[1]虽然吏员名称繁简不同,但就县之属吏名称来说,《尹湾汉简》所记东海郡的县比《汉官》所记雒阳的吏员更为详细。不过东海郡的辖县包括乡亭邮吏在内的县吏人数平均也只有63人,其中总共只有二十余名吏员的县有4个。这4个县中,3个县设置的是（吏员分别为28、25、23人）秩三百石的长,一个县（吏员为27人）置秩四百石的长。如附表2所示,根据令长秩次的高低,县治所中属吏的数量会有一些差异,不过从各县的情况来看这种差异并不明显。（千石令之中有的属吏比六百石令的属吏还少）或认为令长的秩次高低与所在县的户数多少有关[2],不过从《东海郡属县乡吏员定簿》来看,治所中的吏员数并不会由于县内户数的不同而有很大的差异。

1.《史记·汲郑列传》集解引汉律称："律,太守、都尉、内史、史〔丞〕,各一人,卒史、书佐,各十人。"由此判断,郡中吏员包括：太守一人、都尉一人、丞一人、卒史十人、书佐十人。如果尹湾汉简所记东海郡吏员数没有省略的话,那么东海郡的吏员规模与武帝太初元年以前的状况相比并无太大的差异。县的组织则与东汉时期的体制大概一致。因此亦可以考虑郡的组织也体现了东汉时期的体制。如果所记郡中吏员没有省略的话,而东汉时期郡的吏员数量已上升至数百人规模,这说明直至西汉末年郡之体制仍不完备。

2. 拙稿：《漢代における"县大率方百里"について》,《鈴木俊先生古稀記念東洋史論集》,山川出版社,1977年。本书所收。

乡亭之吏

《汉官》所记的雒阳员吏与尹湾汉简的《东海郡属县乡吏员定簿》都包括了乡有秩、乡啬夫、游徼、乡佐等乡吏。《东海郡属县乡吏员定簿》记载的乡吏配置状况显示，大乡置乡有秩（22人），小乡置乡啬夫（137人），共计159人，平均1.04乡一人。游徼平均为2.1乡一人，乡佐平均为1.85乡一人。可见与里正一样，乡有秩、乡啬夫、游徼、乡佐并非每个乡都有配置。因此就有必要让一名吏员管辖多个里或乡，不过这种情况并不多，2534个里中只有两个里，170个乡中只有六个乡，需要与其他里、乡共置一名里正或乡有秩、乡啬夫。乡三老与乡吏的性质稍有差异，但其数量与乡的总数是一致的。当然，仍不能确定这次出土的东海郡《集簿》与《东海郡属县乡吏员定簿》所记的吏员是否反映了东海郡的吏员常态[1]，但从中可以看出吏的配置已经到达乡里的末端，吏员的配置、组织化能够如此彻底地推行，颇令人震惊，这一材料对探讨地方行政制度的实效性以及地域控制的一体化十分重要。[2]

云梦县睡虎地秦墓竹简中的《语书》是南郡长官下发给属县的文书，称：

> 今法律令已布，闻吏民犯法为间私者不止，私好、乡俗之心不变，自从令丞以下不智（知）而弗举论，是即明避主之明法殹（也），而养匿邪避（僻）之民，（略）此皆大辠殹（也），（略）论及令丞。

---

1. 尹湾汉简《考绩簿》记载了长吏缺员的情况，具体包括缺（十人）、死亡（七人）、令一人、长二人、丞三人、左尉一人）、罢免（三人，丞）等，"缺"十人的理由没有明确记录。《考绩簿》中还可见"赢员"的记载。另外，还有长期缺席的情况，如告归（六人，令一、长二、相一、丞一、尉一）、归宁（六人，令一、丞一、尉一、左尉二、不明一）、未到者（六人，长一：有劾、丞四、尉一：有劾、左尉一）等，此外还特别记载了负责徭役（十三人，长一：送卫士、相二：送保宫奉，其他的还有丞六：上邑计，以及"市鱼就财物"，送罚戍，送徙民，其他的还有左尉（守上）一：上邑计、左尉一：送罚戍、右丞二：市材、狱丞一：送罚戍）及前往都城内输钱（九人，丞六、尉一、右丞一）的出差者。
2. 关于郡县乡里小吏的作用，参见拙稿：《漢代における地方小吏についての一考察》，《中央大学文学部紀要》史学科17，1972年。收入本书。

第八章 汉代的地方行政与官衙：尹湾汉简与马王堆《小城图》

秦人在领土扩张的过程中，将秦国的"法律令""主之明法"等带入新占领区，文书要求县令丞以下的地方官吏将法律贯彻到带有"私好、乡俗之心"，即有不同嗜好和风俗的地方居民的"心"中。秦国对南郡的经营与担任县中官吏的秦人直接有关。但是，让占领地区发生"变"化，即楚地的秦化，是极为困难的。因此，特意下发这篇文书《语书》，指明占领区如果不推行秦化政策，就是"大皋"，令丞以下的地方官吏都要受到处罚，表现出了非常强硬的姿态。

为了实现地方控制的一体化，秦人将郡县制扩大到占领区，甚至以地方的习俗作为改变的对象，可见一体化的实现仍然是非常困难的课题。汉承秦制。不过在地方控制方面，汉人将父老、三老纳入了体制之中，谋求地方的自治。进入汉代之后，墓葬形态方面的地域差异逐渐消除（楚式的墓葬形态与黄河流域的墓葬相互融合、一体化）。而依据这次出土的尹湾汉简则可以彻底地厘清地方控制的实态，确实很令人吃惊。这说明随着政治上的统一，入汉之后，继承了秦人通过地域控制来变革"乡俗"的政策，虽然其中仍有不少待讨论的问题，但说明诸文化已经逐渐地均质化，地域社会也逐渐地一体化了。

当然，造成地域社会一体化的因素不单是政府控制层面的加深，还应考虑随着政治统一可能导致的人员流动性的增加（不限于人为的徙民，也包括自然发生的流徙）等因素，而地域社会自身也会因此而发生能动性的质变。再回到尹湾汉简，《东海郡属县乡吏员定簿》连亭长与邮佐都记载在内。亭长的数量为689人，而《集簿》所见的亭数为688个，亭长数比亭数多一个（《集簿》中的"卒二千九百七十二人"指的是亭吏）。《集簿》与《东海郡属县乡吏员定簿》都记载了东海郡县邑侯国的吏员，从附表3中可以确认，令7人、长15人、相18人、丞（含狱丞）44人、尉43人、有秩30人、侯家吏员324人，这与县邑侯国及盐铁官的总数是相一致的。但是，尽管在吏员数量方面有一定程度的整合性，但每个吏员的具体情况未必十分明确，如附表3所示，仍不清楚《集簿》中的斗食、佐史是否包括了《东海郡属县乡吏员定簿》中从令史、狱史至佐的各种吏员。比如，若将狱吏归入斗食的范围，那么在数值上比较吻合，但从《汉官》所记雒阳员吏来看，狱史与斗食、佐史明显有别，等等。可见下级吏员与基层行政单位之间的关系仍有检讨的余地。

如果亭长的数量比亭数多的话,那么会出现同一亭有多个亭长的现象,说明亭或亭长的数值可能存在问题。[1]亭主要负责维持治安,东海郡一亭平均管辖387户。这只相当于前文提到的东汉末年一亭平均管辖780户的二分之一。如此看来,若东汉时期亭吏的定员数未增加的话,就说明西汉时期的亭对地方的管理有可能更为细致。

《汉官》所记的雒阳员吏记载到了基层的乡吏,但未包括亭里之吏,东海郡的《东海郡属县乡吏员定簿》记载到了亭吏,但未包含里吏。《汉书·百官公卿表》载:"凡吏秩,(略)吏员自佐史至丞相十二万二百八十五人",只计算了佐史以上吏员的数量。而东海郡的《集簿》甚至明确记录了里正、邮吏。那么,为什么处于地方行政制度末端的吏会成为省略的对象呢?这一点很值得关注。将里吏排除在外的《东海郡属县乡吏员定簿》或许是东海郡吏员总数的定员簿,若果真如此的话,那么就很容易将里吏排除在吏员的范围之外了。不过要注意的是,题名《东海郡属县乡吏员定簿》中最重要的"吏员定簿"四字,在转写释文的时候未能读出,而是依据居延汉简中的《吏比六百石定簿》拟写进去的。

四、马王堆三号墓出土的《小城图》:地方官衙的景观

尹湾所出汉简的内容,明确说明已经实现政治统一的汉王朝,至西汉末年已经完成了对县以下至基层乡里的管理和掌控。毫无疑问,地方行政制度的整顿对仍然保留了多样特征的地域社会来说,虽然进程缓慢但仍然持续不断地提高了作为统一国家的自觉意识,包括文化融合在内,地域社会逐渐地朝着一体化的方向迈进,效果明显。接下来拟介绍1996年第6期《文物》所收录的马王堆三号墓出土的《小城图》[2](附图)。

《小城图》是与长沙国宰相轪侯一族关系颇深的城,推测是子城或衙城。马王堆三号墓(墓主或是黎苍之子)出土的古地图中,《地形图》

---

1. 西川氏论文(西川利文:《漢代における郡県の構造について——尹湾漢墓簡牘を手がかりとして》,《仏教大学文学部論集》81,1997年)认为下邳铁官所辖的亭未包含于《集簿》所记亭的数量之中。不过《集簿》集计部分所记长、丞的吏员数量已经包括了盐铁官府的吏员。
2. 傅熹年:《记顾铁符先生复原的马王堆三号墓帛书中的小城图》,《文物》1996年第6期。

第八章　汉代的地方行政与官衙：尹湾汉简与马王堆《小城图》　　599

与《驻军图》已经发表，可以确定图中有多个县城与驻军设施，但《小城图》与各图的关系以及《小城图》所描绘的地点等问题仍不清楚。介绍者称马王堆三号墓中还有第三幅地图，称之为《城邑图》[1]或《城邑和园寝图》(《街坊图》《园寝图》[2])，有观点认为是有关轪侯家族墓地及临湘城(湖南省长沙)的地图[3]，但当时并没有公布这幅《小城图》的存在。

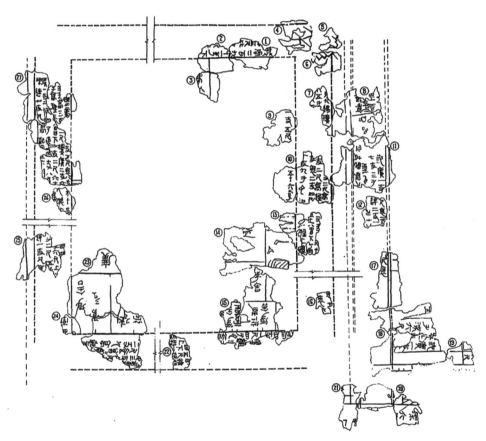

附图：马王堆三号墓出土《小城图》

---

1. 马王堆汉墓帛书整理小组:《长沙马王堆三号汉墓出土地形图的整理》,《马王堆汉墓帛书古地图》, 文物出版社, 1977年。
2. 何介钧、张维明:《马王堆汉墓》, 文物出版社, 1982年；韩仲民:《关于马王堆帛书古地图的整理与研究》,《中国古代地图集　战国——元》, 文物出版社, 1990年。
3. 何介钧、张维明:《马王堆汉墓》, 文物出版社, 1982年。

这次首次公布的《小城图》破损严重，已经复原的不过是全图的一部分而已。帮助修复整理，并在《文物》上刊文分析《小城图》的傅熹年氏指出，地图描绘的虽然不是实际存在的小城，但对了解同等规模的城十分重要。[1] 观察《小城图》，可见在城内描画了丞及佐史的"侍舍"。可以说这幅图与汉河南县城遗址[2] 以及和林格尔东汉墓壁画县城图[3] 一样，都呈现了地方县城的实际形态，是研究地方官府中官衙的配置的珍贵史料。

依据尹湾汉简可以在一定程度上了解西汉地方官吏的概况。同样，《小城图》多少也应该能够帮助了解西汉地方官吏的生活场所。不过，《文物》刊出的这幅古地图由故宫博物院的顾铁符氏生前所整理，他也曾参加过马王堆帛书的整理。不过顾铁符氏以"文革"混乱以及发掘马王堆汉墓时准备不足、无法正确地复原《小城图》为理由，不允许将其发表。沉睡了两千多年后终于苏醒的珍贵古地图，没想到遭受了时代波涛的冲击，以至于帛画的原物现在都不知所踪。

《小城图》是顾氏从大量的残片中选取三四十片，并以其中的二十七片为基础复原而成的。尽管如此，还是能够判断出城内"侍舍"设施中的一部分。侍舍，即寺舍、官舍之意，指的是官衙。《小城图》中可以确认的侍舍分布状况如下：城内的南部有"□史、侍舍、菅盖、佐史、侍舍"、"侍舍"（⑮号复原图），以及"□侍舍，菅盖"、"丞□、菅〔盖〕"（㉓号复原图），侍舍房顶以茅草铺盖，相互之间用墨线区隔开来。傅氏认为城北的"马丞"（③号复原图）是指马侍舍，即健马厩，与分布于城内四周各处的茅草铺顶的官衙并列建置。

官衙是否分布于城内四周各处，从《小城图》难以判明，不过城内南部存在侍舍应当是事实。顾氏不允许《小城图》公开，不清楚是因为只复原了一部分，还是因为其复原过程本身已然存在了一些不确定的要素。标示了西南角存在侍舍的⑮号复原图可以与其中确认有"西

---

1. 傅熹年：《记顾铁符先生复原的马王堆三号墓帛书中的小城图》，《文物》1996年第6期。
2. 拙稿：《漢代の河南県城をめぐって——漢代の地方都市について》，《中国都市の歴史的研究》，刀水書房，1983年；收入本书。
3. 内蒙古自治区博物馆文物工作队：《和林格尔汉墓壁画》，文物出版社，1978年。

第八章　汉代的地方行政与官衙：尹湾汉简与马王堆《小城图》　　601

南"二字的图片（㉔号复原图）相拼接。由此可知至少在《小城图》内的西南地区有官衙存在。

再将以上的情形与汉河南县城的内部构造[1]相比对，亦可以考虑汉河南县城的官衙也位于城内的西南部地区。汉河南县城的官衙为10间并列的各边长均为3.5米的方形房屋，相互之间由墙壁分割。墙壁厚0.4米。《小城图》中区隔"侍舍"的墨线，或许也是用来表示存在某种建筑物。不过，汉河南县城南北宽1410米，东西长1485米，是《小城图》规模（详后述）的10倍，官舍房顶皆为瓦盖，甚至还设置了供水管道。

《小城图》城内的中心部分缺失，因此很难确认城内的详细情况。从汉河南县城来看，文武官员、富人阶层的房屋在官衙区以东，并与之紧邻。城内未见有一般平民的居住遗迹。官衙较为集中地分布于城内一角的情形，亦见于和林格尔东汉墓壁画中的繁阳县城、武成县城、离石城（位于县城一角的官舍区已经子城化），尽管壁画中官舍区在城中的方位仍未确定。同样，画中也没有描绘一般平民的居住区域。

当然，和林格尔东汉墓壁画着重强调墓主的任官经历，对城内建筑物配置的描绘究竟有多少写实的成分，仍然存在疑问。另外，《幕府城内东门附近扩大图》与《宁县县城全图》《上郡属国都尉西河长史吏兵马皆食大仓图》中诸曹官舍是并排而建且相互独立，与以一整栋长条形房屋作为官衙的建筑方式不同。又，宁县县城图标记了县城的各个方位，从中可知官衙分布于北部至东北部一线。因此，分析城内官衙的位置、总结它们的一致性之时，应该非常谨慎。

《小城图》中还有"城周二百九十一步"（①号复原图）这样的文字，可以推测这座城大约每边长102米。四周城墙的各个角上，还有"瓦盖"（⑪号复原图）字样，即以瓦为房顶，以及"三曾〔层〕"字样，即多层楼（角楼）之意，说明这座城已经具备了非常严密的防御体系。城的四个方向均设计了城门。南门所在之处可见"南雄门"（㉒号复原图）之名，城门之上描绘了一个标写着"□盖"（瓦盖？）（㉒号复原图）

---

[1] 拙稿：《漢代の河南県城をめぐって——漢代の地方都市について》，《中国都市の歴史的研究》，刀水书房，1983年；收入本书。

二字的楼，可能具有悬门的功能。即使是汉长安城，宫殿、官衙区也占据了大半以上的空间。而规模较小的地方城邑更是当地官衙权威的发源地，毫无疑问，在地方上起到了巨大的作用。

城外的东侧散布着多个池塘。池塘都不太大，有的"池广一丈□尺、袤二丈□□□寸、深六尺五"（⑱号复原图），有的"池广一丈"（⑪号复原图）、"袤一丈"（⑫号复原图）可以考虑为生活用水设施。马王堆《驻军图》中有一处被称为箭道的三角形城障，邻接城障的地方也设置了人工蓄水池。

听闻《小城图》从出土到这次公布的历程，百感交集。真希望能够根据原物完全地复原这幅地图，让这一珍贵的史料早日重获新生。马王堆三号墓同时出土的《地形图》《驻军图》都是上南下北的，而《小城图》却未必如此。不在图中标记特定的方向，也许是为了方便从多个方向观察地图，其中沿着城墙书写的部分大概是上北下南的。和林格尔东汉墓描画的《宁县县城图》是上东下西的。由此可见，汉代的地图绘制未必一定遵循以南（或其他一定的方向）为上的原则。

结语

上文分析了两个问题：(1)以战国时代为中心概览了最近颇引人注目的有关黄河流域与长江流域地域差异问题的讨论。(2)就地域与国家的关系来说，西汉时期一体化加强，政治统一加深。①以尹湾汉简为基础，明确了成帝时期地域景观与地方行政制度的实态。②以马王堆的《小城图》为基础，探讨了在地方行政中，面对核心地域，力图加强自身地位的官衙的具体形态。

国家与地域的问题需要多维视野的分析，本章在介绍新出史料的同时，略微涉及了这一问题的某些方面。

第九章

汉代官吏的识字：关于有用文字

前言

近年来，汉代简牍的大量出土，使得汉代档案、文书行政的实态逐渐明朗。文字是这些汉代档案、文书行政的基础，本章拟探讨当时的文字数量问题。

关于中国的文字，有一种稍显肤浅的说法，认为是为了维护财力及权力的秘密，自古以来就特意地用比较难的方法使文字发展起来。[1] 但是也有一种理解，认为汉代的文字从此前颇具宗教性质的色彩中解放出来，转变为服务于政治的政治文字，很少应用于政治之外。[2]

从这个意义来看，汉代日常所用文字的数量，即所谓"有用"文字的问题，就与政治实务、官吏素质等政治实态相互关联了起来。

一、从《苍颉篇》到《苍颉训纂篇》——有用文字

《苍颉篇》

《汉书·艺文志》记载：

> 汉兴，闾里书师，合《苍颉》《爰历》《博学》三篇，断六十字，以为一章，凡五十五章，并为《苍颉篇》。

进入汉代之后，民间的书师，即教习文字的教师，以六十字为一章编纂了《苍颉篇》作为教材，共计五十五章、三千三百字。

在《汉书·艺文志》中，《苍颉篇》属小学、字书类。《苍颉篇》为合三部小学专书为一体而成，三部书分别是李斯所作的《苍颉》、赵高所作的《爰历》、胡母敬所作的《博学》。而作为《苍颉篇》母体的

---

1. 欧文·拉铁摩尔（Owen Lattimore）著，平野義太郎监修，小川修译：《中国》，岩波新书，1950年，第81页。
2. 藤枝晃：《文字の文化史》，岩波书店，1971年，第94—95页。

小学三书都成书于秦代。

闾里书师所作、成为教材的《苍颉篇》,其字形情况《汉书·艺文志》有载:

> 《苍颉》多古字,俗师失其读,宣帝时,征齐人能正读者,张敞从受之,传至外孙之子杜林,为作训故。

《说文解字叙》亦称其包含了很多"古字",云:

> 孝宣皇帝时,召通《苍颉》读者,张敞从受之。凉州刺史杜业、沛人爰礼、讲学大夫秦近,亦能言之。

因此,甚至出现了连闾里书师也读不出重要文字的情况,带来了很大的不便。西汉宣帝时,由政府来主导纠正古字的识读与理解。

由此可知,当时存在的《苍颉篇》保留了大量古文字体,而《苍颉篇》所本的秦代小学三书则是用秦篆,即小篆书写而成。《汉书·艺文志》称此三书:"文字多取史籀篇,而篆体复颇异,所谓秦篆者也。"《说文解字叙》亦称:"皆取史籀大篆,或颇省改,所谓小篆者也。"由此推测,《苍颉篇》中的古文字体当继承自秦代的小学三书,也意味着是用秦篆书写,但是,本世纪出土的汉简《苍颉篇》却全都是用汉隶写成。

斯坦因发现的敦煌汉简中的《苍颉篇》,仅有四简共四十一个字(1907年)[1],而在居延汉简(1930年、1972—1976年)[2]、阜阳汉墓汉简(1977年)[3]、敦煌马圈湾汉代烽燧汉简(1979年)[4]等简牍材料中也相继发现了大量的《苍颉篇》。其中,居延旧简中的三角柱状木觚记载了《苍

---

1. 罗振玉:《流沙坠简》,小学术数方技书,1941年。此外还有书写别字的简文(CH50 Twev.a.i.9)。
2. 劳榦:《居延汉简考证》,《居延汉简考释之部》,"中央研究院"历史语言研究所,1960年;甘肃居延考古队:《居延汉代遗址的发掘和新出土的简册文物》《文物》1978年第1期;田中有:《汉简仓颉篇考》,《实践国文学》5,1974年。
3. 文物局古文献研究室、安徽省阜阳地区博物馆阜阳汉简整理组:《阜阳汉简简介》及《阜阳汉简仓颉篇》;胡平生、韩自强:《苍颉篇的初步研究》,《文物》1983年第2期。
4. 甘肃省博物馆、敦煌文化馆:《敦煌马圈湾汉代烽燧遗址发掘简报》,《文物》1981年第10期。

颉篇》第五章及其他一些内容，各面二十字，共计六十字；居延新简记载了《苍颉篇》的第一章，阜阳汉简中则有五百四十字属于《苍颉篇》。

由于《苍颉篇》的散逸，长期不能了解到它的真实内容，而最近的发现可以真实地看到其中的一部分了。根据这些新材料可知，《苍颉篇》四字一句，相互押韵。在三角柱状木斛之上，每一斛面书写一章。在木简上，三支简书写一章。字句内容为日常使用的基本文字。不过，《苍颉篇》共八百二十五句，其中能够确认的只有不到两百句，不足四分之一，全部内容有待今后考证。

文字的排列不是单字的罗列，而是考虑到了熟语、同义语、近义语等词汇的组合。阜阳汉简《苍颉篇》中有一句可与《颜氏家训·书证》所引内容对读。后者曰："汉兼天下，海内并厕，豨黥韩覆，畔讨灭残。"而简文《苍颉篇》作："□兼天下，海内并厕，饬端修法，变□□□。"二者文字存在差异。另外，有观点认为，阜阳汉简《苍颉篇》中的"饬端"本作"饬政"（《史记·李斯列传》），为避"政"字之讳而改，因此当是秦代的《苍颉》。[1] 居延汉简《苍颉篇》中的这句作："第五，（略）汉兼天下，海内并厕，□□□类，菹醢离异。"与《颜氏家训·书证》文句亦相异。

居延汉简《苍颉篇》书写于汉代，其字面内容当然是汉代的，因此在第五章中才出现了"汉兼天下"这样的文句。李斯的七章《苍颉》与其他两部秦代小学专书合为一体之时，其字句内容当有改变；而在汉代形成并通行的《苍颉篇》中，则至少存在《颜氏家训·书证》征引本与居延汉简本两种形式。

劳榦氏认为异本的存在是当然之事，称"盖闾里流传，各异其文，无足异也"。[2] 针对劳氏的见解，还有学者指出，《颜氏家训·书证》所引《苍颉篇》的字句，前两句末尾"厕"字与后两句末尾的"减（残）"字不押韵，应非连续性的文句。[3] 但是，就《苍颉篇》而言，其押韵并非必须遵循

---

1. 文物局古文献研究室、安徽省阜阳地区博物馆阜阳汉简整理组：《阜阳汉简简介》及《阜阳汉简仓颉篇》；胡平生、韩自强：《苍颉篇的初步研究》，《文物》1983年第2期。
2. 劳榦：《居延汉简考证》，《居延汉简考释之部》，"中央研究院"历史语言研究所，1960年。
3. 文物局古文献研究室、安徽省阜阳地区博物馆阜阳汉简整理组：《阜阳汉简简介》及《阜阳汉简仓颉篇》；胡平生、韩自强：《苍颉篇的初步研究》，《文物》1983年第2期；于豪亮：《阜阳汉简和定县汉简的整理工作》，《古籍整理出版情况简报》1981年第3期。

两句一韵的原则（也有每句一韵、三句一韵的情况）。因此，仅从押韵的角度来怀疑《颜氏家训·书证》所引文句，这一做法是有问题的。

这些问题只能期待今后有新的《苍颉篇》出土来解决。而关于阜阳汉简的《苍颉篇》，虽然"□兼天下"中的阙字目前尚无定论，但由于汉代《苍颉篇》的母体是秦代的小学书，又由民间的闾里书师流布开来，即便出现有些文章所指出的残留秦代避讳的现象，也不足为奇。阜阳汉简的《苍颉篇》，作为陪葬品出现于汉文帝十五年（前165年）去世的夏侯婴之子的墓中，墓主人为高官子弟，这说明简文所见的《苍颉篇》必然编纂于汉代，或至少是流传于汉代的。

阜阳汉简《苍颉篇》的字体带有隶书韵味。汉代的习字教材中，《苍颉篇》使用于民间，其字形虽然沿袭自秦篆，但多数已经向汉隶转变。

《汉书·艺文志》称："《苍颉》中重复之字"，可知《苍颉篇》所记录的文字中包含了一些重复性的文字。因此，虽然《苍颉篇》共收录了三千三百字，但不重复的文字总量是低于此的。不过，时至今日，由于散逸的原因，《苍颉篇》的文字总量已难以确认。

《苍颉篇》所依据的秦代的《苍颉》共七章《爰历》共六章《博学》共七章，总章数为二十章。秦代的小学三书与《苍颉篇》之间在章数上当有关联，可资参考。不过，若考虑到秦代的小学三书同样包含了相互重复的文字的话，那么其基本字数也难以确定。

当然，与秦代小学三书相比，《苍颉篇》的章数有大幅增加，从二十章增加至五十五章。如果《苍颉篇》第一章的字数与小学三书字数之和相同的话，那么，发展至汉代的《苍颉篇》，已不是简单的秦代小学三书的机械合并了。前文述及《苍颉篇》的字句有改变，与之并存的是，其篇幅有可能也曾大幅增补。

《凡将篇》《急就篇》《元尚篇》

在见于出土汉简的《苍颉篇》之外，《苍颉篇》传世辑本的编撰直至清代以后才倾注了大量精力进行，其全貌还有很大一部分以俟后考。据《汉书·艺文志》记载，在汉代，除了承袭下来的《苍颉篇》之外，还编纂了其他几部字书，有武帝时的《凡将篇》（司马相如撰），元帝时的《急就篇》（史游撰），成帝时的《元尚篇》（李长撰）。其中尤其值得关注的是《凡将篇》，与《苍颉篇》迥异，无一字重复，且收录了很多不见于《苍颉篇》的文字，故曰："《凡将》，则颇有出矣。"

《苍颉训纂篇》与有用文字会议

除《凡将篇》之外的另外两种小学书所载"皆苍颉中正字也"，"正字"即基本文字，自《苍颉篇》沿袭而来（《汉书·艺文志》）。此外，《汉书·艺文志》又云："至元始中，征天下通小学者以百数，各令记字于庭中。"《说文解字叙》亦曰："孝平皇帝时，征礼等百余人，令说文字未央廷中，以礼为小学元士。"礼指的是爰礼。平帝元始年间，召集了数百名（或百余名）小学学者在长安城中的未央宫——当时处理政务的中心宫殿——召开会议，主题是"记字""说文字"。

关于这次会议的时代背景，下一节会有述及。聚集了众多文字学者，以"记字""说文字"为讨论内容的会议，其成果在《汉书·艺文志》中有载，"扬雄取其有用者，以作《训纂篇》，顺续《苍颉》，又易《苍颉》中重复字，凡八十九章"。在召集会议之后，扬雄从"其"——即从会议的结论——之中选出"有用者"，即有用文字，编撰了一部新小学书，名为《苍颉训纂篇》。

扬雄编撰《苍颉训纂篇》是元始年间召集文字学者所举行的会议（以下简称为"有用文字会议"）的重要课题之一，而"记字""说文字"则应是与有用文字选定有关的记载。《苍颉训纂篇》用其他文字替换了《苍颉篇》中的重复性文字，共分八十九章，五千三百四十字。《说文解字叙》载："黄门侍郎扬雄采以作《训纂篇》，凡《仓颉》已下十四篇，凡五千三百四十字，群书所载，略存之矣。"这一文字数无疑反映了有用文字会议的结果。

有用文字的内容

再来稍微谈谈有用文字的具体内容。作为汉代小学书出发点的秦代小学三书，其编者分别是：秦丞相李斯，以法家身份而闻名；车府令赵高，曾向秦二世皇帝讲述律令；太史令胡母敬，通晓天文历法。无论哪位都是精通政务的政治家。

由此可以想见，秦代小学三书所收录的文字的范围，较与政务的必要性相关。现存的《急就篇》是入汉之后出现的小学书，其实体大约有两千字[1]（含重复文字），以实用性文字为主要内容，包括对各种事物的称呼，其范围从赋税、官职、造狱开始，范围广泛，也包括一般性的政务。关于《急就篇》的编者史游的事迹，除了曾任黄门令之外，其他都不确定。不过，在史游选定《急就篇》文字之时，一定已经意识到了它的政治作用。

《急就篇》通篇虽由七字句构成，但从字句的内容之中可以窥得其与《苍颉篇》类似的方面。[2] 时代上溯至周代，流传下来的小学书《史籀篇》，《汉书·艺文志》记载称："周时史官，教学童书也"，是史官、记录官用于学童教学，即用于培养官吏的教材。降至汉代，关于小学之书，《四民月令》"正月"条载："研冻释，命幼童（本注，谓十岁以上至十四）入小学，学篇章（本注，谓《六甲》《九九》《急就》《三仓》之篇）。"《急就》《三仓》与历算并列，是学习的基础，有义务完成。

《三仓》指的是秦代的小学三书。《四民月令》成书于东汉崔寔之手，他以政论著者而闻名。该书反映了东汉时代的豪族生活，清门望族崔寔意图实现的子弟教育，是为了他们进入官界而作准备，这一点可以说是不言自明的。

从当时小学书的实态，可以充分肯定《急就篇》的编撰目的。关于扬雄的《苍颉训纂篇》，《汉书·扬雄传下》的"赞曰"部分说："其意欲求文章成名于后世，（略）史篇莫善于《苍颉》，作《训纂》。"《华阳国志·蜀郡士女》亦称："史莫善于《苍颉》，故作《训纂》。"将其定位于史篇，即周代《史籀篇》的系谱之上。从这个意义上说，《苍颉训纂篇》不仅继承了小学书的体裁，还承袭了《史籀篇》所承担的职能。

---

1. 高二适《新定急就章及考证》（上海古籍出版社，1982年）收录了一千九百三十八字。伏见冲敬的《急就章》(《中国書道の新研究》上，二玄社，1981年）介绍了《急就章》的各种传本。
2. 文物局古文献研究室、安徽省阜阳地区博物馆阜阳汉简整理组：《阜阳汉简简介》及《阜阳汉简仓颉篇》；胡平生、韩自强：《苍颉篇的初步研究》，《文物》1983年第2期。

要注意的是，《汉书·扬雄传》将《史籀篇》称为"史篇"，而《华阳国志》称之为"史"。因此，如果不按照之前的理解认为是书名，或许也是可以的。若依此，则可以看出这样的关联："史"——史官（书记）——小学，那么，就能更加鲜明地看出《苍颉训纂篇》在有用文字之中所处的位置了。

汉简的字形多是隶书体。有观点认为"隶书"是"吏书"的音通转化。[1] 时至今日，关于隶书的由来众说纷纭，不过不能否定的是，在文字速写的过程中，由于文具的变化，依次出现了篆、隶、楷、行、草这一系列的变化。在竹木之上书写时，隶书可以减少水墨的积聚，防止字迹的渗透，是颇见成效的书法形式。不过，《汉书·艺文志》及《说文解字叙》记载，秦代为了使官狱的职务简单易行而创造出了隶书。先不论真伪，这种说法其实折射出了文字与政治之间的深刻关联。

虽然可以确认隶书体在战国时代已经出现，但唐人张怀瓘的《书断》却说："（程邈）为隶书三千字，秦之始皇，善之，用为御史。"指出与秦人程邈的事迹有关。当然，这是否是真的史实还无法确定[2]，但这条史料中应该注意的是程邈作成的隶书为三千字。《苍颉篇》共三千三百字，除去重复的文字，或许也与程邈作成的三千字隶书出乎意料地相近。

《史籀篇》之后直到汉代，与小学书相关的史料在讨论其编纂背景、意图方面，并没有发生很大的变化。由于各种小学书的编纂及流变，平帝时召开了有用文字会议。毋庸置疑的是，文字问题在官吏培养上是一个迫在眉睫的课题。

有用文字与辞赋

根据有用文字会议的结果，扬雄完成了《苍颉训纂篇》的编纂。若假定《苍颉篇》的基本文字为三千字左右的话，扬雄此书所收录的字数则在此基础上有大幅增加，多达五千数百字。那么有用文字为何有大幅度增加呢？关于这一点，武帝时司马相如编纂的《凡将篇》很

---

1. 伏見沖敬：《隸書＝吏書＝史書》，《中國書道の新研究》上，二玄社，1981年。
2. 赵翼：《隶书不始于程邈》，《陔余丛考》一九。高明《中国古文字学通论》（文物出版社，1987年，第6页）认为程邈是隶书的完成者。

第九章　汉代官吏的识字：关于有用文字

值得注意。

扬雄的《苍颉训纂篇》反映了有用文字会议的内容，若追溯有用文字会议所关注的小学诸书，其中超越了秦代小学三书以及汉代《苍颉篇》框架、字数有明显增加且传承下来的，仅有《凡将篇》一书。

司马相如是以辞赋闻名的文人，对扬雄来说也是同乡，是蜀地的前辈，一如爱好屈原的歌赋一样，扬雄也特别喜爱司马相如的赋。

当然，从个人感情上扬雄是否对司马相如有亲近感，目前暂不讨论，仅就《凡将篇》而言，正因为是由司马相如编纂，所以其文字的选定与辞赋有着浓厚的关联，这种可能性很大。另一方面，成帝时的扬雄也是西汉末年颇具代表性的辞赋家，曾因作《甘泉赋》《羽猎赋》而获任郎官。因此，由于有用文字的选定有辞赋家扬雄的参与，其所撰的《苍颉训纂篇》虽然可以说反映了有用文字会议的内容，但同时也不可否认的是，这部书与司马相如的著作也有着共通的视角。

以辞赋闻名的扬雄，《汉书·扬雄传》载，"雄以为赋者，将以风也，（略）然览者已过矣，（略）非法度所存、贤人君子诗赋之正也，于是辍不复为"。扬雄认为，赋在盛行之时浸染了浮华之风，丧失了风喻、直言的功能，因此他决定放弃辞赋创作，不再作赋。扬雄关于辞赋的严肃认识与赋的集大成者司马相如实际上有相通之处。

司马相如的名作《子虚赋》以描绘浪费云梦的富饶的楚王的奢侈为着眼点，《子虚赋》的续篇《上林赋》则叙述了关中广阔的上林苑中天子的华贵与奢靡，而后又借有司之名来谏求开放上林苑，不仅如此，最后还涉及政治制度的改革。

《史记·司马相如列传》"太史公曰"论述司马相如赋的主题时称："相如虽多虚辞滥说，然其要归引之节俭，此与诗之风谏何异？"指出相如赋的目的在于倡导政治上的节俭。赋堪称是对现实政治的直言。《上林赋》中叙述的虽是天子的私生活，但所说的向人民开放上林苑等问题，却是建国功臣萧何过去曾向高祖谏言，且因此激怒天子而下狱的敏感话题。

辞赋的源头可追溯到屈原，他通过辞赋言治乱，这无须详论。在辞赋创作上，司马相如与扬雄有不少的共通视角，他们都将政治诉求寄托在赋中,因此也不难想象二者的文字感觉在很多地方都有一致之处。

相关政治诉求的增多自然也在有用文字会议中反映了出来,扬雄大量增加字数,超过了两千多字。因此,早于《苍颉训纂篇》成书的《凡将篇》的重要性再一次引起关注。同时,有用文字的增加与官吏性质的变化也密切相关。有用文字会议不只是简单的文字政策方面的会议,不仅涉及技术领域,与汉代政治体制的发展、官僚组织的完善等方面无疑也有很大的关联。

二、有用文字会议与官学

小学书的编撰与有用文字的选定有很深的关联,后来国家也参与进来。

官学的扩充

作为文雅之士的扬雄,在成哀平三帝时期给事黄门,参与了有用文字会议的策划,或可能曾直接出席了这次会议。在有用文字会议召开的元始年间(公元1–5年),地方的学校制度得到了强化。《汉书·平帝纪》记载:

> (元始三年)立官稷及学官,郡国曰学,县道邑侯国曰校,校学置经师一人。乡曰庠,聚曰序,序庠置孝经师一人。

地方上的学官、学舍在武帝时已经设置,而非始于平帝之时,"至武帝时,乃令天下郡国,皆立学校官,自文翁为之始云"(《汉书·循吏传·文翁》)。武帝时的学官实际上又可追溯到景帝时的蜀守文翁之制,是对文翁学官制的效仿。文翁"修起学官于成都市中,招下县子弟,以为学官弟子"(《汉书·循吏传·文翁》)。以郡为单位置学官。同样,武帝时期全国范围内学官的设置亦是以郡国为单位。平帝时的学校制度是将学官设置的范围再次扩展、强化,至县乡聚(里)等下级行政单位均有设置。

教科内容研讨会议

在元始三年扩充学校制度的翌年，即元始四年，《汉书·王莽传上》记载：

> 征天下通一艺、教授十一人以上，及有《逸礼》、《古书》、《毛诗》、《周官》、《尔雅》、天文、图谶、钟律、月令、兵法、《史篇》文字通知其意者，皆诣公车。网罗天下异能之士，至者前后千数，皆令记说廷中，将令正乖谬、壹异说云。

不仅包括小学学者，经学、天文、月令等各方面的专门家、教授者都被召集到了中央。同样的记载见于《汉书·平帝纪》，不过以其事在元始五年，曰：

> 征天下通知逸经、古记、天文、历算、钟律、小学、《史篇》、方术、《本草》及以五经、《论语》、《孝经》、《尔雅》教授者，在所为驾一封轺传，遣诣京师。至者数千人。

这两条史料的纪年有明显的差异。东汉荀悦的《汉纪》载："征天下有才能，及小学异艺之士，前后至者数千人。"录于元始四年条。《资治通鉴》收录了《汉书·王莽传》中的记载，亦录于元始四年。

导致《汉书·平帝纪》与《汉书·王莽传》中纪年差异的原因或是由于会议规模大，多达数千人，所以会议时段跨越了这两年。元始四、五年召开的会议，其内容包括在京师的廷中"记说"，以正谬误、统一异说。

另外，关于这次会议特别值得注意的是，召集来的与会者是各个领域的"教授者"（《汉书·平帝纪》），也包括了"教授十一人以上"（《汉书·王莽传》）这样的教授生徒人数较少的学者。元始四年、五年会议的召开，时间恰在前一年扩展学校的设置、实行新的学校制度之际，其目的大概是为了统一并纠正教科书的内容，因此让处于地方基层的"教授者"也参与了进来。

当然，从保证教授者的角度很难弄清元始三年学校的扩展究竟有多大的实效。不过，至少在中央各项具体措施是着实有所推进的。受召来到京师的教授者大多来自地方官学，这是毋庸置疑的。

有用文字会议与教科内容研讨会议

关于有用文字会议的史料说"记字于庭中""说文字未央廷中"，而在元始四、五年召开的研讨各种教科内容的会议（以下简称"教科内容研讨会议"）上同样也能看到"记说廷中"这样的记述。

这些史料暗示了教科内容研讨会议的召开场地可能是在未央宫，那么，元始年间召开的有用文字会议和教科内容研讨会议之间是否存在关联，也成为一个问题。

其实，没有确切的证据能够证明两者是同一个会议。只是在教科内容研讨会议中，参加者包括小学（"《史篇》、文字"；"小学、《史篇》"）学者，且以"壹异说"为目的，这点与有用文字会议之后编纂了《苍颉训纂篇》大概同出一辙。《汉纪》所载教科内容研讨会议的出席者为"有能、小学、异艺之士"，特意将小学学者记载下来，这一点颇有深意。

与教科内容研讨会议不同，仅以小学学者为中心的有用文字会议，尚不清楚是否也有必要在元始的五年期间召开。不过，两个会议实为同一次会议的可能性增强了。

有用文字会议的出席者有数百或百余人，这是限定为文字学者的人数；而教科内容研讨会议的出席人数有数千人。不过，如果根据分科的不同，采用分科会议的方式来审议研讨的话，人数方面当不存在问题。若依此推测，有用文字会议只是教科内容研讨会议的一个分科会议。作为会议成果而编撰的《苍颉训纂篇》做到了对小学书的统一，将《苍颉篇》与《凡将篇》的体系融合了起来。在文字数量上，采纳了《凡将篇》中的增字，在体裁上，舍弃了《凡将篇》的七字句，而采用了《苍颉篇》的四字句方式。这或许也是有用文字会议商讨的结果。

同时，为新引入的学校制度制定教材，也是教科内容研讨会议和有用文字会议所负有的一项使命。《汉纪》特别记载了"小学"，由此亦可窥知有用文字的选定在教科内容研讨会议中是如何重要。

官学与属吏培养

再来看学校教育的实际情形。武帝元朔五年（前124年），根据公孙弘等建议的博士弟子员制（五十人，据《汉书·武帝纪》及《史记·儒林列传·序》）确立了中央太学，所教授科目的中心内容是经学。

在平帝时期的地方官学中，经师、孝经师是教授者（元帝时期郡国的教授者是五经百石卒史）。但是，在之前的教科内容研讨会议中，教科内容不仅有经学，还涉及天文、历算、方术、本草、兵法、月令、图谶、音律等多个方面。

了解学校教育的实态，是饶有兴味的。学校的具体情形，可以京师的太学为例，《史记·儒林列传·序》所载公孙弘的奏请中列出了入学的一些条件：年龄须在十八岁以上、仪状端正，人品方面要敬长上、肃政教、顺乡里、出入不悖。性情如何、是否"好文字"是衡量能否入学的条件。

关于入学年龄有一个例子，更始元年（公元23年）十九岁的任延出任会稽郡尉。他在十二岁时成为太常诸生，号称"圣童"（《后汉书·任延传》）。虽然这是王莽时期的事情，亦可见入学的年龄不一定必须严格遵守。

入读太学之后，要求每人在一年之内通一艺以上（博士属太常府）。而关于地方官学的入学条件等，则没有明文记载。此外，在地方官学与太学的关系方面，太学的入学条件中没有涉及是否在地方官学中修学，大概反映了中央和地方官学之间的统属关系并不明确。

关于修学之后的出路，就太学来说，依据考试的结果，及第者任中央官府的属吏或文学掌故（"射策掌故"，《汉书·倪宽传》，武帝时）。就地方官学来说，文翁称"高者以补郡县吏"（《汉书·文翁传》），补任为地方郡县之吏。由此可知，地方官学扩展至全国范围之后，修学者就成为官学所属郡县乡里各自属吏的预备军。

因此，汉代官学的本职任务原则上是负责其所属各行政单位属吏的培养。而对太学来说，则通过考试来选拔特别优秀的人员，这些人"可以为郎中，太常籍奏"（《汉书·儒林传·序》），太常将郎中的候补者"籍奏"，也就是制作名籍上奏（"射策甲科郎"，《汉书·萧望之传》，昭帝时）。

从中可知,太学修学者中应该有被选拔提升为郎官的人才。当然,太常籍奏之后,能否成为郎官仍未可知。在开始实行籍奏之制时,被籍奏者人数不明,而到了平帝时则形成了定员制,规定每年甲科郎中四十人,乙科太子舍人二十人,丙科文学、掌故四十人(《汉书·儒林传·序》),这些人获任为正式官职的可能性很大。

毋庸置疑的是,官学中人才培养的出发点和重点是向行政机构提供从事实际事务的吏员。因此,如前文所述,在教授者讨论教材、教科书制作的会议上,以多种专业领域、教科内容为研讨对象也是自然而然的。此外,当时人们所期待的官学的教育内容,是培养修学者有能力理解诏书和律令的含义,并向人们布谕。前文所引公孙弘的奏请中有载:"臣谨案诏书律令下者,(略)小吏浅闻,不能究宣,无以明帝谕下。"(《史记·儒林列传序》)显然,官学中培养的修学者,也指属吏阶层。

公孙弘等人的奏请又曰:

> 治礼次治掌故,以文学礼义为官,迁留滞,请选择其秩比二百石以上,及吏百石通一艺以上,补左右内史、大行卒史,比百石已下,补郡太守卒史,皆各二人,边郡一人,先用诵多者,若不足,乃择掌故,补中二千石属,文学掌故补郡属,备员,请著功令,佗如律令。(《史记·儒林列传·序》)

武帝时期,不用说地方郡府,连三辅、大行(大鸿胪)等京师所在地、中央官府也出现了"小吏浅闻,不能究宣"的情形。或许因为这个原因,有人献言希望由中央的治礼掌故来补充吏员,以融通救急,解决三辅以及地方郡府(所补之官,郡吏百石以下,三辅之吏比二百石、百石通一艺以上)所面临的困境。

而用于融通救急的人数,内郡仅有两人,边郡不过一人而已。

在公孙弘等人的认识中,至少在郡级单位中,有改善、充实吏员配置的愿望。虽然配置的人数很少,但已能够充分地执行究宣诏书、律令的任务。不过,实事求是地讲,这一政策的目标虽然是谋求博士弟子员的制度化以及吏员培养的持久化，但从平帝时地方官学的设置来看，武帝以降的郡县乡里中的属吏仍然存在质量问题，所面临的事态仍然严重。

三、有用文字数

班固的小学书

依据有用文字会议的结果，扬雄选定的文字为五千三百四十字，而《汉书·艺文志》记载，班固自己又补充了十三章，共七百八十字，并编撰了一部一百零三章、六千二百一十字的小学书。三国吴韦昭注推测班固所增加的字就是附载于《苍颉训纂篇》之后的文字。

讽籀书九千字和尉律

关于扬雄的《训纂篇》，史称"群书所载略存之矣"（《说文解字叙》）。同样，班固对于自己所增之字颇为自负，称"六艺群书所载略备矣"（《汉书·艺文志》），认为群书所用之字已经总括概备了。

《汉书·艺文志》载：

> 萧何草律，亦著其法，曰："太史试学童，能讽书九千字以上，乃得为史。"又以八（六）体试之，课最者，以为尚书御史、史书令史。吏民上书，字或不正，辄举劾。

《说文解字叙》也记载了相同的事件，言：

> 汉兴有艸书，尉律，学僮十七以上，始试，讽籀书九千字，乃得为史（吏）。又以八体（大篆、小篆、刻符、虫书、摹印、署书、殳书、隶书）试之。郡移大史，并课，最者以为尚书史，书或不正，辄举劾之。

讲的是萧何为尉律,向太常属官太史推荐十七岁以上的学童,经过考试选拔能讽籀书九千字以上、且能读写者,即可为"史"。

太常属官太史,掌天时历星、祭祀,"国有瑞应灾异,掌记之"(《续汉书·百官志》),负责记录国之大事。从这个意义上说,作为管辖太学的主要机构,太常府通过仪礼掌故深切地感受到了人才的必要性。因此,从能够讽籀书的学童中挑选史、书记之吏,这一事项由太常的属官太史来专门执掌,也是理所当然的。

关于尉律这项规定了选拔史的考试的律令,《汉书·昭帝纪》"元凤四年"条颜师古引如淳注曰:"从尉律,卒践更一月,休十一月也。"可见,虽然萧何的九章律中没有提到尉律,但尉律毫无疑问是确实存在的。近年出土的湖北省睡虎地秦律中也有两支称作"尉杂"的律文残简。这两支简都有残缺,但可从简文所记的"尉杂律"中释读出"辟律""法律程籍"这样的词汇,有理解认为这或许是廷尉府的相关规定。[1]有观点指出,与选拔史的考试相关的尉律中,包含了"上书"之文若有误就要接受举劾这样的内容,这应该就是廷尉府的律文。[2]

如果尉律是廷尉府之规定的话,那么太常府的职务就是依照廷尉府之规定加以运用。或许与"字或不正,辄举劾""书或不正,辄举劾之"等相关。汉律中的尉律数量也不少。尉律是否是与廷尉府相关的律文,进而言之,秦律中的尉杂律与汉律中的尉律关联性如何等问题,都只能以俟后考了。

尉律的问题先讨论到这里,下面来看尉律所规定的史的任用规定,即需满足能否讽籀书九千字这一条件,关于这一点,要着重考虑有用文字数的情况。

《说文解字》的文字数

记载了尉律的《说文解字》,依据新的部首规则收录了九千三百五十三字(其中重复之字为一千一百六十三个,还收录了古

---

1. 睡虎地秦墓竹简整理小组:《睡虎地秦墓竹简》,文物出版社,1978年,第110页。
2. 段玉裁:《说文解字注》。

文、籀文等异字形文字）。字数与选拔史的考试中要求的九千字比较接近。关于《说文》选字的基础，许慎在《说文解字叙》中说："盖文字者，经艺之本，王政之始，前人所以垂后，后人所以识古。"将其定位于"王政之始"。这与本章一直讨论的对有用文字的理解是共通的。

还无法确定的是，许慎是否是因为秉持了尉律有九千字的想法而编纂《说文解字》的。不过，与班固所收的六千一百二十九字相比，《说文》增加了大约三千字。随着时代推移，降至三国，魏人张揖的《广雅》收录了一万八千一百一十五个字，使《说文解字》所收录的文字倍增。从这个意义上说，《说文解字》收录的文字也是经过了严选的。

《说文解字》将文字通过部首进行分类。而此前的小学之书在一定程度上都是由文章体构成。文章体的形式，虽然在文字记忆上发挥了功效，但与之相比，根据部首法分类收录文字的字书，在必要文字的查找、确认上更为有效，不过不适合做记忆文字的工具。因此，虽然《说文解字》收录的文字数与选拔史的考试所要求的字数相近，均为九千字，但很难认为它是为了这项考试而编纂的教材。

《说文解字叙》所批判的训诂的过失，正是《说文解字》编撰的第一要义。这一系统中作为训诂的小学之书，可以上溯到《尔雅》。

太史考试与太学考试

《苍颉篇》《苍颉训纂篇》《急就篇》等小学书是为了适合记忆文字而编纂的教材。这一类的小学书，即便是班固的编纂物，也不过大约六千字。

如果在西汉末年《苍颉训纂篇》出现之前就有选拔史的考试的话，就当时的小学书而言，增字之后的《凡将篇》字数尚不确定（可能并没有在《苍颉训纂篇》字数之上有大的增长），而通行的《苍颉篇》和《急就篇》充其量不过两三千字，那么选拔史的考试所必需字数的三分之二就不得不用其他的方法加以补充。

在平帝元始年间有用文字会议之后，所编纂的《苍颉训纂篇》收录了五千三百四十字，与国家选拔史的考试所要求的九千字有很大差距。作为选拔史的考试的对应政策，为何要搁置呢？有用文字会议应该是以制作教材、培养史为目的而召开的。

关于九千字与有用文字之间的关系，还有不少有疑问的地方。关于选拔史的考试所要求的讽籀书九千字，除了前揭提到的《汉书·艺文志》《说文解字叙》等记载之外，还出现在以篆书闻名的北魏江式的上书中，称："有尉律学，复教以籀书，又习八体，试之课最，以为尚书史。"（《魏书·江式传》）亦见有尉律。根据《汉书·艺文志》《说文解字叙》中与选拔史的考试相关的记载可知，这项考试在太史的管理下实施；另外，《说文解字叙》还提到，地方的郡可以移书太史，推荐人才。为了确保人才，选拔史的考试的参加者需经过遴选程序。武帝时的太学入学者，从公孙弘等人获得了批准的上书中可以看出有以下选任方法。

公孙弘等人提出的太学入学者的选任方法包括两种：（1）由太常本人选任，即选拔博士弟子；（2）由地方推荐，由县令长丞、侯相推荐到郡太守，再由郡太守推荐到太常，入选者与博士弟子所受课业相同。其中方式（2）与太史所实施的以召集人才为目的的选拔史的考试相比，方法几乎一致。

太学入学者在接受一年的教育之后进行考试，然后被任用为中央官府中的文学、掌故等。而尉律记载的选拔史考试并未设置特别的教育时段就举行了考试[1]，讽书九千字者任史，亦通八体者任尚书、御史府的史书令史（史书有"文字""隶书"之义）及尚书史。

显然，史的来源有两类，即太学毕业且考试合格者以及尉律考试合格者。太学生十八岁以上入学，一年后参加考试，而通过尉律选拔者可能在十七岁或更年轻（年轻两岁）的年纪就可参加考试。在汉初，吏的人才的确保或许更为紧迫。考试之后的任用都在中央官府，担任属吏（如前文所述，太学生的为官之路也是自此开启）。

再来看文学、掌故的所属机构。据《汉官》可知，作为百石之吏的文学，出现在很多不同种类的官府中。而关于掌故，《汉官仪》载："太

---

1. 黄留珠的《秦汉仕进制度》（西北大学出版社，1985年，第53—54页）指出，秦代存在培养书记的学校"学室"。关于博士弟子员等官吏任用问题，相关研究有永田英正的《漢代の選挙と官僚階級》，《東方学報》41，京都，1970年。

第九章　汉代官吏的识字：关于有用文字　　　621

史令秩六百石,望郎三十人、掌故三十人。"此处以太史属吏的身份出现。《文选》有"东方曼倩（朔）苔客难"一句,李善注云:"应劭《汉书注》曰,掌故百石吏,主故事者。"可知掌故为百石之吏。

　　太常的属官太史所掌管的史的选任,与太常自身所掌管的太学中属吏的选任有重复之处。造成这一现象的原因在于,太史选拔史的考试出现于太学设立之前,是中央官府任用属吏的一大途径,当然是很必要的举措；而在太学设立之后,如后文所述,太史组织的考试逐渐不再常用。

有用文字数的实效性

　　接下来要讨论的是,西汉时期通行的收录了两三千字左右的各种小学书籍,其实效性如何呢？关于这一点要指出的是,《苍颉篇》与《急就篇》之类的书籍,基本定位是面向初学者和儿童的学习用书。

　　关于这两三千字小学书的具体作用,从本世纪（20世纪——译者）所收集的从西汉武帝末年到东汉初期的大量简牍类材料中可见一斑,这些简牍所使用到的文字数实际上大约也是这个数量,为三千一百字。[1]作为统计对象的简牍类材料,其内容大多与官界的实际事务相关,而这正是属于有用文字范畴的文字,其文字数量也较相合。

　　清人顾蔼吉以汉碑四千一百一十六种（含碑阴四十五种）为中心编纂的《隶辨》,所用到的汉隶的总数充其量也不过四千一百余字。《隶辨》中有数量众多的极尽修辞的碑文,所收录的文字数涉及的领域应当非常广泛。而《苍颉训纂篇》收录的文字数为五千三百四十个,超过了《隶辨》。

　　到了"讽书九千字"之时,可以想象这些数量众多的有用文字中包含了很多十分特殊的字。只在文字数量上作要求的记载如果是事实的话,那么以文字数为必要条件的部署是颇具局限性的。

　　扬雄依据西汉末年的有用文字会议确定了五千三百四十字,这一数量即便是辞赋等文体也足够使用了,而日常政务中的必要文字数,

---

1. 佐野光一:《木简字典》,雄山阁,1985年。

如简牍类材料所示，有三千字左右也就足够了。

假托程邈之名而创作的隶书体，字数也是三千字，与简牍类材料使用的文字数一致。另外，甲骨文、金文中使用的文字差不多也都是三千字。若将重复之字排除，那么两者相加，共有四千数百字。[1]颇让人怀疑的是，所谓"讽书九千字"的"九"，或许是由于字形与三、四或五等字类似，经转写而误书而成的。

方言九千字与标准语化

现存的汉代小学之书还有扬雄的《輶轩使者绝代语释别国方言》，也收录了九千字。这本书的创作缘起记于《风俗通义·序言》。据记载可知，周秦以来，在每年八月的案比，即进行户籍调查之际，收集各地方言，秘藏于中央，然秦亡之后资料散逸不存。扬雄留心于收集方言，询问孝廉、卫士等各地上京之人，花费了二十七年功夫，共收集了九千字（王利器《风俗通义校注》认为原文当为一万一千九百余字）。

但是，即便是扬雄所编纂的《苍颉训纂篇》也只收录了五千多字。一方面，扬雄留心于方言，另一方面，他又是自觉发现方言存在问题的第一人。因此，在扬雄对有用文字进行选择，并以此为前提召开的有用文字会议之中，当然也意识到了文字的标准语化，以及通过文字来达到民族、国家统一这一政治性课题。

结语

官吏的质量与有用文字数

有用文字数在西汉时期大约有三千字。到了西汉末年，随着培养官吏逐渐走上正轨，要求官吏在质量上要有所提高，有用文字的数量也增加到五千多字。进入东汉之后，班固甚至将其增加到了六千多字，由此可见官吏质量的大幅提高。至东汉桓帝时，太学生多达三万余人，考试则是每两年举行一次。

---

1. 白川静:《漢字の諸問題—漢字のなりたち》,《文字逍遥》, 平凡社，1978年。

第九章　汉代官吏的识字：关于有用文字　　　　　　　　　　　　　623

"讽籀书九千字"之后

通过有用文字数量的变迁，可以窥得汉代官僚制度的质的（当然也包括了出身社会阶层的）变化。太学设立之后，尉律的存在就显得过于重复了。关于太史"讽籀书九千字"来选拔史的考试，据《说文解字叙》记载："今虽有尉律，不课，小学不修，莫达其说久矣。"可见到了许慎的时代[《说文解字叙》的书写日期是和帝永元十二年（公元100年）元旦]，尉律已经很久没有发挥过作用了。

许慎对小学衰退的感叹，或许也意味着任用精通小学、能够讽书文字的史为属吏的倾向不再明显，他们在太学中也逐渐不再那么受到重视了。

有用文字与诸文献

有用文字的数量为三千字，再来看古人所接触的文献，其用字数分别为：《诗经》用字两千八百三十九，《书经》用字一千九百四十三，《论语》用字一千三百五十五，《孟子》用字一千八百八十九，《老子》用字八百零四，《庄子》用字三千一百八十五，《管子》用字两千九百零一，《荀子》用字三千六百六十八，《韩非子》用字两千七百二十九，等等。所用文字数量均不为多。《文选》的用字数大约七千个，而到了杜甫时期，他的诗所用的字大约也只有四千三百五十个。[1]

在当今中国的信息交换用汉字编码基本字符集中，国家规格GB2312-08的第一级汉字所指定（1980年制定）的文字数为三千七百五十五个，第二级汉字指定了三千零八个字。第一级汉字的数量与中国的小学及初高中的文字记忆量相关，但是，这些文字数量已经能够覆盖一般出版物使用文字数的99.9%了。即便是两千四百字，其覆盖率也高达出版文字的99%，一千字的话，覆盖率竟也有90%。[2]

与今日的日常使用文字数相比，西汉时代三千字左右的有用文字，

---

1. 白川静：《字统》，平凡社，1984年。吉川幸次郎的《漢文の語》（筑摩书房，1962年，第29页）统计认为《论语》共用一千五百一十二字，杜甫之诗公用四千三百九十字。
2. 周有光：《中国の漢字改革と漢字教育》，《漢字民族の決断》，大修馆书店，1987年。

其数量绝不算少。因此，作为初学者和儿童的学习用书，《苍颉篇》和《急就篇》发挥了功效，是毋庸置疑的。同时，这两部书也能满足承担政治实务的诸官府属吏所需的必要文字，作为有用文字之书，其作用得到了充分发挥。

属吏的界限

西汉时期的有用文字虽有三千字左右，但将其用于促进官学教育及官吏培养方面，却是在武帝之后，施行于太学及郡国官学之中。景帝时文翁所创的蜀郡官学，也兼有培养县吏的功能。因此，武帝以降的郡国官学，或许在一定程度上也确保了县中属吏的质量。西汉末年平帝时期，在全国范围内的县道邑侯国均设立官学（"校"），与郡国的官学（"学"）并立，这说明郡县官学中的属吏培养尚不充分。而在西汉王朝终结前夕的平帝时代，甚至首次出现了乡（"庠"）、聚（"序"）属吏的培养机构。

整个西汉时期都没有确定较为充分的人才保障体制，而关于乡里之吏的培养质量问题，从地方户籍的调查中可见一斑。汉代的户籍调查，由县差役直接赶赴各乡，以乡为单位实施。[1]在县以下的乡亭里中，相关的文书行政还有很多不成熟的方面。在出土了大量公文文书的居延地区等西北部前线，由于存在军事基地，情况比较特殊。不过即便如此，居延地区与内郡相比，在文书行政方面二者应当也有不少相关之处。[2]然而本章却不得不割舍对这一课题的研究了。

（追记）在本书校正的过程中，张家山汉简吕后二年（前186年）律令公布，其中《史律》载："[试]史学童以十五篇，能风（讽）书五千字以上，乃得为史，（略）[卜学]童能风（讽）书史书三千字、征卜书三千字、卜九发中七以上，乃得为卜，（略）以祝十四章试祝学童，能诵七千言以上者，乃得为祝五更。"其中，"风（讽）书五千字以上""风

---

1. 拙稿：《漢代における郷について》，《中央大学文学部紀要》史学科18，1973年。本书所收。
2. 永田英正：《簡牘よりみたる漢代辺郡の統治制度》，《講座敦煌3　敦煌の社会》，大东出版社，1980年；大庭脩：《木簡学入門》，讲谈社学术文库，1984年；此外还有一些相关研究。

(讽）书史书三千字征卜书三千字""能诵七千言以上"等简文都出现了字数。但简文中不见"能讽籀书九千字以上,乃得为史"的尉律文字。（张家山二四七号汉墓竹简整理小组:《张家山汉墓竹简（二四七号墓）》,文物出版社,2001年11月）

附录

秦汉帝国概观——书评：好并隆司《秦汉帝国史研究》

一

　　由于近年来考古学上陆续有新发现和新收获，特别是竹木简的大量出土（舒学：《我国古代木简发现出土情况》，《文物》1978年1月），秦汉史研究愈发活跃，让人有如沐春风之感。在这些研究著作中，最近读到了好并隆司氏的《秦汉帝国史研究》（未来社，1978年3月刊，A5纸型，551＋18页），颇为喜欢。本书虽然以1964年至1978年好并氏的主要论文为主干，但又非单纯的论文集，而是以秦汉帝国史论为体系，将全部内容连通起来，更易于阅读、理解。这一体例不同于保留已发表论文的原型，仅在体裁上加以统一的做法，很是新鲜。好并氏的研究都十分新颖，也正因为新颖而成为讨论的对象。

　　虽然好并氏的研究方向立足于整合、克服西嶋定生氏与增渊龙夫氏的争论，但并未停留在单纯的理论分析层面。在本书的"后记"中，他这样阐述自己的立场："从历史的角度把握位于思想与经济交接点的政治，着力于究明人们的生活状态与体制之间的关系。"而关于其自身所主要研究的西嶋、增渊两氏的论争，好并氏称之为"科学与文学的对立"。

　　好并氏有关西嶋、增渊两氏观点的理解是否恰当，这里暂且不论。就其研究主题而言，比较明确，研究对象也颇具一致性，那就是在发现公权存在之处，努力探求公权控制的本质意涵。不过，也正因为如此，该书涉及到多个研究分野。本书不仅是开拓了新天地的理论书籍，还是迄今为止秦汉史研究的集大成著作，内容囊括了政治、经济、思想等多个方面。以下来介绍本书的主要内容。

二

　　本书的目次如下：

序论：中国古代史的理论轨迹与问题点

第一篇：秦汉帝国的构造

第一章：秦汉帝国概观；第二章：皇帝权力的形成——秦的特殊性；第三章：商鞅变法概观；第四章：秦汉帝国形成过程中的小农与共同体——东方诸国的一个典型；第五章：西汉帝国的二重构造与时代规定

第二篇：汉帝国的统治基础

第一章：西汉皇帝统治的性质与变迁；第二章：汉代皇帝统治秩序的形成——向帝陵的迁徙与豪族；第三章：关于湖北江陵凤凰山十号汉墓出土的竹木简牍

第三篇：秦汉帝国的基本意识形态

第一章：中国古代祭天思想的展开；第二章：中国古代山川神祭祀的演变

第四篇：汉帝国构造的变化

第一章：汉代的治水灌溉政策与豪族；第二章：西汉元帝期前后的薮泽、公田与吏治；第三章：西汉后半期的皇帝统治与官僚阶层

第五篇：推动秦汉帝国的力量

第一章：中国古代的农民反乱；第二章：西汉帝国的小农斗争；第三章：汉代下层庶人的存在形态

本书共五篇十五章，组成各章的已发表论文此前已有各种介绍，只有第一篇第一章《秦汉帝国概观》及以下各章的总括性文字是这次新写入的。

《秦汉帝国概观》一章概括了本书的梗概，指出秦汉帝国的形成前提是由属于北方游牧民系列的、后进社会的秦合并、兼摄了属于先进社会的东方诸国，并以此为基础，论证了国家的二重构造及其展开情况。

（1）首先论述了皇帝的性格。汉高祖获得了秦朝父老的支持，并与作为宗族势力代表者的项羽一起与秦对峙。这意味着汉帝国的权力具有两重性，既有秦的传统，又有六国的传统，汉帝国在将秦人的法

至上主义、王权神授说作为统治基础的同时，又通过扩大东方家族父长的权力来实现集权，致力于调停西方与东方的矛盾。但是，由于具有很强的共同体的传统，自西汉元帝开始，君主势力与人民势力之间实现了和解，出现了世俗性质的德治皇帝，而不是神权性质的专制君主。

（2）接着论述了帝国的统治体制，认为具有双重构造，既存在集权性质的、分担国家事务的官，也存在分权性质的、与君主之间具有私属关系的爵。因此，汉帝国在论功行赏之时，存在从以宗族为基础的私臣、爵制向官位体制转换的现象，同时，为了维持乡里共同体的安定，地方势力不断进入官界，地方上酷吏、循吏亦交替出现。

爵是立足于宗族制度的具有封建性质的身份秩序（五等爵）。商鞅爵制依据军功及其他功绩赏爵，将从事小农经营的家庭人口集约成为具有军国主义性质的人民，出现了从血缘主义向才能主义、从孝向忠的转变。汉朝继承了商鞅的爵制，在将其运用到东方之时，依据地方情形、思想状况，以民爵的形式存续，并以其为媒介，将私权维持在公权的范围之内。但是，作为财产的民爵可以买卖，未能发挥减免刑罚的作用，所以并不是地域秩序形成的决定性因素。

因此，采用了人头税等政策来贯彻家族共同体的封锁性质，同时利用长老、父老等村落共同体的职能以及民间的家族父长制集团，以实现对个体人身的控制。一方面，共同体首长有必要依存于公权，另一方面，由于私产减少，皇帝的经济基础弱化，而官僚制的完善、官员职务的分担又限制了皇帝的超越权力，因此逐渐出现了放弃控制个体人身的志向，转而支持共同体的理想君主形象。

（3）与统治体制相对应的是地域社会的双重构造，即以农业为主、畜牧为辅的西方小农经营模式与以农业为基本经济模式的东方宗族集团的并存。统一之后，通过强制迁徙齐楚宗族等政策，完成了"一君万民制"的构建。另外，通过"爵"来限制田地的所有，通过"制"来压制土地的封建化，谋求富民与小农的共存，维持地方共同体，防止出现佃农与奴隶。

因此，汉代的地域社会以乡里为单位，有在农业之外兼营商业的闾右（富民）阶层，还有为了补充生活费而以金钱契约结成雇佣关系

附录　秦汉帝国概观——书评：好并隆司《秦汉帝国史研究》　　　　　631

的间左阶层，二者共存，而并未出现人格上亦有从属性质的佃农阶层。换言之，汉帝国与以土地国家所有为基础，收取地租的亚细亚型专制国家不同，是以小农土地所有制为基础的具有阶层差别性的乡里共同体国家。

另外，雇佣、假贷、假作、奴婢等现象的存在，充其量只是经济方面由于私人竞争而出现的较为缓和的对抗、从属关系而已。

三

由上可知，汉帝国在皇权、官僚制、乡里社会等各个方面都存在双重构造，这与秦人对东方的征服、统一存在本质不同。这种双重构造也是好并氏的秦汉帝国史论课题中与西嶋、增渊两氏存在差异的地方。因此，在论述汉帝国双重构造的展开过程时，也需要克服西嶋、增渊两说。而实际上，好并氏的整合非常精彩。

好并氏的秦汉帝国史论以他的实证性研究为基础。下面以实证层面为中心来谈谈值得注意的两三个问题点。

（ⅰ）本书通过秦人的戎翟之风、殉死、祭天仪式、两丞制、战斗方式等，认为秦人具有北方游牧社会特色，并以此作为论述的前提，来分析秦汉帝国的构造。不过，关于这一点，仍有可以讨论的余地。

的确有意见认为秦族祖先与羌有关，但依据卵生神话等也有人提出东方沿海地方起源说。可以确认的事实是，秦人"在西戎，保西垂"，在渭水盆地兴平县以东地区很早就有强大的势力。从《史记·十二诸侯年表》中能够判明纪年的秦仲（公元前9世纪后半期）开始，至庄公、世父、襄公、文公、宁公、武公等历代君主，最大的政治课题就是对戎战争，这与县制的实施亦有关联。秦人的建国过程，有观点认为是由于秦族处于西戎之中，自然发生了势力的争夺，但也有观点认为因为秦人是来自东方的移居者，所以与西戎长期争斗。[1]

---

[1] 关于秦族的来源，虽然不能将其限定于特定的地域，并全面否认其与羌族的关系，但至少从纪年明确的秦仲开始，很难确认存在游牧社会之风习。

另外，从公元前8世纪末至公元前7世纪初的文公、武公时期，存在关于三族缘坐的记载。虽然三族刑并非没有疑问（小仓芳彦：《族刑をめぐる二・三の問題》，《中国古代政治思想研究》，青木书店，1970年），当时秦国的弗忌、三父等制造了篡改王位的政变，出现了弑逆行为，可知秦国也存在强有力的大族，这一点与东方诸国相同。又，在公元前7世纪后半期的穆（缪）公时代，迎娶了晋太子的同母姐姐，与中原大国晋缔结了姻亲关系，后来甚至干涉晋国的王位交替。而太子及其姐姐的母亲又是齐桓公之女。

同时，穆公在迎接戎王使者由余之时，"以诗书礼乐法度为政"，强调自身与戎夷的不同。由余以其先祖出于晋，为了理解晋语而被派遣至秦，可知秦、晋语言相同，秦、戎语言相异。由余反驳穆公之言称，秦虽有礼乐法度，结果却出现以下犯上之风，扰乱政治，戎夷虽无礼乐法度，却以淳朴之德待人，故下能忠信。

另外，采纳商鞅意见果断实施变法的孝公下令于国中称："昔我缪公自岐雍之间，修德行武……（献公）且欲东伐复缪公之故地，修缪公之政令。"以穆公时代的政令为理想。而辅佐穆公政治的人物包括出身于中原的百里奚与蹇叔。

在游牧社会中寻找祭天仪式的起源，出现于近年来的文化人类学。不过，还无法确认商朝是否已经出现了这一仪式，周朝已经确立了对天的崇拜，不过当时随着天的抽象化，仪式也出现了变化，但无论如何，王权神授说并非是秦人才有的特色。从由余之言可知，戎人不存在以法度苛责下属，即部族的情况，他所责难的法至上主义显然只是中国的风习。

再来看武公、穆公时的殉死，作者认为这是背离礼制的戎翟之风，其实，武公、穆公在位时间分别长达三十年、四十年，长期在位之后才出现了很多的殉死者。而且，关于为穆公殉死的人，国人、君子称："死而弃民，收其良臣而从死"，对穆公进行了责难。显然，殉死者的大量出现只是一种特殊的行为，是武公、穆公的个人事情。至献公时，"秦以往者数易君，君臣乖乱"（以上据《史记·秦本纪》），以此为理由禁止了所有的殉死行为。

战斗方式方面，秦与楚类似，都放弃了累赘的甲胄，赤足行动。作者指出，秦人战斗时相互扶助，而这是戎翟之风，说明他们之间具有共同体性质的连带性。这其实是因为秦地多山，与车战相比，秦人不得不更重视步兵战，装备上自然存在与中原国家不同的地方。

　　参加车战的是长期具有士身份的职业军人，人员比较固定，而步兵战则较易于将兵役扩大到一般的平民。在秦穆公时期，出现了"野人"，即"鄙人"，以平民身份从军，帮助穆公度过了危机。野人虽然是为报穆公之恩而请求从军，但在战斗中他们相当活跃，同时功勋卓著。

　　中原诸国将兵役扩大至平民，大概是公元前七、六世纪的事情，应是受到了秦人战斗方式的深刻影响。兵制问题成为导致身份秩序变革的引线，从这个意义上说秦人确有其先进性。显然，从战斗方式上认为秦人与游牧社会直接相关，是未必能够成立的。

　　关于战斗之时的相互扶助，与《国语·齐语》所说的"人与人相畴，家与家相畴，世同居，少同游，故夜战声相闻，足以不乖，昼战目相见，足以相识，其欢欣足以相死，居同乐，行同和，死同哀"也基本一致，不能认为是秦人所独具的特殊性。

　　再来看秦人的尚左与两丞制。尚左依据的是鎌田重雄氏之说，此说未必确实可信；同时亦无法确定秦王政之前是否已经出现了两丞制，关于这两点暂且保留意见。

　　上文以该书的第一篇第二章为中心，讨论了好并氏所提出的有关秦的特殊性的几个问题，不能因为秦国地处边境，农业环境恶劣而对其加以否定。如果认为地理环境不同而存在特殊情况的话，那么不应当只针对秦国，其他六国各自也有着不同的情况，也需要加以考虑。也就是说，不能因为秦国保有西垂之地，而将其视为戎翟，更不应当认为秦国即"戎翟社会"。

　　如果以上有关秦的理解说得通的话，那么对该书第三章商鞅变法的认识也会出现部分的不同。比如分异之法，并不是因为禁止戎翟之风而出现的，而是为了贯彻兵役，谋求公平的负担而分户（与"家"不同），并以确立户籍制度为目标。

　　正因为如此，分异之法主要是为了"倍赋"，加强经济负担，兼用了禁止戎翟之风的措施。显然，与其他各项变法条款相同，分异之法可以说是秦人强兵政策的一翼。

（ⅱ）第二个问题是关于第一篇第五章所说的西汉帝国的双重结构问题。好并氏的论证重点在于如何从统治机构中分解出双重结构。西汉时期的双重结构是天子的家产支配（家族父长——家人关系）与皇帝的人头支配（齐民制）并存，昭帝以降逐渐向齐民制妥协。田租与祭祀一样，作为奉献给土地主宰者的供物而被纳入帝室财政。

中央政府方面，外朝官员由官位规制，内朝官员由爵位规制。州郡之中，属于内朝系的州刺史干预了属于外朝系的郡县。乡里之中，在属于外朝系的乡啬夫、里父老之外，还存在属于内朝系的亭长，共同见证土地的买卖。

以上诸论点中，首先需要指出的是田租被纳入帝室财政这一新说存在很大问题，作为论证依据的《史记·平准书》的记载受到了曲解，作为旁证的《汉书·食货志》殷周之制部分，在部分否定的同时又加以引用。另外，以《食货志》殷周之制的内容来否定加藤繁氏所引用的《汉官》《汉官仪》的记载，让人也有一些踌躇不定之感。

关于统治人民最基层的机构乡里的双重构造，作者依据《后汉书·陈寔传》中陈寔的升迁路径，即"亭佐—亭长—督邮"，认为亭长属督邮系列，为内朝系列官吏。但是，《汉书·朱博传》记载的升迁路径是"亭长—功曹"，《后汉书·王纯传》记载的是"亭长—郡功曹"，若以升迁路径来推断统属关系的话，不能完全否定《五行正义》翼奉注所说的亭长统属于功曹的观点。

另外，《希古楼金石萃编》所录《买田记》记载亭长见证了土地的买卖，但实际上，《买田记》中亭长的出现，并不是为了见证土地的买卖，而是为了审查是否存在违反租铢律的情形。

作者依据《后汉书·仇览传》认为亭长已经负责一般性的民事事务了，但仇览"为制科令""严设科罚"，本质在于"以禁盗贼"，只涉及亭长固有的职务。由此来看，有关统治机构的双重构造问题，似乎仍然存在补充实证的空间。

（ⅲ）最后谈谈乡里共同体问题。好并氏推测与爵对应的是田地所有额之"制",师丹的限名田法规定关内侯以下的田地数额一律为三十顷,那么存在多少与二十等爵相适应的土地规定,这些规定又起到了怎样的实效,这些都是今后的研究课题。"制"的实效也与好并氏所说的"齐民制"理论相关。

此外,作者提到了"闾右",与"闾左"对立出现。但在与秦汉制度相关的记载中,并不能看到"闾右"的存在。又,在东方的齐地,春秋战国时期已经出现了所谓的"落",可以看到地域社会自然而然发生的变化。这与当时水利灌溉所出现的变化也存在关联。

好并氏所说的"古典共同体形成前期出现的具有小规模农业经营特征的农村共同体",以及这一共同体内所出现的阶层差别,特别是从佣工向贱民转移这一点,与西嶋氏的古代史观点有相通之处。但好并氏提出的为了恢复君主权力而在社会中加入异质要素,其目的颇有摆脱自体中毒之感。

日本学者的秦汉帝国史论中,研究课题存在理论并不能明确地向后世展开的现象。关于这一点,也想向好并氏请教共同体理论的后世展开情况。

四

以上不揣浅陋,直接叙述了个人的想法,不过由于本书体量较大,笔者的评述无异于盲人摸象,恐有失礼之处。好并氏甚至以明晰的图表形式来解释理论,以求建立新的世界史形象。好并氏说想以此书作为一本好的反省材料。卷末还附上了索引。他真挚、谦虚的学术研究的态度让人敬服。

后　记

本论文集的编纂源于1995年6月汲古书院社长（当时）坂本健彦氏的建议，至今已经过去了六年。接受坂本氏的建议之时，笔者在所工作的学校事务繁忙，无暇校订旧稿，不过一直对坂本氏的厚意心存感激，直至今日。

在此期间，佐竹靖彦教授曾以口头及书面的形式怂恿笔者出版本书，山根幸夫先生也对笔者多有鼓励。在这两位教授之外，还有很多先生也都表示希望刊行本书。在此对各位的学恩一并表示感谢。

本书所收录的论文是笔者研究生涯较初期的成果。1966年发表的论文，写作于在中央大学大学院博士课程学习期间，指导教授为铃木俊先生。铃木先生对笔者的指导虽然严厉，但也饱含温情。到今年夏天的7月25日，铃木先生去世将满二十七周年，将本书捧至先生的墓前，若能得到先生在天之灵的认可，笔者将喜不自禁。

承蒙三上次男先生介绍，1968年笔者得以加入中国古代史研究会。研究会的举行地点有两处，一在东大驹场三上先生的研究室（后转移至青山大学），一在学习院大学。在研究会上，上原淳道先生、小仓芳彦先生、狩野直祯先生等先生都是全勤出席，而笔者却常常缺席，既感紧张又得以勉力学习。也是在这个研究会上得以亲睹增渊龙夫先生等众多先生的风采。在中央大学就职的第二年，即1971年，唐代史研究会召开了预备研讨会，虽然比笔者的研究时段晚了四个半世纪，但由于铃木俊先生是研讨会代表，笔者也得以参加会议，获得了颇多的教益。

在学会方面，除了中国史研究会之外，笔者还参加了东方学会、历史学研究会、日本秦汉史学会、日本出土资料学会等。笔者怠惰，却收到了多个学会厚谊，允许笔者参加研究，不胜感激。

本论文集所收录的论文是在众多前辈学者研究之上的续貂小文。

最近，笔者写作的论文以法制史为对象的很多，而本论文集收录的却都是与聚落史、地方行政制度史相关的论文。虽然时间过去了很久，后续的关联研究却不多。关于中国古代的聚落与居住环境究竟是否以人为形成（集住）的都市（都市国家）为主这一问题，在文章发表之时，笔者认为总体上应以自然出现并形成的"自然村"为主，现在笔者仍持这一观点，也没有其他补充。因此，本书收录的各论文只是对旧稿的一部分进行了整理修订，并没有大幅的更改。

卷首收录的"总论·中国古代聚落的发展"是对全书的总结。不过"总论"对其他已发表的论文的概况介绍并不充分，为了从整体上来概括本论文集的研究方向，才敢以"总论"之称冠之。

卷末所附的"书评"包括了对战国秦汉历史的概览，考虑到有助于理解本论文集所讨论时代的背景，因此一并收录进来（该"书评"曾被翻译并刊载于中国社会科学院历史研究所：《中国史研究动态》23，1980年）。

收录于本书的各章（论文）的原标题及所载刊物如下：

【总论】

中国古代聚落的发展

《中国古代聚落の展開》，《（一九八一年度歴史学研究会大会報告）地域と民衆—国家支配の問題をめぐって—》，青木書店，1981年；《中国古代聚落の展開》，《歴史学研究》492，1980年。

【聚落编】

第一章　石器时代的聚落

《石器時代の聚落》，《中国聚落史の研究—周辺諸地域との比較を含めて—》，刀水书房，1980年，（増補版）1989年。

第二章　中国古代的聚落形态

《中国古代における聚落形態について》，《中央大学文学部紀要》史学科16，1971年。

第三章　中国古代的"都市"与农村

《中国古代の生活圏と方百里—"都市"と農村とをめぐって—》，《中国の都市と農村》，汲古书院，1992年。

第四章　汉代的里与自然村

《漢代における里と自然村とについて》，《東方学》38，1969年。

第五章　马王堆出土《地形图》中的聚落

《馬王堆出土古地図と漢代の村》，《歴史と地理》242，1975年。

第六章　马王堆出土《驻军图》中的聚落与灌溉

《中国古代における小陂・小渠・井戸灌漑について—馬王堆出土駐軍図の紹介によせて—》，《中央大学アジア史研究》1，1977年。

第七章　秦咸阳城与汉长安城：围绕汉长安城建设过程的讨论

《咸陽城と漢長安城—とくに漢長安城建設の経緯をめぐって—》，《中央大学文学部紀要》史学科20，1975年。

第八章　汉代的地方城市：河南县城

《漢代の河南県城をめぐって—漢代の地方"都市"について—》，《中国都市の歴史的研究》，刀水书房，1988年。

第九章　汉县的规模

《漢代における"県大率方百里"について》，《鈴木俊先生古稀記念東洋史論叢》，山川出版社，1975年。

第十章　汉代初县的设置

《漢代西北部における新秩序形成過程について》，《中央大学文学部紀要》史学科11，1966年。

第十一章　汉代的西北部经营：初县的环境Ⅰ

《前漢時代における西北経営と匈奴対策》，《中央大学文学部紀要》史学科30，1985年。

补论：汉武帝的外征：初县的环境Ⅱ

《漢武帝の外征をめぐって》,《中央評論》24—2(118),1972年。

第十二章　秦汉时代的边境徙民：初县的环境Ⅲ

《前漢時代における徙辺民について》,《白山史学》12,1966年。

【地方行政编】

第一章　中国古代的社制

《中国古代の"社制"についての一考察》,《三上次男博士頌寿記念東洋史・考古学論集》,三五堂(朋友書店),1979年。

第二章　春秋战国时代的县制

《商鞅の県制—商鞅の変法㈠—》,《中央大学文学部紀要》史学科22,1977年。

第三章　中国古代的伍制

《中国古代の伍制について》,《中央大学文学部紀要》史学科19,1974年。

第四章　睡虎地出土秦简所见的伍制

《睡虎地出土竹簡にみえる伍制について》,《中村治兵衛先生古稀記念東洋史論叢》,刀水書房,1986年。

第五章　汉代的乡

《漢代における乡について》,《中央大学文学部紀要》史学科18,1973年。

第六章　汉代的地方少吏

《漢代における地方小吏についての一考察》,《中央大学文学部紀要》史学科17,1972年。

第七章　汉代的郡县属吏

《中国古代における郡県属吏制の展開》,《中国古代史研究》4,雄山閣,1976年。

第八章　汉代的地方行政与官衙：尹湾汉简与马王堆《小城图》

《長江文明と尹湾漢簡・馬王堆"小城図"—中国古代における国家と地域—》,《東アジアにおける国家と地域社会—主として一〇世紀以前》,文部省科学研究費補助金基礎研究(A)研究成果報告書,

1998年。《東アジアにおける国家と地域》，刀水书房，1999年。

第九章　汉代官吏的识字：关于有用文字

《漢代の有用文字について—官吏と識字—》，《多賀秋五郎博士喜寿記念論文集アジアの教育と文化》，岩南堂书店，1989年。

【附录】

附录 秦汉帝国的概观：好并隆司《秦汉帝国史研究》书评

《書評　好並隆司〈秦漢帝国史研究〉》，《歴史学研究》479，1980年。

还要说点私事。在父亲早逝之后，母亲池田卜メキ一直暖心地照料着我。可是两年前母亲也往生他界了。内子之父中山八郎专攻明清史，去年也离开了。真后悔没有早点接受坂本健彦氏的厚情，现在只能将书奉献于母亲和丈人的墓前了。最后还要感谢长期支持我的研究生活的内人和子。

再次深深感谢关怀这本迟迟未能完成的书的汲古书院的坂本健彦氏，感谢他将小书列入汲古丛书。

2001年2月10日

追记：

本书的"后记"与书稿是同时交付的。预定以再校为最后一次校订，因此在再校稿中添加了版权页，当在去年12月发行，丛书编号为第三十号。本来觉得去年得有闲暇，当可按预定时间完成校正，但还是受到身边诸事的影响，到今年4月才校订完成。在此要向特别关心本书编辑的坂本健彦氏致歉。

也正因为时间的拖延，在校正的过程中，得以读到森本淳君从北京邮寄来的《张家山汉墓竹简〔二四七号墓〕》(张家山二四七号汉墓竹简整理小组编著，文物出版社，2001年11月版)中讨论颇多的《(吕后)二年律令》(下文简称《二年律令》)。森本君是中央大学的大学院生，获得中国政府资助，从去年秋天开始在北京大学留学。因为去年夏天就听说《张家山汉墓竹简〔二四七号墓〕》将于近期刊行，因此才拜托森本君，一旦张家山的报告书出版就马上寄送给我。森本君特意留意此事，在向熟悉的书店预约的同时，还在琉璃厂的书店街帮我搜集消息。今年1月16日，森本君通过电子邮件告诉我已经买到了这本书。

拜托他帮忙邮寄之后，在一月末收到了《张家山汉墓竹简〔二四七号墓〕》（以下简称《报告书》）。时值学年末期，诸事缠身，而《二年律令》中又包含了很多与本书相关的律文，因此向坂本氏禀明，借本书校正尚未完成之机，在一部分章节之末添加追记，以求完善。

本书与《二年律令》相关的是后半部分，即"地方行政编"。其中，有关伍制、乡、有用文字的追记，分别添附于第四章、第五章、第九章之后。

与伍制相关的律文，前文追记部分引用了《户律》，除此之外还有一些律文与之相关，分别为：《捕律》："追求盗贼，必伍之，盗贼以短兵杀伤其将及伍人"；《钱律》："盗铸钱及佐者，（略）正典、田典、伍人不告，罚金四两"（《报告书》的注释认为"正典"当作"里典"，但在《户律》"数在所正典弗告"中，又将"正典"解释为"里正、田典"。下文引用的《置后律》曰："典若正"，可知典与正应当是不同的吏名。正典应属里吏，但不能将其单独限定为里典、里正）；《□市律》："市贩匿不自占租，（略）列长、伍人弗告，罚金各一斤"；《置后律》："（当拜爵后者）令典若正、伍里人毋下五人任占"；《津关律》："（出入塞界），令将吏为吏卒出入者名籍，伍人阅具，上籍副县廷"；等等。依据这些律文可以确知伍人（伍）协助治安，有连坐之责，负责名籍的确认。律文中不见伍长及什制，《盗律》称："盗五人以上相与功盗，为群盗"，可知五人以上即可称"群"。

与乡相关的律文，前文追记部分引用的是《户律》中涉及户籍编纂的条文。汉代的户籍虽然向来都是由乡或里作成的，但在第五章中还指出直接的户口调查由县吏负责。从《二年律令》来看，县吏的确负责户籍的编纂。这些县吏包括乡部啬夫、吏、令史。乡部啬夫当是其中的责任者，亦多次见于《二年律令》。如《贼律》："（贼燔城、官府及县官积萭），乡部[啬夫]、官啬夫、吏主者弗得，罚金各二两"；《钱律》:"盗铸钱及佐者,(略)尉、尉史、乡部[啬夫]、官啬夫、士吏、部主者弗得,罚金四两";《田律》:"乡部[啬夫]主邑中道,田[啬夫]主田道,道有陷败不可行者,罚其啬夫"(《报告书》的注释将田解释为"田典");《户律》:"代户、留卖田宅,乡部[啬夫]、田啬夫、吏,留弗定籍,盈一日,罚金各二两","民欲先令相分田宅、奴婢、财物,乡部啬夫身听其令,皆参辨券书之,辄上如户籍";《秩律》记载了秩的高下差别,曰:"(胡、夏阳、彭阳等诸县),司空、田[啬夫]、乡部[啬夫]二百石","(阴平道,蜀[甸]氏道等诸道),乡部[啬夫]百六十石","县道傅马、候、厩有乘车,秩各百六十石,毋乘车者,(略)及毋乘车之乡部[啬夫],秩各百廿石",等等。这些律文中的乡部啬夫应当都属县吏。除乡部啬夫外,律文中还出现了田啬夫、船啬夫、傅啬夫等,在作为县吏的啬夫之前冠以职掌名,这一形式继承自秦制。另外,《具律》曰:"诸欲告罪人,及有罪先自告而远其县廷者,皆得告所在乡,乡官谨听,书其告,上县道官",远离县治所的居民上告的话,当地的乡官(乡吏)先代替县道官吏受理,再将相关文书送达县廷。《户律》曰:"□□廷岁不得以庶人律未受田宅者,乡部以其为户先后次次编之,久为右,久等,以爵先后,有籍县官田宅,上其廷,令辄以次行之。"《报告书》的注释指出,从开头的"□□廷□不得以律"(与释文有异)到"以爵先后"之间的文句很难判读(《报告书》的图版部分,从"庶人律"到"以爵先后"之间不明晰)。如果按照释文来看的话,其中的"受田宅"一词很值得关注,但很可惜不清楚文句的真实情况。不过,若依《报告书》释文,可知按照"为户"的先后,"久"者称"右"。《报告书》的注释认为"为户"的先后当理解为户籍登记的年月日的先后顺序,如果"为户"时间相同,则以受爵的时间(年龄及爵级的上下及关系)为基准排列。负责排列"为户先后次"及"爵先后"顺序的是乡部啬夫。将田宅授与"未受田宅者"时,依据"为户先后次"及"爵先后"的登记册,"以次行之"。在"右"者居于优势地位,应当从"右"者或先获得爵位者开始依次颁授。但是,作为"受田宅"的背景,对"□□岁不得以庶人律未受田宅者"的理解十分重要,但对释文的解释是否妥当仍然存有疑问(释文将"庶人律"连读,认为是固定词汇,《亡律》亦有类似的"奴婢律")。《户律》载:"关内侯九十五顷,(略)公卒、士五、庶人各一顷,司寇、隐官各五十亩,(略)其已前为户而毋田宅,田宅不盈,得以盈","彻侯百五宅,(略)公卒、士五、庶人一宅,司寇、隐官半宅",由此可知庶人的田宅也有具体的规定,"受田宅"或许与此有关。《田律》中有关于受(授)田规定的记载:"田不可田者,勿行,当受田者欲受,许之",还有还田之规定:"田不可垦而欲归,毋受偿者,许之",从中可知受(授)田、还田都尊重受田者本人的意愿。《户律》关于"受田宅"的记载还有:"受田宅,予人若卖宅,不得更受","代户,贸卖田宅"等,可知田宅可以转让或售卖给他人。但田(宅)一旦还田,当归属于县官,"田宅当入县官而酢(诈)代其户者,令赎城旦,没入田宅"。从《户律》中还可知田宅以"为户"者为单位,"诸不为户,有田宅,附令人名,及为人名田宅者,皆令以卒戍边二岁,没入田宅县官,为人名田宅,能先告,除其罪,有界之所名田宅,它如律令",所受(授)田地、宅称作"人名田宅""名田宅"(占田宅是指已完成申报的居民独立耕作、居住的田宅)。"不为户"的田宅由县官没收(《户律》)。根据身份的不同,还存在无需缴纳田租及蒭、藁的田地,《田律》曰:"[卿]以上所自田户田,不租,不出顷刍稾。"与睡虎地等秦律相比,规定更为细致。如果这些规定适用于全国所有的田地的话,那么像"连仟佰"那样将耕地集中起来的做法是不会出现的。另外还要注意还授的范围也包括了宅。比较《二年律令·田律》与《睡虎地秦律·田律》,可知两部田律都以"受田"作为对象,《二年律令》中的很多规定与秦律类似,如:"入顷芻稾(芻三石,茱二石)","春夏时禁止伐材木山林、进隄水泉、燔草为灰、取产麛卵鷇、杀其绳重者、毒鱼","在穿井、布置机(罠)方面设限","牛马等家畜的管理"等。青川秦律中的《田律》与后文所引《二年律令·田律》中有关耕地面积、农闲期各种共同工作的规定等都有很多共通之处,如:"田广一步,袤八则为畛,亩二畛,一百(陌)道,百亩为顷,一千(阡)道,道广三步,(略)以秋八月修封捋,正彊(疆)畔,及发千百(阡陌)之大草,九月大除道及除浍,十月为桥,修波(陂)堤,利津梁,鲜草离"等。由此可见,《二年律令》与秦律之间关系十分紧密。与田宅规定关系密切的《户律》是否存在于秦律中,目前还无法确认,不过,如本书《总论》部分谈到的,《二年律令》中有关"受田宅"的规定,应当与秦律中田律的发展谱系(禁苑内的公田规定)有关。

再来看有用文字。前文指出,"讽籀书九千字"中的"九",可能是相似字形的误写。《二年律令》的《史律》中也未见有关学习九千字这一字数要求。或许应当考虑《二年律令》是汉代初期的律令。关于学制,《史律》载:"史、卜子年十七岁学,史、卜、祝学童学三岁,学佴将诣大史、大卜、大祝,郡史学童诣其守,皆会八月朔日试之",其中出现了"郡史学童"。《汉书·文翁传》曰:"乃令天下郡国,皆立学校官,自文翁为之始云",如果郡内属吏的培养始于汉初的话,《文翁传》所说的始于景帝时的郡国学校制度或许也与之有关。

此外还有与本书"地方行政编"第六章相关的律文。《贼律》曰:"长吏以县官事罢少吏",将长吏与少吏进行了区分。《报告书》注释称,长吏的秩次当限制在"四百石至二百石",与本书观点不同。与"聚落编"第四章、"地方行政编"第八章相关的律文为《行书律》,曰:"十里置一邮,南郡江水以南,至索(?)南水,廿里一邮,一邮十二室,长安广邮廿四室,敬事邮十八室,(略)北地、上、陇西卅里一邮。"这段律文记载了配置邮驿之时的地域差异,与《汉旧仪》所说的"五里一邮,邮间相去二里半"之间的关系值得讨论。

关于卷首"总论"提到的"越城(越里)"问题,《杂律》曰:"越邑里、官市院垣,若故坏决道出入,及盗启门户,皆赎黥,其垣坏高不盈五尺者,除",记载了关于对翻越邑里、官市("邑里"分别指邑、里,也可指邑中之里;"官市"或当读为"官营之市",不过《报告书》的注释认为"官"是指与市区相区别的官舍)墙壁者的处罚措施。值得注意的是,邑里、官市的墙壁存在"不盈五尺"(一尺为二十三厘米)的情况,即墙壁已崩坏,不具备防御功能。如果邑里、官市出现了这种"不盈五尺"的墙壁,则不适用该项律文。由此亦可知,不是所有的聚落都必然存在城和城墙的。越城的律文与本书"聚落编"第四章所涉及的自然村或"无城郭者"的问题也有关系。

《田律》对耕地面积与田地界线(阡陌=道路)也有规定,称:"田广一步、袤二百卌步为畛,亩二畛,一佰道,百亩为顷,十顷一千(阡)

道,道广二丈,恒以秋七月除千(阡)佰之大草,九月大除道□阪险,十月为桥,修波(陂)堤,利津梁",这与本书"聚落编"第六章涉及的陂塘的修复工作相关,特别记载了这项地方居民的年中活动。另外,《徭律》中也有关于修整陂池的内容:"未傅年十五以上者,补缮邑□,除道桥,穿波(陂)池,治沟渠,堑奴苑。"

除了本书各章末补充追加"二年律令"律文之外,以上又集中引用了与本书相关的律文。本书的"后记"当完成于去年2月,因著者的考虑不周拖延至今,再次表示歉意。

2002年4月10日

译后记

我国的中国史学者习惯将近代以前统称为古代，包括从先秦至19世纪中叶的漫长时期，而日本学者的一般划分与此不同，近代以前依次包括古代、中世、近世等时段。池田雄一先生的这本书只涉及先秦与秦汉时期，题名中的"古代"显然是指后者。本书内容宏富，系统探讨了县级及县级以下的各种聚落形态与基层地方行政的形成、运转状况，所用史料囊括了传世、出土文献和考古材料，网罗甚广，对我国的先秦与秦汉史、历史地理学研究都颇具参考价值。

本书为复旦大学历史学系"日本学者古代中国研究丛刊"之一。从接受徐冲兄的邀约至今已近四年，在此期间，池田先生曾多次赐寄新作旧著予以鼓励，而译者生性怠惰，肆意拖延，是需要向二位先生致以由衷的谢意和歉意的。复旦大学出版社史立丽、关春巧女士精心校对，提出了很多修改意见，深为感佩。感谢但昌武同学帮助扫描图片并重新编绘了数幅地图。译者水平有限，翻译这本用词古雅的著作时自感译文粗疏了不少，常常无法体现日文独具的细腻委婉，敬请师友、读者批评指正。

本书在翻译过程中，先后受到了国家社科基金重大招标项目"周代汉淮地区列国青铜器和历史、地理综合整理与研究"（批准号：15ZDB032）、武汉大学人文社会科学青年学者学术团队"史前至秦汉汉水流域人类文化的跨学科研究"建设计划的资助，特此说明。

郑 威

2017年1月于珞珈山

编者后记

日本学者在古代中国研究领域的深厚传统与显赫成绩大概已经是学界常识。不过与之相比，译介到中文学界的相关论著仍然是远远不够的。为此，我们编选了这套"日本学者古代中国研究丛刊"，希望能够对促进中日学界的相互了解、深化相关研究起到积极作用。

丛刊目前的规模为专著十一种。在确定书目的过程中，主要考虑以下两个重点：其一，侧重于汉唐间的历史时段。这应该是在古代中国研究的各专门领域中日本学者的优势和特点最为明显的阶段，对于中国学界来说极具参考价值。其二，主要以二战后成长起来的学者为译介对象。经历了战后左翼思潮的风行，这一代学者大致于1970年代登上学术舞台，并引领了其后二十年的发展潮流。当然，丛刊也希望能够保持开放性，未来还将继续纳入更多优秀的作品。

对于日本学者书中提及的日文论著，丛刊采取了尽量保持文本原貌的处理原则。包括日文人名、书名、期刊名、论文名中的日文汉字，均未转为中文简体，以便利中国学者检索相关文献。由此给读者带来的不便，敬希谅解。

在中国当下的学界环境中，专门学术论著的翻译出版并非易事。丛刊最后能够落实出版，要归功于海内外诸多师友的大力支持和热忱帮助。诸位原著作者对我们的工作均给予了积极回应，并在著作权与版权方面提供了很多协助。日本汲古书院、青木书店和朋友书店，台湾稻禾出版社和台大出版中心，也慷慨赠予了中文简体版版权。对于各位译者来说，数十万字的翻译工作耗时费力，又几乎无法计入所谓"科研成果",非有对学术本身所抱持的热情不足以成其事。北京大学历史系的阎步克先生和罗新先生对丛刊的策划工作勉励有加。复旦大学历史系时任领导金光耀先生和章清先生为丛刊出版提供了至为关键的经费支持。复旦大学出版社的陈军先生和史立丽编辑欣然接受丛刊出版,史编辑在编务方面的认真负责尤其让人感佩。日本中央大学名誉教授池田雄一先生、御茶水女子大学名誉教授窪添慶文先生、京都府立大学名誉教授渡辺信一郎先生、福冈大学紙屋正和先生、中央大学阿部幸信先生、大东文化大学小尾孝夫先生、阪南大学永田拓治先生、鹿儿岛大学福永善隆先生,台湾大学甘怀真先生、成功大学刘静贞先生,复旦大学韩昇先生、李晓杰先生、姜鹏先生,武汉大学魏斌先生,首都师范大学孙正军先生等诸位师友,在丛刊的策划、版权、翻译、出版等方面给予了诸多帮助。在此一并深致谢意。

徐　冲

2016年元旦于东京阳境原

图书在版编目(CIP)数据

中国古代的聚落与地方行政/[日]池田雄一著;郑威译. —上海:复旦大学出版社,2017.8
(2020.4重印)
(日本学者古代中国研究丛刊)
ISBN 978-7-309-12710-2

Ⅰ.中… Ⅱ.①池…②郑… Ⅲ.①乡村地理-聚落地理-研究-中国-古代
②地方政府-行政管理-政治制度史-中国-古代 Ⅳ.①K928.5②D691.2

中国版本图书馆 CIP 数据核字(2016)第 291166 号

原书名"中国古代の聚落と地方行政",池田雄一著,日本:汲古书院,2002 年

中国古代的聚落与地方行政
[日]池田雄一 著 郑 威 译
责任编辑/关春巧

复旦大学出版社有限公司出版发行
上海市国权路 579 号 邮编:200433
网址:fupnet@fudanpress.com http://www.fudanpress.com
门市零售:86-21-65642857 团体订购:86-21-65118853
外埠邮购:86-21-65109143 出版部电话:86-21-65642845
常熟市华顺印刷有限公司

开本 787×960 1/16 印张 41.75 字数 571 千
2020 年 4 月第 1 版第 3 次印刷

ISBN 978-7-309-12710-2/K·605
定价:85.00 元

如有印装质量问题,请向复旦大学出版社有限公司出版部调换。
版权所有 侵权必究